民商法经典文库

赵万一　总主编

英美公司信义法基础

[英] 大卫·克肖　著

（David Kershaw）

林少伟　李诗鸿　译

The Foundations of
Anglo-American Corporate
Fiduciary Law

法律出版社 LAW PRESS·CHINA

北京

This is a simplified-Chinese translation of the following title published by Cambridge University Press:

The Foundations of Anglo-American Corporate Fiduciary Law 9781107465305

This simplified-Chinese translation for the People's Republic of China (excluding Hong Kong, Macau and Taiwan) is published by arrangement with the Press Syndicate of the University of Cambridge, Cambridge, United Kingdom.

著作权合同登记号
图字：01-2020-3564

“民商法经典文库”编辑委员会

总主编简介

赵万一

西南政法大学民商法学院教授、博士研究生导师。曾任西南政法大学民商法学院院长、《现代法学》主编。兼任中国法学会商法学研究会副会长、中国法学会民法学研究会学术委员会副主任。先后被西北政法大学、福州大学、西南大学、福建师范大学、山东经济学院等多所大学聘为兼职教授；上海大学、福建师范大学兼职博士研究生导师；英国《法律与管理国际杂志》（ML-The International Journal of Law and Management）编委。

曾出版《民法的伦理分析》《民法概要》《商法基本问题研究》《证券法的理论与实务》《中国竞争保护法律制度研究》等个人专著多部，主编《商法学》《证券法学》等教材数十部。先后在《中国社会科学》《中国法学》《法学研究》《人民日报》《光明日报》等报刊发表论文150余篇，有数十篇文章分别被《新华文摘》、《中国社会科学文摘》、中国人民大学书报资料中心《复印报刊资料》转载。其《民法的伦理分析》一书曾分别于2005年和2017年在我国台湾地区五南图书出版股份有限公司和日本经济法律出版社出版，多篇论文在日本、韩国等国发表。

林少伟

西南政法大学民商法学院教授、博士生导师，国际教育学院院长，西南政法大学公司治理法律研究中心主任。英国爱丁堡大学法学博士、特华博士后。兼任中国法学会证券法学研究会理事、中国商业法研究会理事、广州仲裁委员会等多家仲裁机构仲裁员。曾在教育部政法司、最高人民法院第五巡回法庭和四川省岳池县人民检察院锻炼。曾赴英国剑桥大学、美国芝加哥大学、波兰华沙大学、加拿大英属哥伦比亚大学、香港大学和新加坡国立大学等高校访问、授课和交流。

发表论文65篇，出版专（译）著16本，主持国家社科基金项目2项、国家自然科学基金项目1项、其他省部级项目15项。

2018年入选重庆市高层次人才特殊支持计划青年拔尖人才，2020年获教育部霍英东教育基金奖。

李诗鸿

华东政法大学国际金融法律学院副教授、硕士生导师，华东政法大学公司法律争议解决研究中心主任。北京大学法学博士、美国斯坦福大学联合培养博士、上交所—华政博士后。兼任中国法学会证券法学研究会理事、中国商业法研究会理事，湾区法商研究院高级研究员，深圳国际仲裁院、上海仲裁委员会等八家机构仲裁员。

在《法学》《华东政法大学学报》等期刊发表论文30余篇，出版《公司法的失败》《有限责任——法律与经济分析》《牛津公司法与公司治理手则》《政治权力与公司控制：公司治理的全球政治学新解》等多部公司法领域经典译著，主持国家社科基金项目2项、其他省部级科研项目5项。

译者分工

本书中文版序言、导论、致谢、第一部分和第二部分由林少伟负责翻译;第三部分和第四部分由李诗鸿负责翻译。

总序：民商法学研究的时代使命

时至今日，虽然理论界对民商法在中国特色社会主义法律体系中的角色定位并未形成完全一致看法，但对其在促进社会权利意识的觉醒、创造力的激发乃至社会经济的振导方面所发挥的巨大作用，几乎没有人能够否认。一方面，缘于其调整内容的广博性、调整方式的人本性、调整范围的全覆盖性和规制目的的正义性；另一方面，则得益于其所承载的“固根本、稳预期、利长远”的历史使命的厚重性和在强调促进社会经济发展的同时注重人与自然和谐发展的先进立法理念。通过研读世界主要国家的法律发展史，我们不难发现，具有时代引领意义的重要民商法律制度的制定，通常是伴随一个国家社会制度的重构、社会政策的改变和社会观念的变革应运而生的。因此，民商法律制度的设计通常并不仅仅表现为单纯的制度进化和规则演变，更反映了社会经济政治制度环境的优化和社会意识的嬗变。我国也不例外。发轫于20世纪70年代末的经济体制改革，不但将现代中国社会深深打上了法治烙印，而且极大激发了法律对社会关系特别是社会经济关系的调整冲动，从而将上层建筑对经济基础的促进作用发挥到极致。时至今日,伴随计划经济向市场经济的成功转型而不断拓展其作用深度和广度的民商事立法,无论是对中国民众国民性格的塑造、行为模式的固化,还是对整个社会经济运行驱动力的重新构造,都产生了越来越显著的影响。以平等和自治为核心的民商法律制度不但成为国家调整社会关系特别是社会经济关系的最重要法律手段,而且成为社会主体行为选择的首要凭依因素;以公平和效益为主旨的民商法律思维已深深嵌入人们的思维逻辑链条中,成为人们臧否立法和司法活动的主要标尺;以良善、诚信、忠实为先导的民法文化不但发挥启佑民智之功效,而且已逐步内化为一种社会习惯和社会生活方式。作为民商法制度根基的平等原则并未得到有效贯彻,进而在主体立法上采取差别性待遇的做法还比较普遍。在民商事司法领域中,由于未对价值取向各异的不同审判类型进行必要的审判理念区分,从而导致审判活动既无法满足以自然人为代表的普通民事主体对公平理念的强烈渴求,也无法有效实现以公司为代表的商事主体追求效益的行为动机。在法律意识层面上,民商法的私法属性和权利法属性并未获得普遍的社会认同,民商法所体现的一些基本法律价值和法律精神也没有随着民商事立法的繁荣而获得广泛的尊重和支持。造成这种广大民众对民商法价值认同感不高的原因是多方面的。由于民商法是直接介入市场经济和商品经济形态塑造和规则设计的法律制度,因此,无论在立法上还是在司法实践中,人们都有意或无意地将所有的民商事法律制度的作用定位为促进市场经济的发展,从而淡化了作为民商法精神内核的人本主义思想和人文主义理念。不仅如此,民商法的非理性繁荣还助长了法律对社会关系的调整作用,包罗万象的法律规则试图将调整的触角延伸至公民生活的每一个领域。实际上,法律更多是作为约束人类非理性行为的必要羁绊而存在的,任何类型的强制行为都不可避免地会对社会主体的行为及与此相连接的社会关系起到一定的限制作用。

从经济基础对上层建筑的作用结果来看,肇端于20世纪70年代末的经济体制改革和对外开放不但极大解放了受到压抑的生产力,而且充分激活了潜藏在人类内心深处追求财富的欲望,使人们从普遍的羞于言利转变成了攫取财富。中国社会第一次感受到法律对社会生活的强大影响力和导引力。正是法律对社会经济关系的强力介入,不但彻底改变了利益的获取和分配方式,任何主体的正当经济利益诉求都必须通过法律加以固化、疏导和界定,而且极大地促进了社会财富的增加,使中国在很短的时间内跃居世界第二大经济体。正是基于对法律作用的高度重视,我们在短短的40多年时间里建立起了比较完备的社会主义市场经济法律体系,从而为全面实现依法治国奠定了必要的法律硬件基础。任何国家的法治现代化都不能通过简单地对外国法律制度的借鉴而完成,成熟的法律制度除借鉴人类法治文明建设有益成果外,还必须加强对本国法治资源的挖掘和对法治适用环境的建设和改造。为此,我们不但要重视对民商法具体法律制度的吸收和构造,而且更应加强对民商法基本理念、基本作用、基本精神和基本价值的研究和认识,更准确地定位民商法在构建新时代中国特色社会主义法律体系中的地位和作用,因为只有以先进理念作支撑的法律制度才能真正有效地发挥其对社会关系的精准调整作用。

大学作为现代文明的发祥地和社会知识的集散地,既是民族文化的传承者，也是现代文明特别是现代法治文明的创造者和传播者。相对其他类型的院校而言，法科院校基于其独特的创设要求和人才培养目标，在创新社会法治理念、提供法律制度有效供给、推进国家现代法治文明建设方面无疑负有特殊的义务和责任。西南政法大学作为一所以法学为主的多科性院校，创设于新中国百废待兴之时，繁荣于改革开放的历史机遇期，不但见证了中国法治建设的曲折历程，而且对中国的法治建设贡献了自己的责任和智慧。其民商法学作为传统的优势学科之一，经过几代人的不懈努力，逐步形成了以民本天下为情怀、以商达经纬为志向、以知行合一为目标、以振兴国家为责任的学术精神和专业特色。自20世纪50年代开始，学科奠基人金平教授、杨怀英教授等老一辈开宗学者秉持学术报国之宏愿，开拓奋进、殚精竭虑，历经筚路蓝缕之磨难，披荆斩棘之艰辛，初创西南政法大学民商法之学林。20世纪80年代之后，沐浴改革开放之春风，西南政法大学民商法迎来第一次鼎盛时代，金平教授和杨怀英教授作为全国民商法领域中的重要领军人物，以他们的敬业精神和人格魅力，团结和凝聚了包括邓大榜、聂天贶、黄名述、李开国、柯瑞清、邓宏碧、张和光、赵勇山、叶清勋、赵泽隆、谭向北、程正宗、陈志学等30余位在全国有一定影响力的中年骨干教师；以王卫国、禄正平、伍载阳、刘晓星、张玉敏、尹田、吴卫国、赵万一等为代表的一批年轻学者开始在国内学术舞台上崭露头角。西南政法大学也自然而然地成为国内名副其实的民商法教学与研究重要阵地。20世纪90年代末期以来，在李开国、张玉敏、赵万一、陈苇、谭启平等学术带头人的带领下，本学科全体同人励精图治、拼搏进取、内外双修，不但使学科师资规模达到创纪录的120余人，而且在职称结构、学历结构、学缘结构等方面都有了实质性改善,教学科研水平也不断上升到新的台阶。我们坚信,在国内外同人的关心和支持下,经过本学科全体师生的共同努力,西南政法大学民商法学的明天一定会更加灿烂辉煌。

民商法作为一个应用性很强的实用性学科,并非产生于书斋中的理论推演,而应来源并服务于社会经济生活。本学科一直以关注民生、强调民本为己任,秉持造福苍生、心系天下的情怀,努力将自己的研究服务于国家的经济建设和法治建设。具有中国民法典"活化石"之称的金平教授不但全程参与了第一次至第三次《民法典(草案)》的拟定,而且其所提出的许多富有创见性的观点,如民法调整的是平等主体之间的财产关系和人身关系,直接影响了《民法典》的制定。具有中国婚姻法"女神"之称的杨怀英教授不仅参与了 1980 年《婚姻法》的修改,而且始终关心中国家庭制度的发展变化及其与社会之间的互动关系,在花甲之年仍亲自带队,到当时条件十分艰苦的云南西双版纳和德宏两大民族自治州长途奔波数千里,开展长达数月的田野调查,出版了具有填补空白性质的《滇西南边疆少数民族婚姻家庭制度与法的研究》。这个优秀传统一直传承至今。陈苇教授在主持司法部重点课题时,以"农村妇女土地权利保障"为视角,先后组织 1000 多名学生深入农村考察并形成了数十万字的调研报告。在 2008 年"5·12"大地震发生后不久,以本学科刘俊、谭启平、刘云生等教授为主的 12 位法学专家联名上书全国人大常委会,建议尽快制定重大自然灾害处置特别法令并草拟了一部近万字的《重大自然灾害处置特别法令(建议稿)》。在具有世纪工程之称的《民法典》制定过程中,本学科不仅有数十人深度参与了《民法典》的条文拟定及其相关的立法调研论证活动,而且在《民法典》颁布之后的第一时间内成立了规模庞大的《民法典》宣讲团，深入国家机关、企事业单位和社区、农村，向广大社会公众宣讲《民法典》的伟大意义，充分体现了学者的责任与担当。

近年来，国际、国内民商法学科的迅速发展向我们提出了严峻挑战。国际上，无论是源于罗马法的大陆法系还是源于海洋经济需要而产生的英美法系，都正朝着更深、更广、更前沿的方向延伸与发展，民商法学理论日益博大精深，法学流派呈现多元化趋势；民商法学研究更加注重与法律实践的契合，注重对司法领域中出现的新的法律问题的审视和研究；在全球化趋势的推动下，各国民商法学日益走向相互渗透与融合，同时又更加注重与本国国情的结合，呈现国际化与民族化共同繁荣的趋势；法学理论方面，跨学科研究方兴未艾，交叉学科、边缘学科如雨后春笋大量涌现。在国内，随着依法治国方略的推行，民商法学研究更加深入与务实。一方面，在全球化的大潮之下，如何借鉴人类精神遗产，借鉴外国合理的法律制度与精神，成为摆在中国民商法学面前的重大课题之一；另一方面，在国内市场经济发展过程中出现的各种法律问题也向民商法学提出了挑战，如何立足中国的法律实践，利用世界各国的经验，发扬我国优良传统风俗，应对未来经济、政治、文化的重大转折，也是中国民商法进一步发展所必须解决的重大课题。为了总结西南政法大学民商法学科在过去 40 多年中取得的成绩，饮水思源，时刻铭记老一辈民法学者对本学科发展所作出的突出贡献，我们曾与法律出版社联袂于 2009 年编辑出版了 5 卷本的“西政民商法学阶梯”丛书和 20 卷本的“西南民商学人文库”和多卷本的“民商经典译丛”。为了发挥本学科在民商法基础理论特别是民法哲学方面的研究优势，我们先后编辑出版了两辑共13本“民法哲学”丛书。为了扩大与我国台湾地区的学术交流活动，我们曾与华中科技大学出版社、台湾元照出版股份有限公司倾力打造了“华中·元照西政民商法学术文库”和“华中·元照中青年法律科学文库”。

为了进一步充分发挥法学研究对法律实践的引领作用，我们决定集合校内外各种资源，推出既能综合反映西南政法大学民商法学科科研实力，又能广纳群贤、有效荟集国内外最新民商法学研究成果，并能对中国法治建设起到推动作用的大型系列丛书——“民商法经典文库”。本文库分为民法哲学、经典译著、学术研究、前沿争鸣、名家讲坛、教育研究、经典案例及年度十大有影响力案例、研究随笔9个系列。同时，我们也真诚邀请国内外贤儒同人不吝赐稿，积极支持我们的工作。我们相信，在国内外同行专家的共同帮助下，本文库一定能够达到预期目标。

是为序。

2012年11月6日于西南政法大学

2021年7月6日修订于西南政法大学

中文版序言

首先,我要对林少伟博士表示衷心的感谢,感谢他提出翻译本书的念头,并为翻译工作付出了大量的时间和精力。同时也感谢李诗鸿博士参与其中。我还要感谢西南政法大学民商法学院同意资助本次翻译,使更多的读者能接触到我的作品,并丰富中国、美国和英国学者之间关于公司法的对话渠道。这是一个非常重要的对话,我们有很多东西可以相互学习。当然,语言常常妨碍这种对话。林博士、李博士和西南政法大学民商法学院的努力使我们能够打破这些语言上的障碍,进行思想交流,对此我深表感谢。

许多人可能会问,中国公司法学者为什么会对我书中关于美国和英国公司法概念和思想形成的神秘历史感兴趣?我认为这个问题可能有以下答案。首先,这与比较法研究为什么是一种有益的研究方法息息相关,但这个答案又是如此熟悉,以至于无须过多着墨。当他国具有与本国类似的问题时,知悉他国的解决方法或路径无疑能拓宽我们的法律思维,也能为我们的政策选择和制度取舍提供支撑依据。故此,不同法域之间的法律比较能使我们观察、审视甚至反思既有的规则和规则中的取舍。但除此之外,还有两个更重要的原因使本书能引起中国公司法学者的兴趣。

第一个原因是,本书讲述了一个关于从他国植入的公司法是如何在本国被重塑和改造的故事。为了理解此种改造如何生成,我们必须密切关注法律本身以及法律如何与外部环境相互作用。法律并不像公司法学者有时提出的那样,仅由经济需要或利益集团的压力形成,法律也会通过其内部理念和结构回应外部需求和压力。我们最终得到的是两者的混合体,而忽视这些法律理念和结构的力量和约束,会让我们对现代公司法的本质产生片面和偏差的理解。本书对公司信义法的论述使我们清楚地看到了对美国和英国公司法及其生成的现代理解中所缺失的法律部分。在具体论述中,本书坚定地批判了对公司法律变化的主导性"经验"诠释,例如关于强大的市场参与者(如机构股东)的压力。但更重要的是,书中所述并没有否认经验对美国公司法的影响。相反,它表明公司法是如何深深地依赖于一套道德观念、关于公司性质的理念和关于美国意义的观念。

本书能引起中国和其他法域学者感兴趣的第二个可能原因是,本书提出要关注解释法律之路"不为人知"的要素。即,本书认为要重视法律性质中的错误和误导,因为这些错误和误导已在不经意间嵌入法律。以此而言,我们虽经常为法律后果提供事后功能合理化的解释,但事实上很多时候,法律并不是高度关注功能的产物,也不是根据经济需求或面对压力的产物,而是失误、错误和司法误述的产物。这种情况如果没有得到公开的批判或讨论,就会在不经意间改变法律。据此,本书详细介绍了美国和英国几个重要规则——美国的现代商业判断规则和英国的无利益冲突规则,这两个规则都存在上述的情况。目力所及,在所有的法域,我们的学术触角都必须警惕这一法律变革的驱动力,因为这种准随机的司法产品应该不会获得多少系统性的支持。

我希望你们喜欢这本书,并提前感谢你们参与对公司法律理念和原则的深入探讨。希望你们和我一样,也会同意这样的观点,即通过追溯这些规则和理念的历史演变,我们终将受益匪浅。

伦敦政治经济学院法学院院长、教授

大卫·克肖

2022 年 2 月 24 日于伦敦

致　谢

非常感谢我的家人、朋友以及同事。他们一直支持着我，并在百忙之中抽空助力本书的构思与写作。

首先，最重要的是感谢我的家人。感谢我可爱的孩子杰克（Jack）、卢卡斯（Lukas）和梅根（Megan），他们深深地激励了我。他们认为我写书是一件很酷的事情，当我让他们读其中一本书时，我就会知道他们真的觉得这有多酷了。感谢我的妻子马利斯（Marlies），感谢她对我工作的热爱、支持与热情；同时，她对本书的批评和建议使本书锦上添花、越发条理分明。谢谢你，亲爱的。感谢父母对我所倾注的爱与信任，也许我的读者会对此感到惊讶，这一点我也在其他书籍的致谢词中提及，母亲总是将我的书籍全部通读两遍，纠正标点符号的错误运用，并发现其中的遗漏词与混乱句。谢谢你，我的母亲。同时，感谢我的父亲，每当他问我“下一本书完成了吗”这一问题时，无疑让我“加速前进”，加快完成写作。我的父母总是以这种方式鼓励着我。

其次，我还要感谢几位朋友，借助他们的想法、评论与对话，本书才得以完成。米尔·利希特(Amir Licht)和乔希·盖茨勒(Josh Getzler)一直是本书观点的坚定支持者,也是现代公司法需要更认真地对待其理论历史演变观点的坚定支持者。此外,他们还就本书部分内容提供了宝贵意见。非常感谢哈拉尔德·哈布伯(Harald Halbhuber),我与他曾探讨过英国和美国关于收购监管的比较研究,这对鼓励我更深入地挖掘公司法历史并探寻公司的指导性法律思想大有裨益。还要感谢我在伦敦政治经济学院和英国其他机构公司法研究领域的出色同事,他们听取了本书早期版本的介绍,并给予了非常有用的修改意见。在这方面,我感谢塔蒂安娜·卡茨(Tatiana Cutts)、莱斯利·科斯敏(Leslie Kosmin)、伊娃·米歇尔(Eva Micheler)、马克·摩尔(Marc Moore)、埃德蒙·舒斯特(Edmund Schuster)、乔·斯普纳(Joe Spooner)和西蒙·维特尼(Simon Witney),尤其是汤姆·普尔(Tom Poole),感谢我们的友谊以及他对本书的精辟批评。汤姆讲述了他是如何阅读这本书的,因为他,这本书有很大的改进。谢谢你,汤姆。我也非常感谢剑桥大学出版社的金·休斯(Kim Hughes),他是一位模范编辑,他的耐心和建议对完成本书至关重要。

最后,我还要向两位学者致以敬意,他们的工作风格与学术品格在本书中留下深刻印记。大卫·肯尼迪(David Kennedy)和邓肯·肯尼迪(Duncan Kennedy)是才华横溢、破旧立新的学者和教师。在我攻读博士学位期间,他们教导我如何探索并发现法律原理背后的隐藏理念与结构,教会我批判性思维的重要性以及当中所蕴含的乐趣。也许当他们知悉我将这本涵盖诸多案例的作品归功于他们时会大吃一惊,但于我而言,这并不为过。

目　录

第二部分 注意义务、奖励和承诺

第三部分 自我交易与公司理念

第四部分　关联资产与财产观念

导论：公司法律思想

一、公司法史前史

现代公司法在理论方面建树颇丰，但究其发展进程而言，并无悠久历史可考。在公司法这一学科的历史、范围和想象真正成型之前，存在一段酝酿期，也就是“史前史”[1]，在这一阶段迸发的种种法律概念和理论架构正是现代公司法赖以建立的根基。然而，这段历史在学界并未得到应有的认可和重视，仅屈指可数的史学先锋对此展开了研究。若依霍姆斯（Holmes）所言，“要了解法律是什么，我们必须了解它曾经是什么……”[2]那么我们对当前公司法的理解就仍有缺憾之处，因为我们对这一学科的过去仅仅一知半解。

---

〔1〕 See David Ibbetson, *A Historical Introduction to the Law of Obligations*, Oxford University Press, 1999, p. 1，该文使用了与债法相关的“史前”（pre-history）一词；John Armour, *Review of An Economic and Jurisprudential Genealogy of Corporate Law*, 61 Cambridge Law Journal 467 (2002)，该文中，作者在对迈克尔·惠恩科（Michael Whincop）的著作评论中发现了一个“史前”“缺口”。

〔2〕 Oliver Wendell Holmes, *The Common Law*, Little, Brown & Co., 1881, p. 1.

然而,霍姆斯的观点并未被学界承认。事实证明,研究公司法的学者们对于探索公司法的身世兴趣寥寥。在现代公司法的研究中,功能主义大行其道,据其理论逻辑推理可得:公司法的确为公司形式引致的治理和代理问题提供了切实可行的解决方案,但需要说明的是,种种法律创新和调整只是为了解决实际问题,由此衍生出的法律规则也不过是其附带品而已。因此,追溯这些法律规则的理论依据固然有一定价值,但其研究结果充其量只能给法律适应功能需求这一事实锦上添花,学术资源或许应当投入其他更有研究价值的领域。

受霍姆斯观点的启发,本书摒弃了前述学科观点,对英美公司信
2 义法〔3〕(法律施加于董事的种种义务)的“史前史”展开研究,从史学的角度出发,对探索董事义务的各种解读是如何推动英美当代公司法性质、质量以及生成进行再评价的过程。通过仔细翔实的学理研究,本书将公司法的史前史铺陈开来,旨在实现以下研究目的:一是寻根溯源,确定公司信义法基本思想和概念的原始道德和政策驱动因素;二是按图索骥,通过研读 18 世纪、19 世纪和 20 世纪的判例法,仔细考察这些思想和概念的影响与形成路径。因此,本书的第一个目标,就是对公司信义法同时进行法律词源学和历史性的法系学或拓扑学的解读:前者是对为现代公司信义法提供基本素材的思想和概念之根源进行解释(例如,合理性审查、公平审查、重大过失、技能调整型普通注意),后者则是对这些概念的衍生发展过程进行梳理总结。本书将从四个部分来阐述这一研究过程。第一部分阐述董事

〔3〕 请注意,为简单起见,本书采用了美国使用的术语“信义义务”(fiduciary duty),其包括了董事注意义务,而英国的信义义务不涵括注意义务。

行使公司权力(商业判断)时应负有的相应义务;第二部分对董事注意义务展开探讨;第三部分剖析董事自我交易行为的法律适用;第四部分则对适用于公司机会的法律即本书所称的“关联资产法”(connected assets law)进行探讨。

本书第二个目标,蕴藏于对公司法族谱进行考古溯源的进程中,即解释为何英国和美国的公司法发展道路能够走得通,而其他路径却走不通甚或被排除在外。进行这项研究的根本前提在于英美两国的公司法史前史是并驾齐驱的,这种共时并存的关系创造出了一个天然的法律实验场,使我们能够对要采取的法律路径和可能产生的司法分歧的实际驱动因素加以有效控制。提出此关系的缘由体现为尽管如今美国[4]公司董事和英国公司董事所要承担的公司法信义义务大相径庭,但二者的确是同根同源的。19 世纪,为了能对董事 3
义务加以规范,无论是英国还是美国法院,都借鉴了 18 世纪、19 世纪英国非公司法律案件,且在 19 世纪中期的一些案件中,英美两国作为先例援引的例案均为英国 18 世纪和 19 世纪的公司案件,而这些案例都借鉴了英国非公司案件。

若我们审视美国最主要的公司法阵地——特拉华州,将其现代公司信义法与英国当下适用的法律相比较,不难发现两者一脉相承。首先考察特拉华州法律对商业判断的规定。目前特拉华州商业判断规则规定,若董事在决策过程中切实履行了注意义务和忠实义务(要求董事善意行事且不得存在直接利益冲突),则只需对其所作决策进

〔4〕 尽管不存在美国公司(US Corporation)这样的实体(美国公司都是在各州注册成立的),但我们可使用“美国公司”(US company)和“美国公司法”(US corporation law)这两个术语来指代美国各州注册设立的公司和美国的公司法。

行合理性审查。也就是说,只要董事所作决策有合理理据支撑,法院就不会进一步干预。特拉华州法律就是因为这一商业判断规则而蜚声遐迩。而在英国,董事作出一项商业判断,必须具有从股东利益出发促进公司成功的善意,从而衍生出对决策的合理性审查,以及在特定情况下更加苛刻与深入的审查。在英国,就一项独立商业审查标准而言,无论是注意义务还是忠实义务都并非开启审查的先决条件。若我们再进一步考察注意义务和忠实义务,就会发现其间更明显的差别。在特拉华州,衡量决策程序规范与否所依据的标准是董事是否存在重大过失;要认定这一标准成立,就需要提供证据证明董事有意漠视或故意无视股东利益。至于带有监控性质的注意义务,只要求董事善意地采取监控措施以及落实监控辅助系统和控制装置即可。相较而言,针对决策程序和监控事宜,英国适用的是一般董事合理性标准,重大过失这一术语早已被弃之不用。就直接利益冲突而言,当前特拉华州法律针对自我交易行为适用公平性审查,而英国普通法则规定,未经股东批准的自我交易行为具有可撤销性,以此避免任何形式的交易公平性审查。特拉华州的公司机会规则圆融灵活,对董事较为友好,即审慎考虑公司对机会是否有财产性(property-like)“期望”、考量公司的商业领域以及考察公司争取机会的财力。而现代英国的反董事立场则对公司期望不屑一顾,拒绝接受行业限
4 制和财务能力证明。这些规则乍看起来未免冷硬,甚至有些不近人情,但通过对其细枝末节的观察,我们能够窥得其中圆融变通之处,进而也能对英美规则间的异同探知一二。尽管在公司信义法的某些领域,这些第一印象也并非毫无道理。

英美两国在公司信义法方面的种种差异最直接的影响,就是让

我们采用最简单粗暴且肤浅的方式来审视现代公司信义法法律规则,认定其之所以拥有相同的法律渊源,只是因为英美文化同源,拥有共同的语言、语法和行文,但事实并非如此。作为现代美国公司信义法基石的法律原则最初都形成于甚至移植自英国。在第一部分,我们将看到,无论是英国还是美国,当代商业判断规则都脱胎于18世纪至19世纪早期普通法在公法和私法领域关于委托权行使的法律实践。在第二部分,我们发现,英美两国目前施行的注意标准都渊源于18世纪英国关于"注意"的法律概念,即对有偿或无偿承担寄托事宜的主体应当具有何种程度的注意期待,以及在公司法律适用之前就已经在英美两国有所分化的寄托法律观念。在第三部分,我们指出,英国是依据信托法有关禁止受托人信托自我交易的规定来制定公司法自我交易规则的;而美国则充分发挥了本国公平标准的救济性质,并广泛借鉴英国信义法受托人、受益人影响的相关规定,形成了具有美国特色的公平标准。在第四部分,我们可以了解到,美国现行公司机会规则部分借鉴了18世纪至19世纪初期有关受托人可否租赁或回购信托出租财产的判例法,以及在英国公司法中越来越边缘化的一些法律规则,而这些法律规则亦是早期英国信义法的产物。

二、法律思想史

在勾勒公司信义法史前史图谱的过程中,本书以四种具有指导性的法律思想为主要脉络;这些法律思想从公司信义法的不同领域中提炼而来,与本书的四个部分一一对照。对于理解美国和英国公司法的发展机理而言,每种法律思想都至关重要,它们可以说是公司信义法形成与分化的核心要素。当然,根据本书描述的复杂的法律形成和变化过程,很难将公司信义法的发展现状简单归因于某一特定法律思想,何况这种简单归因必然欠缺考虑。本书强调这些法律思想重要性的目的,既不是解析复杂的法律发展进程,也不是论证公司信义法规则是这些法律思想的衍生物,而是为这些真正引起和推动公司信义法发展、分化的法律思想正名,突出其历史重要性。

本书第一部分阐述的指导思想是“行使委托权力过程中的忠实思想”。18 世纪早期信义法认定,被委托人确信自己行使委托权力的行为符合委托目的的,不得对其作出超出此范围的期许;这一基本道德观点就是现代英美两国商业判断规则的渊源,也是商业判断规则和合理性审查的前身。在第二部分,可以看到现代公司法所引入的注意标准实际上来源于普通法有关注意回报以及注意承诺关系的道德观念。例如,人们是怎样衡量“基于友情的善意代理行为”[5]的注意程度的?更准确地说,本书想要表达的是这样一个观点,即早期的注意概念和标准其实是两种不同期许之间缠斗的产物:一是我们对有偿或无偿提供寄托服务的受寄托人履行注意义务的期许,二是我们对承诺代表他人行事的主体履行注意义务的期许。在该部分,我们会看到,美国和英国对这两种道德观念的重视程度大相径庭,这种差异也是造成如今两国采用不同公司注意标准的主要原因。在第三部分,我们并没有用某种道德观念来解释英美在自我交易相关法律上的差异,而是引入“公司的观念”来加以阐释。在这一部分能够

[5] *Coggs* v. *Barnard* (1703) LD Raym. 909, 194.

看到,英国和美国的自我交易法律规则均渊源于19世纪英国非公司领域的信义法;而由于两国对公司性质持有截然不同的观点,最终两国有关自我交易的法律走上了迥然不同的道路。在第四部分,本书阐述了19世纪关于“财产”的定义以及财产权设立的不同观点,论证了这些不同观点对英国和美国公司机会法(关联性资产法)走上不同道路的决定性影响。更确切地说,在美国(与英国相反),无论是在公司法领域之内还是之外,洛克学派对财产权的解释都占据着绝对的主导地位;其认为财产不仅代表着一系列排他性权利(以确保财产不 6
受欺诈或被他人诈取),更是劳动、工作和血汗的凝结物。这种思想早在法律制定之前就已产生,且获得了法律的背书。正是有这种指导思想作为基础,美国才能吸收借鉴19世纪早期英国信义法中关联性资产的法律规则,制定出现代公司机会规则。尽管这一规则诞生于英国,但由于财产思想的缺位,最终未能在英国蓬勃发展,只能是昙花一现。

三、差异和美国公司法律变革理论

奥利弗·温德尔·霍姆斯(Oliver Wendell Holmes)的精神时刻警醒着我辈:法律的生命不在于逻辑,而在于经验。[6] 要解释拥有共同普通法渊源的两个国家为何会走上不同的法律道路,我们常常会想当然地作出经验主义的解释或在法律之外探寻原因,例如,法律

[6] See Oliver Wendell Holmes, *The Common Law*, Little, Brown & Co., 1881, p. 1.

之外的利益集团格局发生了变化、两国在共识政策偏好上有差异或是两国对外部压力和政策的司法接受度不同。事实上,现代美国和英国的公司法之所以会如此大相径庭,与美国主流的“经验主义”公司法理论和法史学方法脱不开干系。举例而言,相关理论证明,美国公司法联邦主义是诸多法律领域(如自我交易法和关联性资产法)亲管理层规则产生的直接原因;这种理论具有极强的包容性,无论是美国现代的亲董事信义规则还是英国的亲股东信义规则(并不受各州之间公司设立竞争压力的影响),都能与之完美契合。

这一理论与其他理论(诸如有关公司法在非法学领域变革的理论)之间共同的问题就是皆不受学理性公司法历史的规束。由于缺乏对现代公司信义法历史轨迹的全面理解,我们无法确定实际的法律变革是否真正出现过,或者具体在哪个国家出现过;这就需要我们跳出法律一隅,从更宏观的“法外之地”变革中找寻突破口。此外,在对历史沿革一无所知的情况下,我们也无法理解其他领域带来的立
7 法压力与前述法律规范之间的关系,以及他们相互影响的结果为何。如果在不清楚法律渊源的情况下就贸然提出关于法律创制和变革的理论,就犹如烤完蛋糕之后才写配方,只能知道蛋糕需要面粉,却不知道还要使用鸡蛋,因此,人们总是强调面粉的重要性,而轻忽其他未知的材料。同理,在不了解过去的情况下,公司法本身关于规则制定和变革的理论不可避免地会重视法律之外的种种因素,而轻视法律内部之约束条件(包括普通法早期发展形成的法律路径依赖)。本书归纳总结的公司学说史不仅规范了当代公司法的法外诉求,还厘清了塑造公司信义法发展路径的具体法外因素。

梳理公司法学理上的系谱发现其突出了对法律变革的补充性解

释;这种解释对于受过普通法教育的人来说不言自明,但其时常被经验理论抢走风头。依据本书内容,普通法发展路径杂糅了多种元素,包括司法误读、解释和虚假陈述、扰乱法律事务秩序的轻微的法律立场熵调整(entropic adjustments),以及普通法领域内的蝴蝶效应。[7]对现有法律传统不求甚解的法院通过声明对法律立场进行轻微调整,为法律确定了新的发展方向。这种润物细无声的调整是无意识的;无论是读者还是作者,往往都很难注意到。然而,经过一段时间的发酵,恰恰是这种细微的调整引发了巨大的法律变革。虽然这种乏善可陈的解释通常被诟病为法律形式主义的变体,但若想真正了解法律迂回曲折的发展路径,并评估其合法性和权威性,除了了解法律变革的其他驱动因素外,对法律变革学理系谱的认知也是必不可少的。这种可以说是通过"以讹传讹"随机产生的法律即便被确定下来,也鲜少能够被长久地传承下去。

无论是在英国还是美国的公司信义法中,相关例子比比皆是。如下所述,特拉华州法院即便作为各州争夺公司设立竞争中的赢家,也主张摒弃法律传统,放松对法律解释的控制。举例而言,在本书的第一部分,笔者以著名的 1984 年 *Aronson* v. *Lewis*[8](以下简称 *Aronson* 案)为例,阐述了对商业判断规则的解释和虚假陈述会衍生出新的、自相矛盾的法律逻辑。此外,本书还提出,英国当下对注意 8
义务和商业判断质量关系的种种困惑归根结底都是因为在非注意标准中使用了合理性这一表述;而制定非注意标准的目的,就是明确这一观点:若无严重错误,则法院无权干涉公司商业判断。在第四部

[7] See James Gleick, *Chaos: Making a New Science*, Viking Press, 1987.

[8] 473 A.2d 805 (1984).

分，我们可以看到 *Boardman* v. *Phipps*〔9〕（以下简称 *Boardman* 案）这一标志性的关联性资产案件对英国不冲突原则造成的影响——从利益和义务的冲突转向了纯利益冲突，这不仅引发了英国关联性资产法的实质性变化，更催生出规范性董事义务这一新的理念。

（一）现实主义法律史与寻求实践

在 19 世纪美国法律中，针对裁判，占主导地位的思想是：美国法官审理案件时，并不重视先例的运用，而是依靠具体司法实践和制度安排作出判断。对于这一美国法律史思想的拥趸而言，法官们都是"现实主义者"。〔10〕根据这一观点，法官并不依先例中确立的规定和原则进行司法裁判，而是依据呈堂的事实，"首先对案件结论有一个模糊的预判……然后寻找可以支撑这一预判的具体法律原则和数据"。〔11〕

对于法律变革，19 世纪美国法并未形成一个能够对司法自由裁量权和相应后果进行有效限制的、封闭或相对自治的〔12〕系统。相反，这时的美国法律系统是开放的，法官会在综合考量当时盛行的社会规范、经济需求、政策焦点、利益群体压力以及意识形态偏好的基础上重制法律。当然，"从某种程度上来说，考虑更广泛群体的需求

〔9〕［1967］2 A. C. 46.

〔10〕转述自 1988 年约瑟夫·辛格的话，他认为"在很大程度上，我们现在都是现实主义者"——Joseph Singer, *Legal Realism Now*, 76 California Law Review 468（1988）。

〔11〕John Dewey, *Logical Method and Law*, 10 Cornell Law Quarterly 560（1924）.

〔12〕See Duncan Kennedy, *Towards an Historical Understanding of Legal Consciousness: The Case of Classical Legal Thought in America, 1850 – 1940*, 3 Research in Law and Sociology 3（1980），该文提到"法律意识作为一个实体，具有一定程度的自主性……然而，这种自主是相对的"。

和感受”[13]是普通法一以贯之的传统,19 世纪美国的法律实践则是 9
对这种传统最典型的力证。然而,水满则溢,过犹不及,由此制定的法律从逻辑上来说不过是由经验主导的司法性立法。

若对法律史进行工具主义解读,19 世纪的一些制度因素的确能够佐证前述美国司法实践中出现的观点,且这些因素为美国所独有,在诸如英国之类的其他普通法国家并不存在。[14] 但需要注意的是,当时许多美国法官都是没有经过任何法律培训的门外汉。[15] 此外,到了 19 世纪四五十年代,许多法官都是由直接推选产生,因此他们对自己“真实反映民众价值观”的民主职责的政治合法性有着更深的认知。[16] 而在 18 世纪末 19 世纪初,由于缺乏相关的法律报告,[17] 加上美国许多州都废除了独立的衡平法院和普通法法院,很多法官难以具备专业的法律素养,而了解衡平法的法官更是凤毛麟角,致使

---

〔13〕 Michael Lobban, *The Politics of English Law in the 19th Century*, in Joshua Getzler and Paul Brand eds., Judges and Judging in the History of the Common Law and Civil Law, Cambridge University Press, 2012, p. 111.

〔14〕 See Michael Lobban, *The Politics of English Law in the Nineteenth Century*, in Joshua Getzler and Paul Brand eds., Judges and Judging in the History of the Common Law and the Civil Law: From Antiquity to Modern Times, Cambridge University Press, 2012, p. 106 – 112; Michael Lobban, *Legal Theory and Judge Made Law in England*, 40 Quaderni Fiorentini 554 (2011).

〔15〕 See Peter Karsten, *Heart versus Head: Judge-Made Law in Nineteenth Century America*, University of North Carolina Press, 1997, location 644 Kindle Edition.

〔16〕 Ibid. (location 6787 Kindle edition) citing Robert Cover, *Justice Accused: Antislavery and the Judicial Process*, Yale University Press, 1975, p. 178. See also Lawrence M. Friedman, *A History of American Law* (2nd edn), Simon & Schuster, 1985, p. 371 – 391.

〔17〕 See *supra* note 15 at location 644.

上述情况更加严重。[18] 詹姆斯·肯特(James Kent)任职纽约州衡平法院大法官时曾说过这样一句名言:“我将本院作为一个全新的机构来运营,没有任何指引可以依据……绝大多数时候,我都是依照自己对案件的判断来寻找对应的原则。”[19]

能够佐证这类美国法律史观点的学术和司法权威数不胜数。这些观点各不相同,引起其差异的主要因素包括:(1)对法律系统开放程度的理解;(2)对主要经验因素的筛选;(3)对19世纪法律受这些因素影响程度的理解(对法律连续性和法律变革程度的理解)。法史学领域最具影响力的现实主义学派就是以伟大的美国法史学家詹姆斯·威拉德·赫斯特(James Willard Hurst)[20] 和劳伦斯·弗里德曼(Lawrence Friedman)[21] 为代表的威斯康星学派。这一学派提出了一种“自觉的工具主义”法史学研究方法,即认为法律“并不具有绝对(或很大程度上)的自主性”,[22] 相反,认为法律是“具体的利益集团和个人用以实现自己目的的工具或手段”,至少“在美国社会是这

---

[18] 请注意,在某些司法管辖区,如宾夕法尼亚州,其法律和衡平法一直相辅相成。但在其他地方,如纽约州,至19世纪中叶,其独立的衡平法院开始被废除。See Kellen Funk, *Equity without Chancery: The Fusion of Law and Equity in the Field Code of Civil Procedure, New York 1846–76*, 36 The Journal of Legal History 152 (2015), and Joseph H. Beale, *Equity in America*, 1 Cambridge Law Journal 21 (1921–1923).

[19] *Supra* note 15 at location 758.

[20] See James W. Hurst, *Law and the Conditions of Freedom in the Nineteenth Century United States*, University of Wisconsin Press, 1956.

[21] See Lawrence M. Friedman, *A History of American Law* (2nd edn), Simon & Schuster, 1985.

[22] See Lawrence M. Friedman, *Losing One's Head: Judges and the Law in 19th Century American Legal History*, 24 Law and Social Inquiry 253 (1999)(原文强调).

样的”。[23] 威斯康星学派所秉承的思想是“法律应时而易,因时而新”,[24]并在此基础上对普通法规则是如何调整自身以适应商业和市场的实际需求加以重点研究。皮特·卡斯滕(Peter Karsten)对该学派的观点进行总结,并提出:

> 据美国法史学主要教材的作者所言,诸如莱缪尔·肖(Lemuel Shaw)(马萨诸塞州最高法院首席大法官,1830～1860年)和约翰·班尼斯特·吉布森(John Bannister Gibson)(1827～1853年)等优秀的战前法学家“判决的谋篇布局往往胸有成竹,不必援引任何权威”。此外,“他们也不会仅仅依靠先例就作出判决,法律必须是以基本原则为出发点,精雕细琢而来”。相较于埋首考古寥寥无几的英国先例,身处美国法律黄金时代的法学家们更愿意且有能力关照新兴的、昂扬向上的美国需求,努力创制出符合时代要求的新的规则。[25]

弗里德曼正是前述卡斯滕引用的美国法史学主要教材的作者;在他看来,19世纪的美国法官是依据“有利的经济基础”来裁断案件的。举例而言,在对《销售法》的分析中,弗里德曼指出:

---

〔23〕 See Laurence M. Friedman, *Opening the Time Capsule: A Progress Report on Studies of Courts Over Time*, 24 Law and Society Review 229 (1990).

〔24〕 Friedman, *supra* note 21 at 18.

〔25〕 *Supra* note 15 at location 640.

> 十九世纪,无论是技术上的小瑕疵还是法律逻辑和术
> 11 语方面的大漏洞,都不得影响法官或者主流大众认定获取成功和财富的捷径……赊购赊销之风盛行,立法者对此却并未进行有效的约束。[26]

美国法史学其他学派则更加肯定19世纪的法官深受工具主义的影响,同时认定资本和市场的需求是引起法律变革的主要驱动因素。举例而言,著名的批判主义法史学家莫顿·霍维茨(Morton Horwitz)就提出,在19世纪,美国的司法机构将法律视为一种“政策工具”:[27]

> 时至1820年,普通法决策程序已经具有许多立法程序才有的特质。随着法官开始将普通法判决作为制定而非发现法律规则的程序,他们开始依据自己对社会和经济政策的考量来设计普世原则……[以这一时期为界限]法官开始利用法律来推动社会变革,即便对于此前法律禁止作出此类行为的领域亦是如此。[28]

这些对法律历史进行工具主义经济学的解释并非没有反对者。皮特·卡斯滕的经典修正主义观点就指出,威斯康星学派和批判主

---

〔26〕 *Supra* note 21. at 543.

〔27〕 See Morton J Horwitz, *The Transformation of American Law 1780 – 1860*, Harvard University Press, 1977, p. 30. 请注意,霍维茨假设了一个战前对法律进行工具性调整的时期,以及战后对法律形式主义的理解,这些法律僵化了现在反映资本利益的法律规则。

〔28〕 Ibid. 2, 4.

义法律研究者对法史学的阐释过度夸大了 19 世纪的法律变革。[29]卡斯滕认为,霍维茨和弗里德曼认定的工具主义法律变革本质上并非变革,相反,其只是对此前法律的延续。而那些真正引起法律变革的政策与经济政策根本毫无关联。据其所言,这些法院关心的是穷困诉讼当事人的利益,实际上是站在了企业家和公司的对立面。在卡斯滕看来,这些法理学的"精神内核"才是引起有限变革的真正原因。[30]

上述观点在非公司法领域是否有效并不在本书的讨论范围内。本书之所以关注威斯康星学派和批判主义法律研究学派,是因为他们都提出了有关法律变革的重要理论,而这对于解释英国和美国信义法的差异或有助益。若弗里德曼和霍维茨所描述的美国司法观点 12
正确无误,那么美国司法对公司、商业利益和经济需求(特别是对管理和控制公司个人的利益)的迎合就是导致英美两国公司信义法走上完全不同发展道路的根本原因。

对于本书而言,卡斯滕的研究同样具有重要意义。因为在对这一理论进行检验的过程中,卡斯滕的研究提醒我们要时刻注意,不要想当然地将法律变革归因于前述法外驱动因素,而应依照法律延续的思路尽可能挖掘法律变革的真正动因。他启示我们,主流的工具主义法律变革理论有时过于简单粗暴,会影响我们的判断力。比如,该理论主张公司信义法必须为公司治理问题提供切实可行的解决方案,否则就会给公司造成困扰和经济负担,阻碍利润的产生,降低公

---

〔29〕 *Supra* note 15.

〔30〕 关于对卡斯滕作品的尖锐批判,请参见 Friedman, *Losing One's Head*, *supra* note 22。

司这一组织形式对商业组织的吸引力，这种陈词滥调就是典型的混淆视听。而且这类法律往往会应市场压力而进行变革。然而，卡斯滕的研究提醒我们，即便我们如今对法律的看法与对公司法政策目标的评估或者市场需求之间存在一一对应关系，甚或以威斯康星学派和批判主义法律学派为代表的法史学明确指出了司法对政策和市场需求的迎合，也并不意味着这些法律规则就是法律向政策和市场需求屈服、妥协的产物。在很多情况下，现有法律能够很好地适应市场需求，并不需要任何改变。有些情况下，法律为了应对这些压力，会从内部寻求可行的解决方案；如此，法律发展便只会表现出明显的延续性，其所承受的具体压力则不会显露出来。而在另一些情况下，法律的发展路径只是机械地反映了直接利益阵营的需求和压力，这种认知可以说是对法律现实主义、法律与社会及塑造社会宏观理念之间的互动关系的狭隘解读。

举例而言，前述第一个观点，即借鉴的法律产品往往已经能够满足市场的实际需求，针对的是本书第一部分所述对商业判断的司法监督问题。在美国判例法中，以具体政策为出发点，来解读现代商业判断规则是司空见惯的做法，这些政策大多与鼓励董事会服务和确
13 保董事不会在行使公司权力的过程中过分规避风险有关。现在，我们往往认为这些规则是法院结合相关政策问题对公司法规则进行调整后的产物。事实上，在本书第一部分我们可以发现，18 世纪和 19 世纪法律规范中自由裁量权的行使，为监督公司决策提出了恰当的解决方案，同时，此方案因为能够完美地解决公司法领域问题而被公司法全盘移植。这种移植而来的法律技术源于对道德观念和政策的考量，其中一些道德观念和政策与前述提及的现代政策观念密不可

分。因此,从 18 世纪初到 21 世纪初,整整三个世纪里,法律在这一领域的发展都具有极为清晰的脉络,且延续性很强。至于我们发现的差异之处,第一部分证明了这种差异只是 19 世纪后期的特有现象。造成差异的原因有两个。一是前述英美两国对法律进行的轻微熵解释(entropic representations)。二是英国法院和特拉华州法院对关于确保董事会责任的法外问题的态度差异:前者持开放态度,后者则相对保守。就第二个原因而言,本书指出,自 20 世纪 60 年代以来,一连串劲爆的公司丑闻令英国公众对董事会责任问题越发关注,这也对 20 世纪后期普通法产生了不可磨灭的影响。

外部的法外压力并没有改变法律,而是推动法律不断挖掘其内生潜力。针对这一观点,本书第三部分指出,依据 19 世纪受信人自我交易规则,即未经股东批准,禁止自我交易,但若有自我交易的必要或自我交易能够给公司带来利益,则这一规则反而会掣肘公司发展。为了解决这类商业问题,英国提出了一种契约式解决方案,包括通过修订公司章程来改变自我交易合同的审批机制。而美国并不存在这样的方案,自我交易在商业领域的衍生和发展促使法官在现有信义法领域内探索各种新的法律解决方案,从而创造出两条截然不同但又具有内在一致性的道路,最终形成了现行的公平标准。

针对 19 世纪和 20 世纪公司法是怎样以牺牲商业需求和经济便利为代价而完成重塑的,本书在对公司法史前史的探讨中并未提供详细的例证。因为并无证据能够证明公司信义法是为了满足市场需
求和强大利益阵营的利益而进行的法律变革和调整,也无证据证明 14
公司法是一种“政策工具”。然而,19 世纪美国生活的某些独特社会观念的确对公司信义法产生了不可磨灭的影响,这种影响催生了现

有的法律原则;并且对于由此产生的公司法律后果,即便是从事后治理的角度来看,也是十分有效的。本书认为,这些社会观念是19世纪“美国观念”的组成部分,由此佐证了美国公司信义法是支持霍姆斯观点的,即“法律反映了一个国家跨越百年的发展历史”。[31] 举例而言,正如笔者在第二部分所述,美国寄托法与英国寄托法的分歧就是美国采用董事注意义务的主要原因。19世纪,美国社会生活的交易性、商品化的性质催生出了关于有偿注意或无偿注意的论调以及主张提高特定重大过失标准的观点,而这种重大过失标准随后亦被引入了公司法领域。针对第四部分的公司机会,本书列举了两个具有影响力的观念:一是美国社会普遍持有的反垄断观念,尤其是在新世界未经开发的领域;二是前述提到的第四部分主旨,即19世纪逐渐被法律所固化的关于财产的定义、设立的道德和社会观念。需要注意的是,美国的这些观念并没有改变或打破现有的法律规则,反而对英国普通法已有的一些法律原则进行了升华。而在英国,由于此类外部观念的缺位,其相关原则的发展每况愈下,甚至逐渐沉寂。

(二)公司法律联邦主义

在半个世纪里,美国公司法学术研究都集中于论证两个观点:一是公司法律联邦主义具有实质性法律效力,因为其促使近66%的世界五百强企业选择在特拉华州设立;[32] 二是这种公司法律联邦主义是特拉华州能够成功的原因。无论是在美国还是世界其他地方,相
15 关争论都沿袭着一贯的套路,在此简要描述一二。要讨论有关现代

〔31〕 *Supra* note 2 at 1.

〔32〕 特拉华州公司事业部2015年年度报告,该报告指出:“2015年,在美国首次公开募股(IPO)中,有86%的公司选择特拉华州作为公司总部所在地。”

公司法律联邦主义的争论,就不得不提及美国证券交易委员会主席威廉·卡里(William Cary)。他在有关联邦政府干预(而非联邦公司)的一个案件中指出,特拉华州"在50个州中不值一提",[33]"它塑造的体系导致美国公司标准退化,同时自身也深受其害"。[34] 在卡里看来,为了吸引公司管理者在本州设立公司,从而对其征收本州财政高度依赖的特许经营税,特拉华州设立了一系列有利于管理者的规定,而这种公司法律联邦主义最终会引发"逐底竞争"。卡里提出,这种激励机制不仅会影响立法程序,还会影响特拉华州法院和信义标准:

> 特拉华州的司法判决证明,法院已经承诺实施本州的"公共政策",为管理层创造有利的环境。无论该做法是有心还是无意,信义标准都不可避免地被放宽了。[35]

针对卡里的批评,拉尔夫·温特尔(Ralph Winter)提出了可信且有力的反驳。他指出,灵活的亲管理层规则可能对提高股东利益有着巨大益处,因此投资者会倾向于投资那些适用了这种规则的公司。若某州的规定不利于股东利益,而公司选择在该州设立,那么在后续的市场活动中难免会束手束脚。因此,在温特尔看来,公司初次设立或重新设立时,会倾向于选择那些"法律能够兼顾股东和管理者利益

---

〔33〕 See William L. Cary, *Federalism and Corporate Law: Reflections Upon Delaware*, 83 The Yale Law Journal 663 (1974).

〔34〕 Ibid. at 663.

〔35〕 Ibid. at 670.

需求”的州。[36] 换言之，与其说公司法律联邦主义引发的是底线竞争，不如说是上限竞争，而信义规则的任何松动都有可能带来可观的利益优势。

温特尔的观点得到了很多人的认同。例如，伊斯特布鲁克(Easterbrook)和费舍尔(Fischel)就指出，“管理者若是从投资者的角度来选择最满意的州设立公司，则能吸引到最多的资金”。对他们而言，这一竞争程序“不仅塑造了亲股东的公司治理架构规则，还塑造了亲股东的信义规则”。[37] 沿袭温特尔的研究思路，罗伯塔·罗曼诺(Roberta Romana)认为，公司法律联邦主义主张强调美国公司法
16 的“潜能”价值。[38] 而认可温特尔观点的其他追随者则采用了实证主义研究方法来证明特拉华州法律的价值效应。[39]

卡里和温特尔的研究涵盖了过去40年有关政策竞争争论的所有焦点问题。随后的干预措施则能够帮助我们更深入地了解公司法律联邦主义的影响，以及理解何种程度才能称得上是州际竞争。[40] 尽管种种干预措施在亲管理层价值观或亲股东价值观的倾向程度以

---

〔36〕 See Ralph Winter, *State Law, Shareholder Protection, and the Theory of the Corporation*, 6 The Journal of Legal Studies 251 (1977).

〔37〕 See Frank H. Easterbrook and D. R. Fischel, *The Economic Structure of Corporate Law*, Harvard University Press, 1991, p. 5 – 6.

〔38〕 See Roberta Romano, *The Genius of American Corporate Law*, AEI Press, 1993.

〔39〕 See Robert Daines, *Does Delaware Law Improve Firm Value?*, 62 Journal of Financial Economics 525 (2001).

〔40〕 关于到底是哪些州正处于竞争之中以及其竞争对手是谁。See Robert Daines, *The Incorporation Choices of IPO Firms*, 77 New York University Law Review 1559 (2002). See also Marcel Kahan and Ehud Kamar, *The Myth of State Competition in Corporate Law*, 55 Stanford Law Review 679 (2002); Mark Roe, *Delaware's Shrinking Half-Life*, Stanford Law Review 125 (2009).

及确定特拉华州具体竞争对手等方面存在分歧,但它们都反映出一个共同的观点,那就是特拉华州法律带有明显的政策竞争色彩。前述干预措施中最具影响力的一项是由拜伯切克教授(Bebchuk)和罗教授(Luo)提出的。1993 年,在一篇名为《联邦主义与公司:公司法州际竞争中的合理限制》的文章中,[41]拜伯切克提出,尽管温特尔指出的激励机制引发了公司法领域的上限竞争,但在法律的两个领域内,这些激励机制很可能会崩溃,最终导致底线竞争。这两个领域分别是对于管理者而言具有明显再分配性质的规则领域以及影响市场运作的规则领域(此处的市场会对亲管理层公司的设立选择加以规制)。针对具有明显再分配性质的法律领域,拜伯切克认为,管理者倾向于选择具有亲管理层规则的州,因为这些规则给其带来的好处远远大过其应承担的负面市场反应(包括直接成本和搬迁的可能性)所带来的成本。拜伯切克认为,在公司法中存在三类具有明显再分配性质的规定,其中两项为规制自我交易的公司信义法规则以及规制公司机会分配的规则。[42] 拜伯切克的观点对于挖掘公司法律联邦主义效力的中庸或"中立"性的理解具有不可比拟的影响,其中的"中立"性是指"各州退而求其次,在兼顾信义规则与反并购规定的 17
情况下,追求一种次优的管理调节政策"。[43]

近期,马克·罗伊(Mark Roe)对特拉华州立法中公司法律联邦主义的效力展开了更为深入复杂的分析。他提出,除了州与州之间

---

〔41〕 See Lucian A. Bebchuk, *Federalism and the Corporation: The Desirable Limits on State Competition in Corporate Law*, 105 Harvard Law Review 1442 (1992).

〔42〕 Ibid. at 1462. The third area was insider trading.

〔43〕 See William W. Bratton, *Delaware Law as Applied Public Choice Theory: Bill Cary and the Basic Course after Twenty-Five Years*, 34 Georgia Law Review 447 (2000).

横向的立法,还应存在联邦和州之间纵向的立法。[44] 要实现这种纵向立法,并同时避免联邦政府的干预,以确保公司特许经营的完整性,特拉华州立法机关和法院必须对联邦政治作出反应。值得一提的是,尽管罗伊对特拉华州法律演变的驱动因素提出了不同看法,但与普遍观点一致的是,他同样认为现代特拉华州法律是在公司法律联邦主义压力下催生的产物。

然而,对于大多数现代评论家而言,仅凭一家之言,就将特拉华州的成功归因于其法律能够积极顺应管理者利益或促进价值生成未免显得过于武断。更务实地来说,特拉华州之所以能够成功,其丰富的判例法(为法律问题和争议提供了极富价值的解答)以及在政策竞争中因初战告捷而带来的优势可谓功不可没。特拉华州的法律改革一炮打响,促进了法律发展内部的良性循环,因为越多的公司设立就会滋生越多的诉讼,而越多的诉讼就会创造出越多的先例,以此满足公司需求。除此之外,更多的诉讼还能增加法律的精确度,提升司法机构的公信力。罗伯塔·罗曼诺就是这一观点的早期拥趸:

> 特拉华州制定了一套完善的注意法体系,这是其他州难以复制的。同时该州还拥有一批经验丰富的法官。有了这些条件,企业就能够更准确地预测自身决策所带来的法律后果,从而更有效地制定规划,以降低经营成本。[45]

---

〔44〕 See Mark Roe, *Delaware's Competition*, 117 Harvard Law Review 588 (2003).

〔45〕 See Roberta Romano, *Law as a Product: Some Pieces of the Incorporation Puzzle*, 2 Journal of Law, Economics and Organization 225 (1985).

在梅西(Macey)和米勒(Miller)看来,“特拉华州给本州设立的
公司提供的最大好处大概就是高度发达的判例法”。[46] 近期,布拉
夫曼(Broughman)和亚伯拉罕(Ibrahim)指出,尽管对商业的熟悉是
特拉华州在公司法领域保持领先的一大原因,但“相比竞争对手,能
够制定更为理想的法律才是令其登顶公司法金字塔的真正原
因”。[47] 另外,在剖析特拉华州成功的原因时,克劳斯纳(Klausner)不 18
仅对现有法律体系进行了研究,还对大多数公司所青睐的判例法体
系所引致的积极网络外部性影响加以探讨。[48]

公司法领域公认的观点是,特拉华州法律之所以能够在公司法领域独领风骚,是因为公司法律联邦主义、特拉华州法律、司法质量或相关网络外部性对其居功至伟,本书从关于公司信义法发展史学阐释角度对上述观点提出了不同看法。前述理论的架构尽管精巧缜密,但并无任何相关法史学资料作为支撑。本书第一部分至第四部分对英美两国商业判断规则、注意义务、自我交易和公司机会的分析证明,在前述任一领域,无论是公司法律联邦主义催生的竞争程序,还是在特拉华州法律中发现的相关法律规则的渊源,都并非导致特拉华州公司法具有亲管理层性质的根本原因。特拉华州法律坚持的基本立场确立于特拉华州之外的每一个前述法律领域,且早在 19 世纪末 20 世纪初政治领域大热的政策竞争观念占据主导地位之前就

---

〔46〕 See Jonathan R. Macey and Geoffrey P. Miller, *Toward and Interest-Group Theory of Delaware Law*, 65 Texas Law Review 469 (1987).

〔47〕 See Brian J. Broughman and Darian M. Ibrahim, *Delaware's Familiarity*, 52 San Diego Law Review 27 (2015).

〔48〕 See Michael Klausner, “Corporations, Corporate Law, and Networks of Products” (1995) 81 *Virginia Law Review* 843 – 844.

已经形成。[49] 更令人瞠目结舌的是,在前述的各个法律领域中,早在制定相关法律之前,特拉华州就已经在抢夺公司设立这场竞赛中
19 遥遥领先,吸引了大批公司。[50] 当时的特拉华州并非"第一个吃螃蟹"的州,也不具有任何法律网络外部性或存在大量的先例,更没有通过创制先例来增强司法精度;但即便如此,其仍然赢下了这场比赛。也就是说,实际上特拉华州的成功与其法律或司法机构并无干系。虽然司法层面上并未明确说明法律制定的出处,但特拉华州的法律基本就是全盘照搬其他州法律,而这些州的法律则大多源于英国法律中的各种信义和商业规定。

事实上,无论是特拉华州本身还是政策竞争,都并非特拉华州形成亲管理层信义规则的根本动因,但这并不意味着公司法律联邦主义对该规则的形成就没有任何影响。相反,本书指出,公司法律联邦主义造成了两方面的影响。首先,在缺乏相关法律和精细化司法机

〔49〕 一般认为,特许权的竞争始于1889年新泽西州颁布的允许公司拥有其他公司股票的法令,或者始于1896年新泽西州通过的被公认为第一部现代公司法的法律。But see Charles M. Yablon, *The Historical Race Competition for Corporate Charters and the Rise and Decline of New Jersey: 1880–1910*, 32 Journal of Corporation Law 323 (2007),(但亚布隆辩称这一过程早在1880年就开始了,他指出"在1880年至1889年十年间,还没有任何公众人士认识到新泽西州或其他任何一个州已经成为一个特别受欢迎的公司注册州,尽管有证据表明见多识广的商业人士对此有不同的看法")。此外,西弗吉尼亚州在1888年首次尝试了"兜售注册证书"的策略,但收效甚微。See Christopher Grandy, *New Jersey and the Fiscal Origins of Modern American Corporation Law*, Taylor & Francis, 1993, p.43("在1890年之前,……新泽西州的公司法关注的是在本州运营的公司"); William W. Bratton and Joseph A. McCahery, *The Equilibrium Content of Corporate Federalism*, 41 Wake Forest Law Review 619 (2006).

〔50〕 直至1922年,纽约证券交易所55%的上市公司都在特拉华州注册成立。See William W. Bratton and Joseph A. McCahery, *The Equilibrium Content of Corporate Federalism*, 41 Wake Forest Law Review 619 (2006), citing Russell Carpenter Larcom, *The Delaware Corporation* 11–13 (1937).

构的情况下，特拉华州仍能在公司政策的竞争中大获全胜，这一切都归功于其本身非同一般的特质。正如有人提出的，[51]作为一个面积狭小、人口稀少、严重依赖公司带来财政收益的州，特拉华州着力于改善其法律现状。对于在特拉华州设立公司的董事们而言，州财政对公司的依赖让他们可以放心地继续在其他地区的法律风险里游走，而这样优厚的条件是那些不依赖公司专营税的州所不能提供的。因此，本书通过梳理信义法的发展历史，证明事实上并不存在所谓的公司法上限竞争、底线竞争乃至至中竞争，这只不过是规范化重复法律传统继而保持法律现状的需要罢了。换句话说，特拉华州并没有制定自己的公司信义法。相反，特拉华州走的是拿来主义道路——借鉴其他地区的公司信义法，并随后将之固化，以免受到外部问责的压力（立法机构和司法机构在应对有关董事责任的公共和政治问题时有所反应）。而在其他不存在类似政策竞争的地区，尤其是英国以及美国的其他州，我们发现了因问责压力而导致立法干预和普通法调整的迹象。正如本书在第八章英国注意义务中所讨论的，现代英国评论家们常常为英国的普通法未能适应现代（问责）环境而扼腕叹息。然而，当我们将英国公司信义法的发展路径与特拉华州的法律 20
作对比时，就会发现特拉华州法律受到的历史影响其实更为深远。

其次，美国公司法律联邦主义的第二个影响弊大于利。笔者认为，由于特拉华州在吸引公司设立的战役中大获全胜"成为赢家"的这种观念让其形成了急功近利的司法风格，同时也对该州的法律质量产生了负面影响。不仅如此，这种"成为赢家"的观念还催生出一

---

[51] Roberta Romano, *supra* note 45 at 240 – 242.

种“内在转向”,即在阐释特拉华州的规则时,只能引用特拉华州法律和特拉华州普通法,即便其中并无可援引的权威规定。第一,这种司法风格给追溯特拉华州法律源头造成了重重阻力。第二,这种司法风格会促使特拉华州法院在还未仔细研判其他州先例的情况下,就盲目提出和重复提出先例中已有的法律观念,导致移植而来的法律观念与其产生的背景相割裂,从而被断章取义式地应用。第三,这种司法风格还会增加熵法律解释和虚假陈述的概率,扰乱法律秩序,由此引发的后果包括:第一部分中荒诞无稽的法律观念的产生及其标准的扩大;第一部分和第二部分中,结构非一致性的产生;第二部分、第三部分和第四部分中就同一法律问题针对不同情况的不同处置方式的组合(因此问题处置的方式并不固定)。由此可见,政策竞争和特拉华州急功近利的司法风格才是造成这种不确定性的元凶。

第一部分　商业判断和授权行使中的诚信观念

第一章　商业判断:起源

从古至今,社会各行各业的衍生和发展都离不开授权行为。授权人将自己手中的权力授予不同的机构和个人,由这些机构和个人代为行使,从而达成既定的目标。我们可以制定各种法律和非法律机制,用以控制、统率和引导授权的行使:提高被授权人正确行使所授权力达成既定目标的概率,避免以权谋私行为的出现。现代公司和金融法学者从控制代理成本的角度出发,思考了如何确保董事在行使所授公司权力的过程中时刻以达成公司目标为己任。此外,为了解决相应的成本问题,本书将围绕法律、市场和股东特许经营(shareholder-franchise)策略等方面展开讨论。[1]

策略之一,是依据特定的决策质量标准对被授权人所作的决策进行审查,也就是由特定的机构和个人对其展开审查,这些机构和个人必须不受任何可能影响被授权人决策的、不可告人的压力、势力和

---

〔1〕 See generally John Armour et al., *The Anatomy of Corporate Law* (3rd edn), Oxford University Press, 2016.

动机所制约。然而,决策审查这一观念本身就存在难以调和的矛盾。授权行为的全部意义在于通过提高决策质量,最大限度地达成既定目标。无论是直接作出审查决定还是以间接的方式对决策制定者的决策设置标准,都说明了一个情况——审查决策的权力说到底还是决策权。而囿于信息和能力,审查机构相较于被授权人,反而难以作出同等质量的决策。此外,若审查机构被授予了决策审查权,并对决
24 策者的决策行为予以惩处,那么这种审查规定无疑会损害授权的效力和利益:如果自己的一举一动以及个人福利都要受到来自可能逊色于自己的决策者的审查,那么谁会愿意当这样的被授权人?鉴于此,审查被授权的决策质量的权力必须受到严格的限制。但若完全放开,不设置这种审查,那么除非存在其他行之有效的纪律控制和策略引导,否则前述种种不可告人的压力和动机就会如脱缰野马一般,完全失去控制。

在本章中,笔者将探讨公司法是如何解决这一问题的。在英国和美国,法律对法院监督、审查和干预董事会作出商业判断的权力进行了限定,本章将重点考察这类法律的发展脉络。首先,本章将简要梳理公法和私法领域中司法审查对授权行为的监管方式,且对非公司法领域的相关先例进行大致回顾,由此展开本章的分析。其次,在第二章、第三章和第四章,我们将对这些先例是如何被引入英美公司法以及其后续演变过程进行探讨。

一、早期英国法律对判断和自由裁量权的规制

(一)目的善意

在英美非公司的私法和公法领域,有一种根深蒂固的法律思想:法院不会对行使授权的主体所作的判断横加干预或监督。自 18 世纪初期以来,在各行各业中,法律对行使授权的主体的要求仅有一个,即被授权人应以被授权的目的或目标为准则行使其被授予的权力,且应秉承主观善意和诚信行事的原则。换言之,被授权人须真诚地相信自己的行为有益于实现既定的目标。相对应的反例则是被授权人存在不诚信或欺诈的念头,且采取行为的目的是达成其他(包括自己的)目标或谋取自身利益。

早在 1723 年,英国衡平法院就提出,“受托人不应为无意中造成的且自身没有从中获益的错误承担责任”。[2] 1742 年,在 *Charitable Corporation* v. *Sutton*(以下简称 *Charitable Corporation* 案)中,哈德威克法官(Lord Hardwicke)指出,特许公司的“委员”(董事)既然接受了委托,那么“在执行事务的过程中,就负有忠诚义务和合理注意 25
义务”。此处所说的忠诚就是“对信托雇主忠诚”。[3] 此外,“如果其是在授权范围内实施行为,……即便造成了不良后果,也很难界定这种行为是否构成对信托义务的违反”。[4] 5 年后,在 *Knight* v. *Earl of*

---

[2] See *Crookshanks* v. *Turner* (1723) Ⅶ Brown 255 quoting the headnote.

[3] (1742) 2 ATK 400, 405 (着重强调).

[4] Ibid. See also *Attorney-General* v. *Wilson* (1840) 41 E. R. 389.

Plymouth(以下简称 *Knight* 案)中,哈德威克法官针对受托人再次提出了以下观点:

> 设想一个受托人掌管了一笔数量可观的资金,为了信托受益人的利益,将资金投入了基金中,随后该基金价值跳水;或者他将资金用以购买当时涨势大好的证券(结果却事与愿违)……那么是否在上述任一案例中,受托人要为实际投入的资金承担责任?答案是否定的。只要受托人在实施行为的过程中不存在恶意,即他并非故意实施这种行为,法院往往就会对其予以支持。[5]

在 1758 年的 *Aleyn* v. *Belchier* 中,针对向寡妇授予财产行使[6]的权利,诺辛顿法官(Lord Northington)指出"享有权力的主体必须秉承善意原则,需为实现既定目标而行使权力,否则其行为就是腐败且无效的,没有比这更简单的道理了"。[7] 在 1801 年的 *Harman* v. *Tappenden*(以下简称 *Harman* 案)中,[8] 其涉案主体包括一个社团——法弗沙姆自由渔民和采砂船工公司(Company of Free Fishermen and Dregermen of Faversham),法院对此持有同样的观点。在该案

---

〔5〕 Dickens, 120 (1747) (着重强调).

〔6〕 这种连带权包括授予财产使用权或财产所有权的相关权利,且被授权的对象仅限于丧偶的民事主体。

〔7〕 (1758) 28 E. R. 634, 637 (着重强调). See *In re Lord Coleridge's Settlement* [1895] 2 Ch. 704, 707. 这是 19 世纪末关于同一规则后续适用的众多案例之一。在该案中,受托人要求承租人作出一份赋予其终身行使投资权的声明。奇蒂法官(Chitty J.)指出,"若受托人在行使自由裁量权时,依照善意原则选择这些证券,则其裁量权就不会受到质疑"。

〔8〕 See 1. East 55 (1801). See also *Attorney-General* v. *Wilson* (1840) 41 E. R. 389.

中，自由渔民公司剥夺了原告的部分捕鱼特权；原告因此提起诉讼，对该公司的决定提出异议。尽管首席法官凯尼恩（Lord Kenyon）承认公司的这一决定的确存在不当之处，但“也仅仅是失误而已”。凯尼恩法官认为，“本案是无先例可循的新案，这种诉讼所指向的也就是单纯的判断失误或错误”，且没有先例可以支持法院在“没有证据证明被告存在恶意的情况下”对其进行司法干预。而在同一时期发生的 *Attorney General* v. *The Corporation of Exeter* 中，埃尔登法官（Lord Eldon）针对受托人行使授权指出：

> 法院在处理慈善机构受托人案件时，通常会遵循这样的原则：若受托人存在故意错用权力的行为，法院将会严惩不贷；但若仅仅是无意的错误，法院则不会多加苛责……若受托人在管理信托资金时犯错，但经查证，受托人的确是秉承善意行事，且没有任何腐败行为，则法院为了长远起见，不会适用以往的先例对其进行惩罚。[9] 26

在英国早期的合伙企业案件中，埃尔登法官均采用了同一方法。以 *Carlen* v. *Drury*[10] 和 1812 年的合伙企业案件为例，他提出了以下著名观点：

> 不能要求本院在任何时候都无条件对管辖范围内所有的剧院和酿酒厂实施管制。

---

〔9〕 2 Russ 45（1811）.

〔10〕（1812）35 ER 61，62.

他还指出,不能仅仅因为存在"管理不善"就要求法院动用司法管辖权。对于埃尔登而言,要想法院对"一宗违反约定或滥用信托的案件"加以干预,"必须满足法院规定的所有条件",即证明"当事人不会按照其职责要求以相关利益为己任"。

在18世纪至19世纪的英国,除了在受托人、非公司社团和合伙企业的私法领域中应用外,这种审查授权行使的方法还被广泛应用于各种公共和准公共活动之中。前文我们曾提到这种审查被应用于特许公司中,如 *Charitable Corporation* 案中,哈德威克法官指出,董事"具有一定的公职人员色彩"。公法情境下的例子还有很多,在与教会领袖、政府官员、校长和法官相关的案件中俯拾皆是。〔11〕 例如,在 *Ferguson* v. *Earl of Kinnoul* 中,原告就被告拒绝指定自己担任基督教长老会内阁职位的行为提起上诉,上议院指出:"除非证明被告拒绝指定的行为存在恶意,否则法院不会受理该诉讼"。法院认为,被告这种做法是"自由裁量权的性质使然"。〔12〕 在 *Pryce* v. *Belcher*
27 中,原告对一名选举监察官提起诉讼,理由是被告拒绝依据《1843年议会选民登记法案》在区选举中登记其选票。原告提出,若选举监察

---

〔11〕 See *Sommerville* v. *Mirehouse* (1860) 121 E. R. 857. 在援引 *Harman* 案后,法院认定:"如果法官善意地犯了法律上的错误,他们就不会因为作出无效判决而被起诉。"

〔12〕 *Ferguson* v. *Earl of Kinnoul* (1842) IX Clark & Finnelly 251, 290:"即使是下级法院,只要法律赋予了它们相应的司法权能,就无须对判决中的错误负责。但如果他们不是以法官身份行事,而只是拥有一项受托的自由裁量权,那么无论这种自由裁量权的行使所产生的错误有多么显而易见,其造成的危害有多么严重,他们也不应对此负责。这源于事情的本质、司法权的性质以及自由裁量权的性质,即司法从来不得无故干涉权力的行使。"See also *M' Millan* v. *Free Church* (1862) 24 D. 1282:"提出这一意见的依据是,被依法赋予司法职能的当事人善意地对受其管辖的各方当事人行使这些职能时,即使存在错误,也不应因这些错误而对当事人承担损害赔偿责任……这些公职人员对判决中的错误享有赔偿责任豁免权,除非其错误是因腐败或恶意造成的。"

官未能对有投票权的主体进行登记，则无论这一决定的动机是什么、是否具有善意，其都需要承担责任。然而，普通诉讼法庭驳回了这一意见。与 *Harman* 案一样，普通诉讼法院认为，"恶意是诉讼成立的关键因素之一"，并认可了被告律师的观点：

> 选举监察官拒绝登记某人的选票，即便随后证实这个人确有投票权，仅仅证明这一事实也不足以提起诉讼，除非能够证明选举监察官是在恶意和不当动机的驱使下作出的拒绝登记选票的行为。此外，若当事人是经过深思熟虑后诚信正直地作出这一决定的，则无须对其行为造成的后果承担责任。[13]

在 *Hayman* v. *Governors of Rugby School* 中，一位被解雇的校长向法院提起诉讼，要求法院宣布解雇决定无效。而依据《1777 年拉格比学院和济贫院法案》，拉格比学院理事会（受托人）有权"按受托人的意愿和喜好"罢免校长。衡平法院的马林斯法官（Malins VC）拒绝对理事会的决策加以干预，并指出：

---

〔13〕 *Pryce* v. *Belcher* (1846) 3 C. B. 58, 78. See also *Thomas* v. *Daw* (1866) L. R. 2 Ch. App. 1. 关于对下水道专员有强制购买土地的权力的质疑，切姆斯福德（Chelmsford）大法官指出："我认为，在每一宗有意拓宽或改建街道的个案中，专员都有权裁定某栋房屋或建筑物阻碍了这项目标。**如果这个决定是诚实做出的，即使存在错误，也是无可指责的。**根据第 96 条的规定，若专员征收了超过拓宽或改建街道所需范围之外的房屋和建筑物，所产生的唯一后果是其必须出售房屋或建筑物，当然，前提是房屋或建筑的购买者享有优先购买权。"（着重强调）See further *Pease* v. *Chaytor* (1863) 122 E. R. 233. 该案律师提到 *Harman* 一案，以支持"执行职务的官员享有豁免权"这一规则理念。

> 双方当事人就本案援引的众多权威案例都证明，所有
> 凭喜好行使的强权在行使时都无须说明缘由，本案中赋予
> 28 理事会的罢免权亦是如此。唯一的限制条件就是，相关权
> 力主体在行使权力时必须秉持公平和诚信原则。除非有反
> 证，否则法院通常会假定该权力主体是公平且诚信地行使
> 其权力，而提出反证的责任由对该权力行使有异议的主体
> 承担。[14]

对于英国早期适用的谦抑的善意标准应当作何解释？通常认为其背后有三项驱动因素。第一，也是最重要的因素，早期法院的态度其实反映出了社会对被授权人（同意代表他人行使授权的主体）合法职权边界的普遍理解。我们可以期待被授权人仅利用该权利去做自己认为正确的事：在代表他人行事之时秉持诚实善意。对于某些行为主体而言，这一观念是很复杂的，即法院发现很多承诺行使授权的主体都非常无私，完全不考虑个人的利益和回报，我们应该看到，这种观念对注意义务的产生和发展具有重要意义。[15] 在 *Knight* 案中，哈德威克法官得出了“若受托人的行为不存在恶意——故意，则法院往往会支持他”的结论，随后他指出：

> 信托是维系人与人之间关系的必要制度，如果受托人能够忠实履行信托职责，就不存在任何后患，那么无论对谁来说，接受这一职务都是一大善举。

---

〔14〕 (1874) L. R. 18 Eq. 28, 68.

〔15〕 See p. 139 – 140.

第二，通过法律对这些行为规定期待的反应，我们同样可以从早期案件中看到善意标准的其他政策和实际驱动因素的身影。结合上述对被授权人合法职权边界的理解，早期法院已经意识到，其制定的关于审查授权的行使的规定会造成意料之外的后果，导致被授权人束手束脚，心有余而力不足。在 *Knight* 案中，哈德威克法官表示：

> 审查授权的行使会增加不必要的麻烦，让受托人对无法预知且无法预防的损失负责，这样一来，任何人都不愿意担任受托人，因为这只会“吃力不讨好”。

同样地，在 *Attorney General* v. *The Corporation of Exete*r 中，埃尔登法官指出，“无论适用善意标准之外的哪一种原则，都会令审慎冷静的人放弃成为慈善机构的受托人”。 29

第三，法律的善意立场，这在早期法院对自身局限性和事后评价机制的认识中都有所体现。我们常说，法院之所以会对被授予自由裁量权（尤其是商业判断的自由裁量权）的行使持谦抑态度，原因在于其认识到自己是法律领域而非商业领域的专家。早期的法院显然十分机智，能够认识到自身在这方面存在局限性。事实上，在公司信义法的其他领域，早期的法院也明确拒绝对商业活动进行细致审查。举例而言，法院拒绝对公司和董事之间的自我交易行为公平与否作出评估，[16]法官亦主动提出自己并不具有评估商业活动的能力。然而，在这一法律领域，我们并未发现有人援引有关司法能力的陈述来

---

〔16〕 See p. 313 – 314.

佐证善意规则。虽然善意规则毫无疑问与司法职责观念存在千丝万缕的联系,但其绝非司法职责观念的产物。换言之,笔者的确发现了与事后司法审查相关的司法认定困难及审查不适当的问题,也就是现在所说的后视偏差问题。在 *Charitable Corporation* 案中,哈德威克法官对自己提出的观点“如果是在授权范围内实施的行为,……即便造成了不良后果,也很难界定该行为是否违反信托”给出了原则性的解释,他表示:

> 对于一个法官而言,无论如何都不能在受托人行使授权引发不良后果后表示他们早就应该预料到会有这样的后果,并就此判定他们犯有违反信托之罪。

如此看来,在某种意义上,相比如今的法官,18 世纪和 19 世纪的衡平法官在政策竞争领域反而更胜一筹。

(二)了解“人的意图”

在最早的普通法案例中,法院就意识到,对依据忠实和善意设立的行为标准进行有效监管几乎是不可能完成的任务。主观的善意更是虚无缥缈,根本无法确证。对此,《1478 年年鉴》指出,“人心只有鬼知道”。[17] 由于法院不愿做应声虫,不会“仅凭当事人宣称自己并无欺诈故意的一面之词就判定其行为是出于善意”,[18] 因此需要寻

---

〔17〕 See Anonymous case in the Year Book of 1478 (Y. B. 17 Ed. IV. Pasch. f. 1, p1.2) set out in C. H. S. Fifoot, *History and Sources of the Common Law*: *Tort and Contract*, Greenwood Press, 1949, p. 253.

〔18〕 See *In re National Funds Assurance Company* (1878) 10 Ch. D 118, 128.

找其他具有证明力的推断或线索来确定行为的善意或恶意。缺乏善意的推断可被各种间接证据所证明,例如当事人与案件无关的喜好或者受这种喜好影响的利益冲突等。恶意的推断则可从当事人对行为后果极度冷漠的态度中推导出来。举例而言,在 *Royal Acquarium* v. *Parkinson* 中,[19]针对作出不实陈述的主体是否具有故意,埃谢尔法官(Lord Esher MR)指出:

> 有些时候我们会说,问题在于确定当事人是否秉承善意而非恶意行事,但我认为这种说法并不恰当。准确地说,问题应该是:当事人到底是忠实履职还是滥用职权……实践中存在这样一种心理状态,虽然当事人不是故意地说假话,但也会令陪审团确信其滥用职权且在实施行为时确有恶意。若出于愤怒或其他动机,当事人放任自己陷入一种鲁莽且不计后果的状态,肆意中伤他人,那么无论其言论真实与否,我想陪审团都会认定他在滥用职权。

在缺乏可推断行为善意与否的证据时,评估善意的方法之一就是对掌权主体所作决策的理由进行客观的质量测试。在研究缺乏善意、欺诈或恶意的具体内涵时,我们发现,在早期非公司领域,法院对商业判断的客观监督水平相对较低,现代公司法学者往往将这种监督称为理性或合理性审查。也就是说,只要能够确定诉讼理由与授权目的之间存在合理关联,则善意成立。举例而言,在上述 *Hayman*

---

〔19〕 [1891 - 94] All ER Rep 429, 433.

31 v. *Governors of Rugby School* 中，法院综合考量了如下事实：没有证据能够证明理事会存在恶意意图、理事会的社会地位以及确定存在将一位合格校长解雇的事由（例如，该校长未能维持学校秩序或遵循学校习惯），最终认定善意成立。

如果上述理由不可确定，则暗示存在恶意。笔者找到了一些早期案例来证明作出恶意推断的理由有多荒诞，以及区分这些推断的标签和概念。举例而言，在 1808 年发生的 *Doe*, *on the demise of Lawton* v. *Radliffe* 中，并无证据显示终身受益人行使房屋租赁权的行为存在恶意，理由是终身受益人被设定的租金低于其他潜在承租人愿意支付的租金，法院对这一决定是否“大错特错”提出了质疑：

> 以终身受益人并非出于善意作出租赁行为（恶意的表现）为由提起诉讼根本就是欲加之罪，且并没有证据证明租赁行为受到了任何偏好的影响。因此，想要撤销租赁行为，就必须证明租赁决定“大错特错”。[20]

在 *Errington* v. *Metropolitan District Railway Company* 中，针对铁路公司法定授权的强制购买权，杰赛尔法官（Jessel MR）指出，“决定需要购买什么的主体应当是公司，但公司未能善意行事的除外”，此外：

> 证明缺乏善意的方式有两种。其一，证明是因为某些

〔20〕（1808）10 East 279, 279（着重强调）.

附带用途才需要土地的;其二,证明在当前情形下,公司主张的用途极度不合理,不可能是善意的。[21]

对此,杰赛尔法官对公司行为作出结论,认定“此间并不存在任何不合理之处,因此不会引发存在恶意的联想”。[22] 对于该案争议,布雷特法官(Brett LJ)关注的焦点则在于“我们是否可以从公司行为的不合理程度得出被告不具有善意这一结论”。[23] 类似案件还有 *Dawkins* v. *Antrobus*,在该案中,科顿法官(Cotton LJ)针对涉案的非公司团体(一家俱乐部)指出:

> 今日,我们聚集在此,目的既不是审查委员会的决定,也不是来宣告已有的结论。涉案决定到底正确与否,只能从委员会的意见是否极度不合理或存在明显错误来判断,这样才能证明其行为不具有善意,并且存在恶意、不负责任 32
> 以及未能按照规则公正诚实地行使其授权。[24]

在其他一些法律情形中,法院在适用善意行为标准时,会同时参考类似的恶意概念指标,尽管有些指标与授权权利的行使并不相干,但从中我们仍能够对 19 世纪法院处理善意和诉讼理由关系的方法

---

〔21〕 (1882) 19 Ch. D. 559, 571 (着重强调).

〔22〕 Ibid. at 572 (着重强调).

〔23〕 Ibid. at 577 (着重强调).

〔24〕 [1881 – 85] All ER Rep 126 (着重强调). 关于善意标准的应用,以及合同自由裁量权的相关规定,请参见 *Socimer International Bank Ltd.* (*in Liquidation*) v. *Standard Bank London Ltd.* [2008] EWCA Civ 116。

探知一二。以 *The Evangelismos* 为例,在该案中,涉案船只被错误地扣押:

> 在有些案件中,的确存在恶意或者暗含恶意的重大过失。但本案真正的问题在于:是否有理由相信原告的指控完全无凭无据,原告是在没有正当理由或者理由非常牵强、不充分的情况下提起的诉讼,或者说,原告本身是否存在恶意诉讼的情形。[25]

1863 年发生的 *Melia* v. *Neate* 是一起"债务诉讼案件",针对原告提出的恶意逮捕指控,法院对其诉讼行为提出了质疑,认为"这一行为明显不合理,原告提起诉讼的初衷必定是非善意的"。[26] 在 *Weir* v. *Bell* 中,原告以招股说明文件存在欺诈性虚假陈述为由提起了欺诈侵权诉讼,对此,科顿法官指出:

> 我们都知道,在欺诈之诉中,被告应对其已知的、自己作出的虚假陈述承担责任,此外,对于没有正当理由确信陈述内容真实的情况下作出的不实陈述,被告仍需承担相应责任。[27]

在 *Peek* v. *Derry* 中,原告同样以招股说明文件存在虚假陈述为由提起了欺诈侵权之诉,斯特灵法官(Stiring J)则提出了这样的质

---

〔25〕 (1858) Ⅻ Moore, P. C. 342, 359(着重强调).

〔26〕 *Melia* v. *Neate* (1863) 3 F & F. 757, 769(着重强调).

〔27〕 (1878) 3 Ex. D. 238(着重强调).

疑："除了对被告确信陈述真实的理由进行检验外，如何确定其是否存在善意？"其结论为，"被告提出的理由并没有不合理到令本院可以判定其存在欺诈行为"。[28]

在上述罗列的案件中，诉讼理由的不充分或者严重失实都会指向"恶意"。确定决策质量或决策不充分的各项标志性概念则是善意标准的适用依据。在这些案件中，法律并未对决策质量设定客观的 33
最低标准。然而，在19世纪的一些案件中，我们可以看到，法律理论和实践都未将善意纳入考量范围，决策质量概念更像是法律层面的决策质量标准，而不是实际善意标准的测试方法。1868年的 *Hamilton* v. *Emslie*（以下简称 *Hamilton* 案）[29]和1872年的 *Baird* v. *Baird* 就是典型的例证。在 *Hamilton* 案中，原告客户起诉了他的债务执行代理人，法院指出，被告无须就"判断失误"承担责任，亦无须"担保不犯错"，但需要为"明显且重大的错误"[30]以及"无可辩驳的过失"[31]负责。在 *Baird* v. *Baird* 中，[32]原告诉请法院对受托人向其中一名信托受益人分配有限资金的决策行为作出干预，苏格兰最高民事法院并未参考任何善意标准，而是以"严重错误"与不合理性作为法院干预受托人决策的依据。法院指出：

> 若受托人的行为存在严重错误——没有合理地行使其

---

〔28〕 *Peek* v. *Derry* (1887) 37 Ch. D 541, 556.

〔29〕 (1868) 7 M. 173.

〔30〕 Ibid. at 177, *per* Lord Deas.

〔31〕 Lord Ardmillan.

〔32〕 (1872) 10 M. 482, 490. 请注意，此引文来自反对意见。大多数人将这个问题视为信托契约成立的问题，而非受托人可行使自由裁量权的问题。

自由裁量权，且其实施的行为明显不理智或不合时宜，则我们可能会要求其纠正所犯下的严重错误。

然而，无论是这些案件，还是案件中提出的新理念，都没能在后续的法律发展洪流中溅起多大的水花。尽管如此，这些案件仍揭示了这样一种趋势：善意标准将逐渐从自身适用的种种规则中脱离出来。为了解决司法无能的问题或者对现有规则进行有意识的功能性阐释，各项检测善意或恶意的规则应运而生；而这些规则也逐渐自成一体，成为独立的规则。但在其成为独立规则的过程中，法律以及司法审查与判断之间的关系也开始发生质的变化——对于法律是否可以作为评价商业判断质量的标准和法院有无权力对决策质量进行审查的问题，回答从否定转变为肯定。

二、早期美国法律对判断和自由裁量权的规制

34 在美国，无论是在私法还是公法领域，对于法院并不具有规制忠实行使所授权利和干涉错误裁判的司法管辖权这一主张，早期的相关案例可谓数不胜数。[33] 举例而言，1814 年，纽约州最高法院受理

〔33〕 For example, See *Robert King* v. *Samuel Morrison* 1 Pen & W 188 (1829) (trustees); *Thompson* v. *Brown* 4 Johns Ch. 619 (1820) (executors and administrators); *Jermome* v. *Ross* 2 N. Y. Ch. Ann 305 (1823) (compulsory purchase); *Cunningham* v. *Littlefield* 1 Edw. Ch. 104 (1831) (partnership); *Scudder* v. *Trenton Delaware Falls Company* 1 N. J. Eq. 694 (1832) (compulsory purchase); *Miller* v. *Ege* 8 Pa. 352 (1848); *Putnam* v. *Ritchie* 6 Paige Ch. 390(1837) (guardian); *Sturgis* v. *Paine* 146 Mass. 354 (1888) (trustee, *per* Holmes J).

了 *Jenkins* v. *Waldron*,[34]该案原告对选举监察官提起了诉讼,法院援引了 *Harman* 案,并指出:

> 在本院看来,虽然公职人员理应作出审慎的判断,但只要其作出判断的动机纯粹,不存在任何欺诈或恶意,那么无论依据何种法律、司法和政策原则,都不能要求该公职人员对其判断造成的法律错误承担任何民事或刑事责任。

类似案例还有 1824 年宾夕法尼亚州最高法院审理的 *Weckerly* v. *Geyer*。在该案中,一些教会成员被剥夺了在公理教会选举中的投票权,理由是他们是另一独立教会的成员。法院援引了包括 *Harman* 案在内的多个权威案例,认定"只要被告的行为动机纯粹且善意,就无须为其错误判断承担责任";"恶意"则是"能否提起诉讼的决定性因素"。[35] 再如,1858 年田纳西州发生的 *Cruse* v. *Mckee*,[36]该案的争议焦点是信托奴隶处置权。在这一震惊世人的案件中,法院认定,处置人的权力本身并不存在任何问题,这一权力仅受授权范围的限制,在授权范围内,权力主体只需遵守传统的善意行使授权规则即可。法院援引了英国的 *Aleyn* v. *Belchier*,认定"掌握某种权力的主体必须以达成既定目的为标准,秉承善意原则行使权力,这一点毋庸置疑"。[37] 同样地,在 *Bacon* v. *Bacon* 中,[38]佛蒙特州最高法院也援引

---

[34] 11 Johns 115 (1814).

[35] 11 Serg. & Rawle 35, 40 (1814).

[36] 39 Tenn 1. (1858).

[37] Ibid. at 6.

[38] 55 Vt. 243 (1882).

了 *Aleyn* v. *Belchier*。该案中,信托授予了受托人(财产授予人的儿
子)决定受益人(受托人的兄弟)是否具有获取信托财产资格的权
35 力,由此引发了严重的冲突。若其认定受益人没有资格,则信托财产
仍归受托人所有。因而受益人向法院提出申请,要求受托人向其转
让信托财产。对此,法院认为:

> 掌握权力的主体必须以达成既定目的为标准,秉承善意行使权力。在行使权力的过程中,受托人的行为动机必须纯粹,一心一意达成授权既定的真实目的,实现立遗嘱人的意志。但法院不会剥夺受托人忠实行使立遗嘱人授予其自由裁量权的权力。[39]

法院进一步指出,受益人只要能够证明受托人存在不忠实的意图,或者"被告不存在任何合理理由"[40](这与早期英国法院适用的善意标准相一致),法院就可以采取手段进行干预。

类似处理方法在早期公共权力行使的司法审查中亦有体现,尤其是各州立法机构依据宪法享有的立法权,也就是人们常说的州"治安权"。[41] 与上述的授权处理方法一样,法院要求立法主体[42]以公

---

〔39〕 Ibid. at 252.

〔40〕 Ibid.

〔41〕 1791 年批准的《美国宪法第十修正案》规定:"宪法未授予合众国也未禁止各州行使的权力,由各州自行保留,或由人民保留。"

〔42〕 请注意,我们发现英国没有类似善意行使立法权的规定。在英国,议会是主权者,但它不行使宪法赋予的权力。关于相关的论点,最为贴切的尝试(尽管未明确说明)可能是 *British Railways Board* v. *Picken* [1974] A. C. 765(败诉了)一案。如上所述,立法授权的公职人员和机构行使权力时须符合善意要求。

共利益为标准,善意行使权力。[43] 举例而言,在 1896 年的 *Louisville N. R. Co.* v. *Commonwealth of Kentucky* 中,[44] 美国最高法院针对州治安权的行使提出: 36

> 在行使这一权力的过程中,立法机构享有极大的自由裁量权。若立法机构能善意行使该权力,切实保护公众利益,则不会受到司法机关的质询。

同样地,在考虑何种范围的州治安权能够对公司进行有效规制时,特拉华州复审上诉法院指出:

> 治安权对公用公司特许权和特权之间的适当限制似乎

〔43〕 就我们的目的而言,州立法权的司法监督因以下事实而变得复杂:在 1868 年《美国宪法第十四修正案》通过后,州权力受到了平等保护条款的约束[尽管南北战争前的普通法在该修正案通过之前已经采取了类似的反特殊待遇限制—Melissa L. Sanders "Equal Protection, Class Legislation and Colourblindness" (1997) 96 *Michigan Law Review*, 245, 252]。因此,从理论上讲,我们需要分析对立法权行使的种种司法限制,以确定这种限制是源于对行使授权的一般规定,还是源于法院对宪法平等保护权的保护。当然,出于某些原因,这套判例法对我们仍然具有指导意义。首先,许多州治安权的行使并不涉及理论上应受平等保护条款约束的分类;其次,早期的最高法院案例规定,平等保护条款仅适用于种族分类[*Slaughter-House Cases* v. *Crescent City Live-Stock Landing and Slaughter-House Company* 83 U. S. 36 (1872)];最后,平等保护条款被广泛认为在 1938 年之前"已经被废弃,成为'宪法论据的最后手段'"(Sanders, ibid at 301)。例如,在明确分类情况下,早期有效不适用的例子(《星期日休息法案》),see *The State* v. *The Tax Collector of St. Phillips and St. Michael's* 2 Bail. 654 (1832) discussed below。

〔44〕 16 S. Ct. 714 (1896). See also *Thurlow* v. *Commonwealth of Massachusetts* 46 U. S. 504 (1847); *Philadelphia, Wilmington and Baltimore Railroad Company* v. *Thomas W. Bowers* 4 Houst. 506 (Del. 1873); *City of Marysville* v. *Standard Oil Co.* 27 F. 2d 478, 486 (1928).

> 应当是这样的：立法机构可为达到州治安权所设想的合法目的而制定一般法律，以善意规制为原则，随时规范特许经营权的行使。[45]

由于掌握任意立法权的主体是立法机构这一集体而非个人立法者，因而验证数十甚至是数百立法者在立法层面的善意意图可谓毫无意义。因此，在这一背景下，对授权行使的审查重点自然就转移到了对诉讼理由质量的审查上。举例而言，1832 年，马里兰州上诉法院受理了 *The State* v. *The Tax Collector of St Phillips and St Michael's*。[46] 在该案中，法院提出了审查和监督立法行为的依据（该案中，1% 的股息税仅适用于不在该州设立的银行），但并未通过直接干预国会来监管州际贸易活动。[47] 法院认为，要证明州政府的行为符合宪法，唯一的手段就是“确定其行为**具有善意意图**，即其目的并非监管贸易活动，而是维护该州内部的安全和实现其他市政目的”。[48] 但与此同时，法院也承认“我们并不能通过证据判定立法机构的成员是在什么样的动机驱使下通过该法律的”，因此“必须从法律条文本身出发来确定立法者的真实意图”。参考英国在司法实践中适用的善意标准，
37 该案法院的重点研究对象就是立法机构通过该股息税的理由，而该案的事实就是已在该州设立的银行已经就设立公司缴纳了相应费用。

---

〔45〕 See *Philadelphia*, *Wilmington and Baltimore Railroad Company* v. *Bowers* 9 Del. 506 (1873).

〔46〕 2 Bail. 654 (1832).

〔47〕 See Article 1, Section 8, Clause 3 United States Constitution.

〔48〕 原文强调。

早期与之相关的另一典型例子是1887年路易斯安那州最高法院禁止周日营业的决定。[49] 法院认为,在联邦宪法权力和个人宪法权利限定的范围内,该州享有立法权,但这一权力的行使必须符合善意标准,即"保障社会安全、舒适、健康和福祉"。随后,法院开始对支持立法行为的理由进行审查,并认定立法理由与治安权的根本目的之间存在合理正当的关联,因此该立法行为有效:

> 前述立法考量当然是合理且正当的,且立法机构是在妥善行使治安权相关根本原则规定的范围内开展立法活动的。

在 *Union Oil* v. *City of Portland* 中,[50]针对涉案规划条例是否符合宪法,俄勒冈州地方法院采取了类似的处理方法,提出真正需要关注的并非诉讼的真实理由,而是是否存在"无正当理由或证据"的"任意诉讼":[51]

> 只要立法机构是秉承善意行使自由裁量权,且没有肆意妄为的情节存在,那么此类立法行为是否为权宜之计以及其适用的理由是什么就不在本院的考量范围内了。

---

〔49〕 See *State* v. *Judge of Section*, *Criminal District for the Parish of New Orleans* 39 La. Ann. 132,139 - 141 (1887).

〔50〕 198 F. 441 (1912).

〔51〕 Merriam Webster Dictionary available at: www. merriam-webster. com/dictionary/arbitrary.

值得注意的是，在许多与治安权有关的案件中，“善意”逐渐淡出了公众视野，法院通常认定授权的行使只要满足决策质量的最低条件即可。举例而言，纽约州上诉法院在审理 *In re Jacobs* 案时，并未提及善意诉讼的问题，而是要求行使治安权监管公共卫生的行为必
38 须“与公共卫生存在事实联系”。[52] 在 *Commonwealth* v. *Moore* 中，针对州治安权与《贸易条款（Commerce Clause）》之间的关系，马萨诸塞州最高法院指出，问题的关键在于治安权的行使和“既定目标”之间是否存在“合理联系”；[53] 要想法院对其治安权的行使进行干预，立法目的必须缺乏“合理依据”。[54] 然而，在很多涉及合理依据的案件中，我们很难区分这一标准到底是善意要求的产物还是法院约束平等保护权的结果。[55] 这两个问题杂糅在同一标准中，掩盖了这一事实：合理依据标准其实回答了两个法律问题——治安权善意行使的问题和遵守《平等保护条款》的问题。对此，1904 年《哈佛法律评论》的一篇文章（Note）指出，“除非分类极度不合理，能够证明善意不成立，否则就是符合宪法的”。[56]

---

〔52〕 53 Sickels 98, 115 (1885).

〔53〕 100 N. E. 1071, 1075 (1913).

〔54〕 See *Goldberg* v. *Dorland* 56 N. J. L. 364, 369 (1894). For another pre - 1900 example, see *State* v. *City of Perth Amboy* 60 N. J. L. 134 (1897).

〔55〕 See *supra* note 43.

〔56〕 See Note, *Constitutional Law-Police Power-Classification*, 17 Harvard Law Review 356 (1904).

第二章　英国公司法中的商业判断

一、19 世纪公司法中的善意

正如我们所见，在 19 世纪的英国，被告在缺乏恶意的情况下，法院不可对授权的行使进行干预；这一规则适用于当时社会生活的诸多主体，包括特许公司的董事、受托人、合伙人、教会领袖和政府公职人员。早期，在公司领域，确定董事会权力需要解决两个问题：一是外部边界问题，即依据公司目的，公司可以从事的经营活动的类型；[1] 二是内部边界问题，即董事会和股东会的权力应当如何分配和

---

〔1〕 公司只能在其目的范围内行事，即开展特定的业务或在特定的商业领域内经营。

40 平衡。[2] 然而,在这些权力授予的范围内,早期的判例法规定,若被授权人善意地行使被授予的公司权力,用以达成授权的目的,则无论其所作判断是否存在缺陷或过失,司法监督都不会介入,因为法院认为他们对被授权人决策的质量并无管辖权。

早期法院对普通注册公司(英国的"注册公司")适用这一标准的案例之一就是 *Re Gresham Life Assurance Society* 案。[3] 在该案中,董事会依据公司章程的授权,拒绝在股份转让后对受让人进行登记,涉案股东为此向法院提起了诉讼。詹姆斯法官(James LJ)指出:

> 法院介入干预的前提是……必须证明董事会拒绝登

---

〔2〕 董事会和股东会之间的内部权力边界主要由美国公司法和英国公司宪章确定。如第九章所述,在英国公司中,公司权力最初由股东会的股东通过公司宪章将权力转移给董事会。英国公司法的其他原则也对董事的权力进行了界定,这些原则通过要求具体说明授权的性质来保护权力的授予,因为董事会可能会通过使用这种被授予的权力对股东造成重大损害。其中一项规则在传统上被称为不当目的原则,而英国《2006 年公司法》第171 (b)节规定,董事负有合乎目的使用权力的义务。这一理论的作用是防止董事利用正式被授予的权力去干涉股东的基本权利,即股东投票权和表决控制权,以及决定是否接受收购要约的权利。(see *Fraser* v. *Whalley* (1864) 1 H & M 10; *Punt* v. *Symons* [1903] 2 Ch. 506; *Howard Smith* v. *Ampol Petroleum* [1974] 1 ALL ER 420; *Buckley J in Hogg* v. *Cramphorn* [1967] 3 All ER 420.)该案例将这些权利描述为"宪法性权利",这意味着非经股东明确批准,这些权利不得受到干预。如今,这一原则是通过义务的视角来理解的,尽管它所依据的判例法从未将其称为一项应直接执行而非间接执行的义务。(*Re Sherbourne Ltd.* [1995] BCC 40).当然,任何董事,以及任何代理人,都有义务在授权范围内行事,而不是在授权范围外行事,因此将其描述为一项义务并不准确。但它不是一种源于善意义务或更广泛的忠诚义务的责任,而是一种源自英国公司权力结构的义务。无论是作为原则还是义务,它都界定了董事会有权做什么。它划定了为公司利益行使权力的义务运作空间。因此,我将这一义务分配为一个关于划分公司内部权限的独立项目;其中除正当目的外,还包括公司宗旨和越权行为,以及衍生行为。所以我们不会在本书中进一步追问这一义务。有关这方面的具体论述,可参见笔者以下文章:David Kershaw, *The Illusion of Importance: Reconsidering the U. K. 's Takeover Defence Prohibition*, 56 ICLQ 267 (2007); David Kershaw, *Principles of Takeover Regulation*, Oxford University Press, 2016, p. 308 – 315。

〔3〕 [1861 – 73] All ER Rep. 903.

> 记的行为是出于某种不正当目的、存在独断专行或出尔反尔……若不存在腐败或独断行为……那么在我看来，本院并无权力插手董事会的审慎决策……在没有相反建议或相反证据的情况下，法院只能假定，董事会是出于特定原因或其他与公司利益相关的理由，才决定不适宜对受让人进行登记，故该决策应属善意。[4]

在詹姆斯法官看来，若无证据能够证明董事会存在恶意、反复无常或不正当目的，法院就无权干预。[5] 另一采取相同立场的案例是 41

---

〔4〕 Ibid. at 905（原文强调）.

〔5〕 在本章中，我们探讨了利用公司权力促进公司利益的诚信义务。如今，许多学术研究已经将笔触及一些规范性问题上，即公司应该为谁的利益而经营，公司是否应该只为股东利益而经营，还是公司的其他利益相关者也应该在促进公司利益方面得到同等的重视？（see, e. g., Andrew Keay, *Ascertaining the Corporate Objective: An Entity Maximisation and Sustainability Model*, 71 Modern Law Review 663（2008）.）学者们也常常感叹，几乎没有权威能够直接回答这一问题——哪些公司成员的利益属于公司的利益？尽管有此抱怨，但在英国公司法中，可以从英国公司的概念和基本权力结构找到解决这一问题的答案（关于英国公司的概念，请参见第九章）。股东会的股东通过控制公司宪章决定了公司的成立目的，即公司的宗旨或目标，并决定了董事会权力的性质和范围。因此，在没有股东会其他指示的情况下，须通过行使公司权力，追求公司的既定目标或目的，以促进作为公司成员的股东的利益。既然公司的目的和利益都在股东会的职权范围内，那么，在没有其他指示的情况下，权力的行使自然是为了有权决定公司目的和最初享有并转移权力的团体利益以及该团体成员的利益。相比之下，在由州创建和授权的公司中——例如，在美国各州注册成立的公司（参见第九章）——公司利益问题就没那么简单了。但在英国，这根本没有法律辩论的余地。当然，是否应该这样则是另一回事。这种利益结构促使善意行使义务的产生，这在新旧判例法中不言而喻。但这并非粗略的“股东价值最大化”的指令，而是以更明智、更务实的方式理解商业成功——发展公司；确保公司的成功、持续和生存；创造可持续利润；提升公司及其业务的价值。因此，比如在下述讨论的 *Overend & Gurney* v. *Gibb* and *Lagunas Nitrate Company Limited* v. *Lagunas Syndicate Limited* 等关键案例中，公司利益被单纯理解为业务能否成功为公司创造利润。关于法院对这一问题的进一步探讨，请参见 Daniel Attenborough, *How Directors Should Act When Owing Duties to the Company's Shareholders: Why We Need to Stop Applying Greenhalgh*, International Company and Commercial Law Review 339（2009）。

Turquand v. *Marshall*。在该案中,涉案公司资不抵债,一众原告就公司向其中一名董事出借款项的决策提出质疑。法院裁判思路与 *Re Gresham Life Assurance Society* 案如出一辙,上诉法院法官希瑟利(Lord Hatherley)指出:

> 除非董事的行为存在欺诈、不当且不仅仅是决策失误,否则无论争议行为看起来有多么荒诞无稽,都只能自认倒霉,谁让他们自己选择了这样愚蠢的董事。只要董事在契约规定的权力范围内行事,法院就无权对其行使自由裁量权的行为横加干涉。[6]

10 年之后,柯顿法官(Lord Justice Cotton)也对这一观点作出了回应:

> 董事是肩负受托人责任的、受信任的代理人,只要他们善意行事,就享有非常宽泛的自由裁量权,且无须为缺乏判断力或判断失误承担责任。[7]

42 在 *Lagunas Nitrate Company Limited* v. *Lagunas Syndicate Limited*

---

〔6〕 (1869) L. R. Ch. App. 376, 386 (原文强调).

〔7〕 *Re Marzetti's Case* (1880) 42 L. T. 206. 在本节讨论的几起案件中,法院将董事类比为受托人。我们将在第八章关于英国注意义务的内容中更深入地探讨这些类比。读者应该注意到,我们在这并没有详细讨论类比在提供公司诚信标准方面的作用,因为正如第一章所明确指出的,由于诚信标准适用于公法和私法中行使被授予权力的所有领域,因此它的形成并不取决于类比。

（以下简称 *Lagunas* 案）中，[8] 当事人为了从一群投资者财团手中收购生硝矿产，在 19 世纪末成立了一家公司。在成功收购生硝矿产后，当事人发现该矿产并非富矿，且由于当地的供水问题，生硝难以提取。因此，当事人以董事促成收购的行为违反其职责为由提起诉讼。上诉法院的林德利法官（Lindley MR）阐明道，只有董事在订立合同之时未尽到应有的注意义务或为公司采取的行为未能忠实地从公司利益出发，董事才需为之承担责任，但需要注意的是，董事无须为“决策的错误或过失”承担任何责任。[9] 林德利法官指出：

> 只有在能够证明董事缺乏善意的情况下，其签订合同和支付收购款项的行为才构成违反职责的行为。

林德利法官指出，（在该案中）董事相信涉案的交易是有利可图且对公司有益的，这一点毋庸置疑。重要的是，在上述关于要求证明缺乏善意的陈述和这一结论之间，林德利法官对公司购买生硝矿产的关键理由（发现提取矿场所需水源的可能性和发现水源后能够创造的价值）进行了考量。据其判断，董事的决策理由足以支持法院作出董事是善意行事的结论。柯林斯法官（Collins LJ）在其一致判决中，同样指出，“董事认为且有充分理由相信自己的决策符合公司最佳利益，针对这一点我无可置疑”。[10] 此外，在 *Lagunas* 案中，我们

---

〔8〕［1899］2 Ch. 392.

〔9〕Ibid. at 422：“公司董事在其职权范围内，以合理的注意和诚信为公司利益行事，对公司可能因其决策中的错误或过失而遭受的损失，不承担个人责任。”

〔10〕Ibid. at 466（原文强调）.

可以看到，对行为理由质量的考量和对行为是否善意的判断之间是存在关联的；而在本书第一章列举的其他法律情境中，这种关联性更加明显，行为的理由常常被直接作为评估行为是否具有善意的依据。正如斯特灵法官在 *Peek* v. *Derry* 中所说的，“如果不对主观信念的理由加以核验，如何才能测试善意是否存在呢”。[11]

43 在第一章对英国早期判例法的分析中，我们可以看到，法院将一些条件作为严重失策的标志，用以指示恶意，其中包括严重或无可辩驳的错误决策、严重且明显的过失、极度不合理的决策、从任何合理角度看都无益的决策或无理由的决策。而在有些案件中，我们则会看到，决策质量开始脱离善意标准，逐渐成为一项独立的质量标准，而不是作为善意标准的替代品。19 世纪中期到 19 世纪晚期的公司判例法印证了这一趋势。在这些案件中，确定决策是否存在错误很重要的一个标签就是**重大过失**这一术语（*crassa negligentia*）。现如今，我们会很自然地将过失标准与履行某项职权时应尽到的注意义务联系在一起（例如，制定决策或监督管理的过程），而不是与适用于决策或行为质量的标准联系在一起。事实上，重大过失这一概念最早也是在 19 世纪被引入非公司[12]案件中的。然而，在这一时期，即使公司和非公司案件数量有限，我们仍旧可以看到，法院会适用重大过失这一条件来确定受信人是否应当就决策质量不佳而承担受信责任。这里的重大过失包含极端的错误决策或严重的错误。举例而言，在 *Sadler* v. *Smith* 中，双方当事人对划船比赛裁判的裁定结果产

---

〔11〕 See *Peek* v. *Derry* (1887) 37 Ch. D 541, 533.

〔12〕 *Atterbury* v. *Wallis* 44 ER 65 (1856) (failure to request deeds); *Godefroy* v. *Dalton* (1830) 6 Bing. 460（考虑到律师“承诺在诉讼过程中提供尽职调查”）。

生了争议，律师提出，“若裁判犯下严重错误，则重大过失可等同于恶意欺诈（怀着不良或邪恶目的的欺骗），其裁定理应无效”。[13]

1872 年发生的 *Overend Gurney* v. *Gibb*（以下简称 *Overend* 案）是第一个将严重错误认定为重大过失的公司案件，该案涉及对 Overend Gurney & Company 的收购。该公司是伦敦城最大的贴现公司，后因呆账难以为继。[14] 在 3 年之前的 *Turquand* v. *Marshall* 中，[15] 希瑟利法官曾指出，在董事行为不存在欺诈的情况下，法院不得施以干预。但在该案中，被告董事确信自己的行为是在履行职责， 44
尽管这一主张得到了法院的认可，[16] 但法院质疑的点在于当董事“存在重大过失时，是否应当对由其重大过失所造成的损失承担责任”。希瑟利法官并未对重大过失下定义，但在实践中引入了这一概念来解决法院以前认定的“严重错误”或“极端错误”的问题。因此，他对董事会收购银行的决策是否有合理的理据支撑进行了更深入的剖析——涉事董事明知在收购行为发生之时，银行已经停止交易，其负债必定超过资产，但仍旧选择收购该银行。为此，法官借由其他概念来阐明这一观点，即决策理由的不合理要达到何种程度才能要求董事为其决策所造成的损失承担责任。他提出了两个问题：其一，是否“任何代表自己行事的人，在具有一般程度的谨慎的情况下，都不

---

〔13〕 (1868 – 9) L. R. 4 QB 214, 217（原文强调）. See also Chapter 1 text at note 25 quoting *The Evangelismos* (1858) XII Moore, P. C. 342.

〔14〕 这一事件导致了英国金融市场的“黑色星期五”。On Overend Gurney's demise, see “The Demise of Overend Gurney” (2016, Q. 2) *Bank of England Quarterly Bulletin* 94.

〔15〕 See text accompanying note 6.

〔16〕 (1872) L. R. 5. H. L. 480, 486. 此案接受副大法官的结论，即董事们“只是在执行他们认为是自己职责的行为”。

会进行这样一笔交易”;[17]其二,董事支付给银行的价款是否“远超”银行的实际价值。

事实上,*Overend* 案作出的贡献并不在于确定了决策质量不佳的种种标志,而是在于法院提出了这样一个问题——董事在决定收购一家已经资不抵债的银行时,背后是否有合理的商业理由。法官认为,尽管涉案银行曾一度被许多人看好,认定它是一家“一流企业”,但并无证据显示管理层的“换血”和新资本的注入能够挽大厦于将倾。对于希瑟利法官而言,重要的不是大多数商人都会认定这些理由足够支持董事的收购决策;重要的是这些理由是订立合同的充分理由,是足以支撑一个商人支持这一决策的理由。对此,他指出,“这家银行很可能东山再起,像从前一样辉煌,这一点很有可能”。[18]

另一个将善意与法院对决策质量的审查标准分离开来的类似案件,就是 *Re Faure Electric Accumulator Co. Ltd.* 案(以下简称 *Faure Electric* 案)。[19] 在该案中,董事作出决策,向一名股东/董事转让股份,但该股东/董事后来无力支付价款并宣布破产,原告因此将董事
45 诉至法庭。法院认可该决策是出于公司利益作出的忠实决策;[20]但依照 *Overend* 案,法院仍提出了质疑,即“董事批准这样的股份转让是否存在严重不当,是否必须对决策后果承担个人责任”。随后,法院对决策情形和决策理由进行问询,并得出结论,认为董事“没有合

---

〔17〕 Ibid. at 487. 这一概念后来被法院明确为公司背景下一种合理性标准。See text accompanying notes 23 – 27 and *Shuttleworth* v. *Cox Brothers* [1927] 2 K. B. 9, 18 – 19 (在股东会行使职权的情况下适用诚信标准)。

〔18〕 *Supra* note 16 at 493 – 494.

〔19〕 [1886 – 90] All ER Rep 607.

〔20〕 “任何腐败或不诚信的交易都是不允许的”(ibid. at 612)。

理理由不批准股份转让”。[21] 因此，即便董事的决策相当于“严重决策失误”，其对此仍旧不负有任何责任。

由 *Overend* 案和 *Faure Electric* 案可以看出，法院考察决策质量的目的并不在于确定被授权人是否善意行使了权力。事实上，在这些案件中，法院是在认可董事善意的同时以行为理由为基准进行裁判。法院判定行为是否善意的唯一标准，就是是否存在能够证明行为恶意的切实证据，若无此类证据，则假定善意成立。然而，无论是在公司法还是非公司法领域，这种基于决策理由对决策质量进行的司法审查都根源于善意标准的运用，而对决策质量的独立问询则最好应被理解为司法不精确（未能理解或明确早期法院采用基于理由的问询的深层动因）的结果。诚然，无论是在 *Overend* 案还是在规定了独立审查标准的早期非公司案件中，[22] 法院都没有为独立审查标准援引任何权威案例或法律依据。此外，随后发生的许多重大案件都将 *Overend* 案作为范例，但据其作出的裁决却都回归了传统的观点，即只有在被授权人未能善意行使权力的情况下，法院才有干预权，行为的理由仅可作为评估是否存在善意的辅助证据。举例而言，在 *Lagunas* 案中，“*Overend* 案属于重要先例”，但法院判断善意存在与否确实是通过询问行为理由来实现的。事实上，正如我们将在下文看到的，英国的主流方法仍然侧重于“理由为善意调查服务”这一观点。尽管如此，*Overend* 案提出的概念对英国公司法的发展具有里 46

---

〔21〕 Ibid. at 613（原文强调）. See also *In re Bede Shipping Company Limited* [1917] 1 Ch. 123：“如果法院要干预，原告必须向法院证明，董事们没有诚实地制定本条所述的决策意见，或者，虽然他们已经形成了这种意见，但没有合理的理由支持这种意见。”（原文强调）

〔22〕 参见第一章正文的第 29 至 32 个脚注。

程碑式的意义;这一概念经过长足的发展,如今已经能够与传统的单一善意标准共存并相互竞争了。

在确立法院具有决策审查权的过程中,*Overend* 案提高了司法干预的概率。通过串联决策审查标准和过失的术语,法院依据希瑟利法官的判决可以推断出这样一个观点(抑或受该观点影响)——这样的判断最起码应该是合理的,至少一般的董事也会作出这样的判断。*Overend* 案是通过两个方面来实现决策审查标准和过失术语的串联的。首先,该案使用重大过失作为严重决策失误的标志。在英国,由于"重大过失"最早在人们眼中只是一个修饰语,[23]并非区别于过失标准的法律标准,因此在权威案例的决策质量审查中,过失标准往往被混用。其次,*Overend* 案很容易被错误地解读为是依据平均决策质量标准来评测决策的质量。希瑟利法官指出,法院要判断的问题是:是否"任何具有一般程度谨慎的人都不会作出这样的决策"。这一表述与"合理"一词在此背景下的其他用法放在一起,此间隐含的意思就是,只有在陷入决策失败的极端情形时,才能动用司法干预。这与我们在前述章节中讨论的善意和缺乏"合理的决策根据"之间的关系,[24]以及法院得出的决策"过于不合理,因此不可能具有善意"的

---

〔23〕 详细阐述请参见第五章和第八章。

〔24〕 参见第一章正文的第 23 至 28 个脚注。在公司背景下,参见 *Cairns* v. *Dickson* (1897) 5 S. L. T. (Scotland),该案将欺诈等同于缺乏"任何合理理由";*Shuttleworth* v. *Cox Brothers* [1927] 2 K. B. 9:"如果某一行动方案缺乏合理理由来认定其是否有利于公司利益,此时有可能将其认定为缺乏诚信的理由。"(在将诚信标准适用于股东会行使权力的情况下)类似地,在 *Sidebottom* v. *Kershaw* [1920] 1 Ch. 154 案中,如果缺乏"任何合理理由",即等同于缺乏善意。

结论〔25〕可谓异曲同工。现代公法领域也适用了同样的概念来确定审查的底线。事实上，这也直接借用了希瑟利法官的“正常人”标准来阐述了一个较低的审查标准。在 *Associated Provincial Pictures Houses* v. *Wednesbury Corporation* 中，〔26〕格林尼法官（Lord Greene）提出：

> 本案律师是依据“不合理”这一表述展开辩论的，将之单独作为攻讦政府决策的依据……他主张，只要能够证明 47
> 当地政府的决策不合理，就能推翻决策。但最后，该律师承认，其所指的不合理并非法院认定的决策不合理，而是法院认定该决策是任何一个理性的人都不会作出的，这两者之间有着天壤之别。〔27〕

尽管（目前）在法院审查授权行使的语境中，对合理性〔28〕和一般谨慎含义的理解作出了明确的界定，但要想区分合理性和行为的客

---

〔25〕 See *Errington* v. *Metropolitan District Railway Company* (1882) 19 Ch. D. 559, 577 (原文强调).

〔26〕 [1947] 2 All ER 680, 683.

〔27〕 注意，这种方法的合理性在公法背景下通常归因于格林法官在 *Associated Provincial Picture House Ltd.* v. *Wednesbury Corporation*（以下简称 *Wednesbury* 案）中的阐述。显然，*Wednesbury* 案只是阐明长期以来关于规范授权自由裁量权的观点。

〔28〕 对于私法背景中（合同自由裁量权的控制）“合理性”术语的相似理解，参见 *Socimer International Bank Ltd.* (*in Liquidation*) v. *Standard Bank London Ltd.* [2008] EWCA Civ 116：“问题在于不能滥用自由裁量权。合理性和不合理性都是在这一背景下被运用的概念，但只是在类似于 *Wednesbury* 案不合理性的意义上，而不是在谈到合理谨慎的义务时，或者在采用完全客观标准的意义上适用该表达……为了方便或清晰起见，我将使用‘合理性’一词，而不是 *Wednesbury* 案那种类型的不合理性。” See also *Braganza* v. *BP Shipping* [2015] UKSC 17 WLR 1661; and *Evangelou* v. *McNichol* [2016] EWCA Civ 817.

观评估以及合理性和一般行为责任标准之间的差异仍是一件非常棘手的事。合理性这一表述通常针对的是客观的过剩情况。在我们将要展开的下述讨论中,多数情况下,法院往往拒绝进行此类推断,也不会展开更为严苛的审查。但万事无绝对。举例而言,在 *In re Gresham Life Assurance Society* 案[29]的一审中,罗米利法官(Lord Romilly MR)指出,若有“正当理由”,董事会可拒绝对潜在的股东进行登记,但董事会拒绝登记股东的决策“是否合理”则应由法院来评判。后经上诉,罗米利法官的这一论断被推翻,但犯同样错误的法官或评论者远不止他一个。

二、现代善意标准

在解决授权行使相关审查标准的问题上,现代公司法和早期判例法都面临着同样的挑战:到底应适用单一的善意标准,即依据行为
48 的理由判断是否适用善意标准,还是应该适用双重标准方法,即善意标准和独立的决策审查标准双管齐下?

被授权人忠实且善意地行使公司权力仍旧是其核心且无可争辩的义务。自 2006 年开始,这一义务被法典化地固定下来,即董事必须“为公司成员之利益,采用其认为最能促成公司成功的方式”善意行事。[30]

---

〔29〕 (1872) L. R. 8 Ch. App. 446, 447.

〔30〕 Section 172 Companies Act 2006. 我们在这里不探讨英国《2006 年公司法》第 172 节的详细内容。关于具体内容, see David Kershaw, *Company Law in Context* (2nd edn), Oxford University Press, 2012。

这一成文义务被正确解读，且被视为[31]对普通法规定的从公司利益出发善意行事的义务更准确的阐释。在英国《2006 年公司法》将这一善意标准成文化之前，最典型的案例当属 *In re Smith and Fawcett, Limited* 案。该案发生于 1942 年，争议焦点仍是股东转让的登记事宜。上诉法院指出：

> 董事……必须善意行使自由裁量权，采取其认为而非法院认为的最符合公司利益的行为，不得掺杂其他附带目的。[32]

引发争议的问题是善意被当作一项单一标准，这一标准在现代案件中受到了挑战。在这些案件中，法院会参考与决策者心理状态有关的直接证据，若缺乏此类证据或该证据有争议，则参考其作出决策的理由。而早期的公司和非公司判例法则使用了一系列术语来阐明，决策的理由要很荒谬才能证明被授权人不是出于公司利益而实施行为。我们发现，在有些案件中，法院会探寻能够将决策和公司利益相关联的可信或合理的理由；[33]会频繁使用“任何合理的董事都不

---

〔31〕 Section 170(2) and (4) Companies Act 2006.

〔32〕 [1942] Ch. 304, 306 *per* Lord Greene MR. See, e. g., *Regentcrest Plc* v. *Cohen* [2001] 2 BCLC 80. 附带目的最好理解为非公司目的，因此尽管有些法院将非善意行为解释为正当目的原则（如注 2 所述），但最好将其理解为权力分配的默认规则。

〔33〕 See, for example: *Re Saul D Harrison &Sons Plc* [1995] 1 BCLC 14, 20. 该案指出：“如果没有一个理性的董事会能够诚实地认为继续经营业务是符合公司利益的，则必然得出结论，即董事会的行为是出于他们自己的某些不当动机。”（根据霍夫曼法官的说法）（请注意，霍夫曼法官在回应律师意见时，特别指出，非合理性等同于“一个由理性商人组成的不合理的董事会”的做法）; and *Re Halt Garage* [1982] 3 All ER 1016, 1040，该案提及了“客观测试……即假设人类是理性的，且适用一般标准”。

49 会"或"任何合理的董事都会"的标准;还会使用类似于"无可辩驳的'错误'"或"极端'错误'"等夸张的形容词。这类表达常常会出现在此类案件中:股东起诉董事,质疑董事向股东支付的款项或作出的某个价值交易属于从公司资本中获取了非法股利。针对这类案件,法院不会质疑董事支付款项或进行交易的权力,而是会考察董事在做决定之时是否"真诚"从公司利益出发。只有在答案是否定的情况下,支付的款项或交易结果才会被重新认定为非法股利。在缺乏确切证据证明董事意图的情况下,要评估董事在所涉交易中的"动机"(确定权力行使是否"真诚"),法院会提出这样的问题:其支付的薪酬是否"明显超出合理的报酬"〔34〕或者转让价值是否存在"严重偏低"〔35〕或"超乎常理的高"?〔36〕

我们发现,在现代的案件中,若事实证明董事个人利益与公司利益之间存在间接冲突,法院在审查行为理由的质量和效力以及支持

〔34〕 See *Re Halt Garage* [1982] 3 ALL ER 1016, 1045. 请注意,在这些案件中,基于意图的标准有助于决定是否将交易重新定性为分配,而不是善意义务的遵守。然而,由于法院出于诚实意图运用了代理,这些案件也有一定道理。

〔35〕 *Aveling* v. *Barford* [1989] BCLC 626, 632.

〔36〕 See *Clydebank Football Club Ltd.* v. *Steedman* [2002] SLT 109 at [76]. 有评论人认为,有关变相分配的案件应适用不同的、更客观的测试。See Eva Micheler, "Disguised Returns of Capital-An Arm's Length Approach" (2010) *Cambridge Law Journal* 151. 事实上,奥利弗法官在 *Re Halt Garage* 案中认为:"在没有任何实际动机证据的情况下,法院必须客观地看待这一问题,并适用合理性标准。"但判决书其他地方中又提及"客观测试……假定人类是理性的,并适用一般标准",在寻找适用依据时,奥利弗法官分析该案中的"酬金是否明显高于任何合理报酬"。可以承认的是,我们在 *Re Halt Garage* 案中看到的是奥利弗法官在适用时将主观测试的要素进行了拆解。正如我们所看到的,在没有证据表明意图的情况下,这些要素又恢复为判断善意客观的指标,包括采取行动的合理性或看似合理的理由或交易条款是否存在过分或极端错误。See also *Progress Property Co. Ltd.* v. *Moorgarth Group Ltd.* [2011] 2 BCLC 332.

实际决策的理由时就会更为严格，而非仅仅作为决策的事后理由。值得注意的是，在前述讨论的早期公司法案例中，个人利益与公司利益的间接冲突往往并不在法院的考量范围内。即便在有些案件中，例如，破产公司案〔37〕和股利支付案〔38〕，的确有事实可以证明二者之 50
间存在间接冲突，但这种冲突却很难体现在判决的事实上。而对于间接冲突的存在及其影响，现代法院显然更加敏感，且会相应地调整自己对决策理由质量的审查。此外，若案件事实对行为背后一系列的合理理由作出了更严格的范围限定，那么相较于正常经营的公司作出的一般商业决策，法院干预涉案决策的意愿也会更强烈。这种冲突和理由范围的缩小最常出现在正处于破产程序或濒临破产的公司中，导致公司权力行使的对象从股东转变为债权人。〔39〕在这种情况下，兼为股东的董事在行使权力的过程中必然会受到严重间接冲突的影响，且与股东相关的行为理由也会受到限制或被一并排除。而在没有间接冲突或理由限制情形的案件中，例如早期的案件，当事人若想法院予以干预，就必须提供证据证明争议决策的不合理性或存在独断行为，也就是缺乏可以支撑决策的合理理据。

以 2001 年的 *Regentcrest plc* v. *Cohen*（以下简称 *Regentcrest* 案）〔40〕为例，原告指控董事违反了从公司利益出发善意行事的义务，

---

〔37〕 See *Overend & Gurney supra* note 16; *Turquand* v. *Marshall supra* note 6.

〔38〕 See, e.g., *In re Kingston Cotton Mill Company* (*no.* 2) [1896] 1 Ch. 331.

〔39〕 See *Re MDA Investments Management Ltd.* [2004] 1 BCLC 217; *Colin Gwyer & Associates* v. *Palmer* [2002] EWHC 2748; *BTI* 2014 *LLC* v. *Sequana* [2017] 1 BCLC 453. 有必要了解公司在破产或濒临破产时公司目的有所改变的判例，它改变了通过行使被授权的公司权力以进一步实现的目标，但它并没有改变这种权力应善意行使以促进这些利益达成的标准；它改变了作为善意代表的理由必须与之相关的目标。

〔40〕 [2001] 2 BCLC 80.

在公司即将倒闭进入破产程序的几周之前撤销了对部分现有董事(并未参与决策)的诉讼。这一事实暗示着该案存在利益冲突:诉讼之所以会被撤销,目的是帮其同僚和伙伴省下一大笔钱。鉴于该案既存在间接冲突,也有限制行为理由的情节,因此,法院应当实施更加严格的监管。

审理 *Regentcrest* 案的法院强调,善意行事义务是一项主观义务,要求董事采取其确信能够促进公司利益的行动:[41]

51 董事为公司利益善意行事的义务是一项主观义务。问题既不在于法院这一客观第三方是否相信被质疑的作为或不作为是否符合公司利益,也不在于法院若站在董事的立场上是否会作出不同的决策。相反,问题的关键是董事是否真诚地相信自己的作为或不作为是符合公司利益的。因此,董事的心理是考察的重点。被质疑的作为或不作为已经给公司造成了实质性的损害,这一点是毋庸置疑的。董事需要克服的难题就是令法院相信自己的决策是符合公司利益的;但即便证明了这一点,善意行事义务审查的主观性也不会有分毫的改变。

为了实现对主观善意的测试,乔纳森 · 帕克法官(Jonathan

---

〔41〕 See also *Extrasure Travel Insurances Ltd.* v. *Scattergood* [2003] 1 BCLC 598 at [90]. 乔纳森法官指出:“这种信念的不合理性可能证明它在当时的确存在不诚信,但如果结合所有证据进行判断,董事似乎真的认为自己的行为是出于公司的最大利益,那么就不能仅仅因为这一理念在审判法官看来是不合理的而认定董事违反了信义义务。”

Parker J）提出了诉讼豁免的商业理由。尽管这并不涉及法院对争议决策是否理性的判定，但也不是敷衍了事地就确定可能的行为理由。在对支持董事会作出撤销诉讼请求的理由进行考量的过程中，法院需要对客观事实进行细致缜密的分析。

法院发现，董事会之所以会做出这样的决策，理由是其相信公司能够继续经营下去，[42]且在公司挣扎求生的危机时刻，维持董事会的凝聚力符合公司的“商业利益”；这两个理由是“非常重要的考量因素”，“作为商人，董事会做出撤销诉讼的决策合情合理”。[43] 尽管法院使用了合理性相关的表述，但正如乔纳森·帕克法官所阐明的，客观合理的决策并非善意标准的必要条件。现代法院需要认识到，长久以来“合理”一词在这一语境中具有不同的含义，法院并不会因此展开对决策合理性的客观评价。相关的案例有 *Re Southern Counties Freshfoods Ltd.* 案（以下简称 *Re Southern* 案）。[44] 在该案中，法院沿用了希瑟利法官在 *Overend* 案中适用的标准，明确指出善意行事义务指的就是“按照**任何合理的董事**认为符合公司利益的方式行使权力”，并依照“任何合理董事都不会”的标准对各判断问题进行逐一评估；而在具体实践中，法院很容易将之等同于对争议行为 52
的正当理由的认定。[45] 值得注意的是，在该案中，法院的立场存在细微的变化，尽管对两家附属公司的态度略有不同，但争议决策都是持续经营公司的一般商业决策。

---

〔42〕 Ibid. at [138 – 141].

〔43〕 Ibid. at [153].

〔44〕 [2008] All ER (D) 195 at [53].

〔45〕 Ibid. [757].

在其他案件中，“任何合理董事都不会”的标准从善意标准中脱离开来，成为一项独立的决策质量标准。举例而言，在 *Heron International Ltd.* v. *Lord Grade*（以下简称 *Heron* 案）中，[46]上诉法院在认定董事义务时，就充分考量了董事向联合通信公司提供的报价。要对董事会的行为进行评估，需要特别注意两方面的事实：其一，如 *Regentcrest* 案，该案争议决策也存在一定的利益冲突，因为收购要约对于有投票权股份的持有人来说尤为有利，而绝大部分有投票权的股份都掌握在董事手中；其二，法院发现，由于公司控制权会因收购发生转移，那么在要约收购的情形下，董事在行使权力的过程中，唯一需要考虑的股东利益就是争取最高的股价，至于未来股东的利益（例如，投标者的利益）会受到什么影响，并不在其考量范围内。因此，董事会所追求目的的性质是非常明确且十分有限的；受此影响，其行为背后合理理由的范围亦十分有限，并促使法院进行干预。

在 *Heron* 案中，上诉法院指出，“董事具有善意这一点无可置疑”，他们“的确相信”自己的行为会给公司带来更多的利益。在我们前面讨论过的案件中，必须承认对董事善意的认定就是阻碍许多法院对决策进一步司法调查或干预的拦路虎。但对该案的法院而言，“问题在于董事所谓的确信是否能够合理成立”。[47] 所谓客观标准，其实就是 *Re Southern* 案中测试善意行为的标准，而检验这一客观标准的方法就是判断董事会的决策是否属于“任何合理的董事会

---

〔46〕［1983］BCLC 244.

〔47〕Ibid. at［5.14］（原文强调）.

都不会作出的决策"[48]。在 *Re Southern* 案中,法院适用的"任何合理董事都不会"标准延续了其法律传统,属于合理性标准。而在 *Heron* 案中,法院的态度却更为严苛。尽管认可了呈堂的诸多行为理由之一,但法院以"任何合理董事"都不会作出这样的决策为由驳回了其他理由,其中包括公司财务状况、延迟董事会建议的风险以及投标人撤标风险等。从判决中可以很明显地看出,法院在意的并不是能够支持行为的正当理由到底是什么,而是该理由是否确切、充分。 53

法院考量行为背后可能的理由所用的措辞,反映出其对自身角色的定位,即法院认为自己的职责是判断理由的效力和正确性,而不仅仅是确认商人据以支持其决策的正当理由。举例而言,法院指出,"在其看来",涉案公司的财务状况"并没有恶劣到"需要立即给出投标建议的程度;且"对于当事人提出的投标人可能撤回投标的理由,

---

〔48〕 有趣的是,在 *Heron* 案中首次使用了"任何合理的董事会都不会"这一术语,这是第一次在与董事会权力行使有关的公司语境中使用该术语。早期几个涉及医疗赔偿委员会的公法案件也使用了这一术语。(see, e. g. , *R.* v. *National Insurance Commissioner*, *ex parte Secretary of State for Social Services* [1974] 3 All ER 522; *R.* v. *Criminal Injuries Compensation Board ex parte Crangle*, The Times, 14 November 1981.)类似地,"任何合理的董事会都不会"一词在涉及公司的公法案件中首次被使用[*R.* v. *Director General of Gas Supply* (Official Transcripts 1980 – 1989)],不久之后在几个公司案件中被使用过,如 *Newtheraputics Ltd.* v. *Katz* [1991] Ch. 226 一案中,被告代理律师称,"证据不能揭示出违反了忠诚或善意义务的行为背后的真实理由。只有在没有合理的董事能够断定某一特定行动符合公司利益时,法院才会干预";在 *Runciman* v. *Runciman Plc* [1992] BCLC 1; 12; *Brown* v. *Bennett* (Official Transcripts, 25 Nov. 1997) 一案中,董事的支出被认为是不诚信的,"因为没有一个合理的董事会认为这样的支出是适当的"。我们在这里看到的似乎是从公法到公司法的一种溢出。我们应该注意到,严格地说,这一概念并不是借自公法,而是从公法中提醒人们,这个概念最初是在 *Overend* 一案中的公司语境下使用的,用以表达更久远的理念。

法院不置可否”。法院采取的方法和一般的客观方法并无二致,都是从这一维度展开考察:具有一般程度合理的董事是否会作出与争议决策相同的决策。

除此之外,法院还同时权衡了善意标准和商业判断司法审查的含义及应用,足见该案法院对自己职责的性质存在一定误解,而这种误解是由 *Overend* 案提出的两个因素造成的:第一个因素是善意标准与传统用于善意评估的、基于理由的问询的分离。善意标准本身就蕴含着尊重商人的决策,当我们考察理由是否具有善意时,只会考察董事是否真的相信自己的行为有助于促进公司利益,而这种怀疑
54 是有其内在好处的。但若善意标准是一项分开的独立标准,那么法院就变成了判断商业决策质量的最终裁决者。这样一来,就会鼓励法院对标准的范围加以定义和管控。第二个因素是法院对“合理性”相关术语的使用。这种做法传达出一个信号,即只有在决策极度不合理的情况下,法院才会进行干预,从而使标准逐渐朝着客观合理的决策迈进。

两起相关案例 *Re Pantone* 案〔49〕和 *Roberts* v. *Frohlich*(以下简称 *Roberts* 案)亦值得考虑〔50〕。值得注意的是,在这两个案件中,导致董事被诉至法院的决策都是在公司濒临破产的情形下作出的。由于董事本身也是股东,因此在公司濒临破产的情形下,其决策存在明显的利益冲突。在 *Re Pantone* 案中,集团公司决定承担和清偿另一集团实体的债务。法院认为,董事必须“真诚合理地相信”这一决策可以促进公司利益。法院将“真诚”和“合理理由”视作两个单独的考

〔49〕 [2002] 1 BCLC 266.

〔50〕 [2011] 2 BCLC 625.

察维度,说明法院的职责就是客观地评估行为的理由是否合理。然而,在实践过程中,法院的决策并没有想象中的权威。法院指出,董事担心不清偿客户债务可能对公司造成不利影响,因此作出了上述决策,而这并非“空想”,因此这一决策的确存在合理理由,这就是实践中的正当性或合理性标准。

Roberts 案中有关“合理性”的阐述是对注意义务在商业判断领域应用的最佳例证。在该案中,涉案企业是一家房地产开发公司,被告董事在明知企业注定会破产的情况下仍旧坚持开展交易。一开始,对于董事为公司利益善意行事的义务,诺里斯法官(Norris J)是遵循旧例来展开考察的,其承认善意标准本身的主观性及支持遵守标准的合理理由的重要性。然而,在综合考量涉案商业判断的理由后,他认为,有些情况下,我们从一个角度看,决策的理由具有一定合理性,但若换个角度来看,就会发现董事存在不合理、故意忽视的情形,这就相当于违反了善意标准。令人意外的是,法院随后选择从注意义务的角度对该案争议的商业判断进行考察。考察的重点不是程序上的失误,而是判断的质量。“判断是否存在疏忽”是法院质疑的核心问题。然而,为了确定董事作出的判断是否符合法院规定的客 55
观注意义务,法院依据人们熟悉的善意概念,适用了“任何合理董事都不会”标准。在 *Roberts* 案中,法院似乎将先前法院使用的“任何合理董事都不会”标准当作注意义务,用其来衡量判断决策质量。[51]

---

〔51〕 关于“任何人都不会”的标准如何被误读为监督注意义务情境下的一般注意标准的另外一个例子,可参见 *In re City Equitable Fire Insurance Company, Limited* [1925] Ch. 407, 429 案。在第八章我们探讨此案的语境中,我们讨论了 *In re City Equitable Fire* 案中这一误解(以及该案中的其他相关参考)对一些英国评论(但非随后的英国判例法)关于注意义务适用于商业判断的理解的影响(参见第 257 ~ 263 页)。

根据我们对 *Heron* 案的考察，这一方法之所以能够成行，还依赖于善意标准的独立性和此前其他法院使用合理性术语界定独立标准的实践。在 *Roberts* 案中，对于其认定为不符合善意标准的决策，法院的结论是，董事违反了其所负有的注意义务，因为"任何合理董事都不会做出这样的判断"，而对于其认定为符合善意标准的决策，法院的结论是"任何合理董事都不会"标准并不成立。通过这种方法，法院考察了支持董事作出决策的正当理由（也是善意标准要考察的理由）的可适用性。法院指出，"判断失误不等于疏忽"。

在实践中，*Roberts* 案通过适用"任何合理董事都不会"标准，有效地将注意标准重新融合于善意标准中。而对善意和注意问题的分析也证明，这种方式会造成怎样的实际法律影响根本无关紧要，真正重要的是它在结构层面带来的法律影响。该案改变了法院对自己职责的认定，促使法院从注意义务的角度转为对决策质量进行评估。要实现这一职能，可以肯定的是，未来遵循 *Roberts* 案的法院在认定决策质量问题时，必然会采取比善意标准更为严格的标准。[52]

出于早期普通法法院明确指出的法律和政策原因，将来的法院必然会将 *Roberts* 案和 *Heron* 案适用的判断标准弃若敝履。法院并
56 无权力对商业判断的质量进行客观评估，而任何依据传统规则展开的间接客观评估，都只能作为测试公司权力是否得到忠实行使的参考。如前所述，*Overend* 案另辟蹊径，提出了独立的商业判断标准，但即便是该案，也没有对注意义务在商业判断的适用作出任何规定。相反，该案采用"一般谨慎的人都不会"标准来阐明一个极低质量的

---

〔52〕 See, e. g., *Ross* v. *Gaffney* [2016] EWHC 1255 (Ch). 法官在该案中说："这又是一个我有权采取客观路径的案子。"

审查标准,该标准类似于合理性或正当性标准中的审查标准。在 *Associated Picture Houses* v. *Wednesbury Corporation* 中,格林尼法官曾给出行政法警示:不应利用"不合理"标准来赋权法院,使其可以对"什么是合理的"指手画脚。[53] 然而,*Heron* 案和 *Roberts* 案并未将格林尼法官的警示放在心上。法院对 *Roberts* 案的处理方法预示着司法干预概率的升高,而这种趋势产生了更高的风险:司法干预可能会降低董事会服务的吸引力,阻碍非执行董事发挥其主观能动性。正如我们所见,这一政策问题恰恰印证了早期法院对善意标准的理解。[54]

然而,若将这三类案件视作范例,那么以这些案件以及不存在间接冲突的案件为依据,我们可以假设商业判断标准也在发生分化和演变,适用于不存在冲突(合理性/正当性)的案件标准与适用于存在间接冲突(合理商业判断)的案件标准之间的界限正逐渐划清。值得注意的是,这一商业判断标准的发展是其脱离善意标准的必然结果。[55] *Overend* 案规定的独立商业判断标准十分宽松,只要能够确定存在可以支持行为的理由,就视为符合标准。但依据这一不严格的标准,法院很难对存在确切间接冲突的案件进行调整。在这种情况下,为了有效应对间接冲突,法院被迫制定了不同的、更加严格的标准。此外,若法院适用单一传统的善意标准,则不同标准之间的分歧就无关紧要了,因为行为理由的质量如何只能作为善意的参考。 57

---

〔53〕 See p. 28 – 29.

〔54〕 从现代的政策视角来看,这种高概率的干预可能会对激励董事选择冒险行为产生不利影响,关于这一问题,请参见原文第 112 页注解 74。

〔55〕 我们看到,美国也出现了类似的商业判断标准扩散的现象,see p. 110 – 129。

若存在间接冲突的嫌疑,法院可以选择沿用乔纳森·帕克法官在 *Regentcrest* 案中采用的处理方法,对涉案行为的理由进行更严格的评估。

还需要注意的是,在处理商业判断争议时,更为严格的中间标准开始占据主流,法院在适用单一的善意标准时,也更关注行为理由的质量。这种转变与当时英国社会和司法领域的管理主义浪潮相契合。1932 年,伯利(Berle)和米恩斯(Means)在其著作《现代公司与私有财产》[56]中描述了这样一个公司世界,在这个世界里,管理者是当之无愧的王者,他们掌握着公司资源,不受公司消极股东们的干预和监督。丹尼尔·詹姆斯(Daniel James)在评论这本书时,对这一观点作出了简洁有力的总结:"在公司系统的演进过程中,股东正一步步失去对自身财产固有的附属特权,股东不再是掌控者。"[57]通过这一视角我们可以看出,法律和监管变革亟待解决的问题是管理问责严重缺失,而在整个 20 世纪,英国的立法者无不深受这种监管逻辑的影响。举例而言,针对《公司法修正案》,[58]科恩委员会(The Cohen Committee)提议应赋予股东对董事的强制性无因解除权,并指出:

在理论层面股东对董事享有的控制权本身就是虚无缥

---

〔56〕 See Adolf A. Berle and Gardiner C. Means, *The Modern Corporation and Private Property*, Macmillan, 1932.

〔57〕 Daniel James, Review of Adolf A. Berle and Gardiner C. Means, *The Modern Corporation and Private Property*, 8 Indiana Law Journal 514 (1933).

〔58〕 See *Report on the Committee of Company Law Amendment* (Cohen Report) 1945, CMD 6659 at [130].

绑的，而只要投资回报令人满意，小股东往往不关心自己的投资具体是怎么运作的，股东手中资本的分散也加剧了控制权名存实亡的情形。[59]

在20世纪，这种观点为以加强董事问责为目的的法律和监管改革提供了不证自明的理论依据。法律层面的举措包括：废除与股东罢免权相关的治理选择权；[60]禁止免除违反董事义务的责任；[61]设立针对自我交易的强制性股东批准机制。[62]

除了分离所有权和控制权之外，为了更好地消除公司行为和公司丑闻对社会公众造成的恐慌，20世纪后半叶，以问责为导向的监 58
管干预大行其道。无论是20世纪60年代后期因一系列公开收购行为引起的社会不满、[63]20世纪90年代英国出现的公司丑闻（例如，PolyPeck公司和Maxwell公司）、19世纪末20世纪初其他地区出现的备受瞩目的公司丑闻（例如，安然公司Enron和世界通信公司WorldCom），还是后来的金融危机，凡此种种都凸显了董事会和管理层问责的重要性，且管理主义者提出了这样一个观点：股东没有能力约束和阻止公司行为。为了应对公司行为和公司丑闻，形形色色的监管主体各显神通，制定了五花八门的规定，[64]包括出台《收购准

---

〔59〕 Ibid. at [7e].

〔60〕 See Section 29 Companies Act 1947.

〔61〕 See Section 129 Companies Act 1929.

〔62〕 See Set forth today in sections 190 – 195 Companies Act 2006.

〔63〕 See Kershaw, *Principles of Takeover Regulation*, *supra* note 2 at 88 – 101.

〔64〕 更详细的论述请参见第八章，第264～266页。在讨论注意义务的法典化时，我们讨论了在20世纪后期，由于英国管制风格的重大变化，国家管制的可能性增加了。这意味着在20世纪后半叶，监管干预的可能性显著增加。

则》、制定《上市规则》中关于关联方交易的规定以及引入英国《公司治理准则》。[65]

20世纪晚期,管理主义问责视角之所以能够大行其道,与前述的英国商业判断判例法的发展以及本书讨论的其他普通法义务(尤其是公司机会和注意义务——尽管程度较轻)的发展密不可分。然而,从案件本身,我们却无法看到这一观点对商业判断相关判例法发展演变的影响。因此,管理主义问责视角是否真正推动了司法领域的法律制定仍有待商榷。相比特拉华州的法官,[66]英国的法官不会轻易显露自己的政策偏好和关注点。当然,主流的社会和政治共识塑造了法官的个人特质和风格,而这种个人特质和风格不能与审判实践相分离,其必然会在判案过程中有所体现。这些特质形成了他们在公司法律和法规对董事职责和问责功能的期望,而法官在审判开始前就已经怀有这些期望。

三、从禁止性走向规定性

从历史发展的角度来看,授权的行使很明显受到了公司法领域
59 善意义务的约束。这一义务不仅适用于权力的行使,其内涵也并非单纯以促进公司利益为目的的一般义务就能概括。直至今日,英国公司法也从未规定任何一项积极义务,要求被授权人为公司利益行事。相反,公司法施于被授权人的往往是消极义务,目的是确保授予

---

〔65〕 See today Listing Rule 11 (FCA Handbook)(如今仅适用于优质上市公司).

〔66〕 See, for example, p. 112 note 74.

的权力能够被用于达成既定的目标。更重要的是,为公司利益善意行使权力的义务并不要求被授权人一定要行使授权,这一义务仅在权力行使之时起到一定的限制作用。

早在1878年的 *In re Forest of Dean Mining Company* 案中,杰赛尔法官(Jessell MR)就曾坚决地驳回了有关积极披露义务的主张。他指出,"即便是对公司犯有欺诈行为,也没有理由强迫董事对股东进行事前披露"。[67]（本书将在第四部分探讨关于公司机会的问题）在一些主要的公司和非公司信义案件中,有部分当事人主张,受信人在处理公司机会的相关问题时,对确定的机会负有积极作为的义务,但这类主张统统被法院明确驳回,最典型的例证就是上议院对 *Regal* (*Hastings*) v. *Gulliver*(以下简称 *Regal* 案)作出的裁判。[68] 当然,对于董事在促进公司利益或寻找有益于公司的机会时所负有的披露义务(这是一项要求董事积极促进公司利益的义务),可以从不同的法律层面来对此进行解读。事实上,19世纪的合伙法就曾明确提出关于合伙人积极履责的见解,[69]原本这样的观点很容易就会被公司法迁移并应用到公司高级管理人员身上,但事实并非如此。至于英国公司法为什么会对高级管理人员/董事的信义义务区分如此严格,具体原因我们会在第十二章中展开分析和讨论。[70] 然而,即便法律将董事职责理解为一种积极义务,我们也要谨记,善意义务并非这种理

〔67〕 (1878) 10 Ch. D 450, 456.

〔68〕 [1967] 2 A. C. 134. 注意,此案于1941年判决,但直至1967年才完全公开。See Chapter 12 p. 338 – 393.

〔69〕 See *Dean* v. *Macdowell* (1878) 8 Ch. D. 345 and *Aas* v. *Benham* (1891) 2 Ch. 244. 这些案例以及对于合伙人承诺和义务的理解,将在本书第十二章(第383~388页)中予以详细探讨。

〔70〕 See p. 399 – 400.

60 解产生的根源。真要追根究底,应该是适用于积极义务的善意要求催生了这种法律的理解,比如现在适用于公司权力行使的善意要求。在正常情况下,只有法律意义上董事的承诺和期待才会规定这类积极义务,继而衍生出对善意履行义务的要求。这本应是约束规定性义务的手段,而非施加义务的依据。[71] 然而,当代英国公司法并未对此间的区别予以应有的关注。

若善意义务并未与权力的行使挂钩,而仅被视为"出于公司利益善意行事的义务",那么其在权力行使过程中就会如同无根浮萍,逐渐演变成监管董事行为的独立理由。这种义务本身也具有更强的规定性(积极),属于更广义的、更为抽象的忠实义务范畴。善意义务之所以会发生这种转变,原因在于对这种义务的解读与权力脱节。而这种变化趋势也是英国和澳大利亚之间关于善意行事义务争论的导火索,双方争论的焦点是善意行事义务到底是禁止性(消极)义务还是规定性(积极)义务。最初,澳大利亚法院在小范围的医疗信托案件中驳回了规定性义务的主张,[72] 随后这种处理方法被沿用至公司案件中。[73] 但经过调查,我们发现澳大利亚法院的这种理念其实是移植英国法院,这种生搬硬套的后果就是法院规定的义务不明确、无凭无据且前后矛盾。

善意行事义务也属于规定性义务,要求被授权人即便在不行使

---

〔71〕 See Richard Nolan and Matthew Conaglen, *Good Faith: What Does It Mean for Fiduciaries and What Does It Tell Us about Them?*, In Elsie Bank and Mathew Harding eds., Exploring Private Law, Cambridge University Press, 2010, p. 326,该书提出:"善意这一要素并不产生作为的义务。"

〔72〕 澳大利亚高等法院在 *Breen* v. *Williams* (1996) 186 CLR 71 案中得出结论:"这个国家的法律并未对受托人施加积极义务,使其为负有义务的人的利益行事。"

〔73〕 See *P &v. Industries Pty Ltd.* v. *Porto* (2006) 14 VR 1.

权力的情况下,也要以公司利益为先行事。这一概念发轫于 20 世纪末 21 世纪之初的信托和公司机会判例法,具体内容我们会在第十三章展开讨论,为读者对这一演变提供更细致的分析和论证。[74] 简言之,在 *Industrial Development Corporation* v. *Cooley*(以下简称 IDC 案)[75]、*Bhullar* v. *Bhullar*(以下简称 *Bhullar* 案)[76]等重要的公司案件,以及作为这些案件依据的重要信托案件 *Boardman* 案[77]中,我们可以清晰地看到,在英国公司法中,决定董事是否能够抓住机会的法律问题从是否存在义务和个人利益的冲突转变成是否存在公司利益和个人利益的冲突,这一法律问题性质的转变正是规定性义务产生
的根源所在。通过前述案件,针对行为与利益相关性的监管问题,法 61
院考量的焦点变成涉案的公司机会是否符合公司的一般"利益"。没能抓住属于公司利益范畴的机会,其必然结果就是董事在遇到机会时负有积极义务以促进公司利益。然而,在前述案件中,与机会有关的规定性行事义务却并非脱胎于善意义务,其真正的根源是法院对董事职责与承诺的默认理解(这得益于不冲突规则的概念转换)。

善意行事义务具有规定性质这种观点最早是在 *British Midland Tool Ltd.* v. *Midland International Tooling Ltd.* (以下简称 *British Midland* 案)中提出的。在该案中,原告指控被告董事没能告知对手公司正在挖本公司员工,要求其为此承担责任。[78] 法院认定善意义

[74] See p. 407 – 413.
[75] [1972] 2 All ER 162.
[76] [2003] EWCA 424.
[77] [1967] 2 AC 46.
[78] [2003] 2 BCLC 523.

务是一项“基本义务”，且抛开权力不谈，这一义务要求董事必须“以最佳的方式促进公司利益，且保持绝对的善意”。[79] 在 *British Midland* 案中，善意义务与权力的行使分割开来，只要因董事未能采取某项行动而对公司造成了损害，就能适用这一义务作为法律上的判罚依据。因此，法院轻易地得出结论，善意义务包括“向公司披露实际或可能会损害其利益的任何活动”这一积极义务。此外，若董事“有意从事与本公司有竞争关系的业务，且无意告知公司自己的意图”，[80] 则善意义务还包括主动辞职义务。令人讶异的是，法院并没有为这一主张援引任何直接权威案例，而是在 *Item Software* (*UK*) *Ltd.* v. *Fassihi*（以下简称 *Item Software* 案）（将在下文进行探讨）的一审判决中找到了一些资料作为佐证。值得注意的是，在 *British Midland* 案中，董事准备另起炉灶，设立一家与涉案公司有竞争关系的公司，而法院并未认定董事的这种行为违反职责。相反的权威案例规定，董事可以担任对手公司的董事，[81] 也可在担任董事期间产生与本公司竞争的意图，[82] 这是阻碍法院作出董事失职判决的根本
62 原因。因此，法院认定，董事需要为未能披露竞争对手成立相关活动的信息承担相应责任。然而，尽管法院试图给这些涉及有竞争关系董事的案件予以有效的指引，但其对善意的规定性解读与对有竞争关系董事的观点自相矛盾，导致后者根本站不住脚。

---

[79] Ibid. at [81]. 引用自丹宁勋爵（Lord Dennning）在 *Scottish Co-operative Wholesale Ltd.* v. *Meyer* [1958] 3 All ER 66 at 88 一案的名言，该名言显然与具有冲突的被提名人董事行使权力有关（比如，与公司股本重组有关）。

[80] See *supra* note 78 at 560.

[81] See *London Mashonaland Exploration Co. Ltd.* v. *New Mashonaland Co. Ltd.* [1891] WN 165; *Bell* v. *Lever Bros Ltd.* [1932] AC 161.

[82] See *Balston Ltd.* v. *Headline Filters Ltd.* [1990] FSR 385.

长久以来,人们都对董事职务上的竞争关系并不违反普通法关于职责和利益冲突或职责冲突的这一禁止性规定心存疑虑,[83]希望对其能进行新的评估。[84] 为这一观点背书的权威案例就是1891年的 *London and Marshonland Exploration* 案(以下简称 *Marshonland* 案)。[85] 尽管此案饱受争议,但若从禁止性善意义务的视角来看,*Marshonland* 案所采用的观点在很大程度上是可以自圆其说的。案例法通常将其作为不冲突规则的例外情形,[86]但其实际上是禁止性善意义务逻辑发展的必然结果。假设张三同时担任A公司和B公司的董事,而A公司和B公司之间存在竞争关系。若张三作为A公司的董事,需要就是否与第三方X订立合约作出决策,那么,即便B公司同样想了解或订立该合约,这期间也不存在任何利益和义务冲突,因为张三对B公司并不负有订立合约的积极义务。但若两家公司都主动想与第三方X订立合约,那么就存在利益和义务冲突,兼任两家公司董事的主体需要择一退出,[87]不能仅仅选择回避。除非两家公司权力的行使出现重合,否则同时担任有竞争关系公司的董事并不存在任何法律问题。当然,A公司的董事也可能利用自己手中

〔83〕 See Paul Davies, *Gower's Principal of Modern Company Law* (6th eds, Sweet & Maxwell, 1997) at 622. 该书认为:"从事竞业业务的董事,不可避免地会将自己置于个人利益与公司利益相冲突的境地之中。"

〔84〕 我们将在本书第三部分和第四部分深入讨论这一义务。

〔85〕 [1891] WN 165.

〔86〕 See In *British Midland supra* note 78 at [82]. 对此,哈特法官(Hart J)认为:"不得将自己置于冲突状态的义务必须根据奇蒂法官(Chitty J)在 *London Marshonland* 案的判决来解读。"(原文强调)

〔87〕 See *In Plus Group Ltd.* v. *Pyke* [2002] 2 BCLC 201 at [84]. 在该案中,塞得利法官(Sedley)在论及 *Marshonland* 案时正确地指出:"例如,当两家 Marshonland 勘探公司都准备投标同一份合同时,梅奥(Mayo)法官的观点是否站得住脚值得怀疑。"

的职权来损害A公司的利益,从而为B公司牟利,这种行为就要受
63 到禁止性善意义务的规制。正如我们所见,在有间接冲突的情形中,法院对于涉案董事行为原因质量的审查就会更加严格。然而,若善意义务成为一项积极的披露义务,要求董事披露符合公司利益的机会和信息,那么前述观点就会发生180度的大转变。比如在前述例子中,担任A公司董事的行为就会立即产生禁止性冲突。因此,善意义务会禁止有竞争关系的董事职务的存在。自 *British Midland* 案以来,以董事兼任的职务存在竞争关系为由对董事提起诉讼的案件激增,这一事实就是善意义务的禁止性转向的有力证明。[88]

而上诉法院就 *Item Software* 案[89]所作的裁判为善意义务属于规定性义务这一观点奠定了坚实基础。在该案中,原告公司的董事在没有告知公司的情况下,试图撬走公司正在商谈续约事宜的经销合同。虽然被告董事未能成功,但公司也因为谈判策略过于激进没能达成合同。在一审中,法院认定,虽然被告董事试图撬走自家公司合同以及蓄意破坏公司谈判的行为违反了其作为董事的义务,但这种违反义务的行为与公司续约失败之间并不存在逻辑上的因果关系。然而,法院认为,若董事及时披露自己的不当行为,这将对公司的谈判策略造成实质性的影响。那么问题就在于,董事是否有义务披露自己的不当行为。对此,雅顿法官(Arden LJ)并未援引任何权威案例,而是提纲挈领地指出,董事的义务应当是"秉承善意,依照自

---

〔88〕 See, e. g., *Shepherd Investments Ltd.* v. *Walters* [2006] EWHC 836 (Ch); *QBE Management Services* (*UK*) *Ltd.* v. *Dymoke* [2012] IRLR 458; *Allfiled UK Ltd.* v. *Eltis* [2015] EWHC 1300 (Ch).

〔89〕 [2004] EWCA Civ 1244.

身认为最符合公司利益的方式行事”，这就是“久负盛名”的〔90〕“忠实义务”。在 *IDC* 案和 *Bhullar* 案中确立的规定性披露义务正是从这种抽象的、基本的善意义务中衍生出来的：

> 对善意义务的表述或许比较概括笼统，但这恰恰是其长处所在：这样的表述重于挖掘义务背后的法律原则，不再纠缠某个案件中法官或立法机构的具体观点。这样的善意 64 义务更具灵活性，只要其原则或深层逻辑能够自洽，就能够适用于那些此前不适用善意义务的案件。衡平原则的灵活性在此展现地淋漓尽致。正如坦普尔曼法官(Lord Templeman)曾指出的那样，“衡平法并非基于计算机，而是基于良知”。

依照这一理解，法院认定，该被告董事所负的善意行事义务要求他必须披露自己的不当行为。〔91〕 后续的其他案件也承继了这种观点，指出披露义务是“受信人善意行事这一主要义务的衍生义务”。〔92〕

---

〔90〕 引用自古尔丁法官(Goulding J)在 *Mutual Life Insurance Co. of New York* v. *Rank Organisation Ltd.* [1985] BCLC 11 一案的判决。值得注意的是，法官在提及权力时用了这么一句话：“这是一条久负盛名的规则，董事需为公司利益善意行使权力。”(原文强调)

〔91〕 *Item Software* 案被后续其他案件所遵循。See, e. g. , *GHLM Trading Ltd.* v. *Maroo* [2012] EWHC 61 (Ch) at [193]. 需注意的是，这一裁判是“有争议的”，且英国《2006 年公司法》第 172 条的措辞似乎支持这一规定性概念，因为它提到了“必须采取行动”。恕我直言，这并不正确。因为需提请注意的是，英国《2006 年公司法》第 170(4)条关于成文化的董事义务规定，在解读时须与之前的判例法保持一致。因此，英国《2006 年公司法》要求董事在选择行使相关授权时，必须采取能够促进公司成功的行为。

〔92〕 See *QBE Management Services (UK) Ltd.* v. *Dymoke* [2012] EWCH 80 at [189].

雅顿法官不仅借鉴了罗伯特·克拉克(Robert Clark)在其专著《公司法》[93]中有关美国法律规定的忠实义务的普遍观点,还吸收了卡多佐法官(Justice Cardozo)在 *Meinhard* v. *Salmon*(以下简称 *Meinhard* 案)中作出的著名论断——“依据衡平法,统一、无私的忠实原则不会受到机密事务的制约”,[94]最终得出了上述结论。克拉克教授在其著作中指出:

> 公司董事……对其公司负有不可分割的忠实义务,不得以牺牲公司及其股东的利益为代价使用公司资产或与公司进行交易,为其自身谋取利益。公司法领域中,对这一义务或实施这一义务所涉及的程序规则和制度安排进行阐明的典范就是压倒性多数规则、原则和案件。公司法的历史很大程度上就是忠实义务实践内涵的发展史。许多案件表面上看是关于忠实义务发展路径的枯燥形式或规则,但实际上却涉及由管理层不忠实行为引起的种种争议……更重要的是,这种一般意义的信义忠实义务属于剩余概念的范畴,包含不可预见且无法分类的实际情况。事实上,恰恰是这种一般意义的忠实义务引发并推动了公司法的不断演进。[95]

以比较法渊源为基础提出法律命题存在一定的风险:主张是否

[93] See Robert Clark, *Corporate Law*, Little, Brown & Company, 1986, p.24、141.

[94] 249 N.Y.458, 467 (1928).

[95] See *supra* note 92 at 34 and 141.

准确？能否表现不同的法律传统？能否反映全新的、异质化的、与英 65
国固有的政策观点不同的法律和非法律因素的影响？事实上，这些问题的产生并非杞人忧天。卡多佐法官在 *Meinhard* 案中所作的陈述就是司法夸大问题的绝佳例证，而他本人对此的态度也有所偏颇。[96] *Meinhard* 案争议的焦点在于非公司性质的续约机会/权利，[97]卡多佐法官所作裁决提出了机会的另一种处理方法，这种方法与美国公司法领域中有关机会的规定大相径庭。更重要的是，美国有关公司忠实问题的州法律揭示了这样一个事实：忠实义务并不像克拉克教授（Professor Clark）等人宣称的那样“不可分割”。正如本书关于自我交易的分析[98]以及一系列关于公司机会权威案例的论述所言，[99]美国州公司法关注的焦点是是否存在不忠实的事实，而并非不忠实行为出现的概率。因此，相较于英国的忠实义务，美国的忠实义务是可以分割且更为宽容的。此外，正如本书第十三章、第十四章和第十五章所论述的，（克拉克教授和大多数论者提出的）忠实规定的核心要素，尤其是与公司机会相关的核心要素，并非从广义的忠实义务发展过程中产生，而是真正源自早期关于机会中财产权利的各种观点。这一结论同样适用于美国规定性义务的发展路径，尤其是关于争取被视为“属于”公司机会的积极义务[100]以及第四章将讨论的善意义务。但这两者还是存在区别的，前者主要是财产方法的产物，在英国虽曾探寻但从未真正投入实践；后者则如本书第四

---

[96] See also p. 450.

[97] 关于续约权利，see Chapter 12 p. 376 – 379。

[98] See Chapters 9 and 11.

[99] See Chapter 14.

[100] See Chapter 14.

章第一节讨论的那样，是特拉华州对传统善意标准进行现代化、结构性转变后的成果。[101] 总而言之，英国普通法发展并未从中获得多少借鉴和参考。

同样地，对于构建更为宏观和抽象的忠实义务或善意义务理念，以便从中衍生出其他更为具体的义务，更好地适应时势变化，英国本土并未作出积极贡献。正如我们所见，为公司利益而善意行事的义务往往是与权利的行使挂钩的。这一狭义的义务本身就是一项核心义务，且与商业组织的中心思想（专业人士的部署和赋权）密切相关。
66 这种狭义的、以权力为中心的忠实义务是英国公司法规定的其他董事义务的源流所在，而这些董事义务又反过来支撑了这种以权力为中心的忠实义务。[102] 举例而言，我们在第三部分和第四部分详细讨论了普通法规定的避免利益冲突的义务，以及公司行为会导致直接财务冲突（最典型的就是自我交易，还包括给董事带来直接经济利益的行为[103]）时禁止董事行事的义务。[104] 如上所述，若法院要确认与机会相关的或与 *Item Software* 案陈述的与情形相关的规定性义务，

---

〔101〕 See p. 99 – 104.

〔102〕 See Matthew Conaglen, *Fiduciary Loyalty*, Hart Publishing, 2010, p. 4. 康纳根（Conaglen）认为信义义务增强了非信义义务的履行。这本书并不讨论哪些义务是否属于信义义务，但我完全同意康纳根关于义务与这一观念（某些义务可服务于其他义务的恰当履行）之间关系的卓越见解。

〔103〕 由于对违约造成的损失规定赔偿责任而间接阻止这种情况，但也可说是通过规定董事无权在这种情况下采取行动而直接阻止（参见第 314 ~ 315 页）。

〔104〕 See *Parker* v. *McKenna* (1874) L. R. 10 Ch. App 96 and on one reading of *Regal* (*Hastings*) v. *Gulliver* [1967] 2 A. C. 134. See discussion at p. 388 – 393. 请注意，尽管该义务的措辞为防止一系列更广泛的间接冲突创造了空间，但判例法仅严格适用与直接冲突有关的义务。间接冲突受以善意促进公司利益义务的约束。Cf. *Commonwealth Oil & Gas Company Ltd.* v. *Nicholas Wilson Baxter* [2007] CSOH 198.

则这种义务产生的前提条件就是法院认可特定董事所负有的规定性职责以及所作的规定性承诺。善意义务可以适用于这种承诺,但依据英国法,其并不能创制这种承诺。

不出意外,这种新型规定性善意义务的边界并不明晰。当董事认为自身遭受了实际的不公待遇,无故离职就是他们对此的回应。当某个董事打算另起炉灶、为此做准备、与同事讨论此事或向律师咨询此事时,是否必须披露这件事或辞职?[105]若某个董事在与另一名董事小酌时听闻该董事打算自立门户,听他叙述了自己的宏图大志,是否必须告知其他董事?如果董事并未主动报告自己同事消极怠工的情形,是否构成对自身义务的违反?[106]由此可见,法律一直不规定 67
明确的规定性义务是有理由的。这种义务适用的情形根本无法界定和监管,如果强行执行则可能会对能够解决董事绩效问题的合作与沟通形式造成毁灭性打击。集体治理也会因此毁于一旦。并不是我们消极怠惰,不想预防或规制此类行为,而是公司法根本无法提供有效的解决方案。董事的辞职可能会造成一定的不公平,但并非所有的公司不公现象都能够获得或应当获得法律救济。

然而,相比解释为什么会产生这种义务,批判其在一致性方面的瑕疵显然更为简单。举例而言,在 *British Midland* 案和 *Item Software* 案中,我们能够很轻松地将义务从权力行使的语境中剥离,使其成为一项独立的一般性"善意行事义务",从而实现禁止性义务向规定性

---

〔105〕 关于这些难点,see, e. g., *Shepherds Investments Ltd.* v. *Walters* [2006] EWHC 836 at [108]。

〔106〕 See, e. g., *Odyssey Entertainment Ltd.* v. *Kamp* [2012] EWHC 2316 at [236]. 董事未能"披露其真实想法和意图",以及"在公开和直接的事务中"行事,这导致其被认定为违反了规定性善意义务。

义务的升华。然而,善意义务在公司领域适用了150年之久,其间从未发生过这种转变,造成这种现象的原因之一就是我们前面阐述的不适宜且不准确的法律移植。除此之外,尽管 *British Midland* 案没有提及 *IDC* 案和 *Bhullar* 案中规定性义务的雏形,但这两个案件对于 *Item Software* 案确立规定性义务的确发挥了积极作用。然而,在这些案件中,法院并未将 *IDC* 案和 *Bhullar* 案确定的规定性义务视为规定性善意义务的产物。第十三章对这些案件进行了详细深入的分析,并提出规定性义务的雏形实质上反映了利益、义务冲突向利益冲突的温和转变,且这种转变一开始是无意识且存在谬误的。这种规定性义务的雏形对分离的基本善意义务的形成功不可没,也证明了普通法细微的、无意识的改变是能够对公司秩序产生深远影响的,虽然这需要很长的时间去酝酿发酵——这可以称得上是普通法版本的蝴蝶效应。[107] 最后,在讨论规定性义务的雏形和新的普遍的规定性善意义务时,我们都不能忽略管理主义和问责观点对司法立法造成的影响。尽管其无法直接体现在判例法中,但通过这些视角,我们可以看到,在种种社会和政治因素的驱动下,公司法领域一些"休眠"数十年的法律概念和原则开始焕发生机,被用以加强对董事和管理者的法律问责。

---

[107] See James Gleick, *Chaos: Making a New Science*, Viking Press, 1987.

第三章　美国商业判断规则的基础 68

一、19 世纪公司法中的商业判断

在 1818 年 *Attorney-General* v. *Utica Insurance Company*（以下简称 *Utica* 案）中，[1] 纽约州法院大法官肯特（Chancellor Kent）指出：

> 那些以受托人身份行使公司权力的人，需就欺诈性地违反信托的行为向本院负责；而对于一般的违反公平行为，本院对公司的司法管辖权应当受到限制。

在 1832 年的纽约州 *Scott* v. *Depeyster*（以下简称 *Scott* 案）中，[2] 法院对如下两个概念进行了区分：对公司"关切"之"勤勉注意"与义务的实际履行（行使公司权力的决策）。在该案中，原告所提诉讼

[1] 2 Johns Ch. 371 (1818).

[2] 1 Edw. Ch. 513 (1832).

基于一项诉请,即国家保险公司(National Insurance Company)[3]的董事超越自身权限进行了不当投资,且董事在监督有欺诈行为的雇员时未尽足够谨慎义务。参照第一章所讨论的一些关键性英国权威案例,[4]法院认为,"依照推理和权威案例",董事不对秉持忠实和善意而造成的错误及过失判断承担责任,"即便其判断错误是造成损失的直接原因",也无须为之承担任何责任,法律仅要求董事"诚信且忠实地履行"他们的义务。与 *Attorney General* v. *The Corporation of Exeter*[5]中埃尔登法官的观点一样,副大法官指出:

69 若建立这样一个规则,即人们须对基于善意而做出的错误或过失判断行为负责,则无疑会使所有的信任职位宣告终结——因为找不到有能力或称职的人愿意接受这些职位。然而,如果没有这些职位,无论是公共事务还是个人事务,都无法在任何程度上得以推进。

在美国早期的公司案件中,我们看到了与司法不干预商业判断有相同理念但不同方式的表达。如 *Scott* 案指出,董事无须为基于善意造成的错误或过失承担责任。1832 年纽约州 *Robinson* v. *Smith*(以下简称 *Robinson* 案)指出,故意[6]滥用信任的,需要承担责任;

---

〔3〕 该公司于 1815 年根据纽约州立法机构的一项法案成立。

〔4〕 副大法官表示,"适用于本案分支的原则可在若干已决案件中找到"。该判决在这方面引用了以下案件:*Harman* v. *Tappenden* 1. East 55 (1801);*Crookshanks* v. *Turner* (1723) Ⅶ Brown 255; and *Attorney General* v. *The Corporation of Exeter* 2 Russ 45 (1811)。

〔5〕 Ibid.

〔6〕 See *Robinson* v. *Smith* 3 Paige Ch. 222 (1832) (NY Court of Chancery).

其他案件则指出,以欺诈手段违反信托义务的,需要承担责任。[7] 此外,在 *Utica* 案中,大法官肯特指出,这不仅是一项在没有恶意、故意或欺诈性滥用信任之下预防干预的实体法律规则,而且在缺乏前述情形之下,衡平法院没有干预公司事务的管辖权。[8] 还有值得注意的一点是,早期的纽约州法院要求原告在诉状中明确说明被告具有恶意或不诚信的主观故意,借此为作出商业判断的董事提供进一步的程序保障。在 *The Franklin Fire Insurance Company* v. *T. W. Jenkins*(以下简称 *Franklin Fire Insurance* 案)中,[9] 最高法院以诉状未能明确说明被告的恶意或不诚信的主观故意为由驳回了原告诉请。法院认为,原告提出诉讼的理由必须"精准、确定和明晰"。

另采用此类方式的早期著名案例是 *Franklin Fire Insurance* 案与英国 *Harman* 案。在 1847 年的 *Godbold* v. *The Branch at Mobile*(以下简称 *Godbold* 案)中,被告董事因授权向另一董事付款而被指控违反了职责,该案详细引用了 *Harman* 案,[10] 亚拉巴马州最高法院总结道:

---

〔7〕 See *Verplanck* v. *The Mercantile Insurance Company of New York* 1 Edw. Ch. 84 (1831) (NY Court of Chancery).

〔8〕 See also *Verplanck* v. *The Mercantile Insurance Company of New York* 1 Edw. Ch. 84 (1831); *Hodges* v. *New England Screw Co.* 1 R. I. 312 (1850).

〔9〕 3 Wend. 130 (1829). 注意的是,被告董事的律师同样参考了 *Harman* v. *Tappenden* 1. East 55 (1801) 这一案件。

〔10〕 1 East 555 (1801):"没有任何诉讼实例支持仅仅因为判断错误而引起的行为。如果能够证明被告恶意策划并意图损害原告,剥夺其从渔业中获得的利益,而按照惯例,该利益是其作为团体成员有权获得的,由于被告故意、恶意地导致原告被剥夺该权利,从而使原告失去了这种收益,该诉讼可能会得到支持。" See further text associated with Chapter 1 notes 8 – 9.

> 70 授予董事的权力是最微妙也是最重要的信托权。在行使这种权力的过程中，董事理应尽己所能，秉承最大的善意……在本院看来，董事并不能保证对自己认知范围内所有事务全知全能，亦无法保证自己决策或采取措施时不会犯错或不会受到误导。〔11〕

重要的是，与 *Scott* 相呼应，法院发现，如果适用更为严苛的标准，结果只会适得其反，因为“但凡是个谨慎的人，都不愿意接受这种风险较大的信托”。法院还指出，“重大过失”可能证明“欺诈归责是正当的”，典型的例子就是美国法院会将恶意代理视为严重过失的标志。这会令人联想到英国与“重大错误”“无可辩驳的过失”“严重且明显的失误”以及“不合理”有关的种种标志。

19 世纪后期新泽西州发生的商业判断案件对美国公司法中诉讼理由和善意标准之间的关系进行了明确的界定。例如，*Elkins* v. *The Camden and Atlantic Railway Co.*（以下简称 *Elkins* 案）、〔12〕*Ellerman* v. *Chicago Junction Railways*（以下简称 *Ellerman* 案）〔13〕和 *Wildes* v. *Rural Homestead Co.*（以下简称 *Wildes* 案）。〔14〕在 *Elkins* 案中，当事人诉请法院寻求禁令性救济，意图阻止涉案合约的达成。衡平法院认为，订立合约的决策“取决于管理者的判断”。只要管理

---

〔11〕 11 Ala. 191 (1847). Seymour D. Thompson, *Commentaries on the Laws of Private Corporations* (Bancroft-Whitney, 1895) at §4102 (p2997) 参照了 *Godbold* 案，并提出：“也有人说，要使他们承担法律责任，其行为必须是严重错误，才有理由将其归咎于欺诈。”

〔12〕 36 N. J. Eq. 9 (1882).

〔13〕 49 N. J. Eq. 217 (1891).

〔14〕 53 N. J. Eq. 452 (1895).

者诚实且善意行事,决策即具有“效力,即便最终的结果证明决策并不明智或并不妥当”。在 *Ellerman* 案中,涉案股东同样诉请法院禁止涉案公司订立合约,衡平法院指出:

> 若董事做出的公司行为是在公司授权范围之内,旨在达成既定的公司目标,既不违法也不违背公序良俗,同时是出于善意作出的忠实判断,则股东不得利用司法程序对董事的公司行为提出质疑。至于管理政策或合同权宜之计的问题则应交由董事诚实决定。〔15〕

法院进一步指出,在一般情况下,法律会推定涉案合约具有合法 71
性。也就是说,要推翻合约的合法性,需要原告承担举证责任证明当中存在不忠实和恶意的情况。在前述两个案件中,尽管法院认定“不存在欺诈迹象”,〔16〕但他们仍仔细考察了订立合约的可能性与合理理由。举例而言,在 *Elkins* 案中,原告对货运和客运合同的期限提出了质疑。法院推断,由于股东的异议集中于被告公司,交易相对方可能会要求延长合同期限,“以便其规避此种冲突,获得充分的保障”。尽管在缺乏欺诈意图的情形下,这一标准根本无法让法院探究出董事作出决定的原因(真实的或推测的),但对决策原因的考察可以让法院在作出忠实和诚信的判决认定时感到些许安慰。*Elkins* 案的审理法院还对涉案合约的其他条款是否存在严重决策错误进行了考

---

〔15〕 *Supra* note 13 at 232. See also *Park* v. *Grant Locomotive Works* 40 N. J. Eq. 114 (1885); *Edison* v. *Edison United Phonograph* 52 N. J. Eq. 620 (1894).

〔16〕 Ibid. at 237.

察，以检验董事做决策时是否秉承善意。法院认为：

> 若合约条款存在不公平之处，投入大回报少，或明显是对外做慈善而不是锱铢必较的商事谈判，那么法院即可认为，谈判的动机并非促进和保障股东利益这么简单。[17]

由于本案中并无此类证据，法院因而拒绝采取任何干预手段。而在 *Wildes* 案中，[18]这种通过考察是否暗含可信的商事理由和重大决策失误来测试董事善意的方法获得了更多的关注，而这一案件是最早的一批激进股东诉讼案件的典例之一。在该案中，一名激进股东向法院提起诉讼，要求法院撤销董事以发行股票为代价交换财产的决定，因为拟换取的财产价值远低于发行的股票。依据 *Elkins* 案和 *Ellerman* 案，衡平法院认定，只有在董事行为属于欺诈行为的情况下，才能撤销其决定。若董事的行为仅仅是“轻率或不明智”的，则法院无权干涉。法院考虑的焦点在于“董事向（股票购买人）转让股票的行为是否基于善意而做出”。法院指出，被告董事将从“董事行为具有善意且忠实意图的一般推定”中获益，因为“极少证据能够证明
72 确实存在不忠实的意图”，此时法院会对案件事实进行审查，看是否能够发现其暗含恶意。法院认定，尽管可以从行为本身来推断行为人主观的善意或恶意，但在实践中，法院必须通过考察行为是否具有合理理由来进行推断：

---

〔17〕 原文强调。

〔18〕 53 N. J. Eq. 452 (1895).

在这类案件中，争议的焦点是被告的意图。通常情况下，意图只能够通过经证实的事实情况推断，因此极少证据能够证明意图的不忠实性。这些证据（对实际意图的推断）较量的对象则是被告提出的具有一定合理性的理由或原因，且被告一定会坚持，在当时的情形下，这一理由足以支持自己作出那样的决定，借此说服法院相信自己的判断是忠实的。因此，事实真相并非总是容易被证明。[19]

在本案中，董事转让股票换取财产的行为，似乎是董事面对股东激进主义时，巩固控制权的一种尝试。尽管董事给出了其行为的理由，但交易对价“价值过低”这一事实足以令法院认定董事的行为存在恶意。因此，尽管 *Wildes* 案并无明确理由证明董事存在恶意代理，但其成为美国早期关于重大决策失误案件的标志性例子，且让人联想到现代英国的一些案件。在这些案件中，法院因案件表面呈现的冲突对诉讼理由进行了更为细致的审查，从而提升了司法干预的概率。值得注意的是，在 *Wildes* 案之后，《新泽西州公司法》于1896 年进行了修订，针对股票发行，该法确认，“在缺乏证据证明确实存在欺诈行为的情形下，董事会对所购财产价值的判断应是决定性的”。[20]

把视线转到宾夕法尼亚州，该州具有影响力的 *Spering's Appeal*

---

〔19〕 *Supra* note 14 at 432.

〔20〕 See Section 49 New Jersey General Corporation Act of 1896. See John J. Treacy and John Milton eds. , *The General Corporation Act of New Jersey* (1923) 44. 该条款随后于1917年被废除。See *Holcombe* v. *Tenton White* 80 N. J. Eq. 122 (1912). 该案认为这一规定只是对 *Wildes* v. *Rural Homestead Co.* 这一案件所持立场的肯认。

案同样对上述裁判理念进行了详细阐述。在该案中,原告将国家安全保险和信托公司(National Safety Insurance and Trust Company)的董事诉至法院,理由是其管理不善,导致该公司因投资而失败,宾夕法尼亚州最高法院称该投资为“不明智、不成功”且“缺乏审慎的”。[21] 在决定适用何种审查标准时,法院参考了英国 *Charitable*
73 *Corporation* 案这一开创性案例和 *Turquand* v. *Marshall*,[22] 以及美国的 *Scott* 案、*Godbold* 案、*Franklin Fire Insurance* 案和 *Robinson* 案,最终认定:

> 似乎没有必要继续进行调查了。依据这些案例可以得出,即便董事作出的判断严重到在我们看来是荒谬与可笑的,但只要是忠实行事且在授予管理层的权力和自由裁量权范围之内,他们就无需为判断错误承担任何责任。

这一时期相关教科书的作者不出所料地认可了这一被广泛接受的观点。1852 年,安吉尔(Angell)和埃姆斯(Ames)在其著作中对 *Scott* 案和 *Godbold* 案中没有明确标明出处的引用[23] 进行了总结,提炼出了这一法律观点:

---

〔21〕 71 Pa. 11 (1872).

〔22〕 See p. 24, 41.

〔23〕 正如这篇论文,甚至在这一时期的论文中,引用案例而非逐字逐句从案例当中提取文字的做法是非常常见的。彼得·卡斯滕(Peter Karsten)研究有关 19 世纪评论文章时说,在遵循先例和崇敬过去英国司法杰出人物的行业中,没有“剽窃”的污名。[Peter Karsten, *Heart Meets Head*: *Judge-Made Law in Nineteenth Century America* (The University of North Carolina Press, 1997) at Location 1132 (Kindle Edition)]

> 任何以他人或公众为对象承担信托职务或信任责任的主体，其承诺的不过是为他人或公众的利益尽勤勉注意之职并诚信履行自己的义务。受托主体并不需要做到全知全能，因此法律规定其无需为过失承担责任。但若其所犯过失已达到欺诈的程度，就需要承担责任。[24]

1886 年，莫哈维兹（Morawetz）在其著作中指出，"只要公司的代理人在公司章程授权的范围内忠实行事，法院就不能对其进行任何辖制"。[25] 1893 年，比奇（Beach）提出，"只要同时满足忠实和善意这两个标准，公司董事代表公司签订合同做出的权宜之计是他们的决定，其决定就相当于是公司的决定"。[26]

总之，我们发现，在 19 世纪纽约州、宾夕法尼亚州和新泽西州这些裁决商业判断的司法审查范围案件中，不仅裁决范围高度一致，而 74
且自早期英国法以来从未改变。然而，尽管存在这种实质上的一致性，在这些管辖法域之间，尤其是新泽西州，仍然存在一些细微差别值得我们注意。首先，如前所述，新泽西州的案件更早且更明确地对诉讼理由和善意评估之间的关系进行了考察。其次，新泽西州的司法风格与 20 世纪特拉华州的司法风格非常相似，这一点我们会在随后的本章第三节部分展开讨论。新泽西州的司法风格有两个明显的

---

〔24〕 See Joseph k. Angell & Samuel Ames, *A Treatise on the Law of Private Corporations*, 4th edn, Little, Brown & Company, 1861, p. 314.

〔25〕 See Victor Morawetz, *A Treatise on the Law of Private Corporations*, Little, Brown & Company, 1882, p. 390.

〔26〕 See Charles Fisk Beach, *Commentaries on the Law of Public Corporations*, The Bowen Merrill Company, 1893.

特质：一是新泽西州公司法律系统具有明显的系统性封闭特征；二是即便该州没有可供援引适用的权威法源，也不愿借鉴或移植其他州的相关法律规则。读者若是查阅19世纪后期有关新泽西州商业判断的主要案例，往往很难从该州的裁判路径中看到美国和英国法律传统的影子。举例而言，在*Elkins*案中，衡平法院认为，涉案的法律主张"不存在任何疑问"，但对于这种无可置疑的确定性却没有作出任何解释。相较而言，19世纪纽约州和宾夕法尼亚州的法院在法律主张的证明过程中，更愿意借鉴和利用英国和美国的相关权威先例。因此，我们可以合理推测，这种司法立场更多反映的是公司法领域头部人物的立场——与其说是各州之间的竞争，不如说是各州司法机构之间的竞争，司法机构是通过统计引文数据来衡量司法、司法法律观点及资本的。这一观点在与其司法风格类似的特拉华州不仅得到了印证，还被发扬光大。在本书中，我们可以看到，公司法的几个关键领域都复制了新泽西州的做法，而由于特拉华州引入这种做法时间更晚，因此此处故意省略了很多权威的公司案例。当然，以上主张也仅是本书的推测而已。我们会发现，特拉华州之所以会形成严重依赖其他州的权威先例的司法风格还有其他似乎合理的驱动因素，最主要的原因就是这一时期法律现实主义运动的影响力在不断增强。尽管如此，新泽西州和特拉华州的司法风格在这方面仍然有其独特之处，而这种特质与"赢得公司法竞争"观点之间的关系是值得我们深思的问题。

二、纽约州、新泽西州和宾夕法尼亚州：20 世纪“商业判断规则”的建立 75

美国首次提及“商业判断规则”是在 1943 年纽约州的 *Mann* v. *Luke*。[27] 而新泽西州直至 1979 年才引入这一概念，宾夕法尼亚州则更晚，直到 1997 年才真正使用这一概念。然而，从实体法视角来看，这几个州之间对“商业判断规则”的使用却毫无干系。这一术语不过是新瓶装旧酒，将 18 世纪关于善意行使权力的法律规则归纳提炼而得。与其说商业判断规则是现代公司法的产物，倒不如说是古代法律思想贴上了现代化的标签。

在纽约州，最早明确将“商业判断”与善意标准联系起来的案件是 1944 年的 *Bayer* v. *Beran*。在该案中，纽约州最高法院指出，“不鼓励法院干预（董事）行使自由独立判断权的做法逐渐为人接受，也就是我们所知的商业判断规则”。[28] 法院附和了比奇的观点，通过援引 1912 年纽约州上诉法院对 *Pollitz* v. *Wabash*（以下简称 *Pollitz* 案）[29] 的判决作出法律解释，该案判决要求董事“善意行事并作出忠实的判断，以实现公司目的”。[30] 上诉法院借鉴了新泽西州的

---

〔27〕 44 N. Y. S. 2d 202 (1943).

〔28〕 See 49 N. Y. S. 2d 2 (1944) (*per* Justice Shientag). Shientag 法官在一个月后的 *Casey* v. *Woodruff* 49 NYS 2d 625 (1944) 案中再次重申这一观点。

〔29〕 207 N. Y. 113 (1912).

〔30〕 See text associated with note 26.

Ellerman 案和 *Elkins* 案,[31]认定“管理政策问题应由(董事)决定”,若董事能确保决策忠实无私,“即便决策结果并非明智或权宜之计”,法院也不会对决策提出任何质疑。

与 *Bayer* v. *Bayera* 及 *Blaustein* v. *Pan American Petroleum*(以下简称 *Blaustein* 案)中一样,纽约州上诉法院在同一年对 *Pollitz* 案作出了维持判决的决定。在 *Blaustein* 案中,原告主张董事选择租用石油管道的决策不当,应当铺设公司自有管道。[32] *Blaustein* 案援引了 *Pollitz* 案,并确认就“实现公司目的”而言,董事只需要“做到善意行事并作出忠实判断”即可,至于决策是否明智适宜,法院并不关
76 心。[33] 然而在对判决书之后的上诉中,上诉法院指出,案涉的石油运输租约不存在“价格不合理”,并且“当资本支出的实际目的存疑时”,亦没有理由怀疑董事的作为不符合被告公司的最佳利益。和 *Elkins* 案、*Ellerman* 案和 *Wildes* 案一样,对决策理由的考量仅仅是法院测试董事忠实和善意的手段而已,并不涉及对决策质量的审查。当下,确立纽约州商业判断规则的案件是上诉法院审理的 *Auerbach* v. *Bennett*[34],该案(参考 *Pollitz* 案)对 *Ellerman* 案进行了新的阐释:

> 依据商业判断规则,若公司董事秉承善意作出忠实判断,合法地实现公司目的,则应禁止对其进行任何形式的司法调查……在缺乏证据能够证明其存在恶意或欺诈的情况

---

[31] *Pollitz* 案的判决并未承认这种援引。

[32] 293 N. Y. 281, 303 (1944).

[33] 303 – 304 (1944).

[34] 47 N. Y. 2d 619, 629 (1979). 最近引用 *Wenger* v. *L. A. Wenger Contracting Co.*, *Inc.* 114 A. D. 3d 694 (2014)这一案件的观点。

下，法院必须且应当尊重公司董事的决定。

在新泽西州，尽管 *Ellerman* 案、*Elkins* 案及后续的类似案件继续引起共鸣，[35]但它们的名字早已被遗忘，但其判决理由仍能引起共鸣。1979 年，新泽西州高等法院在 *Papalexiou* v. *Tower West Condominium*（以下简称 *Papalexiou* 案）中首次使用了商业判断规则这一概念。法院指出，“商业判断规则要求，……法院在质疑董事会决策之前，必须掌握证据证明董事在执行公司内部事务时有欺诈行为或缺乏善意”。[36] 为了佐证这一裁定，高等法院并没有直接依据新泽西州的基本判例法，而是援引了 20 世纪中期新泽西州的 3 个案件[37]（这 3 个案件的直接渊源则是 *Ellerman* 案、*Elkins* 案和 19 世纪末期的同类案件）。*Papalexiou* 案为新泽西州商业判断规则奠定了理论基础，至 77
今仍发挥着不可忽视的作用。[38]

在宾夕法尼亚州，州最高法院在 1997 年 *Cuker* v. *Mikalauskas*

---

〔35〕 See *Park* v. *Grant Locomotive Works* 40 N. J. Eq. 114 (1885) (referring to *Elkins*); *Edison* v. *Edison United Phonograph* 52 N. J. Eq. 620 (1894) (relying on *Ellerman*); *Wildes* v. *Rural Homestead Co.* 53 N. J. Eq. 452 (1895) (relying *Ellerman* and *Elkins*).

〔36〕 See 401 A. 2d 280, 286 (1979).

〔37〕 See *Daloisio* v. *Peninsula Land Co.* 43 N. J. Super. 79, 89 – 90 (1956) (relying upon *Ellerman*); *Casson* v. *Bosman* 137 N. J. Eq. 532, 535 (1946) (relying on *Park* v. *Grant Locomotive*); and *Sarner* v. *Sarner* 62 N. J. Super. 41, 60 (1960) (relying on *Edison* v. *Edison United Phonograph*). 这些案例继续被直接作为“商业判断规则”的权威依据。See, e. g., *Maul* v. *Kirkman* 270 N. J. Super. 596, 614 (1994); and *Temez* v. *Temez* WL 163503, 12 (2006) (relying on *Sarner*).

〔38〕 See *Davis* v. *Howell Management Co. Inc.* WL 4251170, 4 (2009) *Mulligan* v. *Panther Valley Property Owners Association* 337 N. J. Super 293, 299 (2001). (文中提到 *Papalexiou* 案提供了“也许是对商业判断规则最清晰的解释”)

(以下简称 *Cuker* 案)中首次使用了"商业判断规则"一词。[39] 最高法院参考了康涅狄格州的 *Rosenfeld* v. *Metals Selling Corporation*[40],并指出:

> 商业判断规则是一项法律规则,旨在保护商业判断免遭各种审查。法院承认,管理者相比于法院,的确掌握更多信息且有更充分的决策理由。

但法院也指出,切勿因为1997年前没有明确的商业判断标志就认定之前不存在商业判断规则:

> 从1872年的法院裁定(*Spring's Appeal* 案的判决)就可以看出,前述 *Cuker* 案确立的政策主张在宾夕法尼亚州已经施行了百年有余。但讽刺的是,法院既没有在任何公司案件中使用"商业判断规则"这种表述,也没有明确使用这一规则。通过对宾夕法尼亚州所作裁判的审查,可以确定,商业判断规则的确是该州的法律规则。

---

〔39〕 547 Pa. 600 (1997). *Cuker*, see *Hill* v. *Ofalt* 85 A. 3d 540, 554 (2014); *Zampogna* v. *Law Enforcement Health Benefits*, *Inc*. 81 A. 3d 1043, 1060 (2012).

〔40〕 229 Conn. 771 (1994),它反而大大地依赖于美国法律协会制定的公司治理原则,该原则为商业判断规则提供了以下理由:"不仅商人比法官更了解商业,而且产品市场、劳动力市场以及公司控制权市场中的竞争也为商人犯下超出其业务范围的错误行为提供了足够的惩罚。"[1 A. L. I Principles of Corporate Governance (1994) §4. 01(c) comment at 174]

三、特拉华州商业判断规则的基础

(一)基本案例

特拉华州首次在案例中提出商业判断概念且鲜少被援引的是 *Bryan* v. *Aikin*,该案于 1912 年由衡平法院审理终结。法院附带指出,“只要是秉承善意,公司享有的处置自身收益的权力将不受司法管制”。[41] 除了 *Bryan* v. *Aikin*,直至 20 世纪 20 年代,我们才发现一 78
系列涉及行使出售股票和资产权力相关的案件,在此之前特拉华州未出现与商业判断相关的案例。举例而言,在 *Bodell* v. *General & Electric Corporation*(以下简称 *Bodell* 案)[42] 中,持有某类股票的股东对董事行使股票发行权的行为提起诉讼。最高法院认定,“基于忠实作出的商业判断,即便有错误,也不应受到法院的审查”,商业决策也不应受到干预,但有以下情况的除外:

> 存在实质或推定欺诈行为的,例如,动机不纯、为谋求个人利益、独断专行、故意忽视公司利益和股东权利等。[43]

由此可见,恶意或欺诈不仅包括旨在谋取非公司利益的行为,还

---

〔41〕 Del. Ch. 82 A. 817, 820 (1912). 直至 1963 年,特拉华州最高法院在 *Moskowitz* v. *Bantrell* 41 Del. Ch. 177(1963)中才再次引用该案。我们将在下文讨论该案的影响。

〔42〕 15 Del. Ch. 420 (1927),仅涉及特拉华州地区的一个诉讼案及其上诉案件: *Hodgman* v. *Atlantic Refining Co*. F. (2d) 781 (1924)。

〔43〕 15 Del, Ch. 420 (1927) (原文强调).

包括独断的(不合理的)行为和故意漠视公司利益的行为。[44] 1980年,特拉华州衡平法院曾在 *Maldonado* v. *Flynn* 中称 *Bodell* 案勾勒出了“商业判断规则的大致轮廓”。[45]

这一时期的资产出售案件往往涉及对《特拉华州普通公司法》内容的阐释,相关条文明确规定,董事有权按照其认为适宜且最符合公司利益的方式订立资产出售的条款和条件。[46] 在这些案件中,法律的表述与以上所概述的商业判断规则的长期做法相一致,但却被视
79 为是特拉华州法律的一种未经借用的原则性表述。共同的法律渊源使特拉华州公司法与其他州的法律有着许多共同之处,这种共性并非无迹可循,只是需要我们更仔细地挖掘而已。

在 *Allied Chemical* v. *Steel & Tube Co. of America*(以下简称 *Allied* 案)中,针对董事订立的资产出售条款和条件是否是其认为的“适宜且符合公司的最佳利益”这一问题,法院对售价进行了考察,决定发出禁令,中止资产的出售:

> 涉案资产出售应得的合理对价与合约中约定的价格差

---

〔44〕 特拉华州衡平法院在 *Perrine* v. *Pennroad Corp*. 43 A. 2d. 721 (1944)一案中同样指出,“尽管如此,从公司的立场来看,如果这个调解是如此不公平和不适当的,以至于能以此推断出:其产生于恶意的行为或者对其他利益相关者权利的鲁莽无视,而不是一个合理的商业判断,那么该善意就可能会受到质疑”。本书第一章注释19讨论了早期英国法律中对鲁莽无视和善意之间关系的相似理解。还应注意的是,鲁莽无视利益的表达在上文提到的纽约早期的 *Robinson* v. *Smith* 3 Paige Ch. 222 (1832)中出现,在该案中,原告的律师认为,如果被告存在“完全鲁莽无视公司利益”等情况,则需要承担判断中相应的责任。

〔45〕 413 A. 2d 1251, 1256 (1980).

〔46〕 当时适用的是《特拉华州普通公司法》第64(a)条。这一条款于1915年新增,并载于《特拉华州普通公司法》第271(a)条中。

> 距过大,本院认为,与其将之归因为双方对争议问题在意见上的龃龉,倒不如说这一决策本身就带有恶意。[47]

正如新泽西州的 *Wildes* 案和纽约州的 *Blaustein* 案,用以判定董事是否合法地行使其自由裁量权的标准是董事是否善意行事。被告善意与否的判定并非仅依证词,还要看售价本身是否在合理、公平的价格范围内。[48] 读者可能会联想到,在 *Wildes* 案中,法院正是依据对价"过低"的事实推断被告存在恶意的。

在 *Allaun* v. *Consolidated Oil Co.*(以下简称 *Allaun* 案)中[49],特拉华州衡平法院针对有争议的股票发行问题,也适用了同样的原则,而这一原则是"从该法院此前裁决的案件中提炼而来的"。[50] 法院在分析时指出,成文法规定,董事有"保证以公平合理价格出售资产"的义务,因此,法院必须对资产出售的价格展开调查。然而,原本有别于传统商业判断的商业判断规则很快被打回原形。原因在于,*Allied* 案之后,法院发现董事受到了善意推定的保护,[51] 而在衡量董事行为是否符合善意要求时,价格被视为是有限相关的

---

〔47〕 122 A. 142, 146 (1923)(原文强调).

〔48〕 另参见 *Robinson* v. *Pittsburgh Oil Refining Corporation* 126 A. 46, 49 (1924)一案,该案支持了 *Allied* 案的主张,并通过考察价格以确定是否存在"价格明显不公平以至于表明有欺诈行为"的情况。

〔49〕 16 Del. Ch. 318 (1929).

〔50〕 原文强调,只引用特拉华州的案例。

〔51〕 在之后的案件中,*Allaun* 案经常作为特拉华州法律中关于董事受益于善意行为推定这一观点的基础;参见 *Kors* v. *Carey* 158 A. 2d 136, 142 (1960)。

考察因素：[52]

> 80 并非所有的价格与价值的不一致都能令法院作出中止既定出售的决定。两者之间的价差必须大到令法院相信这绝不是单纯的资产价值判断失误，而是有权作出判断的主体本身存在不当动机、主观漠视或故意无视全体股东的利益。[53]

《特拉华州普通公司法》规定，只要忠实地行使公司权力以促进公司利益，就无须承担判断错误的责任，这种观点在此时期的非股票发行或资产出售案件中亦有体现。例如，1937 年特拉华州衡平法院审理的 *Eshleman* v. *Keenan*（以下简称 *Eshleman* 案）。[54] 在该案中，法院驳回了原告的诉请，因为若法院支持其诉求，就相当于强制要求公司派发股息。法院指出，针对股息问题，只要董事"忠实作出判断"，法院就无权进行干涉，强迫其分发股息。法院指出，若董事存在

---

〔52〕 在 *Allaun* 案前不久，在 *Davis* v. *Louisville* 16 Del. Ch. 157 (1928) 中，衡平法院依靠 *Bodell* 案、*Allied* 案和 *Robinson* 案得出结论，对于任何商业判断，"公司董事的判断享有一种推定利益，即它被推定是善意形成的且目的是促进他们所服务的公司利益最大化"，这一陈述是基于商业判断规则中最受推崇的案例之一：*Shlensky* v. *Wrigley* 95 Ill. App. 2d 173 (1968)。另见 *Karasik* v. *Pacific Eastern Corp*. 21 Del. Ch. 81 (1935) 一案中，价格上的"巨大差距"可能是"欺诈的标志"，但如果"尽管价格差距巨大，但与董事诚实的意图相一致……则欺诈的表象就会消失"，并得出结论"董事在商业判断上的诚实错误不能由法院审查"。

〔53〕 *Supra* note 49 at 325. Emphasis supplied. Paraphrasing *Bodell* v. *General Gas* 7 *Electric Corporation* 15 Del. Ch. 420 (1927)："董事会的自主决定权不应受到干涉，除非有实际或推定的欺诈行为，例如不正当动机、个人谋私利、专断行为或有意无视公司利益和股东权利。"

〔54〕 22 Del. Ch. 82 (1937).

“以专断或欺诈方式滥用自由裁量权”的行为,法院才可以干涉其决定,此处的“以专断或欺诈方式滥用自由裁量权”相当于“不忠实或恶意”。

特拉华州最早使用“商业判断规则”这一表述,是在 1959 年的 *Nadler* v. *Bethlehem Steel Corporation* 和 1960 年特拉华州最高法院裁定的 *Beard* v. *Elster*(以下简称 *Beard* 案)。在 *Beard* 案中,最高法院援引了其在 *Gottlieb* v. *Heyden Chemical Corp*(以下简称 *Gottlieb* 案)中的裁定,其中“提及了与董事行为相关的商业判断规则”。[55] 尽管 *Gottlieb* 案并未确立“商业判断规则”的适用标准,但其的确接受了类似的商业判断审查条件。[56] 该案判决指出,“大法官在考量 81
董事善意的构成因素时,一定是将涉案的交易纳入了董事忠实作出‘商业判断’的范畴中,并将之作为一项‘放之四海而皆准的法律原则’。而这一原则留存下来的许多问题,将最终交由董事以合理的商业判断进行解决”。[57]

Gottlieb 案另一个值得注意的特点是,该案仅仅援引了特拉华州更早的自我交易案件,即 *Lofland* v. *Cahall*(以下简称 *Lofland* 案)来支持其商业判断主张,且这一主张并不适用于董事为自己谋取利益

---

〔55〕 See *Beard* v. *Elster* A. 2d 731, 736 (1960); *Gottlieb* v. *Heyden Chemical Corp*. 33 Del. Ch. 82 (1952); *Nadler* v. *Bethlehem* v. *Steel* 154 A. 2d 146, 149 (1959).

〔56〕 在 *Beard* v. *Elster* 案之后的一段时间里,规定商业判断的审查条件,而不是将其设置为统一的“商业判断规则”标签仍然是普遍做法。例如,参见 *Warshaw* v. *Calhoun* 43 Del. Ch. 148, 157 (1966)一案,该案指出“如果董事没有出现明显的恶意或者严重滥用自主决定权的情况,那么董事的商业判断就不会受到法院的干涉”。参见 *Kaplan* v. *Centex Corporation* 284 A. 2d 119, 124 (1971)一案,该案将这一引述描述为商业判断规则。

〔57〕 See *supra* note 55 at 87(原文强调).

的情形。[58] 即便特拉华州一直拒绝承认本州的公司法存在域外法律渊源,但这一案件就是其他地区有关商业判断的法律原则在特拉华州公司法生根发芽、茁壮成长的最佳例证。在 *Lofland* 案中,有争议的问题之一就是如何解释《特拉华州普通公司法》中有关已发行股票中实物对价估算的条款。[59] 该条规定,"在没有证据证明交易确实存在欺诈的情况下,董事就劳动力、财产、不动产或租赁物价值所作判断应具有最终效力"。在该案中,法院驳回了"董事"这一术语包含有利益关系的董事这一主张。本书关注的重点则是这一条款的法律渊源。该条款基于《新泽西州公司法》中的一项规定,该规定于1896年被修订,新泽西州衡平法院对 *Wildes* 案的判决被编入了其中。[60]

(二)善意与知情决策

在本书的第二部分,我们将对英美公司法中注意义务的演进过
82 程展开讨论。然而,若想理解并评判特拉华州商业判断规则的发展,我们首先需要评估有关授权行使的善意要求与(可能)适用于决策程序的注意义务之间的关系。*Smith* v. *Van Gorkom*[61] 对于特拉华州商业判断规则的发展具有里程碑式的意义,该案之后,特拉华州的董事

---

[58] 13 Del. Ch. 384 (1922).

[59] 这一条款如今规定在《特拉华州普通公司法》第152条。

[60] 《新泽西州公司法》(1896年修订)第49节规定,"在没有实际欺诈的情况下,董事会对所购财产价值的判断应是不容置疑的"。在 *Lofland* 案发生时,该条款已从新泽西州法典中删除。See John J. Treacy and John Milton, eds, *The General Corporation Act of New Jersey*, Hudson Printing Company, 1923, p. 44. 该条款在1917年被废除。参考 *Holcombe* v. *Trenton White City Co*. 80 N. J. Eq. 122, 138 (1912) 一案将 *Wildes* v. *Rural Homestead Co*. 案中的立场成文法化。

[61] 488 A. 2D 858 (1985).

注意义务不仅适用于对董事的监督，还适用于监管体系、控制措施和决策程序。假设这种独立的注意义务适用于决策程序，那么问题就变成我们在本书所讨论的：对董事注意标准的要求到底有多高？我们应当适用一般注意标准还是适用重大过失标准？

若董事对履行职责负有注意义务，那么从逻辑层面上讲，这种义务基本上适用于董事的一言一行——决策制定、管理监督以及可疑信息应对等。但若对决策程序适用注意标准，就会与善意标准产生冲突。我们都知道，长久以来，法律都明确规定，董事无须对善意的错误判断和过失判断承担责任。假设董事在制定决策时没有搜集足够的信息，并因信息的不全面导致其作出错误判断，若要求董事就未能获取此类额外信息承担责任（因为但凡其做决策之时更注意一些，就能获得这些信息），这是否就等同于法律要求董事为其判断错误承担责任？从逻辑上来讲，答案是否定的，因为对判断的审查属于一种救济性审查，是对未能实施应有注意而造成后果的事后审查，而不是直接适用于对判断能力的实质性责任审查标准，例如要求董事作出合理判断。但很多人会认为这种解释过于学理化，并驳斥道：错误的判断会构成违反注意义务的责任，法院就能以此为由要求涉案董事为其判断错误承担责任。

鉴于注意义务和善意义务之间存在冲突，美国法院对于是否应
当在公司决策程序中适用这种注意义务的态度暧昧不明，这种情况
直至 20 世纪 80 年代特拉华州法律发展后才有所改善。早期与授予
自由裁量权相关的案件在一定程度上支持了这种程序注意标准，这
些案件为美国善意义务的形成奠定了基础。尽管在早期的大多数案 83
件中，程序注意的问题并未与善意问题一起呈堂，但仍发现了一些例

外情形。以最早的案件之一——*Knight* 案为例。在该案中,原告要求董事承担决策责任,哈德威克法官以缺乏恶意为由断然地驳回了原告的诉请,但在随后的判决中,法官关注的焦点是被告在筛选债务人时的审慎程度。[62] 在英国,*Overend* 案同样证实了这种观点,我们在第二章中已对这一开创性案件进行了探讨。在该案中,法院在考察有争议的公司收购决策时,同样考察了董事"是否过分忽视了理应注意到的情形"。尽管有这些例证,但在美国,这种程序注意标准仍有相当的局限性。我们在第二部分讨论的绝大多数美国注意案件都是关于对监控和监督失败(尤其是未能发现下属欺诈行为)的指控,基本与决策程序无关。[63] 此外,只有极少早期的美国商业判断案件曾提出过程序注意问题。例如 *Scott* 案,原告提出了两项主张:一是依照公司章程,董事作出的投资决策已经超出其自身权限;二是董事违反了监管注意义务。原告要求被告对此承担赔偿责任。就后者而言,该案可以说是首例程序注意案件,同时也是最重要的案例之一,第六章对之有更细致的讨论。但就前一主张而言,法院承认董事的确存在判断错误,争议的焦点是董事是否具有善意,因为"受托人不应对无意造成的且自身未从中获益的错误承担责任"。在 *Scott* 案中,虽然法院认定董事在对公司目标与权力进行复杂解释时的确是秉承善意的,但其并未对董事错误理解公司目标的相关情节进行进一步研判,比如董事寻求和获取法律建议的程度。

对这些案件中注意程序的缺失可以有多种解释。如上所述,之所以不适用注意程序标准是因为这一标准与善意标准(不得干预善

---

〔62〕 See p. 25.

〔63〕 参见第六章。

意作出的错误判断)存在冲突。另一个更具说服力的解释是,依据案件事实,缺少程序注意是无可辩驳的,或者说,即便当事方知道注意义务适用于决策程序,也无法以此作为诉由提起诉讼,因为原告寻求的是禁令性救济,〔64〕违反注意义务并不会带来衡平法有强制履行性质的救济。举例而言,在新泽西州的 *Elkins* 案和 *Ellerman* 案中,原告提起诉讼的目的是请求法院阻止公司订立特定合约。在 *Wildes* 案中,原告股东请求法院授予衡平法上的撤销救济。事实上,在早期的案例中,除要求忠实判断外,仅有与管理不当索赔相关的案件还要求董事尽到程序注意。*Spering's Appeal* 案〔65〕是代表性案例之一。该案与一家保险公司管理不当和经营失败有关。法院认定,董事要么需要为故意的不当行为和欺诈承担责任,要么就要对重大过失和疏忽承担责任。该案仅限于考察董事是否需要对越权投资行为承担责任,而对于程序失误却并未探讨。对此,法院援引了罗德岛的 *Hodges* v. *New England Screw Company*(以下简称 *Hodges* 案)(该案对类似的越权问题进行了裁判),指出"若董事尽到合理注意就可以避免犯这种错误,那么就应该对此负责"。〔66〕 在 *Spering's Appeal* 案中,法院认定,被告无须承担程序注意的责任,因为"他们全程参考了律师的建议"。其后还有一些案件亦支持了程序注意标准这一观点。最著名的要属 1944 年纽约州的 *Casey* v. *Woodruff*(以下简称 *Casey* 案), 84

〔64〕 See, e. g. , *Allied supra* note 47; *Allaun supra* note 49; *Beard* v. *Eslter supra* note 55; *Bodell supra* note 42; *Elkins supra* note 12, *Ellerman supra* note 13 and *Wildes supra* note 14.

〔65〕 71 Pa. 11 (1872).

〔66〕 1. R. I. 312; WL 1811, 19 (1850) 还指出,"法律要求他们小心谨慎,像一个谨慎的普通人处理自己事务那样;如果他们保持了这般谨慎,但还是犯了错误,法律就不会追究他们的责任"。

该案同时也是最早使用“商业判断规则”这一术语的案件之一。法官在该案提出：

> 法院称自己不会干预商业判断，这里是存在一个前提条件的，即法院假定案涉的商业判断是董事在履行合理勤勉义务的情况下作出的。[67]

20 世纪 80 年代之前，特拉华州鲜少有案件明确承认该州法律规
85 定了独立程序注意标准。在 *Cheff* v. *Mathes*（以下简称 *Cheff* 案）中，[68] 特拉华州最高法院针对绿票讹诈收购防御行为适用了（举证责任倒置的）商业判断审查规则，要求董事提供证据证明“自己是善意的且进行了合理调查”。随后，在 1977 年的 *Kaplan* v. *Goldsamt* 中，针对从激进投资者手中回购股票的事宜，法院援引了 *Cheff* 案，要求董事提供证据证明其“进行了合理调查和咨询”。该案董事“调查了相关的法律障碍，并通过比较投标报价的估算获得了相关的价值信息”，[69] 因此向法院提供了充分的证据。1980 年，在 *Zapata Corporation* v. *Maldonado*（以下简称 *Zapata* 案）的派生诉讼中，特拉华州最高法院指出，有争议的问题是“独立、善意且经过合理调查的”。[70] 其他案件虽没有直接指明，但也都有与决策程序相关的注意义务的影子。1960 年发生的 *Kors* v. *Carey*（以下简称 *Kors* 案）比

[67] 49 N. Y. S. 2d 625, 643 (1944).
[68] 41 Del. Ch. 494 (1964).
[69] 380 A. 2d 556, 569 (1977).
[70] 430 A. 2d 779, 787 (1980).

Cheff 案更早涉及绿票讹诈。[71] 在该案中,除了善意之外,法院还对“促成决策的相关因素”进行了考量,并认定涉案决策“的确是经过审慎权衡后作出的”。[72] 在 *Maldonado* v. *Flynn* 中,[73] 某个美国地区法院适用了特拉华州法律,对董事会“决策前是否进行了适当审查”进行了考察,但并未明确指出程序注意标准。

然而,在特拉华州这一独立且强大的判例法分支中,我们还可以看到,在解决决策程序问题时,其考察的侧重点都是善意义务而非程序注意义务。也就是说,特定类型的信息失灵和不合理性或者价差过大(如代理)一样,都可以作为证明董事存在恶意的证据。这方面的案例之一就是受特拉华州法律影响的一起资产出售案件——1933年发生的 *Mitchell* v. *Highland-Western Glass Co.*(以下简称 *Mitchell* 案)。[74] 在该案中,资产出售的相对方公司以本公司股票为对价交换资产,原告指控董事没有对对方公司进行适当调查,因此依照法律,就不能认定董事所作的是“明智的判断”——“交易是权宜之计,且符合公司的最佳利益”。法院对董事提供的信息进行了审查,认定 86
并没有证据能够证明董事“是在未了解相关信息的情况下作出的不明智且欠考虑的判断”。换言之,若信息不足已经严重到超出预期,那么就说明董事在行事之时并未从公司利益出发。而这与 *Allaun* 案异曲同工,在该案中,法院认定价格或价值存在巨大差距,这说明董

---

〔71〕 *Supra* note 51, 141.

〔72〕 在这方面,还应注意,衡平法院在 *Propp* v. *Sadacca* 40 Del. Ch. 113 (1961) 一案中,尽管缺少可适用于程序注意相关问题的关于注意义务的明确规定,马弗尔(Marvel)法官的裁决似乎主要还是基于违反程序注意的行为所作出的,这个现象表明在裁决中,程序注意的地位尚未明确。

〔73〕 485 F. Supp. 274 (1980).

〔74〕 See *Mitchell* v. *Highland-Western Glass Co.* 19 Del. Ch. 326 (1933).

事存在故意忽视公司利益的企图。在 *Mitchell* 案中,法院并未考虑将被指控的程序失败与独立的注意义务联系起来。

Gimbel v. *The Signal Companies*(以下简称 *Gimbel* 案)[75] 是以 *Mitchell* 案为基础进行审理的。在该案中,原告请求法院作出禁令性救济,阻止 Signal 公司出售一家子公司。法院承认,善意行为标准"开始被称作是商业判断规则"。但法院援引了前述关键案例,并引用了 *Allaun* 案的轻率漠视标准。此外,法院还援引了特拉华州更早的 *Kaplan* v. *Centex Corporation*(以下简称 *Kaplan* 案),该案指出,商业判断规则"实际上取决于知情董事作出商业判断时的表现"。[76] 然而,*Kaplan* 案并未对知情和商业判断规则之间的关系作出任何解释。*Gimbel* 案对此作出了解释,该案对一系列注意和知情问题进行了讨论:如延迟将相关问题提交给全体董事会;商议目标交易所花费的时间;目标交易的背景信息(包括另一笔已中止的交易);董事对目标交易的熟悉程度。但和 *Mitchell* 案一样,该案并未将信息及程序与注意的程序标准联系起来;相反,法院只是利用这两个因素来衡量是否存在恶意行为,或者像 *Allied* 案和 *Allaun* 案一样,用之来衡量是否存在轻率的行为:

> 要支持涉案的董事存在轻率的主张,原告基本上会提出这样的理由……价格严重偏低以及董事会在作出这样的重大决策时,并没有经过深思熟虑。

---

〔75〕 316 A. 2d 599 (1974).

〔76〕 See *Kaplan* v. *Centex Corporation* A. 2d. 119, 124 (Del. Ch. 1971).

此外,与价差必须达到"足够大"一样,信息或程序上的轻率必须达到一定程度才能表明存在恶意。在该案中,程序上的漏洞并没有严重到超出合理预期,因此不能证明董事轻率地忽略了股东的利益,乃至于要"突破商业判断标准":"表面上看,这种方法并没有差到要 87
改变一般法律原则的地步"。法院随后转移了焦点,开始关注价格"严重失衡"的问题,将这一问题作为衡量恶意的指标,因为该案的价差可以说"大得离谱"。[77]

Mitchell 案和 *Gimbel* 案提出了这样一种理念,即必须通过善意标准而非独立的注意标准来解决信息和程序上的漏洞。这种理念可能是此类案件中当事人寻求禁令性救济的结果。[78] 然而,有人认为事实并非如此,这两类判例说明,在 20 世纪后期,针对是否存在独立的程序注意标准,特拉华州法律的态度始终是摇摆不定的。这种不确定性最典型的例证就是 *Smith* v. *Van Gorkom*,该案对前述问题作出了解答,明确指出存在独立的程序注意标准。1984 年,特拉华州最高法院在 *Aronson* 案[79]中指明,董事在其制定其决策时,负有了解相关信息和情况的注意义务。在 *Smith* v. *Van Gorkom* 中,[80]特拉华州最高法院认为,"董事作出知情商业判断的义务正是注意义务的一种本质体现"。然而值得注意的是,*Smith* v. *Van Gorkom* 的一审裁定早于 *Aronson* 案。此外,和特拉华州最高法院相比,一审的衡平法院并不认为程序漏洞和确定是否履行注意义务(衡平法院并未使用

---

〔77〕 See *supra* note 75 at 615 (emphasis supplied).

〔78〕 在 *Mitchell* 案中,最初寻求的救济是禁止出售资产,但在完成之后,又寻求了损害赔偿的救济,*supra* note 74, 327。

〔79〕 473 A. 2d 805 (1984).

〔80〕 See 488 A. 2D 858, 873 - 874 (1985).

这一表达)之间存在关联。相反,法院通过程序漏洞指向董事做出的行为是轻率的,继而推翻其行为并对出于善意且符合公司利益的(商业判断规则)的假设表示质疑,这种做法和 *Gimbel* 案和 *Mitchell* 案如出一辙。[81] 鉴于要证明董事存在轻率或恶意,就必须证明信息漏洞已
88 经超出了正常预期,相比最高法院,*Smith* v. *Van Gorkom* 的一审法院并没有认定董事需要承担责任。法院考察的程序因素佐证了这一结论:

> 环联公司(Trans Union)的董事会在商议行动方案时并不存在轻率行为,且其相信该方案是最符合环联公司股东利益的。

(三)20 世纪 80 年代特拉华州商业判断规则的结构

若 *Gottleib* 案创制了特拉华州的"商业判断规则",则其做法就是依据"董事善意",使决策免于司法审查。因此,是否要对决策进行审查取决于衡量善意的方法是什么。从 *Mitchell* 案和 *Gimbel* 案可知,这种做法会引发对指示性证据因素的考察,例如严重的信息不足或程序漏洞问题。从 *Wildes* 案、*Allie*d 案和 *Allaun* 案可知,这种做法

---

〔81〕 *Gimbel* 案经常被错误地认为提出了一种关于信息的注意义务,即知情义务,且最高法院在 *Smith* v. *Van Gorkom* 案中也作出了关于这一义务的假设(详见第七章)。See, e. g., Alan Palmiter, *Reshaping the Corporate Fiduciary Model: A Director's Duty of Independence*, 67 Texas Law Review 1351 (1989). 在 *Smith* v. *Van Gorkom* 之前,Mitchell 案的应有注意方面实际上被忽略了; Charles Yablon *Overcompensating: The Corporate Lawyer and Executive Pay*, 92 Columbia Law Review 1867 (1992),将 *Mitchell* 案和 *Gimbel* 案描述为注意义务的表达; Stephen Bainbridge, *Why a Board? Group Decision Making in Corporate Governance*, 55 Vanderbilt Law Review 1 (2002); Lyman Johnson, *Rethinking Judicial Review of Director Care*, 24 Delaware Journal of Corporate Law 787 (1999) text to footnote 174。

通常会引发对行为理由的质量考察:这一行为是否合理地符合公司的利益?出售的价值是否合理地在公平售价范围之内?抑或者如 *Gimbel* 案所体现的,售价是否“超出了合理界限”?

这一规则的逻辑结构包含四个部分,具体内容如下:(1)董事有义务忠实且善意地行使权力,以促进公司利益;(2)在缺乏证据证明存在不忠实或恶意的情况下,不得对商业决策进行审查;(3)在缺乏明确证据证明董事存在不正当意图或忽视公司利益的情况下,通常以是否存在可信或合理的行为理由来测试是否具有善意,且无须证明这种理由就是实际的行为理由;(4)缺乏这种合理理由(即便是存在其他因素可以指向恶意代理,例如严重的信息不足)即说明存在恶意,且若当事人只要求赔偿,并未要求法院授予禁令性救济,则对行为进行审查以确定行为是否损害了公司利益。若我们剔除与善意的逻辑联系,就能得出对这一逻辑结构更为简化的阐释:商业判断如有合理理由,则法院不得干预;换言之,除非决策严重悖离常规,涉及“严重”“滥用”等字眼,否则法院不会干预。尽管这种简化阐释更为 89
有效,但总是带有一定的误导性。依据这一简化阐释,法律似乎针对决策本身制定了一种能力标准(合理/近似合理)。原本的逻辑结构指明,对于决策质量并无任何能力标准。法院早在 *Utica* 案中就提出,自身并没有任何审查商业判断的权力。然而,通过简化的阐释,理由的合理性和近似合理即成为能力标准,从而使得法院对相关决策享有了(有限的)客观管辖权。

1960 年特拉华州最高法院对 *Beard* 案作出的判决是对这种以实践为导向的简化阐释的有力证明。在该案中,法院对员工股票期权问题适用了“商业判断规则”,善意被剔除在外,且法院规定,“若有理性的人在充分了解相关信息的情况下,会对价值问题提出不同的意见,则依据商业判断原则,法院必须支持该计划”。[82] 另一案例是 *Meyerson* v. *El Paso Natural Gas Company*(以下简称 *Meyerson* 案),在该案中,“唯一的争议就是其中一项商业判断,且若无证据证明该商业判断存在轻率和明显的越权之处,则法院不得进行干预”。[83] 然而,在大多数使用质量审查标准的商业判断案件中,法院还会在适用独立判断质量审查标准的同时适用某种形式的忠实要求,这种观点证明了美国商业判断规则与英国商业判断权威案例(最早始于 *Overend* 案)之间渊源颇深。[84] 举例而言,在 *Beard* 案中,最高法院援引了 *Gottlieb* 案,提及了“善意行使商业判断的必要因素”。在 *Moskowitz* v. *Bantrell*(以下简称 *Moskowitz* 案)中,法院是否有权干预董事不公开分红决议取决于董事是否“存在欺诈或严重滥用自由裁量权的行为”。[85] 重要的是,*Moskowitz* 案支持这一观点的基础是 *Bryan* v. *Aikin* 和 *Eshleman* v. *Keenan*,而这两个案件全都适用了单一的善意标准。在 *Eshleman* v. *Keenan* 中,法院引述道,标准并不是欺诈或滥用自由裁量权,而是单纯的“欺诈性滥用自由裁量权”。*Moskowitz* 案之后,特拉华州最高法院同样在 *Warshaw* v. *Calhown*
90 (以下简称 *Warshaw* 案)[86] 中规定,“在缺乏证据证明董事存在恶意或严重滥用自由裁量权的情况下”,法院不得干预任何商业判断。然

---

[82] See 39 Del. Ch. 153 (Del. Supr. 1960).

[83] 246 A. 2d 789, 792 (1965). 值得注意的是可与 *Hamilton* v. *Emslie* 中“严重且明显的错误”表述相比较。显然,在 *Meyerson* 案中,法院并没有直接引用 *Hamilton* v. *Emslie* 中的表述,而是告诉我们,法院自然而然地会用术语池来阐明相似的观点。

[84] See p. 43 – 47.

[85] 41 Del. Ch. 177 (1963) (emphasis supplied).

[86] 43 Del. Ch. 148, 157 (1966).

而，尽管 *Warshaw* 案确立了一分为二的双重标准，但善意标准在其中仍占主导地位。[87] 对此更有说服力的解读是：尽管法院以恶意或“严重滥用自由裁量权”为标准，但事实上，法院对滥用自由裁量权的理解还比较传统，法院只是将其作为一种测试手段，用以衡量被告是否善意行使了权力。

与英国情况相同，[88] 我们很难解释为什么会产生这种双重标准。但是，从下文第四章可知，这种转变对于特拉华州商业判断审查标准的演变意义非凡。事实上，无论是依靠合理性审查或滥用自由裁量权来共同指明善意标准，还是将合理性标准或滥用自由裁量权标准作为一项独立标准，这两者之间并无实质区别。但若将两者完全等同，那么对这种转变展开的种种群众压力或政策解读就毫无意义。这样一来，我们只能从两个角度进行解释：其一，从理论上讲，参考我们在英国非公司法和公司法中遇到的情形，可以推断这种转变反映了对精确度或功能性清晰度的司法和心理偏见，因为标准的精确能够降低适用的不确定性，反映或增强结果的可信度；其二，这种转变是这一广为流传的观点的产物，即标准使用者要求进一步提高标准的准确度，受此压力影响，原本宽泛的标准逐渐细化成更为精确的规则，切断了与原标准的对话关系。[89] 下述一些案件支持了这一

---

〔87〕 参见第[7]和[8]段的开头和结尾以及第 158 页。

〔88〕 参见第二章。

〔89〕 See Mathew B. Welsh, Daniel J. Navarro, Steve H. Begg, *Number Preference, Precision and Implicit Confidence* (20110 *Proceedings of the 33rd Annual Conference of the Cognitive Science Society* 1521; See generally, Daniel Kahneman et al, *Judgment Under Uncertainty: Heuristics and Biases*, Cambridge University Press, 1982, chapters 1 and 8; Frederick Schauer, *Playing by the Rules: A Philosophical Examination of Rule Based Decision Making in Law and Life*, Oxford University Press, 1991.

观点，而这些案件都剔除了善意标准，仅适用决策质量标准。然而，还应该考虑这种转变的部分原因可能是平庸的普通法事实，即普通
91 法规则表述中细微且无意识的转变能够产生深远影响，尤其是在政策和制度环境比较宽松的情况下。一言以蔽之，这就是普通法中的蝴蝶效应。[90] 本文中的这种不起眼但重要的改变就是 *Moskowitz* 案的审理法院将 *Eschleman* 案的“欺诈性滥用自由裁量权”解释为“欺诈或滥用自由裁量权”。当然，这种解释还有许多不尽如人意之处，它与我们直觉所认为的“形式之下必然存在可阐释的实质”相悖。但有些情况下，解释越简单越好，且形式之下也可能只是形式，并没有什么值得深挖的内涵。

在其他案件中，善意完全不在考量范围内。举例而言，在 *Sinclair Oil Corp.* v. *Levien*（以下简称 *Sinclair* 案）[91] 中，特拉华州最高法院在完全没有适用“善意”的情况下，就认定“我们通常推定董事会所作的商业判断是明智的，只要能够证明其所作决策是出于某种合理的商业目的，法院就不会对其决策施加任何干预”。这一观点和 *Meyerson* 案一样，都含蓄地指明只有在有证据证明“存在严重且明显的越权行为”时，法院才会有意进行干预。*Sinclair* 案是特拉华州首个将商业判断的有效性与行为的“合理”理由相关联的案件。还有一点值得注意的是，正如我们在第一章中所讨论的，[92] 在 *Sinclair* 案之前，特拉华州宪法以及美国宪法中关于行使法定治安权的合法性规定，就大量使用了“合理目的”或“合理基础”这样的表述，这种

---

〔90〕 See p. 7.

〔91〕 280 A. 2d 717 (1971).

〔92〕 See p. 37 – 38.

审查形式同样没有考量其在善意标准中的渊源。[93] 举例而言,1962年特拉华州衡平法院在对 *Dukes* v. *Shell Oil Company*[94] 所作的裁定中规定,若分区收费受益于和社会福利的"合理且必要的关系",则分区收费应得到支持。如第一章所述,个体对善意观念的理解与数十或数百位法律代表的集体行为之间不一致,导致我们在审查州治安权的行使时,关注的焦点并不是善意与否,而是是否具有"合理基础"。[95] 这种类似的宪法背景可能在特拉华州公司信义法领域对善意要求的类似功能重述有一定的影响,正如英国"没有理性之人"的 92
公法标准就对 20 世纪这一标准在公司法领域的适用产生了一定影响。

因此,到 20 世纪 70 年代末,特拉华州法律制定了三种审查方式来审查商业判断:第一种是最为传统的方式,即要求当事人忠实地行使权力,通过审查实际的意图证据或善意或恶意代理的证据来确定权力是否得到忠实行使。这种做法通常聚焦于识别案件中是否存在极端决策错误的标志。第二种是并用两种独立标准:善意标准和独立的商业质量标准,二者使用了决策错误的相同标志。第三种则是在不使用善意或近似善意标准的情况下利用前述决策错误标志进行审查。这三种审查方式之间也存在一定的冲突,最佳的例证就是 *Gimbel* 案,法院在选择审查标准时很是为难。特拉华州衡平法院认为,商业判断规则会假定"董事在实施行为之时,对于追求公司利益

---

〔93〕 Ibid.

〔94〕 40 Del. Ch. 174, 189 (1962). 该案引用了 *Papaioanu* v. *Commissioners of Rehoboth* 25 Del. Ch. 327 (1941)一案中提出的观点。

〔95〕 特别参见 *The State* v. *Tax Collector of St. Phillips and St. Michael's* 2 Bail 654 (1832)案中的讨论(第 36 ~ 37 页)。

是抱有善意的”，[96]且衡平法院很清楚，很多特拉华州法院都将巨大价差作为证明恶意的证据（价格过低是“欺诈的标签”）。[97] 但衡平法院认为“推定欺诈”或“欺诈标签”这种观点“作用不大”，并指出：

> 商业判断规则存在一定的局限性，即缺乏对有意的或推定的欺诈行为的规定，且仅仅以价格严重过低为判断依据。[98]

然而，在提出这一观点后，衡平法院还指出，这种价格差异是可以作为恶意的标志或标签的，或者更确切地说，其是借用了 *Allaun* 案中的“轻率”表达。

---

〔96〕 See *supra* note 75 at [8] quoting *Robinson* v. *Pittsburgh Oil Ref. Corp*. 126 A. 46, 48 (Ch. 1924).

〔97〕 See *Marks* v. *Wolfson* 41 Del. Ch. (1963).

〔98〕 *Supra* note 75 at [11]（原文强调）.

第四章 特拉华州商业判断规则的结构失调问题

一、重构商业判断规则

(一)商业判断规则的归属

特拉华州现代商业判断规则的创制可以追溯到 20 世纪 80 年代初,当时的一系列案件中都有相关表述。第一个案件就是 *Zapata* 案[1]的派生诉讼。在该案中,特拉华州最高法院提出了著名的论断:在徒劳无功的派生诉讼中,若独立董事委员会决定终止诉讼,则法院可根据其全新商业判断来裁决是否应当继续诉讼。而本书以此案为例另有原因。在 *Zapata* 案中,特拉华州最高法院对商业判断的审查方式与上述惯用方式如出一辙:在有证据能够证明善意的情况

---

[1] See *Zapata Corporation* v. *Maldonado* 430 A. 2d 779 (1981).

下,“不可对”委员会的终局结论“进行司法审查”。[2] *Zapata* 案之所以极具重要性,并不在于它对商业判断规则作出了界定,而是因为它揭示了该规则之渊源:《特拉华州普通公司法》第 141 条(a)款关于基本公司权力的规定所确立的商业判断规则。[3] 法院指出:

> 尽管第 141 条(a)款规定了董事会的管理决策权,但权力的司法创制和立法授权是相互关联的,因为董事在行使第 141 条(a)款项下的管理权时,具有法院无可比拟的商业专业性。承认和尊重这种专业性是“商业判断”规则发展的大势所趋。

Zapata 案过后不久,特拉华州最高法院在 *Aronson* 案中同样采
94 用了这一观点。法院援引 *Zapata* 案时提出:“该商业判断规则是对特拉华州董事享有第 141 条(a)款赋予的管理特权的一种承认。”同样,在 *Pogostin* v. *Rice* 中,最高法院指出,信托义务也“来自于”第 141 条(a)款(该条规定是《特拉华州普通公司法》的“基石”)。[4] 之所以会把第 141 条(a)款上升到特拉华州法律体系基本原则条款的高度,与 20 世纪 80 年代层出不穷的恶意收购行为所引发的社会对董事权力的质疑脱不开干系,后文会对此进行详细分析。此处值得注意的是,由于该条款是根本性规定,以至于在 1980 年以前,只有

---

〔2〕 See Citing *Maldonado* v. *Flynn* 485 F. Supp. 274 (1980). 法院认为:“商业判断规则……要求(董事)切实执行其商业判断,并善意行事。”

〔3〕 See *supra* note 1 at 782. 参见 Section 141(a)“管理权的来源”。

〔4〕 480 A. 2d 619, 624 (1984).

5 例案件引用了这一规定,〔5〕且在 *Zapata* 案之前的所有案例都没有阐明该规定是商业判断规则的源流所在。〔6〕但提出特拉华州商业判断规则是特拉华州法律的产物这一观点,并不是为了指出其存在错误之处,而是为了赋予特拉华州司法机构更大的自由裁量权,使其在重构和发展商业判断标准时有更大的发挥空间,以便其进行更大胆的创新。商业判断规则是《特拉华州普通公司法》的产物,这一观点为特拉华州司法创制提供了新的视角:该商业判断规则是特拉华州司法机构专属的且需不断发展的共同任务,〔7〕这为司法机构重构商业判断的相关监管思想和概念提供了更为广阔的视角和思路。在本章中,我们会发现,当代关于商业判断规则性质的种种困惑大多源于此影响。〔8〕

---

〔5〕 在 Westlaw 中的特拉华州案例库中以"141(a) & BEFORE 1980"为名进行检索。

〔6〕 The Delaware Corporation Law, 8 Del. C. Section 141(a) 规定"依据本章规定设立的公司由董事会进行管理"。

〔7〕 例如,特拉华州最高法院首席大法官斯特林(Strine)在与他人合著的文章中概述了伯利和米恩斯的正确主张,即善意要求可以追溯到"衡平法的发源地","自伯利写下这些文字以来,特拉华州的成文法和普通法的制定者已经花了 75 年时间将他的政策规定付诸实施";尽管他在后来的文章中指出,"善意"一词"当然不是完全由《特拉华州普通公司法》起草者的创造性思维所形成的"。(663) [Leo E. Strine et al. "Loyalty's Core Demand: The Defining Role of Good Faith in Corporation Law" (2010) 98 *Georgetown Law Journal* 629, 646]

〔8〕 这里的意思并不是说司法机构对善意要求的历史基础没有认识,而是说这种关于生成的叙述与对遥远的历史联系的理解同时存在。例如,参见霍兰德(Holland) 法官关于信义义务的一篇文章,其中他提及,"信义义务规则可追溯至" *Charitable Corporation* v. *Sutton* ,同时还注意到特拉华州对这些标准的产生及其与第 141 条(a)款的关系。Randy J. Holland, *Delaware Director's Fiduciary Duties: The Focus on Loyalty*, University of Pennsylvania Journal of Business Law 676 (2009). See also, Henry R. Horsey, *The Duty of Care Component of the Delaware Business Judgment Rule*, 19 Delaware Journal of Corporate Law 971 (1994), 973, 975 也引用 *Charitable Corporation* v. *Sutton* 作为商业判断规则的"创立者"。

95 在著名的 *Aronson* 案中,[9] 司法机构对商业判断规则的重构可见一斑。在该案中,特拉华州最高法院不仅明确提出了程序注意标准(详述请见第七章),还将程序注意标准与忠实义务相结合,一同并入商业判断规则,为探索时至今日仍然适用的董事义务提供了新的结构框架。在 *Aronson* 案中,商业判断规则变成了:

> 推定公司董事们在作出一项商业判断时已经了解相关信息、[10] 善意且真诚地相信自己采取的行为是最符合公司利益的。

若对董事行为提出异议的原告没有证据驳斥商业判断规则的先决条件,那么依据 *Aronson* 案的观点,法院将不会对"不存在滥用自由裁量权"的商业判断施以干预。这一论述很快就被认定为权威观点。[11] 法院进一步阐明:"在适用这一规则时,需要遵循某些共同原则。"首先,董事必须保持公正无私(不得存在自我交易);其次,"若要受到该规则的保护,董事有义务确保自己了解相关信息",并"在履行自身职责时保持必要的谨慎"。[12] 如上所述,在 *Smith* v. *Van Gorkom* 1 年后,特拉华州最高法院就认定,前述义务"本质上就是注意义务"。[13]

---

〔9〕 473 A. 2. d 805, 812 (1984).

〔10〕 在后来的判决中,法院指出:"要想援引该规则的保护,在作出商业决策之前,董事有义务让自己知悉所有可合理获取的重要信息。"

〔11〕 从 1984 年到 1992 年,我们发现上述陈述被引用了 28 次。

〔12〕 See *supra* note 9 at 812.

〔13〕 488 A. 2d 858, 873 (1985).

(二)从善意中分离商业判断规则

现代商业判断规则依据 *Aronson* 案进行了框架创制,该案将知情判断、善意和无直接自我交易冲突作为适用商业判断审查标准的三个先决条件,并规定在缺乏证据证明董事存在“滥用自由裁量权”的情况下不得对其进行任何干预。*Aronson* 案对商业判断规则的重新阐述为第三章所讨论的特拉华州案件搭建了框架,提出了一个具有普适性的解决方案:单一的善意标准(这一标准可以从 *Bryan* v. *Aikin* 追溯到 *Warshaw* 案),同时以行为原因或严重决策错误作为衡量因素;双重标准方法,即将决策质量作为独立的标准,同时适用善意要求(相关案例有 *Beard* 案、*Meyerson* 案和 *Moskowitz* 案);单一的决策质量标准,例如 *Sinclair* 案适用的合理性审查。与之前的案件不同,*Aronson* 案并没有选择将两种标准并行——这二者间没有交集——而是选择与 *Warshaw* 案和 *Gimbel* 案一样,加入了适用双重标准的阵营,消除了众人的所有疑惑,将善意作为质量审查低标准的先决条件。通过这种做法,*Aronson* 案实现了商业判断规则的有效融合:该案不仅陈述了原始商业判断规则关于善意行为的推定,还提供了如第三章第三节所概述的商业判断规则实用简化版本,拓宽了规则适用范围,甚至在善意行为推定没有被驳回的情况下,法官也可适用商业判断规则。 96

在理解这一规则阐述的过程中,应当注意,塞缪尔·阿什特(Samueal Arsht)(当时特拉华州律师协会的重要成员[14])在其一篇1979 年的文章中同样提出了这种简化版的商业判断规则阐释框架,

〔14〕 阿什特先生在 1967 年对特拉华州法典的最后一次重大审查中担任起草委员会主席。

并对 *Aronson* 案适用的"滥用自由裁量权"观点进行了重点论证。[15] 在 *Aronson* 案判决作出之时，奥尔赛法官（Justice Horsey）作为特拉华州最高法院的成员，在庭外指出，阿什特的观点对 *Aronson* 案判决产生了一定影响。[16] 对阿什特而言，在满足以下条件时，商业判断规则可以为董事提供保护，使其免于承担责任：(1)不存在自我交易；(2)董事尽到了应有的注意义务；(3)董事善意且"合理地相信"争议交易符合公司利益；(4)不存在"其他"证明董事存在恶意的证据。[17]
97 阿什特随后在这篇文章中补充道，若争议行为"并不是执行明智决策造成的"或"没有合理理由支撑"，则"不属于商业判断规则的保护范围"。换言之，和 *Aronson* 案一样，阿什特同样将决策质量问题从善意要求中分离出来，将后者作为前者的先决条件之一。对其而言，即使认为有争议的判断是秉承善意且符合公司利益的，但只要决策存在严重瑕疵（缺乏合理理据），法院就有施加干预的可能。阿什特将这种严重失策称为"滥用自由裁量权"，且其基本是以 *Gimbel* 案为论证依据。而正如我们前面讨论的，该案适用的商业判断规则是介于传统版和简化版的阐释之间的。

随后，通过并置 *Aronson* 案对商业判断规则的阐释与 *Sinclair* 案提出的简化版阐释——"合理商业目的"，商业判断规则的架构得到了进一步优化。在 *Aronson* 案之后的一些案件中，我们都可以看到

---

〔15〕 See Samuel Arsht, *The Business Judgment Rule Revisited*, 8 Hofstra Law Review 93 (1979 – 1980).

〔16〕 Extra judicially Justice Horsey 认为，*Aronson* 案中使用的语言"与阿什特对该规则的重述密切相关"，see Henry. R. Horsely, *The Duty of Care Component of the Delaware Business Judgment Rule*, 19 Delaware Journal of Corporate Law 971 (1994), 996。

〔17〕 关于第(3)项，阿什特并没有明确提到"善意"，但他在第(4)项中提到"在某些其他方面，董事的授权不是善意的"，其含意非常明确（*supra* note 15 at 112）。

此种并用。著名的收购防御案件——*Unocal* v. *Mesa Petroleum*(以下简称 *Unocal* 案)——就是最典型的代表之一:[18]

> 商业判断规则就是"推定公司董事在制定商业决策之时,已经了解相关信息,秉持善意且忠实地相信自己所采取的行为是最符合公司利益的"(*Aronson* 案)。商业判断规则的特点之一就是,只要董事会的决策"是基于任何合理的商业目的",法院就不会越俎代庖,以法院自己的判断来替代董事会的判断(引自 *Sinclair* 案)。

通过两种阐释的并用,商业判断规则的合理目的得以从善意要求中分离,法院也得以将善意作为商业判断相关法律标准的附加条件(或适用法律标准的先决条件),而不是将善意标准理解为商业判断标准本身。依据这种阐释,若善意推定没有被驳回,就可对相关联的决策适用商业判断标准。而商业判断标准规定,决策必须具有合理的商业目的。若依据传统商业判断规则,只要善意推定没有被驳回,就说明决策已经存在合理的商业目的。换言之,合理商业目的本身就是善意的标志,善意要求就等同于商业判断规则。

特拉华州最高法院在 *Cede & Co.* v. *Technicolour, Inc.* (以下简称 *Cede* 案)的裁定中明确指出了两者的区分。[19] 在裁定中,法院认 98
为,商业判断规则是第 141 条(a)款授权的产物,而该规则也衍生出了"执着受托人"(unyielding fiduciary)义务。该裁定指出:

---

〔18〕 493 A.2d 946 (1985).

〔19〕 634 A.2d 345, 361 (1994).

> 法院通常会对董事行为作有力的支持推定，因为法院不会推翻忠实且勤勉的董事会作出的决策，除非该决策无法归因于任何合理的商业目的。

法院随后规定，要推翻这一推定，原告要承担举证责任，证明董事在作出争议决策的过程中违反了“三项”信义义务中任意一项——善意义务、忠实义务或应有注意义务。若无法举证，则商业判断规则及其关于合理商业目的的要求将会“用于保护公司管理人员和董事及其所作的决策”。若原告能够提出相反证据，那么依照 *Cede* 案，董事就需要举证证明“交易完全公平”。[20] 在 *Walt Disney* 案中，[21] 衡平法院认为，如原告可以证明存在“欺诈、恶意或自我交易”情形，或者说，证明“董事会违反了任一信托义务”，即可推翻前述推定。若无法推翻这一推定，那么引用 *Sinclair* 案的陈述，“除非董事会的决策无法归因于任何合理的商业目的，否则法院就会对董事会予以支持”。[22]

有人认为，将善意从合理目的要求中分离出来的做法多此一举：因为无论分离与否，最后都会得出合理性要求。尽管从功能层面上来讲，这种观点并没有错，但在后文中我们会发现，在特拉华州，这种分离可能是一些令人困惑的学说理论和不合逻辑的法律推论产生的根源所在。同时，这一观点也是 20 世纪 80 年代后适用特拉华州商

---

〔20〕 Ibid. 361.

〔21〕 See *In re The Walt Disney Corporation Derivative Litigation* 907 A. 2d 693 (2005).

〔22〕 Ibid, 747. 一个类似且更新的案例 see *In re Orchard Enterprises, Inc. Stockholder Litigation* 88 A. 3d 1 (2014)。

业判断标准的案件数量剧增的主要驱动因素。通过分析梳理英国善
意标准的发展历程,我们发现,在实践中,具体案情会反映出董事之
间存在明显的间接冲突。法院为了确定涉案董事在行使权力时抱有
主观的善意,在对行为原因的进行理解时保留了一些解释空间。因
此,依照单一的善意标准,行为理由的质量(以及质量的指标)只能作
为法院评估善意标准的指征。然而,若基于行为理由的质量的善意
指征成为审查标准本身,那么法院就丧失了灵活解释的权力。若案 99
件事实切实反映了存在忠实问题,但行为不涉及对注意义务的违反,
也没有证据证明董事存在不当动机,不存在直接经济冲突且存在合
理的行为理由,那么在这种情况下,法院要么宣布原告败诉或驳回
原告诉求,要么必须提高在这些情形下的判断审查标准。自 20 世
纪 80 年代开始,特拉华州判断标准有所扩散,这在一定程度上可
以归因于 *Aronson* 案对善意和合理性审查的分离,下文会对此进一
步阐述。

二、善意的“脱缰”：全新的“善意”标准

在本部分可以看到,从 1742 年的 *Charitable Corporation* 案和 1758 年的 *Aleyn* v. *Belchier*〔23〕到 20 世纪晚期,善意概念一直与授权的行使存在不可分割的联系。它要求被授权人按照权力被授予的目的忠实地追求既定利益或目标:“拥有权力的主体必须按照既定目标

---

〔23〕 See p. 24 – 28.

行使其权力,没有比这更有道理的话了。”[24] 从历史层面来讲,在公司法领域,“善意”义务如果脱离了商业判断,其本身没有任何意义。但从英国善意标准发展的背景来看,普通法的善意规定使得抽象概念可以脱离其实际产生和适用的条件,为监管的展开创造了极大可能性。因此,在英国,“善意”脱离了具体语境,成为一项新的规定性义务。特拉华州法律也不例外,同样发展出了这种新“善意”义务,但两者的驱动因素却大相径庭。

Aronson 案从结构层面上将为公司利益而善意行事的义务从商业判断审查标准中分离出来,从而切断了善意要求和行为理由之间的羁绊,同时也泯灭了善意要求的阐释可能性。这种做法产生了两方面的影响。第一是由于“善意”如今已经没有任何阐释空间,在没有确切证据能够证明当事人存在不忠实或不当动机(几乎不可能证
100 明)的情况下,法院通常会直接忽略“善意”。[25] 举例而言,在 *Cede* 案中,法院明确了信托义务的三项先决条件(忠实、注意和善意),在判断恶意与否时,仅仅以是否有实际证据能够证明当事人的意图为准。善意逐渐被归入更广泛的忠实义务中,这种忠实义务主要侧重于考察直接的利益冲突,而善意只起到辅助作用。[26] 我们会发现,尽管在如上引用的 *Aronson* 案中,对商业判断规则的阐释并没有提及忠实,而是使用了善意、诚实和知情的表述,但法院随后提到的决

---

〔24〕 *Aleyn* v. *Belchier* (1758) 28 E. R. 634.

〔25〕 “必须有具体的指控和后来的实际证据,足以认定董事……在本案的事实中出于不正当的目的行事”。*Quadrant Structured Products Co. Ltd.* v. *Vertin* 102 A. 3d 155 (2014) (emphasis supplied).

〔26〕 See *supra* note 19 at 359.

定规则适用的“一般原则”只与直接冲突和知情相关，根本不涉及善意。[27] 第二种影响更为重要，其原因有两方面：一方面，由于善意义务脱离了商业判断审查标准，评论家和法院无法确定善意和基于理由的审查之间的主从关系。另一方面，他们认为这个在案例中随处可见的概念，与注意、忠实义务一样是合理性审查的先决条件，这就意味着，当善意与注意和忠实结合，其规制内容就会大大拓展，而不局限于限制权力的行使。这使得善意的含义和功能与其原本的完全割裂，因而这一概念的使用主体需要对其作用进行进一步的解释。此外，由于善意在《特拉华州普通公司法》某些条款中起到关键作用[尤其是《特拉华州普通公司法》第 102 条(b)款第(7)项关于义务违反免责的规定，该条规定不适用于恶意行为]，这促使诉讼当事人不断扩大善意概念的管辖范围。因而在 *Aronson* 案之后，善意成了亟待探索的治理领域：这一概念成为评论家和法官眼中未经开垦的新矿，可以通过挖掘其新的内涵来解决现代公司的种种治理难题。

我们发现，尽管善意标准已经有数百年的传统，但评论家却称其在早先的判例法中都只是“隐晦的表达”，直到 20 世纪 90 年代才真 101
正“走到幕前”；[28] 也会有人称善意标准指的是“新兴的善意理论”，“坚持应当创新更多激励措施来实现有效的公司治理”，这一概念

〔27〕 斯特林法官(就像他当时)在 *In re Gaylord Container Corporation Shareholders Litigation* 753 A. 2d 462 (2000) in note 42 一案中注意到 *Cede* 案“将善意等同于忠实”，在其提到包括善意在内的三重义务后，只考虑了忠实和注意，没有关于善意的部分。

〔28〕 See M. Eisenberg, *The Duty of Good Faith in Corporate Law*, 31 Delaware Journal of Corporation Law 1 (2006). 该案提及善意在普通法中比较隐晦。

“具有旺盛的生命力”;[29]还有人呼吁界定该概念,以更好地理解其监管力。[30] 同样,法院也注意到案件中频繁出现“善意”一词,但由于善意标准与商业判断审查标准相分离,法院无法确定其法律含义。尽管善意义务至少有300年的历史,但其间出现的许多问题都令法院无比头疼,包括:“是否存在单独的善意信托义务”;除了注意义务和忠实义务,是否存在第三项“信托义务”;[31]或者说,“善意行事义务……是我们公司法中还不够完善的一部分,至今还没有明确的规定”。因此,要想理解这一义务的作用,需要对其进行准

〔29〕 着重强调。Hillary A. Sale, *Delaware's Good Faith*, 89 Cornell Law Review 101, 106, 107 (2003)。该文讨论了善意在 *Scattered Corporation* v. *Chicago Stock Exchange* 701 A. 2d 70 (Del. 1997) 一案的适用,例如,提到在请求被拒绝的情况下需要考虑善意和合理的调查;还指出,“无论是法院还是学术界,都没有对善意因素进行详细探讨”。

〔30〕 Tara L. Dunn, *The Developing Theory of Good Faith in Director Conduct: Are Delaware Courts Ready to Force Corporate Directors to Go-Out of Pocket after Disney*, 83 Denver University Law Review 531 (2005), 546,发现“学说明确性”的缺乏削弱了善意“在塑造董事行为方面的潜在力量”;Joseph K. Leahy, *A Decade after Disney: A Primer on Good and Bad Faith*, 83 University of Cincinnati Law Review 859 (2015)指出,“关于这一概念的确切范围,学术界有很多争论(如果不是完全不确定)”。

〔31〕 *Supra* note 21 at 753. 最终,*Stone* v. *Ritter* 911 A. 2d 362 (2006)案给出了否定答案,最高法院认为,善意只能“在口头上”认为是三重信义义务的一部分,并且它是忠实义务的一个组成部分,这一立场遵循了以下相关著作的观点,[see, e. g., *In re Gaylord Container Corp. Shareholder Litigation* 753 A. 2d. 462 (2000) and Leo E. Strine Jr, Lawrence A. Hamermesh, R. Franklin Balotti and Jeffrey K. Gorris, *Loyalty's Core Demand: The Defining Role of Good Faith in Corporation Law*, 98 Georgetown Law Journal 629 (2010)]。然而,从历史的角度来看,这是不正确的。规范董事行为的义务并来源于法律上确认的基本忠实义务。这本书表明了,从历史的角度来看,我们发现两项义务(善意和避免利益冲突的义务)可以与抽象的忠实概念联系起来;但这与认为它们都源于或隶属于一个明确的一般忠实法律义务截然不同。1980年以前,在本书所涉及的所有司法管辖区,我们确实发现了三种不同的义务:善意、注意和无冲突。

确地定义。[32]

以衡平法院对 *Walt Disney* 案的裁定为例。[33] 在阐释商业判断 102
规则后,法院在裁定中单独提出了这样一个问题:除了注意义务和忠实义务之外,是否存在第三项善意信义义务?该部分对善意和恶意展开了讨论,但却没有意识到,法院在评估善意行使权力的要求时,首先要适用的其实是合理性标准;[34] 在此处所提及的善意并不只是一个概念,或者是商业判断规则阐释中的"隐晦"概念。[35] 相反,善意就是(或者起码是)商业判断规则本身。审理 *Walt Disney* 案的衡平法院对前述界定善意的呼吁作出了回应,提出"是否故意玩忽职守、刻意忽视自身职责"是评估董事是否善意行事的标准。这就是 *Bodell* 案提出的概念。但 *Bodwell* 案中"刻意忽视"和 *Allaun* 案[36] 中"故意忽视"并不是界定"恶意"的标准,而是用来证明,恶意或者法院所称的"欺诈"可以包含故意或无意的行为。更重要的是,在这

---

〔32〕 See *In re Walt Disney Derivative Litigation* 906 A. 2d 27, 64 (Del. Supr. 2005). 这种情况下,斯特林法官提到一项(与传统上一致的)法律陈述,即董事会行为的评估标准是"尽职[注意]和善意[忠实]",这是"对基本注意和善意义务的一种全新表述"。[*In re Gaylord Container Corp. Shareholder Litigation* 753 A. 2d. 462 (2000)]关于对善意属于忠实义务观点的批判, see Melvin Eisenberg, *The Duty of Good Faith in Corporate Law*, 31 Delaware Journal of Corporate Law 1 (2006)。

〔33〕 See *In re Walt Disney Derivative Litigation* 907 A. 2d 693 (2005).

〔34〕 相比之下,一些案例表明了对善意与合理性审查之间关系的认识。See, e. g., Chancellor Allen in *J. P. Stevens & Co., Inc. Shareholders Litigation* 542 A. 2d 770 (1988)指出"法院可以审查董事会所作的动机明显良好的商业决定的实质内容,以评估该决定是否远远超出了合理判断的范围,以至于除了恶意之外,基本上没有其他办法可解释该决定"; or *Brehm* v. *Disney* 746 A. 2d 244, 264 (Del. Supr. 2000)首席法官维萨(Veasey)认为"不合理性……可能会表明该决定并非出于善意而作出"。

〔35〕 See *supra* note 28, at 10.

〔36〕 See p. 78 – 80.

些案件中,上述概念只和法院干预董事自由裁量权的唯一依据(董事恶意行使自由裁量权)有关。

鉴于上述对“没有明确规定的”善意标准的种种解释都没有对其历史作用进行考察,因此,其实际适用也采取了全新的方式——将善意标准与其原本的功能完全割裂,作为产生义务的可能理由之
103 一[37]——这种发展路径与第二章阐述的英国法律对善意标准的理解可谓异曲同工。在此以艾森伯格教授(Professor Eisenberg)对此作出的论断为例。他仅引用了另一位作家的观点并以《美国传统字典》作为佐证,认为善意“要求管理者不能违反公认的标准”。在未引用权威的情况下,他认为善意义务包含一种规定性的坦诚义务,要求管理者“不得故意或因疏忽而未告知其他管理者或公司机构”的重要信息。[38] *Walt Disney* 案有力地证明了善意标准和商业判断审查标准的分离是如何推动判例法中新义务的产生。对于钱德勒法官(Chancellor Chandler)而言,善意义务具有规定性的监管权力。换言之,善意义务不仅约束授权的行使,同时也要求被授权人采取积极行动:善意意味着董事“有义务真诚且全心全意地为公司利益服务,并为此采取任何必要的行动”。[39] 因此,“如果怠惰构成有计划地、持续地推卸责任”,[40] 那么其可能相当于恶意。*Walt Disney* 案的雅各布斯法官(Justice Jacobs)是这一观点的拥趸。他认为,“恶意”成了规制严重违反注意义务的一种手段:所谓的严重违反注意义务从定

---

〔37〕 *Supra* note 28 at 28 – 31 使善意规范性案例成为董事义务的一个更广泛的来源。

〔38〕 Ibid. at 39, 50 – 51.

〔39〕 See *supra* note 33 at 756.

〔40〕 Ibid. at 754.

性上来讲就是“恶劣程度远超重大过失的”行为;〔41〕理论上来讲,某些违反注意义务的行为并不适用《特拉华州普通公司法》第102条第(2)款(b)项(7)的责任免除规定,该免责规定排除了非善意的作为或不作为。雅各布斯指出,“我们需要通过某种手段,从理论层面上规制这些违反注意义务的行为,而这种理论手段就是善意行事义务”。〔42〕讽刺的是,正是在这种观点的驱动下,特拉华州 *Aronson* 案之前所适用的做法卷土重来,但这不过是新瓶装旧酒,更换了一种更迂回的、不同结构的路径。这种换汤不换药的做法造成了案件处理的不确定性以及法律创新的假象。如上所述,在 *Aronson* 案之前,从 *Mitchell* 案到 *Simith* v. *Van Gorkom* 一审判决等一系列重要案件都表明,严重的信息失误可以作为商业判断轻率或恶意的标志。

即便已经认识到善意标准在公司法领域有着悠久历史这一事实,学者和法官还是会被商业判断规则与善意标准所误导。在斯特林(Strine)等人撰写的一篇重要文章中,〔43〕作者明确指出,善意义务在公司法领域长期存在,其应当被理解为基本忠实义务的附带部 104
分。〔44〕然而,在其分析中,他们仍然将善意作为合理性审查的一个前置条件,且独立于合理性审查(即便在其看来,善意归属于更广泛的忠实义务)。〔45〕鉴于商业判断中的善意要求仅仅是善意义务的一

〔41〕 See 900 A. 2d 27, 66 (2005).

〔42〕 Ibid. at 66.

〔43〕 See Leo. E. Strine Jr, Lawrence A. Hamermesh, R. Franklin Balotti and Jeffrey K. Gorris, *Loyalty's Core Demand*: *The Defining Role of Good Faith in Corporation Law*, 98 Georgetown Law Journal 629 (2010).

〔44〕 See note 31 above.

〔45〕 Ibid. 633, 673.

方面。[46] 也就是说,善意是(忠实义务范畴下)一项独立的义务,其有别于行使授权。因此,对于斯特林等人而言,这种善意义务天然不具有禁止性,而是具备规定性:"要求董事坚定地扩大公司的利益"。

三、商业判断规则中注意和忠实的融合引发的结构失调问题

Aronson 案重新调整了忠实、注意和商业判断之间的关系,但解释个中缘由并不简单。在该案之前,注意和忠实并没有被当作商业判断合理性审查的先决条件。至于注意义务,本书第三章指出,20世纪80年代之前的一系列特拉华州案件证实,当时的程序注意标准还非常不完善。此外,更多较为成熟的案件则是将信息不足作为恶意或轻率的标志,但并未将其等同于程序注意义务,也没有将其作为善意或合理性审查的前置条件。

105 1979年,塞缪尔·阿什特发表了对 *Aronson* 案[47]影响颇深的前述文章。[48] 随后,在1980年,维西(Veasey)和曼宁(Manning)发表

〔46〕 Similarly, Leahy *supra* note 30 at 864 指出"主观忠实是善意的必要组成部分"(着重强调)。

〔47〕 See *supra* note 15. *Aronson* 案对这一规则的重申似也很重视 *Zapata* v. *Maldonado* 430 A. 2d 779, 787 (1981)一案,这似乎也受到了阿什特文章的影响,它引用了这篇文章。查阅 *Zapata* 一案发现,特拉华州最高法院将不同的义务汇总在一个段落中。最高法院的结论是:"如果一个独立且无利害关系的董事组成的委员会对提交其审理的事项进行了适当审查,并善意地作出商业判断后,认定该行为不符合公司最大利益,则该诉讼必须被驳回。这完全变成了独立、善意和合理调查的问题。委员会在这种视角下得出的最终结论(商业判断)不受司法审查。"(at 787)

〔48〕 See note 16.

了一篇文章，引用了阿什特的观点对商业判断规则进行总结。*Aronson* 案对商业判断规则的重构则是建立在维西和曼宁的总结之上的，法院在判决中也引用了该文章。*Kaplan* 案〔49〕曾提出一个未经考证的观点：商业判断规则的依据“就是证明知情的董事事实上作出了商业判断”。对于这一观点，维西和曼宁认为：

> 只有在这两种情况下，才能依据商业判断规则排除司法调查：(1)审查法院确信被告董事履行了注意义务；(2)争议的商业判断是在不掺杂任何个人利益的情况下基于善意作出的。〔50〕

塞缪尔·阿什特同样将程序注意义务的履行与商业判断规则的适用联系起来：

> 只有在董事作出的决策是基于全部相关事实(包括其保有适当注意就应能发现的事实)时，才能适用商业判断规则，使其免于因决策后果而受追究。

阿什特、维西和曼宁在直接冲突这一问题上观点一致：不存在自

〔49〕 284 A.2d 119 (1971).

〔50〕 See E. Norman Veasey and William E. Manning, *Codified Standard-Safe Harbour or Unchartered Reef? An Analysis of the Model Act Standard of Care Compared with Delaware Law*, 35 Business Lawyer 919 (1979 – 1980).

我交易或“不掺杂个人利益”[51]是商业判断“抗辩”的前提。[52] 对此问题，值得注意的是，阿什特的重述试图为特拉华州辩解，以对抗20世纪70年代的强烈批评。这些批评认为特拉华州为了吸引更多公司入驻及设立，其公司法领域过于倾向管理者的思想大行其道。[53] 这一批评引发了联邦特许经营的“争论”。[54] 争论的焦点就是“松懈的”[55]特拉华州商业判断规则。正如第一章所述，虽然这些观点和论断将有限的商业判断审查归因于特拉华州法律是完全错误的，但这确实在特拉华州公司法领域制造了压力和担忧。[56] 就此而言，从
106 战略层面上来讲，阿什特对商业判断规则的重构的确高屋建瓴：这种重构将程序注意和忠实作为商业判断规则的前置条件，大大增加了该规则的分量。[57]

除了承继阿什特、维西和曼宁的观点，将忠实和注意作为合理性审查的前置条件之外，*Aronson* 案还将传统商业判断规则衍生的合理性审查与因违反程序注意和自我交易标准而引起的对商业决策进行司法审查的不同理由相结合。这种结合是因将善意与合理性审查相

---

〔51〕 Ibid. at 933.

〔52〕 See *supra* note 15 at 111 and 116.

〔53〕 See William Cary, *A Proposed Federal Corporate Minimum Standards Act*, 28 Business Lawyer 1101 (1974).

〔54〕 See Henry R. Horsey, *The Duty of Care Component of the Delaware Business Judgment Rule*, 19 Delaware Journal of Corporate Law 971 (1994).

〔55〕 See *supra* note 15 at 100 – 101 referring to these critiques made in particular by Ralph Nadar (R. Nadar, M. Green and J. Seligman, *Constitutionalising the Corporation*); and William Cary *supra* note 53.

〔56〕 See *Resource Document on Delaware Corporation Law*, 2 Delaware Journal of Corporate Law 176 (1977).

〔57〕 See *supra* note 54 at 971, 995 讨论阿什特在写文章之前对这些问题的认识。

分离而形成的，并且会产生基本的法律错误。这就相当于从法律上推定长相相似的人具有相同的 DNA。如果对某项判断进行审查可以以不符合 A、B 或 C 标准为理由，那么当判断符合 A 和 B 标准时，唯一能引起审查就是 C 标准。但这既不能说明因不符合 A、B 或 C 标准引起的审查性质相同，也不意味着为确定是否符合 C 标准而进行的审查与不违反 A 和 B 标准之间存在关系。作为各项标准的功能，审查的性质会有所不同，就像善意、注意和忠实的情况一样。因此，正确的说法是，针对这些彼此间相互独立的义务，当董事会履行了自身负有的程序注意义务时，则其决策只受合理性审查。但这种说法存在瑕疵，因为合理理由调查是独立法律义务的产物，与是否遵守注意义务无关。同样地，从传统的忠实义务视角来看，不存在自我交易并不是善意标准/合理性审查的前提条件，而是在不存在自我交易的情况下，适用于决策的标准是由善意标准衍生出的合理性标准。

在 *Aronson* 案之前，对于合理性审查与司法审查理由的结合并没有可以援引的权威案例。阿什特以 1850 年罗德岛 *Hodges* 案〔58〕和 1944 年纽约州 *Casey* 案〔59〕为例，支持将程序注意作为商业判断规则前置条件之一。这两个案件都对注意与判断的关系进行了讨论。在 *Hodges* 案中，法院表示其会对（公司权力相关）错误原因进行 107
调查，以确定错误是否因被告未能履行合理注意义务造成的。在 *Casey* 案中，在考察“所谓的商业判断规则”和“玩忽职守”之间的关系时，施因泰格法官（Justice Shientag）指出，法院不干预商业判断的

〔58〕 See 1 R. I. 312 (1850).

〔59〕 See 49 N. Y. S 2d 625 (1940). 在文章的两个独立部分，阿什特用这些案例来论证注意和善意之间的联系。For *Hodges*, see *supra* note 15 at 99; for *Casey*, see 118 – 120.

"前提条件"是"被告人事实上施予了合理的注意"。[60] 然而,在上述两案中,善意义务和注意义务与由此引发的对判断质量的调查完全是两码事。在 *Casey* 案中,施因泰格法官选择将两种标准相关联,对其而言,"受托人有两项基本信义义务:一是对公司保持忠诚,二是在行事时保持合理注意",[61]"若其保证忠实且实施合理注意,则可免除责任"。这里的"欠缺忠实"和"未履行合理注意"为我们提供了两条不同的商业判断审查路径。无论是 *Casey* 案还是 *Hodges* 案,程序注意标准引发的判断审查实际上是以违反程序注意的行为为依据,以确定违反行为的责任后果。换言之,这属于一种救济性审查,与调查公司授权的行使是否善意、是否符合公司最佳利益的商业判断质量审查大相径庭。因此,施因泰格法官使用的"所谓的商业判断规则"这一表述,仅仅是指与判断的考察相关的两项独立义务。

正如我们将在第十一章所讨论的,法院对于自我交易的审查一般通过以下两条路径实现:一是承继新泽西州法律规定,要求法院对交易的公平性进行考察,作为对可撤销交易后果的救济性调查;二是参考纽约州法律,适用与调整信托法相关规定或公平交易原则的结果。两种路径最后都会引起对商业判断的调查,这一点毋庸置疑。但这两种路径带来的商业判断调查与善意商业判断规则所规定的调查截然不同。更重要的是,自我交易并不能使善意义务不适用,只是从责任(或执行)的角度来看,在大部分案件中,自我交易常常与善意
108 义务两不相干:一旦确定交易是公平的,则实际上将无法反驳善意;若交易被证实是不公平的,则无须再追究其是否存在其他失职行为。

---

〔60〕 Ibid. at 643.

〔61〕 Ibid. at 647(着重强调).

Aronson 案将注意、忠实和判断相关联的做法并非无关紧要，它引发了特拉华州法律的种种实质异变，使其看起来比原本更加不合乎逻辑、更加含糊。如上所述，依照 *Aronson* 案的商业判断规则，违反注意义务就意味着决策无法受益于合理性审查。在 *Cede* 案中，特拉华州最高法院认定，若决策违反注意义务，则可适用绝对的公平标准。[62] 在得出这一结论的过程中，法院驳回了艾伦大法官(Chancellor Allen)的一审判决，即原告不仅需要证明被告存在违反义务的行为，还需要证明是该违反义务的行为造成了损失(而这种损失将引发法院对商业判断的性质和影响的调查)。艾伦大法官的一审判决依据来源于 1924 年联邦区法院勒尼德·汉德法官(Judge Learned Hand)对 *Barnes* v. *Andrews*(以下简称 *Barnes* 案)[63] 的判决。特拉华州最高法院表示对一审法院以 *Barnes* 案为依据大为意外，因为没有哪个辩护律师引用了这个案例。汉德法官认为，艾伦大法官适用的是侵权标准而不是信托义务标准。[64] 因此，特拉华州最高法院认定 *Barnes* 案不足以作为判决依据，并驳回了一审法院对原告同时证明违反义务行为和损失的要求。对于最高法院而言，"绝对公平"是不计损失的审查标准。

最高法院主要依据 *Smith* v. *Van Gorkom* 和一些自我交易的案件得出：它"从未提出"要求证明因违反注意义务而引起的损失。[65] 正

---

〔62〕 See *Cede & Co.* v. *Technicolour*, *Inc.* 634 A. 2d 345 (1994).

〔63〕 298 F. 614 (1924).

〔64〕 See *Supra* note 62 at 369 – 371 (also note 38). 将其作为"侵权行为"提出，不应掩盖案件中明确的事实，即汉德法官对董事行为适用了注意义务。汉德法官认为："这种诉由基于一种侵权行为，尽管它是一种不作为的侵权行为，但它就像是基于积极行为一样。原告必须承担证明被告履行职责就可以避免损失的举证责任。"(ibid. at 616)

〔65〕 See *supra* note 62 at 369.

如我们所知，鉴于特拉华州的程序注意案件原本就凤毛麟角，因此认为艾伦法官的观点与先前判例法的主流观点背道而驰的想法是具有误导性的。进一步而言，若我们将研究范围放宽，以更广泛的美国公司法为对象，就会发现 *Barnes* 案并非独一无二，也不是什么自主的司法创新——类似案件比比皆是。这些案件都反映出这样一个观
109 点：董事的注意义务是一项独立的义务。由此可见，*Aronson* 案所构建的商业判断规则框架使得将忠实纳入注意范畴被过度解读，造成了诸多困惑：依据这一规则，符合（或不符合）注意和忠实标准是判断审查标准的前提条件，那么，对不符合任一前提条件的行为之审查标准必须保持一致。毋庸置疑，绝对公平标准是特拉华州自我交易审查的正确标准，但这一标准在适用违反注意义务的行为时是不合乎逻辑的。[66]

有些时候，要解决因违反注意义务引起的救济问题，就需要适用交易公平原则。举例而言，若不存在违反注意义务的行为，并购就不会发生，或者就不会以那样的条件进行并购。事实上，在 *Smith* v. *Van Gorkom* 中，"公平"这一词语并不是指适用"绝对公平标准"，而是作为调查的衡量因素之一，考察涉案的交易价格是否低于董事作出知情决策时可能达成的价格。最高法院对 *Smith* v. *Van Gorkom* 的处理方法与艾伦法官对损失证明的要求完全一致。然而，在其他情

---

〔66〕 Lyman Johnson, *Rethinking Judicial Review of Director Care*, 24 Delaware Journal of Corporate Law 787 (1999). "（在 *Cede* 案）中引用的权威都不支持这一主张。在注意义务案件中，董事必须承担证明交易完全公平的举证责任"。See also, Christopher Bruner, *Good Faith in Revlon Land*, 55 New York Law Review 581 (2010); Christopher Bruner, *Good Faith, State of Mind and the Outer Boundaries of Director Liability in Corporate Law*, 41 Wake Forest Law Review 1131 (2006).

境中，讨论违反注意义务的绝对公平审查简直是荒谬的。例如，终止第三方诉讼或投资研发活动的决策。在这种情况下，应当解决的法律问题是：对于尽职履行义务就能避免的损失，董事应当承担怎样的责任。

内部法律架构是法律制定的基础，同时也是造成深层法律混淆的根本原因。举例而言，适用更广泛的法律原则、政策的平衡以及压力集团政治影响等都不是法律层面审查标准模糊的真正原因，逻辑无法自洽的法律架构才是罪魁祸首。这种架构一旦成型并根深蒂固，便会存在一定的法律生命周期。一言以蔽之，法律本身就具有独立思考的能力。

四、间接冲突和标准的增殖 110

（一）棘手的合理解释

在英国，普通法对于冲突情形下董事权力的行使有两种规制办法：第一种办法就是以董事负有规避利益和职责冲突的义务为由，实际上正式地剥夺董事在直接财务冲突时（例如，自我交易冲突）的所有行动权力，[67]对此本书会在第十章展开详细阐述。除了这些冲突外，第二种办法是第二章中讨论的善意行事义务，其也是解决冲突的手段，在某些情况下，也可分别适用双重善意标准和基于理由的标准。在第二章中，我们还会看到，当从表面发现间接冲突时，法院对

---

〔67〕 可以间接要求对损失承担责任，但是也可以直接规定董事无权在该等情况下行事（see p. 314 – 315）。

行为理由质量的要求越来越严格,无论是作为善意的证据还是作为一项独立的质量标准。在这种情况下,尽管有关合理性的表述(例如,“任何有理性的董事都不会”)原本是用来解释不合理、重大明显错误或其他类似的情形,但在近来的一些案件中,这类表述似乎开始朝着更严格的客观标准发展。此外,我们发现,这种趋势在决策标准与善意要求相分离的情况下尤为明显。

在特拉华州,商业判断规则的适用范围同样受到特拉华州自我交易规定(交易必须完全公正)的限制。[68] 此外,若行使公司权力直接将价值转让给董事或相关方(例如控股股东),而不是通过自我交易的方式进行转让,则这一价值转让等同于自我交易,需要进行公平
111 性审查。[69] 若不存在这种自我交易(或重新定义的自我交易),则商业判断规则是解决冲突的主要手段。[70] 依照 *Aronson* 案的标准,法院会要求原告提供非公司动机的实质性证据,[71]或证明决策不合理,并将其作为善意审查的前提条件。然而,值得注意的是,相比于英国,法院对存在间接冲突情况下行为理由的调查与无冲突情况下的调查并无二致。举例而言,在破产或濒临破产的情形下,若现有董事同时也是

---

〔68〕 See section C above (p. 107 – 108). 关于完全公平与商业判断审查的关系,可以解释为,完全公平并不排除善意标准的适用,尽管它实际上使其变得无关紧要。

〔69〕 See *Sinclair Oil Corp*. v. *Levien* 280 A. 2d 717 (1971); *Trados I* WL 2225958 (2009); and *Cinerama Inc*. v. *Technicolor*, *Inc*. 17 Del. Corp. L. 551, 573 (1991). 艾伦(Allen)法官指出,“重大财务或其他利益”需要适用完全公平审查标准,“重大”指的是“在某种情况下可以产生一种合理可能性的经济利益”,“合理可能性”是指一个理性人在这种情况下独立判断可能会受到影响,从而普遍损害股东利益。[在这一点上肯定重要性标准,但不赞成理性人的方法—see *Cede & Co*. v. *Technicolour*, *Inc*. 634 A. 2d 345, 363 (1994)]

〔70〕 下面将讨论这一观点的例外情况。

〔71〕 See *supra* note 25.

公司股东或与股东存在紧密的附属关系，法院就会明确适用商业判断规则。以衡平法院裁定的 *Quadrant Structured Products Co.*, *Ltd.* v. *Vertin*（以下简称 *Quadrant* 案）[72]为例，一个资不抵债公司的董事作出了一项加大公司投资组合风险的决策，该案原告主张，这一决策使控股股东受益而使债权人利益受损，法院应对这一决策进行绝对公平审查，或者该决策不应受商业判断规则的保护。法院驳回了原告公平性审查的申请。法院认为，尽管没有进行调查，但"高风险，高回报"的可能性的确构成董事行为的合理依据。由 *Quadrant* 案和其他类似案件可以看出，[73]特拉华州法律很好地承继了英国和美国关于授权规制的传统，即在董事会权力范围和直接财务冲突规制范围内，若无相反的实质性证据，除了主观善意外，法律只能要求董事提供证据证明自己的行为并非任意而为（例如，能够支持自己作出该行为的理由）。这还意味着，除例外情况外，间接冲突实际上是不受管制的。

在特拉华州，三者交相融合，即商业判断规则与特拉华州公司法 112
中公司权力分配的伴生关系及其政策支持的司法前景相伴相生[74]。

---

〔72〕 102 A. 3d 155 (2014).

〔73〕 See, e. g., *Trenwick America Litigation Trust* v. *Ernst & Young*, *PPL* 906 A. 2d 168 (2006).

〔74〕 例如，*Gagliardi* v. *Trifoods International Inc*. 683 A. 2d 1049, 1052 (1996)："股东可以分散公司投资风险。因此，为了他们的经济利益，公司按顺序接受所有可用于公司的正净现值投资项目，首先从风险调整后的最高回报率开始。股东不希望（或者在理性上不应该希望）董事规避风险。如果公司董事和经理诚实地评估了风险和回报，并接受高于公司资本成本的最高风险调整回报，那么股东的投资利益在其多样化的股本投资范围内将得到最大化。但是，如果在授权公司进行一项风险投资时，董事须承担一定程度的个人风险，即与对任何导致公司损失而进行事后索赔的衍生责任有关，那么董事往往会偏离这种对公司风险的合理接受。"另一个很好的例子是衡平法院在 *Solash* v. *Telex Corporation* WL 3587, 8 (1988)一案的判决。艾伦法官指出，"由于鼓励具有这样技能和信息的人分配资产以及评估和承担经济风险有很大的社会效用，因此法院长期以来都不愿意在事后质疑这些决策"。

它们共同将合理性审查刻入特拉华州法律的 DNA 中。这种融合大大提高了商业判断规则的适用性,巩固了其地位。可以说,商业判断规则是以牺牲问责为代价来促进董事会权力的政策福利。然而,有人会从另一种互补的角度来解读商业判断规则的稳定性。若仅将决策理由作为衡量是否符合善意标准的尺度,那么法院在调查主观善意的过程中,就能有更大的发挥空间。有了这样一种标准,当事实表明存在间接冲突时,法院会对董事所给的理由是否足以支撑其行为进行更严格的考察。英国对这一标准的适用就是最典型的例子。然而,*Aronson* 案将合理性标准与善意标准分离开来,这意味着若想在存在明显间接冲突的情况(满足合理性标准,但不足以证明董事履行了忠实义务)下对判断进行更严格的审查,法院必须创设一种不同的、更加严格的标准。[75] 如此一来,*Aronson* 案确定的合理性标准就
113 可能推动决策质量标准的增殖;而若沿用传统的善意标准,可能只需要调整其适用模式就能达到同样的效果。要解释这种标准平衡(standard equilibrium)的变化,就必须证明无论是在案内还是案外,都存在严重的间接冲突问题。若无此类证据,合理性审查就会变得很棘手,即便存在激励错位的问题,法院也会选择袖手旁观。依据这一观点,在存在间接冲突的案件中,法院之所以会选择独善其身,是因为重构商业判断规则限制了法院的干预权。特拉华州法院打破这一平衡的最明显领域就是收购领域。20 世纪 80 年代,公司管控市场

---

〔75〕 另一个选择是给合理性标准赋予不同的、更严格的含义。但这很快就变得明显站不住脚了。举一个采取这样行为的例子, *In re Holly Farms Corp. Shareholders Litigation* 14 Del. J. Corp. L. 1062 (1988) 一案将合理性标准等同于锁定必须是"为获得[出价人]的提议所必须的"(着重强调)。

蓬勃向上、欣欣向荣的大环境以及雪崩式的收购诉讼案件促使法院改变了这种平衡。

(二)监督的加强

特拉华州法律对收购案中,对可能影响商业判断的冲突作出了不同的规定。这种不同规定并没有参考基本判例法中的合理解释,即为什么收购领域中的这种冲突(例如,破产程序中的债务/股权冲突)比其他领域中的更为严重。事实上,不同于上市公司收购,董事失去的只是工作,而在公司进入破产程序且董事自身也是大股东的情况下,冲突往往表现得更为直接且严重。

收购之外涉及自我交易的案件(例如,母公司、子公司私有化或管理层收购交易等)适用的商业判断规则与收购案件中适用的商业判断规则之间存在两处不同:一是利用公司权力提出的收购防御决策,二是制定出售或解散公司的决策。本书会对收购防御集中展开讨论。特拉华州的收购防御规则有两个关键因素,分别是权力因素和义务因素,后者用于限制董事会防御权的行使。本章分析的重点是义务因素,但要想清楚地识别、分离和分析它,我们首先要理解权力因素的构成。因此,我们会先对权力因素进行解析。

1. 董事会部署收购防御的权力

权力因素可分为两部分:第一个权力因素是依照特拉华州法律,
董事会有权行使公司权力,有意识地直接干预收购要约。直接干预 114
最典型的例子就是股东权益计划,也就是我们熟知的“毒丸计划”。这种策略不会对公司运营造成任何影响,但一旦启动,就会稀释收购方所持股份的价值,造成持股份额的缩水。举例而言,在早期的案件中,如果公司权力的行使并未直接干预到实际的收购要约,董事会通过回购潜在竞购者的股份来抵消这种风险(也称“绿票讹诈”),董事会权力被束之高阁,根本没有发挥任何作用。[76] 20 世纪 80 年代,随着收购防御的兴起,尤其是诸如“毒丸”等防御措施直接干预现有的或公开的要约,权力问题开始进入公司法的研究视野。

正如我们所见,特拉华州公司的董事会享有州赋予的权力。[77] 相对于股东,其享有的是原始的、非授予的权力。[78] 换言之,董事会的权力由设立公司所在的州授予,而不是由股东授予。《特拉华州普通公司法》第 141 条(a)款是最重要的权力规定,此外该法中还有很多条款对其他具体的董事会权力进行了规定,例如发行和回购本公司股份的权力。[79] 相比之下,《特拉华州普通公司法》并没有任何规定限制董事对不理想收购要约采取行动的权力,同时也没有任何条款表明股东可自行决定是否接受直接向其发出的收购要约。尽管在 20 世纪 80 年代的一些收购争夺战中,竞购者曾尝试将限制权力这一行为以权利的形式固定下来,但很快就被特拉华州的司法机构驳回——这种尝试一败涂地。在衡平法院裁定的 *Moran* v. *Household International Inc.* (以下简称 *Moran* 案)[80] 中,一审法院认定外翻式“毒丸防御”(flip-over poisonpill)成立,对此分析如下:

本案凸显了公司架构内部的基本利益冲突:股东有权

---

〔76〕 例如,*Kors* v. *Carey* 39 Del. Ch. 47 (1960) or *Cheff* v. *Mathes* 41 Del. Ch. 494 (1964),下文将详细讨论。

〔77〕 论特拉华州公司的权力概念,see p. 297 – 301。

〔78〕 *Hoyt* v. *Thompson* 19 N. Y. 207 (1859)一案首次阐述原始的、非授予的概念。

〔79〕 See S. 160 and s. 161 Delaware General Corporation Law.

〔80〕 See *Moran* v. *Household International Inc.* 490 A. 2d 1059, 1074 (1985) (emphasis supplied).

> 参与未经管理层批准的收购要约，且这种权利不受限制；在
> 收购要约中，恶意收购者可能会陆续购入公司股份，以此确
> 保收购的达成，董事会有权通过限制恶意收购者以购买散 115
> 股的方式来提高自身议价的权力。

在 *Moran* 案中，原告律师主张，由于“毒丸”影响了“股份的可让与性”，因此造成了“股东和董事会之间关系的结构性变化”。[81] 原告的专家之一、金融经济学家迈克尔·詹森（Michale Jenson）教授认为，“毒丸”“剥夺了股东参与双重要约收购的‘权利’”，并试图证明“股东有权转让自己的股份”。隐藏在股东权利主张外衣下的观点是：干预股东转让自己股份的权利已经超出了董事会权力。换言之，若允许董事会干预，则该干预必须经过法院的“特别审查”，且必须有证据证明“毒丸”“对于股东而言是公平合理的”。一言以蔽之，董事会权力的行使应当满足法院规定的前提条件。[82]

然而，尽管这种权利导向（抑或权力限制）的主张听起来非常诱人，但其没有建立在严谨可靠的法律论点之上。可让与性本身并不具有说服力，因为股东转让权的性质是《特拉华州普通公司法》和公司章程中规定的公司权力结构中的直接权能。因此，不出意料，詹森教授“根本无法对该项权利的具体法律依据作出合理解释”，故而不得不承认自己主张的股东权利“更多的是经济上的权利，而非法律上

---

〔81〕 Ibid. at 1074 and 1077.

〔82〕 注意，原告提出公平合理的标准，作为规范行使推定可用权力的手段（see p. 128）。该标准既可以作为权力的把关人，也可以作为规范权力的手段。对于原告而言，权利导向、权力限制思想的弱点意味着，该标准作为对权力行使的限制被更有力地提出。

的权利”。[83]

另外需要注意的是,对于法院早期批准的种种收购防御措施(包括但不限于“毒丸”),《特拉华州普通公司法》第 141 条(a)款直接赋予董事会的权力,虽然从该条规定的核心主张来看,这种作用与本部分论述并无太大关系,但却在法院裁定[84]中发挥了非常重要的作
116 用。[85] 第 141 条(a)款关于董事会权力的规定,也是特拉华州最高法院引以为傲的法律之一。[86]

另外,特拉华州对权力的态度与英国形成了鲜明对比。在英国,赋权董事会的主体是股东大会而不是州。因此,未经股东会授权,董事会无权使用公司权力干预公司治理结构,包括不能使用公司权力进行防御。英国的这种观点在普通法的不正当目的原则中有所体现。[87] 英国对董事会权力的不同观点不仅揭示出美国的收购防御是以权力授予为中心,还反映了美国公司法对亲董事会权力观点的

---

〔83〕 Ibid. at 1068 and 1079.

〔84〕 See, e. g., *Unocal Corporation* v. *Mesa Petroleum Co*. 493 A. 2d 946, 954 (1985):“董事会具有一个庞大的权力库,其职责和责任来自于第 141 条(a)款所赋予的固有权力。”(着重强调)

〔85〕 See p. 93 – 94.

〔86〕 See also *Paramount Communication* v. *Time Inc.*, 571 A. 2d (1991) at 1154 认为:“我们再次主张,这种争论源于对公司治理权力所在的根本性误解。特拉华州的法律将公司企业的管理权赋予股东正式选举出来的董事会代表。8 Del. C. § 141(a)。”还要注意的是,第 114 条(a)款已经被用来宣布无手和死手“毒丸”无效。[See *Mentor Graphics* v. *Quickturn Design Systems* 728 A. 2d 25 (1998); *Carmody* v. *Toll Brothers Inc*. 723 A. 2d 1180 (1998)]

〔87〕 关于不正当目的原则,参见第二章。

严重偏见。[88]

第二个权力因素涉及在董事会使用权力进行防御时对其权力的有限约束,即董事会不可利用自身权力来破坏股东的特权。在 *Blasius Industries Inc.* v. *Atlas Corporation*(以下简称 *Blasius* 案)中,[89]法院对股东特权的保护最为明显。该案的争议事项并不是收购要约,而是控制权争夺。艾伦法官指出,当没有足够令人信服的干预理由时,董事会不得故意对股东"正常行使自身发言权和实施自身影响力的行为"加以干预。"适当的发言权和影响力"这种观点和表述借鉴于 1903 年威斯康星州的 *Luther* v. *Luther*(以下简称 *Luther* 案)。[90] 在该案中,尽管法院出于保护公司的目的认定董事会的行为是善意的,但法院仍旧禁止其通过发行股票来干预表决控制权。威斯康星州最高法院指出:

> 在公司或公共治理中,若仅仅因为治理主体真诚地相信自己的政策是对的,而与之相对的政策是危险的,就能理直气壮地插手政策的表决,剥夺异见者们的全部或部分权利,这种观点也太过荒谬了。[91] 117

[88] 英国关于无授权观点的偏见。See David Kershaw, *Principles of Takeover Regulation*, Oxford University Press, 2016, p. 330 – 334. 笔者和哈尔布胡贝(Halbhuber)在一份未发表的手稿中就美国和英国背景下的这一问题进行了更详细的论述,该手稿暂定名为"The Conception of the Corporation and the Ecology of Corporate Law: The Case of Takeover Defences"(on file with the author)。

[89] 564 A. 2d 651 (1988).

[90] 94 N. W. 69 (1903).

[91] Ibid. at 73 (着重强调).

在 *Luther* 案中,仅仅满足善意的要求还不足以说服法院,因为董事会根本无权采取这些行动。虽然在收购案件中,美国公司法既没有对董事会利用手中权力干预表决控制权结构的行为施加任何限制,也没有对股东权利作出保护性规定,但在 *Luther* 案和 *Blasius* 案中,从"公司治理的核心是特权"这一观点出发,法院构建了对董事会权力的限制。在 *Luther* 案中,法院还发现:

> 对于每位股东而言,最重要的事就是在政策和实现手段筛选过程中享有适当的发言权和影响力。这是代议制下表决权的命脉所在。哪怕某一政府法令并没有剥夺任何阶级公民的财产或人身自由,但如果违反了最基本的组织法,损害了公民的表决权,那么该法令就会被认定为无效。[92]

在 *Blasius* 案中,艾伦法官同样指出:

> 特定主体(董事和官员)对不归其所有的巨额财产享有权力,故如何实现这一权力的行使的合法化是理论研究的重点。因此,从广泛的制度角度来看,若要确保股东表决程序的完整性,就要对董事行使授权之外的其他情节进行考量。[93]

不可否认,针对此限制到底算作对权力的限制还是权力背后的

---

〔92〕 Ibid.

〔93〕 *Supra* note 89 at 659.

职责限制,这个问题特拉华州的态度始终非常矛盾。由于没有明确的法律对权力进行限制,法院更倾向于将此限制作为权力背后的职责限制,但这种观点很难实现逻辑自洽。举例而言,有人主张,这种限制是对忠实义务的"无意"违反;〔94〕还有人提出,"现任董事无法忠实行事,还剥夺了股东选任新董事的权利",即便董事们善意地相信自己的行为是最符合公司利益的。〔95〕 对该案更准确的解读应该是, 118
法院依据特权的中心性来构建权力限制体系。有人认为,也应该从(更有限的)权力限制的角度来理解干预特权的防御行为,将其作为击退竞购者的附带效果。例如,在 *Moran* 案中,特拉华州最高法院对董事会使用"毒丸计划"的行为进行分析和考察后,最终驳回了"毒丸计划"限制竞购者开展代表权竞争的能力主张。〔96〕 很明显,若非这一计划并没有实施,否则法院就会认定董事会无权实施"毒丸计划"。〔97〕 在特拉华州最高法院审理的 *Unitrin Inc.* v. *American General Corp*(以下简称 *Unitrin* 案)中,法院在对防御行为是否具有"排他性"的考量中也隐含了对董事会权力的限制,而"排他性"一词则将 *Moran* 案中的代表权竞争保障与之前法院〔98〕的尝试相结合(此前的法院尝试将 *Blasius* 案与特拉华州创新的收购防御案——

〔94〕 Ibid. at 664,还提道:"我顺便指出,非故意违背忠实义务的概念是不寻常的,但也并不新颖。"See also *Stroud* v. *Grace* 606 A. 2d 75, 92 (1992), 将 *Blasius* 案视为"分裂忠实"的产物。

〔95〕 See *Johnston* v. *Pedersen* 28 A. 3d 1079, 1091 (emphasis supplied) (2011).

〔96〕 See *Moran* v. *Household International Inc*. 500 A. 2d 1346, 1355 – 1356 (1985).

〔97〕 在这方面,提道:(1)原告的主张是,对特许经营权的干预导致董事会"未经授权"使用"毒丸计划";(2)在得出对特许权没有干涉的结论后,法院随后认为"权利计划是在董事的权限范围之内"(ibid.)。

〔98〕 See *Stroud* v. *Grace supra* note 94 at 92.

Unocal 案[99]——确立的做法相结合,后文会对这一案件进行深度解读)。依据 *Unitrin* 案,若防御从“根本上限制了代表权竞争”,或致使代表权竞争从“概率上或事实上无法实现”,则这种防御具有排他性。[100] 因此,任何与 *Blasius* 案严格审查相冲突或被认为具有排他性的防御行为都是无效的,因为董事会无权实施这种行为。接下来,我们要对收购活动中特拉华州对董事会在自身职权范围内行使自由裁量权的规制方式进行讨论。

2. *Unocal* 案之前收购案中的董事会自由裁量权监管

特拉华州对董事会行使反收购权力的监管始于 20 世纪 60 年代一系列“绿票讹诈”案件。这些案件显然深受商业判断规则传统解读
119 的影响:董事必须善意行使权力,以促进公司利益为己任。这些案件同时证明了,善意标准是具有灵活性的,能够及时进行内部调整,解决间接利益冲突相关的重要问题。这一时期的典型案例包括 1960 年的 *Kors* 案[101]、1962 年的 *Bennett* v. *Propp*(以下简称 *Bennett* 案)[102]以及 1964 年的 *Cheff* 案[103]。

在 *Kors* 案中,原告向法院提起诉讼,请求法院撤销 Lehn & Fink Products Corporation(以下简称 Lehn & Fink 案)公司以超出当时市价 10% 的价格收购其大量股票的交易。交易的相对方是 United Whelan 公司,是 Lehn & Fink 公司的大客户之一。尽管 United Whelan 公司还没有发起任何控制权竞争或收购要约,但它很可能会

---

[99] 493 A. 2d 946 (1985).

[100] See *Unitrin Inc.* v. *American General Corp.* 651 A. 2d 1361, 1387 – 1389 (1995).

[101] 39 Del. Ch. 47 (1960).

[102] 41 Del. Ch. 14 (1962).

[103] 41 Del. Ch. 494 (1964).

这样做。Lehn & Fink 案通过回购本公司股票,控股股东的持股比例得到了实质性的提高。此外,控股股东同时还是公司的董事长。法院审查这一回购股票决策适用的是传统善意商业标准,并对这一标准进行了传统阐释:"推定董事在形成判断的过程中主观上是善意的",〔104〕要求董事"在采取行动消除可能危害公司发展的威胁时,作出忠实的商业判断";〔105〕要求董事作出的判断不得涉及"欺诈、不当行为或滥用自由裁量权……例如促使衡平法院……不得不宣布争议的目的不是公司目的";〔106〕要求董事不得利用手中权力"谋取私利",例如"以不正当目的保留自己的董事职位和控制公司权力"〔107〕(英国法院在 *Smith* v. *Fawcett*〔108〕后将其定义为"附带目的")。〔109〕

审理 *Kors* 案的衡平法院敏锐地意识到,鉴于该案中存在明显的控制权竞争,因此董事会行为的真正驱动因素可能是自私地想要保住自己的地位罢了。事实上,"自私"是这一判决的主调,在这简短的、只有七页的判决中就出现了四次。尽管如此,法院仍旧认定董事没有自私行为,且原告没能提出有力证据推翻善意行为的推定。法院依据对行为理由的分析得出了董事行为具有善意的结论。重要的是,其在分析董事会行为理由的过程中并没有敷衍了事。判决记录了法院认真考察了董事会呈堂的行为理由,以及这些理由与董事会 120
行为的实际关联性以及理由的可信度。在该案中,要维持善意推定,

〔104〕 See *supra* note 101 at 56.
〔105〕 Ibid. at 55.
〔106〕 Ibid. at 56.
〔107〕 Ibid. 54.
〔108〕 [1942] Ch. 304.
〔109〕 See quote at note 31 in Chapter 2.

董事会根本不可能随随便便编造一个合理的行为理由或者简单证明不是轻率行为就能骗过法院。

在副大法官马弗尔(Vice Chancellor Marvel)的主持下,衡平法院在“考虑证词并审查重要物证”后,认为采取行动的“真正依据”是确保Lehn & Fink公司不受United Whelan公司“分裂共识策略”的影响。法院认为,United Whelan公司的经营策略“与Lehn & Fink公司的传统完全相悖,对Lehn & Fink公司未来的企业经营的确存在威胁”。[110] 这一判决不仅对公司行为的理由进行了解释,还对股票的购买价格进行了考察。对于法官而言,超出市价10%的价格并非“不合理”,且在回购过程中产生的种种费用也都没有“超出合理范围”。此处需要注意的是,在使用有关“合理性”的表述时,必须要打起十二分精神:法院并不是支持适用自己认定的“合理价格”标准。相反,和英国的*Regentcrest*案一样,法院要确认的是,行为表现出来的合理性应当足以令法院得出该行为具有善意的结论。

在两年之后的*Bennett*案中,最高法院面对似乎是极为过分的管理滥权行为,因此为审查控制权争夺中的商业判断制定了更严格的标准。和*Kors*案一样,该案涉及利用“绿票讹诈”来帮助公司消除可能的控制权威胁。在初审中,[111] 法院以缺乏应有注意为理由作出裁定。需要注意的是,董事会在通过“绿票讹诈”的决策之时,并没有对被告董事在庭上提出的威胁进行任何调查。[112] 衡平法院在确定是

---

〔110〕 *Supra* note 101 at 56(强调旨在突出*Kors* and *Bennett* v. *Propp*案and *Cheff* v. *Mathes*案之间概念上的连续性(着重强调)。

〔111〕 See *Propp* v. *Sadacca* 40 Del. Ch. 113 (1961).

〔112〕 Ibid. at 120 – 122.

什么引起了事实相关性责任（例如，我们在前述第三章阐述的注意标准和判断程序的不确定性）时遇到了麻烦。但法院指出，尽管“没有明确证据证明”存在欺诈行为，但案件事实说明董事会未能履行注意义务的行为的确给公司造成了损害。[113] 而特拉华州最高法院却是从商业判断审查的角度来解读这一案件的。在最高法院看来，鉴于“绿票讹诈”造成的冲突具有“固有的危险性”（在控制权受到威胁时 121
消除对公司政策的威胁），董事应有责任证明“收购行为主要是保护公司利益”，[114] 而不是实现其他“不正当的目的”。[115] 该判决并未提及善意标准、欺诈、诚实或善意。最高法院借鉴并融合了 *Kors* 案关于主要和合理目的以及公司政策威胁的相关表述，但剔除了善意这一背景因素。

单独来看，*Bennett* 案似乎为防御行为提供了一个新的判断审查标准：向法院证明争议决策符合公司利益，主要是消除对公司政策的威胁；但实际却是提供了一种由法院掌控的客观标准，例如从一个理性的普通董事的角度出发，考察争议的防御行为是否符合公司利益。然而，在两年之后 *Cheff* 案中，特拉华州最高法院明确否定了这一论断。*Cheff* 案针对 *Bennett* 案的判决，重申了一揽子传统商业判断案例中的观点。

Cheff 案[116] 同样是一起涉及“绿票讹诈”的案件。在该案初审过程中，衡平法院副大法官马弗尔很明显被 *Bennett* 案看似客观的抗辩

---

[113] Ibid. at 121.

[114] See *supra* note 102 at 21.

[115] Ibid. at 21.

[116] See *Mathes* v. *Cheff* 41 Del. Ch. 166 (1963).

及其对利益冲突固有风险的观点左右。[117] 马弗尔认定，董事会适用“绿票讹诈”防御的决策基于合理的行为理由，并不是“越权行为”。然而，尽管得出了这样的结论，但法官还进一步指出，并没有“实质证据”证明有蓄意收购公司者对公司造成了威胁，且董事的行为其实是为了“确保利益相关者切实掌握公司的控制权”。[118]

在 *Cheff* 案中，最高法院推翻了衡平法院的判决，重申法院在审查商业判断时必须考虑商业判断是否符合主观善意这一条件。最高法院指出：

> 一方面，若董事会在作出行为之前，真诚相信买下异议股东的全部股份是有必要的，即属于正当的商业行为，那么即便事后看来这一决策并非最明智的做法，其也无须为这种决策承担责任。[119] 另一方面，若董事会的行为完全或主要只是保住自己的地位，那么将公司资金用于此类行为属实不当……因此，在随后的判决中，法院需要考量的问题就
> 122 是：董事会善意作出的、符合公司利益的决策是否就是正确的决策。[120]

需要注意的是，所谓的“不当目的”和“主要是保住自己的工作”并非一项独立的标准，其只是善意标准的变体而已：顾名思义，为了

[117] Ibid. at 175.

[118] Ibid.

[119] Ibid. at 554.

[120] Ibid. at 556.

满足个人利益的行为不可能是符合公司利益的善意行为。这一表述来自 *Kors* 案，但更是直接引自 1934 年的 *Hall* v. *Trans-Lux Daylight Picture Screen Corp*（以下简称 *Hall* 案）。[121] 在该案中，争议的焦点是董事是否有能力使用公司资金对抗代理。在 *Hall* 案中，衡平法院指出，“纯粹为了保住董事的职位，满足个人私益”而动用公司资金是“不合理的”。法院将这种论断视作善意商业判断规则的另一种表达方式，并援引了英国的 *Pell* v. *London & North Western Railway Co.*（以下简称 *Pell* 案）[122] 为支撑，该案争议的焦点，同样是是否应当将出资用于代理防御。

在 *Cheff* 案中，特拉华州最高法院对 *Bennett* 案的判决进行了总结，董事必须“提出合理理由，证明的确存在威胁公司政策及其有效性的危险因素”；但该法院同时强调，必须证明“决策是善意的，且经过合理的调查”。尽管最高法院保留了其举证责任倒置的观点，但否定了 *Bennett* 案关于防御性商业判断的任何客观解读。此外，最高法院的裁定还解决了 *Bennett* 案关于注意程序标准（要求董事进行“合理调查”）的遗留问题。需要注意的是，和 *Kors* 案一样，法院对支持认定为善意行为的理由的考察并未敷衍了事。[123] 在适用善意标准时，法院 123

---

〔121〕 171 A. 226 (1934).

〔122〕 Ibid. at 228 and 229; [1907] 1 Ch. Div. 5. 特拉华州衡平法院在 *Hall* 案中将 *Pell* 案观点总结为董事不能将“公司资金仅仅用于确保自己连任和维护自身权力。‘这里的要点是’，他（Buckley J—英国 *Pell* 案的法官）说‘董事真诚地为公司利益而不是为他们私人利益行事，他们有权也有义务在影响公司利益的事项上告知和指导公司，因此产生的任何合理费用都可以从公司的资金中扣除’”。

〔123〕 不过，请注意，法院认为，采取行动的理由并不限于董事会会议记录中的理由，“可以通过口头证词补充会议记录，以表明其行为动机是对收购的真正担忧”(at 506)；该裁定与衡平法院最近在 *Airgas* v. *Air Products* 16 A. 3d 48, 105 – 106 (2011) 中作出的相反裁定不一致。

对行为的一系列理由进行了仔细的推敲,[124]最终得出结论:董事"有理由相信确实存在影响公司长期存续的合理威胁"。[125]

有一点需要注意,就适用于目标防御行为的测试标准而言,*Cheff*案中提出的"威胁公司政策和政策有效性的危险因素"测试绝非独一无二;相反,其更像是一块补丁——由于法院对 *Bennett* 案的裁定过于不严谨,且极易被误解和误读,因此 *Cheff* 案通过重申传统善意的观点,来遏制 *Bennett* 案裁定的不利影响。*Cheff* 案审理法院并未直接推翻 *Bennett* 案,而是指明 *Bennett* 案的判决表面上看来提出了合理性标准,但其提出的并不是合理性标准,而是传统的善意标准。但很明显,自 20 世纪 80 年代以来,尤其是在著名的 *Unocal* 案(详细分析见下文)之后,现代学界往往认为 *Cheff* 案创新了收购行为的处置方法。[126] 尽管这种方法是亲管理者的,但这种独特性是理解 *Unocal* 案的关键所在。对一些学者而言,*Cheff* 案提出的标准虽然与商业判断规则类似,[127]但其是一项独立的标准;对其他人而言,这是适用商业判断规则前需要符合的前置条件。典型的例证就是吉尔松(Gilson)和克拉克曼(Kraakman)针对 *Unocal* 案裁定影响和发展的著名论述。在吉尔松和克拉克曼看来,*Cheff* 案规定了:

---

〔124〕 Ibid. at 507.

〔125〕 Ibid. at 508 (emphasis supplied).

〔126〕 See, e. g., Jack Jacobs, *Fifty Years of Corporate Law Evolution: A Delaware Judge's Retrospective*, 5 Harvard Business Law Review 141 (2015). 其将 *Kors*, *Bennett* 和 *Cheff* 案置于"The Quest for an Intermediate Standard"标题下,但也质疑准商业判断审查标准的逻辑。

〔127〕 See Richard A. Booth, *The Business Purpose Doctrine and the Limits of Equal Treatment in Corporation Law*, 38 Southwestern Law Journal 853 (1984). 发现"审查公司决策中的商业目的首次出现在特拉华州的一个案例中,即 *Cheff* v. *Mathes*...[尽管]它与商业判断规则差别不大"。

> 若目标公司的董事能够证明准收购方在公司政策上与己方存在分歧，那么应推定其行为是出于商业考量而非个人利益。排除了违反忠实义务的嫌疑后，适当的审查标准就是商业判断规则。[128]

从本书对商业判断规则变迁的历史理解出发，结合 *Cheff* 案的具 124
体案件背景，我们很难想象为什么会有人对“唯一目的”测试作其他阐释，而不是将之理解为对商业判断规则的进一步界定，即“唯一目的”测试既不是商业判断审查的雏形，也不同于商业判断规则的效果，其只是商业判断规则在收购案件中的应用示例罢了，且适用举证责任倒置。这意味着，那些主张 *Cheff* 案提供了前置判断审查标准的评论家和案例，实质上是荒谬地要求法院适用两次商业审查标准。[129] *Aronson* 案就是这种错误的本源。

传统的善意标准是忠实标准，要求公司权力的行使要从公司利益而非其他利益出发，这种标准间接成了一种权限标准——因为决策质量成了衡量决策是否合规的标志（公司行为必须与公司利益存在合理或可靠的联系）。换言之，尽管合理性看似是一种权限标准，但其实质上是忠实标准的产物。*Aronson* 案设立的标准要求董事履

---

〔128〕 Ronald J. Gilson, *Delaware's Intermediate Standard for Defensive Tactics: Is There Substance to Proportionality Review?*, 44 Business Lawyer 247 (1989) (emphasis supplied). See also in this regard, Robert Clark, Corporate Law (1986), p. 584.

〔129〕 特拉华州的司法机关本身提出了对这一观点逻辑性的担忧。斯特林副大法官（正如他当时那样）将其描述为“一件不合身的学说外衣”——*In re Gaylord Container Corporation Shareholders Litigation* 753 A. 2d 462, 475 (2000); see also Jack B. Jacobs, *Fifty Years of Corporate Law Evolution: A Delaware Judge's Retrospective*, 5 Harvard Business Law Review 141 (2015)，其认为后续的商业判断审查是没有意义的。

行忠实义务(包括善意)和注意义务,并将之作为商业判断审查的前提条件,使得善意从合理性中独立出来,从而实现忠实与决策审查标准的分离。从这一视角来看,当恶意收购引起间接冲突时,任何针对忠实度的测试都必须先于商业判断审查标准适用。因此,“有合理理由相信存在威胁公司政策及其有效性的危险因素”测试要求董事具备善意且已进行了合理调查,这一测试就成了准商业判断审查标准,即便粗略看来,*Cheff* 案适用的也仍是行为原因质量标准。

由于准合理性审查标准被当作一种准商业判断(反映出差异)和对确定“存在威胁公司政策及其有效性的危险因素”的要求(反映客观的借口),*Cheff* 案奉为圭臬的标准与基于理由的善意标准可谓大相径庭。如今,这种标准不仅包含客观因素,还包含主观因素。当下的法院在适用 *Bennet* 案(或 *Cheff* 案)设立的标准时,会考察董事会是否能够确定存在“法律上可辨识的”威胁。[130] 在实践中,董事所需要做的与对防御行为作出合理解释并没有什么不同,但还有些实质
125 性差异值得注意。“法律上可辨识的威胁”(法院认可的威胁)这一表述授予法院确定威胁类型的权力;而在董事会看来,可以依据法院认定的威胁类型,来证明防御性公司行为的正当性。这与 *Cheff* 案适

[130] See, e. g. , *Airgas* v. *Air Products supra* note 123 at 92 认为合理理由标准要求“董事会必须阐明一种法律上可认定的威胁”。See also *Paramount Communications*, *Inc.* v. *Time Inc*. 571 A. d 1140, 1153 (1989), 指出“Time 董事会合理地认定价值不足并不是法律上可认定的唯一威胁”。显然在 *Unocal* 案中,法院对威胁的处理方法并不受威胁类型识别要求的制约。法院仅仅提到可以通过董事的善意分析来识别威胁的例子(see *supra* note 99 at 955)。“法律认可的威胁”这一概念可以追溯到特拉华州最高法院和 Allen 法官在 1980 年末关于威胁类型的收购法学之间的关联(*Time* ibid. at 1152 – 1153)。在 *Time* 案中,法院不接受 Allen 法官在 *City Capital Associates Limited* v. *Interco Inc*. 551 A2. d 787, 796 – 798 (1989) 案中对威胁类型作出的限制性解释,但默示接受了“法律认可的威胁”这一概念以及由此产生的法院在确定威胁类型方面的作用。

用的传统善意标准截然不同——在 *Cheff* 案中，法院纯粹处于被动地位。在这种传统视角下，法院并不设定法律上可适用理由的范围，只是考察特定案件中是否存在行为理由，能支持法院推断其作出的董事行为符合公司利益。当然，在实践中，依据传统标准，法院先前的判决提供了非正式的理由类别，由此可以推断出其提供的理由很可能与法院先前采纳的理由相同。从法律层面上来讲，这种重构的 *Cheff* 案的观点具有一定的新颖性。从理论层面上来讲，其却不属于法律上可辨识威胁类型的忠实防御行为，即便有合理的理由证明行为符合公司利益，也会因 *Cheff* 案标准而功亏一篑。在实践中，最高法院适用的威胁类型非常宽泛，并谴责衡平法院罗列各种威胁类型的行为，因为如此一来违反的风险其实相对较低，且使这一法律区分所包含的冲突没有被置于压力之下。[131]

3. *Unocal Corp* v. *Mesa Petroleum Co.* 126

20 世纪 80 年代，公司控制权争夺空前激烈。在 1985 年的 *Unocal* 案中，[132] 为了对抗投标人前期高调的双重投标，董事实施了选择性自主招标，对此特拉华州最高法院予以批准。[133] 法院对 *Cheff* 案提出的准商业审查[134] 标准进行了详细阐述。法院认为，若使用收购防御手段，必然会造成利益冲突。对于这种利益冲突“造成的阴影”，法院会适用 *Cheff* 案的标准进行审查，且在适用该标准之

〔131〕 *Time* ibid.

〔132〕 493 A. 2d 946 (1985).

〔133〕 前置式两层竞标涉及两部分：第一部分涉及部分报价（通常以现金的形式呈现），第二部分（在收购大部分股份后）涉及后端合并，对价金额相同，但要考虑不同的对价形式，例如债务（在 *Unocal* 次级债中）。

〔134〕 “在给予商业判断规则保护之前，有一个在一开始就需要进行司法审查的强化义务”。（*supra* note 132 at 954）

后，法院还会考察争议的防御行为是否与“所称的威胁存在合理关系”。[135] 如今，这种做法有时又被称为“合理性标准”。[136] 但有一点我们需要清楚，这一标准并不要求对威胁的合理性进行司法评价，其只是对争议行为与法律上可争辩的广义威胁之间的关系进行评价而已。[137]

我们通常认为，这里的第二步——考察防御行为是否与威胁存在合理关系——是特拉华州平衡各方政治和利益集团势力的结果，目的是对这一时期明显的公共冲突作出立法应对；或（诚挚）尊重公司管理权力；或（严厉）打击作出重新设立公司决策的管理者。但该做法并不完善，仍欠缺对这一标准“创新”内部结构因素的解读。

若对 *Unocal* 案的事实适用传统的善意公司利益标准，也会得出同样结果，分析出同样动因。善意标准具有灵活性，能够调整自身来适应间接冲突的问题。其调整形式多种多样，不仅包括对行为原因质量进行更细致的考察（衡量善意的标准，例如 *Kors* 案或
127 *Regentcrest* 案），还包括注重考察行为与行为原因之间的关系。若行为与其理由不相称，则可推断行为背后存在未说明的非公司原因。行为与理由的相称性需要依据给定的或考察得来的行为理由进行客观衡量，最后由法官来判定该理由是否足以得出“行为具有善意”的

---

〔135〕 See *supra* note 132 at 955.

〔136〕 See Jacobs, *supra* note 129 at 141, 167; *Kallick* v. *Sandridge Energy Inc*. 68 A.3d 242, 258–260 (Del. Ch. 2013).

〔137〕 See *Paramount Communication* v. *Time Inc*., 571 A.2d (1991).

推断。从这一层面而言,*Unocal* 案不应当被认定为是法律创新,[138] 而应当将其认定为对现有法律结构的重塑。问题是其为何需要重塑?从外部因素分析,答案可能是现有法律结构需要应对外部压力,以证明特拉华州在美国各州之中并非“籍籍无名”,[139] 且没有拉低美国公司的标准;其对收购活动中的自私管理行为并非无动于衷;且特拉华州法律的确有应对这些冲突的独家法门。[140] 这些压力的确真实地存在,且毫无疑问在司法领域形成了推动力。除了外部因素之外,我们还必须对内部“加强审查”的法律驱动因素进行考察。这些内部驱动因素与外部压力相互交织、相互作用,共同促成了 *Unocal* 案的创新。若没有内外因素的共同推动,*Unocal* 案便不存在创新。

我们在第二章中对英国的情况进行了讨论,对独立商业判断标准驱动标准的增殖进行了简要说明。尽管是源自以忠实为基础的测试,但这种宽松的独立标准(例如,合理性审查)并不足以应对明显的间接冲突——其欠缺灵活性,无法对间接冲突情形下的董事会行为施以合法有效的限制。在前述中我们曾指出,这种独立标准非常棘手。因此,对于受压解决这些冲突的法院而言,必须另辟蹊径以建立新的审查标准。此外,正如一般的商业审查标准有其特有的标志一

---

〔138〕 将 *Unocal* 案视为一种创新, see, e. g. , R. Franklin Balotti, Gregory V. Varallo and Brock E. Czeschin, *Unocal Revisited*: *Lipton's Influence on Bedrock Takeover Jurisprudence*, 60 Business Lawyer 1399 (2005); Jacobs, *supra* note 129 at 141, 167; William T. Allen, *20th Century Evolution and Growth of Delaware Law*, 17 Delaware Lawyer 16 (1999).

〔139〕 See William Cary, *Federalism and Corporate Law*: *Reflections upon Delaware*, 83 Yale Law Journal 663 (1974).

〔140〕 Ronald J. Gilson, *Unocal Fifteen Years Later* (*And What We Can Do about It*), 26 Delaware Journal of Corporate Law 491 (2001),将特拉华州的法律形容为“当时还没有完成这个任务”。

样，新的标准同样需要独一无二的标志：合理性、相称性审查、完全公平、加强审查等。传统的审查方式并不设立质量标准，而是以质量为
128 依据进行推断，因为依照这种审查方式，根本没必要建立独特的质量标准。可以说，对理由质量和理由行为关系关注的变化发生在善意公司利益标准的相关原则内部。因此，*Aronson* 案将善意从商业判断标准中分离出来，并将合理性审查作为一项独立的质量标准，而非推断善意的手段。凭借这种做法，该案成功实现了标准的增殖，并为 *Unocal* 案的创新奠定了基础。

Aronson 案的确促进了标准的增殖，但并未解答为何选中 *Unocal* 案创立的标准，而不选择其他更为严格的标准（例如，“有理性的董事”判定的“合理威胁”标准）。事实上，*Unocal* 案后，许多学者都曾为缺少这样一个更严格的标准而扼腕叹息。[141] 在判例法中，我们能够看到很多失败的案例，即原告律师不止一次尝试说服法院采用更为严格的标准。[142] 举例而言，在 *Moran* 案中，原告主张，法院所适用的标准，应当是采取的防御行为“对股东而言必须公平合理”。[143] 我们就不在此长篇大论地探讨这一问题了。但有两点需要说明：其一，如上所示，*Unocal* 案的标准深受授权行使监管的相关传统的影响，并综合考量董事的主观意图和长久以来广为认可的政策因素。这就需要进行范式转移，从 *Cheff* 案的标准和善意标准转向真实合理性测

---

〔141〕 For example, Joel Seligman, *The New Corporate Law*, 59 Brooklyn Law Review 1 (1993)，提倡公平审查。

〔142〕 *Supra* note 140 at 497 – 500 详细描述了衡平法院在 20 世纪 80 年代末的案件中采取的更为激进的做法，例如 *City Capital Associates* v. *Interco Inc*. 551 A. 2d 787 (Del. Ch. 1988)。

〔143〕 See *supra* note 80 at 1075.

试。因此,对防御性董事会行为的控制权所适用的就不是审查董事会行为标准,而是我们上述讨论的“董事是否有采取这种行动的权力”的标准。其二,“更为严格的标准”这一观点本身就与特拉华州法律中直接冲突和审查标准之间的现存关系相悖。就直接冲突而言,现代特拉华州法律关注的焦点并不是冲突的可能性,而是冲突的现实性,如通过对自我交易活动或公司机会相关财务能力的公平性审查来进行验证。[144] 若此间适用了真正的合理威胁测试,则即便是 129
明显忠实(因为董事真实相信竞购行为对公司存在威胁)且防御行为有理有据的董事会行为,也有可能被认定为无效。

最后需要注意的是,我们应当这样理解 *Unocal* 案的双重测试:法院尝试将忠实义务的前提条件适用于合理性审查,由此产生了这种新的测试手段。如上所述,这就是为什么在适用商业判断规则前要加强审查。但它也从两个方面促成了我们对忠实义务认识的转变。一方面,从一系列具体的忠实义务(善意使用权力或规避经济利益和义务的直接冲突[145])向更为广义的忠实义务转变;另一方面,对于涉及间接冲突决策,*Unocal* 案对相关忠实标准的阐释提出了这样一个问题:这一标准还能在什么情形下适用呢?显然,是否适用并不是间接冲突本身能够决定的,因为“公司的本质决定了董事的一言一行都必然掺杂一定的个人利益”。[146] 这种冲突几乎“如影随形”,避

---

〔144〕 大体上请参见本书的第三部分和第四部分。尝试更全面地解释 see Halbhuber and Kershaw, *supra* note 88。

〔145〕 深入讨论见 Chapters 10, 12,13 and 14。

〔146〕 See *Johnson* v. *Trueblood* 629 F. 2d 287, 292 (3d Cir. 1980).

无可避。[147] 对于加强审查的适用相关问题，本部分并不会对其演变发展进行详细论述。*Unocal* 案本身就是 *Aronson* 案的结构性影响的充分例证，其各项衍生标准无不是其结构性产物，为 20 世纪 80 年代后判例法的发展开辟了新天地。这些发展包括 *Rovlon* 案设定的各项义务、[148] 代理竞争案件中对 *Unocal* 案的适用[149] 以及该案在终局决策情形中的适用。[150]

130 ## 五、对分歧的解释

在本文导论中我们曾提出，每当论及解释美国和英国公司法之间的本质差异时，当代学者通常着眼于阐释美国公司法的性质和生成机制，以及这种机制在英国的缺位。在这方面最重要的问题有两个：一是各州政策竞争的事实或对州际政策竞争可能性的臆想所带来的横向压力；[151] 二是为阻止联邦干预而产生的纵向压力。[152] 评论

---

〔147〕 描述为 *Reis* v. *Haselett Strip Casting Corp* 28 A. 3d 442, 457 (Del. Ch. 2011) 一个"类似地位上的冲突"。

〔148〕 See *Revlon*, *Inc.* v. *MacAndrews & Forbes Holdings*, *Inc.* 506 A. 2d 173 (Del. Supr. 1986); *Mills Acquisition Co.* v. *Macmillan Inc.* 559 A. 2d 1261 (Del. Supr. 1988); *Paramount Communications Inc.* v. *QVC Network* 637 A. 2d 34 (Del. Supr. 1994); *In re Pennaco Energy*, *Inc.* 787 A. 2d 691 (Del. Ch. 2001).

〔149〕 See *Aprahamian* v. *HBO &Co.* 531 A. 2d 1204 (Del. Ch. 1987); *State of Wis. Inv. Bd.* v. *Peerless System Corp.* WL 18005376 (Del. Ch. 2000).

〔150〕 See *Reis* v. *Hazelett Strip Casting Corp.* 28 A. 3d 442 (Del. Ch. 2011).

〔151〕 See Marcel Kahan and Ehud Kamar, *The Myth of State Competition in Corporate Law*, 55 Stanford Law Review 679 (2002); and Mark Roe, *Delaware's Shrinking Half-Life*, Stanford Law Review 125 (2009).

〔152〕 See Mark J. Roe, *Delaware's Competition*, 117 Harvard Law Review 588 (2003).

家们关注的另一点是特拉华州司法机构独特的复杂性〔153〕和开放性，我们通常认为特拉华州司法机构不仅能够快速感知公司法律规则中展现的现代经济政策影响，而且能对这些影响作出积极有效的应对。这一观点在大批非法学著作中得到了印证，这些论著都对公司法和前述政策问题之间的关系进行了详细阐述和研究。〔154〕对于公司法生成的这两种观点，其成立的核心要件都是假设特拉华州是美国独特公司法律规则体系的创制者，且这一规则体系应时代要求而生，为破时局而立。在这些现代法律规则中，最重要的就是“商业判断规则”，它的独特性享誉国际，自成一体。事实上，在很多国家中，我们都能看到公司法改革的身影，英国也不例外（该国就曾提问：我们是否应当像特拉华州法院一样制定“商业判断规则”）。〔155〕

本书第一部分内容已经说明，这些商业判断情境中的法律创制 131
和变革的想法其实存在谬误。在 1984 年之前，特拉华州、美国其他州以及英国有关商业判断的公司法规制可以说是惊人的一致。按照

---

〔153〕 See, e. g. , D. Skeel, *Lock-Ups and Delaware Venue in Corporate Law and Bankruptcy*, University of Cincinnati Law Review 1243 (2000)，认为“特拉华州的司法机关在公司法问题上是全国最高水平”。

〔154〕 See, e. g. , W. T. Allen, J. B. Jacobs and L. E. Strine, *Realigning the Standard of Review of Director Due Care with Delaware Public Policy: A Critique of Van Gorkom and Its Progeny as a Standard of Review Problem*, 96 Northwestern University Law Review 449 (2002); William T. Allen, Jack B. Jacobs and Leo E. Strine, *The Great Takeover Debate: A Mediation on Bridging the Conceptual Divide*, 69 University of Chicago Law Review 1067 (2002).

〔155〕 例如，in the U. K. *The Law Commission and the Scottish Law Commission's report on Company Directors: Regulating Conflicts of Interests and Formulating a Statement of Duties* (1999) at 296 – 300. 将商业判断规则称为美国的“法官造法”。在澳大利亚，see the *Cooney Report* [Senate Standing Committee on Legal and Constitutional Affairs (1989) at 29] 提到商业判断规则由美国法院“开发”。

18 世纪普通法传统，商业判断的基本规则就是：必须善意行使被授予的公司权力来实现公司利益。这一要求就是特拉华州在 *Aronson* 案以前奉行的“商业判断规则”。时至今日，美国仍有许多州的公司法沿用这一要求。在这些法域中，法院对该标准的解读往往大同小异，得出的结论无外乎为确定善意的标志或将这些标志从善意标准中分离出来。而这一法律要求的核心则是应当忠实行使授权的道德观念。从 18 世纪到 20 世纪，法院都承认，除了判断授权是否得到忠实的行使外，其本身并没有审查商业判断的司法审判权。此外，最早的一些案例证实，这一基本观点存在强有力的政策作为支撑，包括有关制止董事会履职的问题以及事后诸葛亮式的判断问题。

以上事实证明，降低董事友好型商业判断标准的原因并不在于特拉华州法律、公司章程竞争或者政策导向型立法。早在特拉华州制定相关商业判断法、银行家发现成熟的股本市场能够左右法律规则以及[156]政策竞争观念真正形成之前，[157]这种标准的核心规则、标志及政策支持就已然存在了。

特拉华州如今的商业判断规则与传统的商业判断规则之间存在极大的差异。依据现代商业判断规则，善意（作为忠实义务的一部分）和注意是合理性审查的先决条件，不符合其中任意一项都需要进行完全公平审查。但我们并不能把这种重构视作特拉华州对政策问
132 题的回应，这也不符合公司法创制的政治经济学规律，因为其真正的功能性产物——合理性审查——与 18 世纪和 19 世纪的商业判断规

〔156〕 See Larry Neal. *The London Stock Exchange in the 19th Century: Ownership Structures, Growth and Performance*, Working Paper 115 (2006), Austrian Central Bank.

〔157〕 See Introduction, note 49.

则的雏形完全一致。因此,我们要真正理解现代特拉华州关于商业判断的法律规定,就必须另辟蹊径。本章提出,特拉华州公司法律体系才是商业判断法律现代嬗变的根源所在,这有别于前述传统政策竞争的政策叙述。这一论点包含两层含义:其一,特拉华州是美国公司法的领头羊,这一自我认知是其能够提出新的商业判断规则的原因之一;其二,前述认知塑造的结构性变化具有内在生命力,法官正是依据这些变化的内在逻辑来创制法律的。

在公司法领域独占鳌头的思想及其带来的经济效益,使特拉华州"想要"证明其引以为傲的法律源自本州土生土长的司法和立法决策:在这种系统"愿想"的影响下,我们会有意识地将特拉华州的法律从比其历史更久远的法律传统中剥离,从其自身法律和公司结构内部来发掘其法律规则的渊源,并且将特拉华州法律从其他法律制度所受的种种约束中解脱出来以赋予法官更多阐释法律观点的司法自由,使法官造法的观念合法化。从这一视角来看,并不是特拉华州法律使其成了公司法领域的佼佼者,而是其作为佼佼者这一事实成就了特拉华州法律。〔158〕 这一观点不仅解释了特拉华州令人钦佩的功能观(刺破抽象的法律概念,例如善意行使授权义务,使其回归最本真的实践作用),还阐述了特拉华州重构现有法律概念的愿景。对特拉华州的身份认同是对 *Aronson* 案再现现代商业判断规则的最佳例证。由此创制的法律结构衍生出了新的成果,包括独立的、规定性的、"不合规则的"善意义务,标准增殖以及一系列的救济异常。对此我们还需要注意的是,20 世纪 70 年代盛行的一种观点,即特拉华州

〔158〕 为什么特拉华州成为公司法领域的佼佼者,我们将在第七章关于注意义务的探讨中提及。

的商业判断法律带有明显的亲管理者色彩。为了回应这种观点，阿什特对商业判断规则进行了阐释，而前述对商业判断规则的重构以
133 阿什特的阐释为基础，难免受其影响。但 20 世纪 70 年代盛行的这种观点本身就存在历史局限性，且欠缺依据。提出观点的人不仅欠缺对规则历史沿革的深入理解，而且对公司竞争中的触底竞争欠缺学术性的思考。换言之，*Aronson* 案的商业判断规则应当是对相关主流学术观点的一种回应，而不是公司联邦主义的产物。

第二部分　注意义务、奖励和承诺

第五章　渊　源

寄托法和信托法:在松懈与威吓之间

一、导言:类比与法律移植

依据公司法,董事在履行自身职责之时,负有一定程度的注意义务。这种注意义务的适用范围很广,既包括在制定决策或监督管理过程中应施予的注意,也包括董事为了能够作出有效决策在采取措施了解公司内部事务时应施予的注意。正如本书第一部分所述,虽然有时我们会不严谨地认为注意义务涉及商业决策质量,但审查所授自由裁量权行使的标准自始至终都只能从公司利益出发,忠实、善意地行使权力。同其他涉及授权行使的领域一样,这一标准同样适用于公司法。

如今,在比较公司法学者看来,美国和英国对于注意义务的不同处理方法,恰恰反映了两国不同的公司法哲学和创制公司法的不同驱动因素。[1] 在特拉华州，法院规定了适用于决策程序的重大过失标准以及适用于监控注意的善意标准；而英国公司法则规定了一种更为严格的合理注意标准。在本书的第二部分，会对这种公司注意义务的基础和演变进行深入挖掘探讨，并对两国公司法之间分歧的性质和产生这种分歧的动因进行分析。

138 在 18 世纪和 19 世纪，针对董事在运营公司过程中粗心大意的问题，[2]英国和美国的法院吸收借鉴了类似法律领域中关于注意的规定，制定了董事需要达到的注意标准。法院借鉴类似的注意标准，引入相关的概念和表达、基本的原则和政策，并加以调整和内化。换言之，若我们详细剖析英国和美国早期（以及当代）的公司注意标准的内部机理，就会发现英美两国法律对董事职责的理解和一种长期存在的（甚至是古老的[3]）思考结构密不可分——关于法律期待个人在商业和保管关系中应当施予的注意的思考。法律移植主要源于不同的寄托关系[4]，即一人（受寄托人）占有另一人（寄托人）的财产。此种情况下产生的注意标准，包括受寄托人被视为代理人的情形，即受寄托人承诺完成与寄托财产相关的任务。法律移植的另一来源是注意标准，即法律期待个人在保管特定的资产或履行保管职责的过程中应当施予的注意，这里的“个体”主要是指受托人，还包括

---

〔1〕 See generally Marc Moore, *Corporate Governance in the Shadow of the State*, Hart Publishing, 2013, p. 109 – 112 (Kindle Edition).

〔2〕 只有一个 18 世纪的重大案例涉及公司，这里所指的“公司”必然指的是涉及特许经营的公司，而非普通成立或注册的公司。

〔3〕 关于这些古老根源的分析，see William Jones, *An Essay on the Law of Bailments* (1781)。

〔4〕 在 *Coggs* v. *Barnard* (1703) LD Raym. 909 一案中，霍尔特法官（Lord Holt）列举了六种寄托关系。

遗嘱执行人和监护人。

这一令人惊讶的主张十分新颖。〔5〕 关于注意义务的历史渊源，
其在美国通常被认为纯属移植于信托和代理法的相关规定。例如洛
克(Rock)教授和华西特(Wachter)教授就提出，受托人的注意义务
是“从其他领域移植而来的公司法概念”，但由于公司的经济需求而
未被接受。〔6〕 在英国，对该标准的设想是：公司注意义务以过失侵 139
权〔7〕的基础观点为根基，同时也是信托法衍生和发展的产物。〔8〕
事实上，注意义务及其标准不仅是以过失侵权为参照，还移植了过失
侵权的概念框架。然而，更为重要的是，规范受托人不同形式的注意
义务的相关法律才是英国和美国董事注意标准真正的法律渊源。〔9〕
事实上，早期英国和美国寄托法中注意义务标准的变化及相应的原
则和政策压力，与两国董事注意标准的变化存在对应关系，这说明了
当代董事注意标准本质上存在深层次的法律路径依赖。因此，需要

---

〔5〕 我的研究发现，只有两位学者考虑到了这种联系。See Norwood Beveridge, *The Director's Duty of Care: Riddles Wisely Expounded*, 24 Suffolk University Law Review 923 (1990)，该文还探讨了财产寄托法的注意义务与公司法的董事注意义务之间的关系；and David Ibbetson, *A Historical Introduction to the Law of Obligations*, Oxford University Press, 1999, p. 164 – 165。

〔6〕 See Edward B. Rock and Michael L. Wachter, *Dangerous Liaisons: Corporate Law, Trust Law and Interdoctrinal Transplants*, 96 Northwestern University Law Review 651 (2002). See also, e. g., Henry R. Horsey, *The Duty of Care Component of the Delaware Business Judgment Rule*, 19 Delaware Journal of Corporate Law 971 (1994).

〔7〕 See, e. g., Paul L. Davies and Sarah Worthington, *Gower: Principles of Modern Company Law* (10th edn), Sweet & Maxwell, 2016, [16 – 15].

〔8〕 See *Daniels* v. *Anderson* (1995) 118 FLR 248; M. J. Trebilcock, *The Liability of Company Directors for Negligence*, 32 Modern Law Review 499 (1969).

〔9〕 正如我们将会看到的那样，这一法律渊源与受托人的注意义务有着密切的关系，这也影响了受托人注意义务的形成。See Joshua Getzler, *The Duty of Care* in Peter. B. H. Birks and Ariana Pretto eds., *Breach of Trust*, Hart Publishing, 2002, p. 41.

对现代董事注意标准的源流重新进行评估,确认其究竟是公司形式之外的其他经济和政策因素的产物,还是公司法律立法演变过程的特有产物。

针对适用于受寄托人和代理人的注意标准,霍尔特法官(Lord Holt)在1703年对*Coggs* v. *Barnard*(以下简称*Coggs*案)[10]所作的判决中指出,受寄托人和代理人需遵守的注意标准和程度会随着两种观念的变化而变化。这两种观念都是从道德角度出发的。第一个观念是:我们不能对不计报酬、不求好处而为我们提供服务的人苛求太多。可以从两种角度来理解这一观念:从交易的角度来看,没有报酬就没有注意义务;而从感恩的角度出发,我们应该对无偿为自己提供服务的人心怀感激,出于这种感激之情,就不应当指责这个人的行为不当。[11] 举例而言,在*Coggs*案中,霍尔特法官指出,"对于朋友出于友情而作出的行为",我们不应报以过高的期许。[12] 19世纪,塞西尔·莱特(Cecil Wright)针对重大过失的含义提出了一项著名的
140 论断,"法官们通常秉承的道德观念是,我们应当对无偿向自己提供服务的人表示感激,而不是反咬一口,让他们赔偿损失"[13]。在没有报酬的情形下,我们对注意的期待往往比较低。早期和当今的案件都反映出这样一个问题:严格的注意标准可能会打击个人的积极性,使其不愿担任受寄托人或无偿的代理人。此外,若注意标准过于严

---

〔10〕 (1703) 2 LD. Raym. 909. 由于报道不太一样,以至于被告是Bernard还是Barnard,存在不确定性。此处笔者采用Barnard这一名称。

〔11〕 感谢塔蒂阿娜·卡茨(Tatiana Cutts)鼓励我更仔细地思考与回报相关的道德观念。

〔12〕 See *supra* note 10 at 914.

〔13〕 Cecil A. Wright, *Gross Negligence*, 33 University of Toronto Law Journal 184 (1983), 195 (reprinting Wright's 1927 SJD thesis).

苛,即便是在给予报酬的情形下,受寄托人或代理人的积极性可能也会因此受挫。举例而言,历史证明,若一项注意标准未能对报酬和职责进行妥当的调整,它往往会“两边不讨好”。[14]

第二个观念是:若一个人承诺为他人做某件事,即便没有报酬,也应当尽其所能。这一观念可以说是对第一种观念的嬗变,而在霍尔特法官看来,它更占主流地位。由于受寄托人作出了承诺,故寄托人对其实施特定行为产生了期待,寄托关系因此得以设立。此间映射的道德观念是:一个人应当为自身行为所引起的期待承担责任。我们应该看到,依据这一观念,作出承诺的行为会被更严格的注意标准所约束。这一观念对担任无偿代理人的受寄托人影响颇深。此外,正如本章所述,在受托人注意义务案例中也体现了相同的观念。举例而言,在 *Coggs* 案中,霍尔特法官就指出,“由于承诺人作出了承诺,因此他有义务兢兢业业,恪尽职守”[15]。*Shiells* v. *Blackburne*(以下简称 *Shiells* 案)[16]是早期英国寄托法中有关注意义务的另一关键案例。在该案中,律师引用了威廉·帕列(William Paley)1785 年的著作——《道德和政治哲学原则》(Principles of Moral and Political Philosophy),并指出:

> 任何主体,若承诺代替他人行事,应如同为自己做事一般,对该事务施予同样程度的注意。因为他知道对方之所

[14] See Joseph Story, *Commentaries on the Law of Bailments*, Hilliard and Brown, 1832, p. 7.

[15] *Supra* note 10 at 919.

[16] 126 E. R. 94 (1789).

以将事务委托于他，正是因为其抱有这样的期许，但其所应施予的注意也仅限于此。[17]

19 世纪时期，公司的董事类似于现在的受寄托人和代理人（无论是否有报酬）或者受托人，但并不完全相同，对其行为的期许也深
141 受这些道德观念的影响。虽然和受寄托人一样，董事的确对他人（公司）所有的资产享有一定的权力，但其并无权将这些资产据为己有；且在典型的寄托关系中，这种对资产享有的权力通常也存在时间限制。在这一时期，董事通常被称为受托人而非执行董事，其往往担任无关紧要的顾问或者有名无实的领导。和受托人不同，非执行董事对公司资产并不享有合法的监管权。至于报酬，19 世纪的执行董事为公司全职工作，并以雇员而非董事的身份收取报酬；而这一时期的非执行董事则通常是公司的大股东，虽然也能收到一定的出勤费，但其提供的往往是无偿服务。

注意标准往往因不同的商业关系、保管关系以及角色类比的不确定性而有所变化，这就使得司法机构在选择董事注意标准时具备了更强的司法灵活性。在早期的案件中，选择适用何种注意标准取决于法官对董事身份的认定，到底是将其视为无偿的受寄托人或代理人，还是有偿的受寄托人、受托人。在 19 世纪和 20 世纪，随着董事角色不断的演进发展，法律同样需要作出相应的调整，以确认这种变化是否对董事和注意期许的性质产生了影响。这种变化包括董事职责和报酬模式的演变，以及贯穿 19 世纪和 20 世纪的人们对董事

---

〔17〕 Ibid. at 144.

职责重要性认识的发展（因为这一时期公司的规模和实力有了指数级的增长）。然而，董事职责的类比并没有因这些变化而变得更显而易见。举例而言，一方面，主流观点对于公司权力和董事职责的重要性的理解的转变巩固了董事是公司资产的保管人和守护者这一认知，同时明确了受托人同样具有这种职责；[18]另一方面，由于公司本质上是一种商业性组织，加上董事会与公司经营活动之间的隔阂也 142
越来越深，这使得董事的职责区别于传统的受托人职责（传统的受托人需要规避风险，一切以保全受托资产为主）。

董事职责的概念与英美两国和而不同的商业注意环境有着密不可分的关系。本书第二部分将对这些概念演变成现代英美董事注意义务观念的路径展开讨论，并对长久以来一直被掩盖的董事注意义务的法律渊源进行剖析。事实证明，尽管我们忽视了当代注意义务的法律渊源，但不论是在英国法律还是在特拉华州法律中，这种法律渊源仍旧有着旺盛的生命力，为如今所适用的注意概念及其标准奠定了坚实的基础。这说明，法院对于现代标准与其历史沿革之间的关系，以及在现代标准演变过程中产生的不一致性和不确定性问题，都缺乏认识。正是因为这种认识的缺乏，法律溯源无用的论调才会出现。

因此，为了解现代标准与其历史沿革之间的相互关系，首先需要对 19 世纪寄托关系和保管关系中的法定注意标准进行更准确的定义。本章后续会进行详细阐述。在此之前，有一点需要特别说明：笔

---

〔18〕 See Adolf A. Berle, *Corporate Powers as Powers in Trust*, 44 Harvard Law Review 1049 (1931); E. Merrick Dodd, Jr. *For Whom Are Corporate Managers Trustees*, 45 Harvard Law Review 1145 (1932).

者发现,对于适用于不同商业和保管关系的注意标准,的确存在约定俗成的观点。因此可以说,其实是董事的选择类比视角造成了董事注意义务性质的扭曲。即便如此,若要将这一时期的商业和保管的注意义务作为确定的注意法学理论,还是需要慎之又慎。在这些类似的法律领域,关于适当的注意标准以及如何阐明这些标准的论题都曾爆发过激烈的争论。就本书研究的问题而言,我们同样发现,英国和美国的寄托法案例采取了完全不同的法律路径。在认定报酬和法律期许的注意之间的关联性的问题上,美国寄托法有异于英国寄托法(美国寄托法认定报酬与注意的等级直接挂钩,这也是美国生活交易化和商品化性质的根源所在)。因此,可以得出这一结论:美国董事注意的法律原理是这种观念的直接产物,也是美国观念的产物。

143 二、早期寄托法中注意的三个等级

无论是美国还是英国,对受寄托人应当施予的注意存在哪些标准的问题,相关的分析都始于 1703 年霍尔特法官对 *Coggs* 案的判决。[19] 在该案中,原告指控,被告在将几大桶白兰地酒从一个酒窖搬运到另一个酒窖的过程中存在过失行为,导致白兰地在转移过程中被损坏。在初审中,法院支持了原告的主张。被告受寄托人随即提起上诉,理由是自己既不是“全职的搬运工”,也“没有就搬运行为收取报酬”。[20] 在判决中,霍尔特法官对不同种类的寄托关系进行

---

〔19〕 See *supra* note 10.

〔20〕 Ibid. at 912.

了界定,并明确了在每种寄托关系中受寄托人应当施予的注意。第一种寄托关系是“寄托”,即受寄托人单纯替寄托人保管资产,以供寄托人使用,且不收取任何报酬或费用。针对这种寄托关系,霍尔特法官认为,受寄托人无需为“一般疏忽”(common neglect)承担责任;若想让其承担责任,受寄托人的行为必须达到“非常严重”这种程度的疏忽。〔21〕 对“朋友出于友情作出的行为”适用更为严格的注意标准是“不合理的疏忽”。〔22〕 这一有关“重大过失”(gross negligence)的表述为“后续重大过失的发展和延伸”〔23〕奠定了基础,我们会在下文对此展开讨论。对于霍尔特法官而言,“重大过失”指的是当事人未能施予与照管个人物品时相同的注意:评估注意的基准是确认该当事人是否会这样对待自己的所有物。〔24〕 法律规定的受寄托人施予注意的上限就是其在实践中对自己所有的财产施予的注意:不是一般人对自己所有的财产施予的注意,也不是其有能力对自己所有的财产所施予的注意,而是实际上其对自己所有的财产施予的注意,这与罗马法中关于缔约过失责任的标准如出一辙。〔25〕 意味着,从理论上而言,若受寄托人懒惰、酗酒〔26〕且处事毫无章法,我们就无法对其适用和谨慎且尽责的受寄托人一样的重大过失标准:

---

〔21〕 Ibid. at 914(着重强调).

〔22〕 Ibid.

〔23〕 Wright, *supra* note 13 at 209.

〔24〕 *Supra* note 19 at 913:“因为若他保管受寄托的财物,就像保管自己的财物一样,那么尽管他疏于保管自己的财物,也不会因实施了像保管自己的财物那样保管他人财物的行为之由而受控告。”

〔25〕 See Wright, *supra* note 13 at 192.

〔26〕 Ibid. at 914 –915.

> 假设受寄托人是一个懒惰、粗心大意的醉汉，时常醉醺醺地回家，离开家连门都不晓得关上，结果导致其家中财物
> 144 连同寄托人的财物一并失窃，但寄托人却不能追究其责任，因为信任一个如此不靠谱的人这件事本身就非常荒唐。

本书将这一标准称作“主观的”注意标准。尽管在一般情况下，在使用这一表述时，它并不是主观的，但其本质上与个人的心理状态息息相关，就如同基于善意或忠实的标准一样。依据霍尔特法官的“主观”标准，衡量注意的基准并不是董事本身的观念或义务，而是其施予的注意是否达到其在保管个人财物时实际施予的注意程度。

除了重大过失之外，霍尔特法官还同时提出了两种更为严格的注意标准：“一般疏忽”和“最低程度的疏忽”。后者规定了受寄托人在未能施予“最严格的注意和勤勉”或“最大限度的注意”情形下需要承担的责任，这种标准适用于有偿贷款或受寄托人借用寄托财产的情形。“一般疏忽”标准并不是霍尔特法官提出的，但针对“最大限度的注意和勤勉”，他提出了一个客观的标准，即受寄托人必须像“最尽职尽责的家长一样勤勉”。就一般疏忽标准的适用，值得注意的是最后一种寄托关系——“委托”（当事人“承诺”利用受寄托财物做某事，不收取任何报酬，[27]这有别于“寄托”中的单纯持有财物）。对于霍尔特法官而言，“寄托”关系中存在一种同时与法律和道德相关的因素，即“无偿”；而“委托”则包含两种这样的因素，即“无偿”和“承诺”。在其看来，“承诺会谨慎行事属于劝说之言，会诱导原告信

---

〔27〕 依据查士丁尼的《学说汇纂》，他将“委托”定义为“接受某种程度上无偿承诺的合同”（*supra* note 10 at 919）。

任被告”。因此，即便被告提供无偿服务，“委托”也不适用重大疏忽标准，而是适用“勤勉管理”或“谨慎管理”标准（尽管霍尔特法官没有这样表述，但实质上适用的标准就是一般疏忽标准）。对于霍尔特法官而言，若受寄托人还没有履行承诺，那么不收取报酬就意味着受寄托人无须采取行动。推及该案，这意味着被告完全不需要转运白兰地，〔28〕但一旦承诺进入履行阶段，则应对其适用勤勉管理标准。 145
若对 *Coggs* 案适用这一框架，那么尽管受寄托人没有收取报酬，只要其已经承诺将白兰地从一个酒窖转移到另一个酒窖中，其与寄托人之间的关系就是“委托”关系，受寄托人就负有谨慎管理的义务。由于该案中有一桶白兰地因酒桶被刺穿而洒漏，那么受寄托人应被视为没有履行自身应尽的谨慎管理义务。

对于受寄托人三重注意标准的形成和传播，除了 *Coggs* 案之外，还有两本里程碑式的著作。这两本著作对于美国而言尤为重要，对于英国同样有极大的参考价值。〔29〕 一本是威廉·琼斯（William

---

〔28〕 *Supra* note 10 at 919：“实际上，如果一天内将这些白兰地从一个地方运到另一个地方的协议是待履行的，被告此时没有义务运走它们”；并且“如果是一个人……在履行其信托义务过程中失败，那么他在诉讼中要承担不利后果，尽管没有人能强迫他履行该义务。”See also *Elsee* v. *Gatward* (1793) 5 Term Reports 143, 149 following *Coggs*，在无偿情况下，没有人能强迫受寄托人采取行动；但是一旦他有所行动，就必须遵守注意标准。这一观点在 *Hedley Byrne & Co. Ltd.* v. *Heller Partners Ltd.* [1964] A. C. 465, 526 一案中得到确认。在 *Coggs* 案之后，霍尔丹大法官（Lord Haldane LC）认为“无偿提供服务的承诺不能作为合同要求受约人强制执行；但若在实际提供服务的过程中存在疏忽大意的情形，那么承诺人可以在侵权诉讼中获得赔偿。这就是无偿受寄托人责任的基本原理”。

〔29〕 See Frederick Green, *High Care and Gross Negligence*, 62 American Law Rev. 545 (1928). 该文指出，英国和美国的法律是建立在琼斯（Jones）和斯托里（Story）的理论基础上的，但同时也是建立在肯特法官（Chancellor Kent）对 *Coggs* 案的判决的基础上的。依这位作者看来，琼斯和斯托里在这方面的影响远远超过了肯特，而我们关注的重点正是琼斯和斯托里。

Jones)的《论寄托法》(On the Law of Bailments),该书于1781年首次在美国出版,并在整个19世纪中期多次再版。[30] 另一本是约瑟夫·斯托里(Joseph Story)的《寄托法评论》(Commentaries on the Law of Bailments),[31]该书第二版于1832年问世,很多内容都借鉴了琼斯的著作。[32] 在该书中,斯托里详细地引用了琼斯的著作内容,雄辩地陈述了注意问题:

> 从不经意间产生的考量或走马观花的注意,到绷紧每根神经的时刻关注,注意或勤勉之程度可以划分出无限多
146
> 的层次。但无论是在本案中还是大多数其他案件中,最低或者最高程度的注意都不适用于具体实践:前者对受寄托人过于宽松,很难敦促其自觉履行职责;后者则过于苛刻,对受寄托人不公平,不符合正义的观念。毕竟对于借了一本书或者一个印章的人,要求他们像最吝啬的守财奴看护

---

〔30〕 William Jones, *An Essay on the Law of Bailments* (1781) 琼斯《论寄托法》(On the Law of Bailments)一书的直接影响力是通过引用率来衡量的。美国1900年之前的判例法中有288条引用(Westlaw Search),同时英国1900年之前的判例法中有30条的引用(事后的脚注引用忽略不计)(Westlaw UK)。[请注意,作为一个非常粗略的对照,此间的人口的变化是:在1801~1901年,英国人口从1050万增加到3700万。UK Office of National Statistics: The U. K. Population Past Present and Future (2005) at 3];在美国,1790年至1800年的平均人口约莫为450万,而1890年至1900年为6880万。[Michael R. Haines, *The Population of the United States, 1790 – 1920* (NBER Working Paper Series, Historical Paper No. 56), Table 1]

〔31〕 See Joseph Story, *Commentaries on the Law of Bailments* (Hilliard and Brown, 1832), 这本书在英国1901年以前有113条引用,在美国1901年前有1231条引用。

〔32〕 威廉·琼斯(William Jones)法官是孟加拉最高法院的法官,他同时也是古印度的著名学者和政治哲学家。[See further William Jones, *The Principles of Government; in Dialogue between a Scholar and a Peasant* (1783)]

> 自己的财宝一样谨慎，未免过于小题大做。因此，我们所要适用的注意标准，必须是在这两个极端之间找寻得的一个适当平衡点。[33]

对于琼斯而言，“两者之间的平衡点”就是“一般理性人”都会施予的注意：以“具有一般谨慎能力且有能力管理一个家庭的人照管自身事务时”施予的注意为基准制定客观标准。[34] 随后琼斯又对这一表述进行了简化，即“每一个谨慎的人照管自身财产时施予的注意”。[35] 这种以“谨慎的人”照管“自身财产”、物品或事物所施予的注意作为基准的平均或一般注意标准正是19世纪、20世纪沿用至今的主要注意标准。[36] 然而，琼斯还指出，在特定情况下，的确有理由适用比这种折中的注意标准更为“严格”或更为“宽松”的注意标准，即在存在轻微疏忽的情况下，适用较为宽松的注意标准；在存在重大疏忽的情况下，则适用较为严格的注意标准。总而言之，注意的宽严等级“必须与寄托的性质相称”。[37]

对琼斯而言，（若寄托关系不包含做某事的承诺）无偿的受寄托人只需对重大过失承担责任，但有偿的受寄托人在行事过程中则必

---

〔33〕 Jones *supra* note 30 at 5; Story *supra* note 31 at 8（着重强调）.

〔34〕 See Jones *supra* note 30 at 5.

〔35〕 Ibid. at 7.

〔36〕 在可供参考的数百起案件中，see, e. g., *Chicago & A. R. Co. Scott* 42 Ill. 132 (1866)：“所谓一般注意是如每一个谨慎的人通常情况下照管自己的货物那样履行的注意。”

〔37〕 See Jones *supra* note 30 at 4.

须施予一般程度的注意,这一点和霍尔特法官的观点不尽相同。[38]琼斯敏锐地意识到,两者之间之所以有这样的区别,是因为其背后深刻的道德和社会福利动因:

> 若寄托人只从寄托关系中得到好处或方便,那么要求受寄托人对出现的麻烦承担责任不仅有难度,且有违公平,因为没人愿意出力不讨好,他不应由于履行职责而被无端骚扰……若受寄托人需要为除重大疏忽之外的行为承担责任,那么再不会有人愿意接受寄托了。这对社会生活影响颇坏。[39]

147 琼斯承认,无偿"寄托"(同意无偿持有物品)和无偿"委托"(承诺无偿地对物品做某事)之间是有区别的。[40] 若对无偿寄托适用重大过失标准,那么对于无偿委托,就应当适用更高标准的一般注意基准或适用轻微疏忽标准,"与受托人履行承诺的结果相称"。[41] 琼斯认为,这种一般注意基准,本质是对满足这一基准的客观主体的注意技能的概括,且这一主体是假想中的主体,而非具体的行为人。而"承诺"则对谨慎的主体要满足注意基准所必须具备的技能作出了具体的要求。琼斯指出:

---

〔38〕 Ibid. ,e. g. , at 49 "当受寄托人,或将其不恰当地称为保管人,或者因其照管,直接要求并接受报酬时……他要为其一般的过失负责"。See also p. 86, 87, 120.

〔39〕 Emphasis in the original text. Ibid. at 10.

〔40〕 Ibid. at 53:"委托与保管的重大区别是,前者在于履行,而后者仅在于保管。"

〔41〕 Ibid. at 52 – 53.

> 订约方不能以其缺乏履约能力作为辩护理由。尽管法律并不强人所难,但要求每个人在作出承诺之前必须量力而行,这一点无可厚非。若任何人以虚假陈述欺骗他人,称自己具有某种技能,则其需要对这种欺骗所造成的伤害承担责任。若不具备相关技能的人难以推却朋友的请求,"赶鸭子上架似的"从事了某项活动,且若有其他选择,他必定不会从事该活动,那么除了要求他充分公正地发挥个人能力之外,不能要求其实施更高标准的勤勉注意。[42]

对琼斯而言,无偿受托人适用一般注意标准,但这一标准的注意基准并不是固定的,而是随着具体承诺中受托人的能力和技能以及受托人对技能的免责声明而发生变化的。若无偿受托人明显不具备或其声明自己不具备特定的技能,则应依据其实际能力或技能(统称"能力")而适用一般注意标准。但若是有偿寄托关系,除非寄托人事先已明确知道有偿受寄托人不具备这种能力,[43]否则"必须假定受寄托人本身具备正确使用必要技术"的能力。[44]

与霍尔特法官不同,对于琼斯而言,重大过失包含两层含义:一 148
是霍尔特法官提出的"主观"标准,二是脱离目标被告的客观标准。在其著作的第一部分,琼斯针对何种程度的缺乏注意才可被称之为"重大过失"作出了两种客观定义,且这两种定义之间也存在关联。

---

〔42〕 Ibid. at 53.

〔43〕 Ibid. at 99.

〔44〕 Ibid. at 98 – 99:"然而,如果寄托人自欺欺人,并自愿雇用一个公开从事另一种技术的人,那么他的愚蠢行为就不能得到宽恕;除非受寄托人标榜虚假或者作出特殊承诺,否则,为了公平,只能要求他在力所能及的范围内行事。"

第一种定义是:缺乏“社会一般人在心不在焉的状态下对自身事务施予”的注意;第二种定义是:欠缺“即便是马虎草率的人也不会忘记施予的注意”,这种疏忽在琼斯看来,基本等同于恶意或者欺诈。对此,他提出,尽管严重过失“近似于”欺诈,但它永远不会“完全等同于欺诈”。[45] 在其著作的后文中,琼斯还引用了霍尔特法官提出的有关重大过失的主观标准:“实施勤勉注意就是施予与处理自身事务同样的注意。”[46]但他对这一标准是否能运用于实践秉持怀疑态度。他指出,“必须承认,个体受托人的特质是不能作为司法讨论的对象的”。[47]

约瑟夫·斯托里沿用了霍尔特法官和琼斯法官的三重注意结构:对无偿的受寄托人,应当适用重大疏忽标准;对无偿的受托人,应适用一般疏忽标准,但标准的宽严程度要视受托人所作出的或暗示的承诺而定。[48] 对有偿的受寄托人,则应当适用一般注意标准。斯托里指出,依据对报酬相关性的事务性理解,一个“文明的社会”不会要求受托人和借用人施予同样程度的注意,也不会要求无偿的受托人和有偿的受托人履行同样程度的注意义务,因为有偿的受托人“要求就自己提供的服务和施予的勤勉注意获取相应的报酬,且其确实收取了报酬”。[49]

依据琼斯法官提出的谨慎的人对自身财产施予的一般注意标

〔45〕 Ibid. at 7.

〔46〕 Ibid. at 46(着重强调).

〔47〕 Ibid. at 46.

〔48〕 Story, *supra* note 31 at 125 – 129:“寄托人了解或者不理解的技能或缺乏技能的事实,或者受寄托人承认或者不承认的事实,构成解释具体宽严程度的重要因素(at 129)。”

〔49〕 Ibid. at 7.

准,斯托里指出,“这种注意可以说是企业家和一家之长在处理关乎自身利益事务时普遍秉持的谨慎”。[50] 对于斯托里而言,在特定案件中,一般注意标准往往会“变成一个事实问题,而非法律问题”,这需要视寄托关系的“具体的时间和情形”而定。[51] 他强调,要确定具 149
体的适用标准,需要考量寄托关系的具体情况[52]以及决定适用一般注意时的“交易惯例”“生活习惯”“商业习惯”“社会状态”等因素,“通常情况下,我们也是参照类似事务的处置方法来确定勤勉注意的一般措施”。[53] 换言之,在斯托里看来,该标准强调的是谨慎的人在处理自身事务时会施予的注意,然而该标准在实践中却出现了偏差,变成了谨慎的人在处理某类业务或在某行业中实施的注意。同样地,在早期美国判例法中,我们发现一般勤勉标准通常会要求受寄托人施予和一般谨慎的人对“自身事务”所施予的相同程度的注意;[54]而在实践过程中,该标准则变为考察有争议的活动或情形是否符合此类状况下一般或普遍的行为标准。以亚拉巴马州最高法院的判决为例,针对寄托的棉花被烧毁的事实,法院认定,被告受寄托人应当施予的注意“是该业务或行业中大多数谨慎之人普遍会施予的注意”。[55] 另一例证是 1871 年宾夕法尼亚洲最高法院审理的 *The Eire Bank* v. *Smith*, *Randolph & Co* 案,沙尔伍德法官(Judge Sharwood)采用了斯托里的观点,指明注意标准是指“一般

〔50〕 Ibid. at 8.

〔51〕 Ibid. at 8 –9.

〔52〕 Ibid. at 18, 28.

〔53〕 Ibid. at 10.

〔54〕 See, e. g. , *Maxwell* v. *Eason* 1 Stew 514 (1828).

〔55〕 Ibid.

谨慎的人在照管自身事务时普遍会施予的”注意，但在具体适用时，应当视寄托的具体情形、行业惯例以及寄托关系缔结的地点而定。[56]

针对重大过失，斯托里对琼斯的理解进行了完善，但保留了其客观形式，即“马虎大意的人对自身事务施予的勤勉注意”[57]或“不如一般人谨慎或完全不谨慎的人对自身事务施予的勤勉注意”。[58] 斯托里反对完全“主观的”注意标准，指出“除了权威案例外，在我看来，主观标准并未能阐释注意标准的真意”[59]。对于斯托里而言，这
150 一注意标准不应“以个人的特质作为参考要素”，而应以“某一群体的共性行为和特质”为标准。[60] 对于琼斯提出的重大过失相当于恶意或者欺诈的观点，斯托里也持反对态度。他指出，“重大过失和欺诈可以相互转换的这种说法根本没有任何学理支撑，在普通法中根本找不到任何根据”，重大过失也可能“完全符合善意和忠实的要求，将其与欺诈混为一谈可以说是大错特错”。[61]

---

〔56〕 3 Brewst 9 (1871). See also，再从众多案例中随机选择一组，*Scott*, *Williams & Co.* v. *Crews* 2 S. C. 532 (1871) 主张：“若一个人向社会展示自己银行家的身份，公众就会因他的业务性质而认为他懂得理财之道。” *Bradley* v. *Cunningham* 61 Conn. 485 (1891) 除其他事物之外，其将一般注意定义为“受寄托人可以合理期待的注意程度”。See also *Mayer* v. *Brensinger* 180 Ill. 110 (1899).

〔57〕 Story *supra* note 31 at 12.

〔58〕 Ibid. 31 at 43.

〔59〕 Ibid.

〔60〕 See *infra* 155 on *Tracy* v. *Wood*.

〔61〕 *Supra* note 31 at 15 – 16. 斯托里将琼斯的错误归因于他想同化普通法和大陆法而由此产生的“扭曲判断”(at 14)。

三、美国寄托法中的重大过失的含义

“重大过失”这一表述在众多案例和评论中获得了广泛认可。对其的各种适用和定义的探究衍生出了众多互斥的概念和标准,很多评论家一直对其一致性、实际相关性乃至其是否真实存在持怀疑态度。举例而言,在 1927 年,塞西尔·莱特就提出,“一个能衍生出如此多不同解释的术语必定是不具有任何实用性的”。[62] 然而,本书的目的并不是确定这一术语对寄托法是否有用或者二者之间是否具有一致性,而是确认 19 世纪末 20 世纪初受寄托人注意义务的标准是如何构建起来的,以及驱动这些标准形成的观念和政策因素为何。针对美国寄托法中关于“重大过失”的含义,我们可以从相关案例中提炼出四项标准。虽然这四项标准使用同样的参考标志,均旨在确定一个较低的注意标准,但其在对适用对象的要求方面必然有所不同。

(一)“主观”标准

在 *Coggs* 案中,“重大过失”的含义非常明确,并无任何模糊之处。对于霍尔特法官而言,“重大过失”的衡量基准是实际被告人在处置自身财产中实际施予的注意。这一与重大过失相关的“主观”注意标准在美国并未引起多大的反响。马萨诸塞州的 *Foster* v. *Essex*

---

〔62〕 See *supra* note 13 at 200.

151 *Bank*〔63〕是美国适用这一标准的最著名的案件。〔64〕在该案中,银行的出纳员窃取了银行受托保管的金子,法院对银行是否应当承担责任进行了考察。法院认定银行是无偿的受寄托人。〔65〕银行需要履行的注意是“以受托人保管自身同类财产时施予的注意为基准的”。〔66〕这与被告律师的观点不谋而合,被告律师直接引用了琼斯的观点,即重大过失是以“受寄托人在处理自身事务时施予的注意”为衡量标准的。〔67〕但在这一时期各州的判例法中,这一观点并未得到广泛适用。事实上,有部分案件选择同时适用这一观点和客观的重大过失标准(例如,琼斯的“疏忽大意的”人的注意标准)。〔68〕斯托里在其有关寄托的论文中对主观标准提出了自己的见解,他认为主观标准不应参考受寄托人的个体特质。这种观点在主观标准的讨论中或许具有较大的影响力,但主观标准本身并不具备吸引力。在部分案件中,斯托里的这种观点常被用于驳斥主观标准。〔69〕

---

〔63〕 17 Mass. 479, 504 (1821).

〔64〕 See also, e. g., *Schermer* v. *Neurath* 54 Md. 491 (1890)一案采用了这个标准。

〔65〕 *Supra* note 63 at 506:“如果可能构成无偿寄存或者纯粹的寄托,这是其中一种情况。”该银行指出,没有针对“特别寄托信用”发行的票据。

〔66〕 See *supra* note 63 at 499.

〔67〕 Ibid. at 494.

〔68〕 See, e. g., *Tracy* v. *Wood* 24 F. Cas. 117 (1822). 在斯托里法官的判决中,都提及一种主观标准与其他两种关于重大过失的解释(at 188 – 119),关于这两种解释,详见下文。实际上,斯托里法官的判决应当视对重大过失标准和一般过失标准进行区分的试验的典范。See similarly, *Grant* v. *Administrator of James C. Ludlow* 8 Ohio St. 1 (1857).

〔69〕 *First National Bank* v. *Graham* 78 Pa. 106 (1875)指出:“受寄托人的责任问题最终必须通过诉诸既定原则来解决,该既定原则通过将受寄托人的行为与各同类人的行为比较,而不是与个人的行为相较,推断出其在每一特定财产寄托中责任的衡量标准。”承认像对待自己的货物一样对待保管货物,会引起“充分勤勉”的推定。See also *Maddock* v. *Riggs* 106 Kan. 808 (1920); *Boyd* v. *Harrison State Bank* 102 Mont. 94 (1936).

(二)具体情形中的一般注意:重大过失

如上所述,无论是 *Coggs* 案中的霍尔特法官、琼斯还是斯托里,都对无偿受寄托人和无偿受托人所需要施予的注意进行了区分。对于霍尔特法官而言,无偿受托人虽然没有收取报酬,但其仍需要满足一般注意标准。而对于琼斯和斯托里而言,一般注意标准是一个可变的标准,应以受托人对其个人技能所作的明示或默示承诺来确定。对"重大过失"的另一种理解源于这一概念的早期发展阶段。 152
在 1789 年英国的 *Shiells* 案中,[70] 由于"涉案的普通商人"没有履行正确的海关入境手续,导致货物被扣押,拉夫伯勒法官(Lord Loughborough)指出:

> 本院同意威廉·琼斯阁下的观点——若受寄托人承诺无偿地实施某一行为,且寄托人单纯从中获益,则受寄托人只需对重大过失承担责任;但若受寄托人承诺无偿地尽全力做某事,且其条件或专业背景暗示其的确具有相关技能,那么其在使用技能过程中所造成的疏漏就可等同于重大过失,受寄托人需要为此承担责任。[71]

拉夫伯勒法官将客观的无偿受托人标准(依照琼斯的观点,这种标准并不是固定的,会随着承诺的性质而发生变化)纳入琼斯和霍尔特法官针对无偿寄托人提出的重大过失标准的范畴。他针对无偿受

---

〔70〕 See (1789) 126 E. R. 94. 一个在 1945 年之前在美国产生 36 个引用的案例(Westlaw search: Shiells /s Blackburne)。

〔71〕 Ibid. at 96 (着重强调).

托人提出的标准,要求受托人施予的注意应与其本身客观条件或专业背景所暗含的技能相匹配。衡量注意的基准不是受寄托人如何照管自己的财产,而是客观上具有和受寄托人同样技能的人会如何行事。因此,在该案中,若被告“是船务经纪人或者海关职员,那么造成错误入境就属于重大过失,因为其所处的客观条件和雇佣关系说明他理应熟悉各种入关手续”。[72] 鉴于受寄托人只是一名普通的商人,其不熟悉入关的各项手续实属情有可原,因此法院认定该受寄托人已经履行了相应的注意义务。此时,判断的标准从重大过失标准转为一般注意标准,在受寄托人实际技能水平的基础上考察不收取报酬的这一情节。事实上,该案判决显示,重大过失并不是什么特殊的注意标准。相反,其更像是一种标志,代表受寄托人未能履行无偿寄托关系中的客观注意标准。需要注意的是,未能适用相应技能可按照重大过失的标准追究受寄托人的责任。

在 *Shiells* 案中,我们可以看到注意范畴的交叉,以及其后的不同道德观念:若受寄托人不收取报酬或利益,就应当适用较低的重大过失标准;若受寄托人作出承诺,即便不收取报酬,也要抬高对其注意程度的期待。虽然这种标准被称为是无偿弱标准(no-reward weak
153 standard),但相较于较低的重大过失标准,这种标准实际上更为严格。事实上,本案的律师引用了两个观点——“若寄托人只从寄托关系中得到好处……那么要求受寄托人对出现的麻烦承担责任不仅有难度,而且不公平”;以及前述引述的帕列的《道德和政治哲学原则》,即受寄托人作出的承诺表明其会“像照管个人事务一样”处理

[72] Ibid(着重强调).

寄托事宜。然而,依据拉夫伯勒法官糅合不同道德观念得出的观点,即便是否收取报酬会对标准的适用产生一定的影响,但承诺才是决定性因素,并应适用一般注意标准。

拉夫伯勒法官的主张虽然不是主流观点,但其对美国寄托法重大过失理论的发展起到了重要推动作用。一些案件就是依据 *Shiells* 案提出主张:若无偿受托人的客观情况或专业背景反映其具有相关技能,则应以这种技能为标准确定其应当施予的注意。在 *Nolton* v. *Western R. Co.* 中,当事人"承诺会无偿"搭载乘客,〔73〕纽约州上诉法院就援引 *Sheills* 案,指出"本院认为,若被告方的客观条件反映其具有相关知识和技能,那么其未能使用该技能就相当于重大过失"。〔74〕在 1858 年的 *Fulton* v. *Alexander* 中,〔75〕得克萨斯州最高法院同样借鉴了 *Shiells* 案,指出若"受托人的客观条件或专业背景反映其具有相关技能……则未能使用该技能就相当于重大过失,受托人需要为此承担责任"。如上所述,基于对 *Sheills* 案的解释而确定的标准与一般注意的重大过失标准间的界限并不算分明。针对这一事实,斯托里在《寄托法评论》后来的版本中提出了这样一个问题:"过失和重大

---

〔73〕 See WL 7062 (N. Y.) (1857). 法院的结论是,根据事实,二者间不存在客运合同(at 4)。

〔74〕 See 1 E. P. Smith 444 (1857).

〔75〕 See 21 Tex. 148 (1858). See also, e. g., *Isham* v. *Post* 96 Sickels 100, 106 (1894). 该案指出,"虽然没有支付赔偿金,但这并不意味着银行家可以免除他所承诺的勤勉义务","如果他的职业或者工作意味着对其承诺有足够的一般技能或知识,那么他将为因没有发挥这种技能或知识而造成的任何损失或损害负责"。*Griswold* v. *New York & N. E. R. Co.* 53 Conn. 371 (1885); *Siegrist* v. *Arnot* 10 Mo. App. 197 (1881); *Millwood Coal & Coke Co.* v. *Madison* 1 Sadler 122 Pa. (1885).

过失是否真的有区别?”[76]重大过失标准不等于一般注意标准,英国
154 法院也得出了虽不完全相同但却类似的结论(不同之处会在后文进行详细阐述)。最典型的例证就是克兰沃斯法官(Lord Cranworth)在1843年英国的 *Wilson* v. *Brett*(以下简称 *Wilson* 案)中提出的论断,[77]即重大过失只不过是一般过失的“诨名”罢了。这一观点应和了拉夫伯勒法官提出的未能履行规定的注意就需要承担重大过失责任的论断,在1900年之前,美国有34起案件引用了这一观点。

19世纪后半期,美国联邦最高法院审理的部分案件采用了这种态度。在这些案件中,无论寄托关系是有偿还是无偿,无偿的寄托是否包含承诺,适用的都是相同的一般注意标准。但在实践过程中,具体的注意等级需要根据寄托的“实际情况”来进行调整。对这些案件而言,虽然法官采取的是一般注意标准,但寄托的具体情节会衍生出较低的注意基准,若受寄托人的行为未能达到这一基准,法院就会认定受寄托人存在重大过失。在这种做法中,最著名的案例就是 *New York Cent. R. Co.* v. *Lockwood*(以下简称 *Lockwood* 案)。在该案中,美国联邦最高法院认为,“一般和重大过失”这种表述只能“说明当事方应当施予的注意和勤勉的程度”,“但针对‘过失’这个词,无论赋予它什么样的称谓,都说明当事方没能实施实际情况所要求其实施的注意和技能。因此,直接称之为‘过失’最为恰当”。[78] 法院对这一观点表示支持,依据是斯托里的观点以及英国的权威案例、评论

---

[76] Joseph Story, *Commentaries on the Law of Bailments* (8th edn), Hilliard and Brown, E. H. Bennett, 1870, p. 541.

[77] See (1843) 11 M & W 114.

[78] See 84 US 357, 382–383 (1873) (着重强调).

(包括 *Wilson* 案)。[79] *Lockwood* 案之后,美国联邦最高法院在 1891 年的 *Preston* v. *Prather*(以下简称 *Preston* 案)中指出,[80]"除非犯有重大过失,否则无偿的受寄托人……不应为损失承担责任","且这种重大过失所应负的责任应当视具体情况而定"。在这种处理方法中,具体的实际情况决定了一切。在 *Preston* 案中,若适用这种做法,就需要对受寄托人的银行业务[81]以及寄托是否收取报酬进行考察。法院指出,"在没有报酬的情况下","无论从法律上还是道德上",我们都不能要求"任何具有这样特质的人像照管自身事务一样处理寄托事务"。[82] 这种观点不仅带有误导性——[83]将重大过失标准与 155
霍尔特法官的"主观"标准混为一谈,还暗指在没有报酬的情况下,客观主体的技能就相当于行为人的实际技能,而不是与争议行为相关的平均水平的技能。

(三)疏忽大意者

如上所述,无论是琼斯还是斯托里都提出了新的重大过失标准,而不以受寄托人的行为、主观属性或性格为考察因素。这些做法都将受寄托人假设成极度粗心大意的人,对其行为谨慎程度的要求远低于平均水平。因此,重大过失是指未能施予即便是"向来马虎"且

---

〔79〕 Ibid. at note 51,美国案例也同样以英国案例为依据。e. g. , *Philadelphia & Reading Railroad* v. *Derby* 14 US 468 (1852) per counsel at 483 citing *Wilson* v. *Brett*.

〔80〕 See 137 U. S. 604 (1891) (emphasis supplied). See also *Chicago*, *R. I & P. RY. Co.* v. *Hamler* 215 Ill 525 (1905); *Donnelly* v. *Southern Pac. Co.* 18 Cal. 2d 863 (1941).

〔81〕 See also *Gray* v. *Merriam* 148, 179 (1893).

〔82〕 See *supra* note 80 at 608.

〔83〕 由于讨论的受寄托人是一家银行而非个人,因此法院并不关注其技术或品格。尽管是无偿寄托,但法院着眼于隐含的专业注意义务。因此,尽管"品格"一词与霍尔特法官的"主观"标准模糊不清,但实际上法院的做法与 *Shiells* 案是一致的。

"疏忽大意"的人也不会忘记施予的注意。此外,1832 年,斯托里法官的著作首次出版。在此前 1 年的 *Tracy* v. *Wood* 中,他援引了琼斯关于"疏忽"的表述,指出重大过失是一项客观标准,"指的是未能施予最疏忽大意的人在照管自身财产时也能够或应当施予的注意"。[84] 琼斯和斯托里之所以要提出这样的标准,是为了量化不同的注意等级,将比"视情况而定"的一般注意标准更低的注意标准确定下来。通过对"疏忽"的考察,我们发现,简单粗暴地将重大过失理解为一种标志而非标准,并认为其是对"过失"的污名化的说法并不合理,因为这明显是两种不同的标准。

在美国寄托法中,对重大过失的这种理解影响颇深。适用这种理解的法院通常会驳回前述适用无偿受托人的"视具体情况而定"的处理方法。若适用疏忽大意者标准或相关的标准,其中的决定性因
156 素就是受寄托人是否收取报酬。即便无偿的受寄托人或受托人的确承诺会做某事,但由于报酬才是决定性因素,在这些案件中,适用无偿受寄托人与受托人的注意标准并无二致。

第一个以这种方式给重大过失下定义的案件就是 1826 年宾夕法尼亚州最高法院审理的 *Tompkins* v. *Saltmarsh*。[85] 宾夕法尼亚州法律至今仍然保留着法院对该案适用的观点。在该案中,尽管受寄托人"的确承诺会实施特定行为",但法院仍以受寄托人没有收取报

[84] See *Tracy* v. *Wood* 3 Mason 132 (1822) (emphasis supplied). 这项规定已经逐字逐句地纳入了《佐治亚州法典》对重大过失的定义当中。Ga. Code Ann. § 51 - 1 - 4 Slight Diligence. Gross Negligence. Adopted in 1910. See *Blanchard* v. *Ogletree* 41 Ga. App. 4 (1929).

[85] 14 Serg. & Rawle 275 (1826).

酬、[86]“其行为具有无偿性”为依据,选择适用这种客观但不同的重大过失标准,而不是一般注意标准。[87] 150年后,在*Ferrick Excavating and Grading Co.* v. *Senger Trucking*中,[88]宾夕法尼亚州最高法院在适用疏忽大意者标准时指出:

> 在过去的一个世纪中,宾夕法尼亚州的法律都规定:不同的寄托关系,受寄托人所适用的注意标准也不同。本院认为,之所以会产生这些不同的注意标准,是为了维护最基本的公平。若我们要求为寄托人保管货物的无偿受寄托人和有偿受寄托人都施予一样的注意,并对损毁的货物承担责任,这种做法明显有失公平。

除此之外,还有很多州都规定,重大过失指的是“未能施予最疏忽大意的人也不会忘记对自己事务或财产施予的注意”,相关的案例包括密苏里州的*Wiser* v. *Chesley*[89]和佐治亚州的*McNabb* v. *Lockhart*(以下简称*McNabb*案)[90]。在*Wiser* v. *Chesley*中,法院强调,案件事实证明,受寄托人并未“收取任何报酬”,重大过失标准适

---

〔86〕 Ibid. 认为“他没有得到任何利益,利益只归于寄托人”;“如果合同是互惠互利的,那么必然需要尽到一般的……勤勉”。

〔87〕 Ibid. 重大过失“是指即使是最疏忽和最粗心大意的人对自己的重要事务也有所疏忽”,“无偿受寄托人[有义务]保有最疏忽大意的人应保有的注意”。See also *First National Bank* v. *Graham* 78 Pa. 106 (1875).

〔88〕 506 Pa. 181, 189 (1984) (emphasis in original). See also *Ratti* v. *Wheeling Pittsburgh Steel Corp*. 758 A. 2d. 695 (2000).

〔89〕 53 Mo. 547 (1873).

〔90〕 18 Ga. 495 (1855).

用于“所有无偿的承诺,无论是寄托还是委托”。在 *McNabb* 案中,由于被告没有“收取任何报酬”,因此法院认定其是无偿的受托人,故适
157 用“最疏忽大意者”标准。在 1900 年之前,有 16 起案件适用了对重大过失的这种理解,之后这一理解很快成了一种既定标准,无须再引用权威案例作为佐证便可适用。[91] 到 1945 年,有 41 起案件引用了这一概念;到了 2014 年,有 81 起案件引用了这一概念。[92] 如今,在美国很多州,无论是寄托法还是其他法域,都会引用这一概念来定义重大过失。[93] 还有一点值得注意的是,虽然斯托里提出的以“习惯性的马虎”来定义重大过失的做法并未获得认可,但其在 *Tracy* v. *Wood* 中对琼斯的重大过失标准作出的调整还是极具影响力的。[94] 举例而言,伊利诺伊州最高法院在 1855 年的 *Skelly* v. *Kahn* 中指出:

> 若受托人或受寄托人承诺无偿地照管抵押品,或者履行特定的义务或工作,则其在行事的过程中,必须施予和一般谨慎的人在照管自身事务时普遍施予的同等程度的注意。未能施予此种程度注意的,则需要为其恶意或者重大过失承担责任。[95]

---

〔91〕 See *Dudley* v. *Camden and Philadelphia Ferry Company* (1880) 42 N. J. L. 25.

〔92〕 Westlaw search: “inattentive and thoughtless” /p“gross negligence”. 这包含寄托和非寄托案件。

〔93〕 For Pennsylvania, see *supra* note 88; For Connecticut, see: 19 *Perry Street*, *LLC* v. *Unionville Water Co*. 294 Conn. 611 (2010); for Maryland, see *Liscombe* v. *Potamac Edison Co*., 303 Md. 619 (1985); For North Dakota, see *Wishnatsky* v. *Bergquist* 550 N. W. 2d 394 (1996).

〔94〕 在 Westlaw 搜索 1945 年前的案例时,“无论多么疏忽”“重大过失”被引用了 17 次;“受寄托人”一词被引用了 12 次。

〔95〕 WL 5529 (1855).

(四)“近似欺诈的”重大过失

对于琼斯而言,若受寄托人未能施予一般疏忽大意者都能施予的注意,则这种行为尽管不是故意或恶意的,但也与恶意相差无几。在其看来,这就“相当于恶意或欺诈”。[96] 他在论文中提出,虽然这种行为“不能完全等同”于欺诈,但可以说是“无限接近”欺诈了。[97] 斯托里对此并不赞同。在他看来,在行使权力或履行承诺过程中的忠实和在行使权力过程中施予的必要注意是两种完全不同的法律要求,二者并不是可以“互相转化”的概念。[98] 然而,正如琼斯的“疏忽大意”测试有着影响深远一样,“重大过失近似于欺诈或恶意损害” 158
的观点同样极具重要性。事实上,援引疏忽大意标准的案件通常也会引用这一观点。举例而言,在 *Tompkins* v. *Saltmarsh* 中,法院同时适用了重大过失“相当于欺诈”和缺乏疏忽大意者都能施予的注意两种观点。[99] 在 1855 年佐治亚州最高法院审理的 *McNabb* 案中,[100] 法院适用了琼斯提出的“疏忽大意者”标准,认为“重大过失基本相当于欺诈”。[101] 在纽约州的 *Mcgrath* v. *Hudson River R. Co.* 中,法院援引琼斯的观点,认定被告人未能施予疏忽大意者都能施予的注意,这“相当于欺诈或恶意”。[102]

这种重大过失近似于欺诈的观点在寄托和非寄托案件中都有清晰的体现,通常表现为行为人“有意识地忽视”或“无意忽视”行为的

---

〔96〕 See *supra* note 30 at 21.

〔97〕 Ibid. at 7.

〔98〕 See story (1st edn) *supra* note 31 at 13.

〔99〕 See also *Hofford* v. *New York*, *C. &H. R.* 43 Pa. Super. 303 (1910).

〔100〕 18 Ga. 495 (1855).

〔101〕 See *supra* note 90, emphasis supplied.

〔102〕 19 How. Pr. 211 (1860).

后果。这种观点为我们理解寄托领域[103]和其他领域[104]中重大过失的含义提供了一种普遍可行的方法。[105] 举例而言,在 *Toledo & O. C. R. Co.* v. *Burdick* 中,俄亥俄州最高法院指出,依据无偿受寄托人的"重大过失"标准,"草率地忽视他人权利相当于故意"。[106] 在一些
159 案件中,疏忽大意标准和轻率忽视标准是同时适用的。举例而言,在 *Trexler* v. *Baltimore*[107] 中,宾夕法尼亚州最高法院指出,不仅要从"最疏忽大意者"的角度来理解重大过失,"轻率地无视明确的责任及其后果"也"意味着行为人存在重大过失"。在 *Tennessee, A & G Railway* v. *Hunt*[108] 中,田纳西州上诉法院将重大过失定义为:"行为人未能施予最疏忽大意者都不会忘记对自身财产施予的注意,这种

[103] See, e. g., 俄亥俄州的观点于 *Fox* v. *Fox* WL 31797117 (2002)中得到阐述;纽约州的 *Colnaghi USA* v. *Jewelers Protection Services Ltd.* 81 N. Y. 2d 821 (1993) 一案,也阐述了该州的立场,即"表现出对他人权利的鲁莽无视的行为或'带有'故意不法的味道的行为"(并非寄托案件);康涅狄格州的观点则在 *Tunick* v. *Tunick* WL 544558 (2008) 一案中有所阐述。

[104] 关于财产寄托法的一个早期例子,参见 *Lothrop* v. *Mayer* 138 Mass. 466 (1883) 一案,其中提到"重大过失相当于不计后果的行为"。"有意识地不在乎"的观点是后来才出现的。第一个用它作为定义的财产寄托案例是 *Tennessee A & G. Ry Co. Hunt* 13 Tenn. App. 590 (1931)。该术语已被纳入几个关于重大过失的法定定义中:see, e. g., the Texas Civil Practice & Remedies Code §41.001。第一个将其作为重大过失定义的非财产寄托案件是得克萨斯州的 *Southern Cotton Press & Mfg. Co. & Bradley* 52 Texas 587 (1880)。

[105] 关于早期案例,see *Annes* v. *Milwaukee* 67 Wis. 46 (1886),将客运比作为了受寄托人的利益而进行的寄托,并提到"重大过失通常包含肆意鲁莽和无视生命或财产的部分"。在康涅狄格州最高法院的 *Neal* v. *Gillet* 23 Conn. 437 (1855) 一案中,即一个人身损害侵权案件中,"重大过失"包括"不计后果"。请注意,本案是第一个在"重大过失"的定义中使用了"不计后果"一词的案例,但使用者是原告委员会而不是法院。

[106] See Co. 63 Ohio St. 274 (1900).

[107] See 28 Pa. Super. 207 (1905). 法院还认为,重大过失与"故意和肆意的过失"属于"同一类别"。

[108] 13 Tenn. App. 590 (1931).

善意的缺位会令法院得出行为人故意漠视行为后果的结论”。

这种类似欺诈标准及其反映的有意漠视和轻率忽视背后的逻辑非常清楚:重大过失指向的是严重不足的注意,这种不足达到了足以认定董事故意漠视公司利益的程度。类似欺诈标准和“疏忽大意者”标准相结合,清楚阐释了注意期待的底线是什么。但重要的是,尽管这种以意图为基础的概念经常被用来界定低等级的注意,但这一标准本身并不是以意图为导向的标准。善意行使权力的义务关注的焦点是主观上的忠实,但注意义务并非如此。注意义务是一种客观的义务,它对注意的等级作出了规定:对自己事务施予的注意;同样情况下一般谨慎的人施予的注意;以及法院认定的相当于完全忽视董事义务的注意。依据这一方法,重大过失近似于欺诈和恶意,或者“无限趋近于欺诈,几乎可以等同于欺诈”,[109]但其并不是真正的欺诈。然而,斯托里立场鲜明地反对将重大过失等同于欺诈。他认为,利用反映主观意图的概念来确定注意的基准,这种做法本身就可能混淆以忠实为基础的标准和注意标准,正如我们在第七章所述,这种标准混淆的问题在特拉华州公司法中就体现出来了。

四、英国寄托法中的一般过失和重大过失 160

在英国,受寄托人注意义务起源于 *Coggs* 案,但其发展路径并不

[109] See *Foster* v. *Essex Bank* 17 Mass. 479 (1821).

复杂,全然不似美国寄托法那样曲折坎坷。[110] 早期英国寄托法引入并保留了三重疏忽结构,即轻微疏忽、一般疏忽和重大疏忽。一般疏忽指的是客观上未能施予一般谨慎的人能够施予的注意;而依照"主观的"注意标准,重大疏忽指的是"无偿的受寄托人/受托人未能对寄托的物品施予与对待自己财产同样的注意"。[111] 然而,如上所述,霍尔特法官在 *Coggs* 案中指出,即便寄托没有报酬,但只要受寄托人承诺实施某种行为,受寄托人就需要履行"谨慎管理"义务,因为其作出的"会小心行事的承诺"具有劝诱意味,"会引导原告信任被告受寄托人"。英国寄托法关注的是承诺对注意的影响,正是这种态度催生了 *Coggs* 案对重大过失的"主观"理解。

如前所述,在 1789 年的 *Shiells* 案中,[112] 拉夫伯勒法官将无偿受托人标准(无偿受托人承诺就寄托财产"做某事")纳入了重大过失范畴。对处理 *Shiells* 案的拉夫伯勒法官而言,对重大过失的这种表述"只是一种描述而非定义",[113] 他主张将 *Coggs* 案的"主观"重大过失标准从英国法律中剔除。尽管鲜少有案件会直接援引 *Shiells* 案,但我们仍能在后续的判例法中看到该案的影响。真正左右法律发展进程的是 *Wilson* 案。[114] 在该案中,作为受寄托人的被告精通马务,无偿地为原告照管一匹马,但在照管期间,马摔伤了膝盖。重要的

---

〔110〕 See generally Getzler, *supra* note 9 关于信托法中注意义务的演变及其在财产寄托法中的前身。

〔111〕 *Supra* note 10 at 909, 916. See also *Finucane* v. *Small* (1775) 170 E. R. 369,要求受寄托人"要像照管自己的事务一样照管他们的事务"。

〔112〕 (1789) 126 E. R. 94.

〔113〕 See *Grill* v. *The General Iron Screw Collier Company* (*Limited*) (1866) L. R. 1 C. P. 600 at 612.

〔114〕 See (1843) 11 M & W 111.

是,受寄托人承诺会为原告提供服务。那么依照霍尔特法官和威廉·琼斯的观点,该案的寄托关系就属于委托关系。巴伦·罗尔夫(Baron Rolfe)(后来是克兰沃斯法官)对 *Shiells* 案作了重述,指出"若无偿受寄托人的**专业背景或客观条件间接表明**[115]其具有相应技能,则受寄托人同样需要对其不使用这种技能所带来的后果承担责任"。若不能证明受寄托人具有相关技能,则受寄托人需要施予的注意就是任何具有受寄托人技能的人能够施予的注意。[116] 因此,一个"精通马务"的人理应施予"精通马务的人可能合理施予的"注意。巴伦·罗尔夫指出: 161

> 无偿的受寄托人只需要在自己技能范围内行事,而有偿受寄托人或借用人可合理认定无偿受寄托人是具有相关技能的。

在该案中,尽管受寄托人没有收取报酬,但由于他精通马务,就需要施予和有偿受寄托人或借用人一样的注意。对于罗尔夫而言,"重大"这一形容词并不能明确定义一种不同的注意标准,其更大程度上是用来贬义地形容那些未能符合注意标准的行为。然而,我们不应错误地理解该案中对注意要求进行的类比,将不同类型的受寄托人应当满足的注意标准混为一谈。这里存在两种不同的标准:两种不同的客观标准和两个版本的一般注意和普通行为人标准。承诺实施某种行为的无偿受托人,其需要满足的注意标准就是施予那些

〔115〕 黑体表示的话是拉夫堡法官所言的——参见脚注〔71〕。

〔116〕 See *supra* note 114 at 115.

与其具有相同技能的行为人会施予的注意。[117] 若受寄托人是有偿受寄托人或借用人,则需要适用一般注意标准,即施予具有一般或专业有偿受寄托人或借用人技能的谨慎行为人会施予的注意,无论受寄托人实际上是否真正具有相应技能。这一观点在1861年的*Beal* v. *South Devon Railway Company*(以下简称*Beal*案)中得到了充分的肯定。在该案中,康普顿法官(Crompton J)认定:

> 受寄托人未能付诸合理注意、技能和勤勉行为的,属于重大过失。差别只在于受寄托人是无偿受托人还是有偿受
> 162 托人。对于无偿受寄托人而言,我们可以合理地要求他施予一般人处理自身事务时施予的注意,并以其个人技能为限;而对于有偿受寄托人,我们可以要求他施予行业普遍施予的注意,其承诺具有某种技能且就该技能收取报酬的,则可以要求他施予业内具有相同技能的人普遍施予的注意。

这一观点对于许多法院解释和适用"重大过失"这一术语意义不大。举例而言,在*Grill* v. *General Iron Screw Collier Company* (*Limited*)[118]中,普通诉讼法院驳回了上诉人就初审首席法官未能准

---

〔117〕 请注意,根据*Shiells*案的观点,如果无偿受寄托人的情况或职业意味着其具备某项技能,那么注意标准将参照该技能组合来确定,这可能与实际技能组合不同。这一观点与*Wilson*案和*Beal*案的立场相吻合,即认为受寄托人具备他所声称具备的技能或自称拥有的技能组合。这显然仍然是今天英国法律的立场:例如,在2009年,上诉法院在*Yearworth* v. *North Bristol NHS Trust*一案中遵循了*Wilson*案的判决,认为无偿受寄托人"向寄托人表明其能够运用与其财产有关的某种特殊技能,那么他的义务是采取具有这种技能的人合理期待的注意"[2010] QB 1 at [48]。

〔118〕 (1866) L. R. 1C. p. 600, 612.

确区别重大过失和一般过失而提出的申诉。维勒斯法官(Willes J)以 *Wilson* 案和 *Beal* 案为依据,提出:

> 围绕过失到底是正面词汇还是负面词汇这一问题产生了一些争议。争议的焦点在于注意缺失与否,以及被告人是否有义务负有此种注意。受寄托人只需施予一般人应施予的一般注意,未能施予的,就构成重大过失。若某人承诺有偿做某事,则其必须施予具有相应技能的人应当施予的注意,若未能施予,则构成过失。因此,“重大”是一个形容词,并非定义。若在审理过程中仅仅使用“重大过失”这种表述,而不使用“缺乏应有注意和技能”,就会产生迷惑性,而首席法官在其总结陈词中就多次使用了“重大过失”一词。

尽管作为一种注意标准,“重大过失”已经逐渐退出历史舞台,但其核心思想——无偿履行职责的人和有偿履行职责的人之间存在区别——对相关注意标准的定义仍旧意义非凡。因此,适用于无偿受寄托人的一般注意标准很容易被贴上“重大过失标准”的标签。[119]

---

〔119〕 在 *Shiells* 案中,法院对无偿委托人采取了这样的立场。但此后,正如我们在上文所看到的,该术语被用于所有受寄托人,作为对其行为的潜在的“侮辱性”描述——见上文 *Grill* 案和 *Beal* 案两处。19 世纪末,人们在一定程度上承认它可以作为无偿受寄托人的标准:参见枢密院对 *Giblin* v. *McMullen* (1867 – 1869) LR 2 PC 317 一案的判决:“如果要将其作为一个定义,那么‘重大过失’这一措辞完全没有达到目的。但是,由于不同类别的受寄托人所负责任的过失程度存在实际差异,这个术语可以有效地保留下来,作为对这种差异的描述,尤其是由于它已经被大家熟悉地使用了这么长时间,并在霍尔特法官和琼斯法官关于财产寄托法的权威论文中得到了认可。”

163 在有些案件中，比如 *Wilson* 案，因为无偿受寄托人本身具有专业技能，故对其适用的注意标准就与适用于有偿受寄托人的一般注意标准完全一致；而在其他案件中，若受寄托人并不具有这样的技能，则对他适用的注意标准就会相应地降低。从理论上来讲，这一标准本身就要求具有超出平均水平的技能的受寄托人施予更高标准的注意。然而，若我们引入承诺和报酬两个因素，这种解释能否成立就不置可否了。若受寄托人没有收取报酬，那么对于“乐于助人的受寄托人”而言，[120]要求其施予与超平均水平技能相当的注意未免“强人所难且不公平”，除非该受寄托人明确承诺自己具有且会充分使用这种技能，并且寄托人对此充分知情。

在美国，这种无偿受寄托人“按个人技能”施予不同程度的注意的观点与前述“视具体情况而定的”重大过失标准可谓异曲同工，但两者并非全然相同。在美国，针对这种观点，只有一种注意标准，即根据由寄托关系性质而引发的实际情况来进行调整。这里的“实际情况”包括受寄托人的技能或受寄托人相关信息所暗示的其具有的技能。尽管上文中讨论的美国个案并未明确考察报酬和技能之间的关系，但 *Preston* 案指明，行为人实际具有的技能应该被纳入“无偿”寄托关系的考察范围。而在英国 19 世纪的寄托法中，依据信托关系的不同性质，存在两种不同的一般注意标准：针对有偿的寄托，以具有受寄托人技能的一般谨慎的人应施予的注意为标准；针对无偿的寄托，则以具有实际受寄托人所具备技能的一般谨慎的人应施予的注意为标准。

---

[120] See quote to note 39.

英国的标准强调受寄托人的技能,而美国“视具体情况而定的”标准则基本上涵盖了寄托关系的方方面面,其中也包括受寄托人的技能。决定寄托关系性质的关键情节以及对当事方的不同期待是英国标准不可回避的核心问题。换言之,一般注意不仅要依据行为人的技能进行调整,还需要考量寄托职能的性质以及履行这种职能的环境。在 1851 年的 *Austin and David* v. *The Manchester*, *Sheffield* 164
and Lincolnshire Railway Company 中,厄尔法官(Erle J)就指出,“所谓的过失是一个程度问题。在一种寄托关系中属于过失的行为,在另一种寄托关系中也可能根本无关紧要,因此有必要对特定寄托关系进行深入研究”。[121] 在英国,过失或者重大过失都指“未能施予同样情况下谨慎的人应当施予的一般注意”。[122] 美国的斯托里法官提出的观点同样适用于英国,“对同类性质的寄托关系的普遍处理方法……逐渐成为…… 勤勉注意的一般标准”。[123] 典型的例证就是法院会在类似但不完全相同的案件中适用寄托关系的原则,例如在旅店和顾客财产损失的案件中,涉案的服务(食宿)以及“受寄托人”(旅店老板)和“寄托人”(顾客)之间的关系是确定注意义务性

---

〔121〕 See (1851) 16 Queen's Bench Reports 600, 609.

〔122〕 See *Cashill* v. *Wright* (1856) 6 Elis and Blackburn 891, 899 (着重强调).

〔123〕 See *supra* note 31 at 10.

质的关键因素。[124] 这种观点极具重要性,它不仅有助于我们理解为什么要针对不同的情形适用不同的一般注意标准(包括公司领域的问题),还能解释为什么在适用一般注意标准的过程中,“施予与照管自身事务时同样的注意”这一标准从未真正得到应用。[125] 根据这种一般注意标准衡量行为人的行为时,所参照的照管自身事务的一般
165 主体并未脱离具体的语境。在美国的一般注意案件中,法院往往不会适用“施予与照管自身事务时同样的注意”这种标准,而总是会考量“具体的情况”。和美国一样,在英国,无论是无偿受寄托人还是有偿受寄托人,其需要满足的注意标准都需要依据具体的寄托关系进行调整。

但和美国形成鲜明对比的是,英国的寄托法并没有假设一个与目标受寄托人无关的主体,并以该主体为标准来界定注意的较低基准。这应和了主流的观点,即“重大过失”并不是一种标准,而是一个绰号或者标志。无论是在18世纪、19世纪还是20世纪,英国没有任

---

〔124〕 比如,在 *Dansey* v. *Richardson* (1854) 案中,照管的标准是通过比较旅店老板和寄宿家庭老板在寄托关系中的角色来确定的:“更重要、更有争议的问题是:在这种情况下,怎样的注意程度是合情合理的,以及被告是否履行了她应尽的义务。如果我们仅从原则性的角度考虑旅店老板和寄宿家庭的情况,后者至少要像前者一样照管客人的物品。不管我是住在旅店,还是住在寄宿家庭,一般来说,我的物品都会明确地交予屋主,在这两种情况下,物品的照管是我作为客人住在那里的附带条件,而这是为了获得有价值的报酬(而这也是考虑到旅店和寄宿家庭会获得有价值的报酬);而对于旅店老板而言,在没有任何合法理由(拒绝)的情况下,其必须接待我,而这种情况在寄宿家庭中并不存在。接收我入屋居住完全是基于一份自愿的合同,其中接收我的物品是这个合同的必要组成部分(因为若我住在房子里而不能带上我的衣服和个人生活用品,那是非常荒谬的);在此,我当然就要支付对应的报酬。我不知道在衡量这些情况所导致的责任时,是否有必要根据霍尔特法官在 *Coggs* 案中列举的五个方面中的任何一个来减轻责任;也许没有明确或独立的寄托关系可以根据其中上述任何一项来减轻责任。”(at 158 - 159, 着重强调)

〔125〕 See *Wilson* v. *Brett supra* note 114.

何一起寄托案件引用了任何客观的重大过失标准(例如,琼斯提出的“疏忽大意者”标准或斯托里提出的“最疏忽者”标准)。同样地,英国寄托法也没有假定欺诈、恶意和重大过失之间存在任何的一致性,且从未试图将重大过失与“轻率忽视”或“故意漠视”画等号。事实上,英国普通法规定,“普通法不允许出现‘重大过失相当于故意’这种准则”,因为若支持这种准则,就代表重大过失可以等同于欺诈。[126]

在19世纪,英美两国经济体量相近,[127]也都因经济和工业的爆炸式增长产生了种种商业和政策问题,但阐释两国寄托法之间的区别并不是本书的旨趣所在。相反,本书着重研究和阐释董事注意义 166
务的发展历程。在此过程中,我们需要研究寄托法中的注意标准和概念,以此来构建董事义务的框架,后文会对此展开详细论述。在这方面,有两种相互关联的因素值得我们注意:需要注意的第一个因素

---

〔126〕 See *Armitage* v. *Nurse* [1980] Ch. 515 at [253E] *per* Millet LJ. 关于英国法律中过失等同问题的详述,见第239~240页。然而,值得注意的是,与米利特法官(Millett LJ)在*Armitage*案中的立场相反,霍尔特法官在*Coggs*案中提出了重大过失和欺诈之间的关系,他指出:“如果他照管着寄托给他的物品,但就像照管自己的物品一样,尽管他对自己物品的照管有所疏忽,也不应为此负责。正因他如照管自己的东西一样照管他人物品,这是他诚实的证明。”在18世纪早期到中期,也有几个不同的非寄托案件采用了这一观点,其中一些案件将在第八章关于英国的董事注意义务的第239~240页中予以讨论。我们还应注意到,在*Giblin* v. *McMullen* (1867–69) L. R. 2 P. C. 317一案中,律师也提及了此种关系。See further Getzler, *supra* note 9.

〔127〕 这是一个极其粗略的估计,涉及19世纪上半叶英国较多的人口和较高的人均GDP,这两者在本世纪末都被逆转了。See Robert E. Galman, *Gross National Product in the United States, 1834–1909* (NBER Paper, 1909, available at www. nber. org/chapters/c1565. pdf) 5; Stephen Broadberry and Mary O'Mahoney, *Britain's Twentieth Century Productivity Performance in International Perspective*, in Nicholas F. R Crafts, Ian Gazerly and Andrew Newell, *Work and Pay in 20th Century Britain*, Oxford University Press, 2007, *supra* note 30.

是两本英文的寄托法著作(分别是琼斯的《论寄托法》和斯托里的《寄托法评论》)在英美影响力的巨大差异。如上所述,琼斯的著作之所以能够在美国产生巨大影响,很大程度上是因为斯托里在自己的著作中对其大加赞誉,而斯托里本人正是美国19世纪最具影响力的法学家之一。而在英国,琼斯的著作只在面世之初得到了一定的反响,仅有极个别案件引用了其论述:如上所述,*Shiells* 案适用了琼斯对无偿受寄托人一般注意标准的观点。而英国案件引用斯托里的《寄托法评论》的数量远超琼斯的《论寄托法》,但并不涉及引用其对"重大过失"进行定义的观点。正是美国对琼斯著作的关注和推崇催生了"疏忽大意者"标准和"重大过失"等于轻率或近似欺诈这些客观但不同的标准。

对此需要注意的另一个因素是,美国在制定注意标准的过程中,将"报酬"而不是"承诺"作为首要的道德驱动因素,这大概也是琼斯的重大过失观点能够在美国盛行的原因。如上所述,早期美国的案件大多围绕"疏忽大意者"标准和"重大过失相当于欺诈"的观点展开,例如 *Tompkins* v. *Saltmarsh* 和 *McNabb* 案,这类案件往往将承诺作为相关考量因素,但承诺的重要性远不如报酬。与美国截然不同的是,无论是最早的 *Coggs* 案还是后来的 *Shiells* 案、*Wilson* 案和 *Beal* 案,英国的案件虽然将报酬作为相关考量因素,但受寄托人作出的承诺始终是法院确定注意标准的决定性因素。对于这种差异,任何的解释都只是猜测。我们只能从比较文化入手。在19世纪,与英国相较,美国在文化层面上是否更倾向于从经济角度(事务性报酬)理解各种关系(无论是法律制度内的关系还是法律制度外的关系)?美国寄托法是否是受到了美式商品化的人际义务和关系的影响,因而才诞生了这种以报酬为准的注意标准？正是这种报酬导向的注意标准提高了司法机构的包容度，令其在无偿的寄托关系中接受适用不同的较低水平的重大过失标准，同时促使早期的法官更容 167
易接受琼斯的观点。当然，这一问题显然超出了本书的研究范围，要想给出令人信服的答案，尚任重道远。然而，从美国 19 世纪的史学研究和同时期的民族志研究中可以发现，交换和报酬是有着明显不同的文化优先级的，尤其是在法律文化层面的优先级。当然，在 18 世纪早期，戈登·伍德(Gordon Wood)等史学家就指出，美国人“总是喜欢讨价还价，把自己所有的所有东西都当成商品”，“一切以金钱至上”。伍德还指出，“游历到美国的英国人对这种商品化行为大为震惊”。[128] 事实上，正如约翰·托马西(John Tomasi)所述，这种新的商品化、交易和交换自由是“美国观念”的一部分，是对美国立国理念——“人人生而平等”——的一种“文化解读”。[129] 约翰·托马西指出，“这是一种平等观念，基于平等法律主体之间的商业交换”。[130] 类似的例子还有 1904 年索尔斯坦·凡勃伦(Thorstein Veblen)在其著作《企业论》(The Theory of the Business Enterprise)中提出的观点：这种社会生活的商品化在日复一日地影响着法律思维：

---

〔128〕 See Gordon S. Wood, *Empire of Liberty*: *A History of the Early Republic*, 1789 - 1815, Oxford University Press, 2009, p. 354. See also Michael Zakim and Gary J. Kirnblith (eds), *Capitalism Takes Command*: *The Social Transformation of Nineteenth Century America* (University of Chicago Press, 2012) at 1. 该书提出 19 世纪是美国“买卖变得迫切、普遍和有效的时候，交换关系成为社会交往的主导模式，同样也主导了社会思想”。

〔129〕 See Declaration of Independence 1776.

〔130〕 See John Tomasi, *Free Market Fairness* (Princeton University Press, 2012) at 16.

> 天赋(金钱)自由权的原则在美国被奉为圭臬,且在法律思维中是无可置疑的铁律。再没有哪个国家像美利坚一样如此坚定地维护金钱义务的神圣地位,金钱义务甚至成为了唯一一种制裁与常识不符的义务。在美国,无论义务和主张多么纷繁复杂,都可以用金钱衡量,也可以通过金钱方式来解决。而艺术家、演员、牧师、作家、科学家和官员的受尊重程度在某种程度上也是以他们能够赚到多少钱来衡量的。[131]

168 考虑到美国这种社会生活的商品化对法律思维的影响,可以说,美国寄托注意法学中的报酬导向、诸如“疏忽大意者”标准等重大过失低标准的重要影响以及美国寄托法与英国寄托法的不同之处在一定程度上都源于这种“美国观念”。

五、受托人注意标准

受托人的注意标准与受寄托人的注意义务截然不同,无论是在英国还是在美国,受托人的注意标准自始至终都是十分稳定的,并无太多分歧和变动。虽然受政策压力影响,受托人的注意标准时有软化,但客观的一般注意标准(谨慎的人照管自身事务时施予的注意)可谓得到了一以贯之的适用。无论在英国还是美国,信托法规定的

---

〔131〕 Thorstein Veblen, *The Theory of Business Enterprise* (Charles Scribners Sons, 1904), p. 272 – 273 (着重强调).

注意义务都没有出现三重或双重结构。此外,尽管在有些信托案件中,法院会不时地引用重大过失的概念,但通常情况下,它的使用方式与客观的一般注意标准并不一样。[132] 虽然在早期也产生了主观标准的萌芽,[133]但很快它就被融入进客观注意标准中。

大法官哈德威克在 1747 年和 1754 年作出的两项判决为英美两国的受托人注意标准奠定了基础。在这两个案件中,受托人向第三方授予信托资金,但该第三方随后破产。案件争议的焦点在于是否需要追究受托人责任。第一个案件是 *Knight* 案,[134]美国法院时常引用该案来强调不应追究出于"善心"而施予善意、作出自愿行为的受托人的责任。哈德威克法官指出:

> 若受托人行为不存在恶意,即故意的成分,则法院通常会支持受托人。因为信托是维系人与人之间关系的必要职 169
> 务,如果受托人能够忠实履行信托职责且不留任何后患,那么无论对谁而言,接受这一职务都是一大善举;如果增加不必要的麻烦,让受托人对其无法预知、因而无法预防的损失负责,这样一来,任何人都不会愿意担任受托人,因为这样只会吃力不讨好。

---

〔132〕 尽管 *Hardens* v. *Parsons* (1758) 1 Eden 145, 146 中提到"没有人可以要求或有理由期待受托人像管理自己的财产那样小心谨慎。因此,审理此类案件的真正标准是,受托人是否有违反信托的行为。如果他犯有重大过失,其后果与欺诈一样严重,这就是违反了信托"。艾尔顿大法官(Lord Eldon)在 *Walker* v. *Symonds* (1818) 3 Swanston 1 中不以为然地称这份判决"从很多方面而言都是本院关于信托裁判史上一份奇特的文件"。

〔133〕 See *Jones* v. *Lewis* (1751) 2 Vesey Senior 24.

〔134〕 3 AKT. 480 S. C. (1747).

当然,这一表述与注意标准并无关联,而仅仅明确了在信托的执行过程中,法律要求受托人为受益人之利益善意行事。单独来看,这一表述是支持受托人不负有单独的注意义务这种观点的。但若我们仔细推敲一下,就会发现答案截然相反。该案被告受托人用信托资金向债权人支付款项,该债权人表面上有偿付能力,但其实际却已经破产,法院在认定被告受托人无须承担责任的过程中,过分夸大了受托人"谨慎"行事的事实。在7年之后的 *Ex parte Belchier*(以下简称 *Belchier* 案)中,[135]哈德威克法官不仅肯定了法律对受托人施加苛刻义务的关注,还对注意标准作出了更为清晰准确的阐述。在其看来,法院制定这样的规则并不是为了"威吓为他人利益而非自身利益行事的主体"。该案中的被告受托人雇用了一名经纪人。在资产出售之后,破产的经纪人并没有将出售资产所得的资金上交,而是自己持有。原告主张由被告受托人承担相应的损失。法院驳回了原告的主张,指出:"若受托人像处理自身事务一样谨慎行事,并遵守了行业管理规则",则"其无需对造成的损失承担责任"。

虽然这些案例都不能说明注意标准就是客观的一般注意标准,但该标准的必要特质在这些案件中得到了充分的体现,最典型的就是 *Belchier* 案和"行业惯例"观点。在后续的案件中,英国和美国的法院对这一观点进行了不断的完善和发展。19世纪宾夕法尼亚州的信托法学就是典型的例证之一。在1829年的 *Konigmacher* v. *Kimmel* 中,[136]受托人出借了部分信托资金,但并未收取担保。宾夕法尼亚州最高法院大篇幅地引用了 *Knight* 案和 *Belchier* 案,并指出,

---

〔135〕 (1754) Ambler 218.

〔136〕 1 Pen. & W. 207 (1829).

法院是支持“若受托人像谨慎的人照管自身事务一样地处理信托事务，则通常情况下，其无需为这样的行为承担责任”这种观点的。法院认定，宾夕法尼亚州法律对受托人的期待是“具有一般的技能、一般的谨慎和一般的注意”，法律适用的焦点问题在于要求其提供担保是否属于行业惯例。有趣的是，在后面的判决中，法院提出受托人需 170
要为“重大过失”承担责任，通常认为“重大过失”指的是未能“像照管个人事务一样照管他人事务”。[137] 到了19世纪末，我们发现，宾夕法尼亚州最高法院又一次引用了 *Knight* 案来支持这一观点，即“从古至今，适用这些原则的案件可谓不胜枚举”。[138] 法院支持的标准是“受托人必须施予一般谨慎的人在实际照管自身财产的过程中施予的勤勉和注意”，而在判断当事人是否符合这一标准时，则需以“精明谨慎的生意人这一群体”的普遍行为为标准。[139] 哈德威克法官曾提出，不要以严苛的标准威吓受托人。在19世纪，宾夕法尼亚州的法院大多支持这一观点。[140] 然而，这种对于“威吓”的担忧并没能改变标准本身(一般过失标准)。

纽约州法院同样适用清楚客观的一般注意标准。在1867年的 *King* v. *Talbot* 中，[141] 纽约州上诉法院驳回了勒温在《信托法》中提出

[137] 着重强调。

[138] See *In re Bartol* 182 Pa. 407 (1897).

[139] Ibid. at 411.

[140] See, e. g., *Calhoun's Estate* 6 Watts 185 (1837) quoting Lord Hardwicke on *Knight* on this point.

[141] 40 N. Y. 76 (1869).

的建议——注意标准是一项“主观标准”[142]，并未认定注意就是“受托人将信托事务当作自身事务”。上诉法院认为，若适用上述标准，即便受托人施予的注意低于“一般谨慎的人在照管自身事务时施予的注意”，其也可能逃脱责任，这并不符合纽约州法律的精神。[143] 审理 *King* v. *Talbot* 的法院进一步指出，“无论是对于纽约州的法院还是美国其他任何一个州的法院，无论措辞和表达方式怎么变化”，这种标准都是一致的。事实上，从 19 世纪早期到现在，各州判例法中适用受托人一般注意标准的案件可谓众多。[144]

171 即便受托人和无偿受寄托人一样，是出于“善意”履行职责且没有收取任何报酬，但在所有信托案件中，都从未有人试图提出一个较低的注意基准，例如寄托法中的“疏忽大意者”重大过失标准、“近似欺诈”重大过失标准或“轻率忽视”重大过失标准。斯托里在其《论衡平法》中对此扼腕叹息。针对“无偿”这一因素，他强调：

> 鉴于受托人是单纯出于荣誉、良心、友情或人性关怀来履行信托职责的，且在没有明示或默示规定的情况下，受托人本身无权就自己提供的服务获得任何报酬，那么依据寄托关系中适用的类似原则，受托人只需要善意行事并履行

---

[142] 引用 Thomas Lewin *A Practical Treatise On the Law of Trusts* (Maxwell, 4th edn) at 332，大意是“受托人有义务为受益人的利益尽到同样的注意和关怀，就像他会为自己做的那样，但法院不会要求他尽更大程度的注意义务”。

[143] 1970 年，纽约将这一规则编入《纽约审慎投资者法案》。See *In re JP Morgan Chase Bank NA* N. Y. S. 2d 636 (2013). *In re HSBC Bank USA*, *N. A.* 947 N. Y. S. 2d 292.

[144] See, for example: *Harvard College and Massachusetts General Hospital* v. *Amory* 26 Mass. 466 (1830); *Bryan* v. *Mulligan* 2 Hill Eq. 361 (1835); *Johnson* v. *Herron* 33 So. 3d 1160 (2009); *In re Schwan* 1996 *Great* 709 N. W. 2d 849 (2006).

> 合理注意，便和无偿受寄托人一样，只需对重大过失承担责任。然而，我们很难确定衡平法院在实践中是否会依据这种规则对受托人的责任进行限制或基于此项规则考察相关案件事实。[145]

斯托里认为，两者的区别在于职责的性质不同，且信托通常适用于非商业的情境中，因此事务性无偿/低注意标准关系就无关紧要。读者应该会联想到霍尔特法官在 *Coggs* 案中，关于寄托关系中无偿受寄托人和委托关系中无偿受寄托人之间的区别阐述。在委托关系中，尽管受寄托人同样没有收取报酬，但其承诺会履行某种职责，该承诺就会引起更严格的注意义务，对于霍尔特法官而言这就是一般注意标准；而对于 *Shiells* 案的拉夫伯勒法官而言，这就是以技能为导向的一般注意标准（视受寄托人具体情况和专业背景而定）。当然，受托人也承诺履行信托职责（事实上，受托人的信托职责往往比委托关系中受寄托人的职责更具保护性），因此，即便法院已经注意到过于严格的标准一定会适得其反，仍会选择对受托人适用更严格的注意标准。

英国关于受托人注意义务的观点与美国大同小异，本书将不进行过多的赘述。普通法中的注意标准就是一般谨慎的人施予自身事务的注意标准，简言之就是一般谨慎代理人标准。英国如今适用的注意标准形成于 19 世纪后期，最具代表性的案例就是 1833 年的 *Speight* v. *Gaunt* 和 1886 年的 *Whiteley* v. *Learoyd*，这两个案件都清楚地指明，最早提出注意标准的案件是 *Belchier* 案。在 *Speight* v. *Gaunt* 172

[145] Joseph Story, *Commentaries On Equity Jurisprudence* (4th edn), Boston: Charles C. Little & James Brown, 1846, Vol. Ⅱ, p. 701 – 702.

中,杰赛尔法官对注意标准作出了如下论述:

> 在本院看来,按照一般原则,受托人应当像一般谨慎的代理人照管自身事务一样照管信托事宜……无论是要求受托人施予超出一般谨慎代理人可能施予的注意,还是要求其按照其他方式处理信托事宜,都是不合理的。[146]

和美国一样,*Belchier* 案之后的案件都强调了哈德威克法官提出的关于"严格标准"的负面影响问题和受托人履行信托职责的追责问题之间的冲突。在 *Speight* v. *Gaunt* 中,上议院的布莱克本法官(Lord Blackburn)指出:"要求受托人比一般代理人更为谨慎不仅不合理,还会造成不必要的麻烦。"[147] 在该案的上诉阶段,上诉法院的杰赛尔法官指出,若适用更高的标准,那么"再不会有人愿意担任受托人了"。此外,他还强调,在适用一般代理人标准时,疑点利益应当归于受托人:

> 本院一向认为,若忠实的受托人积极热心地履行自己的义务,全心全意地为信托财产着想,那么除非受益人有确凿的反证,否则就不应当滥用法律来针对受托人、要求受托人为其行为和其所做的自认为是符合自身职责的事承担责任。换言之,在本院和副大法官看来,本案的原告绞尽脑汁地找理由要受托人承担责任的行为反而将疑点利益推向了

[146] (1883) 22 Ch. D. 727, 739.
[147] (1883) 9 App. Cas. 1, 20.

被告受托人一方。[148]

在杰赛尔法官看来，一般代理人标准是一种相对委婉的、更为严格的标准，对受托人的威吓程度并没有那么高。然而，对于受托人追责问题，其他法院远比杰赛尔法官更为敏锐。举例而言，在 *Whiteley* v. *Learoyd* 中，林德利法官（同为 *Speight* v. *Gaunt* 的法官）指出，在适用注意标准时，法院必须时刻谨记“受托人使用的是信托资金这一事实”。出于该原因，林德利法官对适用于信托关系中的注意标准作出了轻微的调整：受托人要施予的注意不仅仅是一般谨慎的人在照管 173
自身事务时施予的注意，而是“一般谨慎的人在替他认为对其负有道德义务的人处理投资事宜时施予的注意”。[149] 在其看来，若忽略了这一细节，则受托人需要满足的注意标准就过低了。尽管知道适用过于严格的注意标准会引发什么后果，但在林德利法官看来，受托人承诺履行信托职责，即便没有报酬，也意味着其必须满足法律对受托人履行注意的期待。对于这一问题，他指出：

> 一方面，法院不应当鼓励注意标准的放松或缺失；另一方面，法院也不应当把忠实受托人等同于财物的保管人，以此提高担任受托人的门槛。[150]

在 2000 年《受托人法案》编纂出台之前，英国一直适用的是这种

〔148〕 *Supra* note 146 at 746.

〔149〕 See *In re Whiteley* v. *Learoyd* (1886) 33 Ch. D 347, 355.

〔150〕 Ibid. at 357.

一般谨慎代理人标准。该法案正式对此标准进行了修改,规定若受托人主张自己具有超出一般谨慎的人的技能和经验,则应视为其具有该技能和经验。[151] 法律委员作出这一规定的理由是这一规定与英国法的精神内核相一致。然而,只有20世纪晚期的一个案例明确支持这一主张,[152]涉案的当事人是一家专业的信托公司。值得注意的是,注意标准这一现代变体,相比于寄托法,在19世纪和20世纪早期的信托法中,并未出现注意标准的适用应以有争议的受托人自身技能为依据的这种观点。这意味着,即便受托人个人技能低于平均水准,其需要达到的注意标准仍旧是一般代理人要达到的注意标准,对其要求的注意标准并不会因其技能水平的不足而有所降低。

---

〔151〕 See Section 1 Trustee Act 2000.

〔152〕 See *Bartlett* v. *Barclays Bank Trust Co. Ltd.* [1980] Ch. 515. 在 *National Trustees Company of Australasia* v. *General Finance Company* [1905] A. C. 373 一案中或许可以找到一些额外的依据,尽管它涉及根据法定赔偿条款进行赔偿的合理性。亦参见科顿法官在 *In re Whiteley supra* note 149 at 350 – 351 中拒绝技术导向:"我无法同意这样的观点……你必须考虑受托人是否具有特殊技能和能力……他必须像一个普通人那样被对待。"

第六章　美国董事注意义务的渊源 174

一、纽约州的董事注意义务

(一)相互冲突的权威案例

纽约州和其他一些州的董事注意义务最早可以追溯至1832年的两起案件。第一起案件是纽约州衡平法院审理的*Scott*案,[1]该案的副大法官认为应适用一般注意标准。第二起案件是*Robinson*案,[2]该案同样由衡平法院审理,大法官沃尔沃斯(Chancellor Walworth)则指出,适用于被告董事的是重大过失标准。2起案件之间并无相互引用。

在*Scott*案中,被告是一家大型保险公司的董事。公司名为国家保险公司,是一家于1815年特许设立的公司。该公司董事会由18名成员组成,法院认为公司董事"在行业内拥有丰富的知识储备和经

[1] 6 N. Y. Ch. Ann. 229 (1832)(Westlaw记录的此裁判日期为1832年1月1日).

[2] 3 Paige Ch. 222 (1832)(此裁判日期为1832年4月17日).

验,且在社会和公共关系方面正直老练”,因此是“具有高素质的”董事。原告股东主张,公司秘书有欺诈和挪用公司资产的行为,对公司造成了损失,而由于董事未能对公司秘书的行为施予有效的监督,因此违反了其对公司负有的注意义务。对于法院而言,该案的焦点问题是:“在此类机构中,董事需要达到何种程度的注意才算合格?具备哪些因素即构成过失?过失达到何种程度才能追究董事责任?”然而,在审理之初,法院也是凭第一印象判断,并未引用任何权威案例。针对董事的监督义务,副大法官指出:

> 175 据我所知,并没有哪条法律规定要求公司的董事长或董事建立一套“间谍”制度来监视自己的下属……在没有反证的情况下,必须假设自己的下属忠实履行自身职责。此外,法律从不要求雇主在没有明确理由的情况下抱着嫉妒和怀疑的态度对待雇员,除非雇主发现了某种情形足以令其可以合理质疑雇员的忠实。若雇主未能发现此种情形,并因此导致损失,就应当适用不同的规则。

法院亦承认,对于注意问题,这样的观点有避重就轻之嫌。真正的问题应该是:要按照什么样的注意标准才能确定雇员有嫌疑?在发现足以令人质疑公司职员和董事的正直与忠实的可疑信息时,董事应施予怎样的注意?因此,法院开始对“过失的程度(将使指控成立的程度)”进行考察。为了能够较为准确地对过失的程度进行判断,法院参考了受托人和有偿寄托关系的过失规定。起初,法院提出:

> 担任公司董事或管理者的人相当于受托人，其与公司股东的关系就相当于受托人与信托资产受益人之间的关系。

对于副大法官而言，由于董事“接受了委任，至少负有和受托人一样的责任”，因此具有类似于受托人的保护性职责。但在后续的审理过程中，法院并没有参考受托人需要履行的注意义务标准，即这一时期英美两国共同适用的一般注意标准——尽管这一时期鲜少有权威案例支持这一主张。[3] 相反，法院规定，“本案不适用信托法规则，必须依据寄托法中的其他规则”。虽然法院将董事类比为受托人，但在衡平法院看来，要理解信托的性质，以寄托关系为参考是再好不过的方法，因为寄托能够“更好地阐释董事承担的受托责任”。[4] 总而言之，我们应当将董事理解为“公司所有财产的受寄托人”。

若将考察的重点从受托人或受益人关系转移到寄托的核心特质上，就会发现，相比于直接借鉴信托法，将董事类比为寄托关系中的
受寄托人更为合理。受寄托人可持有资产，并承诺就寄托资产履行 176
某种义务，但无论是持有还是承诺，受寄托人都对资产不享有任何所有人权益。与之相反，信托受托人对其持有的财产是享有所有人权益的：法定所有权。董事是接受指令来管理他人（公司）所有的资产的，因此董事更类似于受寄托人而非信托受托人。如此看来，相比信

〔3〕 See cases discussed at p. 169 – 170.

〔4〕 原文强调。

托，寄托能够“更好地阐释董事承担的受托责任”，[5]下文我们会看到，在*Scott*案之后，纽约州、宾夕法尼亚州以及新泽西州的法院在对董事职责作类比选择时，都深受这种董事—受寄托人类比的影响。

然而，由于董事“通常持有公司股份，与公司存在利益关系”，[6] *Scott*案的副大法官认为，相比无偿受寄托人，董事其实更类似于有偿受寄托人。因此，该法院适用的注意标准就是一般过失标准，即“未能施予具有一般谨慎的人照管自身事务时施予的注意”。我们知道，在寄托和信托情境中，这种标准常用来代表具体职责和情形中注意的平均或一般水准。如此一来，“若董事采用了常用的、统一的方法，且这种方法不仅是公司常用的方法，也是其他银行惯例，则不可对其提起过失控诉”。[7] 随后，法院又对保险公司“惯常的”和“一般的”董事职责实践进行了考察，包括月度董事会议以及在分红之前制作会计记录和制定公司事务调查程序（审查委员会）。[8] 因此法院最终得出结论：董事并未违反这一标准。最后还有一点需要注意，虽然对于法院的一般注意裁定而言，董事—受寄托人这一类比发挥了关键作用，但在实践中，信托关系类比同样具有参考价值。由于董事的承诺类似于信托受托人的保护职能，因此令法官更加坚定自己的结论，即不应对该案适用重大过失标准。

---

〔5〕 感谢乔·斯普纳（Joe Spooner）鼓励我思考寄托与信托之间的产权差异。

〔6〕 原文强调。

〔7〕 引用 *Manhattan Company* v. *Lydig* 4J. R. 347（1809）的案例，其中法院假定该标准为一般注意标准。

〔8〕 对这方面，审理*Scott*案的法院指出，重要的是“保险公司董事通常要做的事情”；“在经营管理最佳的海事公司中，董事月度会议被认为是必须召开的”；以及“因此据称已履行的职责是董事长和董事的一般职责”。

> 若降低对董事的要求，则相当于放宽了对董事应负的 177
> 义务，无法有效约束董事对托付给他们的利益施予应有的谨慎和注意，令其只需要对重大过失承担责任，而这种重大过失和欺诈相差无几。[9]

另一基础性案件为 *Robinson* 案，该案同样发生在1832年。涉案的是一家以煤矿开采与销售为主业的公司，但该公司后来转型成了一家投资公司。大法官沃尔沃斯指出，只有在出现以下任一情节时，才能要求董事"承担责任"：一是"董事故意滥用信托职权或滥用公司资金"；二是"因董事在履行信托义务的过程中存在重大过失或疏忽，导致公司资金或财产损失或浪费"。然而，和 *Scott* 案不同的是，法院并未对为何要适用重大过失标准以及应当如何适用这种标准作出任何解释。然而，却可从"重大疏忽"这种表述中探查一些蛛丝马迹。正如第五章对美国无偿受寄托人所负注意义务的阐述，许多法院都采用了威廉·琼斯对重大疏忽的客观解释，即比"疏忽大意者"所能施予的注意还低水平的注意。法院在 *Robinson* 案中使用"疏忽"这样的表述，说明其适用的是无偿受寄托人的注意标准。"重大过失和疏忽"这种表述还可能来源于1742年英国的 *Charitable Corporation* 案，[10] 涉案的是一家特许公司。审理 *Charitable Corporation* 案并作出判决的是哈德威克法官，他同时也是 *Knight* 案和 *In re Belchier* 案的主审法官，其对这两个案件所作出的判决奠定

---

〔9〕 *Supra* note at 1(原文强调).

〔10〕 2 ATK. 400 (1742). 此案例亦已在第一章中讨论，我们在该章中考虑了 *Charitable Corporate* 一案对善意行使受委托权力的要求所采取的立场。

了英美两国受托人一般注意标准的基础。然而，大法官沃尔沃斯引用哈德威克法官对 *Charitable Corporation* 案所作的判决却是为了阐释法院对提供救济是否具有管辖权，而非为了说明其判决适用的注意标准。针对注意标准，*Charitable Corporation* 案的情况非常复杂，想要进行透彻的解读并非易事。而在下文我们讨论的一些案例中，审理法院都援引了这一案件作为权威案例，但它们支持的对象却是不同的，有的选择适用重大过失标准，有的则支持适用一般注意标准。尽管该案同时提及了董事的"重大过失"和"重大疏忽"，但哈德威克法官指出，"由于委员（董事）接受了这种信托职责，因此有义务在履行职责的过程中尽忠职守，施予合理的勤勉注意"。他引用 *Coggs* 案并进一步指出：

178 根本没有理由说董事没有从这种关系中获益，仅是名誉而已；因此，就应当将他们归为普通的受托人。[11]

对 *Charitable Corporation* 案更透彻的解读应该是：董事应当满足一般注意标准，即一般代理人标准，相当于 *Belchier* 案中的受托人或 *Coggs* 案中的无偿受托人。但在 *Robinson* 案中，大法官沃尔沃斯却将 *Charitable Corporation* 案解读为采用重大过失和疏忽标准的权威案例。

Scott 案和 *Robinson* 案推动了纽约州两种相互独立又相互矛盾的判例法产生。安吉尔和埃姆斯在其极具影响力的公司法论文中采

---

〔11〕 Ibid. at 404（原文强调）.

用了 *Scott* 案的观点，提出“董事通常持有公司的股份，他们照管公司资产不仅惠及股东，也益于自身”，因此应当适用一般注意标准。[12] 后续一系列的案件都认可这一标准，最典型的案例就是纽约州上诉法院于 1880 年审理的 *Hun* v. *Cary*（以下简称 *Hun* 案）。[13] 在该案中，原告指控涉案破产银行的董事“未能施予法律规定的合理谨慎、注意和技能”，要求法院追究其责任。[14] 对此主张，法院认为，“董事是受托管理他人财产和业务的受托人”，“若其只在出现重大过失或疏忽的情况下才承担责任”，对于法院而言，这将是个“可怕的主张”。[15] 显然，“重大疏忽”这种表述是取自律师援引的 *Robinson* 案，但厄尔法官提出“自己并未发现能够支持这种观点的权威案例”，并援引 *Scott* 案认定应当适用一般注意标准。然而，对于上诉法院而言，要得出这种结论，参考的主要依据并非 *Scott* 案的有偿受托人标准（事实上，法院接受了董事无偿履职的主张），而是无偿受托人标准。法院援引斯托里《寄托法评论》一书，并指出：[16]

> 自愿担任董事职务的主体，接受了这一关系中的信任，像受托人一样对其所代表的主体作出承诺，承诺自身具有基本的知识和技能，这种承诺就意味着必须履行相应的职责……这与董事到底是有偿服务还是无偿服务根本

---

〔12〕 See Joseph K. Angell and Samuel Ames, *The Law of Private Corporations Aggregate* (3rd edn), Little and Brown, 1846, p. 307.

〔13〕 82 N. Y. 65 (1880); WL 10920 (1880).

〔14〕 WL 10920, 1, 7 (1880).

〔15〕 Ibid. at 4.

〔16〕 Ibid. at 5.

毫无干系。[17]

179 依据斯托里的这种观点,上诉法院适用了对"受托人"的传统理解。这一理解强调承诺,而非报酬,这与前述寄托案件中将重大过失等同于"疏忽大意者"或"近似欺诈"之标准的做法形成鲜明对比,其中"报酬"占据主导地位,"承诺"退居二线,因此"无偿受托人"和"无偿受寄托人"成了两个可以相互替换的表述。与琼斯和斯托里对受托人的理解一致,[18] 在 *Hun* 案中,作出承诺的条件是"必须具备特定的知识和技能",这种技能要求就是一般注意基准的一部分,就类似于对"专业人士"的要求。[19] 由于董事承诺会代表他人行事(即便他是无偿履职),因此适用的注意标准理当是一般注意,*Hun* 案支持这一观点,并援引 *Charitable Corporation* 案作为依据。[20] 且和 *Robinson* 案不同的是,*Hun* 案认为哈德威克法官提出的是一种一般注意标准,即使"董事无偿履职"。[21]

后续的一些案件也采用了 *Scott* 案和 *Hun* 案提出的一般注意观点,但通常不会对这一观点的来龙去脉进行考察。在纽约州上诉法院审理的 *Hanna* v. *Lyon* 中,原告主张涉案银行的治理存在问题,存在违反注意义务的情形。1901 年,法院指出,"本州对此有相关规定,金融公司的董事有义务施予一般谨慎的人照管自身事务时所施

---

〔17〕 Ibid. at 5 (原文强调).

〔18〕 See p. 147 – 148.

〔19〕 See *supra* note 13 at 5.

〔20〕 2 ATK. 400 (1742).

〔21〕 See *supra* note 13 at 4.

予的注意”。[22] 1918 年的 *Kavanaugh* v. *Gould* 同样涉及一家银行，在该案中，纽约州上诉法院适用了 *Hun* 案的一般注意标准，指出“董事可以信任他人，尊重惯例，但同时必须提供保护”。[23] 1942 年，在 *Simon* v. *Socony-Vacuum Oil Co.* 中，针对被告（涉案石油公司的董事），纽约州最高法院援引 *Scott* 案和 *Hun* 案指出，“对于公司，董事有义务在管理公司事务时施予合理的注意，这是基本原则；换言之，这里的合理注意就是一般谨慎的商人在照管自身事务时通常施予的注意”。[24] 在 *Casey* 案中，涉案的是伊利铁路公司（Erie Railroad 180
Company）。法院援引 *Hun* 案和 *Hanna* v. *Lyon* 指出，适用的注意标准就是“合理勤勉注意”标准。[25] 最后一个对这种注意标准进行溯源，以早期的案例作为其源流的案件就是 1959 年的 *Gilbert* v. *Burnside* 案。在该案中，原告主张被告在矿业公司出售的过程中违反了注意义务，法院援引了一般注意标准和 *Scott* 案，指出“早在 1833 年本州法律对此就有相应的规定”。[26]

除了作为一般注意标准的代表性案例之外，*Robinson* 案同时也

---

〔22〕 See 71 Bedell 107, 110 (1904). See also *Empire State Sav. Bank* v. *Beard* 30 N.Y.S. 756, 759 (1894); *Bloom* v. *National United Benefit Savings & Load Ass.* 30 N.Y.S. 700, 702 (1894); *Shout* v. *Conkey Ave. Saving, Aid & Loan Association* 32 N.Y.S. 713, 715 (1895); *Lattimer* v. *Buxton* 40 N.Y.S. 1033, 1039 (1896); *General Rubber Co.* v. *Benedict* 215 N.Y. 18 (1915); *Kavanaugh* v. *Gould* 223 N.Y. 103 (1918); *Bown* v. *Ramsdell* 227 A.D. 224, 225 (1929).

〔23〕 223 N.Y. 103, 105 (1918).

〔24〕 38 N.Y.S. 2d 270, 273 (1942).

〔25〕 49 N.Y.S. 2d 625, 642 (1944)，这是最早提及“商业判断规则”的案例之一，也是第一个考虑注意义务与该规则关系的案例之一。关于这一关系的论述，参见第三章和第四章。该案例最近于 2008 年在 *Hellman* v. *Hellman* 案中被援引。

〔26〕 See 197 N.Y.S. 2d 623, 632 (1959).

是纽约州判例法中"重大过失"案例的重要依据之一(尽管非主要依据)。然而,一般注意标准的相关案例明显深受普通法中长期存在的"报酬、承诺和保护"等因素的影响,"重大过失和疏忽"这一观点却与之截然不同。(正如 *Robinson* 案中)对"重大过失和疏忽"的陈述非常简单,仅仅援引其作为支撑,并没有对采用的标准和政策支持进行任何推理。令人费解的是,在 *Hun* 案之前 5 年和之后 2 年,纽约州上诉法院曾两次重申 *Robinson* 案的重大过失标准。在 *Excelsior Petroleum* v. *Lacey* 中,原告主张被告违反了其对一家制造企业应负有的注意义务,上诉法院驳回了原告的这一主张,但申明"若因重大过失造成了浪费或损失……法院会实施干预"。〔27〕 在 1882 年的 *Brinkerhoff* v. *Bostwick*(以下简称 *Brinkerhoff* 案)中,〔28〕原告主张银行董事违反了注意义务,上诉法院指出,"沃尔沃斯大法官在 *Robinson* 案中已经清楚说明了在什么样的情形下可以追究董事责任",并引用了"重大过失和疏忽"的相关表述。法院还指出,基于案件事实,该案的诉讼理由非常明确。这一时期下级州法院和联邦案件同样认定重大过失标准就是纽约州的注意标准。〔29〕

181 **(二)作为标签的重大过失标准**

一种理解是纽约州公司法是以重大过失来衡量董事的注意义务(或者说利用重大过失来桥接两类不同的权威案例),另一种解释就

---

〔27〕 18 Sickels 422, 426 (1875).

〔28〕 43 Sickels 52 (1882).

〔29〕 See *Hand* v. *Atlantic National Bank* 9 Abb N. Cas. 287 (1877); *Nelson* v. *Burrows* 9 Abb. N. Cas. (1881)(also a banking case); *Pierson* v. *Cronk* 26 Abb. N. Cas. 25 (1890); *O'Brien* v. *Ottenburg* 59 N. Y. S. 605, 606 (1894)(一个银行案件同时借鉴了 *Brinkerhof* 案和 *Robinson* 案的观点来支持重大过失标准); *Kavanaugh* v. *Wetmore* 103 A. D. 95 (1905)。

是将重大过失作为一种标志或诨名，即利用重大过失来描述因适用“具体情形导向”的单一标准而产生的低注意期待。美国寄托法对董事注意标准形成的影响可见一斑。

正如第五章所述，寄托法中对重大过失“具体情形导向”的理解来源于1789年英国的寄托案件（*Shiells* 案）。美国最高法院在19世纪末期的一些寄托案件中适用了此种方法，例如 *Lockwood* 案[30]和 *Preston* 案。[31] 在 *Lockwood* 案中，最高法院指出，“过失（无论我们怎么称呼）都意味着当事人未能施予当时情形下其应当施予的注意和技能”。在 *Preston* 案中，最高法院认为，“重大过失……是指当事人未能对财产施予当时情形下其应当施予的注意”。从这一视角来看，一般注意可以适用于董事，但应同时规定在实践中适用较低要求的注意标准，因为非管理型董事本身就没有报酬，或者报酬甚微，且对公司业务的了解亦非常有限。这种标准就可称为重大过失，尽管此前并没有先例说能否使用这种表述。在纽约州上诉法院审理的 *Wakeman* v. *Dalley*（以下简称 *Wakeman* 案）中，对 *Hun* 案作出判决的厄尔法官就董事的性质是如何催生出较低的注意标准给出了清晰的例证。针对非执行董事，他指出：

> 非执行董事和那些偶尔出席董事会议的人并无二致。由于他们是董事，为了能够对其提起欺诈诉讼，我们是不是必须要求他们了解公司的所有事务？若法律如此规定，那么担任铁路、银行、保险公司等大型公司的董事就变成了一

---

〔30〕 84 U. S. 357 (1873).

〔31〕 137 U. S. 604 (1891).

项极其危险的工作……非执行董事根本无法凭借自身努力且也没有能力和相应的知识背景去了解公司的真实状况。[32]

182 有些评论家指责 *Wakeman* 案过于宽容:“是对整个制度异乎寻常的控诉”。[33] 然而,美国最高法院在对著名的 *Briggs* v. *Spauding*(以下简称 *Briggs* 案)作出裁决时,*Wakeman* 案发挥了不可忽视的作用。在该案中,原告主张被告董事对纽约银行(水牛城第一国家银行)存在违反注意义务的行为。[34] 法院援引宾夕法尼亚州最高法院审理的 *Spering's Appeal* 案(我们在下文探讨宾夕法尼亚州法律时,将对此案进行深入讨论)进行了非一致性表决,最后以 5∶4 得出了多数人的意见。审理 *Spering's Appeal* 案[35]的沙尔伍德法官对适用于董事的职责类比范围进行了考察:

董事和股东之间到底存在怎样的关系从来都没有定论。当然,很多权威案例和著述都表示,对于股东而言,董事其实相当于是信托受托人。但在我看来,董事就是我们通常理解的代理人或者受寄托人,只不过需要对他人的财产施予相应的注意和管理。有一点非常确定,那就是董事并非严格意义上的信托受托人。他们只能被当作受托人,

---

[32] 6 Sikels 27 (1872).

[33] See Frederick Dwight, *Liability of Corporate Directors*, 17 Yale Law Journal 33 (1907).

[34] See 141 U. S. 132 (1891).

[35] See 71 Pa. 11 (1872).

> 即无偿承诺履行特定职责且因此有义务施予一般技能和勤勉注意的人。

受 *Spering's Appeal* 案引用的受托人和寄托的启发，审理 *Briggs* 案的最高法院随后在 *Lockwood* 案和 *Preston* 案中提出了自己的受寄托人注意理论。大多数研究者不仅关注 *Preston* 案对“没有报酬”后果的重要影响，[36]还对这些案件关于重大过失的理解（将重大过失作为一种标志）进行了考察。*Spering's Appeal* 案所适用的方法也为多数人理解这一标准创造了条件。如下所述，在 *Spering's Appeal* 案中，尽管呈前所引，案件起初适用了一般注意标准，但最后真正适用的却是重大过失标准。因此，在 *Briggs* 案中，“没有报酬”的相关性、[37]“重大过失”的标志以及 *Spering's Appeal* 案的情景与具体情形导向的寄托标准相互交织，最后生成了极低的注意基准。

在 *Briggs* 案中，原告主张董事会没有发现银行 CEO 挪用资金的行为，未能尽到监督职责。有些时候，个人董事似乎并未履行任何监督职责。举例而言，某位董事因身体不适，就“没有按规定到职办公”；某位董事主张自己只担任公司顾问的角色，且大家已就此达成 183
共识。[38] 在对一系列案件中的董事职责进行深入考察后，*Briggs* 案中多数人选择适用具体情形导向的标准，其考察的案件包括 *Wakeman* 案，该案强调非执行董事的局限性，并指出适用过于严苛的

---

〔36〕 See Chapter 5 at 154 – 155.

〔37〕 举例而言，法院指出，一名董事表示“他从未或期望从银行作为董事获得任何补偿或利益”。（*supra* note 34 at 157）

〔38〕 Ibid. at 157.

标准可能会阻碍董事会积极履职。因此,法院得出结论,受托人并没有违反自身义务,且其履职失败的原因并不在于"重大疏忽"。[39] 在1982年宾夕法尼亚州 *Swentzel* v. *Penn Bank*(以下简称 *Swentzel* 案)[40](详细信息请见下文)的一审中,法院强调了 *Briggs* 案中注意基准与重大过失标志之间的联系,提出若 *Briggs* 案中多数人的意见是正确的,那么"除非董事真的有欺诈行为或者从中获利,否则基本上没有哪个案件,法院能要求董事承担责任"。

Briggs 案的观点又在纽约州判例法中得到应用。举例而言,在1901年的 *Cassidy* v. *Uhlmann* 中,[41] 上诉法院强调"不能对董事义务进行精确的定义,因为在不同的情形中,义务的范围和程度也不同,且对所有董事适用一成不变的义务规定根本不现实"。在 *Kavanaugh* v. *Gould* 中,[42] 最高法院上诉法庭强调了"具体情形"的重要性,同时指出这一事实:"纽约州的商人应该是世界上最忙的人",因为他们很多都担任多家公司的董事,且自身利益也牵涉其中,"而这正是其首要利益所在"。法院表示,若不将这一情形纳入考量,"那么这些精明的生意人根本不可能接受董事这一职位"。[43] 然而,直至1940年,纽约州的法院才在 *Litwin* v. *Allen*[44] 中明确借鉴这种寄托法的方法,施因泰格法官(Justice Sheintag)援引 *Lockwood* 案指出,"董事需要根据具体情况施予对应的注意和技能",这一观点经细

---

[39] Ibid. at 165.

[40] 15 L. R. A. 305 (1892) *per* Ewing PJ.

[41] 170 N. Y. 505, 517 (1902).

[42] 131 N. Y. S. 1059, 1065 (1911).

[43] Ibid. 1065.

[44] 25 N. Y. S. 2d 667.

微调整后,作为 1961 年《纽约商业公司法》第 717 条的内容,正式成为成文法。[45]

(三)法律的人为干预:调解策略 184

在一般标准和重大过失标准的角逐时期中,下级法院在实践中不知到底应该适用哪种标准也属情有可原。在没有对二者进行合理区分的情况下,下级法院往往会无条件地沿用上诉法院审理的案件中所适用的其他注意标准,即 *Scott* 案和 *Hun* 案设立的注意标准,或者 *Robinson* 案和 *Brinkerhoff* 案设立的标准。如上所述,在一些案件中,作为"具体情形导向"标准的一般注意标准会衍生出较为宽松的注意基准(例如以重大过失作为标志的标准),但在其他案件中,例如著名的 *Hun* 案,一般注意标准和重大过失标准截然不同,且其严格程度远远高于重大过失标准。因此,这一时期的纽约州下级法院在决定适用哪种标准时就有了更大的操作空间,可以让法官更好地表达责任的公平性和适当性的观点,提高法官对董事会服务以及股东保护相关政策问题的接受能力。

在面临明显的标准冲突时,一些法官会按照不同标准的结果、政策以及职责类比偏好来作出二元选择。其他法官则可能选择尽量调

---

〔45〕 该条规定"董事和高级职员应善意地,且应以一般谨慎的人在类似情况、类似职位上会表现出的勤奋、谨慎和技能来履行其各自职位的职责"。See generally, Samuel Hoffman, *The Status of Shareholders and Directors under New York's Business Corporation Law: A Comparative View*, 11 Buffalo Law Review (1961). 霍夫曼强调了这样一个事实,即该成文法化的条文内涵并非指代表自己行事的一般谨慎的人。他认为这是对该标准的一次重大放宽。从某种意义上说,这是不正确的,法院从来没有把重点放在代表某人采取行动这一要素上,而是将其视为所涉情境中一般或通常行为的代理(参见 *Scott* v. *Depeyster*, 第 176 页)。然而,在另一个案件中它是正确的,因为它明显地承继了 *Swentzel* v. *Penn Bank* 的观点,详细讨论请见下文。

和标准之间的冲突，尽量使它们能够和谐共存。在纽约州的许多案件中，我们都能看到这种调解机制运作的痕迹。然而，将这种调解机制简单归因于两种相互冲突的方法或政策立场的理性融合并不恰当。更准确地说，它是董事与19世纪寄托法和信托法中不同受寄托人和受托人注意义务的构成因素相互结合的产物：董事收取报酬，但报酬并不丰厚；虽然作出承诺且负有保护义务，但相比信托受托人，董事所承担的风险范围虽有限但风险程度更大。换言之，这种调解机制是人为干预法律的结果：是董事职责与围绕在“报酬”与“承诺”组织的商业和保管关系中所注意的法律话语结构相互结合的产物。当然，这一制度本身并无法自主生成这种机制，更准确地说，是这种
185 话语结构促进了调解机制的产生。一言以蔽之，法律是具有自我反思能力的。

这一调解机制对行为标准、审查或责任标准进行了区分。如今，我们通常假定公司法已经对更高的行为标准与较低要求的审查标准进行了明确的区分。首先提出这一观点的是艾森伯格教授（Professor Eisenberg），[46] 随后被特拉华州司法机构所采纳，该州法学界人士在他们的司法外著作中对这一观点进行了深入的研究和阐述。[47] 通常认为，之所以要对两种标准进行区分，目的在于解决董事会服务及确定董事会冒险程度相关的政策问题。[48] 评论家们主

---

〔46〕 See Melvin A. Eisenberg, *The Divergence of Standards of Conduct and Standards of Review in Corporate Law*, 62 Fordham Law Review 467 (1993).

〔47〕 See William T. Allen, Jack B. Jacobs, Leo E. Strine, *Function over Form: A Reassessment of Standards of Review in Delaware Corporation Law*, 56 Business Lawyer 1287 (2001).

〔48〕 Ibid. at 1296.

张,这种区分与商业判断和注意也有关系。若商业判断和注意是行为标准,则董事需要作出理性决策,制定合理的决策程序;若商业判断和注意是审查标准,则董事需要作出理性判断,避免重大过失。[49] 在司法裁判领域,特拉华州判例法是最早支持对标准进行如此区分的。[50] 然而,在注意领域(虽然并没有很强的影响力),纽约州和其他一些州的确在调和不同注意标准的观点冲突时对行为和审查进行了区分,相关的案例包括 *Scott* 案、*Hun* 案、*Robinson* 案及其衍生案件。但有趣的是,之所以会产生这种区分,可以说只是 *Robinson* 案无心插柳而已,该案指出,只有在董事的重大过失或疏忽给公司造成损失时才能追究他们的"责任"。举例而言,在 1894 年的 *Schout* v. *Conkey Ave. Saving Aid & Loan Association* 中,法院援引了 *Robinson* 案和 *Hun* 案,规定董事"必须对公司事务施予"一般注意(行为标准),但股东"有权要求董事对严重失职承担个人责任"。[51] 同样地,在 *Hanna* v. *People's National Bank of Salem* 中,[52] 法院援引 *Robinson* 案、*Brinkerhoff* 案和 *Hun* 案,指出董事"有义务"施予一般注 186
意,且若其因"重大过失"违反董事职责,则不可"免于承担责任"。此外,在 *Clayton* v. *Farish* 中,[53] 法院认定,董事"原本应当施予"一般注意,并引用 *Robinson* 案指出,"若董事因在履行自身职责过程中

〔49〕 See W. T. Allen, J. B. Jacobs, L. E. Strine, *Realigning the Standard of Review of Director Due Care with Delaware Public Policy: A Critique of Van Gorkom and Its Progeny as a Standard of Review Problem*, 96 Northwestern University Law Review 449 (2002).

〔50〕 *In re Trados Inc.*, *Shareholder Litigation* 73 A. 3d 17 (De. Ch. 2013) at 14,但该案并没有阐明"合理决定"的行为标准。

〔51〕 32 N. Y. S. 713,715 (1895).

〔52〕 71 N. Y. S. 1076, 1079 (1901).

〔53〕 73 N. Y. S. 2d 727, 740 (1947).

存在重大过失和疏忽,导致公司资金或财产的浪费,则应承担相应责任”。虽然这种调解策略随着纽约州 *Clayton* v. *Farish* 和后续 1961 年一般注意的法典化而终结,但毋庸置疑的是,“具体情形导向”标准至今仍是责任标准之一。[54]

二、宾夕法尼亚州:重大过失的进一步深化

宾夕法尼亚州公司法有关注意义务的规定始于 1862 年,是费城地区法院在审理 *Maisch* v. *Saving Fund* 的过程中确立的。[55] 在该案中,原告主张,费城海员储蓄和借贷基金(Seamen's Saving and Loan Fund of Philadelphia)的董事会未能履行自身职责,将投资决策权仅交由 3 名董事全权负责,作出了“有安全风险且不恰当的投资决策”。该案值得注意的一点是,法院采信了被告董事提出的诉讼不成立的主张,作出了初步裁决;换言之,即董事不需要承担任何注意义务。

沙尔伍德法官(其后来成了宾夕法尼亚州最高法院的首席法官)认为,董事显然有义务“施予相应的注意和勤勉”。他认为,我们最好将董事理解为无偿受托人,虽然这里所指的无偿受托人其实是早期案件中的无偿受寄托人,因为他们需要履行的义务是由其收取的报酬而不是其所作承诺的性质来决定的。[56] 正如第五章所述,这两种

---

〔54〕 See *First Games Publisher Network*, *Inc.* v. *Afonin* 938 N. Y. S. 2d 226 (2011); *Macnish-Lenox*, *LLC* v. *Simpson* 851 N. Y. S. 2d 64 (2007).

〔55〕 11 Philadelphia Reports 30 (1862).

〔56〕 See p. 143 – 150.

范畴的融合是宾夕法尼亚州寄托注意法学的特征之一,[57] 该法同时适用了琼斯的“疏忽大意者”标准和“重大过失近似于欺诈”标准。在相关案例中,例如 *Maisch* v. *Saving Fund*,“报酬”占主导地位,“承 187
诺”次之。事实上,沙尔伍德法官是根据董事是否收取报酬以及收取报酬的数额来衡量董事承担注意义务的高低的:

> 若董事对公司不享有任何直接或间接利益,也没有收取任何福利或好处,则只能将董事视为无偿受托人,其仅需对欺诈或相当于欺诈的重大过失承担责任。[58]

事实上,在沙尔伍德法官看来,若董事没有收取任何报酬,那么作为无偿受寄托人,只有在其采取行动时才能适用重大过失标准,若其选择袖手旁观,则不能适用任何注意标准。[59] 但是,若董事和公司的执行官一样收取报酬,则适用的注意标准必将更加严格:

> 对于股份公司的董事或管理者而言,由于其本身也是股东,其所需要施予的注意和勤勉就应该相当于有偿受寄托人所施予的注意和勤勉。公司董事既然对自己提供的服务收取了报酬,那么毫无疑问就需要承担相应的责任。[60]

---

〔57〕 See in particular, *Tomkins* v. *Saltmarsh* 14 Serg. & Rawle 275 (1826) and p. 156.

〔58〕 *Supra* note 55 at 31.

〔59〕 如果无偿受寄托人“在执行他所承担的信托义务时没有采取任何行动,则其在诉讼中不承担责任”。(ibid. at 30). See p. 144 (text and note 28) on this position in *Coggs*.

〔60〕 Ibid. at 30 – 31.

沙尔伍德法官指出,“公司董事对重大过失和欺诈负责”,这一观点并非新的原则,而是援引自 *Robinson* 案和 *Scott* 案,且“这一观点早已得到了法院的背书”。需要注意的是,在 *Scott* 案中,鉴于董事通常与公司存在利益关系,因此被认定为是有偿受寄托人。在沙尔伍德法官看来,非执行董事的这种利益可能会导致注意标准的提高,但若不存在这种利益,那么依据 *Robinson* 案,就应当适用重大过失标准。

对于重大过失标准的必要条件,该案似乎沿用了寄托法的观点,即重大过失“相当于故意或欺诈”;[61] 换言之,董事的疏忽行为须达到足以证明其是故意损害公司利益的程度。然而,尽管重大过失以及重大过失近似于欺诈的观点指向的都是非常低的注意标准,但在沙尔伍德法官看来,这种观点本质上提出的是一种注意基准。若董事面对明显的欺诈仍旧无动于衷,并采取“常规手段进行检查和监
188 督”,这显然“非常荒谬”。他进一步指出,若“那些德高望重的富绅没有时间或意愿对公司事务给予个人关切”,他们就应当谨慎行事,不要轻易接受担任董事职务。[62]

10 年之后,作为宾夕法尼亚州最高法院的法官,沙尔伍德法官在著名的 *Spering's Appeal* 案中重新对这一问题进行了考察。[63] 在该案中,由于国家安全保险和信托公司在内战时期经营不善,原告主张,对于公司失败的投资策略(详情请见第三章),被告公司董事违反了善意行事义务,且董事批准和鼓励这种投资的行为属于“过失”,该

---

[61] See William Jones, *An Essay on the Law of Bailments* (1781), at 21.

[62] See *supra* note 55 at 31.

[63] See 71 Pa. 11; WL 11430 (1872).

案最终以原告诉请失败告终。[64] 该案的审理始于对董事的定位，即其身份到底应该是受托人、受寄托人还是无偿受托人。法院拒绝从“技术层面”上将董事划分为受托人，并指出他们只是轻率地被描述为受托人，因为任何代表他人行事的主体都有可能被贴上受托人的标签。事实上，董事“只可能是无偿承诺履行特定职责的受托人”，因此“对于公司事务，他们只有义务施予一般的技能与勤勉”，[65] 而且法院发现，该案的董事“是无偿提供服务的”。[66] 有趣的是，该案法院认为一般注意标准的严格程度事实上是低于适用于受托人的一般注意标准的，[67] 尽管如上所述，但这一时期宾夕法尼亚州[68] 适用于受托人的标准同样也是一般注意标准。法院指出，若对该案的董事适用如此之高的信义注意标准，那么“没有哪个具备相应素质和责任心的绅士会愿意接受此种职务”。[69]

在 *Spering's Appeal* 案中，与董事报酬相称的注意期待、法院对董事职责的类比以及对董事会服务的态度共同塑造了该案适用的注意标准，以这一标准对相关案例进行过滤和筛选，最终支持法院得出这一结论，即“只有在董事的重大过失和疏忽造成了欺诈或不当行为时，才需要对股东承担个人责任”。[70] 法院引用的最重要的案例就是纽约州 *Robinson* 案以及英国的 *Charitable Corporation* 案。对于后 189

[64] Ibid. at 4.

[65] Ibid. at 4.

[66] Ibid. at 9.

[67] Ibid. at 8：“不应以与私人地产的代理人或受托人相同的严格标准对他们予以评判”。

[68] See *Konigmacher* v. *Kimmel* 1 Pen. & W. 207 (1829).

[69] See *supra* note 63 at 9.

[70] Ibid. at 11.

者,法院援引了其中“严重疏忽”和“长期缺席”的表述。但法院对 *Charitable Corporation* 案的引述其实是存在误读的,因为如上所述,该案实质上是支持一般注意标准的。

直接依据未经分析证实的假设、法律移植以及对移植法律的串联来制定法律并非普通法的常规发展路径。但 *Robinson* 案似乎是个特例:仅依据简短的、未经推理的规定就对董事适用重大过失标准。而 *Spering's Appeal* 案则与之截然相反。该案判决用词精准、推理严谨,沙尔伍德法官清楚地知道,一般注意标准和重大过失标准之间是存在矛盾的。他的这种认知其实有迹可循,从其对 *Charitable Corporation* 案的部分解读以及其引用 *Scott* 案的事实(法官对于 *Scott* 案几乎是一笔带过,就好像该案并未对其判决作出贡献)可见一斑。[71] *Spering's Appeal* 案的判决应当作此理解:这是一种精心制定的、较为宽松的重大过失标准,旨在维护沙尔伍德法官在 *Maish* v. *Savings Fund* 中提出的观点(虽然他本人对此不置可否)。沙尔伍德法官从理论(无偿)、类比(董事类似于无偿受托人而非信托受托人)和政策(董事服务)3 个维度为 *Robinson* 案所适用的观点提供了法理依据,而 *Robinson* 案只是单纯移植了威廉·琼斯关于寄托的论述,并未对之进行任何推理和阐发。沙尔伍德法官如此有创意的论述为我们研究判决中看似相互冲突的因素打开了新的视角,使我们对标准的一致性有了合理期待。值得特别注意的是,重大过失结论与初步观察结果之间存在明显的矛盾,即董事有义务适用一般注意标准(但即便其有此义务,适用的标准也与受托人不同)。和纽约州试图调和

---

〔71〕“在 *Scott* v. *Depeyster* 中,该法案的目的是让董事对其秘书因疏忽而挪用资金的行为负责”(Ibid. at 10)。

Depeyster 案和 *Hun* 案与 *Robinson* 案和 *Brinkerhoff* 案之间的关系一样，我们可以通过设置独立的行为（期待）标准和审查（责任）标准来理解这两者之间的矛盾。可以这么说，一般注意标准只是“必须适用”的标准，但在这一标准之下，董事只需为重大过失和疏忽承担个人责任；而受托人适用的一般注意标准与之存在本质区别，依照受托人的一般注意标准，只要其未能施予一般注意，即须为之承担个人责任。

在 1892 年的 *Swentzel* 案〔72〕中，宾夕法尼亚州最高法院重新考 190
察了注意义务。在该案中，原告主张，由于 Penn Bank 的董事违反了注意义务，未能及时发现内部欺诈行为，银行破产，法院最终驳回了原告的主张。在 *Spering's Appeal* 案和 *Swentzel* 案之间，纽约州上诉法院在审理 *Hun* 案中，坚持要适用一般注意标准，明确拒绝适用重大过失标准及 *Spering's Appeal* 案提出的相关依据。〔73〕 受 *Hun* 案影响，*Swentzel* 案的一审法院认定，“若对 *Spering's Appeal* 案进行恰当的解读”，能够推理出合理注意标准，这不仅是一条“良法”，也是“合理、合情且能够有力保护公众权益的标准”。〔74〕 对法院而言，若其在案件中使用“重大过失”这类表述，其真实意思其实是“缺乏一般注意”。〔75〕

在对 *Swentzel* 案诉求作出判决的过程中，宾夕法尼亚州最高法

---

〔72〕 147 Pa. 140 (1892).

〔73〕 82 N. Y. 65 (1880) 在评论 *Spering's Appeal* 案关于重大过失的结论时认为：“当我理解这些话语时，我认为它在某种程度上并未正确界定董事的责任性质。”

〔74〕 在最高法院判决之前，一审判决报告在 147 Pa. 140 (1892)。

〔75〕 Ibid.：“有些案件表明董事仅对重大过失负责。但我们发现，在那些案件中，这样的表述只是意味着董事缺乏一般的注意和勤勉；而其究竟承担什么责任还得取决于案件具体情况。”

院首先指出,虽然从同时期一系列的银行破产事件来看,[76]要求"董事应当对银行业务施予照管自身业务一样的注意"似乎无可厚非,但公众显然对此存在"一定的误解"。但随后,最高法院既承认了沙尔伍德法官适用的一般注意标准,也指出"若董事是无偿受托人,则只需要对欺诈或近似于欺诈的重大过失承担责任"。然而,和 *Spering's Appeal* 案不同的是,法院(包括一审法院)在理解一般注意和重大过
191 失的关系时并没有设置相互独立的行为标准和审查标准。事实上,*Swentzel* 案采用的方法使行为标准和审查标准的区分变得毫无意义,不仅仅是因为其将行为标准混同为审查标准,更因为其将之视为一种较低的重大过失标准。

对于 *Spering's Appeal* 案中同样明显的矛盾关系,*Swentzel* 案是从寄托法的视角进行解释的,其认为重大过失是 *Lockwood* 案和 *Briggs* 案"具体情形导向的"一般注意标准产生注意期待的一种标志。依照这种方法,*Swentzel* 案的审理法院将 *Spering's Appeal* 案提出的一般注意标准作为一种行为和责任标准,并指出:

> 过失意味着当事人未能施予具体情形下要求其施予的注意,而具体情形就是考察这一问题的唯一标准。企业家在照管自身事务施予的一般注意和无偿受托人施予的一般注意是完全不同的两码事。前者会倾尽全力,事无巨细地

---

〔76〕 关于这一时期的银行危机, see generally Yochanan. Shachmurove, *A Historical Overview of Financial Crises in the United States*, 22 Global Finance Journal 217 (2011). 该文提及 1857 年、1873 年和 1893 年的三次主要银行危机,以及 1857 年、1873 年、1884 年、1893 年和 1896 年的银行"恐慌"。

> 施予自身全部的精力和知识；后者则只能施予正常人在短时间内无偿照管他人事务时能够施予的注意。[77]

从前面我们对 *Briggs* 案的讨论可以看出，*Swentzel* 案的一审法院认为，*Briggs* 案中多数人认可的“具体情形导向”标准框定了董事的责任范围，使其无须对欺诈之外的任何行为承担责任。依据这一标准，一审法院认定董事不存在违反义务的行为。对此，宾夕法尼亚州最高法院表示认同。和 *Briggs* 案一样，*Swentzel* 案的法院同样存在将具体情形导向标准与近似欺诈标准混同的情形，由此推导出了非常低的注意基准。

然而，需要警惕将这两种标准混同可能造成的后果。这一观念（未能施予注意必须达到近似于欺诈、轻率或故意忽视公司利益的程度）为法院认定最严重的疏忽行为划定了清晰的界限，法院必须划定这些区域，才能对董事进行追责。但若适用具体情形导向标准，那么注意基准就取决于法院对董事职责与功能的评估，法院在适用过程中变更注意标准的自由裁量权就大大增强。在具体情形导向标准之下，事前责任的概率也因此被拉高。换言之，尽管这两种方法都被称为“重大过失”，但两者在具体适用及其对董事行为的事前影响上存在本质的区别。

如上所述，依据这类标准，*Swentzel* 案的法院认定董事无须承担 192
责任。在 1892 年的 *Swentzel* 案中，法院的这种做法提醒我们，法官在适用标准时，必须警惕不要带有事后偏见：这种偏见在过去法院认

[77] *Supra* note 72 at 151（原文强调）.

定的不当董事决策中比比皆是,带有这种偏见的法院在作出裁决的过程中过分关注失败的可能性,再加上法官对程序问题的过度解读,自然就会得出董事决策"不当"的结论:〔78〕

> 在对董事的商事交易行为进行考察的过程中,我们必须从董事在交易发生时所具有的条件出发。若以现在的条件来衡量董事当时作出的决策,对董事而言未免有失公允。〔79〕

从 *Swentzel* 案至 1933 年,宾夕法尼亚州逐渐将董事注意义务以法律形式固定下来,〔80〕在此期间,我们发现了两类不同的案件:一类案件仍旧适用 *Spering's Appeal* 案和 *Swentzel* 案中相互独立的重大过失标准。但值得注意的是,这类案件都没有适用 *Swentzel* 案中视具体情形而定的重大过失标准,只是称其为重大过失或近似于欺诈的过失。另一类案件则基于 *Spering's Appeal* 案一般注意期待的观点,但将其作为一种非具体情形导向的责任标准,其严格程度明显低于 *Swentzel* 案提出的标准。

针对前一类案件,典型例证就是 1901 年的 *Strunk* v. *Owen*。在该案中,一审法院援引 *Spering's Appeal* 案指出,董事是否需要承担责

---

〔78〕 See generally Baruch Fischhoff, *Hindsight ≠ Foresight*: *The Effect of Outcome Knowledge on Judgment Under Uncertainty*, Journal of Experimental Psychology: Human Perception and Performance 288 (1975).

〔79〕 Ibid. at 153.

〔80〕 See Section 408, Article Ⅳ Pennsylvania Business Corporation Act of 1933.

任取决于“其疏忽大意或违反义务的行为是否达到了近似于欺诈的程度”。[81] *Commonwealth* v. *Anchor Building & Loan Association*[82]对行为标准与责任标准之间的差异进行了更为清晰的界定。在该案中,宾夕法尼亚州最高法院指出,董事“需要对公司事务施予一般的技能和勤勉注意”,“只有在犯有欺诈行为或明显越权行为时,才需要承担个人责任”。依据 *Spering's Appeal* 案,法院强调,之所以作出这样的规定,是因为董事属于“无偿受托人”(说明在委托关系中,法院关注的焦点是董事是否收取报酬,而非是否作出承诺)。此外,法院还指出,尽管该案董事收取了一定的出勤费,但数额并不足以支持法院“改变对义务和责任的划分”。在注意义务法典化之前,宾夕法尼 193
亚州最高法院在 *Stone* v. *New Schiller Building &Loan*[83]中重申了这一观点:“董事只有在重大过失或欺诈的情况下,才需要承担责任。”

针对后一类案件,法院的要求明显更高。在这类案件中,*Spering's Appeal* 案提出的一般注意标准是一种责任标准。以 *Loan Society of Philadelphia* v. *Eavenson*[84]为例:

> 通常适用的规则是,董事在执行公司事务时,需要施予合理的一般注意、技能和勤勉……未能施予的,视为违反义务,应当承担责任。

---

[81] See 199 Pa. 73 (1901).

[82] See 20 Pa. Super. 101 (1902).

[83] 302 Pa. 544 (1931).

[84] 248 Pa. 407 (1915).

在这类案件中，适用的标准不同于 *Swentzel* 案中的具体情形导向标准。[85] 相比前段讨论案件所适用的标准，这种标准明显更为严格，且法院无一例外地认定董事负有责任，准许原告对其提起诉讼。当然，这类案件都存在特殊情节，即都涉及董事非法使用公司资金用以分红的行为。

除了这些适用一般注意标准的非法分红案件外，宾夕法尼亚州的普通法机构普遍倾向于适用较低的标准：要么是明显的重大过失标准，要么是由具体情形导向的一般注意标准衍生出的标准（这一标准进而衍生出了重大过失的较低责任基准）。然而，在 1933 年，即大萧条中期，宾夕法尼亚州立法机构通过了一项标准，对董事的追责及其保护职责重拳出击，该标准对行为和责任不作区分，要求董事施予"类似情形中一般谨慎的人在照管自身商业事务时所施予的"一般注意，[86] 这里添加的"自身商业事务"是宾夕法尼亚州律师协会的杰作。[87] 正如第五章所述，早期法院认为，要求施予照管自身事务同样注意的一般注意标准与要求施予履行特定职责普遍注意的一般注意标准并无实质区别。但在实践中，法院往往会直接忽略前者，以争议行业内受寄托人或受信人的普通行为作为参考标准。宾夕法尼亚
194 州的法院在处理非公司案件时就采用这种做法，*Konigmacher* v. *Kimmel* 就是很好的例子。[88] 但由于 *Swentzel* 案对具体情形导向的

---

〔85〕 See also *Cornell* v. *Seddinger* 237 Pa. 389 (1912); *Fell* v. *Pitts* 263 Pa. 314 (1919).

〔86〕 See Section 408, Article IV Pennsylvania Business Corporation Act of 1933.

〔87〕 See Pennsylvania Bar Association, *Pennsylvania Banking and Building and Loan Law*, Segal Volume 1 s. 402, 362.

〔88〕 See p. 169 and 149.

一般注意标准的定义与“一般谨慎的人在照管自身商业事务时”施予的注意截然相反,要跳过法律规定义务中的“自身商业事务”,就必须解决 *Swentzel* 案造成的障碍。因此,笔者认为,立法标准是为了制定一种比当前盛行的普通法标准更为严格的责任标准。但法院很遗憾地发现,在具体实践中,还是需要依据具体情形来适用标准,同时还要兼顾 *Spering's Appeal* 案关于董事服务的政策问题〔89〕以及 *Swentzel* 案提出的对事后偏见的判断问题。〔90〕 为了应对司法层面的重重阻力,1967 年,立法机构对这一规定进行了修订,删除了“自身商业事务”这一表述。〔91〕

三、新泽西州

虽然新泽西州在美国公司法历史上具有举足轻重的地位,相关判例法对美国董事义务的发展亦发挥了重要作用,但在董事注意义务领域,新泽西州相关的司法机制非常有限,且在相关案例中并没有提出独树一帜的观点。这一点从其 1969 年关于董事注意义务的规定是移植纽约州立法规定的事实上可见一斑。〔92〕

新泽西州对董事注意义务的考察始于 19 世纪 80 年代的两起案件,法院在这两起案件中都适用了重大过失标准。在 *Citizens*

〔89〕 See *Selheimer* v. *Manganese Corporation of America* 423 Pa. 563, 578 (1966).

〔90〕 See *Hunt* v. *Aufderheide* 330 Pa. 362, 380 (1938).

〔91〕 See section 408, Article IV Bus. Corp. Law, 15 P. S. ss 2852 - 408.

〔92〕 See *Francis* v. *Jersey Bank* 432 A. 2d 814, 820 (1981).

Building, Loan and Savings Association v. *Coriell* 中,[93] 被告是一家建筑和贷款协会的董事,新泽西州衡平法院依据 *Spering's Appeal* 案,采用了这一规则,即"受托人只需对欺诈、重大过失或滥用行为承担责任"。在 *Ackerman* v. *Halsey* 中,[94] 涉案的纽瓦克市银行(Bank of Newark)倒闭,原告对此提起诉讼。衡平法院援引 *Robinson* 案、*Spering's Appeal* 案和 *Citizens* v. *Corriell*(以下简称 *Citizens* 案),对董事"应负的"一般注意标准与决定其责任的重大过失和疏忽标准进行
195 了区分。然而,在 *Ackerman* 案之后,新泽西州对于重大过失这一概念并无持续的研究与进展。直至 1935 年,衡平法院在 *Whitfield* v. *Kern* 中指出,[95]"这一标准同样适用于重大过失造成损失的情形"。事实上,在 *Ackerman* 案之后不久,新泽西州几家银行的倒闭引发了有限(数量)但极具分量的一般注意案件。在 1885 年的 *Williams* v. *Mckay*(以下简称 *Williams* 案)[96] 中,新泽西州复审上诉法院驳回了董事无偿履职应放宽注意标准的观点:

> 被告确实没有收取报酬,但董事对于自身职位应当施予的一般技能和注意不能因此而减少,如果这样做,那么从法律层面来看,志愿者和受薪代理人之间就没有区别了。

法院强调了被告作为银行董事职责的重要性,指出他们必须"按

---

〔93〕 34 N. J. Eq. 383 (1881).

〔94〕 37 N. J. Eq. 356 (1883).

〔95〕 120 N. J. Eq. 115, 119 (1936).

〔96〕 40 N. J. Eq. 189, 195 (1885).

照具备一般谨慎和技能的人照管自身事务的方式”处理银行业务，这种方法与衡平法院的做法背道而驰。衡平法院在认定董事负有责任时，指出“若董事按同样方式照管自身事务，那么就不能称其存在疏忽大意”。1901 年，在 *Campbell* v. *Watson*（以下简称 *Campbell* 案）[97] 中，依照 *Williams* 案提出的观点，法院对不同司法管辖区的注意判例进行了综合全面的考察。这两起案件都不是案例法体系中持续关注的主题，与纽约州和宾夕法尼亚州相比，新泽西州这方面的底蕴还是相对薄弱。事实上，直到现代著名的 *Francis* v. *United Jersey Bank*[98] 发生后，新泽西州法院才能说 *Campbell* 案是本领域的权威案例，因为在 *Francis* 案之前，仅有 5 起案件顺带援引了 *Campbell* 案。

虽然在数量上不占优势，但无论是纽约州还是宾夕法尼亚州，在管理一般与重大过失冲突的过程中，制定的每一决策都离不开新泽西州案例的支持。上述 *Spering's Appeal* 案对 *Ackerman* 案关于行为标准与审查标准区分的影响就是最好的例证。此外，基于 *New York Cent. R. Co.* v. *Lockwood* 和 *Briggs* 案行为标准与审查标准的“具体情形导向”调解机制也是例证。在 *Four Corners* 案中，衡平法院依据 *Williams* 案和 *Citizens* 案分别提出了严格的一般注意标准和重大过失标准，同时借鉴美国最高法院对 *Briggs* 案所采观点的总结，指出： 196

> 唯一需要解决的问题就是被告是否犯有重大疏忽和过失（这意味着被告在实施特定行为的过程中，未能施予具体

---

〔97〕 62 N. J. Eq. 396 (1901).
〔98〕 87 N. J. 15 (1981).

情形要求其施予的注意)。[99]

四、结论:寄托漫谈

在本章讨论的所有主要公司法管辖法域中,董事注意义务都是建立在美国寄托法的架构之上的。对于董事职责的类比,信托类比是次于受寄托人类比和无偿受托人类比的。以这种主流的类比方式为桥梁,寄托法关于注意的道德、概念和实体的二分法顺利融入了美国公司法,包括报酬和承诺的二分法;一般过失与重大过失的二分法;重大过失与情景导向型一般注意、近似于欺诈的重大过失以及有限范围内极度疏忽的重大过失(在有限范围内的疏忽大意者)的二分法。寄托法中的道德冲突以及概念上和实质上的不确定性都被引入公司法,导致本章讨论的各司法管辖区出现了相互冲突的董事判例法立场。虽然所有司法管辖区都有相互冲突的公司权威案例,但值得注意的一点是,在相对稳定的司法基准之上,各州占主导地位的注意基准各不相同:纽约州选择适用一般注意基准,将董事当作为有偿受寄托人;宾夕法尼亚州明显倾向于将董事当作无偿受寄托人,并适用重大过失近似于欺诈的较低标准。然而,在所有司法管辖法域中,还有这样一类判例法,它们尝试通过行为标准和责任标准的二分法来调和冲突。重要的是,通过本章的研究,我们可以看到,之所以会产生这种二分法,并不是各州有意识地去迎合当时的政策需求,平衡

---

〔99〕 *Four Corners Building and Loan Association of Newark* v. *Schwarzwaelder* 88 N. J. Eq. 212, 216 (1917).

董事会责任与权力和财富之间产生的关系，而是一种早期的、内部的尝试，为了对互相冲突的权威案例进行合理的阐释，因为这些案例是董事职责概念与美国寄托法注意标准和原则相互碰撞融合结出的硕果。

总而言之，我们要注意，既然引入了美国寄托法的种种要素，那 197
么美国公司法会带有寄托法的印记是不可避免的。正如第五章讨论的，若美国寄托法的报酬导向和这种导向对注意标准的影响是 19 世纪“美国观念”在法律文化中的映射，那么这一时期形成的美国公司法注意标准自然也不例外。

第七章 特拉华州注意义务

法学漫谈

对于一门心思研究美国注意义务历史发展的公司法学子来说，特拉华州是个特殊的存在。在纽约州和宾夕法尼亚州，我们可以发现在18世纪早期至20世纪中期的这段时期内，有无数的案件都对重大过失和一般过失等概念进行了探讨，这些概念主要借鉴自早期美国寄托法百花齐放的注意法学。但在特拉华州情况却截然不同，相关的案例可谓屈指可数。在万律(Westlaw)上特拉华州判例法数据库中的搜索结果会让所有人大跌眼镜。直至1960年，特拉华州已然在美国公司法领域独领风骚数十载。[1] 但1960年是一个分水岭，在此之前，若以"董事和'注意义务'""董事和'重大过失'""董

〔1〕 直至1922年，55%的纽约证券交易所上市公司在特拉华州注册成立：see William W. Bratton & Joseph A. McCahery, *The Equilibrium Content of Corporate Federalism*, 41 Wake Forest Law Review 619 (2006), 630, citing Russell Carpenter Larcom, The Delaware Corporation 11 - 13 (1937)。

事和‘一般注意’”“重大过失和疏忽”[2]“*Spering's Appeal* 案”“*Robinson* 案”[3]“*Scott* 案”或“*Williams* 案”[4]为关键词进行搜索，结果或是一无所获，或是只能搜到和董事的注意义务毫无干系的案例。在 1960 年之前，没有人能援引特拉华州的权威案例来回答这一问题：“特拉华州董事应负有的董事义务是什么？”但现在，特拉华州 199
已经形成了成熟的“重大过失”注意理论，对这一理论的形成起主要作用的案件包括 *Aronson* 案[5]、*Smith* v. *Gorkom*[6]以及 *Walt Disney* 案。[7]

特拉华州缺少与当代重大过失标准相关的判例法体系，正是这种历史传承的缺位使人们认为，其注意标准是该州土生土长的特有产品。无论是对把公司作为财富创造手段的政策的担忧，还是对公司法联邦主义带来的种种压力，特拉华州都秉持着开放的态度，其适用的注意标准也是在经历过这种开放性带来的残酷考验后才得以形

[2] *Bovay* v. *H. M. Byllesby &Co.* 38 A. 2d 808, 815 (Del. Supr. 1944)案使用了与董事行为相关的“重大过失”一词，但并没有将其视为一种注意义务来考察，而是似乎在探讨董事发放股息时是否善意行事，“这样的重大过失并不能让他们受到法律欺诈的指控”。同样，在 *Whitmer* v. *William Whitmer &Sons* 99 A. 428, 431 (1916)中，法院援引 *Taylor* v. *Steamship Co.* (*C. C*) 106 Fed. 437 (1901)确实提到了“重大过失”，但法院没有考虑违反注意义务的问题。

[3] Cited in *Harned* v. *Beacon Hill Real Estate Co.* 84 A. 229 (Del. Supr. 1912)但使公司成了代表诉讼的一方当事人。

[4] *Williams* v. *Mckay* 40 N. J. Eq. 189 (1885) is cited in *Bovay*. 然而与注意义务无关。

[5] See 473 A. 2d 805 (1984).

[6] See 488 A. 2d 858 (1985).

[7] See *In re Walt Disney Company Derivative Litigation* 900 A. 2d 27 (2005).

成的。[8] 本章并不打算弱化政策问题对注意义务性质的影响。本章真正想要传达的观点是,尽管特拉华州的法律和评论都明确强调了政策问题的重要性,但真正塑造或改变根本注意标准的并不是特拉华州的法律。注意义务是特拉华州引入的外来概念,其自200多年前形成以来就带有道德与政治问题的历史痕迹,而彼时特拉华州法院甚至还没有触及这一问题,因此特拉华州在引入注意义务时,免不得受这些问题的影响。然而,尽管特拉华州注意法学是历史悠久的注意法传统的产物,但其与传统的联系却很难追溯,只有在挖掘出的借用概念的片段中才能窥知一二。当把这些片段和美国寄托法、早期美国公司法中的注意义务概念和基准放在一起考察时,就会发现它们共同揭示了注意法传统已经扼住了特拉华州法律潜意识的咽喉这一事实。

但如我们所见,特拉华州的确选择了一条不同的道路。但其之所以会选择这样一条与众不同的道路,并不是政策因素或压力集团政治导致的。如若追根究底,其背后的原因有两个:一是特拉华州本身就想要成为自己所适用的法律概念的掌权者和创始者,因此不愿承认和深究这些法律概念真正的出处,同时在这种愿景的驱使下,对法律传统进行了曲解;二是成为这些法律概念的掌权者和创始者能够巩固特拉华州作为公司法领域领头羊的地位,助其在政策竞争中立于不败之地。本章指出,尽管特拉华州法律规定的注意义务在一定程度上的确受到公司法律联邦主义的影响,但若要从特拉华州亲管理者或亲股东导向的角度来对其进行阐释,未免过于牵强。

---

〔8〕 See, e. g., *Gagliardi* v. *Trifoods International*, *Inc*. 683 A. 2d 1049 (1996); *Trenwick America Litigation* v. *Ernst & Young LLP* 90 A. 2d 168 (2006).

和本章讨论的美国其他州不同,要想理解特拉华州的董事注意义务,必须对决策程序中需要施予的注意和履行其他董事职责(例如管理职能中的监控和监督职责)时需要施予的注意进行明确的区分。如下所述,这其实是人为进行的一种区分,因为要想真正理解适用于决策程序的注意义务,就必须考察早期的监控注意案件。同理,要想理解近期的监控注意案件,也必须对决策程序案件进行考察。因此,为说明之便,我们首先会考察程序注意,随后再讨论监控注意。 200

一、重大过失和决策程序

(一)程序注意标准的存在

本书第三章对决策程序中商业判断和注意义务之间的关系进行了考察。[9] 我们发现,法院多倾向于支持这一观点:董事无需为判断错误承担责任,或者说,董事只需为恶意行为承担责任。这造成了人们对决策程序注意义务适用的偏见,即只要违反注意标准,就必然导致对决策质量的审查,以此确定违反注意义务的行为是否会对公司造成损失(若是决策的作出遵守了注意义务,则不会引起适用该决策质量审查程序来考察公司损失)。在考察注意程序标准是否存在的过程中,我们发现,绝大多数与商业判断相关的决策对于程序注意标准的问题都语焉不详,因为当事人追求禁令救济,与是否违反注意义务无关,自然就不会关注以履行行为为基础的救济方法。在这类

〔9〕 See p. 81 –88.

案件中,这样做也无可厚非,因为当事人主张的是损害赔偿,提交的证据也是混杂的。笔者发现,一方面,在可以提出程序注意问题的案件中(例如 *Scott* 案)[10],法院并不会单一地适用善意标准来进行考察。另一方面,在诸如 *Spering's Appeal* 案[11]之类的案件中,法院也会权衡违反程序注意的行为。

在 20 世纪中期(1960 年之后),诉讼中适用的注意义务在特拉
201 华州法律中尚无明确的定位。[12] 尽管有一小撮案件对注意程序标准作出了规定,通常是要求董事作出"合理调查",但没有哪个案件就该标准给出任何合理的解释。这一时期的案例并不难寻,以衡平法院裁定的 *Bennet* 案[13]为例,法院认为自己对被告违反程序注意的责任认定清楚合理,但是仍然不能确定追究董事责任的法律依据。除了有关程序注意的案例外,这一时期的特拉华州法律还从善意行使公司权力的义务这一视角来考察决策过程中的信息和程序瑕疵,并将这种瑕疵作为恶意的代名词。[14] 事实上,衡平法院就是如此处理 *Smith* v. *Van Gorkom* 中程序疏失的关联性问题的,而该案随后也成为特拉华州(特拉华州最高法院)最著名的程序注意案件。[15] 但真正解决这一问题的是 *Aronson* 案,该案综合了衡平法院和特拉华州最高法院对 *Smith* v. *Van Gorkom* 的判决,不仅承认决策程序中的注意义务,还将"重大过失"确立为相关的注意标准。

---

〔10〕 See p. 83.

〔11〕 See p. 84.

〔12〕 See p. 84 – 88.

〔13〕 See the discussion of this issue at p. 120.

〔14〕 See *Mitchell* v. *Highland Western Glass* 167 A. 831 (Del. Ch. 1933); *Gimbel* v. *Signal Companies Inc*. 316 A. 2d 599 (Del. Supr. 1974).

〔15〕 See p. 87 – 88.

(二)因循守旧

特拉华州的注意义务发轫于1963年的*Graham* v. *Allis-Chalmers Manufacturing Company*(以下简称*Graham*案),[16]该案是一桩监控注意案件。在*Graham*案中,原告主张被告董事未能落实具体管控制度,即未能及时发现和管控公司员工的反垄断违法行为,因而对其提起诉讼,但法院驳回了原告的诉求。原告提起诉讼的理论依据是普通法关于董事主动监督、管理公司事务义务的规定,针对这项义务,被告董事存在重大疏忽,故需要承担相应责任。[17] 特拉华州最高法院在其援引的*Briggs* v. *Spalding*中[18]提出了类似的观点,"在管理公司事务时,公司董事有义务施予同样情形下一般小心谨慎的人会施予的注意",其义务应视"特定的案件情形和案件事实"而定。[19]

正如第六章所述,*Briggs*案本身就对这种"具体情形导向"的标 202
准认定得较为宽松,认为董事无须承担责任。*Swentzel*案[20]则适用了早期寄托案件——*New York Cent. R. Co.* v. *Lockwood*[21]和*Preston*案[22]的方法,在该案中,我们可以探知宾夕法尼亚州最高法院是如何将程序注意标准等同于"重大过失"的:法院提出了这样一个问题,即对于那些在短时间内为他人无偿代管相关事务的董事,我们应该

---

〔16〕 See 41 Del. Ch. 78 (1963).

〔17〕 Ibid. at 84.

〔18〕 See 141 U. S. 132 (1891). See p. 182 - 183.

〔19〕 See *supra* note 16 at 84.

〔20〕 See 147 Pa. 140. See p. 190 - 191.

〔21〕 See 84 U. S. 357 (1873).

〔22〕 See 137 U. S. 604 (1891). 法院在*Swentzel*案中并未提及这些案件,但确实提及了美国的*Briggs* v. *Spaulding* 141 U. S. 132 (1891),该案借鉴这些案件对一般注意达成了类似情形的理解。

期待他们施予何种程度的注意？在 *Graham* 案中，法院沿用了 *Briggs* 案的做法，认定“具体情形导向”的标准是较为宽松的标准。虽然法院认为其借鉴的是 *Briggs* 案的观点，但事实上，这种观点最初来源于1832 年的 *Scott* 案。该案提出，在没有合理理由怀疑的情况下，董事可以信赖下级人员，且注意义务并不要求董事“制定和实施任何的公司内部‘间谍’制度”。[23] 与这一标准一致，法院也对董事管控下级员工职责的性质和局限性进行了考察：其一，董事不可能了解所有员工；其二，“公司的体量决定了董事只需要专注于控制董事会的政策和决策”；其三，董事需要以公司报告为准据。但法院并未将这一标准定性为“重大过失”标准。

除了“具体情形导向”标准之外，*Graham* 案对于较为宽松的标准见解独到，与 *Swentzel* 案相比，其所提出的路径与 *Spering's Appeal* 案所提出的更为类似，即要对董事“有义务”[24] 遵守的行为标准和相关的更为宽松的责任标准进行明确的区分。法院没有参考任何权威案例，指出在以下情形中董事“需要承担责任”：

203 草率地信赖明显不值得信赖的员工的；自大地拒绝履行或不重视履行董事职责的；因故意或疏忽大意忽视员工明显不当作为的危险迹象的（法院尤其强调了这一点）。[25]

---

〔23〕 See *Graham supra* note 16 at 84. 法院在 *Scott* v. *Depyster* 6 N. Y. Ch. Ann 229 (1832) 一案中指出“据我所知，没有任何一部法律要求任何一个金融机构的董事采取涉及……任何下级员工的间谍制度。” Cited in *Briggs* v. *Spaulding supra* note 18 at 162.

〔24〕 *Graham*, ibid. at 84. 关于董事“有义务”遵守的行为标准与责任认定标准的区别，参见第 189 页；关于 *Spering's Appeal* 案的上诉及处理结果，参见第 192 页；关于纽约州和新泽西州相似的路径，参见第 184～186 页和第 194 页。

〔25〕 See *supra* note 16 at 85.

虽然 *Graham* 案并未将注意标准当作重大过失标准，但其所适用的两种方法都是其他州在之前的案例中用来定义或解释重大过失的方法：包括具体情形导向标准以及将故意漠视/近似欺诈等同于重大过失的标准。

尽管 *Graham* 案是特拉华州第一个对注意义务展开具体分析的案件，但其并不是特拉华州注意义务的基础性判例。在 1984 年的 *Aronson* 案之前，[26] 特拉华州的相关案例基本上都是笼统地使用“合理调查”[27] 或“适当审查”[28] 这样的表述，对于决策程序、监控[29] 以及其他方面的董事职责注意标准，并无更深层次的阐发。在 *Aronson* 案中，原告主张被告董事所作的一些商业判断违反了董事义务，争议的焦点在于法院是否应当允许当事人继续进行派生诉讼。从第四章对 *Aronson* 案的分析可见其对商业判断规则的重构规定，只要董事所作决策是知情决策，且董事本身忠实（包括善意行事并且本身不存在利益关系），就会受商业判断规则保护。在实践中，通常情况下，这一规则相当于一种变相的合理性审查。依据 *Aronson* 案的规定，忠实（包括善意）和知情（例如遵守与决策程序相关的注意标准）成了合理性审查的先决条件。就知情注意标准而言，特拉华州最高法院在 *Aronson* 案中提出了特拉华州公司法历史上一个最具影响力的论断：

---

〔26〕 See e. g. , *Cheff* v. *Mathes* 41 Del. Ch. 4949 (1964); *Kaplan* v. *Goldsamt* 380 A. 2d 556 (1977), 569. See further p. 85.

〔27〕 E. g. , *Maldonado* v. *Flynn* 485 F. Supp. 274 (1980). See further p. 85.

〔28〕 如上所述，*Graham* 案和 *Aronson* 案两个案例均是通过善意、商业判断标准的视角来考察程序注意的。然而，*Penn Mart Realty Co.* v. *Becker* 298 A. 2d 349 (1972) 表明，在没有分析、审查或参考 *Graham* v. *Allis-Chalmers* 的情况下，董事应对重大过失负责。

〔29〕 See 473 A. 2. d 805 (1984).

204 虽然特拉华州的案件对于适用的注意标准有五花八门的解释，但可喜的是，无论如何切入，依据商业判断规则，董事的责任都是以重大过失的概念为前提来进行构建的。[30]

然而，从法律层面来讲，很难对 *Aronson* 案中的"重大过失"概念以及法院对这一概念的理解作出准确的阐释。出人意料的是，该案并未引用特拉华州的先例——*Graham* 案。[31] 如上所述，尽管在该案中法院并未指明其适用的标准是重大过失标准，且该标准适用的对象是监控注意而不是决策注意，但该案的确提出了两种重大过失标准。此外，*Aronson* 案所提观点的权威性以及其对重大过失标准的理解来源于 *Graham* 案，法院在提出上述观点后，直接引用了诺曼·维西（后来的特拉华州最高法院大法官）和威廉·曼宁文章中关于 *Graham* 案的阐述作为依据，从而间接肯定了 *Graham* 案的观点。[32]

在该文中，作者对注意标准是重大过失这一观点条分缕析。首先，他们以 *Graham* 案在类似情形中的一般注意为依据，指出在 *Selheimer* v. *Manganese Corp. of America* 中，宾夕法尼亚州最高法院并未参酌任何历史背景信息对"类似情形导向"的法定一般注意标准

〔30〕 Ibid. at 812.

〔31〕 该案在 *Aronson* 案中提到了一次，但不是与法院对注意义务的分析有关，而只是与在没有做出决定的情况下不适用商业判断规则有关（ibid. at 813）。

〔32〕 See E. Norman Veasey and William E. Manning, *Codified Standard-Safe Harbor and Unchartered Reef*?, 35 Business Lawyer 919 (1980).

和(后来适用的)“个人事务导向”的法定一般注意标准进行了区分,[33]得出了前者对董事注意义务的要求远低于后者这一结论。读者很容易将这一标准与美国最高法院审理的寄托案件(包括 *Preston* 案、*Lockwood* 案、*Briggs* 案以及 *Swentzel* 案)中的重大过失标准联系起来。但在维西和曼宁的文章中其并未参考【重复表达】这一点,而是直接指出,“宾夕法尼亚州显然会采用‘类似情形导向’的注意标准,只追究重大过失董事的责任”[34]。他们还对 *Graham* 案中注意义务相关分析的第二部分进行了考察,该部分沿用了早先法院对董事“义务”标准和责任标准进行的区分,而在 *Aronson* 案中,董事责任标 205
准的评价特征则是轻率、故意或严重疏忽。维西和曼宁的观点是以路易斯安那州的一个案件为依据的,[35]而该案又是以《示范公司法》(Model Corporation Act)中“董事故意玩忽职守、重大过失及欺诈性违反信托责任”的相关规定为审理依据的。然而,作者并未意识到这种方式其实来源于纽约州和宾夕法尼亚州的法律。总而言之, *Graham* 案的这两种特殊情形使得维西和曼宁得出了“特拉华州适用的标准是重大过失标准”这一结论。[36]

因此,尽管并未直接对 *Graham* 案进行讨论,但通过维西和曼宁

---

〔33〕 See Section 408, Article IV Pennsylvania Business Corporation Act of 1933. See p. 190, 193 – 194.

〔34〕 *Supra* note 32 at 927.

〔35〕 See *Pool* v. *Pool* 16 So. 2d 132 (La. Ct. App. 1943).

〔36〕 See *supra* note 32 at 928. 这一论断在 1961 年特拉华州的 *Lutz* v. *Boas* 39 Del. Ch. 585 (1961) 中也得到了支持,在被问及“这些重大过失的董事的责任范围是什么”时,该案仅称这些董事是“重大过失”;而 1972 年 *Penn Mart Realty Co.* v. *Becker* 298 A. 2d 349 (1972) 在没有援引 *Graham* v. *Allis-Chalmers* 裁判的情况下,进行分析和斟酌后,认为董事应为重大过失负责。

对该案的阐述，*Aronson* 案将两种重大过失标准（不仅涉及公司法和寄托法，还涉及本书中提到的所有美国司法管辖区的注意法学）成功地引入了特拉华州法律，这两种标准之间的对立统一关系也得到了完整的保留，并逐渐内化成为特拉华州法律独有的标准。然而，在 *Aronson* 案中，特拉华州最高法院不仅没有直接参考 *Graham* 案，甚至没有援引任何其他有关注意的权威案例，也没有对“重大过失”的含义作出任何界定。但是，从法院对“重大过失”判决的脚注中可以看出，法院对于 *Graham* 案的二元对立注意标准中草率、“故意疏忽”和“轻率疏忽”的概念是存在一定偏见的。在该脚注中，判决列举了七起案件作为其重大过失主张的权威依据，但这七起案件均与决策制定程序或其他董事职责中的注意义务毫无关联，而是侧重于对实际权力行使的审查。换言之，这些案件与商业判断规则的关系仍然停留在传统层面：要求董事从公司利益出发，善意地行使相应权
206 力。[37] 举例而言，在 *Warshaw* 案中，[38] 被告董事会决定不认购一家公司的股份，且没有支持原告股东的认购权，原告故而要求被告对此行为造成的损失承担责任。*Warshaw* 案争议的焦点是董事的判断是否合法。*Aronson* 案的判决援引了 *Warshaw* 案，使用“恶意或严重滥用自由裁量权”这类表述来描述注意标准。但这类表述强调的是商业判断而不是在作出该判断时和得知该判断时应当施予的注意。审

---

〔37〕 See *Sinclair Oil Corp.* v. *Levien* 280 A. 2d 717, 722 (1971); *Getty Oil Co.* v. *Skelly Oil Co.* 267 A. 2d 883, 887 (1970); *Warshaw* v. *Calhoun*, 221 A. 2d 487, 492 – 493 (1966); *Moskowitz* v. *Bantrell* 190 A. 2d 749, 750 (1963); *Penn Mart Realty Co.* v. *Becker* A. 2d 349, 351 (1972); *Kors* v. *Carey* Del. Ch., 158 A. 2d 136, 140 (1960); *Allaun* v. *Consolidated Oil Co.* A. 2d 257, 261 (1929). 关于商业判断规则及其代理，参见第三章和第四章。

〔38〕 See 221 A. 2d 487 (1966).

理 *Warshaw* 案的法院指出：

> 在没有证据能够证明董事存在恶意或者董事的商业判断存在严重滥用自由裁量权的情况下，法院不会采取任何行动对其进行干涉。[39]

同样地，在 *Moskowitz* 案中，原告对董事会不分红的行为提起诉讼。特拉华州最高法院指出，“在法院干预董事会的判断之前，原告必须证明董事会存在欺诈或严重滥用自由裁量权的行为”[40]。此外，在 *Aronson* 案中，最高法院也通过引用“欺诈或严重滥用自由裁量权”的表述来暗示该案包含有关知情注意标准的内容。尽管这些案件和决策程序中的注意问题并不相干，但它们都是特拉华州的案件，且都适用了 *Graham* 案提出的概念（“轻率”、“故意”和“疏忽”）以及“近似欺诈”的与重大过失相关的概念。对此，读者可能会联想到第五章中讨论的 19 世纪寄托案件中“故意忽视”和“轻率漠视”的概念以及关于重大过失近似欺诈的论述。[41] 脚注中罗列的特拉华州案件是特拉华州公司法中能够筛选出的关联性最强的案件。之所以会援引这些案件，无论是有意还是无意，都和特拉华州彰显自己现代公司法领域领头羊地位、主张自己是注意标准掌权者和创始者的愿望脱不开干系。

Aronson 案之后不久，著名的 *Smith* v. *Van Gorkom* 就对 *Aronson*

---

〔39〕 Ibid. at 492.

〔40〕 A. 2d 749, 750 (1963).

〔41〕 See p. 158 – 159.

案提出的重大过失标准进行了检验。[42] 在该案中,公司董事在公司
207 出售事宜中出现了一系列的程序性错误,因此法院认定董事存在重大过失。这些错误包括:仅经过两小时的会议便仓促作出决策、市场调查存在漏洞、未详细问询董事意见或征询公司金融顾问的公平意见。在 *Van Gorkom* 案中,特拉华州最高法院重申了 *Aronson* 案的判决,并提出了更具体的观点:"对于判定董事会作出商业判断时是否知情,重大过失也不失为一种合理的(注意)标准。"[43] 在得出董事行为存在重大过失这一结论的过程中,法院并未对注意标准进行界定,且除了 *Aronson* 案本身之外,也没有对有关这一观点的其他权威案例进行讨论。然而,在这一观点的脚注中,法院的确对 *Mitchell* 案[44] 和 *Gimbel* 案[45] 进行了"比较",相关内容在第三章中已有详细论述。[46] 这两个案件都认定程序上的瑕疵是恶意行为的代名词,但和注意程序标准并无关联。此外,在 *Van Gorkom* 案中,特拉华州最高法院不仅援引了 *Gimbel* 案对程序瑕疵的论述,还引用了其将售价作为独立的判定恶意标志的观点。就该问题而言,在 *Gimbel* 案中,法院关注的焦点问题是售价到底是"超出合理范围"还是粗心大意的失误。换言之,和 *Aronson* 案一样,审理 *Van Gorkom* 案的法院同样引用了脚注所列权威案例中关于"重大过失"的观点,但二者关注的法律问题却不尽相同,其关注的法律问题是商业决策制定的善意,而不是决策制定过程中的注意。

---

〔42〕 See 488 A. 2d 858 (1985).

〔43〕 Ibid. 873.

〔44〕 See 167 A. 831 (Del. Ch. 1933).

〔45〕 See 316 A. 2d 599 (Del. Supr. 1974).

〔46〕 See p. 85 – 88.

由于 *Van Gorkom* 案的裁定要求董事承担责任,如若生效,不但会对董事会规避风险造成影响,还会打击个人担任董事的积极性,因此备受诟病。这一问题以及这一裁定引起的其他一系列问题成了特拉华州法律关注的焦点,1986 年,特拉华州立法机构对《特拉华州普通公司法》进行了修订,在第 102 条(b)款第(7)项中规定,公司可以在其设立的章程中制定免责条款,免除违反注意义务的相关责任。经股东同意,特拉华州绝大多数公司都适用了这一条款。〔47〕 对于特 208
拉华州最高法院的决策进行批判性分析的关键一点就是,法院实际适用的标准其实是过失标准而非重大过失标准,正如其所述,涉案程序的瑕疵充其量只是过失,远远达不到重大过失的程度。〔48〕 然而,如本书所述,*Graham* 案以及维西和曼宁的著作都证明,在公司领域,

---

〔47〕 See Roberta Romano, *Corporate Governance in the Aftermath of the Insurance Crisis*, 39 Emory Law Journal 1155 (1990). 详细说明了当时已有 90% 的公司(共 180 个样本)适用了第 102 条(b)款第(7)项的免责规定。

〔48〕 最值得注意的是,艾伦(Allen)、雅各布斯(Jacobs)和斯特林(Strine)评论道:"虽然法院声称其适用了重大过失审查标准,但实际上(并没有明确)适用的是一般过失标准来进行裁判。"他们同时提到,"*Van Gorkom* 案实际上偏离了重大过失审查标准"[William T. Allen, Jack B. Jacobs and Leo E. Strine, Jr, *Van Gorkom and the Corporate Board Problem: Problem, Solution or Placebo*, 96 Nw. U. L. Rev. 449 (2002)]。See also, e. g., Melvin A. Eisenberg, *The Duty of Care of Corporate Directors and Officers*, 51 University of Pittsburgh Law Review 945 (1990) at note 37,该文认为"一些州声称其适用的是'重大过失'审查标准而非一般过失审查标准……这两种审查之间有多大的差别尚待商榷。在 *Smith* v. *Van Gorkom* 中,许多人甚至对一般过失审查的存在提出了质疑"; D. Gordon Smith, *A Proposal to Eliminate Director Standards from the Model Business Corporation Act*, 67 University of Cincinnati Law Review 1201 (1999), 1223 observing:"众所周知,在诸如 *Smith* v. *Van Gorkom* 之类的案件中,法院认定被告违反'重大过失'标准下的注意义务,故而要将注意义务的标准认定为'一般过失'而不是'重大过失',但这似乎不太可能改变许多相关案件的结果"。甚至连作出一般过失的判决都不具有充分的事实依据。See Jonathan R. Macey & Geoffrey P. Miller, *Trans Union Reconsidered*, 98 Yale Law Journal 127 (1988).

重大过失往往被当作一种标志，用以指示由具体情形导向的一般注意标准衍生出的较低注意期待。尽管 *Van Gorkom* 案没有对重大过失作出界定，但从具体情形导向的一般注意标准视角出发，特拉华州最高法院在这种情形下期待董事承担职责可谓合情合理。举例而言，法院指出，“在对所有情形进行考察后……董事有义务对 CEO 和 CFO 进行合理问询”[49]，且“董事不能以将协议的审批权交予股东的方式来推脱自身义务”[50]。

如今，通常将 *Van Gorkom* 案视为特拉华州董事注意义务的发端，认定其是“第一起治理案例”，[51]该案既是“激进的”（反董事）法
209 律创新，[52]也是“通过信义义务实现的公司司法治理巅峰”[53]。事实上，如下所述，无论是在适用这一标准的过程中，还是在适用和发展轻率/近似欺诈的重大过失标准的过程中，重大过失在特拉华州从未占据过主导地位。但我们必须牢记，一种标准适用的变化与标准本身的法律性质是两回事。从前者出发，把 *Van Gorkom* 案当作激进的反董事决策也无可厚非：因为董事“是在一段相对较短的时间内为他人照管相应事务并收取（有限的）报酬的人”，基于这一事实，法院

〔49〕 *Supra* note 42, at 875.

〔50〕 Ibid. at 873.

〔51〕 See Hilary Sale, *Delaware's Good Faith*, 89 Cornell Law Review 101 (2004).

〔52〕 See William W. Bratton & Joseph A. McCahery, *The Equilibrium Content of Corporate Federalism*, 41 Wake Forest Law Review 619 (2006). 其中提到了一种“激进的、创新的注意义务的适用方式”。

〔53〕 Charles M. Elson & Robert B. Thompson, *Van Gorkom's Legacy: The Limits of Judicially Enforced Constraints and the Promise of Proprietary Incentives*, 96 Northwestern University Law Review 579 (2002).

拥有充足的阐释空间,可以灵活作出判决。[54] 但若从后者出发,*Van Gorkom* 案除了是第一个明确沿袭 18 世纪法律传统对特拉华州公司的决策程序适用注意标准的案件外,并无任何独到的创新之处可言,且适用的标准一直被称作重大过失标准。

鉴于评论家们针对 *Van Gorkom* 案提出了各种论断,且立法机构也在《特拉华州普通公司法》第 102 条(b)款第(7)项中引入了关于责任免除的规定,相当于变相地对这些论断予以认可,该案适用的具体情形导向的"重大过失"标准至今仍在对特拉华州法律施加影响,尤其是在控制权出售相关案件中(在这一领域,*Van Gorkom* 案称得上是先例之一),其影响表现得最为鲜明。在拍卖和解散案件中,法律分析的焦点在于是否适用"露华浓义务"(Revlon duties),若适用该义务,则必须设置合理的决策制定程序。[55] 通常认为,程序标准发端于特拉华州最高法院审理的 *Revlon Inc.* v. *MacAndrew & Forbes Holdings Inc.*,[56] 且只适用于控制权变动交易的情形,尤其是董事因 210
交易产生间接冲突的情形。[57] 事实上,在 *Revlon Inc.* 案中,法院根本不关注决策制定程序的问题,其考察的焦点往往集中于那些促成

---

〔54〕 See Paraphrasing *Swentzel* v. *Penn Bank* 147 Pa. 140, 151 (1892). 适用"具体情形导向"标准,at 151。See p. 191.

〔55〕 See *In re Del Monte Foods Co. Shareholders Litigation* 25 A. 3d 813 (Del. Ch. 2011).

〔56〕 See 506 A. 2d 173 (Del. Supr. 1986).

〔57〕 See *In re Toys 'R' Us*, 877 A. 2d 975 (Del. Ch. 2005). 正如斯特林法官提出的,"*Revlon* 案的特殊性在于:在该案中,立场不坚定的董事会受到对某一特定方面有极度偏向的首席执行官的支配"。

争议决策的非法因素（旨在保护债权人利益而非股东利益）。[58] 在 *Ivanhoe Partners* v. *Newmont Mining Corporation* 中，特拉华州最高法院指出，要从注意以及忠实的角度来理解露华浓义务，这一观点在 *Aronson* 案和 *Van Gorkom* 案后可谓不言自明。援引 *Van Gorkom* 案和 *Aronson* 案的表述，法院指出：

> （在解散情形中）注意义务要求董事在制定商业决策时，以明智且审慎的态度"审时度势"，将公司的利益置于董事会之前。[59]

在实践中，法院依据这一标准，提出了解散交易中具体的注意期待，对时间、信息和市场调查提出了要求。[60] 而拍卖或解散情形中的注意期待则属于具体情形导向的一般注意标准（*Lockwood* 案和 *Preston* 案提出的重大过失标准）的范畴。现如今，特拉华州法院将

---

〔58〕 在 *Revlon* 案中，董事会同意通过推荐一个全现金收购来改变公司的控制权。作为与优先出价人协议的一部分，Revlon 公司同意以一系列交易保护来换取优先出价人同意平价购买 Revlon 公司债券，该债券之前是由 Revlon 公司以巨大的折扣发行交易，作为防止公司被并购的一种手段。锁定期则中和了 Revlon 公司董事承担公司债务相关责任的风险。在 Revlon 公司，董事会权力的行使似乎是为自己服务的。该公司在股东代表诉讼中针对这一问题辩称，董事会可以积极行事保护债权人利益。特拉华州最高法院驳回了这一论点，认为"董事会在履行其职责时可以考虑到不同主体的利益，只要股东可以获得合理的相关利益。然而，当活跃的竞标者之间的竞价正在进行时，这种对非股东利益的关注是不恰当的，因其目的不再是保护或维护公司利益，而是将其出售给出价最高的人"。

〔59〕 See 535 A. 2d 1334, 1345 (Del. Supr. 1987).

〔60〕 See *Cinerama Inc.* v. *Technicolor Inc.* 17 Delaware Journal of Corporate Law, 551, 581 (Del. Ch. 1991); *C&J Energy Services Inc.* v. *City of Miami General of Employees* 107 A. 3d 1049, 1053 (Del. Supr. 2014).

这一标准称作合理注意标准;[61]也可以依据 *Lockwood* 案和 *Preston* 案将之称为重大过失标准。然而,特拉华州法律并不是仅在控制权交易这单一领域如此理解重大过失。*Brehm* v. *Disney*[62]和 *In re Walt Disney Derivative Litigation* 案[63]均与报酬决策的注意义务相关,而法院作出的注意判决都多多少少受到了对注意义务的这种理解的影响。在 *Walt Disney* 案中,原告主张,依据被告董事批准的薪酬计划,公司需要向前任董事长支付近 13,000 万美元的年薪,该批准行为违反了注意义务。对于衡平法院而言,被告董事是在怎样的情形下作出的这种决策是其需要考察的重要因素,包括相关董事的地位、决策的重要性以及其与董事参与度、信息以及时间的关系。法院要认定董事没有违反注意义务,关键就在于区分本案与 *Van Gorkom* 案在不同背景下采用的不同的决策程序。[64] 211

然而,正如 19 世纪美国寄托法及相关评论、宾夕法尼亚州公司法和 *Graham* 案所述,对重大过失的这种具体情形导向的理解其实是与将重大过失等同于疏忽/近似欺诈的观点共生共存的。事实上,在 *Smith* v. *Van Gorkom* 之后,这一观点就成了特拉华州重大过失法学的主流观点。对于这一发展,有两起案件功不可没。

第一个案件是 *Solash* v. *The Telex Corporation*。[65] 在该案中,艾伦大法官(Chancellor Allen)意识到,*Aronson* 案中援引的案例考察的

---

〔61〕 See *In re Del Monte Foods Co. Shareholders Litigation* 25 A. 3d 813 (Del. Ch. 2011).

〔62〕 See 746 A. 2d 244 (Del. Supr. 2000).

〔63〕 See *Walt Disney Company Derivative Litigation* 907 A. 2d 693 (Del. Ch. 2005).

〔64〕 Ibid. at 767 - 770.

〔65〕 See 13 Delaware Journal of Corporate Law 1250 (Del. Ch. 1988).

是善意决策而非程序注意决策，并创新性地提出了合理知情标准就是“重大过失”这一观点。随后他援引 *Allaun* 案、*Warshaw* 案和 *Moskwitz* 案指出，“善意要求也不例外”，因为在这些案件中，法院是从“完全不符合实际的”决策中推断出被告人存在恶意的。[66] 至于艾伦大法官是否是在 *Solash* 案中提出了这种观点，即代指恶意的概念（轻率忽视/严重滥用自由裁量权）同样可以在程序注意情形中得到适用，用以定义“重大过失”答案尚未可知，尽管如上所述，*Aronson* 案援引的权威案例的确对此有所暗示，且此举正是为了支持该案关于重大过失的主张，但无论如何，上述观点的确代表了后来人们对艾伦大法官观点的理解。

212 第二个案件是 *Tomczak* v. *Morton Thiokol Inc.*（以下简称 *Tomczak* 案）。[67] 在该案中，副大法官哈奈特（Vice Chancellor Hartnett）指出，注意义务是建立在重大过失这一概念的基础之上的，而依据 *Allaun* 案和 *Gimbel* 案的定义，[68] 重大过失“指的是‘轻率漠视或故意忽视全体股东’或‘超出合理范围’的行为”[69]；此外，若依据 *Solash* 案的表述，“重大过失是一项‘较高的标准’，该标准的成立要求提供能够证明存在‘轻率漠视’或‘严重滥用自由裁量权’的行为的证据”[70]；

---

〔66〕 Ibid. at 1264.

〔67〕 See 16 Delaware Journal of Corporate Law 924 (1989).

〔68〕 *Gimbel* 一案并没有为 *Aronson* 案所援引，但确如上所述，其在 *Van Gorkom* 案中被援引作为与其重大过失标准相关的对照。

〔69〕 *Supra* note 67 at 946.

〔70〕 Ibid.

后续一些案件都引用了这种观点。[71]

（三）注意与善意的融合

笔者发现，在美国寄托法和公司法领域，有的观点认为重大过失近似于欺诈，有的则使用“有意的漠视”和“轻率忽视”之类的表述来阐释注意的概念。[72] 然而，从我们对寄托法的讨论中可知，虽然近似欺诈标准使用了意图导向的概念，但其本身与意图导向的标准却有所不同。根据威廉·琼斯关于寄托的论文，重大过失“近似于”欺诈，但绝不会“完全等同于欺诈”。[73] 在 1821 年的 *Foster* v. *Essex Bank* 中，[74] 马萨诸塞州最高法院依据威廉·琼斯“学术研究与典型论述完美结合”的观点，同样认定重大过失“与欺诈十分相像，几乎到了可以等同于欺诈的程度”。此外，在 *Maish* v. *Savings Fund* 和 *Swenzel* 案中，法院指出，与董事注意义务相关的重大过失“相当于”欺诈。换言之，重大过失近似于欺诈，但并不是欺诈；重大过失的出发点并不是董事是否考察到了程序的不充分或不合理。因此，“等同于欺诈”、“轻率忽视”和“有意漠视”其实只是客观定义较低注意要求的粗劣手段罢了：受寄托人或董事若存在性质恶劣的违反注意的行为，就需要承担相应责任。虽然这些手段本身不可避免地存在一定的局限性，但其的确试图以合法的方式，确认低于董事或受寄托人 213
的责任标准的注意要求门槛。因此，尽管“等同于欺诈”、“轻率忽

〔71〕 See, e. g., *In re Walt Disney Co. Derivative Litigation* 907 A. 2d 693, 751 (2005). 援引 *Tomczak* 案，并将重大过失归因于 *Allaun* 案，称重大过失是对全体股东不合理行为的轻率漠视或故意忽视。新近的 *Zutrau* v. *Jansing* WL 3772859 (2014) 也作出了相同的论断。

〔72〕 See p. 157 – 159.

〔73〕 See p. 148, 159.

〔74〕 See 17 Mass. 479 (1821).

视”和“有意漠视”这样的表述从字面意思来看是在考察被告的心理状态，但实际上这种考察并不必要。正如第五章所述，斯托瑞当然反对将重大过失等同于欺诈。他驳斥了琼斯的观点，指出“重大过失在主观意图上可能完全符合善意和忠实的要求”〔75〕，这种观点即便是琼斯也无从反驳。而斯托瑞之所以反对琼斯的近似欺诈观点，是因为他并未真正理解“等同”和“近似”这两个限定词的含义。当然，早期的寄托法的确对我们所说的“主观”注意标准作出了规定，但正如第五章所述，寄托法中同样存在客观的注意标准，这种客观标准以受寄托人处置自身财产的行为为依据确定了注意的基准。

尽管特拉华州法律用以定义重大过失的一些概念与近似欺诈标准所用的概念存在相似之处，但两者之间也存在一个重大差异，正是这种差异导致特拉华州直接将重大过失当作欺诈，而不是近似于或等同于欺诈。之所以会产生这种差异，是因为法院直接援引善意商业判断案件来定义重大过失，这是早期寄托或公司案件都不曾尝试的方法。如第三章所述，*Allaun* 案、*Gimbel* 案以及 *Warhaw* 案等针对那些无意促进公司利益的公司行为提出了多种替代性表述。在这些案件中，轻率或有意漠视、故意忽视、不合理性、超出合理范围和严重滥用自由裁量权之类的表述统统被用作恶意的代名词。若以这些案例为依据来理解重大过失，就相当于生搬硬套传统的（寄托和董事注意情形中的）重大过失标志：以实际意图导向标准来认定重大过失。换言之，这导致了特拉华州法院重蹈斯托瑞狭隘解读琼斯近似欺诈观点的覆辙。但和斯托瑞不同的是，特拉华州最初对这种错误的态

〔75〕 Joseph Story, *Commentaries on the Law of Bailments*, Hilliard and Brown, 1832, p. 14.

度完全可以说是欣然接受。

对特拉华州法律这一发展的进一步阐述，艾伦大法官的判决起到了关键性的作用，同时该判决还对这一领域的相关法律进行了概念上的梳理。在 *Solash* 案中，他将重大过失的定义与 *Aronson* 案所援引案件中提到的意图导向/善意概念相结合。在 *Tomazck* 案接受这种观点后，艾伦大法官随之在 *In re Caremark International Inc. Derivative Litigation*〔76〕中明确地将程序注意标准与善意联系起来。 214
在 *Caremark* 案中，争议的焦点是适用于董事会监控的注意义务，艾伦大法官并未引用"重大过失"，而是强调永远不能依据决策内容本身来对注意义务进行评价，而应以"对程序的善意或合理性考察"作为唯一的依据。〔77〕 换言之，程序要想满足注意义务的要求，其本身必须是"合理的"或"善意地用来促进公司利益的"。决策必须是"程序的产物，该程序要么经过善意审慎的考察，要么满足合理性要求"〔78〕。随后，他在判决中更为明确地提出，当董事"善意地去了解相关情况"〔79〕(参与其认为适宜的程序)，就履行了注意义务。〔80〕 因此，依照艾伦大法官的说法，若决策程序是董事经过深思熟虑后确定的，可以支持其作出争议决策的程序，那么董事就没有违反程序注意

〔76〕 See *In re Caremark International Inc. Derivative Litigation* 698 A. 2d 959 (Del. Ch. 1996).

〔77〕 Ibid. at 967.

〔78〕 Ibid. at 967.

〔79〕 Ibid. at 968.

〔80〕 这种做法得到了后来法院的认可：see, e. g., *Walt Disney Derivative Litigation* 907 A. 2d 693, cited at 749 – 750 (Del. Ch. 2005). 该案支持了这项标准的适用，see *Zimmerman* v. *Crothall* WL 707238 (2012) at Note 39。

义务。至于决策适用的善意标准,由于“人心如何,鬼神莫辨”,〔81〕法院只能将不合理性、故意忽视或者轻率漠视当作恶意的代名词。

在实践中,作为实际的注意基准,近似于欺诈的注意瑕疵和超出合理范围、不能被视为促进公司利益程序的注意瑕疵之间并不存在明显的分界线。但二者在概念层面上的区别会带来不同的法律后果。首先,实践中这种方法导致了 *Gimbel* 案、*Mitchell* 案和 *Smith* v. *Van Gorkom* 一审裁定中所提观点的复辟,〔82〕即将程序瑕疵当作(传统商业判断规则下)善意或恶意决策的代名词,〔83〕且与独立的程序注意标准毫无干系。尽管我们可以以 *Caremark* 案的善意程序标准

215 为依据进行反驳,证明善意可以独立适用于注意,但不可否认的是,在实践中这两个概念其实是完全重合的。若一个人根本不知道自己为什么要作出一项决策,那么他怎么可能相信自己的决策能够促进公司的利益呢?若同时有两项决策,在不了解相关信息的情况下,应该相信哪一项决策?其次,就 *Aronson* 案的商业判断规则而言,〔84〕若对程序适用善意标准,同样会剔除掉注意义务:作出知情决策的前提就包含在善意行事的前提中。

特拉华州法院对第二种观点提出了质疑,并尝试对重大过失损害程序注意义务这一观点的逻辑推断进行拆解。举例而言,在 *Walt Disney* 中,最高法院主张,重大过失“完全”不“构成恶意”;〔85〕在

---

〔81〕 1478 年年鉴中的匿名案件(Y. B. 17 Ed. IV. Pasch. f. 1, pl. 2) set out in C. H. S. Fifoot, *History and Sources of the Common Law*: *Tort and Contract* (Greenwood Press, 1949), 253。See p. 29 – 30.

〔82〕 Ibid. at 85 – 88.

〔83〕 See Chapters 3 and 4.

〔84〕 See p. 95.

〔85〕 See *Walt Disney Derivative Litigation* 906 A. 2d 27, 64 – 65 (2006).

Stone v. *Ritter* 中，最高法院认定，“未能善意行事远比重大过失更加恶劣”。[86] 若我们适用独立的具体情形导向的方法来考察重大过失，那么 *Walt Disney* 案和 *Stone* v. *Ritter* 的观点则不无道理。并且，若我们适用早期寄托和公司案件中的重大过失近似于欺诈的方法，这种观点同样说得过去。但若将重大过失当作一项基于义务的标准，像 *Caremark* 案一样要求程序必须是善意的，或者将不合理性或故意忽视当作恶意的表现，那么 *Walt Disney* 案和 *Stone* v. *Ritter* 的观点就站不住脚了。

十分讽刺的是，特拉华州的法院在处理适用善意商业判断标准进行裁判的案件时，往往倾向于先将重大过失解读为“故意忽视”和“程序善意”，然后再主张重大过失与善意之间存在区别。这种做法暂且不谈，只考虑 *Walt Disney* 案发生之时特拉华州法院对善意和 *Tomzcak* 案对于重大过失的定义：恶意涉及“故意地擅离职守”或“有意地逃避自身职责”；重大过失则以“故意忽视或轻率漠视”为要件。简言之，很难说“有意忽视”和“故意忽视”之间存在明确的区别或者说前者比后者更加严格。在这种明显自相矛盾的表述的影响下，此后的法院普遍认为，正是由于 *Walt Disney* 案和 *Stone* v. *Ritter* 所主张的标准并不一致，这才将意图导向的概念从重大过失的定义中分离了出来。因此，钱德勒大法官（Chancellor Chandler）在 *McPadden* v. *Sidhu*[87]

---

〔86〕 See *Stone* v. *Ritter* 911 A. 2d 362, 369 (2006).

〔87〕 See 964 A. 2d 1262, 1274 (Del. Ch. 2008). 特拉华州最高法院“确立起”“故意玩忽职守或故意不履行自己的职责”的重大过失定义。特拉华州的大多数法院都采用了这一调整后的定义：see, e. g. , *Ironworkers District Council of Philadelphia & Vicinity Retirement & Pension Plan* v. *Andreotti* WL 2270673 (2015) at note 254. Note, however, that not all courts have dropped “deliberate disregard”. 然而，并非所有的法院都把“故意忽视”排除在外。See, e. g. , *Adams* v. *Calvarese Farms Maintenance Corporation Inc.* WL3944961 (2010) at 18.

216 中指出,故意忽视已经不能满足当下的需求,只有重大过失才能充分解释“构成轻率漠视或超出合理范围的行为”。而更令人啼笑皆非的是,“超出合理范围”和“轻率漠视”这类表述与“故意忽视”可谓师出同门,它们都出自特拉华州适用意图导向善意标准的案件,换言之,它们在功能上是完全一致的。因此,舍弃一种表述却支持其他同类的表述,这种做法显然不合逻辑。但若从另一种角度出发,我们可以将这种观点的发展当作特拉华州法律向早期重大过失近似欺诈观点靠拢的证据:对非意图导向的标准适用意图导向的概念,这种做法只关注最低注意标准是什么,而并不关心董事对程序实际抱有怎样的心理状态。

(四)《特拉华州普通公司法》第 102 条(b)款第(7)项的合理化

特拉华州法律对于重大过失存在两种不同的解读,同时还将重大过失当作意图导向的标准,由此造成了对《特拉华州普通公司法》第 102 条(b)款第(7)项解读的混乱。依照该条规定,除非董事恶意行事或故意作出不当行为,公司可规定免除董事的注意义务。随着 *Smith* v. *Van Gorkom* 对客观注意义务的适用,第 102 条(b)款第(7)项应运而生。如上所述,要想真正理解 *Van Gorkom* 案,就应当将重大过失视为一种“具体情形导向的”标准。以此类推,一个人可以在违反这一标准的同时,真诚地相信自己的行为能够促进公司利益。透过这一视角,我们会发现,第 102 条(b)款第(7)项的作用之一就是减轻责任风险。如此一来,重大过失“完全不构成恶意”的主张也就说得通了。事实上,这一观点还可以进一步深化理解,可以说第 102 条(b)款第(7)项是对 *Van Gorkom* 案的直接回应,是从立法层面上间接认可“具体情形导向的”重大过失标准。但从最高法院对

Aronson 案和衡平法院对 *Solash* 案、*Tomczak* 案和 *Caremark* 案的处理方法来看,实际适用的注意标准还是善意标准,那么就不存在一个具体的决策程序情形可以依据第 102 条(b)款第(7)项来寻求救济,因为若当事人主观上没有恶意,他就不会违反注意义务;换言之,若按照 *Aronson* 案、*Tomczak* 案和 *Caremark* 案来解释重大过失标准,那么就不存在可以适用第 102 条(b)款第(7)项的决策注意义务标准的情形。当然,特拉华州法院面临的问题是,在这种规定损害注意义 217
务并且阻碍免责条款发挥作用的情况下,第 102 条(b)款第(7)项仍旧存在,且这种存在就意味着注意标准和善意标准之间必然存在区别。要厘清重大过失的"轻率漠视/故意忽视"的定义,上述"去意图化"解释其实是解决现有矛盾的必由之路。[88]

二、监控义务

如上所述,*Graham* 案是特拉华州首例解决监督或监控过程中注意问题的案件。该案提供了两种不同的重大过失标准的阐释路径:一是情景导向型一般过失;二是轻率忽视标准。然而,*Graham* 案并未提及重大过失,为监控和监督注意标准成为一般注意标准留足了空间。事实上,在 1987 年的 *Rabkin* v. *Hunt Chemical Corporation* 中,[89]伯杰副大法官(Vice Chancellor Berger)即后来的伯杰法官(Justice Berger)指出,授予监控案件中的董事以决策案件中重大过

〔88〕 See *Walt Disney* 906 A. 2d. 27, 67 (Del. Supr. 2006).

〔89〕 See WL28436 at 3 (1987).

失标准所给予的同样程度的谦抑"似乎并不符合逻辑"。因此,她指出,"在主张董事存在疏忽的案件中,一般过失是合适的责任标准",但这一裁定随后就被特拉华州律师协会和司法机构全盘否定。直到18年后的 *Walt Disney* 案,衡平法院才在其裁定中引用了伯杰法官对该案的判决,此前这一案件的判决根本无人问津。1995年,艾伦大法官在 *Caremark* 案中提出的"原告若想胜诉,选取公司法监督责任理论作为依据可能是下下之策"[90]。和上述艾伦大法官关于善意与程序注意关系的观点一致,他认为"董事的义务包括善意地确保公司设有信息和报告制度"[91]。

218 *Caremark* 案争议的问题是:由于董事未能确保落实充分的控制制度,导致其未能及时发现员工的行为,最终造成了巨大的民事损害和刑事罚金,在这种情况下,董事算不算违反了注意义务?在这种情形中,艾伦大法官提出的"董事注意义务概念"只包含善意地"确保公司设有信息和报告制度",且只有"董事会行使监督职责存在持续的或制度上的瑕疵(例如完全不能确保公司信息和报告制度的落实)才表明其存在恶意,需要承担责任"。因此,在 *Caremark* 案中,注意标准成了一项规定性善意义务,要满足这项义务的要求,董事必须对监控力度是否充足、为何要将管理事宜委托给他人、为何被委任者的行为没有引起其警觉等问题作出合理解释。[92] 此处的"完全不能"和不合理性、轻率忽视以及严重滥用自由裁量权这类恶意的代名词

---

[90] *Supra* note 76 at 967.

[91] Ibid. at 970.

[92] See also *In re Citigroup Inc. Shareholder Derivative Litigation* 964 A. 2d 106 (Del. Ch. 2009) and *In re Goldman Sachs Group Inc. Shareholder Litigation* WL 4826104 (Del. Ch. 2011).

可谓异曲同工。

在2006年的*Stone* v. *Ritter*中，特拉华州最高法院强调了*Caremark*案的监督标准。依照*Stone* v. *Ritter*的表述，若要董事承担监督责任，则其必须存在"完全不能落实"的制度和控制的行为或"故意"不能实施监控的行为。和善意要求一样，这意味着"董事明知自己没有履行自己的受托义务"。[93] 此外，如上所述，在*Stone* v. *Ritter*中，最高法院主张，重大过失和恶意存在明显的差异，其在恶劣程度上远远不及恶意。需要注意的是，在*Caremark*案中，艾伦大法官并未在其对注意义务的论述中提及重大过失，但在该案的决策程序中，和*Aronson*案，*Van Gorkom*案一样，艾伦大法官对善意程序的解读就是对重大过失标准的解读，而其从善意层面对监控注意的解读就是对重大过失监控标准的解读。回想一下，*Aronson*案的重大过失结论是以维西和曼宁的文章为依据得出的，他们提出特拉华州适用的注意标准是重大过失标准，而之所以会得出这样的结论，也是因为二人对*Graham*案(一起监控案件)进行了参考。在*Caremark*案中，艾伦大法官的观点一以贯之：正如*Aronson*案一样，其是从意图导向的善意层面对重大过失进行阐释的，认定这一单一标准可以同 219
时适用于程序和监控。他随后提出了程序和监控情景下多种不同的恶意代名词，包括合理性、完全忽视等。但在*Stone* v. *Ritter*中，艾伦大法官从善意层面对监控注意作出的解读有别于重大过失，且与其他监控注意的观点存在"本质上的不同"。在这种情形下，善意的要求属于一种独立的监控注意标准，如上所述，这种观点令第102条

[93] See *Stone* v. *Ritter* 911 A. 2d 362, 370 (2008)(着重强调).

(b)款第(7)项在处理监控注意的有关问题上失去了用武之地;且导致后续的法院纷纷尝试从重大过失的定义(如故意忽视)中将意图导向的因素剥离出来。

虽然我们可以解释对重大过失善意的意图导向解读是如何产生的,但若想厘清这一问题绝非易事:特拉华州最高法院为何在 *Stone* v. *Ritter* 中选择适用这种标准来进行监控,为何同时又主张适用于程序的重大过失具有特殊性? 换言之,就是为何对艾伦大法官所作判决支持一半,反对一半,而其支持和反对的部分却又是密不可分的? 要解释这种矛盾的决策,必须从其背后的两种驱动因素着手。首先,如上所述,对程序注意的善意解读带来了不良影响:其将知情这一因素融入了 *Aronson* 案商业判断规则的善意要求中,使得为应对 *Van Gorkom* 案的程序注意违反行为而制定的第 102 条(b)款第(7)项在真正应对违反程序注意的行为时反而束手无策。换言之,将重大过失作为一种意图导向的标准在处理程序问题上明显存在异常之处,需要进行修正。但在监控注意情形中,这种异常并不明显。其次,在 *Stone* v. *Ritter* 发生之时,善意标准与公司权力行使相分离的观点已经牢固确立下来了,该观点是以 *Aronson* 案为基础提出的,我们已在第四章中用较长的篇幅对其进行了论述。因此,我们可以这样理解 *Caremark* 案,该案就是对前述“不合规则的”[94] 法律概念的进一步延伸。

无论这种区别背后的驱动因素是什么,有一点必须注意的是:在实践中,从董事的角度出发,早期近似欺诈注意标准规定的监控注意

〔94〕 See p. 101 – 102.

和 *Caremark* 案善意/完全忽视标准规定的监控注意要求的注意基准并没有什么实质性区别；*Caremark* 案的注意基准与 *Graham* 案重大过失标准要求的注意基准也没有实质性区别（无论这种注意基准被 220
视为适用 *Briggs* 案的具体情形导向的责任标准还是轻率/草率标准）；与 *McPadden* v. *Sidhu* 改良后的重大过失标准（将重大过失视为轻率漠视或超出合理范围）要求的注意基准同样没有实质性区别。除此之外，我们会发现重大的法律变革会带来中性的实质影响。

三、行为和审查标准

从对纽约州、宾夕法尼亚州和新泽西州寄托法的分析中可以看出，在实际案件中，无论是具体情形导向的标准还是近似欺诈或疏忽大意的标准都被当作独立的责任标准。还有些法院会对这些相互冲突的权威案例进行调和，将注意标准当作行为标准，将重大过失标准当作责任标准。这种区分体现在不同的标准对应的各自的注意基准中，例如一般注意标准将董事“有什么义务”作为衡量基准，而重大过失标准则以违反什么义务会引起董事“责任”为考察标尺。我们将这种做法称为人为的法律调解，通过法律来控制法律冲突。这也是法官将重大过失上升为标准的一种手段。对于重大过失背后的道德因素和政策问题，如董事对报酬的期待及董事会服务的问题，法官通常都是支持的。

然而，无论是在特拉华州、纽约州还是宾夕法尼亚州，只有对具体情形导向的一般注意标准作断章取义式的理解,这种区别才有意义:从其在 *Hun* 案和 *Smith* v. *Van Gorkom* 中的适用情况来看,具体情形导向的一般注意标准其实是一种严格的一般注意标准。但从本书第二部分长篇累牍的分析来看,我们发现在很多案件中,这一标准其实是一种非常宽松的标准,正因如此,法院才能使用重大过失的表述来对该标准进行适用。宾夕法尼亚州最高法院对 *Swentzal* v. *Penn*、*Briggs* 案以及 *Walt Disney* 案的裁定都是典型的例证。若我们将一般注意标准当作具体情形导向的重大过失标准,那么提出行为标准和审查标准都是重大过失显然不合理。当然,我们也可以通过行为标准与审查标准之间的区别来阐明,我们对董事的期待并不等
221 同于其在法律层面负有的责任,同时强调对注意责任标准期待过高而可能带来的负面行为后果。但有一点需要注意的是,这种区别并不具有法律效力。

通常认为,当代特拉华州法律对注意义务下的行为标准和审查标准作出了类似的区分。[95] 在 *Walt Disney* 案中,衡平法院对注意义务"要求的一般审慎的人在类似情形下会施予的注意"与可以重大过失为由提起诉讼的注意缺失进行了区分。[96] 法院援引 *Graham* 案来支持行为标准。近期的案件[97]则依据前大法官艾伦、斯特林法官和

---

〔95〕 See, e. g., Julian Velesco, *The Role of Aspiration in Corporate Fiduciary Duties*, 54 William and Mary Law Review 519 (2012); Julian Velesco, *A Defense of the Corporate Duty of Care*, 40 Journal of Corporation Law 647 (2015); Gregory Scott Crespi, *Standards of Conduct and Standards of Review in Corporate Law: The Need for a Closer Alignment*, 82 Nebraska Law Review 671 (2004).

〔96〕 See *supra* note 80, at 749 – 750.

〔97〕 See *Cargill, Inc.* v. *JWH Special Circumstance LLC* 959 A. 2d 1096, 1112 (2008); *In re Books-A-Million, Inc. Stockholders Litigation* WL 5874974 (2016).

雅各布斯法官(Justice Strine and Jacobs)的相关论述,主张行为标准和审查标准之间的确存在区别。三人提出这种观点的依据是艾森伯格教授(Professor Eisenberg)[98]早期针对这种区别的论述。他们指出,在1985年和*Van Gorkom*案之前:

> 即便公司法一直是以一般过失来阐述董事的期待行为标准("一般审慎的人"标准)的,但这种规范性标准和司法审查标准之间存在着本质差异,要想根据司法审查标准追究董事的责任,必须证明董事实施了极度恶劣的行为。[99]

在近期特拉华州法律的相关论述中,仍旧能够看到对这种区分的讨论。[100] 但要说特拉华州是作出这种区分的鼻祖未免过于牵强 222
武断。[101] 特拉华州支持这一观点的权威案例可谓寥若晨星。该州

---

〔98〕 See Melvin A. Eisenberg, *The Divergence of Standards of Conduct and Standards of Review in Corporate Law*, 62 Fordham Law Review 467 (1993).

〔99〕 See William T. Allen, Jack B. Jacobs and Leo E. Strine, Jr. *Realigning the Standard of Review of Director Due Care with Delaware Public Policy: A Critique of Van Gorkom and Its Progeny as a Standard of Review Problem*, 96 Northwestern University Law Review 449 (2002).

〔100〕 See Vice Chancellor J. Travis Laster, *Revlon Is a Standard of Review: Why It's True and What It Means*, 19 Fordham Journal of Corporate and Financial Law 5 (2013). 提出了"特拉华州法律的特点是行为标准和审查标准之间存在区分"; see former Justice Norman Veasey & Christine T. Di Guglielmo, *What Happened in Delaware Corporate Law from 1992 – 2004? A Retrospective on Some Key Developments*, 153 University of Pennsylvania Law Review 1399 (2005), 认为"虽然这种区分没有在具体案件中得到很好的发展,但不可否认的是其的确隐含在特拉华州的判例中"。

〔101〕 See William W. Bratton, *Lyondell: A Note of Approbation*, 55 New York Law School Law Review 561 (2011). 其认为"艾森伯格的论述并没有与案件中所适用的法律保持完全的一致"。

法律的确对高度注意行为作出了非法律层面的指导和鼓励，但这种做法和法律上的注意标准毫无干系。[102] 这种非法律层面的区分对一般注意、重大过失/责任标准并未造成多大的影响。

诚然，可以在 *Graham* 案中找到“义务”和“责任”的用词痕迹；但对于董事“应当负有什么样的义务”，*Graham* 案是以 *Briggs* 案“具体情形导向的”注意标准为依据的，而在实践中，这种具体情形导向的标准其实是作为较低的责任标准而非行为标准来适用的。*Aronson* 案在得出“注意标准是以重大过失标准为依据的”这一结论之前，是通过判断董事是否“了解所有重要信息”来考察注意义务是否得到充分履行的。[103] 虽然法院并未对行为标准与责任标准进行区分，但 *Aronson* 案的做法仍可以解读为是对高期待（“了解所有重要信息”）和责任（重大过失）的区分。但这种区分关注的焦点并不是一般过失和重大过失的差异。我们都知道，诺曼·维西和威廉·曼宁对注意标准的评估对 *Aronson* 案的审理起到了关键的作用，其在论述中将 *Graham* 案“具体情形导向的”方法看作另一种形式的“重大过失”。如上所述，有案例能够充分证明在 *Van Gorkom* 案中，具体情形导向的标准是被当作一种责任标准来适用的，且在当下的拍卖和其他情形中，这种标准仍旧具有强大的生命力。而《特拉华州普通公司法》第 102 条(b)款第(7)项规定的引入就是其将具体情形导向的标准当作责任标准的最佳例证。尽管衡平法院在 *Walt Disney* 案中引用

---

〔102〕 Ibid.，认为这种行为标准是在“多方面作用的、非正式的自我规范过程中”形成的。

〔103〕 See *supra* note 29 at 812. *Aronson* 案是区分行为标准和审查标准的依据。See *In re Books-A-Million, Inc. Stockholders Litigation* WL 5874974 (2016).

了 *Graham* 案来支持具体情形导向的行为标准,并将这一标准与可起诉的注意瑕疵情形相互对照,但如我们所见,在实践中,法院在处理 *Walt Disney* 案时,适用的仍然是 *Briggs* 案的具体情形导向的审查标准。因此,如今特拉华州并不能以本州的权威案例作为依据对行 223
为标准和审查标准作出区分——本州案例所支持的区分与之迥然相异。近期提出的司法主张认为这种区分的确存在,彰显了特拉华州对于重归传统、重修法律的司法自由。

四、注意和特拉华州法律的性质

现如今,受寄托人的注意标准并不是公司法律师重点关注的领域。但无可置疑的是,这一法律领域是美国公司法的发源地。如我们所见,18 世纪和 19 世纪法院和评论家们对无偿受寄托人、有偿受寄托人、无偿受托人应施予的注意展开了广泛且深入的探讨,对其背后一系列的道德驱动因素、概念和政策问题也进行了细致的考察,并在这一过程中逐渐确立了适用于不同受寄托人和受托人的注意标准。我们看到,美国相关的注意标准是由多组二元对立结构构成的,包括承诺和报酬的二元对立结构,一般过失和重大过失的二元对立结构,以及“具体情形导向的”重大过失标准(或以重大过失为标志的标准)与独立的客观重大过失的二元对立结构(包括“轻率疏忽者”标准和“近似欺诈”标准)。此外,不应对于提供无偿服务的人期待过高,这一观点占据着道德的制高点,以此为基础衍生出来的独立客观重大过失标准同样成了主流的观点。实事求是地说,这种以报酬为核心考察因素的标准及其对这一法律领域的影响都是19世纪美国社会生活主流文化观念的产物。换言之,这种注意标准在很大程度上受美国观念的影响。

早期的美国公司注意法明确引入了这种法律话语及话语结构。在本书第二部分讨论的所有主要司法管辖区内,法院都确立了类似的双重权威案例,且在不同程度上采取了诸如以重大过失为标志或行为标准和审查标准进行分离之类的调解手段来对那些存在明显冲突的权威案例进行管理和解释。正是依据这种寄托话语及其早期在纽约州和宾夕法尼亚州公司案例中的适用经验,特拉华州法律才得以建立和发展起来。但若只以特拉华州的案例为依据来考察特拉华州关于注意义务的法律,难免会让人产生这样一种错觉,即认为特拉华州是白手起家,是为了满足现代公司的需求才制定出这样的注意标准。事实上,特拉华州在这一领域的相关法律和本州之前的案例
224 几乎没有任何实质性的联系,唯一能够算得上是先例的案件就是*Graham*案,但该案的观点并不明确,对注意标准的确立只是间接地起到了一定的推动作用。话虽如此,塑造19世纪早期寄托法、公司法的观念和二元对立结构的确在特拉华州法律中有所体现。这些早期的观念和二元对立结构及其所蕴含的道德、政策选择和压力都是注意话语的一部分。而特拉华州无可避免地利用了这种注意话语来塑造了自己本土的法律概念。

那么,就塑造特拉华州公司法的现代概念以及使特拉华州在政策竞争中取胜的原因而言,注意义务又能够给我们带来什么样的启示呢? 在本书讨论的所有领域中,尤其是注意义务领域中,特拉华州在自身公司法关键领域并无任何独立法律的情况下,仍然成了政策

竞争的佼佼者。截至 1960 年,特拉华州并无任何注意法学理论。但从其他州对注意法学的广泛讨论中可以看出,违反注意责任的问题是影响董事决定是否在特拉华州设立公司的重要因素。若从注意义务的角度来推理,[104]特拉华州之所以能够吸引如此多的公司入驻,原因并不像许多学者说的那样,是该州的法律使然。[105] 也不像本书中罗曼诺(Romano)[106]和布莱克(Black)[107]讲的那样,是因为特拉华州具有相对完善且成熟的司法系统。不可否认,从特拉华州成为政 225
策竞争的赢家开始直至之后的几十年内,都缺乏相关的权威案例,这意味着该州并没有相关的判例法经验,因此司法系统也谈不上具有成熟的评估能力和完善的制度。事实上,其他州在这方面显然更具

---

〔104〕 显然,这种推断是有问题的,因为在特拉华州成为美国公司法的领头羊时,其关于公司设立相关的其他关键法律领域已在很大程度上有所发展。然而,在本书涉及的领域中,情况却并非如此。

〔105〕 See, e. g. , Roberta Romano, *Law as a Product: Some Pieces of the Incorporation Puzzle*, 2 Journal of Law, Economics and Organization 225 (1985). 其认为"被申请人一直提到的重新注册带来的好处包括特拉华州发达的判例法,它提供了一系列便于援引参考的先例,以及一个几乎可以立即获得关于特拉华州法律任何领域法律意见的平台";"特拉华州还提供了一套其他州难以复制的全面的注意法以及少数经验丰富的法官。这些因素使公司能够更好地预测其决策的法律后果,有利于完善规划和降低经营成本"。See also, e. g. , Jonathan R. Macey and Geoffrey P. Miller, *Toward an Interest-Group Theory of Delaware Law*, 65 Texas Law Review 469 (1987),"特拉华州最有益于本土公司发展的因素可能就是其高度发达的判例法"。More recently see Brian J. Broughman & Darian M. Ibrahim, *Delaware's Familiarity*, 52 San Diego Law Review 27 (2015),"尽管特拉华州可以通过制定比其主要竞争对手更令人满意的法律登上公司法金字塔之巅,但其之所以能保持住自己的地位,很大程度上得益于它这些实质性优点更为商业活动当事人所熟悉"。

〔106〕 See Roberta Romano, *The Genius of Corporate Law*, AEI Press, 1993, p. 39 – 40; see also Broughman and Ibrahim (ibid at 298).

〔107〕 See Bernard S. Black, *Is Corporate Law Trivial? A Political and Economic Analysis*, 84 Northwestern University Law Review 542 (1990). 其认为"特拉华州可以在一段时间内保持优势,因为该州具有难以复制的专家型法官",但同时我们也注意到,由此产生的优势"并不是那么大"。

优势。或许正如罗曼诺所言,第一个吃螃蟹的人能够占据主动地位,这种名声上的优势会像滚雪球一样,带来一系列正向的网络外部效应。[108] 然而在这些领域,特拉华州根本称不上是先行者,甚至连“第二个吃螃蟹的人”都算不上。克劳泽纳(Klausner)指出,这些网络外部性(network externalities)同样包括“当下对未来司法决策的价值评估”,这一数值会随着一个州内公司设立数量的增长而上升。[109] 他还指出,“一个州未来判例法的质量取决于法院受理案件的数量和多样性”[110]。若我们从1980年之后的案例出发,这种观点是能够站住脚的,因为在1980年以前,特拉华州的司法网络外部性要明显高于其他州。此外,正如本章和第四章所述,网络外部性和案件数量并不一定成正比。依照本书的内容,特拉华州普通法系统本身的特质就引发了各种结构异常问题和严重的法律不确定性,这些就是案件数量造成的负网络外部性,增加了外部概念融入特拉华州法律的难度。

如若特拉华州法律自身的性质及其法律系统的制度构成都不能作为解释变量,那么我们应当怎么解释特拉华州在政策竞争中取得胜利的原因呢?若要将这一事实合理化,可行的理由是,20世纪早期的董事和他们的法律顾问在对美国所有的司法管辖区进行考量时,发现各州的注意标准及相应的后果在很大程度上都是重复的,虽
226 然各州对不同观点的侧重有所不同,但它们在违反注意行为的风险范围划定问题上都比较严格(有些划定采用了非常严格的标准)。对

---

[108] See Romano, *supra* note 105 at 280.

[109] Michael Klausner, *Corporations*, *Corporate Law*, *and Networks of Products*, 81 Virginia Law Review 843 – 844 (1995).

[110] Ibid. at 846.

于董事和律师们而言,这种风险范围是合理且可以接受的。我们可以想象到这些律师和董事对于特拉华州的看法:特拉华州没有相关的法律,也就是说,法院在选择适用哪种注意标准时可能具有一定的不确定性,但即便如此,特拉华州(1)很大程度上也不会超出这种既定的风险范围;(2)鉴于在吸引公司设立方面的竞争压力,特拉华州更有可能适用和维持 *Spering's Appea*l 案或 *Swentzel* 案的标准,而不是 *Hun* 案或 *Williams* 案的标准。也就是说,注意义务证明了特拉华州之所以能够吸引公司入驻,原因在于该州不会与法律规定的范围或其他州业已确立的规范范围相矛盾,是可以信赖的、稳定的对象。有一点不得不承认,尽管特拉华州在信誉度上和其他州并无二致,但该州人口非常稀少,随着成功吸引公司入驻,其财政上更加依赖特许经营税的收入。[111] 这种依赖关系进一步加强了特拉华州的可信度,这是纽约州、宾夕法尼亚州或新泽西州这样的大型工业州远不能比的。在反托拉斯"七姊妹"立法中,伍德罗·威尔逊(Woodrow Wilson)明确指出了这一点,并将其作为特拉华州法律转向的根本原因之一。[112]

若这种观点是正确的,那么就意味着在既定风险范围内的实质公司法并不是影响特拉华州吸引公司设立能力的敏感变量。不受市场压力生产的产品不是市场化的产品,这种观点实属经济学的陈词

---

〔111〕 See *Romano*, *supra* note 105 at 235. 当然,这并不能解释为什么是特拉华州,而不是其他的这样的小州更加能吸引公司入驻。为进一步探究这个问题, see Charles M. Yablon, *The Historical Race Competition for Corporate Charters and the Rise and Decline of New Jersey*: *1880 – 1910*, 32 Journal of Corporation Law 323 (2007)。

〔112〕 See William L. Cary, *Federalism and Corporate Law*: *Reflections Upon Delaware*, 83 Yale Law Journal 663 (1974). See also Yablon *supra* note 111 at 326.

滥调。依照这种观点，公司设立市场不大可能衍生出和影响到特拉华州关于注意义务的法律选择。重要的是，这意味着虽然在很多情形下，特拉华州看似有亲管理者或亲价值倾向，但这种倾向并不是因为特拉华州法律制定了吸引管理者的规则，而是因为该州的法律有效地淘汰了其他州对亲股东或亲管理者带有偏见的规则，本部分对这背后的原因进行了讨论。换言之，在公司法创制方面并不存在任何的竞争，无论是上限竞争、逐底竞争还是至中竞争，只不过是实现
227 规范化——回归法律传统——继而维持法律现状的需要罢了。这还意味着，若特拉华州仍然保持现状，其竞争对手就是那些诸如南达科他州、怀俄明州和佛蒙特州之类的人口稀少又相对较为贫穷的州，这些州有一个共同点，那就是它们都需要依靠特许经营税来改善财政状况。[113]

当考虑立法责任驱动的干预手段所带来的风险时，就会对特拉华州对公司的吸引力得益于美国法律的宏观环境这种观点有更清楚的认识，即便特拉华州根本没有本土原创的注意法学。公司的性质决定了一旦公司出现丑闻，就会不可避免地引起关注。丑闻总让人不自觉地想要对未来可能发生的不当行为进行监管和干预。作为一个名不见经传且严重依赖特许经营税收入的州，特拉华州根本无法承受对法律现状的随意变更，尤其是增加董事责任。本书对注意的分析证实了这种猜想。特拉华州并没有像其他州，如 1933 年的宾夕法尼亚州和 1961 年的纽约州一样将法律标准法典化，其以法律形式确定下来的标准并非最低的重大过失标准（近似欺诈标准），且从宾

---

〔113〕 经济分析局（2014）(available at www. bea. gov/newsreleases/regional/gdp_state/2015/pdf/g sp0615. pdf) 及 2013 年美国人口普查 (available at www. census. gov/)。

夕法尼亚州的案件来看,这种法典化的标准甚至与 *Swentzel* 案所适用的宽松的“具体情形导向”观点相冲突。因此,即便是在法院尚没有相关经验的情况下,特拉华州也可以进一步完善外部判例法的现状,同时有效阻止立法机构对改变法律现状横加干预。变更后的特拉华州公司法要求进行绝对多数决,这种要求是特拉华州法律的本质承诺。[114] 同样地,若法官没有注意到特拉华州这种迫切的需要,我们也可以依据特拉华州的法律要求来重申立场,第 102 条(b)款第(7)项就是对这种干预的最有力证明。因此,在美国公司法律联邦主义的范畴内,特拉华州正是公司法稳定性的典型代表。

尽管可能并不存在公司之间的法律竞争,但各州之间的竞争是不可避免的,[115]起码在吸引公司设立方面,各州之间存在竞争。如本章所述,这种竞争观念以及特拉华州成为赢家的观念同样对法律 228
造成了一定的影响。作为竞争中的胜者和美国公司法领域的领头羊,我们自然而然会期待特拉华州在法律的关键领域保有自己的传统,同时拥有自己的原创规则。本章指出,这种领头羊观念令特拉华州产生了一种“想要成为规则首创者的愿望”;继而转向在特拉华州法律中寻找法律依据,即使其能够找到的权威案例非常有限甚至有些牵强,并且涉嫌忽视相关规则的外部渊源。这种现象并非特例,从本书第三章和第四章对商业判断规则的分析中可以看出,不仅仅是特拉华州,19 世纪后期曾经短暂赢得政策之争的新泽西州也有相同

---

〔114〕 See Article Ⅸ, Section 1 Delaware Constitution of 1897, as amended.

〔115〕 See Robert Daines, *The Incorporation Choices of IPO Firms*, 77 New York University Law Review 1559 (2002). See also, Marcel Kahan and Ehud Kamar, *The Myth of State Competition in Corporate Law*, 55 Stanford Law Review 679 (2002); and Mark Roe, *Delaware's Shrinking Half-Life*, Stanford Law Review 125 (2009).

的作为。这种想要成为首创者的愿望和完全否认传统的做法会导致法律的不确定性。注意义务就是很好的例证,证明这种愿望会驱使一种完全独立的、割裂的法律发展路径产生,造成概念上的混淆和不确定性。由此看来,政策竞争并没有塑造特拉华州法律,就如第四章所述,特拉华州的注意法学是其将自己作为领头羊的这种意识驱动下的产物。然而,有一点需要注意的是,(从类似的注意基准来看)这种注意的混淆和此前类似的概念不同,它并没有造成任何实质性的法律影响。对于公司、公司董事和公司股东而言,这种意识并没有任何意义,真正受益的是特拉华州的律师和法官。重要的是,鉴于特拉华州在公司法领域一直独占鳌头,特拉华州本身的体量和定位就符合公司对核心法律规则相关的风险范围的要求,这为特拉华州在不动摇自身主导地位的前提下解决负面法律网络外部性问题提供了空间。

第八章　英国的注意义务：蔽于重大过失之下的注意义务

一、类比选择

尽管无论是在英国还是在美国，构成董事注意义务的种种基础概念，其主要的法律渊源都是一样的，均来源于寄托法和信托法。但有一点必须承认，相比美国的曲折坎坷，英国董事注意义务的发展路径的确更为平坦顺畅。然而，尽管英国法院借鉴了类似法律领域的经验，但在重要方面，实体法还是显现出了很大的差异。事实上，相比美国的寄托法，英国的寄托法，尤其是与注意标准相关的法律，明显更加简单直接。正如第五章所述，在19世纪时期的英国寄托法中，商业上的注意义务主要围绕合理注意义务展开，要求受寄托人施予一般谨慎人在相同情形下会施予的平均水准的注意。受寄托人是否收取报酬会改变法院对假设的一般谨慎人技能水平的评判。受寄托人收取报酬的，其施予的注意应当以一般人或该领域专业人士的技能水平为基准；受寄托人无偿提供寄托服务的，则应当以实际受寄托人的技能水平作为一般谨慎人的技术水平。从这一视角来看，无论是过失还是重大过失，都属于一般注意标准。重大过失仅仅是一个标志，是对一般注意标准的描述，而不是特指一种不同的、非一般的注意标准。对于重大过失，美国也有类似的观点。然而，和美国不同，在英国并未发现不同的重大过失标准，例如“疏忽大意者”标准、“近似欺诈”标准等。即言，直到 19 世纪中期，在英国寄托法中，一般注意标准的性质和重大过失的含义（或者说不存在重大过失这一事
230 实）都是清晰明了的，没有任何歧义的。而在 18 世纪中期哈德威克法官（Lord Hardwicke）作出裁定到 19 世纪后期的这段时期中，受托人注意标准同样具有清晰、稳定的发展路径：受托人注意标准针对一般代理人规定了单一标准，且这一标准并不以受托人技能水平的差异为转移。

正如本章下文所述，普通法董事注意义务是寄托注意标准和信托注意标准与公司形式相结合的产物，相比美国，要将英国的注意标准归因于某一种特定的角色类比显然更为困难。举例而言，在 1832 年纽约州的 *Scott* 案中，法院明确将董事类比为有偿受寄托人。[1] 副大法官指出，“寄托法……很好地消化了董事承担的受托责任，将其作为保管公司所有财产的受寄托人”。在宾夕法尼亚州，舍伍德法官（Judge Sherwood）在 1862 年的 *Maisch* v. *Saving Fund*[2] 和 1972 年的 *Sperling's Appeal* 案[3] 中将董事类比为无偿的受托人和受寄托人。从对这些案例的分析中可以看出，在美国，正是这种角色类比将

---

〔1〕 See 6 N. Y. Ch. Ann. 229 (1832).

〔2〕 See 11 Philadelphia Reports (1862).

〔3〕 See 71 Pa. 11 (1872).

受寄托人注意标准引入了公司法。与之相反，在英国尽管早期的董事义务判例法同样援引了重要的寄托案件，但法院从未直接将董事类比为受寄托人或无偿受托人。如下所述，董事义务形成于19世纪晚期，在整个20世纪中都是公司法领域至高无上的信条，虽然法院并未将董事直接类比为受寄托人，但董事义务与英国无偿寄托标准之间明显存在紧密的联系。换言之，寄托标准好似影响了英国董事注意义务的发展，但将董事类比为受寄托人的这种做法并不是其产生的原动力。

相较而言，在早期董事注意案件中，信托注意案件并不在法院讨论或援引的范围之内。但在一些与董事商业判断和/或注意瑕疵相关的案件中，法院明确支持将董事类比为受托人，或代理人和管理合伙人（非常罕见）。一些对角色类比极度审慎的法官则会将董事类比为受托人。举例而言，罗米利法官（Lord Romilly MR）就在 *Turquand v. Marshall* 的一审中指出，"本院认为，董事在这一方面的行为根本无异于一般受托人的行为"[4]。培根法官（Bacon VC）在 *In re Exchange Bank* 案和 *Flitcroft's Case* 案的一审中指出：

> 我们必须考虑到股份公司董事身份的问题。原告主张他们不是受托人，对于这种异议，我认为最直接的回答就是，他们就是受托人……有一点我非常肯定，那就是：受托人和信托资产受益人之间的关系与股份公司董事与股东之间的关系并无二致。[5] 231

---

[4] (1868) L. R. 6 Eq. 112, 134.

[5] See (1882) 21 Ch. D. 519, 525.

Overend 案[6]是 19 世纪最重要的注意案件之一，下文会对该案进行详细论述。在该案中，哈瑟利法官（Lord Hatherley）直接将董事称为“这些受托人”，且并未对这一类比作出任何阐述或解释。然而，在考察这种类比时，这一时期大多数的法院对董事职责独特的混合性质都会非常谨慎。举例而言，在 *In re Forest of Dean Coal Mining Company* 一案中，[7]杰赛尔法官（Jessel MR）就指出：

> 有时我们会称董事为受托人或商业受托人，有时会称其为管理合伙人，但只要能理解他们的真正身份，怎么称呼其实无关紧要。董事说到底就是代表自身和所有其他股东之利益管理贸易商号的生意人。[8]

为了准确描述董事——受托人类比这一既相同又不同的性质，法院通常会使用“准受托人”的概念。在 *Flitcroft's Case* 案的上诉中，布雷特法官（Brett LJ）和科顿法官（Cotton LJ）指出，董事“承担的就是受托人的职务”，而杰赛尔法官则认为董事都是“准受托人”。同样地，在 *In re Oxford Benefit Building Society* 案中，凯法官（Kay J）

---

〔6〕 See (1872) L. R. 5 H. L. 480. 值得注意的是，哈瑟利法官（Lord Hatherley）在上诉法院[(1868 - 1869) L. R. 4 Ch. App. 701]和在上议院的案件中作出了同样的判决。

〔7〕 See (1878) 10 Ch. D. 450, 451.

〔8〕 对于类似但在不同权力配置背景下产生的观点，see *Imperial Hydropathetic Hotel Co.* v. *Blackpool* 23 Ch. D. 1, 12 (1882)，鲍恩法官（Bowen LJ）指出：“我们应当记住的是，虽然法官不时地将公司董事称为公司代理人、受托人或管理合伙人，但这些称呼方式并非是对公司董事权力或责任的详尽表述，而仅是为了表明法官当下是出于特定目的考虑而适用的有效观点。就目前而言，这些观点看上去要么属于切中肯綮一类，要么属于隐晦表达一类。当然，这并不意味着这些观点就属于这一类别，而意味着为了达到当前目的，观察其是否合于管理特定类别的原则是有用的。”

则认为，“董事都是公司资本的准受托人”这一点根本毋庸置疑；[9]在 *Leeds Estate Benefit Building and Investment Company* 案中，[10]斯特林法官（Stirling J）则隐晦地指出董事是“受托人或准受托人”。然而，在一些案件中，“准受托人”这种资格的认定并不充分，法院会明确驳回这种类比。举例而言，在 *In re Kingston Cotton Mill Company* 案中，[11]沃恩·威廉姆斯法官（Vaughan-Williams J）就认定： 232

> 若我可以依据自己的判断来裁决本案，我会认定董事根本不是受托人。董事是受托人这种论点并无任何法律依据。董事并不是其所使用资金的所有人，因此保险起见，我认为应当将董事当作公司有偿聘请的管理人和代理人。

若将早期美国案件中普遍存在的寄托类比和英国的受托人导向类比并置来看，那么就需要解释这种角色类比变化的背后原因。其中第一种解释就是，这种变化可能只是法律上的偶发事件。例如，*Scott* 案并无先例可循，[12]其所做的选择深受诸如安吉尔和埃姆斯（Angell & Ames）等著名评论家观点的影响，是在未知的领域开辟了新的道路。该案之后，法院在审理类似案件时便有了先例可循：这种类比惯性/道路开拓本身就是一种偶然选择的直接结果，而不是在不同的角色类比中选择优胜劣汰的产物。这种解释并非毫无道理。第

---

〔9〕 See (1886) 35 Ch. D. 502, 509.

〔10〕 See (1887) 36 Ch. D. 787, 798.

〔11〕 See *In re Kingston Cotton Mill Company* (*No.* 2) [1896] 1. Ch. 331.

〔12〕 该案判决是在 *Robinson* v. *Smith* 3 Paige Ch. 322 (1832) 案前 3 个月作出的。另见第 174 页。

二种解释可能稍许老套,但同时也具有一定的合理性:类比之所以会发生变化,说明在19世纪,英国的受托人、受寄托人标准或适用于代理人的标准本身的变化就比较有限,这些标准都是具体情形导向的一般注意标准。换言之,法院大可不必如此在意类比选择,因为对于注意标准的适用问题而言,角色类比的影响并不大。对于角色类比变化的原因,第三种解释[13]或许能够在英国和美国法院对寄托法的不同熟悉程度中找到,以英美两国法院首次处理董事注意案件的时间作为衡量标准。在1873年《最高法官法》规定的管辖权合并生效之前,英国设置了独立的普通法法院和衡平法院。普通法法院负责审理寄托法案件,而衡平法院则负责审理公司法案件。事实上,在英国案例数据库中,万律搜索的结果显示,从案件流来看,英国法官鲜少会接触和适用寄托法。以"受寄托人和(义务/注意)"为关键词进行搜索,结果显示,从1850年到1870年,不存在任何一例与衡平法
233 院相关的案件,同一时期,以"受寄托人和(法律/寄托)"为关键词,仅有一例衡平法院审理的案件。以纽约州和宾夕法尼亚州法院作为参照,同一时期,这两个州的法院对于寄托法明显更为熟悉,且适用寄托法相关规定的频率更高。1848年,纽约州成了第一个"法典州",[14]通过"衡平法对普通法的覆盖"[15]实现了普通法司法管辖区和衡平法司法管辖区的合并,而在此之前,纽约州还分别设有独立的普通法法院和衡平法院。这一事实本身也证明了,纽约州的衡平法

〔13〕 感谢伊娃·米歇尔(Eva Micheler)鼓励我重新审思这个观点。

〔14〕 See N. Y. Laws (1848) c. 379 § 62. See generally, Kellen Funk, *Equity without Chancery: The Fusion of Law and Equity in the Field Code of Civil Procedure, New York 1846 – 76*, 36 The Journal of Legal History 152 (2015).

〔15〕 Joseph H. Beale, *Equity in America*, 1 Cambridge Law Journal 21 (1921 – 1923).

院相比英国的法院对寄托法的理解和适用更为熟悉。在作出寄托类比的过程中，副大法官指出，“寄托法的根本规则就是推理和正义……无论是普通法法院还是衡平法院都要遵守这种裁判规则”。然而，纽约州衡平法院能够支持这一主张的判例法寥寥无几。就上述万律的搜索结果而言，*Scott* 案是 1840 年之前唯一的衡平法院案件，这说明纽约州衡平法院与英国衡平法院在对寄托法的熟悉程度上其实是半斤八两。对于这种解释，宾夕法尼亚州可能更有权威，因为该州从未设立独立的衡平法院，无论是衡平法还是普通法的救济和程序，都是由同一法院来处理的。举例而言，*Maisch* v. *Savings Fund* 就是由宾夕法尼亚州区法院审理的衡平法案件，该法院同样引用了寄托案件（分别引用了 14 次和 9 次）。

对于英国法律中的受寄托人类比，第四种解释更具有可信度，这种解释就是我们在第六章中对于下述问题所作的分析：为何 *Scott* 案的衡平法院认定“寄托……很好地消化了董事承担的受托责任”。[16] 与受寄托人和受托人一样，董事承诺就特定财产履行某种职责，但相比受托人，董事并不是财产的法定所有人。我们都知道，股东是公司财产的实际所有人，有权任命董事来管理和控制公司财产的使用，但若我们将公司与其股东区分开来，将公司看作独立的法律实体，那么董事和受托人之间的区别就会变得非常清晰明了。在第九章中，针对“自我交易和公司的概念”，我们会对美国和英国迥然不同的公司概念进行探讨。正是英美两国对公司这一概念理解的不同，才会衍 234
生出美国公司普通设立和英国公司登记设立这两种不同的概念。[17]

---

〔16〕 再次感谢乔·斯普纳（Joe Spooner）鼓励我考究这个观点。

〔17〕 See p. 289 – 308.

在注意情境中,这两种不同的概念对于类比选择也有不同的倾向。在美国,普通设立的公司是州特许设立路径的民主化拓展。相比而言,英国的特许公司并不是通过登记设立的方式成立的。在英国,公司设立被认为是解决大型非公司合伙企业一系列沉疴旧疾的惯用手段之一,这类企业也被称为协议公司。因此,设立的公司也被视为"通过登记设立的合伙企业",〔18〕受此观点影响,法院和立法者不得不妥协,并承认这种实体的存在。〔19〕 在美国,公司的概念为这种观点奠定了基础:公司是独立的法律实体,是资产的所有者,董事则是类似受寄托人或受托人的非所有者保管人。而在英国,公司的概念却衍生出一种对实体的盲目认知,将董事当作天然的合伙人和公司成员资产的受托人。因此,有些评论家就指出,正是因为非公司联合会的董事实际上就是联合会财产的受托人,所以才会使用"受托人"这种称呼。〔20〕 其他评论家则认为,在大多数协议公司中,财产的受托人并不是董事。〔21〕 但即便情况不是这样,对非公司实体和公司之间法律延续性的理解的确造成了盲目实体认知,而这种认知不可否认地会对可行信托类比的选择造成影响,这也解释了为什么法院没有将寄托法当作直接的类比选择。英国早期驳回受托人类比的案件恰恰证实了这种观点,也证明了董事和受托人不一样,董事并不是财产的法定所有人。在 *In re Kingston Cotton Mill Company* (*No.* 2)案中,沃恩·威廉姆斯法官认定,"董事绝不是受托人",并指出公司

〔18〕 See Nathaniel Lindley, *A Treatise on the Law of Partnership*, *Including its Application to Companies* 9, Sweet and Maxwell, 4th edn 1878, p. 8.

〔19〕 See, for example, p. 292 on what is now section 33 Companies Act 2006.

〔20〕 See G. W. Keeton, *The Director as Trustee*, 5 Current Legal Problems 11 (1952).

〔21〕 See Len S. Sealy, *The Director as Trustee*, 25 Cambridge Law Journal 83 (1967).

"并不是实质性的法律实体"，董事"也不是其所使用资金的所有人"。[22] 针对这一方面，还需要注意的是，寄托法的独特影响实际出 235 现在 19 世纪末，即 1896 年上议院就 *Salomon* v. *Salomon* 作出判决之后不久，[23]下文会对该案进行详细叙述。该案为公司作为法律实体的观点奠定了基础，但有别于将公司作为合伙企业结合体的主流观点。[24] 事实上，相关的关键判决——*Lagunas* 案[25]的判决是由上诉法院的林德利法官（Lord Lindley）作出的，而在 *Salomon* v. *Salomon* 中，林德利法官的判决却受到了否定和批判。也就是说，尽管在这些案件中，法院并没有明确地作出寄托类比，但我们仍旧想知道这种将公司当作独立实体的趋势是否会影响法院对类比的接受度。

二、董事注意义务的构建

（一）源流？*Coggs* v. *Barnard* 和 *Charitable Corporation* v. *Sutton*

最早对董事注意义务是否存在及其属于何种性质进行讨论的案件就是 1742 年的 *Charitable Corporation* 案，[26]该案涉及一家特许公司的监控注意争议。正如我们对早期美国公司法的讨论所述，纽约州法院和宾夕法尼亚州最高法院都曾援引该案：前者既援引该案来

〔22〕 See *supra* note 11 at 346 – 347.

〔23〕 See [1897] AC 22 (HL).

〔24〕 See Ross Grantham, *The Doctrinal Basis of Company Law*, 57 Cambridge Law Review 554 (1998).

〔25〕 See [1899] 2 Ch. 392 (CA).

〔26〕 See 2 ATK. 400 (1754).

支持重大过失观点，又引用该案来反驳重大过失观点；后者则在 *Spering's Appeal* 案中援引该案来支持其重大过失观点。该案本身的立场介于 1703 年的 *Coggs* 案[27]和 1789 年的 *Shiells* 案[28]之间，这两起案件可以说是最著名的早期寄托案件。*Charitable Corporation* 案的审理法官是哈德威克法官，正如第五章所述，哈德威克法官曾在 *Knight* 案[29]和 *Ex parte Belchier* 案[30]中提出了早期的受托人注意义务客观框架。

衡平法院关注的焦点在于：信贷/典当经纪人公司的委员（董事）本身是有义务委任相关人员来对其他员工的活动进行监督的，且这类监督人员是否尽职尽责决定了其能否及时发现和防止欺诈，若委员（董事）未能委任监督人员，是否意味着其存在"怠惰和重大过失
236 这种失职行为……而这相当于违反信托"。尽管法院提出的这一问题看似会指向重大过失标准，但在调查这一问题的过程中，法院提出了更为切合实际的一般注意标准。依照一般注意标准，应当认定该案委员违反了义务，需要承担责任：

> 由于接受了这样的委托，相关主体就必须在执行的过程中忠诚行事，施予合理勤勉的注意；自己没有收取报酬，只是在履行道义上的责任而已，这种说辞并不能作为免责理由；因此，接受委托的主体其实就相当于 *Coggs* 案中的一

---

〔27〕 See (1704)2 LD. Raym 909.

〔28〕 See (1789)126 ER 94.

〔29〕 See (1747)Dickens 120.

〔30〕 See (1754)Ambler 218.

般受托人。[31]

对于哈德威克法官而言，依照 *Coggs* 案的标准，承诺会履行某项职责的受寄托人即便没有收取报酬（“委托”），也相当于哈德威克法官所提标准中的普通受托人：早期的一般注意标准要求受托人“像照管自身事务一样审慎照管信托，且必须依据商业惯例行事”[32]。因此，*Charitable Corporation* 案适用的就是一般客观标准，该标准要求施予平均水平董事所能施予的注意。重要的是，在哈德威克法官作出判决时，法院并未要求适用于无偿受寄托人的标准针对行为人的技能水平进行调整，因为若行为人具有该领域专业人员的技能和经验，依据技能水平对标准进行调整就不可避免地会导致注意基准的提高。正如第五章所述，两种标准之间的区别最早是由拉夫伯勒法官（Lord Loughborough）在 1789 年的 *Shiells* 案中提出的。

然而，要说 *Charitable Corporation* 案对 19 世纪晚期的董事注意义务造成了多么深远的影响未免有失偏颇。董事注意义务的相关案件从未对 *Charitable Corporation* 案所持有的观点进行任何阐发。从引用和讨论两个维度来考察该案的注意标准，该案在美国的影响力远远高过其在英国的影响力。在英国，该案的援引数量少之又少，多数案件都没有提及其关于注意的观点，而与该案注意观点相关的引用也多出现于律师的意见中而非法院的判决中。结合前述关于美国和英国对于公司概念的讨论，可以相信，对于该案，英国的律师和法官认为其适用于不同的法律问题——适用于特许公司而不是“合伙

---

〔31〕 See *supra* note 26 at 406 (emphasis supplied).

〔32〕 *Supra* note 30 at 219 (emphasis supplied).

237 公司”。而对于美国而言,由于特许公司和一般设立公司之间存在概念上的延续性,因此该案天然具有权威性。

在律师意见中引用 *Charitable Corporation* 案的最著名的案件就是 *Overend* 案。[33] 如第二章所述,该案对于英国商业判断质量审查标准相关法律的发展至关重要。*Overend* 案是 *Charitable Corporation* 案之后首例提出注意标准的公司案件,而其所提出的标准在哈德威克法官看来,应该属于适用于“普通受托人”的标准,下文会对此进行详细叙述。然而,从判决中,我们很难确定这一标准到底是依据 *Charitable Corporation* 案提出的还是属于对受托人注意标准的单一适用。

在 *Overend* 案中,一家新成立公司的董事决定收购一家银行——Overend, Gurney & Co. ,但在收购之时,该银行资不抵债,随后倒闭。上议院在其判决中使用了“crassa negligentia”(重大过失)的表述。但正如第二章和下文所述,这类表述通常被用在与判断质量相关的案件中,而不是决策程序注意案件中。尽管该案的程序问题和原告主张的并不相同,但在判决的末尾,哈瑟利法官仍对程序注意问题进行了考察,并提出了一般注意标准。1869 年的商业判断案件——*Turquand* v. *Marshall* 也是由哈瑟利法官审理并判决的,在该案中,他曾提出董事不具有任何注意义务的观点。而 *Overend* 案中的律师对这一观点存在明显的误解,为作澄清,哈瑟利法官特意对程序注意进行了考察和阐述。而在分析哈瑟利法官的一般注意标准之前,我们首先要对 *Turquand* v. *Marshall* 的“无注意义务”观点进行

〔33〕 See (1872) LR 5 HL 480.

讨论。

（二）从作为欺诈证据的重大过失到具体情形导向的一般注意

在 *Turquand* v. *Marshall* 中，其争议的焦点是与赫里福德郡银行公司（Herefordshire Banking Company）倒闭相关的一系列过失和失职行为。上诉法院的哈瑟利法官驳回了原告的所有主张。有些主张援引了注意义务，但法院还是直接予以驳回，根本没有对注意标准进 238
行分析，因为该案的股东是在明知银行业务经营状况的情形下批准该银行继续营业的。而依据现代评论家们和相关案例的观点，该案上诉法院不追究程序注意的做法，可以说是 19 世纪末期英国公司注意义务发展中的“最低点”。[34] 然而，鉴于这一判决仅仅是昙花一现，想要通过这一判决得出什么普遍适用的结论，其实是不现实的。

法院唯一明确说明了责任基础的就是公司向董事出借的款项。哈瑟利法官指出，除非“存在欺诈或不当行使公司权力，且并不仅仅是因为判断错误而作出这种欺诈或不当使用行为的”，否则法院“不得干涉”。正如第三章和第四章对于特拉华州善意标准和程序注意标准关系的讨论所述，长久以来一直存在这样的认知，即在缺乏证据证明存在恶意的情形下，不得干预商业判断，受此强势法律思想影响，法院不可避免地会倾向于支持这种观点，即商业判断中并不存在程序注意标准。这是因为，要证明当事人违反了程序注意标准，以助推定损这一救济性目的的实现，就必须对判断的质量进行调查，而法院根本“无权干涉”判断的质量。但该案并未明确表示为什么法院没

---

〔34〕 See *Daniels* v. *Anderson* 118 FLR 248（1995）.

有提及与借款相关的程序注意问题,或许是因为注意瑕疵还没有达到可以支持这种主张的程度。尽管如此,*Turquand* v. *Marshall* 这种做法和早期的英国案件可谓异曲同工,在这些案件中,争议焦点都是董事行为,而案件事实都指向董事存在注意瑕疵。在 *In re County Marine Insurance Company*, *Rance's Case* 案中,[35]董事在没有查询资产负债表、确认是否存在可分配利润的情况下,宣布进行分红,其争议的问题在于董事这种行为是否违反自身义务:从现代视角来看,这一案件事实必然会引起程序注意。被告董事的律师援引了 *Turquand* v. *Marshall*,提出"除非有证据能够证明董事的行为存在恶意,否则不能追究董事的责任"。对于案件事实,尽管一审法院和上诉法院的结论截然不同,但二者都是从善意的视角出发,强调董事若无正当理由就不能作出决策。一审法院认定,由于董事是善意作出分红行为的,所以没有违反义务。在一审中,罗米利法官的确引用了
239 "重大过失"这一表述,但这种表述只是用来阐述法院对于被告意图和善意的调查,而不是作为一种独立的注意标准:

> 在这类案件中,要想追究董事的责任,必须有证据证明董事的行为属于明显的欺诈或者这种严重且故意的过失相当于欺诈……这就是本案出人意料的地方,本案从头至尾都没有任何证据能够证明董事是在明知自身行为不当的情况下作出分红行为的。[36]

---

〔35〕 See (1870) L. R. 6 Ch. App. 104.

〔36〕 Ibid. at 110 (emphasis supplied).

上诉法院发现，董事对于为何会作出分红决策无法给出任何解释，因此推翻了衡平法院对案件事实的裁定。上诉法院指出，“在开会之前，他们可能只是从报纸上随便找了一份表格”。然而，和罗米利法官一样，上诉法院认为责任的判定并不以被告董事是否履行合理注意为标准。法院在考察分红行为时，并没有使用“重大过失”这种表述，而是用重大过失来考察董事在行使权力过程中是否具有善意。[37]

若置于英国法的案例中，*Rance's Case* 案中法院适用“重大过失”的方式就会更加清晰明朗。而这些英国法案件使用了民法中关于重大过失的金句：重大过失等同于欺诈（*culpa lata dolo aequiparatur*）；阅读过本书第二部分的读者对于这一观点会非常熟悉，这一观点可以追溯到 *Coggs* 案和琼斯的论述，也是美国关于受寄托人和董事注意标准法律中耳熟能详的观点。如第五章所述，和美国寄托法不同，英国寄托法并未适用对重大过失的这种理解。事实上，*Coggs* 案之后唯一适用这一观点的寄托案件就是 1868 年的 *Giblin* v. *McMullen*。[38] 在该案中，被告律师在其意见书中称受托人需要为“等同于欺诈的重大过失”承担责任。有意思的是，被告律师是在援引马萨诸塞州寄托案件——*Foster* v. *Essex Bank* 之后提出这一观点的，而审理该案的法院依据琼斯的观点，认定了重大过失相当于或等同于欺诈。[39] 在英国法律中，这种法律思想的唯一作用就是解决这

---

〔37〕 随后发生的案件证明，*Rance's Case* 案的调查结果是董事“实际上知晓其行为不会产生任何利益”，并且“这是一次缺乏理性的分红”[*In re Denham & Co*. (1883) 23 Ch. D. 752, *per* Chitty J]。

〔38〕 See (1867－1869) L. R. 2 P. C. 317, 331.

〔39〕 See further p. 212.

一问题，即相比不知晓存在法定抵押就出借款项的衡平法抵押权人
240 而言，不占有财产所有权证书的法定抵押权人在何种情况下会丧失优先权？对于这一问题，法院的回答是，只有在法定抵押权人参与了对衡平法抵押权人的欺诈行为时，其享有的优先权才会真正失效。在这种情况下，正如埃尔登法官（Lord Eldon）在 *Evans* v. *Bicknell* 中所述，[40]重大过失“相当于是欺诈意图的证明”。[41] 也就是说，重大过失行为既不相当于也不等同于欺诈，它只是引出欺诈问题的一种证明而已。在后来的许多案件中，法院对其间的这种差异并没有准确地理解，要么规定重大过失是法定抵押权人丧失优先权的唯一法律依据，要么规定若欺诈是法定抵押权人丧失优先权的唯一依据，则重大过失就等于欺诈。[42] *Le Lieve* v. *Gould*[43]则涉及有关过失的不实陈述。在该案中，鲍恩法官（Bowen LJ）所提出的对英国法关于欺诈和重大过失关系的理解，将法院拉回了正轨：

> 在所有这类案件中，欺诈和不忠实都是正当的判决理由，而法院在判定被告的行为是否属于不忠实的时候，只需要考虑一个因素，那就是重大过失……若某人随意作出声明，打算依据这一声明来采取行动，且其根本不在意这一声明真实与否，那么其必然心存歹意；但这种心理上的歹意并不是因为他疏忽大意，而是因为他不忠实，对于自己所作声

〔40〕 See (1801)6 Vesey Junior 174.

〔41〕 See Emphasis supplied.

〔42〕 See *Hewitt* v. *Loosemore* 9 Hare 449 (1851); *Hunt* v. *Elmes* (1860)45 E. R. 745.

〔43〕 See [1893] 1 QB 491.

> 明的真实性毫不在意。作出随意的声明说明他对声明的虚假性知情,而依据声明采取行动则说明其存在恶意的漠视,而这种恶意漠视就构成欺诈。有的时候,陪审团需要判定这一问题:当事人是否在不知情的情况下作出声明且不在意其声明的真伪,而这里所使用的“不在意”就和当事人未能施予注意有关。但这一表述并不是指当事人在确定陈述的真伪上未能施予注意,而是指其从心理和良知上根本不在意陈述的真伪,这本质上就是恶意的漠视和疏忽。[44]

在 *Rance's Case* 案中,罗米利法官按照鲍恩法官的想法准确地使用了“重大过失等同于欺诈”:将重大过失作为判断当事人行为是否属于忠实、善意行使权力的标志,而不是作为一种独立的注意标准。正如第三章和第七章讨论的早期特拉华州案件一样,未能了解相关信息和善意商业判断有关。由此可见,在 *Rance's Case* 案中,衡 241
平法院和上诉法院都是从善意行为这一视角来考察义务和责任问题的。也就是说,对于这一案件,程序注意义务根本就不在法院考虑的范畴之内。*Rance's Case* 案催生出一系列的分红案件,在这类案件中,判断董事是否需要承担责任有且只有一个标准,那就是董事在作出分红行为之时,是否具有善意?法院往往倾向于支持这一观点,即无论过错的形式是什么,对于非法分红行为的责任认定是非常严格的。[45] 然而,若我们对这些案件的切入视角进行更为仔细的考察,就会发现法院判断董事是否需要承担责任的唯一依据就是其行为是

〔44〕 Ibid. at 498.

〔45〕 See *re Paycheck* [2009] 2 BCLC 309, 334 – 335, *per* Rimer LJ.

否具有恶意。[46] 在案件事实的判定过程中,程序注意并没有发挥任何作用,即便发挥了一定的作用,法院也没有将之作为一个独立的法律视角来考察是否应当追究董事的相应责任。

同样地,在 *Overend* 案中,被告委员会提出了这一主张,即依据 *Turquand* v. *Marshall*,如果没有证据能够证明其在作出判断的过程中存在恶意,那么就没有任何理由要求其对判断承担责任,包括违反程序注意标准。在 *Overend* 案中,哈瑟利法官同样使用了重大过失的相关表述,更准确地说是使用"crassa negligentia",依据《牛津参考
242 字典》,该词指的是"一种带有恶意的重大过失"。[47] 事实上,哈瑟利法官使用这一术语的目的和罗米利法官使用重大过失作为欺诈证明的目的异曲同工。对此,他在上诉法院针对收购银行的决策所作判决中指出:

---

〔46〕 See *In re Mercantile Trading Company* (*Stringer's Case*) (1869) L. R. 4 Ch. App. 475, 493:"实际上,如果有证据证明行为是以欺诈的方式做出的,或是有任何欺骗人的意图、目的,再或是任何人都确切地受到了欺骗,那么就会出现截然不同的考察方向。" *In re National Funds Assurance Company* (1878) 10 Ch. D 118, 128:"我会认为他们也有罪……因为其作出了与公司有关的失信行为,即将部分资本分予了公司股东,他们应当为此负责。我应当要求他们负责吗?我认为是应当的。至于说董事是善意的,我绝无可能作出此结论。"甚至在严格责任方法中被广泛引用的 *Re Exchange Banking* (*Flitcroft's Case*) (1882) 21 Ch. D. 519, 533 中(see generally David Kershaw, *Company Law in Context*, 2nd eds, Oxford University Press, 2012, p. 849 - 850),法院也表明,董事们"知道"债务是坏账。事实上,同时期的其他法院都十分清楚,这就是对这类早期案件的理解:see *In re Denham* (1883) 25 Ch. D. 752, 767, 在本案中,奇蒂法官(Chitty J)指出:"在 *In re National Insurance Company* 案和 *Flitcroft's Case* 案中,令法院满意的是,被追责的董事实际上知道其行为没有任何利益可获。"以及在 *In re Kingston Mines* [1896] 1 Ch. 331, 348 案中,反对严格责任的沃恩·威廉姆斯法官(Vaughan-Williams J)指出:"除非董事是在实际知悉公司资金被挪用的情况下,或者是在知道有关事实的情况下,作出了支付决定,否则在上述的任何一种情况下,我都无法认定董事应当承担责任。"

〔47〕 See Emphasis added. 该定义援引了 *The Evangelismos* (1858) XII Moore, P. C. 342,该案表明:"在某些情况下,可能存在恶意,或者存在暗含恶意的 *crassa negligentia*。"

> 但在本案中，本院没有发现足够的事实能够证明这一决策是十分荒谬的，也没有事实能够证明存在相当于欺诈的重大过失，令本院可以追究董事违反信托的个人责任。[48]

然而，与 *Rance's Case* 案不同的是，在上议院判决的结尾，哈瑟利法官呼应其在 *Turquand* v. *Marshall* 中的观点，明确指出适用于程序的是另外一种独立的注意义务。同时，他附和着哈德威克法官在 *Ex parte Belchier* 案中使用“商业惯例”的观点，[49] 提出了 *Charitable Corporation* 案中首次阐明的标准：

> 针对朗德尔·帕默爵士（Sir Roundell Palmer）昨天援引的 *Turquand* v. *Marshall* 和科顿先生（Mr. Cotton）今早提及的 *Marshall* 案，我略有一些拙见。我从来都不主张这一观点，即作为他人代理人行事的主体没有义务施予一般人在处理事务时应当合理合法施予的注意，也就是在相同情形下，该主体照管自身事务时所施予的注意。我真正想说的是，法官所认为的、在相同情形下当事人应当施予的审慎具体应当达到什么样的程度根本没有办法计量，而无论对于哪个法院来说，尝试进行这种计量无疑都是一种致命的错误。我十分确信，法官或者熟悉人类社会发展规律的人是能够理解这一道理的：相比其他领域的人士，在商业领域

[48] See (1868 – 1869) L. R. 4 Ch. App. 701 at 721.

[49] 如上所述，原告律师引用了《慈善公司法》。

中摸爬滚打的人要想获得成功，对于一件事情可能发生的概率要给予更多的信任、推测和准备。因此，以商业代理人为标准来考察企业收购问题可谓大错特错，这种极度严格的注意原则可能导致当事人不愿进行任何有风险的投
243 资……公司选择这些人作为董事，期望他们能够像照管自身事务一样代表公司行事，同时精通商务、投机以及了解同类业务。若我们在本案中发现这样的指控，即指控实施收购行为的一方对于具体收购情形或交易存在不当动机或不当忽视，那么处理的方法就完全不同了，但在本案中，并无任何相关的证据能够证明受托人未能完成其原本应当完成的任务。

哈瑟利法官提出了一般注意标准，并明确指出该标准适用于决策程序。尽管其所提标准要求董事施予一般人代表自己行事时所能施予的注意，而“代表自身行事”这一要件却欠缺可行性。换言之，在具体适用中，我们对于一般人会如何处置自身财产并没有具体的标准。相反，在实践中，这一标准往往会考虑情境因素，依据具体的情形进行调整，这是判断目标主体是否像照管自身财产一样照管涉案财产的关键因素。正如第五章所述，这种理解与一般注意标准在寄托法和信托法案件中的适用非常类似。[50] 为了使一般注意标准能够依据具体情形进行调整，哈瑟利法官可谓煞费苦心，这里的具体情形实际上指的就是代理人习惯于依据“事情的概率”进行投机和决

〔50〕 See p. 163 – 165.

策。需要注意的是，哈瑟利法官提出的一般注意标准并没有针对董事的技能水平进行调整，说明这里的一般人指的是具有平均商业技能和经验的代理人。

哈瑟利法官提出的具体情形调整与美国的具体情形导向标准非常类似，其涉及对董事职责的调整，将董事的注意基准大大下调，远低于信托受托人之类的其他受托人。哈瑟利法官似乎比较认同宾夕法尼亚州最高法院在 *Swentzel* 案中提出的观点，即对于“在有限的时间段内，无偿照管他人事务的人”，其所能施予的注意也是有限的。[51] 哈瑟利法官并未对这种调整提供任何政策上的依据，因此这种调整更像是为了适应具体的适用情形所做的调整。然而，19 世纪的其他法院却提出了相关的政策支持。举例而言，在 1878 年的 *In re Forest Dean* 案中，[52] 杰赛尔法官就表明，董事必须忠实行事，并施予“公平且合理的勤勉注意”，但为了避免走 *Speight* v. *Gaunt* 的老 244
路，[53] 法院必须谨记，不要对受托人的责任进行“过度的延伸”，因为若对董事适用受托人责任，就相当于是“一边要董事无偿接受委托，另一边还要他们承担委托事务带来的巨大责任”，这无疑是强人所难。[54] 他指出，“对于单纯的不作为或者是董事自己所称的过失，只要他们是忠实履行受托职责的”，衡平法院就应当“睁一只眼闭一只眼”。[55]

在早期的监控注意案件中，同样能发现法院的这种观点，即注意标

---

〔51〕 Emphasis added. See p. 191.

〔52〕 See (1878) 10 Ch. D. 450.

〔53〕 See p. 171 – 172.

〔54〕 See *In re Forest of Dean supra* note 7 at 455.

〔55〕 Ibid. at 455.

准必须依据董事职责履行的具体情形进行相应的调整。在这些案件中,法院也会将非执行董事职责的有限性纳入考量范围,从而放宽注意的基准。在 *Leeds Estate Benefit Building and Investment Company* v. *Shephard* 中,[56] 斯特林法官(Striling J)规定,“若董事在使用公司资金进行分红之前未能施予合理注意,切实了解账目预算和报表情况,则没有可以免责的理由”[57]。合理注意标准是以“谨慎的代理人”或“照管自身事务”的谨慎的人为标准的,这一标准并非是哪个案件明确提出的,而是依据 *Overend* 案所提观点逐渐演变形成的。斯特林法官为了使这一标准能够与董事职责的特性相适应,着实费了一番功夫。他指出,尽管我们通常“认为”董事就相当于公司资金的受托人或者准受托人,但他们的职责和义务却与受托人的职责和义务大相径庭:

> 受托人持有授产人授予的、构成信托财产标的的资金,但其是为了授产人后继者的利益而持有的,受托人动用信托资金时,有义务确保其所购入的债券对于受益人而言风险最低。但贸易公司的资金性质完全不同,贸易公司的董事之所以享有公司资金的控制权,是为了方便其利用资金获取收益,风险(大小视具体情况而定)是公司与董事雇佣关系中非常重要的一个因素。若使用资金购买债券是公司目的之一,那么就不能按照信托资金投资的规则来评估董事动用资金购买债券的行为,而是应当适用普通贸易公司

---

〔56〕 See (1887) 36 Ch. D. 787.

〔57〕 Ibid. at 801.

管理合伙人相互义务以及不参与公司业务经营的合伙人义务的相关规定。[58]

在该案中,斯特林法官认定,由于董事所犯的错误令人瞠目结舌:他们未能合理地指导审计人员,且在未经"任何问询或核验"的情况下接收了管理报表,[59]因此违反了注意标准。 245

与依据具体情形调整注意标准相关的另一起案例就是 *In re Cardiff Savings Bank, The Marquis of Bute's Case* 案,[60]该案可谓毁誉参半。这一案件同样由斯特林法官审理,被当作这一时期低注意标准案件中的"反面教材"。在该案中,卡迪夫储蓄银行(Cardiff Savings Bank)是一家由比特侯爵(Marquis of Bute)的父亲设立的信托储蓄银行。自侯爵年满 6 个月起,公司的文件就将其明确为储蓄银行的董事长。终其一生,侯爵只参加过一次公司会议,且未就董事长的职务收取一分钱的报酬,可以说只是好心地让公司借用他的名声而已。银行共有 55 位受托人。由于未能发现职员的欺诈行为,储蓄银行倒闭,清算人以欠缺注意为由起诉了侯爵。和 *Leeds* 案的处理方法一致,斯特林法官认定本案同样适用合理勤勉注意标准。但和 *Leeds* 案不同的是,他并没有认定董事长需要承担责任。考虑到上述案件事实,尤其是董事长个人职责的无偿性、侯爵与银行关系的特殊性以及受托人的数量这些特殊情形,虽然法院并不接受侯爵只是公司名义上的主理人,不具有任何注意义务,但也认定被告需要承

〔58〕 Ibid. at 798.

〔59〕 Ibid. at 805.

〔60〕 See [1892] 2 Ch. 100.

担的注意义务其实是非常有限的。斯特林法官指出：

> 我认为，对于储蓄银行无偿的受托人或管理者而言，其所要承担的义务标准不能高于贸易公司的受托人或管理者承担的义务标准，原因有三：一是贸易公司的规模远小于储蓄银行；二是贸易公司的受托人或管理者往往会收取报酬；三是贸易公司的受托人或管理者通常也是公司的成员。[61]

斯特林法官指出，“疏于出席会议”与“疏于履行出席会议义务”之间是存在差异的。这种表述常常被同时期的案件引作权威，用来支持这一观点，即董事无义务出席会议，只有其出席会议的时候才适用注意义务。事实上，从 *In re Cardiff Savings Bank*, *The Marquis of Bute's Case* 案这一特例中很难推导出关于商业“贸易公司”的任何确切观点，只能说在实际适用中，注意的基准总是依据具体的情形来进行调整的。

246 在 *Dovey* v. *Cory* 中，我们同样可以看到对董事职责具体情形的考量。[62] 该案原告向上议院提起诉讼，主张公司的非执行董事未能发现管理欺诈行为，致使公司资金被非法派发。法院驳回了原告的主张，指出合理注意标准[63]要求董事“以代理人的身份”[64]对分红决策“施予注意”。在对被告所需施予注意的程度进行判定的过程

---

〔61〕 Ibid. at 109.

〔62〕 See [1901] AC 477.

〔63〕 法院在 *Leeds Estate &Co.* v. *Shepherd* 36 Ch. D 787 (1887) 中对合理注意标准进行了明确说明，即“在编制预算和账目报表时需采取的合理的谨慎”。

〔64〕 Ibid. *per* Lord Davey at 492.

中,法院关注的焦点是我们对非执行董事所要履行职责的期待:

> 原告所主张的过失,依据是被告没有关注总经理或董事所处理的业务的具体细节,且总经理和董事也没有将这些业务提交被告……很显然,若被告有这种义务,那么委托这件事本身就变得毫无意义。为了确定审计员、管理董事和董事长是不是在欺骗自己,被告自己是不是必须变成审计员、管理董事或董事长……我认为,这样要求一个银行的董事去监视自己的下属或者核验审计员的计算结果是非常荒谬的。[65]

(三)依据技能调整的一般注意:低调的无偿受寄托人

对于是否要就董事的技能水平作出调整,*Charitable Corporation* 案提出并适用的合理或一般注意标准通常是以董事是否收取报酬作为前提条件的。如上所述,在英国寄托法中,这种依据技能所进行的调整出现于18世纪中期哈德威克法官针对受托人和董事注意义务作出判决之后。这种依据技能进行的调整同样在 *Overend* 案和 *Leeds Estate Benefit Building and Investment Company* 案中有所体现。最早关注实际行为人技能水平与董事注意义务之间关系的公司案件当属 *In re Denham & Co.* 案,[66] 该案也是一桩分红注意案件。在 *In re Denham & Co.* 案中,奇蒂法官(Chitty J)指出,被告是"一名乡绅……而非老练的会计",因此可以推断出,适用于该被告的注意标

---

〔65〕 See *per* Earl of Halsbury L. C. at 485 – 486.

〔66〕 See (1883)25 Ch. D. 752.

247 准应当有别于适用于专业会计师的注意标准。然而,在英国以往的案例中,这种观点并没有任何根据。除此之外,和美国的案件相比,早期的英国法院在考察标准的性质时也不会将报酬作为相关因素。对于哈德威克法官而言,“董事有没有从中获益并不是理由”,在*Overend*案、*Leeds Estate Benefit Building and Investment Company*案和*Dovey* v. *Cory*中,报酬和标准的性质也毫无干系。但值得注意的是,在*Leeds Estate Benefit Building and Investment Company*案中,法院其实已经注意到董事服务有偿性这一细节,因为董事的报酬是由分红来决定的。如上所述,在*In re Forest of Dean*案中,杰赛尔法官明确指出了报酬与注意标准的相关性,该案也是该相关性在英国少有的范例之一。然而,他在*In re Forest of Dean*案中提出的区分对待请求道出了这一事实,即若注意标准非常严格,在没有报酬的情况下,很少会有人愿意担任董事职务。其请求之所以能够成立,真正的原因在于董事履行职责的动机不是缺乏报酬本身,被告不收取报酬既不是为了交易也不是“出于朋友之间的友谊”。[67]

将寄托法依据技能进行的调整引入董事注意标准的案件是1899年上诉法院审理的*Lagunas*案。[68] 笔者在对善意商业判断规则进行讨论时同样考察了这一案件。在该案中,法院需要解决的问题是:董事在收购智利的一座生硝矿时是否存在违反注意义务的行为。在收购完成之后,当事人发现该矿产存在诸多不利因素,无法顺利提取生硝矿。在一审中,罗伯特·罗默法官(MR Justice Robert Romer)认定,除非董事的行为相当于“可归咎于他们的‘重大过失’”,否则不

---

〔67〕 关于报酬的相关理解与讨论,see p. 139。

〔68〕 See [1899] 2 Ch. 392.

可追究善意行事的董事的责任。罗伯特·罗默法官是从寄托法的视角来理解重大过失的，并提出适用于注意义务的重大过失是有别于适用于忠实善意行事义务的重大过失的。为此，罗伯特·罗默法官特地援引了枢密院审理的寄托案件——*Giblin* v. *McMullen*〔69〕，在该案中，被告银行的柜员窃取了银行保管的债券，原告主张受托银行存在过失；英国寄托法对于“重大过失”含义的理解在该案中体现得淋漓尽致。正如我们对英国寄托法的讨论所述，19 世纪的寄托案件通常将“重大过失”作为一种标志，一种带有侮辱贬低性质的名词，而不是当作一种有别于一般注意的标准。然而，在 *Giblin* v. *McMullen* 248
中，切姆斯福德法官（Lord Chelmsford）认为，除了“重大过失”这种表述逐渐退出了历史舞台之外，不收取报酬本身也改变了一般注意标准的性质：有偿寄托以平均的技能水平来考察行为人；而无偿寄托则以被告的实际技能水平来考察行为人。尽管这一时期大多数的其他寄托案件都没有指明这种关联，〔70〕但切姆斯福德法官还是提出了这一观点——“重大过失”这种表述描述的是无偿受寄托人的一般注意标准，他指出：

> 若将“重大过失”这种表述作为一种定义，则可以完全说是词不达意。但在实践中，对于不同程度的过失，不同阶层的受寄托人的确需要承担不同的责任，因此可以利用这

---

〔69〕 See (1867 – 1869) L. R. 2 P. C. 317.

〔70〕 19 世纪的大多数案例都使用“vituperatively”一词，来描述未能将一般注意标准所产生的低注意标准与其适用环境相协调的情况，而技能调整可能正是其中的一个部分。See Chapter 5, p. 151 – 155, 160 – 163.

> 种表述来对这种差异进行描述。保留这种表述的另外两个原因则是:一方面,这种表述已经被广泛地使用了;另一方面,诸如霍尔特法官(Lord Holt)和威廉·琼斯等权威人士都在其关于寄托法的论述中认可了这种表述。[71]

罗伯特·罗默法官既没有考察到底应该将董事理解为有偿受寄托人还是无偿受寄托人,也没有考察适用于两种受寄托人的注意标准所对应的技能水平到底是什么。但他的确引述了切姆斯福德法官关于"重大过失"的观点,间接说明其倾向于将董事类比为无偿受寄托人。[72] 法院还指出,"相比其他代理人,针对同样程度的、需要承担责任的过失,法院通常会选择支持董事,这一点毫无疑问"[73]。虽然罗伯特·罗默支持这种观点,即董事"并无先见之明"且"存在过失",但这里所说的过失"与董事需要为相关行为对公司承担责任的过失"存在本质上的不同。[74]

上诉法院认可了罗伯特·罗默法官的判决。法院援引 *Overend* 案作为主要依据,首先指出,董事需要施予的是"合理注意"。[75] 更准确地说,林德利法官认定,董事之所以不用承担责任,并不仅仅是因为"只要当时他们施予了更多注意就能避免"决策后果的发生,而更是因为其所犯有的过失"必须是可归咎的,在商业层面来看是非常

---

〔71〕 *Supra* note 38 at 336. See p. 162 指出,除了 *Giblin* v. *McMullen* 之外,19 世纪的其他大多数寄托案件都没有提出这样的关联表述。

〔72〕 See *supra* note 68 at 418.

〔73〕 Ibid. at 418.

〔74〕 Ibid. at 419.

〔75〕 Ibid. at 422.

严重的"[76]。到了1899年，"重大过失"成了一种贬义的描述用语， 249
而不是独立的标准。但我们发现，林德利法官还是利用了"重大过失"来阐明适用于董事的注意基准是比较低的这一观点。他表示，"我并不知道怎样才能更好地进行描述"。[77] 林德利法官并没有像罗伯特·罗默法官在一审中所做的那样，从寄托关系的角度来阐述"重大过失"，而是另辟蹊径，没有参考任何权威，直接指出合理注意义务应当依据行为人的实际知识和经验（技能水平）[78]来进行调整：

> 若董事是在自己的职权范围内行事，施予了我们对其知识和经验能够合理期待的注意，且的确为其所代表的公司忠实行事，那么可以说，无论是从衡平法还是普通法来考察，他们都履行了自己对公司所负有的义务。[79]

2个月后，在*Dovey* v. *Cory*[80]中，原告主张被告未能实施监控注意，发现职员的欺诈行为，在上诉法院对该案的考察意见中，林德利法官一字不差地重申了其在*Lagunas*案中提出的依据技能进行调整的观点，同时补充了从寄托关系角度阐述"重大过失"的内容。他

---

〔76〕 Ibid. at 433.

〔77〕 Ibid. at 435.

〔78〕《牛津英语词典》将技能定义为"专长"。这个词起源于古英语的"scele"（知识）和古诺尔斯语语的"skil"（辨别和知识）。《剑桥词典》又将其定义为"一项经过练习的、卓有成效的能力"，即经验。Dictionary.com网站则将其定义为"一项因个人知识、实践和天赋等因素而事半功倍的能力"。

〔79〕 See *supra* note 68 at 435.

〔80〕 See Referred to as *Re National Bank of Wales, Ltd.* [1899] 2 Ch. 629.

指出,“在切姆斯福德法官对 *Giblin* v. *McMullen* 的判决中,可以找到许多对‘重大过失’这一表述有用的解释”。在 *Dovey* v. *Cory* 中,上诉法院指出,“若被告真诚地相信涉案职员提交给他的信息”且“作为合理谨慎的人相信这种信息也是有理有据的”[81],那么被告就无须承担任何责任。对于第二个条件,法院主要关注两个问题:一是被告董事所了解的事实是否会引起他的怀疑,令其产生警觉;二是若其知晓这些事实,应当采取什么样的行为来履行自己的注意义务。法院发现,若被告董事了解审计员提交的数据,知道公司具体的问题,但却没有对此进行任何问询,则其“的确犯有可以称之为重大的过失”。[82] 但由于本案的被告董事并不知情,因而没有违反义务。这
250 一次,法院一致支持林德利法官的观点,即被告的缺乏注意“必须达到商业领域中可以称之为严重或重大的程度”,且“法院也不知道应该怎么来描述这种缺乏注意更为贴切”[83]。

如上所述,除了 *Giblin* v. *McMullen* 之外,19 世纪的大多数案件都没有保留寄托法“重大过失”的表述,因为(按照 *Coggs* 案和 *Sheills* 案的观点)这一时期的案件强调的是无偿受寄托人或受托人需要施予的注意。[84] 但和 *Giblin* v. *McMullen* 一样,审理 *Lagunas* 案和 *Dovey* v. *Cory* 的上诉法院也是如此处理重大过失的:重大过失映射出法院对董事知识和经验水平的态度,即应以董事实际的技能水平为参照,而不是以董事这一职务普遍的技能水平为准。虽然使用的

---

[81] Ibid. at 673.

[82] Ibid. at 674.

[83] Ibid. 672 (emphasis supplied).

[84] See p. 162 and 248.

是“知识”和“经验”而不是“技能”，但在这种情况下，这些表述所表达的内涵都是一样的。因此，尽管19世纪晚期的董事通常都是有偿提供服务的，且大部分的董事注意案件都不怎么在意董事是否收取报酬，但适用于董事的注意标准都是无偿受寄托人标准。〔85〕

此外，寄托法还从有偿寄托的角度对依据技能水平进行的调整作出了解释，而要理解这种解释，则需要引入承诺这一考察因素。如上所述，有偿寄托关系中承诺的性质（寄托的具体情形）同样会影响 251
我们对受寄托人相关领域技能水平的假设。在琼斯看来，若有偿受寄托人明显不具有相关技能，那么这种假设就不成立。〔86〕换言之，若寄托人清楚地知道受寄托人在技能水平上的缺陷，那么即便该受寄托人是有偿提供服务的，注意标准所要求的技能水平也需要以受

〔85〕 最后必须要说明的是，依照注意标准进行技能调整的渊源。英国法学中有一个学派认为，董事注意标准中的技能调整，来源于将董事视为是对受代理注意标准约束的公司代理人的解读。如上所述，的确有一些案例将董事类比为代理人，如在 *Lagunas* 案中，罗默法官将董事与其他代理人相对比（*supra* note 68 at 418），对其注意标准施予了更加严苛的要求。又如，Early editions of L. C. B. Gower's *Modern Principles of Company Law* 在没有谈及任何代理机构的情况下，指出：“事实上，董事就是公司的代理人，而非是公司或其财产的受托人。”（2nd edn, Sweet and Maxwell, 1957 at 497）客观来说，董事在与第三方打交道时确实是在代表公司行事，也显然是有权管束公司的代理人，但当董事代表公司行使权力时，所作决定若不涉及任何第三方关系，则再强调这种类比反倒不伦不类。实际上，涉及技能调整的注意标准正是由代理的性质所决定的。其原因是，在19世纪末期，定义代理人的注意标准所依据的判例法，恰好是在本书中已经钻研过的寄托案件。例如，参考 Woodyatt's *The Law of Agency*（William Clowes and Son, 1900），其几乎是参照了从 *Coggs* 案到 *Giblin* v. *McMullen*（at 38－41）的所有寄托案件，以此来阐释代理人的注意义务。因此，认为董事注意义务的技能调整与代理标准有关，并非空穴来风；只是代理标准是从寄托案件中大量借鉴而来的。

〔86〕 See William Jones, *An Essay on the Law of Bailments*（1781）at 98－99：“如果委托人没有受到除自己以外的任何人的欺骗，且自愿雇用一个公开怀有另一项技能的人，那么就必须为自己的愚蠢行为买单；除非受寄托人作出的是虚假承诺或是特殊保证，否则就无法对受寄托人的能力苛以同等的要求（emphasis supplied）。”See further p. 147.

寄托人的实际技能水平为准。在公司情境中,很多案件都强调股东对其任命为董事的主体所负有的责任。法院通常会假设股东知晓且应当知晓董事在能力方面的短板。[87] 从这一视角来看,若董事没有任何的业务经验或知识,就应当舍弃一般的(有偿寄托)技能水平假设,以其所作出的且股东接受的承诺为准。

在 *In re Brazilian Rubber Plantations and Estates Limited* 案中,[88]我们同样能看到寄托标准对其的影响,这是英国董事注意义务的另一典型案例。在该案中,被告董事通过成立公司来收购一家橡胶种植园,由于对该种植园的规模以及橡胶树的数量了解有误,最终以远超市价的价格进行了收购。对于董事是善意行事这一点,法院并不否认,但问题是董事在作出收购种植园的决策以及在知晓相关信息后达成交易的过程中是否施予了充分的注意。针对注意主张,律师援引了 *Giblin* v. *McMullen*、*Lagunas*、*Leeds Estate* 案和 *Dovey* v. *Cory*(上诉法院和上议院);而内维尔法官(Neville J)虽然没有援引任何权威案例,但其明显受到了 *Lagunas* 案和 *Dovey* v. *Cory* 案中上诉法院的观点以及寄托法的影响。

内维尔法官首先回应了清算人——律师的主张,即若要追究责任,则必须提出证据证明董事的过失在商业层面上属于"严重或重
252 大"的过失。[89] 随后又指出,"事实上,除非我们能够确定被告对义

---

〔87〕 See p. 237 – 238 above on *Turquand and Lagunas supra* note 68 at 162:"除非自己感兴趣,否则任何人都可以选择不加入公司。若一个人知道当自己成为公司一员,且发现其认为没有董事资格的人是公司董事时,这个人就不应该加入公司。一旦他选择加入,就无权以不适当的人被任命为受托人为由提出救济"。

〔88〕 See [1911] 1 Ch. 425.

〔89〕 Ibid. at 431.

务的忽视达到了某种程度，否则不能说被告犯有过失，无论这种过失是否重大”[90]；这种注意基准是由具体情形导向和依据技能水平调整的一般注意标准来决定的。因此，依据 *Lagunas* 案和 *Overend* 案，内维尔法官认为，法律要求董事履行的是合理注意：“我们期待一般人在相同的情况下代表自身行事时会施予的注意”。他再次引用 *Lagunas* 案指出，“董事的义务就是在行事时施予我们依据其自身知识和经验可以合理期待其施予的注意”[91]。随后，内维尔法官又对这一标准所映射的董事技能水平的性质进行了分析：

> 在管理橡胶公司时，董事可能对橡胶的相关信息一无所知，且无需为这种无知承担任何责任；但若董事本身就非常了解橡胶生意，则其在处理公司业务的过程中，就必须利用这种知识上的优势为公司谋取利益。

虽然内维尔法官并未将董事类比为受寄托人或者强调董事没有收取报酬或只收取微薄的报酬，但其关于法律的这一套陈述和英国法中无偿受寄托人的观点可以说是惊人的相似。此外，和 *Coggs* 案提出的适用于无偿受托人的法律异曲同工的是，[92]内维尔法官指出，作为董事本身并不负有任何义务，只有在董事行为引起合理注意义务的情况下，例如出席董事会议，其义务才会真正生效。在其看来，董事并没有“义务承担特定部分的公司业务”：这一观点同样与琼

[90] Ibid. at 437.
[91] Ibid. at 437.
[92] See p. 144.

斯和斯托瑞的观点一致，他们强调无偿受托人和有偿受寄托人负有怎样的注意义务取决于其所作承诺的性质。读者们可能会联想到 *In re Cardiff's Savings Bank* 案提出的类似观点，法院对一系列非常特殊的情形适用了一般注意标准，最终得出了这一观点，其中部分来源于比特侯爵和公司对董事长有限职责的理解。对此，审理 *Brazilian Plantations* 案的法院提出了以下观点，可供公司案件镜鉴：

> 公司的董事们，包括亚瑟·埃尔默(Arthur Aylmer)、巴尔特(Bart.)、亨利·威廉·特格韦尔(Henry William Tugwell)、爱德华·巴伯(Edward Barber)以及爱德华·亨利·汉考克(Edward Henry Hancock)在内，都是在哈伯德
> 253
> (Harbord)或其追随者的游说下成为董事的。亚瑟·埃尔默对于公司业务可以说是一窍不通。他之所以会同意担任董事，完全是因为哈伯德告诉他这个职务非常轻松且不需要承担任何责任。亨利·威廉·特格韦尔是巴斯一家经营状况良好的银行家商号的合伙人，已经 75 岁高龄的他，耳朵也听不见了。他是 1906 年加入董事会的，完全是受提交给他的报表蒙蔽才会选择加入的。至于爱德华·巴伯，他是一名橡胶经纪人，哈伯德等人告诉他，他唯一的任务就是在橡胶抵达英格兰后对橡胶进行估值。而爱德华·亨利·汉考克则完全是因为看到亨利·威廉·特格韦尔和爱德华·巴伯加入了董事会才选择加入的，因为他认为这两个人都是值得信任的绅士。

Brazilian Plantations 案所重申的依据具体情形和技能来调整的注意标准，其实就是我们现在所说的普通法董事注意标准，也就是马克·罗默法官在 *In re City Equitable Fire Insurance Company* 案中所作出的一审判决。[93] 在该案中，法院认定非执行董事违反了注意义务，但由于非执行董事并非有意违反注意义务，因此可以适用责任免除规定，无须承担任何责任。但在判例法领域，这一判决并无任何新意可言，不过是老生常谈罢了。法院规定的注意标准就是合理注意标准，以我们可以期待一般人在相同情况下代表自身行事时会施予的注意为准：[94] 此处的一般人指的是具有与涉事董事同样经验和知识的一般谨慎的人。然而，由于这一判决强调了依据具体情形进行调整，也强调了重大过失和过失的不同标记与具体情形导向的调整引起的不同注意基准之间的对应关系，因此值得特别注意。*Grill* v. *General Iron Screw Collier Company*[95] 是该判决援引的唯一非公司注意决策案件，马克·罗默法官指出：

> 假设有两个人，一人需要就重大过失对第三方承担责任，而另一人需要就单纯的过失对该第三方承担责任，那么我认为，2 人承担的义务显然是不同的。相比后者，前者所负的义务明显需要施予更高程度的注意。[96]

---

〔93〕 See [1925] Ch. 407. 英国的董事注意法学具有家族传承的特点，马克·罗默法官是罗伯特·罗默法官的儿子。

〔94〕 Ibid. at 428.

〔95〕 See (1866) L. R. 1 C. P. 600 discussed at p. 162.

〔96〕 Ibid. at 428.

依据这种理解,马克·罗默法官支持在对董事适用注意标准时254 使用“重大过失”这种表述,[97] 以此作为低注意基准的一种标记,并依据董事履行的职责和相应公司的性质来进行调整。关于重大过失的这种观点和美国的 *Briggs* 案和 *Swentzel* 案提出的观点有许多相似之处。[98] 对此,马克·罗默法官指出:

> 一家从事小规模零售业务的公司,其董事职务和一家铁路公司的董事职务明显有天壤之别。银行董事的义务和保险公司董事的义务截然不同,而一家保险公司董事的义务和另一家的显然也有差别。[99]

除了对一般注意标准及其具体情形导向的调整进行考察外,马克·罗默法官还提出了 3 项主张,这 3 项主张都“得到了确切案例的印证”。第二项和第三项主张与一般注意标准对董事的要求相关:换言之,依据一般注意标准,在有“合理理由”的情况下,董事并不需要出席其应当出席的所有董事会议,且在没有事实依据能够引起怀疑的情况下,董事可以信任自己的下属和其提供的报告。第一项主张则重申了 *Lagunas* 案和 *Brazilian Plantations* 案提出的技能水平观

---

〔97〕 “因此,如果董事只对重大或应受罚的过失负责”(at 428)。

〔98〕 See p. at 182 – 183, 190 – 191.

〔99〕 See *supra* note 93 at 426. 基于这些观点,法院驳回了董事注意义务可以通过与受托人的注意义务进行类比来理解的主张。罗默法官指出:“董事的职责和遗嘱或婚姻协议的受托人的职责,可以说是毫无瓜葛”。事实上,罗默法官拒绝将任何类比作为理解董事义务的手段:“无论是通过类比还是通过其他方式,都无法概述董事义务”(ibid. at 427)。在对注意的论述中,他援引的唯一一个非公司决策案件就是 *Grill* v. *General Iron Screw Collier Company*。

点。对此,马克·罗默法官提出了著名的论断:

> 在履行自身职责的过程中,董事无须展现出超出合理预期的、具有知识和经验的人能够具备的技能水平。举例而言,一家人寿保险公司的董事无须保证自己具有保险精算师或医生的技能。用林德利法官的话来说"若董事是在自己的职权范围内行事,施予了我们对其知识和技能能够合理期待的注意,且的确为其所代表的公司忠实行事,那么可以说,无论是从衡平法还是普通法的角度来考察,他们都履行了自己对公司所负有的义务"。这不过是换了另一种说法来阐述相同的观点:董事不需要为单纯的判断错误承担任何责任。

如前所述,*City Equitable* 案中适用的标准与美国 *Briggs* 案、 255
Swentzel 案和 *Graham* 案提出的"具体情形导向的"重大过失标准可谓大同小异,和 *Van Gorkom* 案甚至是 *Walt Disney* 案提出的观点也有一些相似之处。但和 *Van Gorkom* 案之外的所有美国案件不同的是,*City Equitable* 案认定董事确实违反了注意义务。更准确地说,针对某些主张,法院选择了支持董事,但有两项主张例外:一项是证实了董事的确存在监督不力,另一项则指出董事是有意允许公司总经理全权处理公司投资事宜,且不对其进行任何检查。[100] 法院认为董

---

〔100〕 值得注意的是,前一项违约调查结果只涉及了两名财务董事(*supra* note 93 at 466－469),但后一项违约调查结果涉及了除因重病而无法出席大部分会议的马奇勋爵以外的所有非执行董事(at 469－474)。

事的做法“完全出人意料”,[101] 依照 *Caremark* 案的标准, *City Equitable* 案董事施予的监督可谓“一塌糊涂”,根本没有考虑公司的控制需求,也没有对公司资产的投资行为进行任何问询。[102] 虽然 *City Equitable* 案认定董事的确违反了注意义务,但这并没有改变最终的结论,即无论法院想不想使用“重大过失”这种表述,英国普通法中的注意标准都和从 19 世纪至今美国的重大过失注意标准存在高度的重合。

(四)实践中的技能导向型调整

对于注意标准的技能导向型调整的适用,值得注意的一点是,在所有提及经验和知识相关性的早期案例中,法院在判定注意基准时,并不会明确地以董事实际的知识和经验作为考察依据。例如,在 *Lagunas* 案和 *Dovey* v. *Cory* 中,法院根本就没有考察经验和知识与注意标准的相关性。在 *Brazilian Plantations* 案中,案件报告证实,法院认识到了董事的背景和经验在某些情况下的确影响重大,而在有些案件中却并不重要。然而,对于内维尔法官而言,在适用标准作出判决时,董事不同的背景和经历并不在其考量范围内,因为这一标准本身就是统一的、可以适用于所有董事的标准,是用来确定董事是否履行了自身所负有的注意义务。审理 *City Equitable* 案的法院显然意
256 识到了董事的(尤其是具有行业相关技能的董事)技能水平这一因素。可以说,法院在判定董事的责任基准时,会受到这种技能水平的影响;但对于被判定违反注意义务的董事,法院在作出判决的过程

[101] See *supra* note 68 at 468.

[102] Ibid. at 466 – 474.

中，并没有尝试依据他们不同的技能水平来调整注意标准。[103]

对于这类案件的一种解读是，法院是用“董事的经验和知识”这种表述作为低标准的一种标记，但在实践中，这种低标准根本不具有任何可行性，就像重大过失[104]并不是一项标准，“代表自身行事的一般谨慎的人”考察的也不是在同样情形下其他人会怎样照管自身事务。与这种解读相比，另外两种解读或许更具可信度。一方面，在寄托情形中，技能与注意标准之间的相关性更为明显：若一个人受托照管一匹马，关键的注意问题就是这个人是否了解如何照顾马。但在商业情形中，要确定商业知识和技能与注意基准之间的相关性是非常困难的。有些时候，董事的具体技能和违反注意义务存在关联：举例而言，若董事本身就是一名经验丰富的会计，则案件争议的问题就会是会计信息失真；若董事本身是公司律师事务所的合伙人，则案件争议的问题就会是关于起诉失职的决策。但为何管理人的经验本身会对平均的行为水平产生影响？在这种情况下，依据技能进行的调整存在两种情况，要么当事人是具有一般谨慎业务人员技能的业务人员，要么不是，至于当事人技能水平的变化并不在这一标准的考量范围之内。因此，这一标准并不涵盖具有超出平均技能水平的一般谨慎的人。此外，正如我们在第五章提出的，[105]以超出平均技能水平的一般谨慎的人为标尺也违背了无偿受寄托人标准的初衷。尽管法院对于注意标准的问题从未达成一致，但将无偿受寄托人的注意

---

〔103〕 此后的案件也没有要求应对注意基准进行这种调整。See in *re Barings Plc* [1999] 1 BCLC 433 discussed further *infra* p. 269 – 270.

〔104〕 换句话说，重大过失是根据实际情景对一般注意加以调整的一种标志。

〔105〕 See p. 163.

标准拔高,甚至严格于有偿受寄托人的注意标准,这种做法未免不合时宜。另一方面,在实践中,对这种技能导向型注意标准的另一种补充性解读就是:技能是注意标准的次要变量,这意味着,即便当事人的技能水平出现了大幅的波动,对个案中具体注意标准的影响也是
257 非常有限的。以 *Swentzel* 案为例,我们很难对一个"在有限的时间段内以非常微薄的报酬为代价照管他人事务"的非执行董事苛求太多,那么该董事是否具有特定领域法律、会计或商业知识和经验对于适用的注意基准而言并没有太大的影响。

(五)注意义务适用的范围:*City Equitable* 案引起的结构失调

在 *City Equitable* 案中,马克·罗默法官重申并适用了之前判例法中提出的观点。但在后来关于董事注意义务性质和范围的讨论中,[106] *City Equitable* 案真正的影响主要体现在两个方面。第一,该案促成了这一观点的实现,即注意义务适用于商业判断质量,而不是作出该判断的程序。第二,与技能义务的观点有关,即技能义务有别于注意义务,其并不是注意义务的组成部分,且同样适用于商业判断质量。

依照本书第一章和第二章的详细叙述,长期以来,英国法在规制授权的行使时有且只有一条规定,即被授权人必须按照权力授予的既定目的,善意且忠实地行使所授权力。被授权人无须为其判断错误或失误承担责任的观点也是来源于这一标准。正如第一章和第二章所述,这一标准在具体适用的过程中,常常会以诸如合理性或可信度这类善意的标志来判断当事人的行为,若能够证明其行为具有合

[106] 如下所述,这些影响主要体现在评述中,而非体现在判例法上。

理性,则视为善意。反之,若发现恶劣或严重的错误,则指向恶意。在 *Overend* 案中,哈瑟利法官就使用了这类标志以及“重大过失”这种表述来考察支付的价格是否“远超”银行本身的价值,以及涉案的交易是否是“任何具有一般程度谨慎的人代表自身行事时都不会达成的”交易。后一种测试使用了“一般谨慎”的人这种表述,但其并不是作为一种注意标准,而是作为一种确定决策错误程度的手段,用以阐明错误具体达到什么样的程度法院才能介入干预。这种测试的措辞是“任何具有一般程度……的人都不会……”同一时期的其他法院则采用了“合理性”概念,包括争议的行为“过于不合理”,[107] 因此具有恶意,或者争议的行为不具有“任何合理依据”。[108] “任何人都 258
不会”的概念实际上是不合理性、重大错误或极度不正确的同义概念。[109] 如本章所述,哈瑟利法官在阐述是否可以要求董事为注意瑕疵和未能善意行事承担责任时,将一般代理人作为一项独立的程序注意标准。然而,在 *City Equitable* 案中,马克·罗默法官并没有抓住哈瑟利“任何人都不会”标准的精髓,而是将之等同于内维尔法官在 *Brazilian Plantations* 案中提出的一般注意标准。[110] 如此一来,*City Equitable* 案就将注意义务标准与商业判断审查标准联系起来了,这是哈瑟利法官始料未及的。但正如第二章所述,从哈瑟利法官在“任何人都不会”标准中关于合理性的论述及其在商业判断审查的论述

---

〔107〕 See p. 31 –33, 46.

〔108〕 See Ibid.

〔109〕 On the use of these terms, see p. 33.

〔110〕 罗默法官在论述了一般注意标准后,指出“内维尔法官的这句话,只是复述了 *Overend & Gurney* 案中的既定内容,尔后又继续阐释了哈瑟利法官的‘没有人’标准”(*supra* note 93 at 428)。

中关于“重大过失”的表述，我们都能看到注意义务标准与商业判断审查标准之间的联系。

City Equitable 案提出，通过适用独立的技能义务来考察商业判断，英国法实现了对商业判断的客观审查。从寄托案件、[111] *Lagunas* 案以及 *Brazilian Plantations* 案可以看出，技能其实是一般注意标准适用的元素之一，是对假设的注意基准所对应的一般或平均水平的个别调整。普通法从未规定任何独立的技能义务。但在 *City Equitable* 案中，其中一名被告的律师提出：

> 董事根本无法保证自己具有相关的经验或能力，若无须承担责任，情况只会变得更糟糕。因此，董事无须为判断错误承担责任，且其需要履行的注意和勤勉必须是可以基于其个人能力和经验合理期待其能够履行的。[112]

虽然被告律师并没有直接援引内维尔法官在 *Brazilian Plantations* 案中的观点来支持自己的主张，但其所提主张的确来源于内维尔法官在该案中的观点，即董事“在管理橡胶公司时，可能对
259 橡胶的相关信息一无所知，且无须为这种无知承担任何责任；但若董事非常了解橡胶生意，则其在经营公司业务的过程中，就必须利用这种知识上的优势为公司谋取利益”。[113] 在 *Brazilian Plantations* 案中，内维尔法官提出，董事的商业判断只需要满足一个要求，那就是

---

[111] See cases and quotations at p. 160 – 162.

[112] See *supra* note 93 at 419 (emphasis supplied).

[113] *Supra* note 88 at 437 (emphasis supplied).

董事相信合约对公司有利；在实践中，知识和技能仅与适用于决策程序的注意义务有关。但若孤立地看，这段话其实就是 *City Equitable* 案被告律师提出的观点，即法律对董事的判断施加了一种技能义务，要求董事在制定决策的时候，应用自己所具有的技能。以此类推，若董事运用了自己的技能，则无须为判断错误或失误承担责任；但也可以这样解释，若具有董事技能水平的人不会作出如此的决策，则法院就可以对董事的判断进行司法干预。事实上，正如本书所述，董事无须为判断错误或失误承担责任，这种观念其实是以下标准的必然结果：在授权行使的过程中，只有被授权人非善意行使授权的情况下，法院才有权施加干预。倒推一下，（1）若董事无须为假设的、具有平均技能水平的董事可能犯下的判断错误承担责任，那么（2）法律就不是依据判断的具体质量来制定客观的董事平均水平技能标准的；此外，若董事善意地作出了错误判断，且这种错误是具有其技能的董事也可能犯下的错误，则其同样无须为这种判断错误承担责任。但这并不能证明存在客观的、适用于判断的技能（不严格的目标技能）义务，也不能支持"董事无须为判断错误承担责任"的观点。这种观点存在一种相关性谬论，即一项主张可能与某一法律结论存在关联性，但这并不意味着这项主张就是该法律规则或者法律结论的渊源。董事无须为判断错误承担责任这一法律结论有且只有一个渊源，那就是善意标准。在这种情况下，董事之所以无须承担责任，是因为其在作出决策的过程中具有善意；至于假设具有相同技能水平的人会不会作出这样的决策根本无关紧要。同样地，即便其所作的善意决策是假设具有相同技能水平的董事不会作出的决策，其仍旧无须对判 260
断错误承担责任，因为其是善意作出决策的。然而，马克·罗默法官似乎接纳了(至少可以推测其接纳了)被告律师的相关性谬论。他认为,董事的知识和经验会影响“其对职责的履行”,〔114〕且知识和经验与林德利法官提出的忠实和合理注意义务存在关联。针对前述律师所提的观点,他指出,“这不过是表达方式的转换而已,其核心思想仍旧是董事无须为判断错误承担责任”。

高尔(Gower)对 *City Equitable* 案的阐释进一步明确了这种相关性谬论,且对这种观点在英国公司法评论中的传播起到了至关重要的作用。1954 年,高尔以 *City Equitable* 案为例展开了对注意和技能义务的分析,先是提出了注意、技能和勤勉义务,随后又提出了适用于商业判断的独立“技能标准”,这种技能标准“体现在董事承诺实施的行为中”。〔115〕 对于高尔而言,客观的技能义务包括合理的董事测试,而测试应当以实际董事的技能水平为标准。高尔将这种技能测试当作一种法律进步,〔116〕是 *Overend* 案中所提的“任何人都不会”商业判断标准的进阶版。作为高尔的拥趸,麦肯齐(Mackenzie)提出,独立的技能义务适用于“董事职能的履行”,若董事“对相关专业知识有相当的了解,那么在开展经营活动的过程中,就必须利用这种专业知识为公司谋取利益”〔117〕。近期支持 *City Equitable* 案关联性谬论的另一代表就是萨拉·沃辛顿教授(Professor Worthington),他指出,马克·罗默法官关于技术的主张所表达的立场是这样的:董事无

---

〔114〕 See quotation at p. 254.

〔115〕 See L. C. B. Gower, *Principles of Modern Company Law*, Sweet & Maxwell, 1954, p. 488.

〔116〕 Ibid. at 499:体现了“这个时期的商业教育标准的提高”。

〔117〕 Allan L. Mackensie, *A Company Director's Obligations of Care and Skill*, Journal of Business Law 460 (1982).

须“为判断错误承担责任，即便其他具有更高技能水平的人能够避免这种错误”[118]。

马克·罗默法官将“任何人都不会”商业判断标准与注意标准相结合，且这种注意标准本身就融合了适用于商业判断的客观注意义务，他的这种做法颠覆了英国公司评论对客观注意标准与商业判断的关系的理解。而从 *City Equitable* 案发生之时直至该世纪终结，我 261
们都找不到任何一桩适用这种标准的案例，没有任何一个法院要求董事作出的商业判断必须是具有和实际董事相同技能水平的、合理或一般谨慎董事会作出的商业判断。举例而言，特里比尔科克(Trebilcock)就认为，*Turquand* v. *Marshall* 所作的裁定确立了“董事过失责任的框架”，而这种框架其实类似于美国(*Aronson* 案之前)[119]的商业判断规则，即以善意行事为根本原则。[120] 这句话的后半部分的确有一定的道理；*Turquand* v. *Marshall* 适用的善意标准的确就是原本的商业判断规则，但其本质并不是注意义务；而过失也不是干预商业判断的理由。因此，在特里比尔科克看来，传统的一般注意标准变成了一种定义注意标准的手段，与 *Turquand* v. *Marshall* 和 *City Equitable* 案主张的观点并无二致。这种想法引发的后果有两个：一

---

[118] Sarah Worthington, *The Duty to Monitor: A Modern View of the Director's Duty of Care*, in Fiona Macmillan Patfield ed., Perspectives on Company Law: 2, Kluwer, 1997, p. 181, 193.

[119] See Chapter 3.

[120] See Michael Trebilcock, *The Liability of Company Directors for Negligence*, 32 Modern Law Review 499 (1969). See also Lynden Griggs and John Lowry, *Finding the Optimum Balance for the Duty of Care Owed by the Non-Executive Director*, in Fiona Macmillan Patfield ed., *Perspectives on Company Law*: 2, Kluwer, 1997, p. 203, 204 也是从注意义务的角度来解读的。

是形成了注意标准要求不高(过失 = 善意)的错误印象;二是制造了标准不确定性的假象。但在 20 世纪之交,注意标准是非常确定的,且和善意要求之间存在清晰的界限。安德鲁 · 希克斯(Andrew Hicks)在其对历史资料的训诂中指出,“对于判例法,传统解读是这样的,董事只需要对相当于过失的严重判断错误承担责任”[121]。同样地,沃辛顿教授提出,注意标准适用于判断的质量。沃辛顿教授引入了 *Overend* 案的“任何人”标准,将其与温斯伯里合理性(有关决定之合理性的准则)[122] 以及美国的商业判断规则 [123] 进行了对比,指出当董事的决策最后被证实为判断错误时,董事并不会被认定为违反注意义务(“过失”)。此外,他还像 *City Equitable* 案一样,将“任何人都不会”标准等同于注意义务。[124] 在其看来,“任何人都不会”标准
262 是法院政策对商业判断的妥协和一般谨慎的人注意标准共同作用下的产物。[125] 另外,*Overend* 案的“任何人都不会”标准和美国商业判断规则之间的确存在关联;但这种关联不仅不是注意义务适用的结果,还和注意义务的适用没有任何干系。无论是在美国的公司法中还是在英国的公司法中,注意义务都不适用于商业判断的质量。事实上,在英国和美国,关于对注意义务是否适用于决策程序的质疑可谓比比皆是。[126]

---

[121] Andrew Hicks, *Director's Liabilities for Management Errors*, Law Quarterly Review 390 (1994), (emphasis supplied).

[122] On which see p. 46 – 47.

[123] See *supra* note 118 at 191, note 70.

[124] Ibid. at 191:“只有在合理的董事会不会作出这种特殊决策的情况下,才能认定董事在作出业务决策时是存在过失的。”

[125] Ibid. at 191.

[126] See p. 237 – 243.

City Equitable 案引发的关于注意义务适用范围的种种争议对法律委员会也造成了一定的影响，1999 年，苏格兰法律委员会在其关于董事义务的报告中提出，要针对注意义务进行法律改革，实现注意义务的法典化。2006 年，注意义务正式被法律委员会以法律的形式固定下来。值得注意的是，在对注意义务展开分析之前，委员会先对“传统的注意义务观点”（以 *Overend* 案为代表的“任何人都不会”标准）进行了阐述。〔127〕 在报告中，委员会考虑的问题之一就是，若适用法定标准，那么英国是否还需要制定和美国一样的商业判断规则？在委员会看来，商业判断规则其实是一种防堵机制，能够降低违反注意义务的问责概率。〔128〕 而委员会关注的焦点问题是，由于已经假设对商业判断适用修改后的注意标准，那么在注意义务法典化的过程中，英国是否还需要制定或者英国是否已经制定了这种防堵机制？如我们所见，在美国，商业判断规则是在对公司授权的行使适用善意标准的过程中衍生出来的，而并不是善意标准适用的标志。在注意义务的适用过程中，商业判断规则不是、也不会是绊脚石，因为注意义务根本不适用于商业判断的质量。在咨询报告中，委员会提出，由于英国法院对商业判断往往持比较谦和的态度，因此并不需要引入这种商业判断规则。〔129〕 但委员会将这当作一种防堵机制，用以规制 263
适用于商业判断的注意义务，这种观点反映出司法“政策”〔130〕 或“司

---

〔127〕 See Law Commission, *Company Directors*: *Regulating Conflicts and Formulating a Statement of Duties*, 1999, (Consultation Paper) at [12.3] 提出“一般谨慎”标准是援引了“没有人”标准。

〔128〕 Ibid. at [15.31]：“在美国的大多数州中，都有一条法官制定的规则，即在某些既定因素的影响下，该规则可阻遏董事承担因违反注意义务而产生的损害赔偿责任。”

〔129〕 Ibid. at [15.30].

〔130〕 Ibid. at [15.41].

法方法"[131]上的谦抑,而不是英国公司法对于商业判断的规制。英国公司法相关规定并不会对决策适用注意义务,只要求董事在制定决策时保持善意,从公司利益出发,且对决策的考察也是以善意标志为依据展开的。

然而,尽管在评论和法律改革争论中,*City Equitable* 案造成了注意义务的范围以及独立技能义务存在概率的冲突和混淆问题,但这些影响并没有波及判例法。普通法的原则和结构仍旧可以实现逻辑自洽,并没有受到评论家们对 *City Equitable* 案不同解读所引发的概念混淆问题的影响。无论是否存在谦抑的封堵司法政策或做法,法院都没有确立独立的技能标准,更没有将其适用于判断。[132] 此外,在 2011 年的 *Roberts* 案之前,[133]法院没有在任何一桩案件中对争议决策适用注意义务。而在第二章中讨论过,法院对争议决策适用注意义务的做法源自 *Overend* 案关于合理性的讨论、后续衍生出的种种观点以及判断标准的分离。[134] 诚然,*Roberts* 案的确重蹈了 *City Equitable* 案的覆辙,将"任何人都不会"标准当作对注意义务的适用,哪怕(即使)*Roberts* 案并未提及 *City Equitable* 案或前述讨论过的任何案例,但显然,*City Equitable* 案关于注意、技能和判断的种种观点不仅对整个学科产生了重大的影响,也是造成 *Roberts* 案分类错误的主要原因。

---

〔131〕 Law Commission, *Company Directors: Regulating Conflicts and Formulating a Statement of Duties*, 1999, (Final Report), [5.28] and [5.24].

〔132〕 关于技能义务和注意义务,有且仅有一个英国案件 *Dorchester Finance* v. *Stebbing*, [1989] BCLC 498 正式承认了两者之间具有差别,且都与善意行事的义务相关。

〔133〕 See [2011] 2 BCLC 625. For discussion and critique of *Roberts* v. *Frohlich* see p. 54 –56.

〔134〕 See p. 56.

三、现代董事注意义务的发展

(一)改革的驱动因素

在20世纪和21世纪早期,英国注意义务有两点值得特别注意。第一,从19世纪晚期提出注意义务开始,直到20世纪90年代,普通 264
法关于注意义务的观点始终如一,并未发生任何变化。第二,针对注意义务标准,评论界达成了强烈的共识:对于现代公司而言,原有注意义务标准的约束力非常有限,且已经不合时宜,因此为了能够对未能妥当履行义务的董事进行问责,约束履职不力的行为,需要对旧的注意义务标准进行改革。

长期以来,公众普遍认为法律对董事的注意标准过于宽松。举例而言,自1893年起,伦敦《泰晤士报》社论就曾以极其讽刺的口吻提出了以下观点:

> 从近期的一些案件可以看出,要想成为一名董事,首先要做到的就是具有"无限无知"的能力。如果不能做到对自己的失误一无所知,或者忍不住对自己的分内事产生哪怕一丝丝的好奇心,并尝试学习和钻研相关的知识和技能的话,很可能会因这样莽撞的行为让自己失去法律的保护。[135]

---

[135] *The Trial of the Directors and Secretary of the Portsen Island Building Society* (23 June 1893) The Times.

这种批判观点及其在政治上的投射促使政府指定的委员会开始思考这样一个问题,即是否应当对注意义务进行改革,并以法律形式将其固定下来。[136] 1895 年成立的戴维委员会(Davey Committee)[137]是最早成立的委员会之一,其提议将董事注意义务法典化,但当时的政府并没有采纳这一建议。1926 年成立的格林委员会(Greene Committee)[138]和 1962 年成立的詹金斯委员会(Jenkins Committee)[139]同样对董事义务进行了考察,但并未提议以法律形式将这种义务固定下来。

要真正理解公司法改革主体的设立和建议(以及建议的实施)以及相关公众和政治问责压力(从前述《泰晤士报》的社论可见一斑),切入角度的选择至关重要。应当从英国 20 世纪上半叶的监管状态来进行考察,当时的监管机构普遍反对直接干涉董事义务的履行;[140]对于公众关于市场活动的评论,监管机构的态度是鼓励和规范市场反应,奥托·卡恩·弗洛因德(Otto Kahn-Freund)将这种监管
265 风格称为"有组织的劝说"。[141] 在对 19 世纪和 20 世纪早期英国监

〔136〕 有关这些委员会的调查及其结果,see *supra* 127, Law Commission, consultation report at 265 – 272。

〔137〕 See Report of the Company Law Amendment Committee (1895) C 7779.

〔138〕 See Report of the Company Law Amendment Committee (1925 – 1926) (Cmd 2657).

〔139〕 See Report of the Company Law Committee (1962) Cmnd 1749.

〔140〕 See Alan Fox, *History and Heritage: The Social Origins of the British Industrial Relations System*, Allen and Unwin, 1985, p. 310. 通过这个角度来考察英国收购监管的历史,see David Kershaw, *Principles of Takeover Regulation*, Oxford University Press, 2016, p. 65 – 111。

〔141〕 See Otto Kahn-Freund, *Industrial Relations and the Law -Retrospect and Prospect*, 7 British Journal of Industrial Relations 301 (1969).

管风格的论述中，艾伦·福克斯（Alan Fox）提出，“在政府决定介入之前”，小问题可能就已经发展成“大问题”，积重难返了。[142] 当然，政府的确采取了干预手段，公司法领域相关的例证比比皆是，比如废除了1929年的违反义务责任免除规定[143]和1947年的强制董事免职权。[144] 尽管如此，我们仍可以说英国的这种监管状态在一定程度上的确帮助公司法抵抗了一部分问责驱动的改革压力。因此，随着这种监管风格在20世纪后半叶土崩瓦解，[145]问责压力导致立法干预的概率大大提升。

1999年，法律委员会协同苏格兰法律委员会对董事义务进行了审查，并建议以法律形式将董事义务固定下来。然而，在法典化纳入议程之前，关于判例法中注意义务收效甚微的议论便已经甚嚣尘上。无论是判例法的改革，还是英国《2006年公司法》注意义务的法典化，其引发的直接影响就是有偿寄托标准和无偿寄托标准的融合。前者是一项客观基准，要求当事人施予的注意必须是有担任董事技能的一般主体施予的注意（具有平均技能水平）。后者则提高了注意的基准，[146]要求当事人施予的注意必须是具有实际董事相同技能的人施予的注意，且实际董事的经验和知识水平都高于平均水平的董事。后者要求当事人施予的一般注意其实是具有特定的、超出一般技能水平的董事所能施予的注意。

---

〔142〕 See *supra* note 140 374.

〔143〕 See S. 129 Companies Act 1929.

〔144〕 See S. 29 Companies Act 1947，并于次年纳入 S. 184 Companies Act 1948。

〔145〕 See Fox，*supra* note 140 and Kershaw *supra* note 140.

〔146〕 关于最初的无偿委托标准的注意基准要高于有偿委托标准的观点，尚有些许争议，但争议不大（see p. 163）。

如上所述,在20世纪末21世纪初,出现了这样一种观点,即传
266 统的普通法注意标准对经营失败的英国公司的董事们过于宽容(如PolyPeck公司和Barings公司),无法满足现代公司的需求,因此应当制定更为严格的标准来确保英国的公司不会像其他国家的公司一样结局凄惨,例如在21世纪初倒闭的安然公司(Enron)和世界通信公司(WorldCom)。这种观念就是引发司法和法律改革的根本原因。管理主义者就是这种观点的忠实拥趸,在他们看来,大公司的股东都是理性而冷漠的,没有能力保护自己的权益。[147] 这种问责驱动的改革进一步印证了上一章提出的观点,即美国政策竞争的特别之处就在于其能够起到一定的内部缓冲作用,有效地缓解因公司倒闭和欺诈引起的问责压力,避免过于激进和频繁的法律改革。如上所述,英国自身的监管风格也能对法律干预的压力起到一定的缓解作用,但到了20世纪尾声,这种作用就逐渐失去了原有的效用。

对于问责驱动型改革的这一例证,有一点值得特别注意,那就是对于问责的不同叙事其实造成了本章董事注意义务理解上的失真,这种对注意标准讽刺性的、扭曲的理解不仅助长了问责导向型改革的风气,还塑造了改革的性质。下文讨论的观点是建立在一些评论家所提出的纠正性干预措施之上的。除了这些干预措施,真正占据主导地位的还是那些扭曲的、失真的观点。

1. 现代主义谬论

公司法已经过时,需要进行现代化,而普通法也已经无法适应现代环境。在英国公司法历史中,这种观念体现了主流的进步需求,为

---

〔147〕 See, e. g., Editorial, *Responsible Directorship*, Company Lawyer 321 (2004). See also p. 56 –58.

改革提供了原始驱动力。公司法的现代化需求通常与这一观念有关，即公司法是为过去而生的，而在过去的那个时代，关系和地位远比责任重要。当然，若我们仔细考察英国公司从 19 世纪到现在的发展轨迹就会发现，地位和阶级导向的公司和金融生活确实在逐渐走向衰亡。[148] 然而，公司法的现代化一旦开始，若不能完美平稳地融入社会，则同样会存在扭曲社会生活、法律和实践各个领域的风险。注意义务也不例外，一样可能会受到影响。

在 20 世纪晚期，评论家们往往将注意标准当作时代的产物，在 267
这个时代社会名流通常只是挂名的、不参与公司事务的董事，他们之所以能够得到董事的职位，仅仅是因为他们人脉资源雄厚。在这些评论家看来，注意标准并不是商业和托管关系中长期存在的注意思想的产物，而是反映了当时人们对董事职责的理解，同时也是 19 世纪小规模经济生活的缩影。举例而言，在特里比尔科克看来，法院的做法“承继了另一个时代过时的经济和社会哲学”[149]。在瓦内萨·芬奇（Vanessa Finch）看来，公司法是“在这样的背景下产生的，即董事都被当作好心的门外汉”[150]。而琼·洛桂尔（Joan Loughrey）则提出，“普通法注意标准体现了当时社会和市场对董事的较低的期

[148] See For the seminal account of this disintegration, see David Kynaston, *The City of London: A Club No More* 1945 – 2000, London: Vintage, 2002.

[149] *Supra* note 120 at 509.

[150] Vanessa Finch, *Company Directors: Who Cares about Skill and Care*, 55 Modern Law Review 179 (1992).

待"[151]。对于这些评论家们而言,普通法导致了这些行为期待的僵化。[152] 我们在上文对这类案件进行了讨论,一些案件的事实更是被拿来作为这一时期的标志。以“令人啼笑皆非的”[153] *In re Cardiff Savings Bank, The Marquis of Bute's Case* 为例,年仅6个月大的比特伯爵就被委任为公司的董事。再如,*Brazilian Plantations*案中,对公司业务一无所知的人、垂垂老矣的长者,还有聋人都被任命为 Brazilian Rubber Plantations and Estates Ltd. 公司的董事。[154] 从这一视角来看,随着企业性质、董事职责以及我们对责任的普遍期待的变化,注意义务也需要进行现代化,以此提高适用于董事的注意基准。正如高尔在 1961 年所提出的那样,“随着商业领域对标准期待的提高,法律也应当与时俱进,作出相应的改变”[155]。

这种历史叙事最大的问题,就是在阐释注意标准的性质时,过度
268 夸大了公司历史背景对其的影响。然而,洛桂尔教授的描述其实应当进行一定的调整,即注意标准体现了市场期待这种表述并不准确,应该说是注意标准的适用催生出了注意基准,而这种注意基准反映了在何种情况下特定主体会被委任为董事,其中就包含对董事职责的期待以及与市场期待无关的董事任命和职责的特质。注意标准的

---

〔151〕 Joan Loughrey, *Breaching the Accountability Firewall: Market Norms and the Reasonable Director*, 37 Seattle University Law Review 990 (2014). See also Ben Pettet, *Company Law*, 2nd edn, Longman, 2005, p. 161 指出:“直到最近,法律开始倾向于将担任董事一职视为一种绅士活动,需要一些温和的哄骗。因此,司法是从主观角度来解读注意义务的。”

〔152〕 See Gower, *supra* note 115 at 498 注意到法院未能适应现代管理的转型。

〔153〕 Pettet, *supra* note 151 at 161.

〔154〕 See *supra* quote at p. 252 – 253.

〔155〕 *Report of the Commission of Enquiry in Company Law of Ghana* (1961) quoted in Finch, *supra* note 150 at 202.

确在公司法的历史发展环境中得到了适用，但其并不是这一环境本身的产物。换句话说，这种历史叙事错误地将注意标准本身与标准适用的特殊环境混为一谈，这就导致法院会对具体案例进行抽象化解读，并尝试得出普遍适用的法律注意要求。举例而言，在 *In re Cardiff Savings Bank, The Marquis of Bute's Case* 中，[156] 由 50 人组成的董事会其实在决策过程中只起到了象征性的作用。一些董事之所以同意担任 Brazilian Rubber Plantations and Estates Ltd. 公司董事会的成员，很大程度上是因为他们认为自己根本不需要履行什么实际义务，就像 *Briggs* 案一样，法院对该案被告的一些董事就适用了类似的低注意基准。[157] 而在适用具体情形导向标准的案件中，对于承诺会履行更多职责并收取更高报酬的董事，则并不能适用这类低注意基准。

一些评论家的确意识到了在早期判例法中这种具体情形导向的调整的重要性。举例而言，萨拉 · 沃辛顿就曾提出强有力的观点，即“总体上来看，现有的法律已经无法满足现代的需求了”[158]。然而，许多评论家却误解了以事实为依据的观点，将其当作普遍的、概括性的法律主张。举例而言，高尔就曾援引 *In re Cardiff Savings Bank, The Marquis of Bute's Case* 指出，“虽然董事应当在条件允许的情况下出席董事会议，但这种规定基本上就是形同虚设”[159]。在 *In re Cardiff Savings Bank, The Marquis of Bute's Case* 中，特里比尔科克

〔156〕 See [1892] 2 Ch. 100.

〔157〕 See p. 182 – 183.

〔158〕 See Worthington *supra* note 118 at 190 – 191.

〔159〕 *Supra* note 115 at 499.

支持这一法律主张,即“不可要求董事对公司付出全部或者部分的时间和精力”[160]。然而,如上所述,*In re Cardiff Savings Bank, The Marquis of Bute's Case* 之所以会得出那样的结论,是由侯爵职责和涉案储蓄银行50人受托委员会的特殊性决定的。这种将法院适用的
269 具体情形导向的注意标准当作普遍注意规则的趋势会引发矛盾。因此,现代的评论家们呼吁依据现代商业和现代生活的实际情况来制定更为严格的标准;但这种观点在一定程度上忽略了这一事实,即要想对具体情形适用更严格的注意基准其实并不需要对标准本身进行更改。

19世纪晚期和20世纪早期的法院都对违反义务的行为进行了认定,这一事实证明,无论是以前的法院还是现代的法院,都是有能力依据具体情形对标准进行调整的。在 *Leeds Estate Building and Investment Company* 中,斯特林法官(同时也是 *In re Cardiff Savings Bank, The Marquis of Bute's Case* 的审理法官)和 *City Equitable* 案的马克·罗默法官一样,认定董事违反了注意义务。更重要的是,这样的判决同样出现在20世纪晚期的案件中。以 *Re Barings Plc* 案为例,[161]在该案中,被告是倒闭的巴林银行的董事,由于被告董事在能力上存在明显的欠缺,“根本不适合参与公司的管理”,因而法院在考察是否应当依据英国的资格取消制度[162]取消其董事资格时,强调了董事的注意义务。乔纳森·帕克法官(Jonathan Parker J)认为,

---

[160] 同样可见之于格里格斯和劳里的言论,*supra* note 120 at 215。

[161] See *Re Barings Plc and others* (*No.* 5) [1999] 1 BCLC 433.

[162] 关于这种资格取消制度和其与注意义务之间的关系,see Kershaw, *supra* note 46 at 436。

现代法院对注意标准的理解和 *Coggs* 案以及琼斯的观点如出一辙，并依据澳大利亚的 *Daniels* v. *Anderson* 提出，要理解注意标准的性质，应当以具体适用的情境以及董事所作承诺的性质为标准：

> 接受任命，同意担任特定公司董事的主体有责任确保自己理解所需履行董事义务的性质。这种义务会根据该公司的规模和业务以及董事自身为了履行职责所需具有的经验或技能而有所变动。以上都不是什么新兴的观点。归根结底，就是股东对特定董事经验和技能的天然期待和信任而已。[163]

值得注意的是，对于乔纳森·帕克法官而言，这些情形的关键要素就是“董事在公司管理过程中的职责”，以及董事就自身职责收取了何种水平的报酬。他指出，“报酬的水平越高，对应的责任要求也就越严格”。对此，乔纳森·帕克法官总结了现代董事的职责内容。270
据其所言，为了能够顺利地履行自身义务，董事需要了解公司信息；公司授予董事全部的权力，但董事并不需要承担所有的责任；且董事对权力行使所负有的责任视具体情形而定，这种具体情形就包括对公司管理的直接监督和对公司权力行使监管系统的考察。至于乔纳森·帕克关于报酬和责任的不可委托性的论述，有一点需要注意，那就是董事依据无偿受寄托人标准，只承诺履行职责但不采取任何行动的做法

---

〔163〕 *Daniel* v. *Anderson* (1995) 16 ACSR 607, 668 cited in *Barings* at 488.

如今已经行不通了。[164] 这一标准很容易让人联想到 *In re Cardiff Savings Bank*，*The Marquis of Bute's Case* 和 *Brazilian Plantations* 案，这两个案件都对董事选择不采取行动和董事履行职责时适用注意标准进行了区分。这种注意期待的转变有两种合理的解释，且都契合法律传统：其一，在 *Re Barings Plc* 案和大多数现代案件中，董事基本不再是没有报酬的，这就相当于（从受寄托人注意的视角）排除了不履行职责的选项；其二，免职并不在现代董事承诺性质的考量范围之内。

这种历史维度的叙述对注意义务理解的扭曲还体现在另一个方面，且仍旧与具体情形有关。依照这种历史维度的叙述，是时间的流逝导致了注意义务的降低，这种说法转移了我们的注意力，使我们忽略了这一事实，即在一般情况下（包括前述要求制定更严格标准的现代），我们对非执行董事的注意义务从来就不能苛求过多，而早期案例关注的都是非执行董事的注意义务。如果客观注意基准是以平均水平的董事在相同情况下会施予的注意，那么即便是依据现代需求进行调整的注意义务也不会对董事苛求过多。当然，这也是重大过失会成为具体情形导向的一般注意标准标志的原因之一，也是为什么依据现代美国具体情形导向的重大过失标准，不能说英国普通法的标准（以及下文所述的现代标准）是重大过失标准。

当代的非执行董事大多都是兼职董事，一年只在公司点几次卯，

---

〔164〕 关于同样的结论，see *Dorchester Finance Co. Ltd.* v. *Stebbing* [1989] BCLC 498, 505。

但近年来非执行董事在公司履职的时间呈现增加的趋势。[165] 这些 271
董事来公司大多是为了出席董事会，就公司全职工作人员制备的文件展开讨论；董事通常对特定行业的知识知之甚少，对于公司产品、生产程序、市场、监管限制、人员和内部文化的了解也非常有限。他们也会得到一定的报酬，但这种报酬通常不是物质上的，且即使其不称职行为导致了违反义务行为的出现，这种报酬也和相关的损失没有关系。因此，将注意义务无法有效追究董事责任归咎于不同时代对董事职责的不同理解，这种做法只会夸大注意标准改革的作用。

2. “主观的”扭曲

在本书的第二部分，讨论了注意义务是如何剥夺目标行为人（受寄托人、受托人或董事）的性格特质。在 *Coggs* 案中，霍尔特法官提出了普通法首个客观的“主观”标准——目标行为人是如何处置自身事务的，这意味着注意基准是以个体处置自身事务为依据的，无论该个体是否具有照管目标事务的能力，或其相关技能达到了怎样的水平。因此，若一个具有相关技能的老手性格懒惰、散漫且有酗酒的毛病，那么适用的注意基准就应当以懒惰、散漫且酗酒的人为参照。但在 *Sheills* 案中，拉夫伯勒法官对无偿寄托关系中目标行为人的素质进行了新的阐释，即依据受寄托人实际具有的技能来对客观的一般谨慎的人标准进行调整。这种做法将实际行为人的经验和技能水平与平均水平行为人结合起来，而无须考虑目标行为人的其他个性或

---

〔165〕 See Mckinsey & Company, *Toward a Value Creating Board* (2016)，据美国调查结果显示，非执行董事在公司的平均履职天数（包括会议、准备和与公司的非正式接触时间）从 2011 年的 28 天，增加到了 2015 年的 33 天。

身份特质。也就是说,纵然目标行为人本身非常懒惰且有酗酒的毛病,但在确定注意基准的过程中,这种特质也并不会被纳入考量范围。但若将 *Coggs* 案和 *Sheills* 案的观点相结合,将实际行为人的特质全盘引入一般谨慎的人标准,既超出实际行为人的技能水平,也将其个人性格纳入考量,这种观点就和前述不考虑目标行为人其他个性和身份特质的观点形成了鲜明的对比。

272 19 世纪寄托法关于注意标准的观点来源于 *Sheills* 案,而法院在 19 世纪和 20 世纪发展的类似寄托的董事注意标准并不以实际行为人的性格为依据,而是以其技能水平为依据。法院会假定存在一个平均水平的行为人,并对实际行为人的技能水平进行调整。然而,评论家们在讨论董事注意义务时,往往会避重就轻,用更模糊的表述来阐释标准,混淆法院对技能、性格和身份的不同倚重程度,并以此断定法院在适用注意标准时,更看重性格上的缺陷和弱点,而不是技能和经验上的瑕疵。之所以会产生这种带有误导性的解释,很大程度上是因为这种注意标准普遍被认为是一种“主观”标准。虽然(相比意图导向的标准)这一标准本质上明显是客观标准,但由于其注意基准的确会依据董事实际的个人性格缺陷和弱点及其个人技能水平来进行调整,因此称其为“主观”标准也不无道理。举例而言,艾伦·麦肯齐指出,“董事的义务范围仅限于与其同样无能且愚蠢的人所负有的义务”。瓦内萨·芬奇提出,注意标准使得“自身缺陷”成了董事的“救命稻草”。在克里斯·莱利(Chris Riley)看来,依据这种主观标准,董事“只需要对自己能规避责任的事务承担责任”。[166] 伊利

[166] See Chris Riley, *The Company Director's Duty of Care and Skill: The Case for an Onerous but Subjective Standard*, 62 Modern Law Review 697 (1999).

斯·费伦(Elis Ferran)则指出,这一标准最大的弊病就是“让无能成为了董事逃避责任的借口”。[167]

对这一标准的惯用描述造成了对其理解的扭曲失真,“无能”代表了因不同原因造成的注意瑕疵,包括但不限于缺少相应技能;对于具有高超技能和经验的人来说,“愚蠢”与之风马牛不相及;“缺陷”或许包含技能的缺乏,但也包含性格上的缺陷。此外,总有人会用“和蔼可亲的疯子标准”[168]这种带有贬义的表述来称呼这一标准,这无疑加剧了前述关于标准如何考察目标行为人性格特质的误解。尽管这种称呼只是泛泛而谈,但却扭曲了我们对注意标准的理解。若 273
一个“和蔼可亲的疯子”不具有任何技能,那么在确定注意标准的过程中,就需要将这种情况考量在内,至于是不是目标董事的性格特质导致了他“精神错乱”或者“和蔼可亲”,这都和注意标准的确定无任何关系。

过度关注“主观性”造成了两方面的影响。一方面,这导致注意标准的弱点被错误地放大。举例而言,特里比尔科克提出,过度关注主观性将导致产生“当一名退休的海军上将担任董事、对公司事务一无所知时,依据普通法注意标准,其无须就自己参与的公司管理事务承担任何责任”的情况。[169] 另一方面,注意标准的主观性和描述性过分强调了目标董事对标准的性质和适用的重要性,因此夸大了提

---

〔167〕 See Elis Ferran, *Company Law and Corporate Finance* (1999) at 213.

〔168〕 See, e. g., Paul Davies and Jonathan Rickford, *An Introduction to the New Companies Act*, 5 European Company and Financial Law Review 48 (2008); See also Worthington, *supra* note 118 at 193. 虽然拒绝将其作为对这一标准的描述,但仍需要重视该术语的应用。

〔169〕 See *supra* note 120 at 511.

升注意标准和对现代公司董事问责过程中制定中立注意标准的重要性。对于董事注意标准过时性和主观性的过分夸大促使我们开始讨论是否需要进行改革,建立一种不受董事低于平均水平技能影响的客观标准,这种客观标准代表着更严格的注意义务。但这种做法同样夸大了非主观标准的作用。如上所述,在实践中,法院在绝大多数案件中都会适用传统的注意义务,并没有依据行为人的具体技能对标准进行明显的调整。出于上述原因,无论客观的、依据具体情形进行调整的一般注意标准关不关注董事的技能水平如何,考虑到董事职责的性质和范围,这种客观标准都不属于严格的注意标准。

(二)改革的反应

1985 年,国会通过了《1985 年破产法》,引入了“违法交易”责任规定。违法交易责任规定的内容如今在《1986 年破产法》第 214 条中。简言之,该规定强调,若董事在公司破产清算之前理应预见破产清算无可避免,但并没有采取合理措施保障债权人的利益,则应当对相应的行为承担责任。在这种情况下,法院可以要求董事对公司出
274 资,出资的款项会通过清算程序分配给债权人。至于破产是否具有现实可能性以及董事采取的行为质量几何〔170〕等问题,法院都会依据第 214 条规定的注意标准来进行判断。这一标准通常被称为双重主观/客观标准。依据该标准,董事施予的注意必须是具有相关技能和经验的合理勤勉董事施予的注意,而这里所指的技能和经验也是我们可以合理期待一个承担董事职责的人应该具有的技能和经验。然

〔170〕 请注意,与董事义务法则不同的是,该部分的问题在于一个假设的普通董事在这种情形下会采取哪种“步骤”,也即这一法定标准与决定的质量是相适应的[section 214 (3) and (4) Insolvency Act 1986]。

而，若实际董事在经验和知识上都远胜一般董事，那么我们所假设的、作为注意基准的一般董事也应具有相应的技能水平。从技能调整的角度来看，这一标准和普通法适用于董事的无偿寄托标准有两处不同。其一，依据第 214 条规定的注意标准，假设董事的技能起码要与一般董事的技能持平；其二，尽管普通法标准关注的是董事所具有的技能，但如上所述，我们有理由怀疑这种做法需要将高于平均水准的技能纳入考量范围。[171] 当然，在实践中，这一标准与普通法标准的差异有多大，很大程度上取决于两个因素：一是技能调整是次要还是主要变量（如上所述，技能调整属于次要变量）；二是法院是否有意愿且有能力依据技能对标准进行调整（依据之前的判例法可以看出，法院既不愿意也没能力实现这种调整）。

第 214 条规定只适用于破产案件，并不适用于正常经营公司的董事行为，因为正常经营的公司"不大可能"会破产。然而，在 20 世纪 90 年代的两桩案件中，霍夫曼法官（Lord Hoffmann）都担任了一审法官，其对董事注意义务所作的判决可以说完全符合第 214 条规定的标准，判决所得出的结论也正是普通法注意义务现代化的典型代表。事实上，法律委员会也在其关于董事义务的报告中将霍夫曼法官的判决称为"法官依据国会破产立法的新规定践行法律现代化的模范"。[172]

在这两桩现代化案件中，第一桩也是更具综合性的案件 *Norman v. Theodore Goddard*。[173] 在该案中，被告是公司董事，管理部分信托

---

〔171〕 See p. 163.

〔172〕 See *supra* note 127 at [13.19].

〔173〕 See [1991] BCLC 1028.

275 资金，原告主张被告董事未能及时发现并阻止一名受托人的欺诈行为，存在注意义务履行失职，而该受托人是西奥多·戈达德律师事务所（law firm Theodore Goddard）的合伙人之一。[174] 被告董事受该受托人的指示（建议），向离岸公司转移了资金，意图少缴纳相关资金的利息收入税费。然而，事实证明，所谓的避税只是该受托人侵吞信托资产的借口罢了。在转移资金之前，董事并未对离岸公司的性质和所有权构成进行任何形式上的核验。此外，该董事哪怕在事后也没有对实施欺诈的受托人产生半分怀疑。

针对该案，霍夫曼法官随后提出了“两项原则”。第一项原则是“对于积极履行自身义务的董事，其所展示出来的技能，无须超出我们对履行同样义务主体所具有的技能的合理预期”[175]，这种合理注意标准忽略了之前法律对董事技能和经验的规定。第二项原则来源于 *City Equitable* 案，“商业是不可能建立在怀疑与猜忌之上的”[176]。随后，霍夫曼法官直接接受了这一观点，即《1986 年破产法》第 214 条对注意义务作出了“明确规定”。2 年之后，在 *In re D'Jan of London Ltd.* 案中，霍夫曼作为高等法院的法官，更加肯定地表示，“在本院看来，第 214 条对注意义务作出了明确的规定”[177]。*In re D'Jan of London Ltd.* 案的案情比较简单，即清算人对被清算公司的前董事提起诉讼，主张被告董事未能正确理解火灾保险投保单，而由

---

〔174〕 西奥多·戈达德律师事务所是欺诈合伙人所在的律所，其解决了针对自身的诉讼，并在这些诉讼中依据《1976 年民事责任（缴款）法》，向这个董事提起了诉讼，要求该董事继续提供资金。

〔175〕 Ibid. at 1030.

〔176〕 Ibid. at 1031.

〔177〕 [1994] 1 BCLC 561, 563.

于该投保单中包含关于该董事的不实信息，最终导致保险失效。后因发生火灾，公司仓库中的所有存货统统付之一炬，而火灾保险单又失效致使公司最终倒闭。

从形式上来看，在这些案件中，对第 214 条观点的理解存在分歧。现代的双重主观/客观标准取代了不合时宜的、落伍的"主观"标准。如上所述，评论家们对技能调整存在诸多质疑：(1)在这种情形中，尤其是对非执行董事而言，依据技能进行调整的注意标准对依据具体情形进行调整的注意标准能产生什么样的影响；(2)在这种情形中，法院是否有能力依据技能对注意标准进行调整，以及是否作出过这样的调整？值得注意的是，这种质疑在一些案件中得到了证实。在这些案件中，并没有存在技能调整的迹象，且注意标准适用的基准 276
明显比较宽松：依据 *Norman* v. *Theodore Goddard* 的事实来看，该案适用的注意基准明显低于另一起监控欺诈案件——*City Equitable* 案提出的注意基准。

依据 *Norman* v. *Theodore Goddard* 的事实，被告董事虽然不是全职董事，但的确是涉案公司唯一积极履行职责的董事，其对于实施欺诈行为的信托受托人非常恭敬，几乎是言听计从。虽然该董事将自己掌管的大部分信托资金都转移到了受托人指定的离岸公司，但实际上他并不熟悉那家公司的相关情况，而书面文件也证明，其本应对那家公司有更多的了解。董事在管理信托资金期间曾出现一些状况，本可以使被告董事对实施欺诈行为的受托人(律师事务所合伙人)起疑心，最起码理应进一步了解相关情况，但被告董事仍没有采取任何行动。这并不是说被告董事依据事实所作出的决策是错的，而是在具体情形中适用的注意基准实在是过于宽松。这种注意基准

和 *Overend* 案、*Brazilian Plantations* 案、*Swentzel* 案、*Briggs* 案以及 *Walt Disney* 案的注意基准可谓异曲同工,其背后隐含的都是这样一种观点,即对于兼职的、"在有限的时间段内以非常微薄的报酬为代价照管他人事务"的一般董事,法律也不能对其苛求太多。[178] 在 *In re D'Jan of London Ltd.* 案中,虽然董事被认定为违反了注意基准,但案件事实是非常清楚的。一家小型私营公司的执行董事未能正确理解公司仓库的火灾保险投保单,而公司所有的存货都储存在该仓库中。当仓库发生火灾时,公司所有家底瞬间付之一炬。因此,在该案中,依据具体情形所做的调整就涉及对小公司关键资产保护相关的注意义务履行失职问题。而 *In re D'Jan of London Ltd.* 案并未提出任何更为现代的、更为严格的注意基准。

在 *Norman* v. *Theodore Goddard* 中,针对技能调整,虽然霍夫曼法官也提及了该案被告董事(一名测量员)有限的技能,从而跳过了对第 214 条主观标准的考察,但其并未对注意基准确定的相关技能或平均技能展开讨论。在 *In re D'Jan of London Ltd.* 案中,尽管霍夫
277 曼法官的确反常且非常有误导性地提出,"无论是从客观测试还是从主观测试的层面来考察"[179],D'Jan 先生都违反了注意基准,但被告董事的技能水平并不在其考量范围之内。霍夫曼法官的这种表述不禁让人联想起之前的一些观点:主观测试并不像其表面上看的那样,只考察董事的技能水平,也应包含董事的个人特质。

针对这些案件,还有一点值得注意,那就是虽然这些案件代表了对现有普通法注意基准观点的背离,是对传统标准的现代化,但霍夫

---

〔178〕 See *supra* the discussion of *Swentzel* at p. 191.

〔179〕 *Supra* note 177 at 563.

曼法官本人是否认同这种观点尚未可知。在《公司律师》(Company Lawyer)一书中,[180] 刊印了霍夫曼法官在 1997 年所作的演讲。在该篇演讲中,霍夫曼法官并未引用 *Norman* v. *Theodore Goddard* 和 *In re D'Jan of London Ltd.* 案的任何内容,他告诫大家,对于提高注意标准的种种呼声,一定要保持警惕。作出 *Norman* v. *Theodore Goddard* 和 *In re D'Jan of London Ltd.* 案判决的人会提出这种观点,多少让人有些摸不着头脑。但只要我们不过分强调主观标准和双重客观/主观标准的范围的区别以及法院依据技能进行调整的可能性,霍夫曼法官的观点就没有那么让人难以捉摸。若我们对这些案件中霍夫曼法官适用的注意基准进行考察,就会发现它们并没有指向任何实质性的改变。然而,无论霍夫曼法官是否有意进行法律的变更或者现代化,有一点很清楚,那就是评论家和法律委员会关于霍夫曼法官判决和注意基准法典化问题的观点很明显受到了注意基准现代化叙事的左右。相关争论往往会使用二分法来处理旧和新、传统和现代、主观和客观的关系,以此来支持法律层面上对普通法的改革。[181] 对于注意标准,管理主义者主张应该实施法律干预,这是因为在开放性控股公司中,对于确定和评估董事是否称职以及是否具有相关技能的这一过程,股东并不会实际参与。若将标准现代化的叙事结构与这种主张相结合,那么法律就必须对董事的技能设置最低的门槛,也就意味着必须进行法律改革。法律委员会建议使用 *Norman* v. *Theodore Goddard* 和 *In re D'Jan of London Ltd.* 案中对法律进行"现

〔180〕 See (1997) 18 *The Company Lawyer* 194.

〔181〕 See *supra* note 127 at [15.1].

代阐释”的这种做法，[182] 而立法机构则是在《2006 年公司法》第 174 条中以法律的形式将注意义务固定下来。

（三）重大过失的影响：第 174 条的适用

无论是 *Norman* v. *Theodore Goddard* 还是 *In re D'Jan of London Ltd.* 案，都存在一个悖论，那就是这两个案件，一方面，指向要制定现代的、更为严格的注意义务；但另一方面，这些案件本身并没有对适
278 用于董事的注意基准作出任何变更。在 *Norman* v. *Theodore Goddard* 中，表面上看起来非常严重的注意义务履行瑕疵并没有违反新标准；而在 *In re D'Jan of London Ltd.* 案中，注意义务履行瑕疵非常普通，甚至和普通法注意标准以及美国盛行的其他重大过失标准都毫不冲突。然而，考虑到注意标准的法典化以及问责/现代化观点的风靡【可以再换】，我们必须提出这样一个问题：2006 年之后的法院在适用第 174 条的规定时，是否会提高注意基准，或者改变确定注意基准的方式？

值得注意的是，在 2006 年之后的绝大多数案件中，法院都是从 *Norman* v. *Theodore Goddard* 之前的普通法标准的视角切入来考察新标准的。举例而言，在 *Raithatha* v. *Baig* 中，[183] 司法常务官布里格斯（Chief Registrar Briggs）认可当事人的观点，并援引 *City Equitable* 指出，“普通法注意义务是一种长期存在的注意义务，其历史可以追溯到十九世纪，而第 174 条奠定了这一义务的法律地位”[184]。然而，无论是对第 174 条第（2）款（a）项中注意标准所采用的平均技能基

---

〔182〕 Ibid. at [15.5].

〔183〕 See [2017] EWHC 2059 at [18].

〔184〕 Section 174(2)(a) Companies Act 2006.

准,还是对第 174 条第(2)款(b)项中的主观因素而言,这种说法都是不正确的。但正如本章所述,若在注意基准的确定过程中,技能调整是一个次要变量,且法院在适用这一变量的过程中存在诸多困难,因此选择避免进行技能调整,那么这种逻辑就并不能真正自洽。

在 *Raithatha* v. *Baig* 中,法院在作出判决时,和 *Norman* v. *Theodore Goddard* 和 *In re D'Jan of London Ltd.* 案一样,都没有对技能变化和调整进行深入的考察。而在 2006 年之后的其他案件中,法院同样对技能调整的问题避重就轻。举例而言,在 *Green* v. *Walkings* 中,[185] 法院认定,适用的标准是客观的一般董事标准,无须考虑任何技能变化。同样地,在近期的 *Hedger* v. *Adams* 中,法院作出的判决也完全忽视了被告董事的技能。[186] 而 *Lexi Holdings* v. *Luqman* 虽然稍有改变,但在该案的初审过程中,布里格斯法官并未对技能调整作出任何规定。当然,法官之所以完全不考虑技能调整问题,是因为在该案中被告董事“完全不作为”,[187] 其违反注意义务的行为过于恶 279
劣,以至于根本没有必要再考虑是否需要依据董事的技能对适用的标准进行调整。但在后续针对违反义务行为造成损失的认定判决中,布里格斯法官的确对被告的技能是否符合第 174 条第(2)款(b)项的主观标准进行了考察。尽管其中一名被告具有丰富的管理经

---

[185] See [2008] 2 BCLC 332. 值得注意的是,这个案件从形式上看是《2006 年公司法》之前的案件,因为涉案事实发生于法案实施之前。但鉴于 *Norman* 案和 *Re D'Jan* 案所适用的标准与第 174 条一致,我们仍将此案纳入法案实施后的判例法。

[186] See [2015] EWHC 2540.

[187] See [2007] EWHC 2652 at [218]. 与上述的 *Green* v. *Walklings* 一样,本案也受法案实施前的普通法的约束。出于同样的考虑,我们将其纳入法案实施后的判例法范围。

验,[188]但这并不足以说服法院适用第174条第(2)款(b)项之规定,而法院不愿进行技能调整也是司法层面规避风险的手段之一,这种做法也属情有可原。在这方面最具影响力的案件当属 *Weavering Capital (UK) Ltd.* v. *Dabhia*。在该案中,被告的2名董事具有不同的技能,上诉法院以一审法院未能说明董事的技能和经验是如何改变注意基准的为由驳回了上诉。[189] 被告律师主张,法官应当"详细说明"[190]一般董事应当具有哪些知识、技能和经验,以及被告"实际具有"哪些技能,对此麦库姆法官(McCombe LJ)指出:

> 在我看来,只要法官认可法律对董事义务的规定,并依据案件事实认定被告违反了相关义务,那么就无须对行为存在争议的特定董事应当履行何种注意义务或标准作出进一步的解释。[191]

在 *Weavering Capital (UK) Ltd.* v. *Dabhia* 中,上诉法院指出,法院在其作出的判决中可以隐晦地指出对技能调整的考察。这不仅证明了依据技能调整注意基准的确存在困难,还提高了未来法院继续忽略第174条第(2)款(b)项规定、继续适用具体情形导向的一般董事标准的概率。如上所述,这是《2006年公司法》颁布之前普通法案件中法院的普遍做法(在这些案件中,争议董事无一不利用这种做法

[188] 作为 Bury Metro Racial Equality Council 的首席执行官,其"必须是能谋善断的"(ibid. at 41)。

[189] See [2013] EWCA Civ. 71 at 27 – 29.

[190] Ibid. at 28 – 29.

[191] Ibid. at 29.

通过了“代理人”双重标准[192]），这种做法使得第 174 条的适用与 19 世纪的标准趋于一致。

至于第 174 条制定的注意基准，有四点需要注意。首先，在确定注意基准的过程中，依据具体情形作出调整是重中之重。举例而言，在 *Green* v. *Walkings* 中，法院就强调，适用的注意义务必须“以行为具体发生的情形为适用标准”。[193] *Brumder* v. *Motornet Service &* 280
Repairs Ltd. 则涉及互有过失问题。在该案中，彼特森法官（Beatson LJ）指出，要判断被告是否违反了第 174 条之规定，“必须以具体的事实为依据”。[194] 其次，正如同 *In re D'Jan of London Ltd.* 案，对于掌握公司经济命脉的业务，若董事未能完成最基本的任务，那么法院很可能会认定他们违反了义务。举例而言，在 *Raithatha* v. *Baig* 中，涉案的小公司未能登记增值税，也没有就其提供的服务收取增值税，于是，由于该公司无力按要求缴纳后续的增值税，从而进入了破产清算程序。在该案中，公司的董事根本没有考虑增值税问题，且在英国税务总署问询该公司为何不登记增值税之前，董事未就增值税问题咨询过任何专业人士。即便这些董事是在之前的管理层经营不力被罢免后才成为董事会成员的，其违反义务的行为也是板上钉钉。再次，和《2006 年公司法》颁布之前的 *Re Barings Plc* 案提出的观点一致，完全放弃董事职务并不是履行义务。如上所述，在 *Lexi Holdings* v. *Luqman* 中，法院认定，被告董事“完全”“彻底”不作为，放弃了董事

---

[192] See on this threshold see p. 256.

[193] See *supra* note 185 at 30.

[194] [2013] EWCA Civ 195 at 54. *Raithatha* 案也强调了这一点，*supra* note 183 at 21。

的所有职责;而被告董事也承认,他们属于“不作为的董事”。[195] *Brumder v. Motornet Service & Repairs Ltd.* 则是因为被告董事违反注意义务的行为“过于恶劣”[196]而被法院认定为违反第 174 条之规定。在这一案件中法院指出,公司的唯一董事和股东“对于公司的健康发展和安全问题毫不在意,背弃了其作为公司所有者和董事所负有的责任”[197]。同样地,在 *Weavering Capital (UK) Ltd.* v. *Dabhia* 中,争议的执行董事盲目地促成了一桩衍生品欺诈交易。因此,在这些案件中,法院对责任的认定并没有指向第 174 条实施之后注意标准的转向。这些案件只表达了一个观点,即若董事的行为涉及公司经济命脉的基本错误或者彻底地推卸责任,那么就违反了注意标准。最后,值得注意的一点是,若董事依据基础的程序步骤行事(例如,与受决策影响的当事方联系和咨询专家意见等),违反注意标准的概率就会大幅度降低。举例而言,在 *Raithatha* v. *Baig* 中,被告董事之所以被认定为违反第 174 条,就是因为其未曾咨询任何专业人士;而在
281 *Hedger* v. *Adms* 中,法院驳回了原告针对一项重要相关方交易提出的注意主张,因为董事在交易之前,已经与受决策影响的供应商取得联系,且向与破产执行人有关的独立事务所咨询了专业的商业建议。[198]

---

〔195〕 See *supra* note 187 at [218]; see also *Lexi (Holdings)* v. *Luqman* [2008] EWHC 1639 at 41.

〔196〕 Ibid. at 54.

〔197〕 Ibid. at 47. 该案是一件比较特殊的案件,因为其与唯一董事和股东关于公司健康和安全问题所造成的人身伤害的索赔有关。

〔198〕 See *Hedger* v. *Adams* [2015] EWHC 2540 at 39 – 47. Also see *Green* v. *Walkling supra* note 185, 在该案中,法院认定董事没有违约的关键,是其向律师征求相关意见并依照该意见行事。

总而言之，从 2006 年判例法之后的种种观点中，我们可以大致勾勒出当代注意标准的整体轮廓，并且发现其与 19 世纪的注意标准存在惊人的相似之处。依据这一注意标准，只有将重大过失当作贬义的别名，才能追究董事的责任。除了本章所述的各类问责压力之外，这些案件和此前的普通法观点共同证实了这一结论，即英国的注意法学存在严重的法律路径依赖。在本书第二部分对美国主义法学的分析中我们知道，美国寄托法注意标准同样存在严重的法律路径依赖。将前述观点与这种分析交叉对比，就会发现当代注意标准与美国具体情形导向的重大过失标准之间存在惊人的相似之处，*Preston* 案、*Swentzel* 案、*Briggs* 案以及 *Graham* 案都是绝佳的例证。[199]

---

〔199〕 See p. 153 – 155、182 – 183、190 – 191、201 – 202.

第三部分　自我交易与公司理念[1]

---

[1] 本书的第三部分基于发表于纽约大学法律与商业杂志的《公司信义法之路》一文。David Kershaw, *The Path of Corporate Fiduciary Law*, 8 NYU Journal of Law and Business 395 – 485 (2012),感谢期刊编辑允许复制这篇文章的部分内容。

第九章 公司概念

一、导论

英国和美国的自我交易法起初都是采用一套源于英国信托法中相同的信义原则来填补其沉寂的公司法中的空白,并且在19世纪的一个短暂时期内,他们都将目光投向了同一个英国案件,并将其作为首要判例(as the leading case)。19世纪中期英国普通法的立场是,在没有事前授权或事后批准的情况下,公司可以撤销自我交易。[1]在1854年*Aberdeen Railway Co.* v. *Blaikie Brothers*(以下简称*Aberdeen Railway*案)[2]一案中,大法官克兰沃斯(Cranworth)观察到,这一原则得到了严格遵守,因此不得就这样订立的合同是否公平

---

〔1〕 See James Edelman, *The Fiduciary Self-Dealing Rule*, *in Fault Lines in Equity* 107, Jamie Glister & Pauline Ridge eds, Hart, 2012(认为自我交易是无效的). But see Matthew Conaglen, *Fiduciary Loyalty Protecting the Due Performance of Non-Fiduciary Duties*, Hart, 2010, p. 77 –79 [对埃德尔曼(Edelman)阐明的立场提出异议].

〔2〕 See (1854)1 Macq 461, 461.

或不公平提出任何问题。美国新泽西州和纽约州等州在19世纪中后期采用了一项明显相同的规则。事实上,这一时期美国的主要案例总是依赖于经常被广泛引用的*Aberdeen Railway*案。哈罗德·马什(Harold Marsh)在其关于自我交易立法演变的开创性文章中,使用了与克兰沃斯勋爵相似的措辞描述了19世纪80年代的情况:

> 在1880年,人们可以满怀信心地说,美国的通用规则是,董事与其公司之间的任何合同在公司或其股东的要求下都是可撤销的,而不考虑交易的公平性或不公平性。[3]

然而,尽管美国和英国19世纪的规则起点相同,但它们的法律
286 迅速分化,如今两国规定了适用于董事自我交易的截然不同的受托义务标准。尽管从20世纪70年代开始,英国公司法通过多项法律和监管干预补充了普通法的立场,但今天的普通法立场仍然没有改变。自我交易合同的有效性将取决于法院的审查,以确定合同条款对公司是否公平(依公平交易条款审查),这一概念与1854年一样,在2018年的英国公司法中是令人厌恶的。与此形成鲜明对比的是,尽管在新泽西州和纽约州的美国基础案件中拒绝了司法公平审查的任何作用,但包括特拉华州在内的所有州的当代自我交易方法都规定,自我交易是可以强制执行的,但如果受到质疑,须接受法庭的司

[3] See Harold Marsh, Jr., *Are Directors Trustees? Conflict of Interest and Corporate Morality*, 22 Business Lawyer 35 (1966).

法公平性审查。

长期以来,解释美国自我交易法的演变一直被美国公司学者视为一个难题。[4] 哈罗德·马什在其1966年发表的《董事是受托人吗?》一文中,将美国自我交易法的演变分为三个阶段。在第一阶段,截至1880年,规则如上所述;第二阶段到1910年,严格的可撤销规则(Voidability rule)已被一项新规则所取代,该规则允许董事与公司进行交易,前提是交易是公平的,并且已获得无利害关系的多数董事的批准;到1960年,在第三阶段,合法的自我交易所需要的只是交易的公平性。哈罗德·马什曾公开谴责这种背离可撤销规则(voidability rule)的做法。他指责主持这一转变令法院"蒙羞",[5]并指出法院完全没有阐明放弃可撤销规则的理由。如上所述,在1880年、1910年和1960年,英国的立场与1854年 *Aberdeen Railway* 案所明确表达的严格的可撤销规则相比,没有改变。

我们如何解释美国自我交易法明显的进化动力和英国自我交易法的进化停滞?自然地,当法律起点相同时,英国或美国公司法均缺乏监管,美国和英国公司法所依据的英国信托法的共同起源,以及对此类基本法律的明显相同的初始解释原则,我们会从法律之外而非法律内部来解释每个国家所采取的不同路径。即使没有这种比较观点,人们对美国自我交易法律的广泛理解一直是将其演变理解为法 287
律对经济力量和利益集团压力做出反应的一个例子,这一理解既符

〔4〕 See Robert C. Clark, *Corporate Law*, Little Brown & Company, 1986, p. 160(将自我交易法的演变视为一个历史性难题).

〔5〕 See *supra* note 3 at 41.

合美国主流法律史,[6]也符合美国法律现实主义的主导地位,以及我们对美国公司法律联邦主义可能产生的影响的现代理解。

但如果这本书能够总结出什么教训,那就是对法律变化的这种描述太过简单了。法律、法律变化和法律变化的外部解释之间的相关性很容易被误认为是因果关系。当法律对工具性经济压力做出反应时,它不会简单地通过牺牲其内部规则、原则和结构来满足已确定的经济需求或游说者的经济利益。相反,它通过法律体系的现有规则、原则和结构来应对这些需求和压力。这些系统性组成部分有助于并因此决定了法律如何应对这些压力,以及法律通过与这些压力的相互作用而制定的路径。法律变革和调整,即使是在最具影响力的立法者的推动下,也必须从合法性的表象中受益,并且必须以与现有的内部规则、原则和结构相一致的方式提供,或参照现有的内部规则、原则和结构加以解释。因此,如果法律历史学家发现,人们没有就一个明显意义深远的法律变化,例如在自我交易法律中从可撤销到公平性的转变给出任何理由,那么很有可能,被归因于作出这些变化的立法者很可能没有认识到这种变化是深刻的,在这种情况下,有必要深入挖掘,看看是否可以通过法律连续性的视角来解释明显的法律变化。

为了解释英国和美国自我交易法律的分歧,有必要了解它们的出发点。正如本书所涉及的所有信义法领域(fiduciary law)一样,这两个司法管辖区的公司领域均是一片空白——在公司法典中没有关于自我交易的规定,之前也没有针对一般注册设立公司的普通法规

---

〔6〕 参见概述美国法律史中威斯康星州传统的导言(p.8－14)。

则，这些规则直到 19 世纪中期才存在。此外，两个司法管辖区都借鉴了相同的法律思想渊源来解决公司自我交易：英国信托法和代理法权威中包含的信托法。然而，美国和英国公司法的核心制度特征（将这些原始材料转化到公司背景中）却截然不同。在这方面最重要的是每个司法管辖区对公司的不同概念。 288

在英国，一家普通注册设立的公司，被称为注册公司，在概念上被视为非法人公司的延续，即协议契约公司（deed of settlement companies）*。该契约将某些人视为合伙企业财产的受托人，它包含与公司私人事务管理相关的规定。这些协议契约公司实际上是利用合同法和信托法形成的大规模合伙企业，在普通公司组织出现之前被广泛使用。普通公司组织（generally incorporated company）的引入并不被视为商业组织形式的范式转变，而仅仅是解决与协议契约公司相关的一些实际困难的一种手段。英国在 1844 年引入普通公司之后，注册设立的普通公司继续被视为私人合伙和企业的产物，英国注册设立的公司从一开始就被视为私人契约的内生产品。因此，强加于公司以规范其治理的规则在股东选举时可能会发生变化。重要的是，董事的权力也是该公司契约的一项功能。除去因创建独立法人实体而产生的正式复杂性，英国公司的权力被理解为直接由股东授予董事，然后由董事们组成董事会。这种英国公司治理的契约概念在多种情况下（包括自我交易）充当工具性经济压力的安全阀，允许董事和股东根据自己的偏好制定治理规则，从而使法院无须应对这些压力，并在没有后果的情况下，允许形式上不灵活的规则变得

---

* 协议契据（deed of settlement）指为组建合股公司（joint stock companies）而制定的法律文件。——译者注

僵化。

相比之下,在美国设立普通公司组织(general incorporation)被视为法定特许的延伸。每一家注册的普通公司(generally incorporated company)都被视为立法行动的产物:国家对实体的创造和赋权,以及对董事会的赋权。对公司的这种理解明确限制了当事各方在未经国家许可的情况下可以改变规则的程度,包括那些适用于自我交易的规则。因此,对允许自我交易的外部压力的反应必须来自法律本身。然而,美国的州法院并没有以撕毁和重写规则作为回应。相反,他们以不同的、内部一致的、特定管辖权(jurisdiction-specific)的方式作出回应。英国和美国自我交易法的并置揭示了美国自我交易法的
289 演变。它让我们看到,美国自我交易法从可撤销性到公平性的路径并非不合逻辑和无法解释,因此也无法接受原始的经济力量对法律变革的解释。相反,公平审查的路径与 19 世纪早期的信托法及其对美国公司概念的适应是一致的。

全书第三部分结构如下:本章(第九章)阐述了英国和美国公司的概念,特别关注公司治理规则被认为具有可缔约性的程度;第十章提供了英国自我交易法的演变过程;第三部分以第十一章为结尾,探讨了美国 3 个最重要的司法管辖区——新泽西州、纽约州和特拉华州的自我交易法律的不同路径。

二、英国公司的契约观念

在介绍普通公司组织之前,大型商业活动是通过非法人团体或

公司进行的，从法律上来说，这些组织实际上是大规模的合伙企业。这些非法人公司是通过信托法与合同法的创新结合而合法组建的。公司的资产归属受托人，非法人公司的董事（通常与受托人是不同的个人）[7]根据非法人组织的所有“合伙人”/“成员”签订的合同——协议契约被任命并授权管理和部署这些资产。董事们对非法人公司资产的支配权力是本协议契约条款的直接作用。这些公司通常被称为“协议契约公司”。

通过非法人公司开展业务存在多种实际问题，尤其包括以公司名义[8]采取法律行动的困难以及成员无限责任问题，尽管部分通过合同进行管理，但无法完全排除这些问题。[9] 英国议会在 19 世纪 290
初就清楚地认识到了这些实际问题。事实上，通过《1844 年合股公司法》（Joint Stock Companys Act of 1844）在英国引入普通公司（称为“注册成立”），该法案并未规定有限责任，[10]可被视为连续立法步骤中的一个步骤，旨在逐步解决其中一些实际问题。因此，通过简单的填表注册过程，公司表格的广泛可用性并没有被视为一种组织范式转变——从合伙企业到独立的法律实体，而是一种解决现有机构

[7] See Leonard S. Sealy, *The Director as Trustee*, 25 Cambridge Law Journal 83 (1967).

[8] See Michael Lobban, *Corporate Identity and Limited Liability in France and England* 1825 – 67, 25 Anglo-American Law Review 397 (1996).

[9] 关于通过信托和合同对“实体”进行普通注册前构建的讨论，see Joshua Getzler and Michael Macnair, *The Firm as an Entity Before the Companies Acts*, *in Adventures of the Law*: *Proceedings of the Sixteenth British Legal History Conference*, Dublin, 2003; Paul Brand et al. eds, 2005, p. 267; John Morley, *The Common Law Corporation*: *Power of the Trust in Anglo-American Business History*, 116 Columbia Law Review 2145 (2016).

[10] 注册成立的公司的有限责任是在 1855 年《有限责任法》之后才被引入的。

实际问题的手段。[11]

《1844 年合股公司法》之前的立法步骤包括授权政府授予专项证书,使非法人公司能够通过“公职人员”[12]以公司的名义提起诉讼,此后,允许银行公司通过注册程序任命这样的“公职人员”。[13] 对于此类拥有指定“公职人员”的非法人公司(unincorporated companies),19 世纪著名的英国公司法学者和高级法官林德利指出,可以“毫不夸张地将其比作公司”。[14]

对于林德利勋爵那一代的学者来说,“公司”这个术语是一个
291 总称,既适用于非法人公司,也适用于普通法人公司,粗略地说,这些公司被视为不同形式的合伙关系,在很大程度上受制于管辖合伙企业的合同法和托拉斯法的相同法律架构的约束。在其题为“被视为合伙法的一个分支的公司法”(A Treatise on the Law of Companies, Considered as a Branch of the Law of Partnership)的公司法论文中,林德利将通过注册方式成立的公司称为“通过注册成立的

---

〔11〕 克兰沃斯勋爵解释说,在 *Oakes* v. *Turquand* [1867] L. R. 2 (HL) 325 案中,《公司法》是对“该国法律的普通规定不适用于此类机构的业务”这一事实的回应。格莱斯顿(Gladstone)请求下议院批准通过一项关于股份公司的法案时指出,该法案“没有改变法律的进程,反而是加速了它;因为,在目前的法律状态下,股份公司在绝对必要的压力下,零碎地从法院勒索承认其独特的存在;而且,没有任何严格的法定所有权的情况下,它们在所有意图和目的上都已成为法律眼中公认的生物”。73 Parliamentary Debates, HC (3d ser.) (1844) 1754 – 1758 (emphasis supplied).

〔12〕 4 & 5 W. & M. 4, c. 94; Nathaniel Lindley, *A Treatise on the Law of Partnership, Including its Application to Companies* 9, 4th edn, Sweet & Maxwell, 1878.

〔13〕 这始于 1826 年《银行法》第 4 条,该条允许股份制非法人银行公司任命一名公职人员,银行可以以其名义起诉和被诉。

〔14〕 See Nathaniel Lindley, *A Treatise on the Law of Companies, Considered as a Branch of the Law of Partnership* 2, 5th edn, Sweet & Maxwell, 1902, p. 2.

合伙企业”。[15] 19 世纪著名公司法评论家弗朗西斯 · 帕尔默(Francis Palmer)指出,非法人公司是根据《公司法》成立的“普通公司的直系祖先”。[16] 公司无论是经注册设立的还是未注册的,都不同于普通法公司(corporations)。“在本来意义上”的普通法公司系国家行为的产物——通过皇家特许或法定特许。[17] 这种对注册公司的看法已编入普通公司注册立法中。1844 年《股份公司法》将需要登记注册成立的“股份公司”定义为“每一资本被分割或同意被分割成股份的合伙企业,在未经所有合伙人明确同意的情况下即可转让,并且该合伙企业在其成立时或通过随后的承认时……应由 25 名以上的成员组成”[18],并作为注册的先决条件,该法案要求出示由股东签署的“协议契约”,就像成员签署协议契约成立非法人公司一样。[19] 1844 年《股份公司法案》规定,正如非法人公司的典型情况一样,协议契约包含股东遵守契约条款的承诺。[20] 292

〔15〕 Ibid. at 8. 请注意,本书打破了纳撒尼尔 · 林德利(Nathaniel Lindley)的《合伙法专论》(*A Theory on the Law of Partnership, Including it Application to companies*)(第 4 版,1878 年)中关于公司的章节。众议院的官方出版物《议事录》(*Hansard*)中的一节被定为“合伙企业法”(The Law of Partnership),该章节获准提出《股份公司法案》(The Joint Stock Companies Bill)。73 Parliamentary Debates., H. C. (3d ser.) (1844) 1754 – 1758.

〔16〕 See Francis B. Palmer, *Company Law: A Practical Handbook for Lawyers and Business Men* 5, 5th edn, Stevens and Sons, 1905.

〔17〕 See *supra* note 12, at 8 [“正确意义上的公司……必须由皇家宪章或议会法案创建……对他们来说,普通合伙法几乎不适用(如果有)”]. See also Nathaniel Lindley, *A Treatise on the Law of Companies, Considered as a Branch of the Law of Partnership* 8, 57, 102, 5th edn, Sweet and Maxwell, 1889.

〔18〕 Joint Stock Companies Act, 1844, section 2.

〔19〕 Ibid. section 3.

〔20〕 Ibid. section 7:“并且该契约必须包含每位股东与公司受托人之间的契约……履行股东在契约中的多项承诺。”

1862 年《公司法》整合了 1844 年至 1856 年间颁布的监管公司的法案，被视为联合王国的第一部主要公司立法，[21] 该法案的第 11 条同样规定，公司组织大纲(the memorandum of association)[22] 是对成员具有约束力的契约，就好像他们已承诺受备忘录的约束一样。[23] 然而，除股东外，该条款并未规定该公司同样有义务遵守合同。[24] 该条款未能注意到法人实体具有指导意义：公司法人人格是解决与非法人公司相关的实际问题的一种手段，并不旨在改变投资或开展公司业务的人之间的法律关系；系股东签订的协议契约中所述的关系。[25]

这种实体的盲区在英国公司法的其他领域也有所体现。例如，19 世纪的英国判例法和评论对于董事应负的职责是模棱两可的。如今，对于英国公司律师来说，董事由公司通过股东大会任命已是老
293 生常谈，因此董事的受托责任和注意义务[26] 是对公司而不是直接对股东负有的。但对于 19 世纪的公司法来说，这一点就不太清晰了。对此，林德利观察到：

---

〔21〕 See *supra* note 16, at 1 (将 1862 年法案称为公司法的大宪章).

〔22〕 1862 年《公司法》用公司组织大纲和章程细则(the articles of association)取代了协议契约。在 2006 年之前，公司组织大纲是主要的宪法文件(类似于特拉华州公司的注册证书)。今天，组织大纲只是一份组织文件，而主要的宪法文件是章程细则。See Companies Act, 2006, sections 8 and 18.

〔23〕 See Companies Act, 1862, section 11："公司在注册后，对公司及其成员的约束力与每个成员在其上签名并加盖印章的程度相同，且其本人、其继承人、遗嘱执行人和管理人在备忘录中约定遵守该备忘录的所有条件，但须符合本法的规定"。

〔24〕 请注意，法院毫不奇怪地认为，该公司也受到约束，就像它已承诺遵守合同条款一样。See, e. g. , *Wood* v. *Odessa Waterworks Co.* , [1889] 42 Ch. D. 636.

〔25〕 今天在《2006 年公司法》第 33(1)条中也发现了类似的规定，但它将股东和公司视为受合同约束。

〔26〕 在英国，注意义务不像在美国那样被理解为受托义务。

> 这是公司成员订立的契约的一部分，公司的管理工作应委托给几个选定的少数人负责。但是，虽然该契约限制了每个成员的权利……干涉其事务的展开……如果可能的话，它增加了董事对广大股东的诚信义务，勤勉地关注他们的利益，并在他们授予的权力范围内行事。董事不仅是代理人，而且在一定程度上也是受托人。董事对股东的职责是在公司开展业务时，为股东的利益获得最大的利益，这些利益可以通过股东对其的信任和对他人的诚实而持续获得。尽管董事会确实拥有比股东个人拥有的更大的权力，无论是出于善意还是出于恶意，但该权力仍然是有限的，并伴随着信赖以授予者所设想的方式，出于授予目的而被善意地行使。〔27〕

对林德利而言，股东授权董事代表其行事，由此产生了对董事的“信任”义务或期望。还请注意，股东的权力转移具有非常个体化的性质，不是转向公司或“董事会”，而是转向“少数选定的个人”。无论是作为实体的公司，还是其董事会和股东大会的机构，均未参与这种对权力转移或基于该转移产生的受托义务的双边理解。

通过登记成立公司不仅涉及法律概念上的连续性，就企业而言，还涉及按时间顺序排列的事实连续性。也就是说，企业的起点不是公司实体的创建，相反，商业活动和公司被理解为在公司成立之前，

---

〔27〕 *Supra* note 14 at 364 (emphasis supplied).

因此出现了“注册”一词。格莱斯顿(Gladstone)〔28〕在1844年动议批准《股份公司法案》时,将法案的目标描述为“为了合股公司的注册,并授予此类公司法人团体的某些特权”。〔29〕通过这一事实和概念连
294 续性的主导视角,英国注册公司主要被视为私人公司:内生商业活动的产物。国家在创建法人实体(incorporated entity)方面的作用被边缘化了。因此,19世纪的英国立法者和评论员并没有将公司形式设想为国家授予的政府特许权。〔30〕在英国,没有像美国〔31〕那样在19世纪就普通公司特许状(general corporate charter)是否代表公司与国家之间的契约,或者公司特许状(corporate charter)是否构成立法行为进行法律辩论。19世纪英国主要的公司法文本中,没有提及国家和公司之间的关系。〔32〕

然而,这种对私人公司的主要偏见并没有完全无视公司的公共性质。公司的注册设立创造了一个受益于有限责任的法律实体,有限责任被视为一种特权,而不是可以通过合同实现的某些事情的法定橡皮图章。〔33〕据了解,有限责任给公众,尤其是给债权人带来了

---

〔28〕1844年,威廉·格莱斯顿担任部长兼贸易委员会主席。1868年至1894年,他曾4次担任首相。

〔29〕73 Parliamentary Debates, HC (3d ser.)(1844)1754 – 1758.

〔30〕特许权有时会被提及,特别是当债权人的利益受到关注的时候。See *Ashbury Ry. Carriage & Iron Co.* v. *Riche* (1875)L. R. 7 (HL)653.

〔31〕See, e. g., Seymour D. Thompson, *Commentaries on the Law of Private Corporations* 55 – 77, Bancroft-Whitney, 1895.

〔32〕See Lindley, *supra* note 14; Palmer, *supra* note 16. 早期英国公司法中提出立法授权概念的唯一背景是与公司的能力和公司的越权行为有关。See *Ashbury Railway supra* note 30 at 653.

〔33〕关于有限责任制度在英国的采用, see Marie-Laure Djelic, *When Limited Liability Was (Still) An Issue-Conflicting Mobilizations in Nineteenth Century England*, 34 Organizational Studies 595 (2013).

风险,因此需要法律保护。这些保护措施是通过不可更改的章程组织大纲(主要章程性文件)限制已注册公司的行为来提供的。除非法令特别允许,[34]该组织大纲直到1890年才可更改,包含有关公司业务目标、有限责任、名称和股本等信息。[35] 组织大纲的许可和限制 295 是通过公众视角来展开的。事实上,在这种情况下,法院有时会将组织大纲称为"宪章"。[36] 然而,这些对可缔约性[37]的限制并不适用于公司治理,而是由附属章程文件、公司章程决定,可以随时通过超级多数股东决议进行修改。[38]

在公司治理方面,从非法人公司的合同基础到法人公司的连续性没有受到限制。董事的任免方式、召开股东大会的时间、董事的权力范围和董事对公司的义务均受公司合同的规范和变更的约束。例如,考虑一下董事权力、董事免职和注意义务责任的豁免。

---

〔34〕 1890年《公司法》允许在法院批准的情况下,出于7个特定原因之一对组织大纲进行修订。1890年《公司法》第27节。1890年以前,根据1867年《公司法》的规定,备忘录只能更改为增加资本、减少资本、细分其股份或更改其名称。

〔35〕 这意味着虽然可以筹集资本,但直到1867年,资本才可以减少,并且在其规定目标之外进行的任何活动从一开始就是无效的。See *Ashbury Railway*, *supra* note 30 at 653. 1867年《公司法》允许法院控制的资本削减。See generally David Kershaw, *The Decline of Legal Capital: An Exploration of the Consequences of Board Solvency Based Capital Reductions*, in Dan Prentice & Arad Reisberg (eds) Corporate Finance in the UK and EU, 27, Oxford University Press, 2011.

〔36〕 See *Ashbury Railway*, *supra* note 30 at 668.

〔37〕 See Michael J. Whincop, *An Economic and Jurisprudential Genealogy of Corporate Law* (Ashgate, 2001)(首次使用"可缔约性"一词来描述英国处理公司法的方法).

〔38〕 *Ashbury Railways*, *supra* note 30 at 668 指出:"关于公司章程细则,这些细则在一定程度上是公司章程大纲的附属条款。它们接受公司章程大纲作为公司的章程,因此公司章程开始定义管理机构在其自身和整个公司之间的职责、权利和权力,管理机构的模式和公司经营业务的形式,以及不时改变公司内部规定的方式和形式。"

1844 年《股份公司法》明确提及了董事的权力。[39] 然而，董事"执行和管理公司事务"的权力并不是由公司法直接赋予董事的，而是根据 1844 年《股份公司法》和"协议契约"的"规定和……限制"规定的。[40] 也就是说，该法规将董事会授权委托给股东契约来行使。1862 年《公司法》比这更进一步，根本没有规定董事的权力。[41] 相
296 反，与未注册的非法人协议契约公司一样，董事们通过公司章程获得了股东的授权，而该文件只能由成员修改，与美国大多数司法管辖区不同，英国董事会没有修改该文件的否决权。[42] 因此，对于一家在英国注册成立的公司，董事权力不是天生的，而是由股东大会通过章程文件明确授权的。帕默的《公司法》指出，1862 年《公司法》"让股东完全自主地决定如何以及由谁来管理企业"。[43] 还要注意，根据 1844 年《股份公司法》和随后的"公司章程范本"，权力被授予董事而不是董事会。

因此，自注册成立之日起，英国注册公司可能是通过注册登记程序创建的，但其通过代表董事行使职能的能力取决于股东通过合同授予的权力。契约在过去和现在都是英国公司概念的核心，也是董事会权力的核心。在 *Ernest* v. *Nicholls* 案中，该案涉及一家根据

---

〔39〕 See Joint Stock Companies Act, 1844 section 27.

〔40〕 Ibid. 值得注意的是，和解协议并没有允许股东通过协议契约保留普通管理层的权力。

〔41〕 通过次级立法发布的示范条款被称为"表 A 条款"，规定了将公司权力和权限委托给董事会来管理和指导公司。在公司成立方面没有一般或特定的相反意图（与特定条款有关），则公司将采用此类示范条款。

〔42〕 See, e. g. , General Corporation Act of New Jersey of 1896 section 27 (1896)（规定了董事会和股东批准）.

〔43〕 See *supra* note 16, at 146.

1844 年《股份公司法》成立的公司,上诉人的律师对公司所有资产出售给公司董事控制的公司的合法性提出了质疑,认为"董事是其股东的受托人,除了信托契约赋予他们的权力之外,他们没有任何权力"〔44〕。温斯利代尔(Wensleydale)勋爵同意律师的意见,认为该契约"限制并规范了他们的权力"。〔45〕 关于董事罢免,在 1947 年《公司法》之前,没有关于罢免董事的法律规定。〔46〕 罢免由公司合同加以处理,合同内容可以按照股东们决定的任何方式来塑造,但一旦制定就必须由法院强制执行,直到股东修改为止。19 世纪的法院明确表示,罢免权作为公司实体的附属权利,不存在所谓的固有的罢免权,这只是公司契约。"你必须看看",在 *Imperial Hydropathic Hotel Co. v. Hampson* 中,鲍恩法官认为,"即当你考虑解雇董事的问题时,一定要看看公司章程是否已得到遵守"〔47〕。 297

可缔约性(contractibility)超越了董事的任命和罢免,延伸到董事行为的各个方面。本章将在下文详细讨论可缔约性在自我交易的背景下的作用。正如我们在第八章中看到的,注意义务被视为可缔约的。1929 年〔48〕之前,英国公司的惯例是在公司章程中包含注意义务责任豁免,类似于特拉华州根据《特拉华州普通公司法》第 102 条(b)款第(7)项现在允许的豁免。这些豁免不需要法定许可,但被法院认定是可以强制执行的。〔49〕 法院在 *City Equitable* 案

---

〔44〕 (1857)10 Eng. Rep. 1351, 1354.

〔45〕 Ibid. at 1358.

〔46〕 See Companies Act, 1947, section 29.

〔47〕 (1882)23 Ch. D. 1.

〔48〕 See, *In re Brazilian Rubber Plantations*, [1911] 1 Ch. 425.

〔49〕 See *In re City Equitable Fire* [1925] Ch. 407.

中裁定这些豁免是可执行的,结果导致立法机关修改了“公司法”,使此类豁免失效。[50] 需要采取法定行动来限制英国公司法基因中的可缔约性。

三、美国公司的公共构想

(一)作为国家和私人行为的公司设立

如上所述,英国公司法较少将公司及其治理结构视为公共行为的产物,而更多地将其视为对现有私人活动的公开注解(public gloss)。这种观点与特许公司或法定公司的看法形成鲜明对比,后者是“在术语的正确意义上”[51]的公司,这显然涉及国家对公共或私人活动自上而下的直接促进。相比之下,在美国普通公司法的引入被视为各州授予公司特许权力的延伸。[52] 虽然对贸易公司[53]来说,

---

〔50〕 See Companies Act, 1929, section 129.

〔51〕 *Supra* note 14 at 8.

〔52〕 See Joseph K. Angell & Samuel Ames, *Treatise on the Law of Private Corporations Aggregate*, Little & Brown 9th edn, 1871(将法定公司和一般注册公司视为国家权力的不同行使).

〔53〕 Ibid. at 47 注意到“事实上,没有哪个国家的公司像我们自己的国家那样成倍增长,以及他们的制度在这里的发展程度可能非常恰当地被称为‘惊人’”。它还占用了过多的法定立法时间。See James W. Hurst, *Law and the Conditions of Freedom in the nineteenth Century United States*, University of Wisconsin Press, 1956,他指出“反对继续特别特许的主要论点是,它过度消耗了立法机关满足标准和常规需求的时间”(Location 334: Kindle Edition)。

授予单独的法定特许是司空见惯的事(至少与英国相比是这样),[54] 298
但这一过程被广泛认为受到腐败、任免权和寻租行为的影响。[55] 普通(注册设立的)公司仅在有效地通过遵守规定形式规范以利用法定特许权来解决这些问题。当各州从19世纪中期开始颁布普通公司立法时,[56]这些法规被视为法定特许权的民主延伸,这是一种更容易获得法定特许权的形式。[57] 因此,作为立法行为的产物、拥有法定授予的特权或特许权的特别特许公司(specifically chartered corporation)的法律概念,[58]自然适用于普通注册的公司。在*State v. Penn-Beaver Oil Co.*中,特拉华州最高法院首席大法官Pennewill指出,"被告公司是根据该州的普通公司法组建的,但如果它是通过立法机关的一项特别法案设立的,其法律地位将相同"[59],这个概念当然是众所周知的。学习美国公司法的每个学生都熟悉马歇尔法官

〔54〕 See Angell and Ames, *supra* note 52 at 42:"在英国,从来没有像在这个国家那样的政策,作为一种惯例,将完全和无条件的公司特权授予为贸易目的而联合起来的一群人。英格兰偶尔会允许公司从事某些业务,而将自然人排除在外"。

〔55〕 See James W. Hurst, *The Legitimacy of the Business Corporation in the Law of the United States* 1780－1970, University of Virginia Press, 1970, p. 9; Morton J. Horwitz, *Santa Clara Revisited: The Development of Corporate Theory*, 88 West Virginia. Law Review 173 (1985).

〔56〕 See *Louis K. Liggett Co.* v. *Lee*, 288 U. S. 517, 549 (1933)(Brandeis J, 部分反对)列出普通公司法。关于不同行业的法规类型, see Thompson, *supra* note 31, at 99－126.

〔57〕 See Victor Morawetz, *A Treatise on the Law of Private Corporations*, 2d edn, Little, Brown & Company, 1886, p. 17.

〔58〕 See Angell & Ames, *supra* note 52, at 2, 解释布莱克斯通(英格兰和威尔士前高等法院法官)使用"特许经营"一词"在其最广泛的意义上[表达]伟大的政治权利……正是在这个意义上,布莱克斯通(英格兰和威尔士前高等法院法官)在定义公司时使用了该词,而不是不那么笼统的……排他性行使某种权利的感觉"。

〔59〕 143 A. 257, 259 (Del. Supr. 1926).

在 *Trustees of Dartmouth College* v. *Woodward*[60]（该案涉及一家特别特许公司）中对公司的定义和概念。他认为，“公司”是一种“法律的创造物”，一种“不可见、无形的拟制存在，只存在于法律的思考中。作为纯粹的法律产物，它只拥有创始章程明确或附带赋予它的那些财产”。

尽管美国文献中有很多关于马歇尔法官所描述的公司概念是否
299 在19世纪演变和改变的讨论，[61]但很明显，在这一时期，国家作为公司创造者的存在几乎没有消退。在1861年的著作中，安吉尔和艾姆斯将合伙企业与公司区分开来，指出后者需要由一个“特殊的立法机关”来确认财产与劳动的结合；[62]公司是“一个由个人组成的，由法律创设的实体”[63]。西摩·汤普森（Seymour Thompson）在1895年撰写了一篇文章，他开始对“通过特别特许权创设”一词展开研究，指出“只有主权才能创建公司”。[64] 他随后在关于普通公司组织的部分开始时指出，“公司只能由最高权力机关创建或在其授权下创建，该权力机关在该国通过立法机构的行为加以表达”[65]。库克在1898年的研究中写道，“国家根据个人的申请创建了公司，这些个人被称为公司发起人。发起人随后组建公司”。[66] 即使维克多·莫拉

---

〔60〕 See 17 U. S. 518 (1819).

〔61〕 See Horwitz, *supra* note 55. See generally John C. Coates IV, *State Takeover Statutes and Corporate Theory*: *The Revival of an Old Debate*, 64 New York University Law Review 806 (1989).

〔62〕 See *supra* note 52, at 31.

〔63〕 Ibid. at 1.

〔64〕 See *supra* note 31.

〔65〕 Ibid. at 127.

〔66〕 William W. Cook, *A Treatise on the Law of Corporations Having a Capital Stock*, 5th edn, Little, Brown & Co., 1903, p. 7.

维茨(Victor Morawetz)被一些评论家视为19世纪后期试图将公司描绘成与合伙企业有很多共同点[67]的私人行为者的集合体的先锋,也无法避免突出对于公司创建至关重要的立法法案。对维克多·莫拉维茨来说,一家公司只有在立法机关授权的情况下才能成立。他引述了Cowen J在*Thomas* v. *Dakin*中关于合伙企业与公司之间区别的一段话来支持这一立场:

> 区别在于:前者由普通法授权于自然人,行使普通权力;后者由一个特别权力机构——通常(如果不是必然)来 300
> 自于立法机构授权,并授予特别特权。[68]

由于将普通注册公司视为法定特许权的逻辑延伸,一般普通公司的特许权被视为一项立法行为,尽管根据当时法案,特许权的某些条款由公司创办人填写,并作为国家和公司之间的契约或合同。安吉尔和艾姆斯在这方面观察到,"私人公司……是由立法机关的一项法案创建的,在接受该法案时,该法案被视为一项契约,并且只要法人团体忠实地遵守,立法机关在宪法上就受到限制,其就不受损

---

[67] See Horwitz, *supra* note 55, at 182:"直到19世纪80年代,对公司法进行分析的趋势与合伙法并无太大区别。"请注意,正如下一节所述,如果合伙企业的核心是合同,那么在19世纪,美国公司并没有被理解为合伙企业。另请注意,莫拉维茨的观点并未被其他评论员广泛接受。艾姆斯在对莫拉维茨的第二版文本进行了高度赞扬性的评论时指出,"我们应该很高兴看到他对公司性质的基本概念有所修改"。James Barr Ames, *Book Review*, 1 Harvard Law Review 109 (1887).

[68] Victor Morawetz, *A Treatise on the Law of Private Corporations*, 2d edn, Little, Brown & Company, 1886, p. 8 n. 3 [quoting *Thomas* v. *Dakin*, 22 Wend. 109 (1839)].

害”[69]。在密苏里州 *O'Brien* v. *Cummings* 中,[70]法院指出,“法律和公司章程可以说是国家与协组织间的契约,这构成了政治体的特许状”。新泽西州衡平法院(New Jersey Court of Chancery)在 *Ellerman* 案[71]中裁定:

> 宪法规定“立法机关应通过普通法,公司根据其组织起来,并获得各种性质的公司权力”,而现在的普通公司法是根据宪法的授权通过的,该法案要求的证书成为公司的章程,相当于立法机关以前的特别法案。

当然,国家的显著存在并没有排除公司作为商业和投资者利益及参与者集合体的观念,这是美国普通注册公司(generally incorporated corporation)概念的核心组成部分。公司的这一集合体(aggregate)组成部分出现在早期的普通公司成立之前的判例法中,并且与最早的普通公司法紧密相连。在 1841 年纽约的 *People* v. *The Assessors of the Village of Watertown* 中,该报告称公司为“基于一项授权将一群人联合在一个机构中,在不改变团体身份的情况下
301 确保成员的继承,并将成员组成一个能够像自然人一样处理某种业务的法人团体”[72]。1848 年《纽约公司法案》第 1 节授权为制造、采矿、机械或化学目的成立公司,规定“任何三个或三个以上自然人均

---

[69] Angell and Ames, *supra* note 52, at 22 (emphasis in original).

[70] See 13 Mo. App. 197, 200 (1883).

[71] See 23 A. 287, 295 (1891) (emphasis supplied).

[72] 1 Hill 616 (1841).

可按照法案中规定和要求的方式组织和组建公司"[73]。但对于这一时期的评论家来说,公司集合体总是笼罩在国家行动之中。在这方面,可以参考西摩·汤普森关于私营企业法的评论:

> 公司最常见的概念是,它是自然人的集合,通过立法机关的一项法案或在立法机关的授权下,通过自愿行动或法律强制结合在一起,以实现立法机关授权的某种金钱方面、理想层面或统治上的目的,并以该计划所订明或准许的方法进行。[74]

在美国公司法律话语中,公司是国家行为的产物这一事实即使不是陈词滥调,也是微不足道的。然而,当与英国公司的法律概念并列时,这种对国家作用的关注被证明是美国公司概念的一个独特方面。美国的公司是一种与英国公司不同的生物:在美国,公司是一种被牢牢控制在公共创造轨道内的私人实体;在英国,公司是一个借助于国家提供实体地位以解决与非法人商业组织活动相关的一些实际困难的内生性私人组织。因此,与英国不同的是,无论是在美国的普通公司法还是在任何 19 世纪的美国评注(commentaries)中,都没有任何因大型非公司企业(unincorporated business)商业活动的注册设

---

〔73〕 Act of Feb. 17th, 1848, ch. 40, section 1, 1848 N. Y. Laws 54, 54 – 55, *amended by* Act of Feb. 7th, 1851, ch. 14, section 1, 1851 N. Y. Laws 16 (emphasis supplied). 该条款与英国《公司法》的关联条款极为相似。例如,参见 1862 年《公司法》第 6 节:"任何七名或七名以上的人为任何合法目的联系在一起,可以在章程组织大纲上签名……成立一家法人公司,承担或不承担无限责任。"

〔74〕 *Supra* note 31, at 3 (emphasis supplied).

立(incorporation)而产生的组织连续性。在美国,管理此类非法人实体(unincorporated entities)的法律规则和结构也没有任何监管上的
302 连续性。

(二)不可缔约性

一些评论家认为,美国早期的公司法深受合伙法的影响。〔75〕 这是不正确的。合伙法的核心植根于合同:缺少规则的规定可能会因成员而异。〔76〕 然而,美国公司法在 19 世纪的可缔约性明显减弱。当然,公司章程细则规定了“管理其事务的[公司]成员和高级职员的体制”,〔77〕将重要的规则制定权力授予股东,在某些情况下还授予了董事。然而,章程细则(bylaws)是一份附属的“章程性”文件,主要负责规范公司活动的程序方面。〔78〕 公司章程明确规定,在章程能够解决董事会权力和权限以及董事义务等核心问题时,必须通过发给证书(certificate)的方式加以解决,而且只能在法规允许的范围内。治理不像在英国那样,任凭契约来决定。

可以说,在美国和英国,这种立场都符合公司权力分配给董事会的逻辑。在英国,公司权力属于股东,其分配权取决于股东契约。因此,与行使该权力有关的规则也应同样受同一契约的约束。在美国,

---

〔75〕 See Horwitz, *supra* note 55, at 73.

〔76〕 See Clement Bates, *The Law of Partnership*, T. H. Flood and Company, 1888, p. 2 – 3:“合伙关系是一种契约关系……合伙协议和其他合同一样,必须建立在相互承诺或贡献的对价基础上。”Lindley, *supra* note 13, at 18:“合伙关系是双方同意分享利润和分担损失的结果。”

〔77〕 See Thompson, *supra* note 31, at 762.

〔78〕 See Act of Apr. 21st, 1896, ch. 185, section 1(VI), 1896 N. J. Laws 277, 278 – 279 (关于公司).

成文法(statute)规定了董事会的权力。[79] 该成文法创建权力并授权给公司和董事会,并且得出必然的结论,只有制定法才能允许改变权力分配和与权力行使相关的规则。通常,法规也规定了略有变化的形式。然而,如下文所述,法院对权力变更的监管非常严格,在许多情况下,法院都驳回了试图以契约形式变更治理规则的行为。 303

法院拒绝允许与某些治理规则相关的可缔约性的原因,以及市场参与者在试图围绕现行规则缔约时似乎没有英国同行(counterparts)[80]那么积极的原因,其根源在于公司的结构和委员会的权力和义务是公共/国家行动的产物,因此未经国家明确许可不得修改。在新泽西州 *Audenried* v. *East Coast Milling Co.* 中,衡平法院审议了东海岸制粉公司(East Coast Milling Co.)的章程修正案,该修正案声称选出(opt out)"非常明智和公正"的普通法规则,原规则要求董事会通过集体的、实时的董事会行动采取行动,而不是让每个董

〔79〕 E. g. , ibid. section 12, 1896 N. J. Laws 277, 2781 (concerning corporations)("每家公司的业务应由其董事管理");Act of June 21st, 1875, ch. 611, section 10, 1875 N. Y. Laws 755, 757 (关于公司的组织和监管)("每家公司的业务……应由董事会管理");Act of Feb. 17th, 1848, ch. 40, §3, 1848 N. Y. Laws 54, 55(关于为制造、采矿、机械或化学目的成立公司)("该公司的股票、财产和权益应由不少于三名、不超过九名的受托人管理");*Plaquemines Tropical Fruit Co.* v. *Buck*, 27 A. 1094, 1101 (1893)("董事会是法定执行机构,不仅在实践中和原则上,而且在法规中也如此");William H. Corbin, *The Act Concerning Corporations in the State of New Jersey*, *Approved* 7 April 1875, With all the Amendments to 1 January 1892, 7th edn, Frederick D. Linn & Co, 1892, p. 9 – 10:"每家此类公司的业务均应由董事会管理和执行。"

〔80〕 这一结论是基于解决核心治理规则的可收缔约的案例数量有限得出的,如变更信托义务,或违约责任豁免。

事在单独书面同意的情况下做出决定。[81] 法院的出发点是《新泽西州公司法》以及该法在多大程度上可以解释为允许进行此类调整:《新泽西州公司法》在多大程度上授予了修改特许状的公司发起人立法权? 于1896年颁布并于1898年修订的《新泽西州公司法》中包含一项条款,该条款与今天的《特拉华州普通公司法》第102条(b)款第(1)项的形式相同,规定执照(certificate)可以包含条款"创建(授予 creating)、界定(defining)、限制和规范公司、董事和股东的权力;
304 但该规定不得与本法案相抵触"。[82] "创建"(授予 creating)和"界定"(defining)这两个词是在1898年添加的,在此之前,间接的,除了限制和规范公司和董事的权力外,任何修正案都没有得到法令的授权。[83] 对该条款的字面解读表明,规定书面董事会决议(written board resolutions)的章程条款显然属于公司和董事权力的监管范围。然而,*Audenried* v. *East Coast Milling Co.* 法院驳回了这种宽泛的解

---

〔81〕 See 59 A. 577, 584 (1904) [citing *First Nat'l Bank* v. *Drake*, 11 P. 445, 448 (Kan. 1886) and William Lawrence Clark and William Lawrence Marshall, *A Treatise on the Law of Private Corporations*, section 677, at 2074 (Keefe-Davidson, 1901)].

〔82〕 See Act of Apr. 21st, 1896, ch. 172, section 8, 1896 N. J. Laws 277, 2781, *amended by* Act of Apr. nineteenth, 1898, ch. 172, sec. 2, §8(Ⅶ), 1898 N. J. Laws 407, 408.《纽约商业公司法》(New York Business corporate Law)也引入了类似的条款,并允许对该证书进行修改,限制了董事的权力,但该修订"不得免除(董事)的任何义务或履行法律规定的任何义务"。Act of May 18th, 1892, ch. 691, section 2(9), 1892 N. Y. Laws 2042, 2043 (关于公司法的修正).

〔83〕 See James. D. Dill, *The Statutory and Case Law Applicable to Private Companies Under the General Corporation Act of New Jersey* 21-22, 2nd edn, Baker Voorhis, 1899,将该条款描述为"公司法中最重要的条款之一",条款"将埃勒曼诉芝加哥案(*Ellerman* v. *Chicago*)中确立的原则贯彻到其逻辑结果中"。联合铁路股份有限公司(Junction Railways & Union Stock-Yards Co.)的注册证书相当于立法机关的一项特别法案",相当于"将立法机关的立法权委托给(公司发起人)"。

读，并狭隘地认为，该条款允许变更公司的权力，但不允许变更公司权力的行使方式，公司权力的行使方式“必须符合既定的法律原则”。[84] 根据法院的说法，任何超越这些重要原则的缔约都必须得到立法机关的明确授权，并且“不能从模棱两可的表述中推断出来”。[85] 对于新泽西州衡平法院而言，这些规则属于立法机构提供的治理结构，旨在使公司能够运作并保护公司注册成立所涉及的公共利益。因此，这种结构的基本组成部分只能由股东在获得立法机构明确授权的情况下进行修改。*Audenried* v. *East Coast Milling Co.* 的主审副大法官 Bergen 对此立场如下：

> 股东在同意公司章程中的这一条款时，主张放弃根据普通法和我们的《公司法》应享有的利益和保护，这一提议不符合本案的要求。股东可以放弃某种利益，但他们不能通过放弃一种法律不承认的公司行为方式展开，也不能放弃董事会作为公司行动手段的帮助。这样的做法不被我们的法律认可，也不符合美国公司法第 12 节的规定——要求“每家公司的业务均应由其董事管理”。但是，我们不应该把对这个问题的考虑局限于股东和董事之间的关系上。国 305
> 家的事务在很大程度上是由公司来经营的，公司的交易直接而又生死攸关地关系到全体人民的利益。在将业务交易如此普遍地委托给公司时，可推定立法机构已规定并承认董事会审议会议是对公共利益的保障，该推定不应被强制

[84] See *Audenried*, *supra* note 81 at 584.

[85] Ibid.

> 解释该法案而被推翻。商业公司(business corporation)的基本理念涉及源于智慧、知识和商业远见的聚合的优势,这是将众多的股东和董事纳入同一家企业的结果。我确信,目前正在讨论中的章程条款违反了《公司法》的规定,且章程未授予任何明示或默示授权,允许公司在其公司章程中决定:其董事会可避免按照我们法案的字面意思和法律精神以及关于该主题下完备的法律所要求的方式履行其职责。如果允许这样做,就会把一种邪恶而危险的权力嫁接到法律上,在没有明确的立法权力的情况下,我是不愿意批准它的。[86]

Audenried v. *East Coast Milling Co.* 表明,在评估发起人和股东可以在多大程度上塑造公司治理结构时,国家利益是必要的考虑因素,如公司的法规和现有的普通法和衡平法规则,即"既定的法律原则"(settled legal principles)[87]中的规定。虽然没有试图界定或列举属于"既定法律原则"的不变规则,但从判例法中可以清楚地看出,与行使公司权力和董事职务相关的核心规则和义务属于这一类。这些规则是公司立法创造的重要组成部分。例如,柯尔宾(Corbin)在其关于《新泽西州公司法》的注释文本中指出,"一家注册设立公司(incorporated company)所需的职责系属于特许权授予所附条件的性质"。[88] 这一时期的作者和法官会乐意将这一观察扩展到董事和公

---

〔86〕 Ibid. (emphasis supplied).

〔87〕 Ibid.

〔88〕 Corbin, *supra* note 79 at 8 n. (t).

司的职责。[89]

需要明确的是,这些核心规则并非严格不变的,而是仅根据《公司法》中规定的授权许可而变化的,并且只有在没有立法机关明确授权的情况下,根据此类许可进行的任何改变都不会使核心治理规则及其授予的任何保护失效时才能展开。例如,在特拉华州的 *State ex rel. Cochran* v. *Penn-Beaver Oil Co.*[90] 中,根据章程中修改了的股东普通法查阅权条款,股东被拒绝查阅公司的账簿和记录。特拉华州最高法院首席大法官 Pennewill 的出发点与新泽西州衡平法院在 *Audenried* v. *East Coast Milling Co.* 的出发点类似,即这样的条款只有在州政府通过特拉华州普通公司法授权的情况下,才是合法的。如果它是有效的,“那么它的效力将像立法机关通过直接和特别法案的授权一样有效”。[91] 法院面临的问题是,此类条款是否属于 *Audenried* v. *East Coast Milling Co.* 中所考虑的同一授权条款,即创设(create)、界定(define)和限制公司和董事权力的权力,前提是此类条款不违反所在州的法律。[92] 法院认为,如果变更权适用于这一普通法规则,法院本应预期立法机关已明确授予这一权力,然而立法机关并没有这样做,事实上,“要说服立法机关授予这种权力,即使不是不可能,也可能很困难”。[93] 因此,章程条款无效(invalid)。 306

特拉华州随后作出的裁决,可以说采取了更宽松的态度。例如,

---

〔89〕 See *Whalen* v. *Hudson*, 170 N. Y. S. 855 (1918), 作为自我交易选择退出无效的示例。

〔90〕 See 143 A. 257 (1926).

〔91〕 Ibid. at 259.

〔92〕 See Delaware General Corporation Law, section 5, para. 8 (Rev. Code 1915, section1919)特拉华州普通公司法的当前版本,第 102(b)条。

〔93〕 See *Supra* note 90 at 260.

在 *Sterling* v. *Mayflower Hotel Corp.*〔94〕中，特拉华州最高法院批准了一项章程条款，允许将有利害关系的董事计入法定人数。对于该法院来说，变更条款允许普通法规则的可缔约性(contractibility)，这种可缔约性的限制由成文法或“由普通法确定的公共政策或普通公司法本身隐含的公共政策”规定。〔95〕“公共政策”在这里充当一个不透明的容器，法院可以将它认为足够重要、不可缔约的公司法律规则放入其中。重要的是，正如在章程条款涉及自我交易的其他案例中一样，〔96〕在 *Sterling* v. *Mayflower Hotel Corp.* 中很明显，特拉华州法律适用于自我交易的法律保护，即目前的公平审查制度无法通过章程
307 条款被排除。

关于董事的权力和义务，一个密切相关的论点限制了以契约方式变更这些权力和义务的范围，认为公司的机构——董事会和股东大会是国家行动的产物，因此股东群体不能行使改变董事所负义务和免除董事因违反这些义务而承担责任的权力。只有国家通过立法机关或法院采取行动，才能变更义务或免除违约责任。我们在 *New York Dock Co.* v. *McCollom*〔97〕中清楚地看到了这一点。在该案中，官方裁判者认为董事无权就其诉讼费用获得赔偿，并指出董事“的权力和权限(powers and authority)既不是从股东那里也不是从公司那里获得的。他的地位是独特的。他的职位是法律的产物”。根据纽约州较早的一起涉及市政公司的案件，法院得出结论认为，董事所承

---

〔94〕 See 93 A. 2d 107, 118 (1952).

〔95〕 Ibid. at 118.

〔96〕 Ibid. See also *Helfman* v. *American Light & Traction Co.* 187 A. 540 (1936).

〔97〕 See 16 N. Y. S. 2d 844, 847 (1939) (emphasis supplied).

担的风险“与市政公司高管所承担的风险完全一样,因此,无法获得赔偿权”。[98] 因此,赔偿只能通过“基于公平因素考量”的“司法制裁”(国家行为)给予,并且言下之意不考虑章程中的任何赔偿条款。[99] 根据这一分析,任何为违约行为提供赔偿或免除违约责任的尝试,都需要法规中的赋权条款(enabling provision)。也就是说,赔偿或变动必须得到国家的许可。确实众所周知,此类立法规定代表了过去一个世纪对公司法典的一些最重要的修订。[100]

在 19 世纪的美国公司法文本中,缺乏对于股东通过契约改变治理结构和董事义务之允许范围的严肃的讨论,这会是令一位英国公司律师感到震惊的。关于章程修正案的讨论通常涉及关于各州修改 308 章程的范围以及决定此类修正案有效性条件的讨论。[101] 对于 19 世纪的美国公司法律话语和公司律师而言,核心治理规则的可缔约性相当于一种不合法律逻辑的推论;在以各州为基础的公司概念中,这毫无意义。第十一章表明,在自我交易判例法及其评注中,都存在对英国判例法的重大法律借鉴和移植。然而当采用英国判例法时,美国法律过滤了英国公司法中的契约主义环境:实体法规则得到了传播,但其可缔约性却没有广泛地传播开来。

---

〔98〕 Ibid. at 849:“当一个公民接受公职时,他承担了自费为自己辩护的风险,以应对毫无根据的指控。”[quoting *Chapman* v. *City of New York*, 61 N. E. 108, 110 (1901)]

〔99〕 因为在这个案例中没有章程修正案。

〔100〕 《特拉华州普通公司法》修正案允许公司提供董事赔偿,see generally S. Samuel Arsht & Walter K. Stapleton, *Delaware's New General Corporation Law: Substantive Changes*, 23 Business Lawyer 75 (1967). See also Delaware General Corporation Law, section 102(b)(7)(规定注意义务责任的豁免).

〔101〕 See, e. g., Henry O. Taylor, *A Treatise on the Law of Private Corporations*, 4th edn, Kay & Brother, 1898, p. 449 – 464, 557.

美国评论员认为,在19世纪不同时期,公司的不同概念主导了人们对公司企业的理解,从国家赋权实体理论开始,到19世纪80年代初至20世纪之交的公司合伙理论,这反过来又被公司的有机"实体"理论所取代。[102] 尽管这种概念演变可能在19世纪和20世纪初关于公司的公开性、政治性和宪法性的辩论中具有可操作性,但公司概念的阶段理论并不能解释法律对公司的自我观念,这种自我观念始终如一地致力于公司的国家赋权概念。

---

〔102〕 See Coates, *supra* note 61, at 816 – 817, 823 – 825; Horwitz, *supra* note 55, at 181 – 183.

第十章　英国超越普通法缔约

一、从受托人到董事

（一）董事作为受托人

公司法的判断和注意义务标准是从涉及类似处境的行动者解决类似问题的其他法律领域中借鉴的产物。例如在美国，在注意义务的背景下，法律思想的来源是通过有偿受托人、无偿受托人，委托人和受托人的类比而产生的。在英国的董事注意义务法律体系中，但为实现某种目的的委托立法也产生了重大影响。我们看到主要的公认类比是受托人，尽管也使用了代理人和管理合伙人的类比。正如我们所观察到的，英国法院对信托类比的准确性持不同意见，一些法官主张受托人和董事角色的一致性，一些法官则否认这一点，还有一些法官则依赖于诸如准受托人这样的混合标签。鲍恩大法官在 *Imperial Hydropathic Hotel Co.* v. *Hampson* 中对一系列立场和观点进行了最好的总结，他观察到：

> 当法官不时将担任公司董事的人称为公司的代理人(agents)、受托人(trustees)或管理合伙人(managing partners)时,必须记住此类表述并未穷尽这些人的权力或责任,但仅作为指示有用的观点,这些观点可以暂时和出于特定目的而加以考虑……这并不意味着它们属于该类别,但就当前的目的而言,观察它们是否合乎支配这一特定阶级的原则是有用的。[1]

在前文中,我们还探讨了为什么受托人类比在美国引起如此强
310 烈的共鸣,而在英国却找不到这样的直接类比的一些原因。在这一探索中,我们考虑了美国和英国各自的公司概念如何使某些角色的类比或多或少显得贴切。我们观察到,与英国公司的合伙概念相关的"实体盲目性"(entity-blindness)可能使受托人类比更具说服力,董事作为合伙人或受托人,而股东作为受益人。这与以实体为中心的美国公司概念形成了对比,在美国概念体系中,公司被明确视为资产的所有者,这使董事作为这些资产的受托人的类比更为恰当。在这方面我们注意到,英国上议院在 *Salomon* v. *Salomon* 中作出以实体为中心的裁决之后,出现了一些对受托人类比更为坚决的司法上的反对意见。[2]

在本章和第十一章中,我们看到英国和美国两国的自我交易法都是通过受托人类比和借鉴信托法形成的。在这种情况下,美国法院不使用受托人类比(bailee analogy)这是完全有道理的,因为在委

---

〔1〕 See (1882)23 Ch. D. 1, 12.

〔2〕 See [1897] AC 22 (HL).

托条款之外的委托缺乏合法的法律权利,并且无法合法处置,这意味着类似公司自我交易的案例不会在托管的背景下出现。然而,尽管在这种情况下,美国和英国公司的不同概念并不影响占主导地位的受托人类比,但我们确实看到受托人类比与公司形式概念相互作用的方式,特别是英国的实体盲目性概念和美国的实体支配地位(entity-dominance)概念是决定哪些监管受托人的信义规则嫁接到英国和美国董事身上的关键组成部分。

(二)信托起源

英国关于受托人以个人身份购买信托财产的法律,是在19世纪初埃尔登勋爵的一系列判决中发展起来的。*Ex Parte Lacey* 案是这些案件中第一个也是最著名的。[3] 在该案中,破产受托人/破产管理人员(commissioner)以其个人身份购买了部分信托财产。埃尔登勋爵认为受托人"不得向他自己购买财产"。[4] 这样做的原因是,受托人代表他人进行管理的承诺包含在其中不为个人利益管理信托的 311
承诺:

> 受托人受托为他人进行销售和管理,他承诺在成为受托人的同时,不会为自己的好处和利益进行管理。[5]

对于埃尔登勋爵来说,如果受托人违反这项承诺购买了财产,

---

〔3〕 See (1802) 6 Vesey Junior 626. 埃尔登勋爵的判断是基础性的,尽管这一原则可以在早期案例中找到,see *York Buildings* v. *Mackenzie* (1795) 7 Bro. P. C. 42, [63 - 64].

〔4〕 Ibid. at 626.

〔5〕 Ibid. (emphasis supplied).

那么受益人可以选择“收回财产”。未经受益人的正式批准——“没有共同利益关系”(without the privity)[6]——受托人不得购买该财产。

埃尔登禁止受托人的自我交易,确保或至少增加了由受托人适当执行信托并将权力转移给受托人的可能性。因此,这一无利益规则应该被理解为受托人承担义务的必然结果。正如马修·康纳格伦(Matthew Conaglen)在这方面的深刻观察:

> 信义原则的预防性不仅仅在于其应用的严格性……它本质上是预防性的,因为它旨在通过试图消除可能使受托人无法正确履行这些非受托义务的影响,来避免违反非受托义务。[7]

该规则的功能是保护所承担义务的执行,这一点在埃尔登勋爵在 *Ex Parte Bennett* 案的判决中得到了明确证明,[8]该判决涉及律师向破产委员会购买破产者的财产。埃尔登勋爵注意到,这一禁止利用优势原则(no-advantage rule)所依据的“理由”是“他的义务要求他在这种情况下(作为受托人)将财产作为有利于信托受益人(cestui que trust)的利益出售,就像他为了自己的利益出售该财产一样……”[9]。对于埃尔登勋爵来说,“如果破产管理人(Commis-

---

〔6〕 Ibid. at 30.

〔7〕 Matthew Conaglen, *Fiduciary Loyalty*, Hart Publishing, 2010, p. 62. 在这里,我们并不关心关于哪些义务被赋予受托义务标签的辩论。

〔8〕 See (1805) 10 Vesey Junior 381.

〔9〕 Ibid. at 383.

sioners)将自己卷入私人金钱观点和利益中,为债权人的利益而出售资产的义务不能指望得到适当履行"[10],因为"人类的弱点将在极少数情况下允许一个人拥有如此的审慎,而出售方则会利用这种情况来获得最大的利益"[11]。在后来的案件中,首先是从1827年*Grover* 312
v. *Hucell* 的自我交易案开始,这一无利益规则被描述为"衡平法中的一般规则……一个人不能将自己置于利益与义务冲突的境地"。[12]

重要的是,对于埃尔登大法官来说,衡平法并不关心受托人在履行其职责的过程中是否实际受益,也不关心其个人利益是否与其职责存在实际冲突。因此,在上述任何一种情况下,受托人为破产人的资产支付的价格是否良好、公平或是否符合市场价格都无关紧要。对埃尔登大法官来说,法院无法确定受托人是否获得了实际利益,因此仅仅将自己置于可能获得利益的位置就足以援引该规则。"我拒绝承认",埃尔登大法官在*Ex Parte Lacey*案中指出:

> 受托人必须从中受益[因为]……在法院的权力范围内,完全不可能根据令人满意的证据进行审查……在99%

---

〔10〕 Ibid. at 397.

〔11〕 Ibid. at 394.

〔12〕 See (1827)3 Russell 428 (emphasis supplied). Prior to this in 1822 in *Macintosh* v. *Barber* (1822)1 Bingham 50, 59, 法院再次在自我交易的情况下观察到,"作为购买者的执行人的利益与他作为卖方的职责完全相反"(emphasis supplied)。See also *Knight* v. *Marjoribanks* (1849) 2 Macnaughten & Gordon 10 echoing *Grover* v. *Hucell and Ex Parte Bennett*; and *New* v. *Jonex* (1833)1 H & TW 632, 634 注意到"本法院法律禁止他利用[信托]"和"执行人和受托人有义务作为遗产的监护人,并监督交付给其掌控的财产的利益。如果允许他履行与财产有关的职责,并要求就他的服务要求赔偿,那么他的利益就会与其职责相抵触"。

的情况下不管他是否占了便宜。[13]

在 *Ex Parte James* 案中，埃尔登勋爵强调，禁止利用优势原则及其相关的证据旨在确保受托人将“为了受益人的最大利益”采取行动，当法院永远无法介入时，具备“适当的充分性或安全性”，无论他是否这样做了。

(三)改换信义法

对于第一批根据 1844 年《股份公司法》注册成立的公司，由于该法直接规制了这些交易，因此没有必要借用信托法来处理自我交易契约。1844 年《公司法》第 29 条禁止存在利益冲突董事就此类交易采取行动，使此类交易在未经股东批准的情况下无法执行，这反映了
313 上文讨论的信托法立场。然而，这项规定在 1856 年《股份公司法》中不再存在，这使得对自我交易的监管依赖于法院将改造后的信托法适应于公司。

正如将在第十一章中看到的那样，借鉴信托法的一个早期且重要的例子是 *Aberdeen Railway Co.* v. *Blaike Brothers* 的自我交易案，这也是 19 世纪美国公司法中相当重要的一个案例。在 *Aberdeen Railway* 案中，阿伯丁铁路公司是一家特许而非注册的公司，[14] 从一家名为 Blaikie Brothers 的合作伙伴那里购买了用于火

---

〔13〕 *Supra* note 3 at 394 (emphasis supplied).

〔14〕 在这种情况下，尽管评论员注意到特许公司和注册公司之间的重要概念差异(参见第 29 页)，但有限数量的特许商业公司被 19 世纪的法院以与注册公司相同的合伙/合同范式来对待。这并不奇怪，因为《1845 年公司条款合并法》(companies Claimes Consolidation Act 1845)中规定了图表公司的章程，该法案严重受现行结算公司契约安排的影响，反过来又作为 1862 年首次引入的《公司法案》示范表 a 条款的原型。

车轨道的铁轨。Blaikie 先生是 Blaikie Brothers 的合伙人之一，同时也是阿伯丁铁路公司的董事和董事长。该公司否认该合同，声称该合同的自我交易性质使其无法执行。上议院对此表示同意，认为无论该合同对公司是否公平，该合同都是不可执行的。大法官克兰沃思勋爵认为：

> ［董事］对其委托人负有履行受托人义务的义务，并且普遍适用的规则是，任何负有履行此类义务的人都不得参与那些存在个人利益或可能存在冲突，或可能与他必须保护的人的利益发生冲突的业务。这项原则是如此严格地遵守，不得就如此订立的合同的公平性或不公平性提出任何问题。显然，可能无法证明在任何特定情况下，此类合同的条款对信托受益人（cestui que trust）来说是最好的，而这是［原文如此］无法获得的。有时可能发生的情况是，受托人处理或试图处理其作为受托人的财产或权益的条款与从任何其他人处获得的条款一样好；他们甚至可能在当时做得更好。但这项规定仍然非常死板，不允许对这一问题展开调查。在这个问题上，英国的权威是众多且统一的……无法订立合同不取决于协议的标的物，而是取决于缔约方的信托性质。〔15〕 314

为了支持这些主张，克兰沃思勋爵指出，“埃尔登勋爵在许多不

〔15〕 ［1843－1860］All ER Rep 249, 253［also citing *Keech* v. *Sandford*（1726）Sel. Cas. Ch. 61 and *Whelpdale* v. *Cookson*（1741）1 Vesey Senior 9］.

同的场合都考虑过整个问题”,并且“在 *Ex Parte James* 案中,只要提及这位非常能干和博学的法官的观点就足够了”。[16] 在第十一章中,探讨了英国信托法标准对新泽西州和纽约州公司的适应性。在纽约,我们发现法院接受这样一种意见,即适用于董事的信托标准不同于 *Aberdeen Railway* 案采用的 *Ex Parte Lacey* 案和 *Ex Parte James* 案的自我交易标准。在另一系列案件中,如果受托人不处理信托财产,而是与受益人建立合同关系,埃尔登勋爵规定,该交易不可撤销,但须遵守公平交易的要求,法院会谨慎地加以监管。[17] 我们将在第十一章更深入地探讨这一系列案例及其与英国和美国信托法的相关性。然而,此时值得注意的是,董事作为一个独立的实体与公司打交道,正如在纽约一样,可以透过受托人—受益人关系的视角来理解(当董事不参与权力的行使而签订某项交易时)而非受托人—信托—财产关系来解读。然而,在英国这种想法以及替代的信托标准从未被考虑过。19 世纪英国公司概念实体性的短视(缺乏远见),致使受托人—信托的自我交易类比呈现为英国公司董事的自然类比。[18]

在 *Aberdeen Railway* 案中,有两种截然不同的法律意见。第一个法律意见是避免将自己置于对公司的职责与个人利益冲突或可能冲突的境地——只有自我交易的董事才会违反的义务。这里值得注意的是,克兰沃思勋爵在其关于规则的一般性陈述中提到的是利益冲突,而不是职责(duty)和利益冲突。这一区别在英国制定规范公

---

〔16〕 Ibid. at 253.

〔17〕 See *Gibson* v. *Jeyes* (1801) 6 Vesey Junior p. 266 和 p. 344 – 347 对此案的讨论。

〔18〕 要更全面地阐述这一观点,see p. 341 – 350。

司机会(regulating Corporate Opportunities)的法律时具有一定的重要性。然而,从克兰沃思围绕这一陈述的基于职责的观点以及他对埃尔登判例的依赖中可以清楚地看出,克兰沃思勋爵只是重申了上文详述的无利益/利益冲突和义务规则。第二个法律意见是对董事管理公司的权力的限制,适用于所有董事的权力——授予董事的权力 315
受信托关系的限制,不能用于签订自我交易合同。克兰沃思勋爵指的是"无法签订合同"(inability to contract)。合伙企业的法律顾问辩称,尽管 Blaikie 先生存在利益冲突并参与了订立合同的决策,但他只是几位董事中的一位(其他董事没有冲突),因此合同应具有可执行性。[19] 他也可以认为,鉴于缔约方的"受托性质",董事无权(未被授权)进行此类交易。[20]

该判决被解读为绝对禁止自我交易。然而,从上文所述的被授权权限(trust authorities)中可知,这是显而易见的,也是法庭所依赖的,显然通过受益人的知情同意,并以此类推出股东在股东大会上的同意,均可以授权一项自我交易或使一项可撤销的协议生效。[21] 这些自我交易的被授权权限(self-dealing trust authorities)建立在契约论的权限(authority)理论基础上,将严格的标准视为一种默认的权限规则(a default authority rule)。受托人无权进行自我交易,除非委

---

〔19〕 See *supra* note 15 at 253:关于这种持股与英国公司董事权力的理解之间的关系的详细讨论,请参见第十一章和纽约自我交易法的演变(p. 344 – 352)。

〔20〕 Ibid.,最近,米莱特勋爵指出:"受托人的出售权并不授权受托人出售信托财产,除非他可以与某人进行公平交易。"(*Ingram* v. *IRC*, [1997] 4 All. E. R. 395, 426)

〔21〕 See *Ex parte Lacey* (1802) 6 Vesey 625, 630.

托人或受益人明确提供此类权限。[22]

二、超越信义义务规则缔约

公司意识到签订对公司来说公平的自我交易合同的潜在好处，316 同时也意识到在获得股东批准这些合同时所涉及的陷阱和行政负担，因此通过合同修改这些严格的股权规则的应用做出了回应。通常情况下，公司在公司章程中采用了对特许公司适用的标准章程条款的变体，即如果董事直接或间接与合同有利害关系，则其将被撤职。[23] 合同的变体规定，只有在董事未披露合同且该合同未经无利害关系董事批准的情况下，董事才会被撤职。言下之意，这些被披露的、由无利害关系的董事批准的合同是可执行的，自我交易的董事不用负责说明他们从交易中获得的任何利润。因此，法院面临的问题是，*Aberdeen Railway* 案中规定的忠实义务和对权力的限制是否可以在合同上有所改动。从上述分析中可以清楚地看出，他们可以变化的观点完全符合英国公司的契约概念，更具体地说，也符合作为董事和受托人权力基础的契约权限（the contractual theory of authority）理论。

在主要的 *Imperial Mercantile Credit Association* v. *Coleman*（以

---

〔22〕 See *Downes* v. *Grazebrook*, [1817] 3 Mer. 200, 208："如果他继续担任受托人，在没有他的信托受益人明确授权的情况下，他不能作为购买者与信托财产有任何关系。因此，为了使本案中的出售成为有效交易，Grazebrook 先生有责任证明他有权使他成为该出售的购买者"（emphasis supplied）。

〔23〕 See Companies Clauses Consolidation Act, 1845, s. 86.

下简称 *Imperial Mercantile* 案）中，[24] 原告公司的一名董事以 5% 的折扣购买了债券，并以 1.5% 的折扣将其出售给了该公司。债券发行人的违约导致了公司的倒闭。清算人起诉该董事，要求其说明在自我交易合同中获得的利润。然而，公司章程中有一条类似于章程修正案（constitutional amendment）的规定。哈瑟利勋爵在上诉法院开庭时得出结论，认为董事无须对利润进行说明，他清楚地认识到支持减少自我合同规则限制性的经济政策因素：

> ［在 *Aberdeen Railway* 案中提出的］原则是如此坚定，以至于我说出任何对它有丝毫异议的话，都会感到非常抱歉……
>
> 然而，问题仍然存在，公司是否不能规定这是他们不想获得的利益，如果他们有能力规定，他们是否会认为，在此类重大财务事项中，董事最好通过他们的关系以及他们自己在大额资金交易中所占的比例来促进公司的利益，总比 317
> 让那些不愿参与公司相关交易的人参与要好。[25]

哈瑟利勋爵认为，公司章程中的规定相当于衡平法规则的可强制执行的合同变更，由于涉事董事已披露其利益，且无利害关系的董

〔24〕 See（1871）L. R. 6 Ch. App. 558.

〔25〕 Ibid. at 565, 567. 被告董事的律师认为，"这家公司与其他类似公司一样，选择了可以为他们带来业务的董事，并且该公司愿意为了获得该业务而放弃关于董事的一般规则"。Ibid. at 564.

事已批准该交易,[26]他有权保留利润。[27] 他对公司契约概念的遵从是明确而直率的。继上述引言之后,他观察到:

> 我不应该说这两者中哪一个更明智或更好,我也不认为本法庭声称要为那些能够管理和处理他们自己的利益的成年人制定指导规则。如果有任何类似的企图,那将是一种粗暴的假设。必须由这些人来制定他们自己的合同和约定,本法庭只需等待时机来解释这些合同和约定,并制定某些一般规则以保护那些可能不知道将其财产委托给他人管理的后果的人——这些人对默示安排没有任何明确的表述。[28]

通过将严格的信托规则视为可以通过公司合同修改的默认规则,促进公司和董事之间有利的自我交易合同的工具性经济需求得到解决,同时保持严格标准的纯粹性不受工具性经济压力的影响。事实上,很明显 Imperial Mercantile 公司中规定的合同变更类型——
318 披露和无利害关系的董事批准只是股东团体处理自我交易合同的一

〔26〕 法院认为,如果这些条款在披露条款之外的单独条款中包含了董事公正投票的条款,那么为了避免要求获得股东批准,遵守这两个条款是必需的。See *Costa Rica Railway. Co.* v. *Forwood*, [1901] 1 Ch. 746. 尽管大多数公司的章程都包含了无利害关系的董事投票条款,但这些条款可以规定披露——只是为了避免股东批准的要求。See *Boulting* v. *Association of Cinematograph, Television & Allied Technicians* [1963] 2 Q. B. 606, 636.

〔27〕 See *Supra* note 24 at 567. 请注意,上议院推翻了上诉法院,但只是基于董事的披露不足以遵守条款中的规定。*Imperial Mercantile Credit Association* v. *Coleman* [1873] 6 H. L. 189. 它没有质疑哈瑟利勋爵关于合同变更是允许的结论。

〔28〕 Ibid. at 568.

个例子。它们本可以只规定披露，而无须单独要求无利害关系的董事批准，而且相当合理的是，这些条款可以规定董事会有权签订此类合同，这样的合同在不披露信息的情况下就可以得到强制执行。[29] 信托法的受托标准和合同变更的这种结合，使法院除了确定当事人是否遵守了条款中的规定之外，没有任何作用可以发挥。法院无须探讨信托法是否可以提供更灵活的标准，因为公司和股东有权自行提供灵活性。

这种处理批准自我交易合同的灵活性今天仍然存在。然而在 2006 年，立法机构进行干预，以扭转默认的状况。如今，《2006 年公司法》第 177 条要求公司在董事直接或间接参与交易的情况下进行交易前披露，[30] 如果进行了此类披露，则不适用普通法规 319

---

〔29〕 See Francis B. Palmer, *Company Law: A Practical Handbook for Lawyers and Business Men*, 5th edn, Stevens and Sons, 1905, p. 159:“这些规则表面上适用于此类交易，但公司有权放弃此类规则的利益，并允许董事与公司签订合同或在合同中享有权益，而法规[本章程]通常会做出相应规定。”See also *Boulting supra* note 26 at 606.

〔30〕 对交易“间接利益相关”的想法引发了一系列关于第 177 条以及禁止冲突义务规则(no-conflict)的解释性问题。援引禁止冲突义务(no-conflict duty)的理念的范围和利益的性质通过善意标准(good faith)解决的冲突与通过避免利益和义务冲突的义务来解决的冲突之间的分界线迄今为止从未得到充分探讨，尽管在不久的将来可能面临越来越大的压力。有趣的是，最近在 *Burns* v. *Financial Conduct Authority*[2017] EWCA Civ 2140 中对该问题进行了探讨，上诉法院根据先前的普通法授权对第 177 条中的“间接利益”一词进行了广义解释，以包括获得咨询工作的利益。上诉法院认定，存在违反第 177 条的行为，因为“她正在积极寻求有报酬的关系”(见[76])。当我们把伯恩斯的事实——被告明显滥用他的非执行职务来提供咨询工作与第 177 条的字面解读结合起来，被告应该披露与“拟议交易”(咨询工作)有关的结论似乎是不可避免的。要求正式披露所有这些冲突似乎也是非常明智的。伯恩斯案(Burns)判决的问题在于它依赖并解释了普通法禁止冲突规则(no-conflicts rule)来得出这个结论。尽管该法案规定，在解释第 177 条时应考虑普通法(第 170 条(4)节)，但事实上，严格来说，没有普通法与第 177 条类似，而是公司在其章程中为管理对适用该义务的情况的批准而进行的合同调整中的事先实际类似情况。根据该法案，如果第 177 条未得到遵守，则适用普通法(《2006 年公司法》第 178 条和第 180 条)。

则,[31]该规则仍然是默认规则,因为它允许公司选择恢复普通法的规定。[32]值得注意的是,第 177 条除了披露信息外,并没有要求无利害关系的董事投票。因此,如果公司章程要求无利害关系的董事投票,但该要求未得到遵守,那么只要依照第 177 条披露了相关信息,合同就不可撤销,且公司只有在交易不符合市场条件的情况下才有

正如我们在本章中所看到的,以及我们在第十二章中进一步探讨的那样,在普通法中,禁止利益冲突义务源于埃尔登勋爵在"单方面莱西案"中阐述的禁止利用优势原则(see p. 310 – 312)。该规则的效果是,如果董事在履行其职责的过程中产生了个人利润,则要求对利润进行会计核算。在大多数情况下,"优势"来自一种自我交易的冲突,在这种情况下,订立合同的行为产生了利润,但利润的其他例子可以在机会背景下(see p. 389 – 392)或直接的收益中找到(例如在 *Boston Deep Sea Fishing and Ice Co.* v. *Ansell*[1886 – 1890] All ER Rep 65 中)。该规则所规定的"优势"并没有延伸到与受托人有关联的其他人的非财务偏好和利益上(例如,参见 *Regentcrest* v. *Cohen* [2001] 2 BCLC 80 的讨论,p. 50 – 51),在这种情况下,规范冲突的有限手段是善意(good faith)标准。因此,对于理解普通法规则至关重要的是,在"优势"是财务和实际利益的情况下,义务被违反。也就是说,收益可以货币化,虽然是不可能的,但实际上已经通过签订合同获得所有权或接收资金等方式存入银行。在某些情况下,这会产生一些判断问题,即优势尚未存入银行,但肯定会存入时。因此,Knox J 在 *In re Dominion International Group Plc* (*No*. 2) [1996] 1 BCLC 572, 597 案中提到了"比赛确定性"。但在 *Re Dominion* 一案中,法院只是确保将尚未获得但肯定会获得的优势纳入规则(同样重要的是,Knox J 正在解释 1985 年《公司法》第 317 条中的披露条款)。在伯恩斯案中,上诉法院规定普通法立场包括可以但可能无法实现的未实现利益,从而显著改变了普通法立场。其私有财产与英国当局的巨大权重不一致。它也忽视了普通法规则的功能。普通法规则(与第 177 条不同)不包括潜在的利益或优势;它只是规定,任何实际利润都必须得到解释。在权力的行使和利润的产生之间可能有一段时间的延迟,但它只在利润产生/达成交易等情况下才起作用,这对产生利润形成了强大的威慑。在伯恩斯案中,根据普通法的立场,如果被告接受了咨询工作(她并没有接受),那么就违反了这项义务,由此产生的利润就必须予以解释。但由于她没有获利,因此没有违反义务。这是一个非常明智的法律理念。它阻止了不良行为,但不会产生一系列可能违反规则的不确定的利益和可能的优势。

〔31〕 See Section 180 CA 2006.

〔32〕 Ibid.

权要求赔偿损失。[33] 同样值得注意的是,第177条规定,如果交易“不能合理地被视为可能引起利益冲突”,则无须进行披露。[34] 似乎这一条款通常会被用于将极低限度交易(微量的,de minimis transactions)排除在披露要求之外。但是,该条款确实为这样一种论点打开了大门,即如果交易是按市场条款进行的,如果对公司公平,就不存在合理的利益冲突可能性。然而,尽管从该条文的表面上看,该论点似乎是可行的,但《2006年公司法》要求对第177条的解释与先前的普通法规则保持一致,[35] 而且正如我们在前文中提到的,董事实际上是否处于有利地位或公司处于不利地位,长期以来一直被认为是无关紧要的。 320

三、摆脱缔约能力

直到1980年,英国公司法的自我交易格局可以通过参考 *Aberdeen Railway* 案和 *Imperial Mercantile* 案得到准确而全面的总结。尽管公司和信托法的合同基础对董事与公司开展业务的工具性经济需求做出了迅速而简单的回应,但从长远来看,这可能导致英国对自我交易的监管处于次优状态。

在英国,与董事职责相关的反复出现的监管诊断通常是由公司

---

〔33〕 如果未能遵守公司章程的条款,将导致损害赔偿,这违反了2006年CA 171(a)条规定的义务。

〔34〕 See Section 177(6)CA 2006.

〔35〕 See Section 170(4)CA 2006.

危机或丑闻引起的,表现为:(1)在所有权和控制权分离之前形成的公司法假设是股东系公司合同的积极参与者,而实际上,由于集体行动问题和理性冷漠,他们并非如此;〔36〕(2)股东需要得到保护,免受这些集体行动问题造成的权力失衡的影响,而管理者可以利用这些问题,促使公司选择不遵守追究管理者责任的严格法律标准。因此,现有的实体法规则(substantive rule)应成为强制性规则。也就是说,英国为应对危机而反复采取的监管措施,一直是为了消除可缔约性(contractibility)。〔37〕 如今,英国公司法的自我交易监管要求与普通法规则类似,如果交易价值超过 10 万英镑或公司价值的 10% 时,则
321 须经股东批准。〔38〕 此类交易被称为"重大财产交易"。这些规则是在 1980 年一起公司丑闻后出台的,〔39〕是强制性规则。所有股东,包括有利害关系的股东,都可以投票。然而,如果该公司在伦敦证券交易所溢价上市,那么对于非微量交易(de minimis transactions)(超过该公司资本的 0. 25%),公司将受英国上市管理局上市规则中规定的附加规定的约束,〔40〕要求无利害关系的股东投票以及独立顾问对交易条款的事前报告,该报告必须在投票前提供给股东。

然而,这些监管干预的发生并没有意识到实体普通法规则(这些

---

〔36〕 关于 Berle 和 Means 及其思想对英国公司法改革辩论的影响,see p. 56 – 58。

〔37〕 例如,考虑谨慎义务和责任豁免以及强制性的、无理由的免责权利。See p. 57.

〔38〕 See Companies Act, 2006, sections 190 – 191.

〔39〕 See Margaret Walters, *Substantial Fraud Alleged at L&C*, The Times, 30 January 1976, p. 23.

〔40〕 Financial Conduct Authority Listing Rules, Listing Rule 10. 直到 2009 年 10 月,这些规定对英国公司来说都是强制性的。自 2009 年以来,英国公司可能会选择"标准上市",而非此类规则不适用的"溢价上市"(premium listing)。要纳入富时指数,该公司必须有溢价上市。大多数英国上市公司都有溢价上市。

干预随后被赋予强制性)是在可缔约性的背景下形成并由可缔约性维持的。如果不是因为可缔约性,它们可能不是这样。这是美国给英国的教训。在美国和英国,公司自我交易法都是在有利于促成自我交易的工具性经济压力的背景下制定的。在英国,英国公司的合同属性(contractible)使其无须法律变更即可进行调整。正如我们将在第十一章中看到的那样,由于美国没有这一选项,导致了对促进调整的内部法律选项(internal legal options)的探索。当然,这种压力的良性方面可能被高估了,而这种压力实际上代表了管理层的寻租行为。然而,如果考虑到这些需求和利益的这些理由完全是善意的(良性的 are at all benign),那么英国决定实际上保留该标准同时消除其可缔约性(contractibility)的孪生兄弟,这可以说是一个值得关注的问题。美国的经验,特别是第十一章中提到的新泽西州法律的轨迹表明,如果没有这种可缔约性(contractibility),英国普通法的自我交易标准会有所不同。 322

第十一章　美国公平审查的路径

一、哈罗德·马什的自我交易叙事

哈罗德·马什在1960年发表的一篇开创性文章《董事是受托人吗?》(*Are Directors Trustees*?)[1]中,阐述了关于美国自我交易法演变的一个引人入胜的三阶段叙事。他展示了在第一阶段,在引入普通公司组织之后(in the wake of the introduction of general incorporation),自我交易法如何在不考虑交易的实际公平性的情况下,得以让公司或任何股东撤销任何自我交易。他观察到,1880年的评论家们本可以满怀信心地说这是普遍规律。然而,到1910年该规则已被修改,即如果交易公平并得到无利害关系的董事的批准,则该自我交易是可执行的。到1960年,根据哈罗德·马什的说法,无利害关系的董事批准要求已经消失了,正如今天的说法:

---

〔1〕 See Harold Marsh, Jr., *Are Directors Trustees? Conflict of Interest and Corporate Morality*, 22 Business Lawyer 35 (1966).

> 在某种程度上确信的一般规则是，公司与其任何或所有董事之间的任何交易，无论董事会是否拥有无利害关系的多数席位，都不会因股东的诉讼而自动无效（或被撤销 *voidable*）；但法院将审查此类合同，并对其进行严格和仔细的审查，如果发现该合同对公司不公平，则将使其无效（或被撤销 *voidable*）。[2]

哈罗德·马什认为，从可撤销性到无利害关系的董事批准再加上公平性，再到仅仅公平性的转变，并没有在政策或其他条款中得到解释。他认为，第一次过渡是在没有任何试图解决1880年前后案例中阐述的强烈政策因素的情况下进行的，即如果一名董事处于个人利益与公司利益相冲突的位置，那么“在大多数情况下，责任会在斗争中被过度承担”。[3] 哈罗德·马什辩称：“在已裁决的案件中寻找 323
对法律哲学的这种变化的合理辩护，或试图反驳支持先前规则的有力论据的哪怕最轻微尝试，都是徒劳的。”[4]

尽管哈罗德·马什关于自我交易监管演变的观点在美国公司法律辩论中被广泛接受，[5]但它并不正确。本书并不是第一本提出这样意

---

〔2〕 Ibid. at 43.

〔3〕 See *Wardell* v. *Railroad Company*, 103 U. S. 651, 658 (1880) [quoting *Marsh* v. *Whitmore*, 88 U. S. 178, 183 - 184 (1874)].

〔4〕 Marsh, *supra* note 1, at 40.

〔5〕 See Robert C. Clark, *Corporate Law*, Little Brown & Company, 1986, p. 160 - 166. See articles cited *infra* note 8 and 9, 这些文章采纳了马什的观点。这些文章仅代表采纳马什观点的文章的一小部分。

见的作品。贝弗里奇(Beveridge)教授在20世纪90年代[6]指出,哈罗德·马什的说法是不正确的,公平性考量(fairness considerations)是美国自我交易法的核心,在哈罗德·马什提出其观点前就已经确定了。然而,贝弗里奇的观点未能在学院中产生重大的影响力,[7]要么遭到拒绝,沦为哈罗德·马什既定立场的详细脚注,[8]要么被

[6] See Norwood P. Beveridge, Jr, *The Corporate Director's Fiduciary Duty of Loyalty: Understanding the Self-Interested Director Transaction*, 41 DePaul Law. Review 655 (1992) (hereinafter Beveridge, *Duty of Loyalty*); Norwood P. Beveridge, *Interested Director Contracts at Common Law: Validation Under the Doctrine of Constructive Fraud*, 33 Loyola of Los Angeles Law Review 97 (1999) (hereinafter Beveridge, *Interested Director Contracts*).

[7] 对贝弗里奇教授的说法几乎没有直接的评价。那些更深入地考虑它的人拒绝了它。例如,在 William L. Cary 和 Melvin Aron Eisenberg, *Cases and Materials On Corporations* 650–51(7th edn, Foundation Press, 1995)中,该主张被考虑并被驳回。第八版没有考虑贝弗里奇的立场。另见 Victor Brudney, *Contract and Fiduciary Duty in Corporate Law*, 38 Boston College Law Review 595 (1997), 613 n. 43(采纳了马什的观点,但引用了贝弗里奇的观点,并指出"无论实施是否像马什所说的那样广泛地用于约束公司管理层和控制者,毫无疑问,它是普遍存在的,特别是在工业国家");Park McGivney, *The Twilight of Fiduciary Duties: On the Need for Shareholder Self-Help in an Age of Formalistic Procedurals*, 46 Emory Law Journal 163 (1997).

[8] See *Solomon* v. *Armstrong*, 747 A. 2d 1098, 1115 n. 48 (Del. Ch. 1999) ("Marsh's characterization is most likely still viable"); Renee M. Jones, *Rethinking Corporate Federalism in the Era of Corporate Reform*, 29 Journal of Corporation Law 625 (2004), 648 n. 149; John H. Langbein, *Questioning the Trust Duty of Loyalty: Sole Interest or Best Interest?*, 114 Yale Law Journal 929 (2005), 959 n. 146; Celia R. Taylor, *The Inadequacy of Fiduciary Duty Doctrine: Why Corporate Managers Have Little to Fear and What Might Be Done About It*, 85 Oregon Law Review 993 (2006), 1009 n. 81 (viewing Marsh's position as "widely accepted" although, citing Beveridge, "not free from doubt"); Julian Velasco, *Structural Bias and the Need for Substantive Review*, 82 Washington University Law Review 821 (2004), 837 n. 56 (2004).

遗忘。[9] 贝弗里奇提出的理由基本上是正确的，但不足以令人信服 324
地推翻哈罗德·马什长期形成的、立场鲜明的观点。哈罗德·马什的叙述完全契合了美国企业学术和美国法律史的几个原则。公司法律原则（legal tenets）包括，信托标准自引入公司注册制度以来逐渐下降，[10]在公司法领域，章程竞争推动了公司法领域的管理友好型解决方案，这些解决方案有可能显著地对管理者产生重大的再分配，[11]自我交易就是其中的典型例子。这一叙述也符合导言中详述的美国法律史的主流叙事。导言将19世纪的法院视为政策工具，愿意自觉地进行理论改革，以应对利益集团的压力以及法律未能解决

---

〔9〕 See John C. Coffee, Jr., *Gatekeeper Failure and Reform: The Challenge of Fashioning Relevant Reforms*, 84 Buffalo University Law Review 301 (2004), 334; John C. Coffee, Jr., *The Rise of Dispersed Ownership: The Roles of Law and the State in the Separation of Ownership and Control*, 111 Yale Law Journal (2001); James D. Cox, Managing and Monitoring Conflicts of Interest: Empowering the Outside Directors with Independent Counsel, 48 Villanova Law Review 1077 (2003), 1079; Lawrence A. Cunningham, *Choosing Gatekeepers: The Financial Statement Insurance Alternative to Auditor Liability*, 52 UCLA Law Review 413 (2004), 414 n.1 (citing Marsh for the observation that the fiduciary "sealant decayed during the twentieth century"); David W. Deal, *Director's Vulnerability to Breach of Fiduciary Duty Claims for Compensation Decisions: Where Have We Been, Where Are We Now?*, 30 Oklahoma City University Law Review 311 (2005), 321–322; Edwin W. Hecker, Jr., *Fiduciary Duties in Business Entities*, 54 University of Kansas Law Review 975 (2006); Jennifer G. Hill, *Regulatory Responses to Global Corporate Scandals*, 23 Wisconsin International Law Journal 367 (2005); Darian M. Ibrahim, *Individual or Collective Liability for Corporate Directors?*, 93 Iowa Law Review 929 (2008); Edward Rock and Michael Wachter, *Dangerous Liaisons: Corporate Law, Trust Law, and Interdoctrinal Legal Transplants*, 96 Northwestern University Law Review 651 (2002), 668; David A. Skeel, Jr., *Icarus and American Corporate Regulation*, 61 Business Lawyer 155 (2005); Leo E. Strine, Jr. et al., *Loyalty's Core Demand: The Defining Role of Good Faith in Corporation Law*, 98 Georgetown Law Journal 629 (2010).

〔10〕 See Cunningham, *supra* note 9.

〔11〕 See p. 16.

的社会和经济需求。这种关于美国法律变革的现实主义理论，有时被称为法律史上的威斯康星学派或传统，是由著名的法律历史学家詹姆斯·威拉德·赫斯特(James Willard Hurst)[12]和劳伦斯·弗里德曼(Laurence Friedman)提出的。例如，劳伦斯·弗里德曼工作的
325 “基本前提”是“美国法律中最强有力的成分……是当下的情绪、真实的经济利益和具体的政治群体”；他承认这一立场“降低了法律的历史因素”。[13] 正如彼得·卡斯滕(Peter Karsten)在总结这一观点时所指出的，法院可以“不时创造新规则，以符合新的和新兴的美国的需求”。[14] 莫顿·霍维茨等著名法律史学家也有力地提出了这种法律史理论的一个版本。例如，莫顿·霍维茨(Horwitz)观察到，“到1820年……法官开始……基于对社会和经济政策的自发考虑，制定一般性的学说”[15]。

自我交易法律的一个无法解释的转变完全符合这种对法律变革的理解：法律阻止了间接的(instrumentally)重要自我交易；随着时间的推移，法院认识到，面对有用的压力(instrumental pressure)需要做出改变，从严格的规则转变为公平标准。另一种不那么乐观(benignly)的情况是，向公平审查的转变，要么代表着司法机关对管理层利益集团压力的接受，要么代表着企业不道德行为的正常化。

---

〔12〕 See, e. g. , James W. Hurst *Law and the Conditions of Freedom in the 19th Century United States*, University of Wisconsin Press, 1956.

〔13〕 See Lawrence Friedman, *The History of American Law*, 2nd end, Simon & Schuster, 1985, p. 19.

〔14〕 See Peter Karsten, *Heart versus Head: Judge-made Law in Nineteenth Century America*, University of North Carolina Press, 1997, p. 28.

〔15〕 Morton J. Horwitz, *The Transformation of American Law* 1780 – 1860, Harvard University Press, 1977, p. 2.

哈罗德·马什引用了亚历山大·蒲柏的一首诗来呼应这些观点：

> 邪恶是一只面目狰狞的怪物，
> 只要一露面就会为人们所憎恨，
> 但却被看得太多，熟悉了她的样子，我们先容忍，然后怜悯，最后拥抱。[16]

然而，尽管这些关于法律变革的描述在理论上很有说服力，但它们在自我交易法的背景下解释力有限。要看到这一点，需要仔细挖掘美国自我交易法所采取的理论路径。

19 世纪美国主要司法管辖区的出发点在许多方面与英国相同。正如在本书其他章节中所观察到的，公司董事在判例法以及在普通公司法和评注（commentary）中，通常都被称为“受托人”。[17] 19 世纪初，美国联邦最高法院和个别州法院的案件都很容易依赖这个类比。这种类比，以及受托人自我交易的类似背景，自然导致法院在面临 326
公司法问题的第一印象时，会借鉴处理受托人、信托和受益人之间关系的信托法原则。事实上，许多早期的美国公司自我交易案件都适用于相同的英国信托案件，以及直接基于此类信托案件构成了上文分析的英国自我交易法的基石。这些早期的美国案例往往也直接依赖于一些关键的英国公司自我交易案例，尤其是 *Aberdeen*

---

〔16〕 *Supra* note 1 at 57 quoting Alexander Pope, *Essay on Man*, Epistle II, line 217.

〔17〕 See Act of Feb. 17th, 1848, ch. 40, s. 3, 1848 N. Y. Laws 54, 55.

Railway 案。[18] 美国公司自我交易法的这一初始步骤与哈罗德·马什陈述的第一阶段一致：在19世纪60年代和19世纪70年代确实建立了强大的权威，并在此后的多个案件中得到确认，在某些司法管辖区，直到20世纪40年代阐明了一种实际上与 *Aberdeen Railway* 案采取相同的立场，或者至少可以被解读为相同的立场。

随后对公平审查的司法承认，被哈罗德·马什描述为从可撤销标准（voidability standard）的道德出发，到一种无法解释的法律方向转变。笔者认为，这种观点是基于英国和美国信托法权威人士的部分观点，这些权威观点可用于规范董事行为。事实上，与英国公司法相比，美国公司法更广泛地从英国信托法库中取样，并由此创造了通向公平审查的多种途径。18世纪和19世纪的非公司信托原则包含了一种基于公平的方法来处理自我交易合同，包含两种路径。

第一种路径与本章所称的矫正公平（remedial fairness）相关。如果合同已经履行，并且无法解除合同，则法律必须将交易的财务因素剥离开，以确定信托或公司应得到的救济措施。在这种情况下，衡平法救济措施（the equitable remedy）将会对利润进行会计核算。但什么才算是利润呢？如果一个小物件被董事出售给公司，利润是超过成本还是超过市场回报？如果这是一项由公司消费的服务，那么实际支付给董事的利润是否超过该服务的市场价格？如果法律的答案
327 是"利润超过市场回报"，那么严格的可撤销性规则就成了与已执行

〔18〕 See (1854) 1 Macq. 461; also *Benson* v. *Heathorn* (1842) 62 Eng. Rep. 909; 1 Y. & C. C. C. 326 [see: *Wardell* v. *Railway Company* 103 U. S. 651, 658 (1880); *Cumberland Coal & Iron Co.* v. *Parish* 42 Md. 597, 605 (1875); *Hoffman Steam Coal Co.* v. *Cumberland Coal & Iron Co.* 16 Md. 456, 492 (1860); and *Hoyle* v. *Plattsburgh & Montreal Railway Company* 9 *Sickels* 314, 329 (1873)].

合同相关的公平性标准(fairness standard)。

信托法中包含的公平性审查的第二种路径取决于信托、受托人和受益人如何转化为公司、董事会、董事和股东的公司背景。如上所述,并将在下文进一步解释,在英国背景下,公司法借鉴了信托法的自我交易方法,该方法规定了利益交易的可撤销性,而无论其公平性如何,从这个角度来看,董事会是受托人,与公司进行交易类似于与信托进行交易。然而,公司并不完全符合信托类比。公司(通过股东大会)任命董事,董事代表公司而不是代表股东行事。因此,董事与公司之间的交易也可以类比为受托人(以其个人身份)与受益人之间的交易,或代理人与其委托人之间的交易,或律师与其委托人之间的交易,公司则作为受益人或客户。由于公司无法自行行事(没有董事会的协助),这种类比要求董事在董事会决定签订合同时不发挥任何作用。在 18 世纪和 19 世纪,英国和美国法院对受托人和受益人之间或律师和客户之间的交易持谨慎态度。但是,它们不受适用于信托和受托人之间的自我交易的严格的可撤销性规则的约束,而是受类似公平性监管(在程序和价格方面)的约束。在这种情况下,对冲突的担忧就没那么严重了:受托人或受益人没有代表交易双方采取行动,尽管他处于有利地位,可以对交易施加过度的、不适当的影响。因此,一个不同的信托类比将为信托法现有的公平性路径打开大门。

本章将展示美国自我交易监管中的公平性和严格性的情况,并不是一个规则在 19 世纪被另一个规则取代。也就是说,接受公平性,同时默默拒绝支持早期严格性规则的政策立场。相反,19 世纪 80 年代及之前的美国公司法中关于公平性和严格性的故事,是它们

共同存在的一个方面。因此,有趣的问题并不像哈罗德·马什所建
328 议的那样,公平审查从何而来,以及它是如何取代严格的可撤销性规则的?在美国《公司法》开始对自我交易进行监管时,当它选择从其他信托环境中借鉴时,它就已经存在并可用。相反,有趣的问题是,是什么使美国《公司法》能够在短时间内得到应用,如下文所示,而在理论上同样适用该法的英国,它根本就没有得到发展。

笔者认为,美国公司的概念及其对公司权力的理解,比英国公司的概念更广泛地为信托法的公平性处理方法打开了大门;在州法院没有采用信托法公平标准路径的情况下,美国公司对可缔约(contractibility)的限制促使诉讼当事人和法院以一种在英国不必要的方式探索矫正公平(remedial fairness)。

为了更深入地考虑这一论点,本章将首先考察19世纪美国最重要的公司法司法管辖区新泽西州和纽约州的法律发展,然后将转向特拉华州。19世纪和20世纪初关于公司法的评论非常关注自我交易。然而,他们这样做通常只是很有限地考虑到每个州公司法管辖权的特殊性。[19] 这也是贝弗里奇对哈罗德·马什批评的若干回应所具备的特点。[20] 然而,尽管州际借鉴是法律发展的一个重要组成部分,但19世纪和20世纪的美国公司法的特点是具有强烈的管辖权特殊性。这种司法管辖的特殊性产生了不同的法律演变路径,并且在自我交易的背景下,产生了不同的公平审查路径。在这种情况

---

〔19〕 See Seymour D. Thompson, *Commentaries on the Law of Private Corporations*, Bancroft-Whitney, 1895, p. 55 – 57.

〔20〕 See Cary and Eisenberg, *supra* note 7 at 651(关于亚拉巴马州、加利福尼亚州、康涅狄格州、新泽西州、纽约州和马里兰州应对贝弗里奇的案例).

下，从“美国公司法”的角度来看，会加剧理解本已高度复杂的法律体系的困难，产生法律混乱和不确定性的感觉。而事实上，在关键司法管辖区内，复杂性远没有评论人士所承认的那么混乱，而且法律对路径的依赖程度也远比他们所承认的高得多。 329

二、新泽西州和矫正公平

（一）严格性标准的矫正意义

1861 年，安吉尔和艾姆斯写道：

> 虽然该法团的成员也是该法团的受托人之一，但这似乎不会使他丧失与该法团订立合约的能力；但是，如果没有证据表明合同中存在构成欺诈的严重偏袒行为，则他可以就其与其他受托人的合同提供的服务向公司追偿。[21]

在美国的自我交易法中部署的三种监管策略中的两种可以在本声明中确定。首先，自我交易合同是有效的和可执行的，前提是董事在签订自我交易合同时不代表公司——合同必须“与其他受托人”订立。其次，合同必须对公司公平才是可执行的（通过更苛刻的“严重偏袒”和“欺诈”语言来表达）。安吉尔和艾姆斯引用了佛蒙特州的 3 个案例来支持这一主张，其中两个案例涉及的是为建造集会场所而

---

〔21〕 Joseph K. Angell & Samuel Ames, *Treatise on the Law of Private Corporations*, Little, Brown & Company, 1861, p. 200.

成立的宗教公司,第三个案例涉及的是一个学区。[22] 新泽西州衡平法院 *Stratton* v. *Allen*(以下简称 *Stratton* 案)的早期判决直接依赖于安吉尔和艾姆斯书中的这段话:

> 仅债权人是公司董事这一事实并不意味着该交易具有欺诈性。没有任何规定禁止公司的成员或董事像任何其他个人一样与公司签订合同;当合同订立后,就合同而言,董事与公司处于陌生人关系中。[23]

斯特拉顿(Stratton)认为,与哈罗德·马什的观点相反,一个无私的董事和公平标准早在20世纪之前就已经确立。贝弗里奇教授在对哈罗德·马什的主张进行批评时,依赖于安吉尔和艾姆斯的立场,以及他们所引用的案例。[24] 事实上,这种方法在新泽西州公司法发展中的影响有限,后来依赖于这一方面的案件数量非常有限。尽管它在1878年的 *Franklin Fire Insurance Co.* v. *Martin*[25]
330 中被新泽西州纠错和上诉法院(New Jersey Court of Errors and Appeals)确认,并且也在1879年的 *Gardner* v. *Butler*(以下简称 *Butler* 案)[26]中作为一审的依据,但从引证的角度评估,它的影响在此后消失了。

---

〔22〕 Ibid. at 200 n. 4.

〔23〕 16 N. J. Eq. 229, 232 (1863).

〔24〕 See Beveridge, *Duty of Loyalty*; and Beveridge, *Interested Director Contracts supra* note 9.

〔25〕 See 40 N. J. L. 568 (1878).

〔26〕 See 30 N. J. Eq. 702 (1879).

新泽西州自我交易监管的真实故事并非始于安吉尔和艾姆斯或 *Stratton* 案，而是始于 *Stewart* v. *Lehigh Valley Railroad Company*（以下简称 *Stewart* 案）[27]。这是一个重要的案例，哈罗德·马什用它来证明他三个阶段中第一阶段的法律状况。在这起1875年的案件中，新泽西州纠错和上诉法院将董事会视为该公司的受托人，并将管理自我交易的英国公司法和信托法原则直接导入新泽西州法律，该案件深入斟酌了一项涉及州特许运河公司一名董事的被质疑的自我交易。在一个熟悉的段落中，法院认为：

> 自私的诱因是如此阴险，危险是如此之大，以至于当与之发生冲突时，它将会凌驾于职责之上，因此健全的政策要求此类（自我交易）合同不应被执行或予以考虑……公司董事可能拥有明示合同以外的权利，例如……将董事借给公司的钱还给他……的权利；但是，如果该权利必须（如果有的话）建立在明示合同之上，并且不是通过法律的实施或暗示而产生的，则他不得违背其受托人的意愿拥有该权利；因为在促成它的交易中，他本应考虑到那个"信托受益人"（*cestui que trust*）的利益，而在他眼前却介入了他自己的相反利益。法官在自己的案件中做出判决时所固有之恶（*vice*）玷污了合同；董事或受托人的想法是在法庭上，他和他的信托受益人积极说服他们的对立主张，而当对方当事人对判决提出上诉时，这种判断必须推翻。合同看起来公

[27] See 38 N. J. L. 505 (1875).

> 平与否并不重要。欺诈行为过于狡猾,太难以捉摸,法庭很难制定一项规则来证明它的存在。[28]

被告提出的如果有利害关系的董事弃权,则冲突已化解的主张被法院驳回:

> 基于他放弃作为董事参与其联席董事对协议的谈判和最终通过交易的理由,董事会中的一名董事支持他与公司之间的合同也是不合适的,他宣称自己有权利的言辞,恰恰
> 331 表明了他的错误;他本该参加的。[29]

除其他外,法院还援引了英国著名的阿伯丁铁路公司的自我交易案、纽约公司法的 *Butts* v. *Wood*[30] 和 *Gardner* v. *Ogden*[31],这两起案件都依赖于 *Aberdeen Railway* 案及其判决所依赖的信托权威案件。[32] *Gardner* v. *Ogden* 因其对英国信托法和埃尔登勋爵法学体系

---

〔28〕 Ibid. at 522 – 523.

〔29〕 Ibid. at 523.

〔30〕 See 37 N. Y. 317 (1867).

〔31〕 See 22 N. Y. 327 (1860).

〔32〕 在 *Aberdeen Railway* 案以及 *Butts* v. *Wood and Gardner* v. *Ogden* 中直接援引的英国信托案件包括,*Keech* v. *Sanford*, [1726] Sel. Cas. Ch. 61; and *Whelpdale* v. *Cookson*, [1747] 1 Vesey Sen. 9。

的借鉴而特别引人注目。[33] 事实上，*Stewart* 案的判决结构几乎与 *Aberdeen Railway* 案的判决结构相同：专注于利益冲突，拒绝公平性，拒绝将董事会组成作为缓解冲突的手段，因为董事必须任职，而不是弃权。

在接下来的60年里，*Stewart* 案成为新泽西州自我交易法的主要参考点(reference point)。例如，1920年在 *Busch* v. *Riddle* 中，纠错和上诉法院将 *Stewart* 案中提出的原则称为"在本州得到了一致认可并反复执行的原则"。[34] 1939年，纠错和上诉法院援引 *Stewart* 案的判决，"原告知悉影响公司与其人员订立合约的既定法律原则，也就是说，在公司、股东或债权人的要求下，此类合同是可撤销的"[35]。 332

然而，*Stewart* 案所阐述的严格规则只是新泽西州自我交易故事的一部分，它代表了两种共存且相互补充的自我交易法理学线索中的一种。重要的是，这些线索具有或多或少相同的起点。第二条法

---

〔33〕 法院还引用了具有影响力的1816年纽约信托案件 *Davoue* v. *Fanning*，它将同样一系列的英国信托案件引入了纽约信托法。*Davoue* v. *Fanning* 2 Johns. Ch. 252 (1816). *Davoue* 的纽约衡平法院特别强调了上议院一案，*York Buildings Co.* v. *Mackenzie* (1795) 8 Bro. Parl. Cas. 42，涉及一家资不抵债的特许公司的案件(*Davoue*，第268页)。*Stewart* 案中也引用了 *Stewart* 案，at 523。法院在 *Davoue* 案中对 *York Buildings* 案判决的总结与 *Stewart* 案中使用的语言非常相似。Compare *Davoue*, at 270 ("不能让受委托为他人谋利的人把生意当作自己的目标，因为，出于天性的脆弱，一个有权力的人会太容易倾向于牺牲他受委托的人的利益来为自己谋利") *with Stewart* at 522 – 523.

〔34〕 114 A. 348, 352 (1920). See also *Voorhees* v. *Nixon*, 66 A. 192, 193 (1907) ("必须将公司与其一名董事之间的明示合同视为本州法律的既定政策，在公司提出请求时，该合同可以作废。"); *General In* v. *Co.* v. *American Hide & Leather Co.* 127 A. 529, 535 (1925) ["它是在 *Stewart* v. *Lehigh Valley Railway Company* 中建立的，法院不会询问此类合同是否公平。欺诈行为过于狡猾和模棱两可，法庭无法制定一项规则来表明其存在。同一案件以及该案所引用的许多权威机构也是对该董事没有参加遭到攻击的谈判的抗议的回应" (quoting *Stewart* at 523)].

〔35〕 *Wiencke* v. *Branch-Bridge Realty Corp.*, 4 A. 2d 415, 418 (1939).

学线索(The second strand of jurisprudence)始于1879年的*Butler*案,这是4年后根据*Stewart*案作出的判决。正是在这一系列的案例中,当代公平性解决方案的一颗种子被种下了。

在*Butler*案中,一家根据法定章程成立的公司与一家合伙企业签订了一项协议,其董事总经理和其他几名董事是合伙人。该协议的效果是将该公司的票据交易业务外包,并收取总销售额6%的佣金。达成交易的董事会决议由自我交易的董事投票"通过",只有一名无利害关系的董事在场。一审时,新泽西州衡平法院指出,"造纸公司与其董事之间的此类安排绝非罕见",并支持了该安排。[36] 一审时,该安排的有效性是基于三个相互交叉的理由。首先,继*Stratton*案之后,一位董事在与公司交易时,被假定为站在公司的立场上的陌生人。其次,如果*Stewart*案的规则适用,则董事仍然有权获得合理的补偿——这是纠错和上诉法院进一步提出的理由。最后,作为上述两个基本原理以及自我交易合同的工具性利益的一项表征,虽然*Stewart*案可能会提出一般规则,但它受制于衡平法中的例外情况:

> 当信托受益人为了规避合同而进入衡平法,甚至作为法院采取行动的理由,与董事签订的合同相比,他更需要证明与该董事签订的合同是不合理的;因为,如果真是这样,它看起来不仅是公平和公正的,而且实际上比任何可以与

---

〔36〕 30 N. J. Eq. 702, 710 (1879). 我们在本案中看到的市场实践和商业需求的司法意识在随后的案件中更为明确。See *Stephany* v. *Marsden*, 71 A. 598, 598 (1908); and *Robotham* v. *Prudential Ins. Co. of America* 53 A. 842, 856 (1903). See further p. 339.

> 一个陌生人做的事情对公司更有利，那为什么要搁置它以损害公司的利益呢？[37]

范·赛克尔（Van Syckle）大法官在为纠错和上诉法院作出判决时，确认了大法官兰沃思勋爵（Chancellor）的一审判决，这样做的目 333
的是为从 *Stewart* 案的严格规则到公平性审查奠定了清晰的轨道。法院确认 *Stewart* 案中的严格路径是一种“妥善解决”的法则。[38] 紧接着，在大法官兰沃思勋爵的引导下，它继续探讨该规则的矫正意义——如果一位董事签订了提供服务或向公司出售资产的合同，而服务或资产已被提供或消耗，那么将会发生什么？在这种情况下，公司有权获得什么（如果有的），以及要求董事解释他从已执行的可撤销交易中获得的任何利润意味着什么？在探讨这个问题时，法院假设性地援引了 *Aberdeen Railway* 案的事实。法院询问，如果这些铁路座椅已经交付并被接受，*Aberdeen Railway* 案又会发生什么：

> 我认为，在任何法庭上都不会裁定该公司可以保留财产并拒绝支付——不是合同价格，而是它的合理价值……可以有把握地断言，没有任何权威（authority）允许法人团体保留董事转交给它的财产，或接受他作为董事没有义务提供的服务，而无须向他支付公平的等价物……无论是转让给公司的财产还是向公司提供服务，都必须适用同样的

---

〔37〕 30 N. J. Eq. 702, 712 (1879).

〔38〕 Ibid. at 721.

> 原则。为了防止受托人的贪心和贪婪，信托受益人有权在合同执行期间随时拒绝履行即将生效的合同，并允许在履行合同时只给予合理的报酬，而不考虑合同价格。因此，受托人不会因违反职责而获得任何好处，公司也不会因其代表受托人提供服务而受到损害。[39]

根据这一逻辑，法院得出结论：

> 于是，案件本身就变成了这样一个问题：董事的行为是有争议的，他们提供服务是否超过了他们正当合理的权利？他们有责任展示他们合理应得的东西，不允许任何不公正的索取。[40]

在得出这一结论时，法院直接适用 *Stewart* 案的判决，即此类合同在不考虑公平的情况下是可撤销的，并且违约董事无法强制执行。然而，当法院开始讨论救济措施问题时，公平——今天被理解为“公
334 平缔约”(arms-length contracting)便悄然而至。*Butler* 案方法的影响是，对于任何已执行的自我交易，*Stewart* 案的实质性标准都被分解为矫正公平标准：因为除非合同条款不公平，否则没有人会提起使合同无效的诉讼，如果提起诉讼，法院也不会采取任何行动。由于 *Butler* 案中服务合同的条款是公平的，自我交易的董事无须就任何利润负责。重要的是，正如纠错和上诉法院所观察到的，这种方法适

〔39〕 Ibid. at 722, 724 (emphasis supplied).

〔40〕 Ibid. at 725.

用于本案的补偿/运营服务范围之外，并且适用于“无论是财产转让还是提供的服务”。[41] 还要注意的是，*Butler* 案中的法院区分了待履行合同和已执行合同(executory and executed contracts)，而不是一方面区分了待履行合同和已执行但可撤销的合同(rescindable contracts)，另一方面区分了已执行但不可撤销的合同。[42] 从理论上讲，许多已执行的自我交易都可以无效和解除(voided and unwound)。通过依赖待履行/已执行(executory/executed)的区别，为矫正公平方法创造了更多空间，因为它包括已执行但可撤销的交易。[43]

为支持这一立场，纠错和上诉法院在 *Butler* 案中援引了另一个英国案件，即 *Great Luxembourg Railway Co.* v. *Magnay*，[44] 在该案中，法院认为：“当有人说他不能从交易中获利时，这并不意味着他没有权利获得公司实际占有的财产的适当价值”[45]。在这方面值得注意的是，该案迄今尚未在英国被引用。尽管英国法院没有在公司自我交易的背景下探讨这些救济问题(或矫正措施，remedial issues)，但如果他们这样做了，在大卢森堡铁路公司诉麦格纳案之后，裁判结果可能将是相同的。英国法律不需要推动严格的可撤销性规则的矫

---

〔41〕 Ibid. at 724.

〔42〕 Ibid. at 724. 由于根据严格规则该交易是可撤销的，因此可以在可能的情况下解除已执行的交易。如果提供了服务，或者产品在公司的活动中被消费或整合，那么，这是不可能的。

〔43〕 See, e. g., *Oliver* v. *Rahway Ice Company* 54 A. 460, 461 (1903)(拒绝解除董事会的股份回购，将股份与使用过的阿伯丁铁路的铁路座椅进行比较).

〔44〕 See (1858) 25 Beav. 586. 关于最近对这个问题的讨论，see *Warman International Ltd.* v. *Dwyer* (1995) 182 CLR 544 (Australia).

〔45〕 *Supra* note 36 at 723 – 724.

正影响(remedial implications),因为合同外包很快成为标准做法,并
335 且如上所述,被法院认可为基于合同的英国公司概念的逻辑延伸。这使英国法律能够迅速对普遍存在的未经批准的自我交易的经济现实进行必要的调整——如第十章所述,这一选项在新泽西州是不存在的,下文将进一步讨论。

重要的是要强调,虽然 *Butler* 案为新泽西州的公平审查之路奠定了第一块基石,但这样做的方式与 *Stewart* 案完全一致。事实上,在某些情况下,*Butler* 案与 *Stewart* 案一起被正确引用以支持严格审查的路径。[46] 因此,*Butler* 案公平观的演变不需要与严格的公平观决裂,也不需要明确拒绝严格的公平观,而严格的公平观需要加入马什从未发现的东西。也就是说,一份政策报告解释了路径的转变,以及拒绝严格性路径背后的政策。向实质性公平标准的转变只需要认识到,从责任的角度来看,严格规则(a strict rule)加上矫正性公平标准和实质性公平标准之间并无区别。

Butler 案之后的许多案件都涉及管理层补偿(managerial compensation)问题。在此背景下,一些法院迅速抛开交易适用标准与其补救后果(remedial consequences)之间关系的细节,并开始从实体公平的角度阐述了适用于这些自我交易的实质性标准。在 1892 年 *Fougeray* v. *Cord*[47] 中,衡平法院指出,"董事有权获得其服务的合理价值,仅此而已"。在 1902 年的戴维斯诉托马斯·A. 戴维斯公

〔46〕 See, e. g. , *Baumohl* v. *Goldstein* 124 A. 118, 121 (1924); *Hodge* v. *U. S. Steel Corp.* , 54 A. 1, 3 (1903).

〔47〕 24 A. 499, 502 (1892).

司案(*Davis* v. *Thomas A. Davis Company*)[48]中,衡平法院认为,董事有责任证明“他们的所为应该得到报酬”。随后的新泽西州法院将 *Butler* 案适用于补偿/服务范围之外的案件。*Oliver* v. *Rahway Ice. Company* 是 1903 年一件涉及从公司董事处回购股票的案件,副大法官史蒂文斯(Vice Lord Chancellor Stevens)将 *Gardner* v. *Butler* 方法的适用范围扩展到财产服务(beyond services to property)[49]之外,并直接参考了 Van Syckle 法官对 *Aberdeen Railway* 案的分析。法院认为,“公司必须支付的不是合同价格,而是出售时的合理价值”[50]。 336
在 *Marr* v. *Marr* 中,[51]衡平法院明确将 *Butler* 案的方法扩展到向公司的贷款。与 *Butler* 案一致,他们观察到,缔约方获得“合理补偿”或归还贷款(包括必须承担的合理利息)的任何权利,都不是基于自我交易合同本身,而是由法律运作产生的。关于贷款,值得注意的是,*Stewart* 案本身提出了这样一种方法:“公司的董事可以享有并非由明示合同而产生的权利,例如……把他借来的钱还给他。”[52]在 1908 年 *Stephany* v. *Marsden* 中,尽管法院没有引用 *Butler* 案,但它采用了相同的分析结构,*Stewart* 案的主张(affirmation)加上矫正公平标准:

> 如果公司的董事将财产转让给公司,而公司可以撤销转让所依据的合同,则衡平法院有责任将已转让的财产或

〔48〕 52 A. 717, 718 (1902).

〔49〕 *Oliver* v. *Rahway Ice Company* 54 A. 460, 461 (1903). See also *Burger* v. *U. S. Steel Corporation*, 53 A. 68 (1902).

〔50〕 *Oliver* v. *Rahway Ice Company* 54 A. at 461.

〔51〕 *Marr* v. *Marr* 66 A. 182, 183 (1907).

〔52〕 *Supra* note 27 505, 522 (1875).

价值归还给作出转让的一方。[53]

在图克诉新泽西州国家制糖公司案(*Tooker* v. *National Sugar Refining Co. of New Jersey*)[54]中,该案涉及向公司出售一名董事购买的股票,衡平法院确认了 *Stewart* 案的观点,即在决定签订自我交易合同的会议上,有利益冲突的董事回避,这不会使合同生效(事实上,这相当于“背信”)。[55] 法院还指出,根据 *Butler* 案的规则,该交易“也将是可被撤销的……这剥夺了董事与公司讨价还价的权利,以超出实际出售价值的价格获取利益”[56]。图克诉新泽西州国家制糖公司案是一个特别有趣的案件,它说明了矫正公平(remedial fairness)是如何发展成为实质性标准的。根据 *Stewart* 案和 *Butler* 案的处理方法,交易是可撤销的,但如果该交易已经执行,则董事有权
337 就服务或财产获得应得的公平——随后进行矫正公平审查(remedial fairness review),因为法院不会解除已执行的交易。但在图克诉新泽西州国家制糖公司案对 *Butler* 案的理解中,可撤销性成为交易公平性的一项功能。

除了 *Butler* 案外,还有其他单独的、明显独立的早期公平审查。*Stratton* 案已经被提及。另一条简短的判例法始于 1886 年 *Wilkinson*

---

〔53〕 *Stephany* v. *Marsden*, 71 A. 598, 599 (1908). 斯蒂芬尼诉马斯登案的法院指出,“上诉法院确立的一般规则……不能说该法院以任何方式放宽了它,因为其首先在 *Stewart* v. *Lehigh Valley Railroad Company* 中陈述……此后,该法院一再批准并承认,因此必须将其视为[新泽西州]判例的固定组成部分”(ibid. at 598)。

〔54〕 See 84 A. 10, 15 (1912).

〔55〕 Ibid.

〔56〕 Ibid.

v. *Bauerle*,[57]该案涉及将整个公司出售给一名董事,该公司的某些债权人声称,这剥夺了他们追讨欠款的权利。纠错和上诉法院认为,董事有责任证明他是善意行事并且"出售产生了财产的全部价值",如果董事未能这样做,债权人可以"强制他们说明财产的全部价值"。[58] 然而,随后对本案的受理主要局限于董事是否可以将财产转移给自己,从而损害债权人的问题,尽管有少数案件利用威尔金森诉鲍尔案支持公平审查方法,[59]但他们从未发展出任何前进所需的动力。新泽西州公平审查的起点显然是 *Butler* 案。

Butler 案中包含的公平方法至少比 1889 年监管竞争[60]的发令枪早了 10 年,以及 *Stewart* 案和 *Butler* 案的共存代表了对哈罗德·马什共识立场的直接而有力的挑战。后来的案例可以说更符合哈罗德·马什的立场,因为他认为到 1910 年,普遍的做法包括多数无利害关系(或不参与的有利害关系董事)董事会批准加上公平性审查。然而,尽管我们清楚地看到了这一时期案件的矫正性公平,但无利害关系或不参与的董事的状态是作为新泽西州判例法中的监管旁观者。在 *Butler* 案中,大多数有利害关系的董事参与了董事会的决策,而大多数无利害关系的董事仅在 1910 年之前或之后的少数后续案件中被确定为相关因素。此外,在一些此类案例中,关键问题不在于交易的合法性,而在于董事的投票和被计入法定人数 338

---

[57] See 7 A. 514 (1886).

[58] Ibid. at 519.

[59] See, e. g., *Mitchell* v. *United Box Bd. &Paper Company* 66 A. 938 (1907); *Barry* v. *Moeller* 59 A. 97 (1904).

[60] See Introduction at note 49.

的能力。[61] 从1878年到1960年,新泽西州法律最具特色的特点是,严格的可撤销性/不公平实质性标准与公平补偿标准(a fairness remedial standard)的一致性适用。无利害关系的董事要求并没有在新泽西州消失,因为它从未存在过。这不足为奇,*Stewart* 案等主要可撤销性案例明确拒绝了无利害关系的董事/非参与董事的做法,公平性标准是一种补偿标准(remedial standard),与董事会批准的性质无关。相比之下,非参与董事是纽约自我交易法的核心,该法涉及一条非常不同的通往公平性标准的道路,这是利益相关董事不参与的结果。

新泽西州当代普通法的公平立场是法院承认严格性标准加上矫正性公平方法在功能上等同于公平性标准(a fairness standard)的结果。然而,新泽西州法院花费了相当长的时间才建立起这种功能连接。直到1961年在 *Abeles* v. *Adams Engineering Company* 中,[62] 新泽西州最高法院才在不考虑可撤销性推定的情况下提出了实质性标准:"公司与其一名董事之间未经股东批准而订立的合同,除非是诚实、公平和合理的,否则董事不得强制执行。" 支持这项法律声明的案例包括两个20世纪50年代新泽西州的案例,即 *Eliasberg* v.

---

〔61〕 See *Metro. Tel. & Tel. Co.* v. *Domestic Tel. & Tel. Company*, 14 A. 908 (1888) (*U. S. Rolling Stock Co.* v. *Atlantic & Great Western R. R. Company* 34 Ohio St. 450 (1878),这表明有重叠利害关系董事占少数的两家公司可以签订一份合同,并认为有利害关系的董事没有能力代表董事会并计入董事会法定人数)。随后的新泽西州当局引用了大都会电话公司的说法。例如,参见 *Hill Dredging Corp.* v. *Risley*, 114 A. 2d 697 (1955); *Robotham* v. *Prudential Ins. Co. of America*, 53 A. 842 (1903) (建议在两家公司的关联董事占少数的情况下采用较宽松的规则,但也建议在董事参与交易双方的情况下,适用公平审查,并且董事在决策中的作用可能会影响到谁承担证明公平的责任)。

〔62〕 See 173 A. 2d 246, 255 (1961).

Standard Oil Company[63] 和 *Hill Dredging Corp*. v. *Risley*[64]。*Eliasberg v*. *Standard Oil Company* 和 *Hill Dredging Corp*. v. *Risley* 均在 *Butler* 案的严格实质性规则/矫正性公平方法中正式运作,但严格性规则被视为一种草率的禁令,如果不遵守,将导致公平性审查。[65] 有趣的是,*Eliasberg* v. *Standard Oil Company* 依赖于当时提供实质公 339
平性标准的特拉华州判例。[66]

有人可能会问,为什么将公平补偿标准转化为实质性标准需要花这么长时间。可以说,这是因为它仅仅是对判例法的功能性整理。鉴于 *Eliasberg* v. *Standard Oil Company* 在下文中提到了特拉华州的案例,这种向实质性公平标准(substantive fairness standard)的转变似乎也有可能与公司法领域的市场领导者(此时已牢固确立)所采取的方法趋同,这似乎也是合理的。但重要的是,如果监管竞争是新泽西州向明确公平性标准转变的驱动力,那么正如上文所述,这并不是一个实质性的后果。

(二)合同解决方案的障碍

将英国自我交易监管的演变与新泽西州的演变并列,很明显,自

---

〔63〕 See 92 A. 2d 862 (1952).

〔64〕 See 114 A. 2d 697 (1955).

〔65〕 *Eliasberg*, at 867 和 *Hill Dredging Corp*. , at 712 都依赖于 *U. S. Steel Corp*. v. *Hodge*, 53 A. 601 (1902),其中明确肯定了 *Stewart* 案。在陈述了可撤销性规则后,埃利亚斯伯格(Eliasberg)法院指出:"如果没有股东批准董事有个人利益的合同或提案,则董事有责任完全证明交易的合理性。"审理 *Hill Dredging Corp.* 的法院在 713 处批准引用了这一声明。法院规定了未经股东批准不得进行交易的严格规定,但如果未经批准就进行交易,则援引埃利亚斯伯格(Eliasberg)的有利言论,并引用斯蒂芬尼的话,"董事有责任完全证明交易的合理性"。See also *Daloisio* v. *Peninsula Land Company*, 127 A. 2d 885 (1956).

〔66〕 See *Gottlieb* v. *Heyden Chem. Corp*. 83 A. 2d 595 (1951); see also *Kerbs* v. *Cal. E. Airways*, *Inc*. 90 A. 2d 652 (1952).

我交易法的路径在很大程度上取决于公司概念(a function of the conception of the corporation)。在早期阶段,美国和英国[67]的法院都清楚地意识到,市场行为和促进某些自我交易合同的工具性经济压力。例如,在1908年的*Stephany* v. *Marsden*[68]中,法官观察到近年来的一种趋势,主要是由于现代贸易公司广泛而复杂的交易和关系放松了这一规则:

> 正如我所观察到的,这种趋势开创了一种修正主义,即这些合同不应被视为仅凭公司的选择就是可撤销的,而应将责任强加给那些寻求执行或支持此类合同的人,以明确
> 340 确立其公平性。

英国公司和信托机构在自我交易的应用方面,与美国一样源自相同的起点,但英国和新泽西州采取了截然不同的方式来促进和监管自我交易合同。英国公司的合同概念允许市场参与者针对严格的可撤销性规则所造成的障碍制定自己的补救措施。新泽西州的法院因为无法获得英国的外部契约性的回应,便做出了内部回应。

尽管新泽西州的公司和股东似乎已经尝试通过合同选出(opt-

[67] See text to note 25.

[68] See 71 A.598, 598 (1908). See also *Robotham* v. *Prudential Ins. Co. of America* 53 A.842, 856 (1903)("理论规则必须让位于商业的实际需要").

outs)其宪法文件中的严格规则,[69]但目前尚不清楚这种做法是在什么时候开始的。[70] 将其采纳和有效性区别开来也同样重要。[71] 如第九章所述,美国尤其是新泽西州法院对合同的可缔约性施加了重大限制。在1889年之前,可以说根本没有对董事权力和义务的合同修订。此后,尽管法律明确允许变更,但它仍受到严格的监管和限制。在这方面,读者可以从第九章中回忆新泽西州衡平法院在 *Audenried* v. *East Coast Milling Co.* [72]中的观点,即尽管"股东可以放弃利益……但他们不能通过放弃规定法律不承认的公司诉讼方式"。这种限制取决于这样一种观点,即普通注册设立是法定特许状的延伸,因此当国家创建公司时,特许状应被视为一种立法行为。由此可见,治理的可缔约性是国家明确允许可缔约性的一项功能,在这种情况下,治理规则被视为重要的(作为"既定法律原则")。正如第 341
九章所讨论的,虽然在20世纪期间,与可缔约性有关的灵活性明显增加,但早期的案例似乎不太可能接受缔约排除可撤销性原则,该原

---

〔69〕 马什在前注1第45~46页中给出了他在担任律师事务所合伙人时起草这些条款的个人说明。William Meade Fletcher, *Corporation Forms and Precedents*, 2d edn, Callaghan and Co., 1928, p. 1031－1032 中提供了缔约选出的一个例子。

〔70〕 自20世纪30年代以来,只有极少数案例考虑在严格的规则之外进行合同选择。这表明,在20世纪后期之前,此类规定都是非常罕见的。参见纽约案件中对此类选择退出的讨论和无效,*Whalen* v. *Hudson Hotel Co.*, 170 N. Y. S. 855, 858 (1918),该案将选择退出称为"这一最不寻常的规定",并引用 Herbert Broom, *A Selection of Legal Maxims*, 8th Am. edn, Johnson, 1882, p. 289。同时,"不寻常的条款总是引起怀疑"[*Whalen*, at 865 (Woodward, J. concurring)]。

〔71〕 See William J. Carney, *The ALI's Corporate Governance Project: The Death of Property Rights?*, 61 George Washington Law Review 898 (1993)(依赖于马什所负责案件的观点并假设采用等于有效性).

〔72〕 See 57 A. at 584 (1904).

则在20世纪被明确视为“既定法律原则”。[73] 在这方面值得注意的是，尽管*Aberdeen Railway*案在新泽西州自我交易法的发展中发挥了如此重要的作用，但在新泽西州的判例法中并没有提到英国最主要的*Imperial Mercantile*案。[74] *Imperial Mercantile*案的可缔约性主张在法律上无法被新泽西州公司法系统承认。

三、纽约州和受托人的影响

(一)信托法的渠道

与*Stewart*案一起，1886年秋判决的纽约州*Munson* v. *Syracuse*, Geneva & Corning Railway Company(以下简称*Munson* v. *Syracuse*)，[75] 作为美国严格的自我交易路径的旗手，规定了交易的自动失效。[76]

---

〔73〕 See *Hodge* v. *U. S. Steel Corp.*, 54 A. 1 (1903)提出了与可撤销性规则相关的一些有限的可缔约性，该案批准了一项章程修正案，阐明大多数流通股批准的自我交易将被视为得到所有股东的批准，解决了批准需要一致投票的任何关切。请注意，这并没有改变法律原则，而只是改变了股东批准的程序模式。See *Whalen*, *supra* note 70 at 858，根据纽约法律明确宣布缔约排除适用无效。

〔74〕 没有任何一个州引用*Imperial Mercantile*案来支持可缔约性。少数非新泽西州的案件参考了上议院的判决，*Imperial Mercantile Credit Association* v. *Coleman* (1873)6 H. L. 189，该判决解决了什么构成充分披露的问题。还有一些非新泽西州的案件出于其他原因提到了哈瑟利勋爵的判决。有一个新罕布什尔州案件，*Ashuelot Railway Company* v. *Elliot*, 57 N. H. 397, 422 (1874)，还有一个纽约案件，*Metro. Elevated Railway Co.* v. *Manhattan Ry. Co.*, 14 Abb. N. Cas. 103, 289 – 290 (1884)，提及哈瑟利勋爵在*Imperial Mercantile*案中关于自我交易的判决，但仅作为对严格的可撤销性规则的支持，而不是关于可缔约性的支持。

〔75〕 See *Munson* v. *Syracuse*, *Geneva & Corning Railway Company*, 8 N. E. 355 (1886).

〔76〕 See Marsh, *supra* note 1, at 37.

Munson v. *Syracuse* 涉及一份请愿书，要求该公司具体履行该公司与其董事埃德加·蒙森（Edgar Munson）之间的一份未执行合同。纽约州上诉法院的安德鲁斯法官（Andrews）认为，自我交易合同"与伟大的法治背道而驰，使受托人或受信人（a trustee or fiduciary）订立的、 342
与其个人有利益（相对于将其选出的，其所代表的一方）的所有合同无效"[77]。判决书引述并跟进了 *Aberdeen Railway* 案的判决，法院观察到，该案件"在许多特征上与本案相似"。[78] 因此，法院"不会停下来询问合同或交易是否公平或不公平"，同样，蒙森只是 10 名参与董事之一，其他董事无利害关系也无关紧要："法律无法准确衡量受托人对其同伙的影响"[79]。早些时候，纽约州法院表达类似观点的例子虽然不那么有名，但包括上诉法院在 *Barnes* v. *Brown*[80] 和 *Butts* v. *Wood*[81] 中的判决，以及纽约州最高法院在 *Cumberland Coal & Iron Company* v. *Sherman*[82] 中适用马里兰州法律的判决，所有这些判决都依赖于 *Aberdeen Railway* 案。

讲述纽约州自我交易法故事并对哈罗德·马什的阶段理论提出了质疑的一种方式是，将 *Munson* v. *Syracuse* 中采取的严格方法与在此期间判例法中发现的替代性、显然是矛盾的做法并列。确实，有几个早期的纽约州案例唤起，或明确采用了公平的自我交易方式。例如，在 1895 年判决的 *Sage* v. *Culver*[83] 中，纽约州上诉法院裁定："如

---

〔77〕 *Supra* note 75 at 358.

〔78〕 Ibid. at 359.

〔79〕 Ibid. at 358.

〔80〕 See 80 N. Y. 527 (1880).

〔81〕 See 37 N. Y. 317 (1867).

〔82〕 See 30 Barb. 553 (1859).

〔83〕 See 41 N. E. 513, 514 (1895).

果受托人或管理人员似乎违反了道德义务,无法避免将自己置于通常会产生利己主义和信义义务之间冲突的关系中时,那么在衡平法中,有一项不利于该交易的推定,他必须加以解释。"[84]为了"解释"这一点,法院规定董事必须"证明[交易]是公平的,并且他没有为了自己的利益,或为了他拥有权益的其他公司的利益,利用其职务上的不正当优势"[85]。*Sage* v. *Culver* 可能是纽约州所有自我交易案例中最重要的一个,因为如下文所述,随后的多个案例都依赖于它,最终明确采用了公平标准。

然而,对纽约州自我交易法的描述涉及确定一系列严格的自我交易案件和一系列独立且独特的基于公平原则的案件,却忽略了纽
343 约州自我交易法的起源和演变的关键点。同样的道理也适用于一个试图将这些判例法按照时间顺序排列的故事。纽约州自我交易法的真实故事是,如何将英国信托法和信托法(18 世纪初纽约州法院明确采用)及其受托人、受益人、律师和客户的双边关系转化为公司及其董事会和股东的三方背景。从这个有利的角度来看,*Munson* v. *Syracuse* 在很大程度上与 *Sage* v. *Culver* 一致,公平审查符合严格的可撤销性规则。

英国 18 世纪和 19 世纪的信托和信托法,在监管委托权力的行使和监管影响力之间做出了区分,并且至今仍在继续。[86] 关于行使委托的权力,它规定受托人不能以有利于自己的方式行使该权力。

---

〔84〕 Ibid.

〔85〕 Ibid.

〔86〕 See J. C. Shepherd, *The Law of Fiduciaries*, Carswell: 1981, p. 156:"与主体交易和与受益人交易之间的基本理论区别在于,在前者中,受托人的权力是一种控制权,而在后者中,受托人的权力是一种影响力。"(emphasis in original)

如第十章所述，该禁止优势或禁止冲突规则（no-advantage or no-conflict rule）旨在支持企业的有效履行：在公司环境中，有效履行委托权力的行使。[87] 正如我们所见，该规则是通过19世纪早期的几起涉及受托人自我交易的信托案件形成的。虽然在理论上，法院本可以试图以事实为依据评估该合同是否代表受托人忠实甚至是自我牺牲地行使权力，但18世纪和19世纪的衡平法院对做出这一决定的证据的可靠性以及法院评估证据的能力持保留态度。[88] 鉴于这些证据障碍，法院选择通过禁止交易来保护受托关系，无论这些交易对信托是否有利或公平。因此，未经受益人一致同意，受托人不得以个人身份订立购买信托资产的合同。然而，重要的是，正如埃尔登勋爵在 *Ex Parte Lacey* 案中阐明的那样，该规则"不是受托人不能从其信托受益人（Cestui que trust）那里购买，而是他不能从自己手中购买"[89]。 344

衡平法院对受托人和他的委托人之间的交易采取了不那么苛刻的方法，例如，受托人与和信托资产无关的受益人之间的交易，或律师与客户之间的交易。衡平法还将支持信托资产交易，用埃尔登勋爵的话说，在这种交易中，受托人"摆脱了作为受托人附加在他身上的义务"。[90] 尽管此类安排受到"最小心翼翼的守护"[91]，但无论协议条款如何，他们都没有被禁止。这种区别是有意义的：在前一种情

---

〔87〕 See p. 311.

〔88〕 See p. 312 以及对例如 e. g. , *Ex parte* James (1803) 32 Eng. Rep. 385 案的讨论；8 Vesey Junior 337；*Ex parte* Lacey (1802) 31 Eng. Rep. 1228；6 Vesey Junior 625.

〔89〕 (1802) 6 Vesey Junior 625, 626.

〔90〕 Ibid. at 626.

〔91〕 Ibid. at 626.

况下(自我交易),受托人对交易双方都行使权力,而在后一种情况下,他不对交易的对手方行使权力。尽管(先前)存在的关系可能使他能够对交易对手施加重大影响,但这与他同时代表双方参与交易相比,冲突并没有那么严重。此处的监管目标是确保交易条款不是受托人(或前受托人)不当或自利影响的产物。埃尔登勋爵的判例再次成为阐明英国法院做法的核心。在 1802 年的 *Gibson* v. *Jeyes*〔92〕——1802 年由受托的遗产接受者控告一位财务顾问的案件中,被告的律师辩称"如果协议公平,受托人……可以购买其信托受益人的遗产"〔93〕。埃尔登勋爵注意到:

> 受托人可以与他的信托受益人打交道,但必须以某种方式消除这种关系,或者,否则,双方必须尽可能地维持公平交易(*at arm's length*),以使他们同意承担买方和卖方的角色;并且您必须确定这些角色的所有职责是否都已履行……当一个人为了利益与一个信任他的人讨价还价时,他必然会表明,他已经合理地利用了这种信任。〔94〕

在 1833 年的 *Hunter* v. *Atkins* 中,大法官布罗厄姆(Brougham)勋爵概述了适用于此类关系的标准如下:

---

〔92〕 See (1801)6 Vesey Junior 266. See also *Coles* v. *Trecothick* (1804)9 Vesey 234.

〔93〕 (1801)6 Vesey Junior 267 at 270.

〔94〕 Ibid. at 277 -278.

> 法律上有律师、监护人、受托人等特定关系。如果一个人与委托人、被监护人、信托受益人建立这种关系，接受礼物或进行交易，他就有证据证明他已经与对方打过交道……就像一个陌生人会做的那样，他不利用自己的影响力或知识，对另一方保持警惕，把自己知道的一切都告诉他。[95] 345

从这些摘录中可以明显看出，法院在制定和应用影响力标准时，通常侧重于公平程序，而不是公平价格。然而，在早期的几个权威案例中，尽管法院拒绝在受托人—信托自我交易的背景下进行公平性审查，但一些法院表示，所需的影响力标准既要考虑“完全价值”，也要考虑公平程序。例如，在 *Thomson* v. *Eastwood* 中，凯恩斯法官(Cairns LC)观察到：

> 没有任何法律规则规定受托人不得从信托受益人处购买信托财产，但众所周知的衡平法原则是，如果此类交易在适当的时间段受到质疑，衡平法院将对其进行检查，确定受托人支付的价值，并将要求受托人证明其提供了“完全价值”，并且所有的信息都是在买卖信托基金时提交给信托受

〔95〕 (1834)47 Eng. Rep. 166, 167.

益人的。[96]

19 世纪中后期的纽约州信托法明确采用了英国法对权力和影响力的区分以及莱西和吉布森(Lacey and Gibson)的适用标准。在纽约州上诉法院的 *Cowee* v. *Cornell*[97]中,法院于 1878 年裁定,在考虑已故祖父与孙子之间协议的有效性时,引用亨特(Hunter)的话:

> 然而,当缔约双方之间的关系似乎具有某种性质,使其确信他们不是在平等的条件下进行交易,而是一方由于信托关系或过度控制的影响而对该事项有更高的了解,另一方则由于软弱、依赖或合理信任,交易中的不公平优势是可能的,在这种情况下,责任转移,交易被推定为无效,强势方
> 346 有义务积极地证明自己没有实施欺骗,没有使用不当影响,一切都是公平、公开、自愿和充分理解的。这一学说已得到

〔96〕 See (1877) 2 App. Cas. 215, 236 (emphasis supplied). See also *Dougan* v. *Macpherson* [1902] A. C. 197(肯定上述关于价值的论断); and *Marquis of Clanricarde* v. *Henning* (1861) Beav. 174, 185 也指"全部价值"。最近进展 see *Tito* v. *Wardell* [1977] Ch. 106, 225 where VC Megarry 观察到公平交易规则要求"受益人被充分告知并获得公允价值"。See also Matthew Conaglen, *Fiduciary Loyalty* (Hart Publishing, 2010) note 106 at 128 – 138,解释公允价值只是影响因素考虑的一个可能组成部分,并认为它是公平程序的一个辅助考虑因素。在本文作者看来,正确的理解是,公平价格考虑因素(1)不太常见,并且(2)会发生且不会决定不当影响。然而,值得注意的是,一些早期和现代法院在这种情况下确实考虑了公平价格或价值,而在无冲突情况下,此类调查因为超出了司法调查而被回避。

〔97〕 See 75 N. Y. 91, 99 – 100 (1878).

> 充分的证实。[98]
>
> 必须记住，所提及的原则与绝对禁止受托人或代理人为自己的利益购买信托标的物并在购买时向该信托收取费用的原则是不同的。这相当于受托人没有能力购买自己的财产。在任何他作为受托人或代理人负有责任的交易中，无论他如何公正或无辜，都不能为自己行事。这条规则的理由是主观的。它从受托人的权力中消除了为自己的利益而违反信托的所有诱惑。但我们现在所关注的原则并没有绝对禁止这种交易，而是假定这种交易是不公平的和欺诈性的，除非明确证明存在相反的情况。

这一受托人影响标准在美国的一些案件中，主要是包括 *Cowee* v. *Cornell* 在内的非法人(non-corporate)案件中，被称为“推定欺诈”(constructive fraud)原则。[99] 另请注意，在纽约州与在英国一样，这种受托人(fiduciary)影响标准导致案例既调查了双方交易的公平性

---

〔98〕 法院在此引用 *Nesbit* v. *Lockman*, 34 N. Y. 167 (1866), 1 Joseph Story, *Commentaries on Equity Jurisprudence* (10th edn, Little, Brown &Co, 1870) para. 311, *Sears* v. *Shafer*, 6 N. Y. 268 (1852); *Huguenin* v. *Baseley* (1806)33 Eng. Rep. 234; *Wright* v. *Proud* (1806)33 Eng. Rep. 246; *Harris* v. *Tremenheere* (1808)33 Eng. Rep. 668; *Edwards* v. *Myrick* (1842)67 Eng. Rep. 25; and *Hunter* v. *Atkins*, (1833)47 Eng. Rep. 166.

〔99〕 See, e. g. , *Butler* v. *Prentiss*, 158 N. Y. 49 (1899); *Ten Eyck* v. *Craig* 62 N. Y. 406 (1875); *Rosevear* v. *Sullivan*, 62 N. Y. S. 447 (1900); *Metro. Elevated Railway Company* v. *Manhattan Railway Company*, 14 Abb. N. Cas. 103 (1884).

(公平程序)[100],也调查了价格的公平性(公平交易条款),尽管在受托人权力标准的背景下,法院对其评估影响力和公平性的能力表示抗议。[101] 例如,在 *Whitehead* v. *Kennedy* 中,继 *Gibson* v. *Jeyes* 之后,纽约州上诉法院(New York Court of Appeals)探讨了"协议是否公平以及是否得到适当对价的支持"。[102]

如何规范公司与其董事之间的自我交易合同问题的核心,是确
347 定该合同是否涉及自我交易董事行使权力或施加影响力。根据19世纪的信托法结构,如果交易涉及权力的行使,那么它将受到严格的基于忠诚的结构方法的约束,该方法禁止此类交易,而不考虑实际的忠诚度如何,并在公司投票中使此类交易归于无效。如果交易涉及影响力,那么标准之一就是公平。

将这些标准从信托和其他非公司信托关系转换到公司存在两个困难。首先,信托设立后,信托涉及受托人和受益人之间的双边关系。公司涉及公司作为一个实体与其组成部分或机构——董事会和股东大会之间的三方关系。将信托标准从双边关系移植到三方关系会产生以下问题:公司是受托机构(trust),还是受益人(beneficiary)?其次,受托人与信托资产和信托权力的关系不容易移植到公司环境中。受托人拥有信托资产的法定所有权。因此,如果没有受托人的参与,信托财产的交易在法律上是不可能的。公司董事不拥有公司

[100] See, e. g. , the New York Court of Appeals' judgment in *Fisher* v. *Bishop*, 108 N. Y. 25, 28 – 29 (1888): "当这种[信托]关系被证明存在时,它要求持有证券或订立符合其利益的合同的人承担举证责任,以证明交易是公正和公平的,并且他没有从其信托关系中获得不公平的利益。"(citing *Gibson* v. *Jeyes*)

[101] See *Munson supra* note 75 observing that "the law cannot accurately measure the influence of a trustee with his associates".

[102] See 69 N. Y. 462, 466 (1877).

资产的法定所有权,该资产归属于公司本身。此外,尽管董事可能是公司的受托人,但拥有和行使公司权力的是作为董事会集体行事的董事,而不是个别董事,[103] 在没有希望与公司签订合同的董事实际参与的情况下,董事会也可能行使权力。如果董事参与董事会决策并签订自我交易合同,那么权力就会被行使,董事处于交易的双方,而公司在信托类比中就是受托机构。然而,如果董事不参与交易,则不会行使权力,尽管可能会产生影响,而且公司看起来更像受益人而不是受托机构。

早期与非法人公司打交道的英国权威人士认为,通过"麻痹"董事的角色来实现自我交易的安排是不可能的。[104] 这一问题在 *Aberdeen Railway* 案中部分出现了,法院斟酌考虑布莱基(Blaikie)"是董事会成员之一"这一事实是否会对适用标准产生任何影响。[105] 法院驳回了这一立场,认为董事有责任充分利用其知识和技能为公司带来收 348
益。当然,虽然是少数,但布莱基行使了权力,因此法院不会面临董事弃权或未出席会议的情况。这种持有随后在 *Imperial Mercantile* 案中被更广泛地解释为一般禁止任何董事进行交易,无论他是否参与决策,因为公司"有权获得董事的全部服务,并有权听取每位董事对提交给董事会的事项的意见"。[106] 因此,英国法院拒绝允许董事为了签订自我交易合同而脱离权力;用埃尔登大法官的话来说,就是"摆脱义务",[107] 就像受托人不能在不撤销其受托身份的情况下能透露自己

---

〔103〕 当然,个别董事拥有董事会授予他们的权力。

〔104〕 See *Benson* v. *Heathorn* (1842)62 Eng. Rep. 909, 916.

〔105〕 See (1854)1 Macq 461, 473.

〔106〕 See (1871) L. R. 6 Ch. App. 558, 568.

〔107〕 See *Ex parte* Lacey (1802)6 Vesey Junior 625, 626.

的权力一样。这使得自我交易成为始终涉及行使董事权力的交易，而不管正式的投票参与情况如何。受托人影响标准因此被回避。

英国的这种做法与 19 世纪英国的注册公司（incorporated company）概念一致，如第九章所述，该概念对实体部分视而不见，其中真正的参与者，如其"前身"未注册公司（unincorporated company）则是受托人董事和股东。也就是说，英国注册公司是从双边角度看待的，因此更容易把董事与公司权力的关系视为受托人与受托团体权力（trust power）的个人关系。考虑林德利的董事会权力以及受托机构与公司之间的类比：

> 公司的财产可能不会依法归属于董事［就像它是信托一样］，但实际上是在董事的控制下；他们有义务将其用于委托给他们的目的上。因此，召集会议，选举董事会成员，分配、转让和没收股份，催缴股款等，均归董事会所有，以便这些权力可以是善意的为整个公司的利益而行使；而任何出于其他目的行使该等权力的行为均被视为违反信托，应受到相应处理。[108]

请注意，林德利指的是"董事拥有的"权力。在协议契据（deed of settlement）*/未注册公司（unincorporated company）中，公司权力

---

〔108〕 Nathaniel Lindley, *A Treatise on the Law of Companies Considered as a Branch of the Law of Partnership*, 5th edn, Sweet & Maxwell, 1889, p. 364 (emphasis supplied).

* 指 1844 年 11 月 1 日以前成立合股公司时订立的、指定公司合伙财产受托人并规定公司经营管理规章制度的协议。这些事项现由备忘录（memorandum）或公司章程（articles of association）来调整。——译者注

被授予公司董事,而不是首先授予董事会(a board of directors)或“董事会会议”(court of directors)。* 在协议契据公司(a deed of settlement company)中,不存在该实体的任何实体、机构或机关,只有被授予权力的个人。虽然协议契据通常会规定集体行使该权力,但该权力本身属于每个董事自身。这要求协议契据规定,当一些董事不在场时,“董事会会议”(court of directors)可以采取行动,并“将暂时赋予董事的所有权力和权限,就像所有董事都在场一样”。[109] 也就是说,“董事会会议”将赋予每个董事的权力集中在一起,以便集体行使该权力。与这种做法相一致的是,在一家注册设立的英国公司中,权力的下放通常不是授予董事会,而是授予董事。[110] 这也是英国法院有时将公司权力称为“受托权力”的原因:委托给受托人的权力,由受托人按照受托责任行使。[111] 董事权力是董事作为董事而拥有的权力,而不是因为出席和参加行使董事权力的董事会会议。因此,英国法律对上议院在 *Aberdeen Railway* 案提出的关于董事是否 349

---

* 董事会会议是指根据本章程正式召集的董事会会议。——译者注

〔109〕 See *Benson* v. *Heathorn* (1842) 62 Eng. Rep. 909, 910 (emphasis supplied).

〔110〕 例如,根据1862年《公司法》发布的默认章程(表A条款)规定:“公司的业务应由董事管理,他们可以支付成立和注册公司所产生的所有费用,并可以行使公司的所有权力。”(第55条)尽管本章程其他部分使用了“董事会”一词,但该词并未用于赋予董事权力或董事行使权力必须遵循的程序。例如,“董事可以将他们的任何权力委托给由他们认为合适的一名或多名成员组成的委员会”(第68条)(emphasis supplied)。阿伯丁铁路公司是一家特许公司,其章程由1845年《公司条款合并法》(Companies Clauses Consolidation Act of 1845)规定,该法案还授权了董事而非董事会权力。See Companies Clauses Consolidation Act, 1845, section 90.

〔111〕 See, e. g., *In re National Provincial Marine Insurance Company* (1870) 5 Ch. App. 559; *In re Coalport China Company* (1895) 2 Ch. 404; *In re Cawley & Company* (1889) 42 Ch. D. 209.

"在我们面前的案件中行事"[112]的问题的回答是,参与是无关紧要的,因为当董事会作出决定时,所有董事的权力都得到了行使。由于必须行使权力,适用的受托标准是严格的可撤销性标准,即使对于非
350 参与式自我交易的董事也是如此。

相比之下,在纽约州的一家公司中,权力不属于被授权集体行动的董事个人,而是属于董事会本身。例如,《针对制造公司的纽约公司法》(The New York corporation statute for manufacturing companies)规定"此类公司的股票、财产和业务应由不少于3名、不超过13名受托人管理"[113]。此外,早在1829年,《纽约公司法》就规定了受托人行使权力的法定人数要求,并规定"适当组成董事会的过半数人的每一项决定作为公司行为均有效"[114]。维克多·莫拉韦茨在1886年的一篇文章中写道:"商业公司的积极管理和事务指导工作通常属于董事会或受托人。"[115]到1892年,《纽约普通公司法》规定:"每家公司的事务应由其董事会管理,[而且]在出席人数达到法定人数的会议上,出席会议的过半数董事的行为即为董事会的行为。"[116] 19世纪纽约公司的权力不在于董事本身,而在于董事会,董事会有权在董事人数不足多数的情况下行使公司权力。没有出席董事会会议的董事不能行使公司权力。正如保罗·艾姆斯(Paul Ames)在1887年所解释的那样,董事"可被视为解除了与股东的任何信托关系,除非他

[112] *Supra* note 18 at 473.

[113] Section12 New York Manufacturing Corporation Act of 1848.

[114] Of the General Powers, Privileges and Liabilities of Corporations, Revised Statutes of New York, tit. III, section 6 (1829).

[115] Victor Morawetz, *A Treatise on the Law of Private Corporations*, 2nd edn, Little, Brown & Company, 1886, p. 477.

[116] N. Y. Gen. Corp. Law s. 29 (1892).

自己的个人行为可能影响整个董事会权力的完全行使”[117]。因此，从逻辑上讲，适用于这种未参与自我交易的董事的受托人标准将是吉布森影响力标准(Gibson influence standard)，即公平标准和更严格的莱西权力标准(Lacey power standard)将适用于参与董事。由于对英国公司董事赋权的理解，这种区别不适用于英国公司法，而在纽约州适用它是合乎逻辑的。这种对董事会权力的理解开辟了一条渠道，通过该渠道，既定的受托人影响力标准可以流入公司法。[118] 351

需要明确的是，这里的论点并不是说纽约公司法对董事会权力的理解决定了信托影响力标准的应用。相反，这种对董事会和董事赋权的理解创造了一个机会，这推动英国法律在分析结构中开辟了一条裂缝，它提供了一种应对工具经济压力的方法，使自我交易成为可能。辩论结构中的小分歧可能会推动不同的法律途径，尽管它们不一定会这样做。事实上，新泽西州法院在对待与纽约法院对董事会权力有实际上相同理解的公司时，[119]并没有采取这种开放方式，而是采用了英国的董事参与方式，认为即使在没有董事参与的情况下，严格的可撤销性规则也适用。马里兰州法院的早期判决也采取

---

[117] Paul K. Ames, *May a Director Deal with His Corporation*?, 1 Columbia Law Times 193 (1887 - 1888).

[118] 贝弗里奇认为，到19世纪70年代中期，这一标准已成为美国一般的自我交易信托标准。Beveridge, *Interested Director Contracts* at 103 (citing a casebook on trusts; Jairus Ware Perry, *A Treatise on the Law of Trusts and Trustees*, 2nd end, Little, Brown & Co., 1874, p. 248 - 249).

[119] 可以说，值得注意的是，新泽西州公司的早期法规并未提及董事会，而是直接授予授权董事。See John J. Treacy and John Milton, *The General Corporation Act of New Jersey*, Hudson Printing Company, 1896. 然而，新泽西州法院明确认为董事会而非个别董事获得了授权。See, e. g., *Titus* v. *Cairo &Fulton Railway Company* 37 N. J. L. 98, 102 (1874): “法人团体的事务完全在其董事会的控制范围内，董事会必须获得处置其资产的权力。”

了同样的立场。然而,即使在这些拒绝影响力标准的司法管辖区,影响力与权力之间的紧张关系也以英国公司法中所没有的方式存在。例如,1863 年,在英国 *Aberdeen Railway* 案和 *Benson* v. *Heathorn* 之后,[120] *Cumberland Coal & Iron Company* v. *Sherman* 中审议并驳回了影响力标准。然而,在 1875 年的 *Cumberland Coal & Iron Company* v. *Parish* 中,[121] 马里兰州上诉法院重申了同样的立场,然后不一致地认为,可撤销性问题取决于影响力标准:"[信任](confidence)是否得到了合理利用。"这里也不是说纽约法院完全不接受英国和新泽西州的立场。事实上,在为数不多的案件中(这些案件本身对纽约法
352 律的发展轨迹没有影响),纽约法院依靠谢尔曼采取了一种不依赖于董事参与的立场。[122] 相反,在这里提出并在下文论证的主张是,在制定如何规范自我交易时,纽约从 19 世纪 60 年代到 90 年代的主流观点接受了信托法对权力和影响力的区分,这种区分是通过对纽约公司董事会和公司权力的理解而形成的。

重要的是,哈罗德·马什和采纳哈罗德·马什立场的评论家都意识到了信托法的这一影响因素,以及公司与受益人的类比。然而,这被视为一种边缘的、没有说服力的事后技术理由,也是对法律变革

---

[120] See *Cumberland Coal & Iron Co.* v. *Sherman* 20 Md. 117 (1863).

[121] See *Cumberland Coal & Iron Co.* v. *Parish* 42 Md. 598, 606 (1875).

[122] See *Hoyle* v. *Plattsburgh & Montreal Railway Company*, 54 N. Y. 314, 328 (1873) ("在这方面,也不能将公司董事的职责限制在他在任何特别授权下担任董事期间或出席董事会会议期间"). 令人惊讶的是,该案例通常与支持严格标准依赖于参与的观点的其他权威一起被引用—— see, e. g., *Globe Woolen Co.* v. *Utica Gas & Electric Company*, 136 N. Y. S. 16, 21 (1912), *rev'd* 136 N. Y. S. 24 (1912) [引用霍伊尔(Hoyle)的主张,即"如果董事在他自己和他的公司之间签订合同,并假设为双方行事,他的合同是无效的"] (emphasis supplied); *Metro Elevated Railway Company* v. *Manhattan Railway Company*, 14 Abb. N. Cas. 103 (1884); *Merrill* v. *United Box Bd. & Paper*, 128 N. Y. S. 959 (1911).

潜在驱动因素的掩盖。〔123〕 更为复合的理解是，这种合理的解释超出了主流法律立场，哈罗德·马什只引用了 1902 年得克萨斯州的一个案例作为支持。事实上，他认为这是唯一能建立这种联系的案例。〔124〕 然而，在纽约信托法的影响既不是边缘化的，也不是对法律变化的事后解释。它与可撤销性标准（the voidability standard）一起出现，是由于法院在 1880 年之前及之后试图将信托法移植到美国公司的背景下。不出所料，法院并不认为有必要"解释"公平标准的适用，因为对他们来说，这并不代表法律的改变。

（二）与会董事与受托人影响力标准

在纽约早期的许多案件中，董事参与了决定进行自我交易的决策。当他们行使权力时，*Aberdeen Railway* 案制定的严格的莱西权力 353
标准（the strict Lacey standard）是适用的。但在纽约，人们无法从这些案件中推断出普遍适用的可撤销性标准。相反，早期被认为是严格标准旗手的案例，却煞费苦心地强调了董事对董事会决策的参与。法院之所以强调"参与"，是因为意识到适用的标准取决于行使权力与否或仅仅是施加影响力。例如，在 *Butts* v. *Wood* 中，法院强调被告参与已批准的交易。〔125〕 在 *Munson* v. *Syracuse* 中，普遍关注董事参

〔123〕 See Marsh, *supra* note 1 at 40："似乎对这种立场变化给出的唯一解释是技术上的解释。" See also Clark, *supra* note 5, at 161（"他们至多提出了技术性的、类比的论点"）。

〔124〕 See Marsh *supra* note 1 at 40 "似乎已经给出的唯一解释"，然后引用了得克萨斯州最高法院在 *Tenison* v. *Patton*, 67 S. W. 92, 95 (1902) 案中的意见。

〔125〕 See 37 N. Y. 317 (1867) focusing on the role of the director in approving compensation for himself and observing that the director was "disqualified from acting, because he could not deal with himself". 侧重于董事在批准对自己的薪酬方面的作用，并指出董事"因无法处理自己的问题而被取消代理资格"。See also *Barnes* v. *Brown*, 80 N. Y. 527, 535 (1880)（"他不能同时为自己和受托人行事"）。

与批准交易。法院认为,“合同约束公司进行购买,而蒙森(Munson)作为董事之一,参与了公司承担义务的行动”;他是“投票赞成该合同的10位董事之一”。[126] 法院进一步指出,“法律无法准确衡量受托人及其同伙……在受托人以个人身份执行合同的诉讼中的影响力,他参与了合同的订立”,并且严格的规则“削弱了在所有具有委托人和代理人双重身份的交易中不诚实的诱惑”。[127] 虽然该判决没有说明董事弃权或回避董事会决定时适用的标准,但它是在权力与影响力双重信托模式下运作的。事实上,在与 *Munson* v. *Syracuse* 相关的诉讼中,上诉法院在 *Munson* v. *Magee* 中强调,Munson 在代表公司行事中的作用是可撤销性决策的核心。[128]

在 *Munson* v. *Syracuse* 之后的案例中,对案件事实采取了严格的可撤销性方法的案例相对较少,而那些确实采取了严格的标准的案例则涉及参与决策的董事。在这些案件中,法院确定了这种参与。
354 例如,在 *Koster* v. *Pain* 中,上诉法院指出,“与其他所有受托人或代理人的情况一样,任何董事在代表公司行事时,都不能为自己保留或

〔126〕 See *supra* note 75 at 358 (emphasis supplied).

〔127〕 Ibid. at 358.

〔128〕 1875年9月14日的合同由蒙森、凯斯和戈文作为个人签署,他们拥有并控制索迪斯湾公司(Sodus Bay)的债券,然后由索迪斯湾和康宁铁路公司(Sodus Bay & Corning Railroad Company)总裁蒙森执行。没有其他管理人员或个人代表铁路公司执行合同。因此,在本案中,蒙森作为个人,以所有者的身份出售,以公司总裁的身份购买,而这正如安德鲁斯法官所说,法律不会批准。

保证任何利益或好处"[129]。

虽然权力/影响力的二分法默默地构成了最重要和最有影响力的早期案例,但在19世纪80年代,只有一个纽约案例明确地未认真考虑受托人影响力公平标准。这就是1889年纽约最高法院的一项判决——*Rudd* v. *Robinson*,在该案中,法院将严格的可撤销性规则与影响力标准并列,使某些交易无效并使其他交易(涉及贷款)服从影响力标准。[130] 19世纪80年代对该标准没有明确的解读,可以理解为该标准的缺失。这是不正确的,很明显早期的严格决策本身就是在这种信托权力/影响力范式的背景下运作的,因此接受了自我交易公平标准的功能,尽管在这些案件的事实上,随着权力的行使,适用了可撤销性标准。 355

---

[129] *Koster* v. *Pain*, 58 N. Y. S. 865, 866 (1899) (emphasis supplied). See also *Jacobson* v. *Brooklyn Lumber Company*, 76 N. E. 1075, 1078 – 1079 (1906) (引用 *Butts* v. *Wood* 和 *Munson* v. *Syracuse* 的观点,即"当公司管理人员受到私人利益的影响时,该州的法院经常声称公司官员的行为和投票是可撤销的");*Merrill* v. *United Box Bd. & Paper*, 128 N. Y. S. 959, 962 (1911) (依据 *Munson* v. *Syracuse*,并观察到"原告投票批准了他自己的合同");*Miller* v. *Crown Perfumery Company*, 109 N. Y. S. 760, 765 (1908) ("该原则从逻辑上源自公司高管与公司之间存在的信托关系,该关系禁止该高管对公司的财产或资产进行投票,或参与影响其个人利益的任何事务") (citing *Butts* v. *Wood* and *Barnes* v. *Brown*);See also *Barr* v. *New York, L. E. & W. R. Company*, 26 N. E. 145, 149 (1891) [区分 *Munson* v. *Syracuse* 的基础是,在 *Munson* v. *Syracuse* 中,"被告公司的董事是(协议)的一方,并参与了公司承担义务的行动"];*Strobel* v. *Brownell*, 40 N. Y. S. 702 (1895) (区别 *Munson* v. *Syracuse* 的依据是,在订立合同时,蒙森是采购公司的董事,并参与了诉讼所依据的合同的制定);*Beers* v. *N. Y. Life Ins. Company*, 20 N. Y. S. 788, 795 (1892) ("董事可以自由与其公司订立合同,只要他在一方面为自己的利益行事的同时,另一方面也不以受托人的身份行事,以免其利益和他的职责可能会发生冲突")。

[130] See 7 N. Y. S. 535, 538 (1889) [following *Twin-Lick Oil Company* v. *Marbury*, 91 U. S. 587 (1875)]. Cf. *Hoyle* v. *Plattsburgh & Montreal R. R. Company*, 54 N. Y. 314, 319 (1873) [following *Benson* v. *Heathorn* (1842) 62 Eng. Rep. 909, 并暗示这种无能是不可能的,尽管本案中的董事参与了拍卖公司资产的决定]。

针对贝弗里奇(Beveridge)的观察,即在许多可撤销性案件中董事参与了交易,[131]卡里(Cary)和艾森伯格(Eisenberg)认为,尽管这可能是正确的,但“意见并未将规则限制在此类案件中”。[132] 事实上,在没有上述信托背景的情况下,对这些案例的字面解读将无法确定明确的限制。然而,在这种情况下,我们看到可撤销性与权力有关,这解释了法院对参与的关注,而且如果权力没有被行使,公平规则是可以适用的。

这种信托模式也为这一时期的案例与纽约主要评论人士之间的明显脱节提供了解释。贝弗里奇教授为了支持公平审查是在美国自我交易法的早期确立的观点,引用纽约州律师[133]维克托·莫拉韦茨的话来支持他的论点,维克托·莫拉韦茨在1880年指出“如果公司由其他代理人代表,董事与公司之间的合同中并无不当行为”。在他1886年版的书中,维克托·莫拉韦茨观察到法定人数董事会被授权代表公司行事,并且只要代理人(董事)不参与,交易就是合理的。然而,“即使[公司]由董事会多数成员代表,[交易]将始终受到法院的严格审查,并在公司提起诉讼时被撤销,只要证明存在丝毫的不公平或强加于公司的行为”[134]。在驳斥贝弗里奇的论点时,卡里和艾森

---

[131] See Beveridge, *Duty of Loyalty* at 662(“如果我们研究马什教授引用的支持其主张的案例,即尽管公平但有利害关系的董事的合同是可撤销的,我们将看到这些案例实际上涉及有利害关系董事积极代表交易双方的交易”).

[132] See Cary and Eisenberg, *supra* note 7 at 651.

[133] See Morawetz joined the well-known New York corporate law firm Cravath in 1887.

[134] Morawetz, *supra* note 115 at 495. Morawetz's second edition was reviewed by Professor Ames in the Harvard Law Review. J. B. Ames, *Book Review*, 1 Harv. L. Rev. 109 (1887)(将 Morawetz 的论文称为“关于公司主题的最佳论文”).

伯格认为,这一时期的评论人士比大多数案件走得更远。[135] 但这些评论人士并没有走得更远。尽管人们在19世纪80年代没有发现纽约案件以维克托·莫拉维茨概述的条款明确说明法律,但他理解*Butts* v. *Wood*和*Munson* v. *Syracuse*是对现有权力/影响力信托立场的阐述,这与维克托·莫拉维茨的陈述是一致的。正如维克托·莫拉维茨观察到的,“在这些案件中所遵循的原则是代理法的一般原则”[136]。因此,纽约的公平审查并不像哈罗德·马什所要求的那样,需要被证明是背离了严格的可撤销性规则和支持该规则的政策。对19世纪的纽约律师来说,它代表了一种与可撤销性规则并列的信托原则,其适用性取决于董事在相关交易中的角色。 356

(三)牢固确立公平审查制度

正是在19世纪90年代,影响力学说在纽约崭露头角。如上所述,上诉法院在*Sage* v. *Culver*中的判决采用了一种植根于信托影响力标准的明确的基于公平的方法。[137] *Sage* v. *Culver*中的法院引用

---

[135] See Cary and Eisenberg, *supra* note 7 at 651.

[136] Morawetz, *supra* note 115 at 484 – 485. See also Henry O. Taylor, *A Treatise on the Law of Private Corporations*, 4th edn, Kay & Brother, 1889. 由于泰勒是纽约律师协会的成员,这篇文章在纽约有很强的影响。虽然泰勒没有像莫拉韦茨那样清楚地阐述这一规则,但他的分析是以参与为基础的:“一名董事或其他公司高管可以代表他的公司与自己订立任何约束公司的合同……因此,由总裁投票决定的公司董事会决议批准与其个人有利害关系的未经授权的行为是无效的。”[at 580 – 581 (emphasis supplied)]

[137] See *Sage* v. *Culver*, 41 N. E. 513 (N. Y. 1896)是美国评论员的一个重要的但在很大程度上被遗忘的案例。该案仅从Westlaw期刊和评论搜索中获得7次引用,其中只有一次在文章的正文中提到了*Sage* v. *Culver*。See Claire M. Dickerson, *Interested Directors of New York Corporations and the Burden of Proof*, Columbia Business Law Review 91 (1988); See also Beveridge, *Interested Director Contracts*, at 121 (引用但未仔细斟酌该案例); Lauren B. Homer, Note, *The Status of the Fairness Test Under Section* 713 *of the New York Business Corporation Law*, 76 Columbia Law Review 1156 (1976).

Gibson v. *Jeyes* 和 *Cowee* v. *Cornell* 作为权威的公平标准,但没有就此展开讨论。法院解释说,公平标准要求“[董事]未利用其职位谋取任何不正当利益”。法院没有解释应如何评估这一问题,并将该问题提交下级法院裁决。

对于 *Sage* v. *Culver* 来说,公平审查是法院通过公平的影响力而非权力视角来看待自我交易的产物。然而事实上,在采用影响力标准的本案和随后的案件中,衡平法对权力和影响力的区分并未一直保持这种严格的标准。审理 *Sage* v. *Culver* 的法庭似乎没有将其持股限制在非参与的董事之中。因此,如果 *Sage* v. *Culver* 代表了法律
357 变革的时刻,那么它不是从可撤销性转向公平性的时刻,而是一个可以说是开始了影响力标准与董事权力行使的缺席脱节的时刻。

在 *Sage* v. *Culver* 中,公平审查的来源可以很容易地追溯到受托人影响力学说(fiduciary influence doctrine)。19 世纪 80 年代和 90 年代纽约的其他多个案件也采用了这样的观点,即在公平审查的前提下,自我交易合同是被允许的,但这些案件并没有那么清楚地追溯到受托人影响力学说。然而,这些案例中的大多数都符合权力/影响力范式。例如,1880 年,纽约上诉法院在 Van Cott 案中裁定,铁路公司的管理人员与该公司签订合同的能力并未受到严重质疑,前提是被告没有从合同中获得特殊利益,也没有任何欺诈的行为。[138] 法院裁定被告董事胜诉,因为他收到的款项未超过所提供服务的价值。也就是说,合同价格是公平的。1895 年,在 *Strobel* v. *Brownell* 中,因为该案不存在行使权力的情况,纽约最高法院作出了有别于 *Munson*

---

〔138〕 See *Van Cott* v. *Van Brunt*, 82 N. Y. 535, 539, 541 (1880).

v. *Syracuse* 的裁定，并认为：

> 公司董事与公司签订的每一份此类合同都会受到怀疑，如果交易遭到攻击，那么与公司签订合同的公司代理人就有责任证明该交易在所有方面都是诚实和公平的，而且他没有从合同中获得比其他人可能获得的更多的利润……[合同]不一定会被撤销，除非[董事有]……利用职务之便从公司获得了比他应得的更高的报酬。[139]

法院得出的结论是，该合同不是一份董事利用不正当优势的合同，法院只关注公平价格问题。

确定法律学说的演变变化并确定其发生的时间段是一项不稳定的任务。选择一个日期会立即使提交人面临基于一组备选案例的反诉。普通法通常是非常宽容的(very obliging)，因为有很多案例和错误。本节试图证明的是，从 *Butts* v. *Wood* 到 *Sage* v. *Culver* 的案例所代表的不是变革，而是由长期存在的信托原则和美国公司理念的相互作用所支撑的连续性。这一连续性时期一直持续到 20 世纪。例 358
如，1909 年 *Davids* v. *Davids* 的判决最初似乎对据称过高的高管薪酬采取了一种基于公司权力的可撤销性方法，但随后可能受到董事会放弃参与决策的事实反诉的影响，建议适用的标准是一种基于 *Sage* v. *Culver* 公平的方法，将证明公平的责任交给董事，而在本案中他们

---

[139] *Strobel* v. *Brownell*, 40 N. Y. S. 702, 705 (1895). 请注意，在此案中，有两个不同的问题交织在一起：善意判断(good faith judgment)和不正当优势(undue advantage)。合同条款被视为与两者相关。

未能做到这一点。[140] 在 *Globe Woolen Co.* v. *Utica Gas & Electric Company* 中，初审法院维持了拥有共同董事的公司之间的一份可执行电力供应合同。[141] 法院以 *Butts* v. *Wood* 和 *Munson* v. *Syracuse* 为例，将适用于董事行为的自动可撤销性规则与以 *Strobel* v. *Brownell* 为例的董事未参与的情况区分开来。法院认为，只要"不存在欺诈、共谋、恶意或隐瞒行为，公司与其一名董事之间可以订立有效合同"。[142] 在上诉时，上诉法院的卡多佐法官推翻了下级法院的裁决，但这样做适用了与初审法院相同的法律框架。上诉法院认为，*Munson* v. *Syracuse* 中的严格规则不适用，因为该董事并未参与决定，但认为"可以通过投票以外的其他方式施加支配性影响"。[143] 据此，法院裁定：

> 因此，一方面存在信任关系、一种施加影响力的关系、一种卓越的知识（*superior knowledge*）的关系，另一方面存在合法依赖关系。[*Citing Davids* v. *Davids* and *Sage* v. *Culver*] 至少，有证据表明存在这种关系。受托人不得坚持如此赢得的合同，除非合同的条款是公平和公正的。[144]

---

[140] See *Davids* v. *Davids*, 120 N. Y. S. 350 (1909). See also *Carr* v. *Kimball*, 139 N. Y. S. 253, 262 (1912) (*Citing Davids* v. *Davids* and *Sage* v. *Culver*), 关于权力与适用标准之间关系的类似程度的精神分裂症。

[141] See 136 N. Y. S. 16 (1912).

[142] Ibid. at 21.

[143] See *Globe Woolen Co.* v. *Utica Gas & Electric Company*, 121 N. E. 378, 379 – 80 (1918).

[144] Ibid. at 380.

上诉法院以“令人震惊的不公平”为由宣布这些合同无效，这一判决是基于法院对合同条款的仔细分析。[145]

尽管 *Globe Woolen Co.* v. *Utica Gas & Electric Company* 提供了一个清晰的权力/影响力框架的明确声明，但它在这方面代表了一个高水位线。1920 年后，尽管有一些案件主张权力或影响力框架，仅仅因为权力的行使就使得交易无效，[146] 但 *Sage* v. *Culver* 的公平标准 359
以及对权力和影响力之间的区别的无视开始占据主导地位。[147] 在某些情况下，对 *Sage* v. *Culver* 的提及被抛在脑后，其基于影响力的公平标准脱离了案件本身。这一点在 *La Vin* v. *La Vin*[148] 的一审判决中表现得最为明显，上诉法院对这一判决作出了法院整体（per curiam，引用法官判词）的确认，[149] 哈罗德·马什认为这一判决“令人蒙羞”，因为这一判决未能解决对严格规则的背离问题。[150]

---

〔145〕 Ibid.

〔146〕 少数案件之一是 *Hauben* v. *Morris*, 291 N. Y. S. 96 (1936)。

〔147〕 See *Schall* v. *Althaus*, 203 N. Y. S. 36 (1924); *Blaustein* v. *Pan Am. Petroleum & Transp. Company*, 21 N. Y. S. 2d 651 (1940); *Cleary* v. *Higley* 277 N. Y. S. 63 (1934). 这些案例中的每一个都广泛引用了 *Sage* v. *Culver*. See also *Everett* v. *Phillips* 43 N. E. 2d 18, 22 (1942)(认为董事的双重身份并未导致交易无效，而是对其进行了公平审查); *Kaminsky* v. *Kahn*, 259 N. Y. S. 2d 716, 725 (1965); *Foley* v. *D'Agostino*, 248 N. Y. S. 2d 121 (1964); *Wohl* v. *Miller*, 169 N. Y. S. 2d 233, 241 (1958)(明确将实际参与与公平审查联系起来); *Strax* v. *Murray Hill Mews Owners Corp.*, 809 N. Y. S. 2d 759, 763 (2005)(Suarez, PJ, dissenting); *In re Meyer's Estate* 119 N. Y. S. 2d 737, 756 (1953)(当董事“为两个主人服务”时，应适用公平性审查); *Stearns* v. *Dudley* 76 N. Y. S. 2d 106, 125 (1947); *Bayer* v. *Beran*, 49 N. Y. S. 2d 2, 6–7 (1944).

〔148〕 See 128 N. Y. S. 2d 518 (1954).

〔149〕 See 121 N. E. 2d 620 (1954)(*per curiam*).

〔150〕 See Marsh, *supra* note 1 at 41.

Munson v. *Syracuse* 在向公平审查[151]过渡的过程中没有被遗忘,无论参与程度如何,但在最坏的情况下,它都被引用来支持一般公平标准,[152]最好的情况是支持举证责任的分配取决于董事是否参与的立场。[153]

这就是哈罗德·马什正确指出的纽约判例法中无法解释的转变:从不参与/不掌握权力的董事和公平到公正的公平,无论是行使权力还是施加公对正的影响,这在普通法术语中并不是无法解释的,因为 *Sage* v. *Culver* 本身是一个上诉法院的案件,似乎忽视了信义法不参与的先决条件,从而提供了一个只追求公平路径的平台,一个法院容易采用"*Sage* v. *Culver* 中规定的规则"的平台。[154] 但这种转变
360 在政策方面是无法解释的,甚至是无法解释的,因为显然没有必要调整以适应自我交易的工具性经济需求。正如第十章所讨论的,在英国公司和股东拥有完全的合同自由来制定自我交易规则,他们通常会选择一个无利害关系的董事机制,如果不遵守该机制,就会受到严格的可撤销性规则的限制。也许监管竞争或管理层重复参与者诉讼

---

[151] See *Munson* v. *Syracuse* 案经常在信托和遗嘱的非公司背景下被引用。See, e. g. , *In re Estate of Grace*, 247 N. Y. S. 2d 695, 698 (1964); *In re Estate of Dickson*, 237 N. Y. S. 2d 572, 577 (1963). 然而,在公司案件中,很少有 *Munson* v. *Syracuse* 之后的案件被引用。

[152] See *Strax*, *supra* note 147 at 763 (引用 *Sage* v. *Culver* and *Munson* v. *Syracuase* 作为公平审查的权威).

[153] *Hazzard* v. *Chase Nat'l Bank of New York*, 287 N. Y. S. 541, 570 (1936).

[154] See *Blaustein* v. *Pan Am. Petroleum & Transp. Company*, 21 N. Y. S. 2d 651, 667 (1940); *Cleary* v. *Higley*, 277 N. Y. S. 63, 75 (1934) referring to the "rule set forth in the case of *Sage* v. *Culver*".

效应(the effects of repeat player litigation)*的影响,或不同经理提出的持续相似的主张在这里具有一些解释力。然而,当考虑当事人以及裁决这些案件的法院和法官时,重复参与者(the repeat player)诉讼请求似乎没有说服力。在这一过渡时期所引用的案件中,同一被告或同一法官没有出现两次。自我交易的被告也不是典型的重复参与者,[155]公司资源无法用于为这些行为辩护。关于诉讼费用的补偿,就其提供的范围而言,根据当时的合法性是值得怀疑的,[156]而且原告似乎有充足的资源,因为他们通常是提起派生诉讼的大股东或清算人。早在 1895 年的 *Sage* v. *Culver* 似乎忽略了权力/影响力的区别,这一事实削弱了监管竞争作为一个解释性因素的影响。此外,在 20 世纪的几个案例中,采用了公平标准而忽略了区别,但判决本身并不有利于管理层,这表明这些法官不接受纽约法律需要做出支持管理人员的调整以吸引公司在纽约州重新注册(re-incorporations)。[157]没有一个有说服力的解释,但人们不能忽视这样一种解释,即低估政治、压力集团和立法者对这些压力的理性反应,而仅仅将法律变化视为普通法从去语境化的简单法律命题(比如 *Sage* v. *Culver* 提出的公平标准)中产生的动力的结果。我们也可以认为,这涉及在阅读案件和运用普通法方面的一定程度上的无能;但也许这正是这种方法的本质。 361

---

* the effects of repeat player,重复参与者效应,在纠纷中,重复参与者在纠纷解决经验、技巧和资源方面更为丰富,更容易收到更好的效果。——译者注

[155] 关于重复参与者的讨论, see Marc Galanter, *Why the "Haves" Come Out Ahead: Speculations on the Limits of Legal Change*, 9 Law and Society Review 95 (1974).

[156] See p. 307.

[157] See, e. g. , *Schall* v. *Althaus supra* note 147; *Stearns* v. *Dudley*, 76 N. Y. S. 2d 106 (1947). 其他案件情况符合"逐底竞争"的模式。See, e. g. , *Everett* v. *Phillips*, 43 N. E. 2d 18 (1942); *Bayer* v. *Beran*, 49 N. Y. S. 2d 2 (1944).

四、特拉华州借鉴来的自我交易本领

在本书的第二部分,在对注意义务的讨论中注意到特拉华州法律对董事注意义务的惊人缺失。直到 1960 年才出现特拉华州的注意义务案例,但从 20 世纪 20 年代起,特拉华州就确立了公司法的市场领导地位。特拉华州自我交易判例法的缺失再次令人震惊。特拉华州在 *Marsh* v. *Whitmore*(以下简称 *Marsh* 案)演变的前两个阶段没有一席之地,因为根本没有案例。*Marsh* 案中没有提到在 1948 年之前的特拉华州的案例。[158] 更准确地说,如果以 1920 年为分界点,就不可能对特拉华州的自我交易法做出任何明确的解释,因为特拉华州根本没有自我交易判例法。同样值得注意的是,特拉华州成为领先的公司法州,在一个对公司和董事都如此重要的问题上却几乎没有普通法。在本书第二部分中我们观察到,这种缺乏注意义务的案例法对特拉华州成功的法律和过程驱动因素的几个共识立场产生了重大怀疑。[159] 我们提出了一种公司州际选择理论,该理论完全不依赖于特拉华州拥有的任何法律(除了其公司法规)或与此类法律相关的法律和流程网络外部性。这一理论强调了特拉华州的规模和财务依赖性对公司特许经营税的动态影响,这意味着公司及其顾问可以

---

〔158〕 马什引用了 *Blish* v. *Thompson Automatic Arms Corp.*, 64 A. 2d 581 (1948),在决定董事会是否达到法定人数时,是否可以计算有利害关系的董事。Marsh, *supra* note 1, at 42 n. 27. 他还引用了较早的 *Hand* v. *Missouri-Kansas Pipe Line Co.*, 54 F. Supp. 649 (D. Del. 1944)联邦案件关于代理权争夺中的董事会费用(at 60 n. 88)。

〔159〕 See p. 223 – 228.

期望特拉华州在其他州制定的法律选择范围内运营。特拉华州的自我交易法为这一理论提供了进一步的支持。

自我交易法缺乏权威显然为特拉华州的法官创造了开放空间，可以从一张白纸中定制新的解决方案，以适应他们的主要利益群体。然而很明显，这并没有发生。特拉华州的自我交易法显然植根于上述讨论的新泽西州和纽约州形成的方法，它借鉴并融合了这些方法。在此过程中，特拉华州仅通过有限地引用特拉华州法律所依据的邻州判例，再次表明其独立性。再一次，正如我们在商业判断和注意义务的背景下看到的那样，我们可以将这种独立性——在其获得成功 362
的特性支持下视为特拉华州产品的一个因素，在这种情况下，它涉及法律的借用和结合纽约、新泽西州提供的规范自我交易的概念和想法，但在将它们与这些司法管辖区的法律并列时，它们的呈现方式显得混乱和矛盾。

特拉华州关于自我交易的法律始于1921年的重要案件 *Cahall* v. *Lofland*。[160] 在本案中，衡平法院和特拉华州最高法院均宣布向公司董事支付薪酬和发行股份的行为无效，其中，进行自我交易的董事在董事会决议中投票批准了这些行动。两个法院均援引了适用于新泽西州法律的特拉华州地方法院案件 *Du Pont* v. *Du Pont*，该案在未援引权威的情况下指出，"如果[董事]在其利益与其职责冲突的事项上为自己行事，法律认为该交易具推定的欺诈性（constructively fraudulent），并且在公司投票时可以宣布无效（voidable）"[161]。推定欺诈的措辞呼应了在纽约非常有影响力的权力/影响力信托二分

---

[160] See 114 A. 224 (De. Ch. 1921).

[161] 242 F. 98, 136 (D. Del. 1917).

法，尽管该术语通常用来指代有影响力的监管（the regulation of influence），[162] 但在这里，它与权力的行使不寻常地联系在一起。在此陈述之后，衡平法院接着依据新泽西州 *Butler* 案来理解这一规则的适用。它从 *Butler* 案中提炼出两条原则：无利害关系的董事原则和公平原则。[163] 然而，在 *Butler* 案中，董事会决议获得了大多数有利害关系的董事的通过，法院随后遵循 *Stewart* v. *Lehigh Valley* 的判决，明确认为有利害关系的董事的不参与是无关紧要的。然而，对于 *Cahall* v. *Lofland* 中的衡平法院而言，*Butler* 案的事实是其认为多数利益相关董事的参与使得交易具有推定的欺诈性的基础，因此可以撤销。尽管"推定欺诈"的措辞意味着公平审查，但该判决没有明确
363 说明对无利益关系董事批准的交易进行审查的标准。法院还指出，*Butler* 案规定，尽管合同无效，但董事——合同的对手方有权获得其应得的赔偿，因为"拒绝受托人［为此］获得公平的等价物显然是不公平的"。[164] 也就是说，衡平法院也承认矫正性公平（remedial fairness）。

在特拉华州最高法院 *Lofland* 案[165] 的判决中，法院开始进行分析，认为适用于本案的一项不能被"严重质疑"原则是，董事必须以"最大的诚意"行事以及"当涉及他们个人利益的情况下……进行公

---

[162] For example, *Cowee* v. *Cornell*, 75 N. Y. 91, 99 – 100 (1878)［除其他案例外，还引用了英国的 *Hunter* v. *Atkins* (1834) 47 Eng. Rep. 166an］通过信托影响原则的视角理解推定欺诈。See quotation at p 346, *Cowee* v. *Cornell* 法院称之为"推定欺诈"。See also cases cited at note 99.

[163] See *Gardner* v. *Butler*, *supra* note 160 at 232.

[164] See *Cahall*, 114 A. at 232［quoting *Gardner* v. *Butler*, 30 N. J. Eq. 702, 724 – 725 (1879)］.

[165] See *Lofland* v. *Cahall*, 118 A. 1 (Del. 1922).

平交易”。然而,法院在得出结论时,重点关注董事参与批准自我交易合同的效果,并认定自我交易因推定欺诈(constructive fraud)而无效(invalidity)。对于最高法院来说,正如在 *Munson* 案中一样,由于董事的个人利益与实际履行职责相冲突,因此董事的参与[166]使交易无效。法院没有探讨适用于与非参与董事(non-participating director)进行自我交易的标准。然而,对参与的关注和推定欺诈的措辞(如果不准确)表明,受托人影响力/公平标准(fiduciary influence & fairness standard)将适用,并且法院的“公平交易”要求将适用于此类不参与的情况。与衡平法院不同,最高法院没有探讨 *Gardner* v. *Butler* 的矫正性公平(remedial fairness)。除杜邦诉杜邦案外,法院也没有提及关于自我交易法的权威,尽管它确实确认了衡平法院所考虑的权威是主要权威。然而,法院关于股票发行无效的结论显然与董事们没有为股票支付任何费用的事实交织在一起。也就是说,如果股票的发行不是一种“赠与”,那么法院就会应用矫正公平(remedial fairness)。因此,*Lofland* 案将矫正公平(remedial fairness)和受托人影响力(fiduciary influence)标准结合在一起。可以说,无论董事是否参与批准交易,它都适用了公平标准,如果董事没有参与,则建议适用信托人影响力公平标准(fiduciary influence fairness standard)。 364

17 年后,在 *Keenan* v. *Eshleman*(以下简称 *Keenan* 案)[167]中,*Lofland* 案的公平审查双轨制被提炼为一个明确的公平主张:对于自我交易的董事,法院引用 *Lofland* 案指出,法律“要求”“源于他

[166] 法院关注的事实是,“没有一个人是有没有利益关联”而代表公司行事的。

[167] See 23 Del. Ch. 234, 244 (1938).

们……的公平交易”。[168] 重要的是,对于 *Keenan* 案以及此后的特拉华州法律来说,董事参与不会使交易在矫正公平的情况下无效,而是将举证责任强加给董事,以证明“交易的全部公平性”。[169] 也就是说,*Keenan* 案在法院在功能上缩短了 *Lofland* 案(因此也缩短了新泽西州)的矫正公平,并利用了“推定欺诈”推断的影响力标准,规定董事参与仅具有程序相关性。1952 年,在 *Gottlieb* 案[170]中,特拉华州最高法院再次引用了 *Lofland* 案[171]中的判决,[172]并在 *Keenan* 案中确认了这一立场。法院指出,在大多数董事都是利益相关者的情况下,“董事们的责任不仅要证明交易是善意的,而且要证明交易的内在公平性将经得起最深入、最客观的分析”,这一立场至今仍然存在,*Gottlieb* 案一直被引用为权威。[173]

对于 *Gottlieb* 案来说,“公平”意味着支付的对价是一个公平的、公允的价格,要求“董事证明”该交易“对公司同样有利”,就像“与陌

---

〔168〕 Ibid. at 243.

〔169〕 Ibid. at 243. 法院引用了美国最高法院关于 *Geddes* v. *Anaconda Copper Mining Co. et al.* , 254 U. S. 590 (1921)案的举证责任立场来支持其举证责任,规定举证责任由那些“愿意维护他们的人”承担,以显示他们的全部公平性。本法院在格迪斯(Geddes)案中的公平立场源自 *Twin-Lick Oil Co.* v. *Marbury*, 91 U. S. 587 (1875)一案,该案采用了公平立场。*Twin-Lick* 公平立场的基础很难追溯,但最好理解为采用了影响力标准,该标准在其引用的一个纽约案例中是可以识别的:*The Cumberland Co.* v. *Sherman* 30 Barb 553, 574 – 575 (1859). 关于现代自我交易案件中的举证责任, see section 144 Delaware General Corporation Law as interpreted by *Fliegler* v. *Lawrence* 361 A. 2d 218 (1976). 在本章中,我们关注的是自我交易标准在普通法上的演变。

〔170〕 See *Gottlieb* v. *Heyden Chem. Corp.* , 90 A. 2d 660 (Del. 1952).

〔171〕 虽然 *Lofland* v. *Cahall* 是在这一点上引用的唯一案例,但法院还引用了 William Meade Fletcher, *Cyclopedia of the Law of Private Corporations* (1917) section 921。

〔172〕 See *supra* note 170 at 663 (emphasis supplied).

〔173〕 See, e. g. , *Rabkin* v. *Phillip A. Hunt Chemical Corp.* , 498 A. 2d 1099 (1985); *Fliegler* v. *Lawrence*, 361 A. 2d 218 (1976).

生人达成交易”一样。[174] 这种对价格的关注与矫正公平(remedial fairness)是一致的,它只关注结果而不是影响。然而,正如我们所看到的,对于受托人的影响力标准而言,公平不仅与价格有关,还与受 365
托人的行为有关,即揭示影响力是被施加还是被抵消的交易过程。尽管特拉华州最高法院在 *Lofland* 案中融合了不同的公平审查途径,因此其对“公平交易”的要求包含在公平审查的两个组成部分中,但它没有定义公平审查的性质。然而,对于当代特拉华州法院而言,他们对公平的理解存在分歧,*Lofland* 案的“公平交易”代表了现代“完全公平”立场的过程,要求“公平交易和公平价格”。[175]

因此,特拉华州自我交易法的情况表明,特拉华州本身并没有为自我交易公平审查的发展做出实质性的法律贡献,这项工作是 19 世纪中后期在新泽西州和纽约州完成的。对特拉华州有限的自我交易案例法的分析表明,20 世纪初的特拉华州自我交易法实际上是一张白纸,特拉华州的法官还得从主要司法管辖区的方法和先例中进行选择,其做法只是这种非特拉华州判例的延伸。然而,由于其自身传统的缺失以及拒绝认真对待非特拉华州的传统,导致了概念上的分裂,但也容易实现概念上的融合,因为公平审查的不同途径结合在一个围绕董事参与构建的公平性标准和举证责任规则中。也许这一优势使特拉华州能够从复杂性中切入,相对迅速地看到矫正公平标准(remedial fairness standard)会使其他方法——严格的可撤销性规则或基于参与性的受托人公平标准在功能上无关紧要。然而,特拉华

---

〔174〕 See *supra* note 170 at 663.

〔175〕 See *Cede & Co.* v. *Technicolor*, Inc 634 A. 2d 345, 361 (1992); see also *Weinberger* v. *UOP*, Inc. 457 A. 2d 701, 710 (1983).

州法院并未改变法律标准的性质,早在特拉华州获得公司法律显著性优势之前,这种支持管理层的偏见就已经存在了。当然,这并没有告诉我们有关标准的应用。在"公平"的前提下有很大的回旋余地,而且有很大的空间来吸引管理者,以一种明显有利的方式加以应用。

五、结论

如果有人提出两种自我交易法的规制路径,一种是公司能够使
366 任何自我交易无效的严格可撤销性方法;另一种是基于市场基准衡量的公平性的方法,并要求管理者选择他们喜欢的规制形式,那么管理者很可能会选择后者。善意的管理者会欢迎公平标准所固有的灵活性,而不太善意的管理者会欢迎在更大范围内来达成利己的自我交易安排。根据哈罗德·马什对自我交易法演变的描述,美国最初采取了严格的亲股东做法,拒绝公平标准,但随着时间的推移,转向了亲董事的基于公平的做法。根据 *Marsh* 案的判决,法院未能从法律或政策方面解释这种转变。

将当代公平标准与历史严格标准并列,*Marsh* 案得出结论,即当代美国公司法比过去更便于管理。然而,问题仍然是,为什么它变得如此易于接受管理利益。对于这个问题,当代公司律师可能会给出的答案由两个组成部分。首先,严格的规则不适合通过公司形式开展商业活动,因此需要将其改为更合适的标准。其次,在这种情况下,提供一项有利于管理层的规则的压力可能比其他任何情况下都

更大,因为自我交易法是法律中的一个重要再分配领域,[176]而管理者会有效地做出重新注册决定。当我们从比较的角度来看自我交易法时,这一结论得到了加强。英国从严格的标准开始保持其严格的标准,没有受到特许经营竞争的扭曲激励效应的影响。

但是,如果美国和英国的自我交易法是由于现有信托法在19世纪中后期适应了公司的概念而产生的,那么可以得出如下结论:(1)美国没有从严格的规则到便于管理的标准的无法解释的转变来解释,(2)没有必要依赖非法律压力和激励来解释法院未能解释的美国法律变化,以及(3)英国维持严格的标准与据称对管理层利益的接受度下降无关。当然,这并不是说商业活动的外部环境对于将现有 367
信托法转化为商业环境并不重要。显然,在美国和英国,法院都认识到自我交易在公司背景下与信托背景下的不同作用。但是,这些压力并没有为了适应市场的需要而重塑或改造法律。相反,法律是以有限且内部一致的方式对这些商业问题作出响应的,即产生具有法律上连贯和一致的响应性解决方案。正如 *Marsh* 案的叙述所暗示的那样,董事自我交易的普通法则并没有牺牲其内部规则和政策承诺来满足外部业务需求。

如果没有从严格标准到灵活标准的转变,那么在自我交易法的背景下,特许状(charter)竞争的解释力有限,因为它几乎没有什么可解释的。尽管理论上令人信服的是,在公司法的重大再分配领域,州立法者可能会接受管理层的利益,但如果像新泽西州和纽约州所观察到的那样,公平始终与严格标准共存,那么这种法律变化理论并没

---

[176] See p. 16.

有转向对管理层更友好的立场来加以解释。当然,这种压力可能在某些边际层面(at the margin)表现出来,例如在标准的适用方面,或在确定公平标准适用的程序规则所采取的形式方面,如证据标准和举证责任。但公平标准本身是美国公司法对管理层友好的偏见的旗手,无法用这些压力来解释。相反,它是由美国公司概念的核心组成部分来解释的:其对实体的清晰认识,其对公司公共创建的强调,其对可缔约性的伴随约束,以及各州对董事会的直接授权。

法律现实主义告诉我们,在法律巨龙[177]的口中隐藏着经济和社会政策选择。它没有告诉我们的是,法律是一个只进行政策辩论的空间,普通法的法律结果只是为了创造法律必要性或必然性的效果而精心打扮的政策选择。特拉华州的公司法律风格源于其在公司特许状(corporate charters)竞赛中取得的显著成功,即使在没有独立的
368 公司法律引擎的情况下,人们认为它会推动这种成功,也助长了这种对法律现实主义的误读。这给人的印象是,特拉华州的法律规则与法律传统之间只是敷衍的联系,而事实上,在自我交易的背景下,就像在本书中关注的其他信托法领域一样,它们植根于很大程度上没有归属的法律传统。

Marsh 案对自我交易法的主要叙述也助长了这种对法律现实主义的误读,并为 19 世纪美国法律历史上相关的工具主义叙述提供了支持。在 *Marsh* 案的叙述中,显然忽视了制定不同政策选举或选区偏好的法律约束,尽管这是不言而喻的。在证明这种对自我交易法

---

〔177〕 See Oliver Wendell Holmes, *The Path of Law*, 10 Harvard Law Review 457 (1897) at 469:“当你把龙从洞穴里拖到平原上,在明媚的阳光下,你可以数一数它的牙齿和爪子,看看他到底有什么能耐。”

演变的主导解释是错误的过程中，我们看到，自我交易法肯定了本书其他部分提供的教训：我们需要把当代公司法律这条巨龙的嘴张开得更大一点，寻找的不是政策或压力集团的影响，而是系统性的法律约束。当我们这样做时，我们会看到，对于当代公司法来说，英美法律传统在普通公司设立之初就不可避免地赋予了很大的必然性。

第四部分　关联资产与财产观念

第十二章　英国关联资产法

财产(权)直觉

一、关联资产问题

成立公司是为了开展现有业务,或追求新的商业理念或机会。然而,尽管公司可能已经决定追求这一理念或机会,但它可能尚未获得利用该机会所需的资产、财产(property)或服务的合法所有权。也就是说,企业的成功,以及在某些情况下公司的生存,可能取决于获得对这些资产和服务的正式法律请求(legal claim)。公司将向董事、高级职员和雇员收取购买这些资产和服务的费用。但在他们被任命时,可能不存在此类法律请求,其他市场参与者可能会在公司设法获得对这些资产和服务的主张之前获得对这些资产和服务的法律请求。

这一问题同样适用于追求新商业理念的老牌公司,正如它适用于为了追求全新事业而成立的公司一样。在经营企业或开发商业机会的过程中,信息将具体化,揭示相关和不相关的商业机会。这些信息可能在业务活动过程中产生,或由公司董事和高级职员在其工作时间之外被确定。当这些信息在工作时间之外被确定时,这种识别通常很可能在不同程度上取决于董事角色的性质,以及是否为董事或高级职员在工作时间形成的知识、观点、联系或声誉的产物。与上述资产一样,公司对构成这些机会的资产或信息没有正式的法律上的所有权。

在第四部分中,将这些机会和资产称为“关联资产”。公司法关于这些关联资产的任务是确定在何种情况下,董事可以为自己的利
372 益获取关联资产,以及在何种情况下,未经公司批准,董事无法获取关联资产,即确定本公司与董事之间分配关联资产有效权利的依据。我们将把确定这些债权的法律称为“关联资产法”。

在本书的这一部分,探讨了英国和美国关联资产法的演变。正如在自我交易法、注意义务和商业判断的背景下所看到的那样,在公司法这一领域,还发现了公司外法律移植的共同来源、共同的概念框架和共同的指导法律思想。两个司法管辖区都从同样的早期信托法律工具开始,这些工具试图规范个人利益和义务的冲突,并确定信托何时可以就形式上既不属于信托也不属于受托人的资产的资产提出类似财产的请求权。也就是说,这两个司法管辖区都从早期的英国信托法中汲取了形成各自公司法律制度的法律概念和思想。然而,今天很难看到这种共同的遗产。正如将看到的那样,在一个亲董事和亲股东的公司机会监管的连续统一体中,这些司法管辖区如今占据了这一连续统一体的对立两端。本书这一部分的目的是挖掘通往这些截然不同的公司法领域的法律路径,然后试图解释它们的分歧。本章的其余部分探讨了英国关联资产法的起源;第十三章详细介绍

了英国现代关联资产的状况；第十四章转向了美国法律的演变，其中特别关注特拉华州的法律；第十五章检验了几种差异性（divergence）理论。

二、第一版禁止谋利或禁止利用优势原则：履行职务时的利益

英国（公司）机会法的基础主要存在18世纪和19世纪初的一系列判决中，这些判决大多由埃尔登勋爵作出，但也有他的前任之一拥有上议院议长席的金勋爵（Lord King）的判决。在这种情况下，公司案例很容易借用规范其他受托人的关联资产和谋利（profit）问题的法律。例如，在其中一个主要的公司案件 *Regal* （*Hastings*）v. *Gulliver*[1]中，他们的主审大法官自然依赖于本章概述的非公司信
托法。为了支持董事是受托人的观点以及这种借贷的合法性，罗素 373
勋爵指出，“董事是法律的产物，并占据着自己特有的地位；在某些方面，他们与受托人相似，但在某些方面则不然；在某些方面，他们与代理人相似，而在另一些方面则不然；在某些方面，他们与管理合伙人相似，而在另一些方面则不然”[2]。在得出这一结论时，罗素勋爵遵循了伯恩之前的格言，即尽管董事“不属于［这些类别］”，但这些类别“对于当下的目的是有用的，以观察它们是否符合支配这个特定类

〔1〕［1967］2 A. C. 134（judgment date 1942）.

〔2〕 Ibid. at 147.

别的原则"[3]。即使在今天,借鉴其他信托法并将公司法视为其他信托法的一部分的意愿仍在继续。现代(公司)机会案件继续将*Boardman*案这一信托案件作为主要案件——该判决部分已被写入《2006年公司法》。

英国关联资产法所依赖的几个早期案例是我们在第十章中详细讨论的信托自我交易案例,其中最重要的是*Ex Parte Lacey*案[4]、*Ex Parte James*案[5]和*Ex Parte Bennett*案[6]。读者会记得,在这些案件中阐明的标准是,在接受受托人的职责(role)时,受托人不能从行使其信托中获得利润或获得个人利益或收益(gain personal advantage or benefit)*:

> 受托人受委托为他人出售和管理资产,在成为受托人的同时承诺不为自己的利益或收益(*benefit and advantage*)进行管理。[7]

与该标准密切相关的是证据或调查规则,在第四部分中,将把它称为第一版禁止谋利规则(first no-profit rule),即法院不会受理涉及受托人是否获得实际利益问题的证据。

---

〔3〕 *Imperial Hydropathetic Hotel Co.* v. *Blackpool* 23 Ch. D. 1, 12 (1882).

〔4〕 6 Vesey Junior 626 (1802).

〔5〕 8 Vesey Junior 338 (1803).

〔6〕 10 Vesey Junior 381 (1805).

* benefit:普通用词,指通过正当手段从物质或精神方面得到的任何好处或利益;profit:着重收益,尤指从物质、钱财等方面获得的利益。——译者注

〔7〕 *Ex Parte Lacey supra* note 3 at 626 (emphasis supplied).

我否认……受托人必须从中获利［因为］……完全不可能在法院的权力范围内审查令人满意的证据………在 99% 的情况下，无论他是否获得了好处。[8]

正如在第三部分中所观察到的，要违反这一规则，受托人必须以一种既对自己有利又与信托管理有关的方式行事。必须有一些关于个人“利益”（地位）或收益的指标——以及对什么是“利益”指标的 374
法律理解——即使法院无法调查信托的受益人是否实际上已经处于不利地位。这种利益或收益的最明确但不是唯一的标志将是信托中的受托人与个人身份之间的自我交易合同。将胁迫和不当影响的问题放在一边，除非他们认为合同对他们有利，否则没有人会签订合同。

正如第十章中所解释的，禁止利用优势原则是英国法律保护履行所承担义务的完整性的手段：受托人履行该义务不得受到个人利益（personal advantage）的影响。正是这一规则，后来从 1827 年 *Grover* v. *Hucell*[9] 的自我交易案开始被称为避免利益和义务冲突的义务。大多数涉及这种衡平法一般规则的案件，*Ex Parte Lacey* 案、*Ex Parte James* 案和 *Ex Parte Bennett* 案，都是自我交易案件。也

---

［8］ Ibid. at 627 (emphasis supplied).

［9］ (1827) 3 Russell 428. 在此之前，在 1822 年 *Mackintosh* v. *Barber* (1822) 1 Bingham 50, 59 案中，法院再次在自我交易的背景下观察到“作为购买者的执行人的利益是完全违背了他作为卖家的职责”(emphasis supplied)。See *Knight* v. *Marjoribanks* (1849) 2 Macnaughten & Gordon 10 与 *Grover* v. *Hucell* 和 *Ex Parte Bennett* 案相呼应；*New* v. *Jonex* (1833) 1 H & TW 632, 634 案指出“本法院的法律禁止他利用［信托］”和“遗嘱执行人和受托人有义务作为遗产的监护人，并监督其所负责的遗产的利益。如果允许他履行与遗产有关的职责，并就他的服务要求赔偿，则他的权益将与其职责相违背”。

就是说,盈利是由直接执行职务而产生的。不过,除购买信托资产外,所产生的利润和利益(profits and advantage)也包括在该规则内。其中一个臭名昭著的例子是,受托人被阻止为自己的利益进行管理,这源于 1726 年 *Keech* v. *Sandford*〔10〕的两种可能的解读之一,在该案中,受托人被阻止获取作为信托租赁标的的租赁财产。即使出租人拒绝为受益人提供新的租约,受托人也无法获得该财产。在 *Ex Parte James* 案中,埃尔登勋爵解释说,*Keech* v. *Sandford*〔11〕属于第一禁止利用优势原则(no-advantage rule),因为即使受托人可能诚实行
375 事,新租约也不是信托财产(根据本解读),出租人可能拒绝将租约授予受益人,无法确定信托的管理层——在试图获得租赁时——是否未受到受托人因获得租赁而产生的个人利益的影响。〔12〕 再举一个例子,请审视 *Boston Deep Sea Fishing and Ice Co.* v. *Ansell*,该规则适用于一名董事总经理因该公司签订的第三方合同而收到的额外支付(side-payments)。Cotton LJ 观察到,这"让他自己处于一种无法忠实履行对雇主职责的诱惑之中"〔13〕。

同样明显的是,非直接履行职责产生的其他盈利可能会干扰职责的正当履行,并且此类利润将违反这一衡平法的一般规则。在 *Hamilton* v. *Wright* 中,受托人为了债权人的利益而受托管理债务人的资产,通过从第三方购买债务人的年金而成为债权人。法院认为,

---

〔10〕 [1558 – 1774] All ER Rep 230.

〔11〕 在提出相反意见的诉状上, see Andrew D. Hicks, *The Remedial Principle of Keech* v. *Sandford Reconsidered*, 69 Cambridge Law Journal 287 (2010).

〔12〕 *Ex parte James supra* note 5, at 345 (emphasis supplied)观察到"出租人坚决拒绝为他的利益续约,受托人在这种情况下可能会非常诚实地为自己取得租约,*Keech* v. *Sandford* 认为即使在这种情况中,很难确定是否存在管理"。

〔13〕 [1886 – 90] All ER Rep 65, 70 (*per* Cotton LJ).

受托人的执行人不能强制执行年金。法院指出,“他所做的事情有损害信托的倾向,有干涉他的职责的倾向,这就足够了”〔14〕。然而,在本案中,冲突“干涉”他的义务的程度是直接而重大的:其义务是“为债务人尽可能地保留剩余财产”;在购买债务之后,作为受托人的每一项决定都将涉及直接和不可避免的冲突。〔15〕 *Hamilton* v. *Wright* 中禁止利用优势原则的应用强调了支持以及确定规则适用范围的两个问题是:第一,受托人承担了哪些职责;第二,法律如何界定可能妨碍履行所承担职责的个人利益和收益(personal interests and profits)的范围? 376

三、第二版禁止谋利规则和关联资产:早期案例

受托人的个人利益可能源自受托人的职责和地位,而与该职责的履行或已承担的职责无关,例如,由于信托资产的存在而不是由于其部署,或由于受托人因其作为受托人的地位而获得的信息、机会变得可用。另一个独立的第二版禁止谋利规则(second no-profit rule)要求对受托人从这些机会中获得的利润进行会计核算,这也部分归功于埃尔登勋爵。

在 *James* v. *Dean*〔16〕中,埃尔登勋爵深入思考了由遗嘱执行人亲

---

〔14〕 (1842)IX Clark & Finnelly 110, 123 (emphasis supplied).

〔15〕 其执行和与之相关的任何付款只能通过履行职责获得。从这个意义上说,*Hamilton* v. *Wright* 与上述其他案件极为相似。

〔16〕 (1808)15 Vesey Junior 236.

自签订的与遗嘱执行人根据遗嘱以短租约持有的财产有关的租约，是否应被视为立遗嘱人遗产的一部分。在这种情况下，埃尔登认为租约是立遗嘱人财产的一部分，并且：

> 如果该代表已成为该权益的终身承租人，并在短时间内通过提供给他的机会获得了租约……她会成为受托人。[17]

然而，这些早期案例敏锐地意识到，这些禁止谋利规则正在界定受托人的职责和责任在多大程度上干涉和控制了对个人受托人自身利益的追求。这并不是说基于信托资产和受托人角色提供的任何利润都需要计算在内。以这种方式理解 *James* v. *Dean*，就等于把它从埃尔登勋爵发表此番言论的背景中完全剔除。相反，则要进行会计核算。除了因受托人地位获得的利润外，机会与信托的性质和利益之间必须存在联系。在这方面，请考虑 1817 年的 *Randall* v. *Russell*[18]。主事官（the master of the rolls，全称是卷宗保管主事官和英格兰大法官法院记录官，是英格兰和威尔士司法辖区中继首席法官后第二高级的法官）威廉·格兰特爵士（Sir William Grant）认为，根据遗嘱购买租赁财产剩余费用的终身承租人，如果收取剩余费用不影响最终受益人对续约的任何预期，则无须向遗嘱下的其他受益人说明剩余

---

〔17〕 Ibid. at 240.

〔18〕 ［1814 – 23］ All ER Rep 427.

费用。相比之下，威廉爵士在 *Keech* v. *Sandford*〔19〕和 *James* v. *Dean* 之后清楚地认识到，如果以信托形式持有租约，受托人以个人身份进行的任何续约都将以信托形式为受益人持有。〔20〕 *Keech* v. *Sandford* 377
代表的后一种立场被称为“承租人续租权”，尽管没有实际的合法续约权。〔21〕 在这种情况下，续约的机会实际上被视为信托持有的权利或对现有信托财产的“嫁接”。〔22〕 据说，这种“续约权”产生于与持有租赁财产相关的预期，〔23〕或对信托有价值的续约实践。〔24〕

---

〔19〕 这条规则甚至可以说是更古老的，参见 *Holt* v. *Holt* (1670) 1 Cases in Chancery 190。

〔20〕 事实上，在该判决的单独部分中，此类续租被确定为以信托方式进行（*supra* note 18 at 430）。

〔21〕 *Richard Lee* v. *Lord Vernon* (1776) V Brown 10：“据说，长期以来的惯例是，将终身或多年拥有土地或租约的人视为拥有超过存续期限的权益；而这种权益通常被称为租客续租权，虽然根据严格合法的语言和思想，它不是任何确定的，甚至是或有财产，只是一种机会，没有强制续租的手段”(emphasis supplied)。

〔22〕 *Taster* v. *Marriott* (1768) Amb 688, 670，将附加术语称为“旧术语的嫁接”。See also *Moody* v. *Matthews* (1802) 7 Vesey Junior 174, William Grant MR 曾指出“当租约续签时，股权附于其上；因为续租的租约在权益中被视为相同的租约”，在 (1809) 2 Vesey Junior 16 中报告为“作为一般规则，续租的租约将在权益中……被视为对原始租约的嫁接，并受相同的信托约束”，另见 *Featherstonhaugh* v. *Fenwick* (1809) 2 Vesey Junior 478。严格来说，没有实际续租权利——房东可以自由选择不续租——法院承认这种对租户“权利”的指定是“不恰当的”[*Pickering* v. *Vowles* (1783) 1 Bro. C. C. 197, 198，其中瑟洛勋爵将“承租人权利”一词的使用称为“不当”]。

〔23〕 *Norris* v. *Le Neve* (1745) 27 E. R. 843, 846，根据 Lord Hardwicke 提及 *Keech* v. *Sandford* 和续期权案例“系基于假定承租人的权利或期望，以及续期的已知用法”（重点提供）。在总结 *Randall* v. *Russell* 的主张，即不存在类似于续期权的费用返还权时，法院在随后的 *Bevan* v. *Webb* [1905] 1 Ch. 620, 627 中观察到，尽管“根据大学租约，有合理的续期预期……由私人持有，但没有这种预期”(emphasis supplied)。

〔24〕 *Richard Lee* v. *Lord Vernon* (1776) V Brown 10, 14：“承租人的续租权，正如其所称，无论其性质多么不完善和偶然，仍然是一种有价值的东西，都应该受到法院的保护”（原文强调）。瑟洛勋爵于 1783 年在 *Pickering* v. *Vowles* 中指出，“许多房地产的价值来源于续约”，*supra* note 22 at 198。

续约期望的强度以及法院保护受托人的续约权的意愿随出租人的性质而变化,该“权利”是“特别适用于官方、教会、学院或其他公司的租约”。[25] 因此,*Randall* 案中,不可能有这样的预期,因为永久
378 产权已由牛津圣约翰学院(与此相关,预计会续签租约)转让给私人第三方(对此,法院认为不存在续约的期望)。法院观察到:

> [第三方不动产购买者]是否保留了[不动产]的收回权对他们来说无关紧要。仅仅说[终身租客]作为终身租客的情况给了她购买的机会是不够的。他们必须继续展示他们的权利或利益,她通过购买获得或击败……在本案中,原告与[第三方不动产购买]完全无关。[26]

对于威廉·格兰特爵士来说,在没有信托或信托财产所拥有的权利、利益或关联[27]的情况下,受托人身份所带来的利润或利益“机会”这一事实本身,并不会产生受益人的任何与机会有关的对受托人可强制执行的权利,或使受托人获得的任何利润成为应做解释的利润(an accountable profit)。关于由信任和职位所带来利润的责任的一般司法声明,例如埃尔登勋爵在 *James* v. *Dean* 中所作的声明,必须根据 *Randall* 案中规定的先决条件(qualification)来阅读,特别是

---

〔25〕 Ibid *Richard Lee* v. *Lord Vernon* at 14.

〔26〕 *Supra* note 18 at 431.

〔27〕 *Richard Lee* v. *Lord Vernon supra* note 21 at 15,该案注意到“在这种情况下取得新租约的人,已根据具体情况,全部或部分地被一致宣布为在该旧租约中享有实益权益的人的受托人,法院曾假定新租约是通过与旧租约的联系和提及的利益而取得的”(emphasis supplied)。

在这些案件中，与信托的关联，以及相关的权利、期望或利益可以视为给定。

相关的法律问题——200 年后法院仍在努力提供尽可能明确的指导——在于会计所需的联系或利益的性质是什么。在 *Randall* 案中，法院要求的一项“权利或利益”，但被受托人的个人行为所否定。当然，从 *Randall* 案的事实可以清楚地看出，信托的受益人可能在一般意义上对获得剩余财产“感兴趣”，这可以保证作为租赁标的的财产的长期使用。也就是说，受益人可能将购买剩余资产的机会视为对他们有利。然而，这显然不是威廉爵士使用的“利益”一词的含义。这里的“利益”被理解为与信托的联系，而不仅仅是将利益理解为可 379
能的有利条件。它应该被解释为“权利”之后的同类（ejusdem generis）。但显然，充分的联系并不需要一个可强制执行的法律权利：对威廉爵士来说，“承租人的续租权”相当于一种充分的联系，尽管这种“权利”只是一种有价值的期望，而且“没有办法强制续约”。[28] 其他案件并不总是像 *Randall* 案那样苛刻，[29] 但在需要进行会计核算的情况下，案件事实通常表明信托资产和关联资产之间存在密切联系。

进一步考虑上议院对 *Aberdeen Town Council* v. *Aberdeen University*（以下简称 *Aberdeen Town Council* 案）的判决。[30] 在该案中，阿伯丁镇议会获得了靠近海岸线的渔业许可证，他们最初为阿伯

---

〔28〕 Ibid. at 10.

〔29〕 *Phillips* v. *Phillips* (1884) 29 Ch. D. 673 (CA) 认为有恢复（reversion）的权利。*Bevan* v. *Webb* [1905] 1 Ch. 620 关注并解释了为什么 *Randall* v. *Russell* 没有被 *Phillips* v. *Phillips* 推翻。

〔30〕 (1877) 2 App. Cas. 544.

丁大学的利益而信托持有该许可证,然后非法转让给他们自己。在要求大学转让许可证时,哈瑟利勋爵(Lord Hatherley)在未经授权的情况下认为,“受托人不可能从他以信托形式持有的财产中获得任何利益”,[31]并且“与信托财产的占有有关的以及由于信托财产的占有而产生的利益……必须归受益人的代表人所有”。[32] 值得注意的是,该许可证只授予拥有相邻海岸线的人,因此不可能授予其他任何人。根据哈瑟利勋爵的说法,“拥有信托财产会产生一种独特且众所周知的利益,即从与信托财产附近海域的渔业中获得政府补助”。[33]也就是说,机会和信托资产之间有着非常密切的联系。从本案中可以清楚地看出,从假设出发(ex hypothesi),如果受托人以受托人的身份听说了这些许可水域(与任何海岸线都不相连)附近水域的许可证出售,那么受托人就可以以个人身份自由购买此类许可证。尽管这种联系是由职位提供的,尽管这种机会对信托来说是普遍有利益的,但在这种情况下,这种联系不足以证明进行会计核算的合理性。

有可能将类似的一些案件强行适用第一版禁止谋利规则:如法
380 院在 *Hamilton* v. *Wright* 中所述,由于其“倾向于干预”所承担义务的履行,因此必须对利润(profit)进行说明。但对这些案例的关注,揭示了会计核算的一个独立基础。[34] 在 *Aberdeen Town Council* 案中,人们不可能说受托人承担了收购其他可以提高信托财产收益的财产

---

〔31〕 Ibid. at 552.

〔32〕 Ibid. at 556.

〔33〕 Ibid. at 552.

〔34〕 在之前的作品中,我有过不同且错误的论点。See David Kershaw, *Company Law in Context*, Oxford University Press, 2nd edn, 2012, chapter 14.

的义务。同样,在 *Randall* 案中,承租人终身不承担任何积极义务,似乎也不存在与续租有关的积极义务。[35] 当然,根据信托协议(trust settlement),[36] 这种责任本来是可以承担的,并且如果受托人实际尝试代表信托获得租约,则信托义务的实际执行将会援引第一版禁止谋利规则。[37] 然而,在没有作出此类努力,而且显然没有义务采取行动进行更新的情况下,往往会援引更新权。[38] 尽管人们常说,受托人有一般义务为其所受托的"利益"行事,[39] 但在受托人的职责范围内,这具有误导性,而且过于宽泛,正如我们在第一部分中看到的,以及下文将看到的,在公司的情况下也是如此。正如康纳格伦(Conaglen)所指出的,这是表达"受托人的基本职责……执行信托文书中确定的信托,从而为受益人的利益行事,但仅限于信托契约规定的范围内"的捷径。[40] 381

---

〔35〕 See Joshua Getzler, *Rumford Market and the Genesis of Fiduciary Obligations*, in Andrew Burrows, Mapping the Law: Essays in Memory of Peter Birks, Oxford University Press, 2006, p. 587,在 *Keech* v. *Sandford* 中观察到"终身承租人没有义务首先为解决方案寻求更新"。See also *Stone* v. *Theed* (1787) 2 Brown's Chancery Cases 243,由 Getzler 讨论,Thurlow 勋爵在该案中观察到"如果将有限期限的财产终身给予某人,其意图是将该财产在其一生中所产生的任何东西给予该人;而且,在这种情况下,除非有强烈的表达来表明意图,否则法院不能强迫他续约。但是,如果这样的承租人已经续期,那么法院已经表示,从其性质来看,赋予他的遗产能够续期,终身承租人在续期供其自己使用时,将为该遗产带来不合理的利益"(emphasis supplied)。

〔36〕 同上,注意"除非有强烈的表达来表明意图"。

〔37〕 正如我们在上面看到的,可以这样解读 *Keech* v. *Sandford*。

〔38〕 在这方面,请参阅 *Keech* v. *Sandford* 之前的案例,*Holt* v. *Holt* (1670) 1 Cases in Chancery 190,其中受托执行人的职责仅仅是支付信托持有的 10,000 英镑,但承认续约权。

〔39〕 例如,*Cowan* v. *Scargill* [1985] Ch. 570,"出发点是受托人有责任为当前和未来受益人的最大利益行使其权力"。

〔40〕 Matthew Conaglen, *Fiduciary Loyalty*, Hart Publishing, 2010, p. 57 (emphasis supplied).

因此,在 *Aberdeen Town Council* 案中,在取得渔业许可证时,与受托人就关联资产承担的特定积极或规定性职责没有冲突。也就是说,我们可以清楚地将渔业机会与维护信托财产的责任联系起来:拥有相关财产可能会产生责任和利益之间的冲突,因为与相邻财产达成销售或租赁安排的可能性很大。也就是说,在微弱的层面上,它确实有可能干扰职责的履行,或者更微乎其微的是,渔业许可证的所有权将增加受托人的利益,即不维持沿海财产的价值,以便在未来以较低的价格购买该财产(假设他们可以获得受益人的批准)。但这些都是与职责相关的投机性冲突(speculative conflicts)。例如,在任何非现金信托情况下,后一种冲突的存在程度较低。发展出禁止冲突原则的 19 世纪信托案例并不涉及这种投机性冲突。几乎所有案例都涉及与特定义务的直接财务冲突——通常是在实际履行职责中获得的利润(在自我交易案件中),或者在与自我交易密切相关的情况下产生的冲突,比如在 *Hamilton* v. *Wright* 中的情况。

在上诉法院对 *Re Corsellis*, *Lawton* v. *Elwes*〔41〕(以下简称 *Re Corsellis* 案)的裁决中,我们非常清楚地看到了对受托人职责的狭隘理解以及对冲突的直接理解。该案中律师事务所的合伙人是庄园的受托人,并且受托人委任律师行的另一名合伙人为庄园的管家。很明显,为了受益人的利益维护和管理庄园的义务与管家服务的报酬之间可能存在冲突。〔42〕 然而,对于上诉法院而言,这并不是属于职责范围内的利润。Lindley LJ 和 Lopes LJ 达成一致意见,他们认为

〔41〕 (1887)34 Ch. D. 675.

〔42〕 凯(Kay)法官在一审中接受被科顿(Cotton LJ)法官拒绝的论点,ibid. at 687。

“履行庄园管家职责绝不是受托人承担的职责”。[43] 这些并非“因受托人履行其本应无偿向遗产履行的任何义务”而产生的利润。[44]

当然,管家的任命确实涉及信托义务的执行,但对本法院而言,个人利益的差别性质(合伙企业利润的间接增加)似乎不足以构成冲 382
突。我们在信托环境之外看到了这种狭义的职责相对于关联资产的概念。在 *Regal* (*Hastings*) v. *Gulliver*[45] 的公司案件中,我们将在下文更深入地讨论,上诉法院免除了被告董事的责任,因为他们没有单独的义务来收购关联资产。上议院推翻了这一决定,但这样做证实了没有为该公司收购该资产的具体义务。麦克米伦勋爵注意到:

> 问题的关键不在于董事是否有义务为公司收购有关股份,而他们没有履行这一义务。他们没有这样的义务。[46]

因此,虽然在理论上,可以将上述所有案例与保护履行所承担的义务联系起来,但禁止冲突原则(no-conflict principle)是在 19 世纪由法院根据对义务的精确理解、符合受托语境以及对利益冲突的直接理解而制定的。因此,不应该将这些关联资产案件硬“塞进”第一

---

〔43〕 Ibid. at 686.

〔44〕 Ibid. at 687.

〔45〕 *Supra* note 1.

〔46〕 Ibid. at 153 (emphasis supplied); see also Lord Russell at 144:“该规则并不取决于投机者是否有义务为原告获取利润来源。”根据格林勋爵先生的说法,“必须证明,在本案的情况下,董事有义务为公司获得这些股份”,但他得出的结论并非如此。有关 Regal 案的详细讨论, see *infra* p. 388 – 393。

版禁止谋利规则和潜在的义务和利益冲突禁令中。[47] 第二版禁止冲突原则与第一版禁止谋利规则及其预防作用是分开的。其规定，如果受托人凭借其职责而将利润输送给了受托人，并且所赚取的利润与信托的资产或合法权益之间存在密切联系，则受托人不得获利。即使在利用该机会不会使受托人的个人利益与其未履行的职责发生冲突的情况下，其也适用。但是，如果不是为了保护义务的履行，对第二版禁止谋利规则的这种理解要有解释规则的依据。为什么受托人不能从非信托财产且他没有义务履行的资产中获利？未明确且不稳定的答案必须在于这样一种观念中，即信托资产（或下文中的合伙
383 企业或公司业务）与关联资产之间的关系，足以证明就受托人而言，将类似财产的权利网撒在关联资产上是合理的。也就是说，此类关联资产成为（就受托人而言）信托资产，而获取这些资产就涉及了对信托的违背。但答案是不稳定的，因为信托财产的（隐性）阴影延伸到关联资产上，而没有任何与此类资产相关的财产正当性理论。我们将在下文探讨的案例中使这一想法浮出水面。

四、早期合伙企业案例中的禁止谋利规则

在所有 19 世纪的关联资产合伙案件中，有两个案例在理解英国公司形成关联资产的原则方面特别值得注意：*Dean* v. *Macdowell*[48]

---

〔47〕 See Conaglen, *supra* 40 at 120 – 126，认为该规则也是从禁止利益冲突规则派生的。

〔48〕 （1878）8 Ch. D. 345.

和 *Aas* v. *Benham*[49]。在 *Dean* v. *Macdowell* 中，一家盐商和经纪人业务的合伙人同时作为盐制造商经营着独立的业务。制盐业务不是由他的经纪业务提供的，也不是由任何明显的联系产生的。尽管如此，其他合伙人还是提起诉讼，要求对制盐业务的利润进行核算。在做出决定时，James LJ 重申了合伙企业背景下的第 2 版禁止谋利规则：

> 在合伙事务中，必须有最大的诚信，在这种程度上，双方之间存在一种信托关系。也就是说，合伙人不得直接或间接地将合伙企业的资产为自己谋取私利。在与合伙企业有关的任何事项中，他不得为自己秘密地获取任何利润，也不得以自己或与合伙企业无关的其他名义经营合伙企业的业务或与合伙企业业务类似的业务。[50]

对于 James LJ 来说，如果利润属于"合伙关系的范围"，则该利润将是与合伙企业相关的利益。但是，在他看来，在这个案例中，情况并非如此：

> 被告没有以任何与公司业务类似或相关的方式从事任何业务，但开展的微乎其微的业务除外。这家公司的业务是作为商人和经纪人进行交易……被告所从事的业务是制

---

〔49〕 (1891)2 Ch. 244.

〔50〕 *Supra* note 48 at 351 (emphasis supplied).

384 盐业务。[51]

与 James LJ 一样，Cotton LJ 认为，第 1 版和第 2 版禁止谋利规则都可以作为责任的基础，并且“合伙企业业务范围”界定了这两条规则的适用范围。首先，他指出，合伙人有责任在合伙范围内寻求机会。因此，他不能从属于合伙企业业务范围内的业务中获利，因为这样做会损害该特定职责的履行：

> 如果利润来自合伙企业业务范围内的业务，那么从事该业务的合伙人就不能说这不是合伙企业业务。这是他本应只为合伙的目的而从事的事情。

对于 Cotton LJ 而言，当一个人成为合伙人时，他承担了促进业务发展的积极责任，包括致力于推动属于合伙范围内的关联资产。因此，将此类资产据为己有，会导致个人利益与特定义务的直接冲突。这种观点与 Lindley LJ 在 19 世纪关于合伙企业的论述中提出的合伙人一般责任的观点一致，这种观点必然会阻止任何合伙人与合伙企业展开竞争[52]：

> 合伙人受所有影响合伙企业的交易的约束，尽最大努

〔51〕 Ibid.（emphasis supplied）.

〔52〕 See Nathaniel Lindley, *A Treatise on the Law of Companies, Considered as a Branch of the Law of Partnership*, 5th edn, Sweet & Maxwell, 1902, p. 312：“毫无疑问，合伙人不能公开或秘密地合法地为自己的利益从事与其所属公司竞争的任何业务。”

> 力维护共同利益,并与他的共同合伙人分享他可能从其他人那里获得的任何利益,以及公司有权参与的利益。[53]

但在本案中,Cotton LJ 认为制盐业务不在合伙企业的范围内:"毫无疑问,它处理的是同一种物品——盐,但却以完全不同的方式处理它。"[54] 作为一个单独但连续的会计基础,Cotton LJ 依赖于第 2 版禁止谋利规则。如果使用合伙企业财产或"合伙企业为合伙目的所需的"财产获得的利润,则需要进行会计核算。[55] 所有这些情况 385
下,合伙人都不能为自己保留利润,"因为他是通过他作为合伙人的地位获得的,或是通过受托人身份获得的"。[56] 重要的是,对于 Cotton LJ 来说,相关信息可能包含在合伙企业"财产"的概念中:

> 如果他通过利用合伙企业的任何财产(包括依我说的合伙企业有权获得的信息)而获利,则该利润来自合伙企业的财产,因此,当然必须将其记入合伙企业的账户。[57]

尽管 *Dean* v. *Macdowell* 为会计提供了两个概念基础(第 1 版和第 2 版禁止谋利规则),但合伙的概念、合伙人的职责和合伙财产在信息中的概念是紧密交织在一起的。产生会计义务和/或类似所有

---

〔53〕 Ibid. at 305, 引用罗马法格言:Semper enim non id quod privatim interest unius ex sociis sevari solet, sed quod societati expedit(不变的做法是不考虑合伙人之一的私人利益,而是考虑到合伙人的利益公司)(Digest xvii. Tit 2, *pro socio*, I 65 §5)。

〔54〕 *Supra* note 48 at 354.

〔55〕 Ibid.

〔56〕 Ibid.

〔57〕 Ibid.

权的利益所需的联系源于合伙企业的概念:个人作为合伙人聚集在一起,专门开展商业活动。对于 James LJ 而言,合伙人与合伙企业的竞争是被禁止的,“因为这是这些合伙人为其建立合伙企业的业务的一部分”,因此,在合伙企业范围内获得的任何利益都将是“与合伙企业有关”的利润。这种合伙企业的概念支持 Cotton LJ 对责任和获得信息的权利的开阔视野,从而为合伙企业业务范围内的所有关联资产投下了一张专有网,从本案中可以看出,合伙人没有通过其合伙事务获得机会。值得注意的是,关于财产(property)的观念与公司机会信息的使用方面,在 Lindley LJ 关于合伙关系[58]的论文中,在合伙关系的背景下,属于第 2 版禁止谋利规则的问题在“获得本公司的荣誉利益”这一标题下被提及,[59]即产生稳定归属关系的联系,相对于源于合伙关系的排他性的属于合伙企业业务范围的机会。

这里的“财产”(property)是指关联资产的权利分配:就合伙人而言,它们是公司资产。它们表明信托、合伙企业或公司对与其现有资产或业务密切相关的资产拥有债权的立场。财产权的概念(the concept of property)通常被理解为仅仅是一个标签,适用于与“物”相
386 关的“一揽子”权利:与该物相关的所有者拥有一系列可强制执行的排他权和享用权(rights of exclusion and enjoyment)。奥利弗·温德尔·霍姆斯(Oliver Wendell Holmes)在 *Beech Nut Packing Co.* v. *Lorillard* 中,将财产权(property right)的“轮廓”描述为“仅由侵权法所显示,该权利是一个有预见性的概括”。[60] *Dean* v. *Macdowell* 中

---

〔58〕 *Dean* v. *Macdowell* 中的两名法官提到了这一点,但不是 Cotton LJ。

〔59〕 Lindley, *supra* note 52 (5th edn) at 307.

〔60〕 273 U. S. 629 at 632 (1927).

财产的使用也可以被类似地理解：鉴于本案对合伙人义务的广泛积极理解，这是第 1 版禁止谋利规则/禁止利益冲突规则的有预见性的概括。当然，如果这就是财产权的含义，那么这一概念的运用是多余的，因为禁止利益冲突规则就足够了，这个标签应该被理解为对禁止利益冲突规则的效果或违反义务的所有权后果的简略描述（因违反义务而获得的财产由受托人负责托管）。[61] 然而，在 *Dean* v. *Macdowell* 中，财产权的概念似乎以不同的方式运作，与其说是对其他权利的预见性概括（prophetic summary），不如说是证明因与企业或企业资产的密切联系而产生的部分排除权和享有权（the partial rights of exclusion and enjoyment）是正当的。然而，这一论断所依据的法律上可认知的财产理论却尚未阐明。

在 1891 年的 *Aas* v. *Benham* 中，这种将信息视为财产的概念有待进一步调查。在 *Aas* v. *Benham* 中，与 *Dean* v. *Macdowell* 相比，争议中的机会显然是由合伙人"因其与合伙企业业务的关联"而获得的，尽管是在与合伙企业业务（船舶经纪）无关的领域（造船）[62]。但原告没有主张利用这一机会使被告合伙人的利益与合伙人的职责相冲突。他们主张，机会和利润"源于"合伙企业的业务，并且与合伙企业的关系有助于获得机会。然而，正如我们所看到的，仅仅通过职位获得机会并不需要解释。利润必须与信托公司的资产挂钩，而不是简单地由机会提供。Lindley LJ 在这方面指出，"要求一名合伙人永

［61］ See *FHR European Ventures LLP Cedar Capital Partners LLV* [2014] UKSC 45 总结了许多采用专有补救措施的禁止利益冲突案例。

［62］ 合伙人未获得该机会，但协助其收购并因此获得报酬，继而被任命为收购方公司的董事。

远无法从他作为合伙人获得的信息中获得任何个人利益,这显然是荒谬的”。[63] 对于 Lindley LJ 来说,有三条适用的原则。前两条是
387 第 1 版和第 2 版禁止谋利规则,即“不得从与合伙企业有关的任何交易或合伙企业财产、名称或业务关系的任何使用”中获利,[64] 第三条是禁止与合伙企业竞争。对于“因其与该公司的关系”而获得的信息,Lindley LJ 认为,如果合伙人将其用于合伙企业经营范围内的目的,他必须对利润来进行说明。[65] 在这样做时,Lindley LJ 肯定了专有视角,并指出“‘合伙企业有权获得的信息’是指可用于合伙企业目的的信息”。鲍文(Bowen)勋爵赞同 Lindley LJ 的观点,更有力地肯定信息就是财产:

> 我认为,科顿大法官[在 *Dean* v. *Macdowell* 中]说,合伙企业有权获得由其中一名合伙人作为合伙人获得的信息所产生的利润,他指的是合伙企业有权获得的信息,从某种意义上说,他们有权获得作为财产的信息……也就是说,信息的使用对他们来说是有价值的,对他们来说是有既得利益的。[66]

法院一致认为,由于机会不在合伙企业的业务范围内,因此本案无须进行解释说明。Lindley LJ 认为,“对这一主张”的回答“简短而

〔63〕 *Supra* note 49 at 256.

〔64〕 Ibid. at 255.

〔65〕 Ibid. 根据 Lindley LJ,“促进或重建公司不是[合伙企业]业务的一部分”(第 255 页)。

〔66〕 Ibid. at 255 (emphasis supplied).

有说服力”:“促进或重建公司不属于［公司］业务的一部分。”[67]我们可以由此推断,对于 *Dean* v. *Macdowell* 和 *Aas* v. *Benham* 而言,对合伙企业“有价值”并因此构成“合伙财产”一部分的关联资产,是属于合伙企业经营范围内的资产。然而,请注意,*Aas* v. *Benham* 法院忽略了 *Dean* v. *Macdowell* 中更激进的可能性,即即使在合伙人的合伙活动未向合伙人提供信息(该信息的使用属于合伙经营范围内的业务)的情况下,也可以建立所有权主张。对于鲍文 LJ(Bowen LJ)而言,此处的相关信息必须由“作为合作伙伴”的合作伙伴获得。[68]

属于合伙企业范围内的机会可以被认为是合伙企业的财产,这一观点在今天的英国合伙法中仍然可以找到。例如,与拳击推广合作伙伴关系带来的机会有关的 *Don King Productions* v. *Warren* 中,上诉法院援引了 *Keech* v. *Sangford* 的续约权,认为: 388

> 成功地管理或提升一名拳击手很可能在法律和字面意义上产生商誉。这种商誉很可能导致与同一经理或发起人而不是另一位经理或发起人续约。但由此产生的商誉、机会和优势是合伙企业的财产。[69]

同样,在 *Lindsley* v. *Woodfull* 中,关于从合伙企业转移的合同,Arden LJ 指出“在我看来,机会是合伙企业的无形资产”,并且就合

---

〔67〕 Ibid.

〔68〕 Ibid. at 258.

〔69〕 ［2000］ Ch. 291 at ［43］.

伙人的规定义务而言,该机会“应该[由合伙人]为合伙企业的利益而利用”。[70]

五、调整公司的禁止谋利规则

(一)禁止谋利和财产

第一个涉及英国法官的公司关联资产案件是1916年英国枢密院(Privy Council)在*Cook* v. *Deeks*中的裁决。[71] 在该案中,一家加拿大公司的董事对公司其他董事股东不满,就以个人身份谈判一项铁路建设合同,而他们仍是该公司的董事,并且没有表明他们在谈判中没有以个人身份行事。该公司已从同一客户处获得并履行了多份施工合同。枢密院认为,董事们无法把握这一机会,但这样做对法律规则的适用仅提供了有限的指导,并且没有考虑相关权威。这一案件事实清楚地符合第1版禁止谋利规则,因为董事们似乎是在履行谈判合同的职责。枢密院提出,以个人身份签订合同是否“符合其职责”。[72] 然而,法院还建议,既要对无法利用的机会有专有的理解,又要以这种准财产(quasi-property)来界定董事对公司的义务。法院认为,“完全控制公司业务的人”:

> 无权牺牲他们必须保护的利益……并将本应属于他们

---

〔70〕 [2004] 2 BCLC 131 at [26].

〔71〕 [1916] 1 A. C. 554.

〔72〕 Ibid. at 563.

所代表的公司的业务转移到他们自己有利的领域。[73]

Regal 案[74]是英国首个直接处理公司背景下关联资产问题的案件——距引入公司注册成立制度已近百年。还有其他值得注意的案例，但它们并未直接切中要害。例如，*Parker* v. *Mckenna*[75]涉及一家公司，但它涉及的利润是由于董事会行使权力，放宽适用于向认购人发行股份的条款的适用范围，认购人随后将股份出售给董事会而直接获得的，如果没有董事会行使权力，则不可能获得该利润。在 *Parker* v. *Mckenna* 中，凯恩斯勋爵（Lord Cairns）认为，由于利润是董事行为的直接结果，因此利润是"在其代理机构的过程和执行过程中"获得的。[76] 同样，James LJ 指出"代理人在其代理过程中，就其代理事项而言，不得在其委托人不知情和不同意的情况下获得任何利润"。[77] 其原因是"没有人可以在这个法庭上……被允许将自己置于其利益和职责相冲突的位置"，[78]而且，按照从认购人那里购买股份的协议，"董事完全不可能作出独立而公正的判断"。[79] 389

在另一个案例 *Bell* v. *Lever Brothers* 中，[80]上议院解决了公司背景下的关联资产问题，但这显然是法官的附带意见，这些观察结果几

〔73〕 Ibid.（emphasis supplied）

〔74〕 ［1967］2 A. C. 134. 请注意，此案是在 1941 年裁决的，但在 1967 年才被正式引用。

〔75〕 （1874）L. R. 10 Ch. App 96.

〔76〕 Ibid. at 118（emphasis supplied）.

〔77〕 Ibid. at 118 and 125（emphasis supplied）.

〔78〕 Ibid. *per* Lord Carins LC at 118.

〔79〕 Ibid. at 118.

〔80〕 ［1932］A. C. 161.

乎没有后续影响。[81] 然而,这些评论值得注意,因为它们揭示了如何解决与上述分析一致的问题的基于属性的概念。对布莱恩斯堡勋爵(Lord Blanesburgh)来说,区分自我交易合同和关联资产问题至关重要。关于后者,他指出:

> 公司不关心[董事]的利润,也不能要求他对此负责,除非他在赚取利润时使用了公司财产或作为公司董事获得的某些机密信息,这是必要的条件。

在 *Regal* 案中,一家拥有电影院业务的公司希望获得另一家电
390 影院的长期租约。它选择通过一家子公司这样做。最初,租约由 Regal 签订,租金由董事担保,最高可达 5000 英镑。然而,部分董事改变了主意,拒绝提供担保。作为回应,出租人坚持要求子公司收购方拥有 5000 英镑的充足资本。然而,据说该公司只能提供价 2000 英镑的股权。董事贡献了其余部分,从而使收购得以完成。从这起案件来看,董事的确切作用尚不清楚,但似乎可以公平地假设至少有一些董事是执行董事。在购买电影院租约后,Regal 及其子公司被出售,公司和董事们因此获得了可观的利润。Regal 的新董事会对前董事提起诉讼,指控他们违反了信托义务。

上诉法院认为,由于董事代表公司参与股份购买是出于善意,并且没有获得该机会的明确责任(剩余的 3000 英镑股权),董事们可以自由地利用该机会。上诉法院的判决没有被报道出来,只能引用上

---

〔81〕 Referred to in *IDC* v. *Cooley* [1995] 1 BCLC 475 and *Framington* v. *Anderson* [1995] 1 BCLC 475.

议院的判决来重建其判决的依据。格林勋爵(Lord Greene)认为,原告必须证明董事"有义务……为公司获得这些股份",或者"董事在获得股份时必须被视为在执行他们的职务";也就是说,他们本可以在履行职责的过程中获利,例如在行使公司权力发行股票或签订合同时获利。由于他们没有获得机会的确凿责任(positive duty),也没有在把握机会时行使权力,因此不存在义务和利益冲突;因此,上诉法院认为无须承担责任。

很难分析上议院一致认为上诉法院的判决应该被推翻,董事应该对他们的利润作出解释的确切依据。他们的五位大法官(lordships)都认为上诉法院是错误的,尽管他们都同意董事没有为公司获得机会的确凿义务。有两种不同的方式来理解上议院的立场。第一种方式涉及第一版禁止谋利规则。也就是说,虽然没有针对机会的确凿义务,但利润确实是由于公司权力的行使而产生的,因此确实构成了利益和责任的冲突。也就是说,董事会的行动促进了 391
利润。正如桑基子爵(Viscount Sankey)所说,"他们制定了一些决议,通过这些决议为自己谋利。"[82]对罗素勋爵(Lord Russell)而言,这一机会是由董事会批准的一项"方案变更"创造的,而这项变更只有董事会才能促成。[83] 也就是说,董事会决定按照规定的条款进行收购,而这些条款的确定(或替代条款的探索)与董事购买股份的个人利益存在直接冲突。在本案中很难看出,借用 *Parker* v. *Mckenna*,董事们在决定继续执行这些条款时,如何能够确定他们行使了"独立

---

〔82〕 *Supra* note 1 at 139.

〔83〕 Ibid. at 146.

和公正的判断”。[84] 第二种理解该案例的方式表明了第2版禁止谋利规则,即使在董事会权力和义务没有被调用的情况下,也需要进行解释说明:因此,在利益与义务没有直接冲突的情况下,利润仅由受托人的角色和关系所提供。罗素勋爵注意到:

> 如果在与Regal的信托关系中,他们有理由并在该信托关系的过程中获得了利润,则他们可能有责任说明他们所获得的利润……在通过并且仅因为他们是Regal的董事且在执行该职位的过程中获得这些股份后,[董事]应对他们从中获得的利润负责。[85]

赖特勋爵评论道:

> 这种情况下的规则简明扼要地表述为,代理人必须说明……他在代理过程中秘密获得的净利润。[86]

麦克米伦勋爵(Lord Macmillan)评论道:

> 我只想在凯姆斯勋爵(Lord Kames)的《衡平原则》(Principles of Equity)(1778年第3版)一书中增加一段话,

[84] 在这方面,理查德·诺兰(Richard Nolan)指出,“即使有大量事实调查结果,该案件也存在重大利益冲突”。See Richard Nolan, *Regal (Hastings) Ltd.* v. *Gulliver* (1942) in Charles Mitchell (ed.) *Landmark Cases in Equity*, Hart Publishing, 2014, p. 499、519.

[85] Ibid. at 144, 149 (emphasis supplied).

[86] Ibid. 154 (emphasis supplied).

> 把整个问题浓缩成一句话:“衡平法禁止受托人通过其管理行为直接或间接地获得任何利润。”因此,这个问题成为事实之一。原告公司必须确定两件事:(i)董事的所作所为与公司事务密切相关,因此可以恰当地说,这些事情是在他们 392
> 管理公司的过程中,以及在他们作为董事的专业知识的运用中所做出的;(ii)他们的行为给自己带来了利润。[87]

大法官(lordships)所使用的职位、代理和管理的措辞,直接借鉴了上面引用的凯恩斯勋爵(Lord Cairns)和詹姆斯(James LJ)在 *Parker* v. *Mckenna* 中的判决。然而,在该案中,凯恩斯勋爵和詹姆斯都区分了过程和执行职责,其中“过程”(course)是指任职时间,“执行”(execution)是指履行职责/行使权力。然而,罗素勋爵在 *Regal* 案中的融合了“过程”和“执行”——表述为“在执行过程中”。然而,如果没有明确区分时间和表现(time and performance),“在过程中”可能意味着两者兼而有之。例如,《牛津词典》将“在过程中”定义为“经历特定的过程”(表现)或“在特定的时期或活动期间”(时间)。[88] 赖特勋爵(Lord Wright)只提到了“执行过程”,这说明只有时间上的限制。然而,麦克米伦勋爵(Lord Macmillan)建议,必须履行与利润相关的职责,才需要进行解释;他引用了凯姆斯勋爵(Lord Kames)的话,并提到了“管理”带来的利润。

因此,关于执行过程或代理过程是否指董事任职的时间段或与机会有关的董事权力的执行,存在很大的不确定性。如果是后者,那

---

〔87〕 Ibid. 153 (emphasis supplied).

〔88〕 See http://oxforddictionaries.com/definition/english/course.

么他们的大法官的做法就属于对上述案例的第 1 版禁止谋利规则解释:因为利润是因/由履行职责而产生,所以必须对其予以解释说明。据认为,这可能是对该案件最准确和最令人信服的理解,尽管这并不是该案件通常被记住的理解。如果代理或执行过程仅涉及利润产生的时间,那么大法官正在应用第 2 版禁止谋利原则的版本,这是我们在阿伯丁镇议会案和上述合伙企业案例中看到的:受托人不能因信托或代理或“出于”受托关系而获利。这种观点是对 *Regal* 案私有财产的更为主流的解释。[89] 在这种情况下,关于该规则在企业环境中
393 的依据和应用,*Regal* 案告诉了我们什么?

关于不因职务和关系而获得秘密利润的笼统陈述误导了后来的案件和评论,致使人们接受了一种观点,即追究责任只取决于职务所提供的(因职务而获得的)利润。[90] 部分原因是,这是一个简单而明确的事实案例,不需要对标准进行更广泛的探讨。然而,正如我们所看到的,关于第 2 版禁止谋利规则的先前权威并不支持这样一种主张,即必须对董事因担任董事而获得的任何利润进行说明。相反,为了产生所描述的责任,机会必须与公司密切相关,以至于它被视为公司与董事之间的财产;它成为受托董事承诺管理的“财产”的嫁接。由职位提供是使董事对利润负责的一个方面,但仅仅是一个方面。

〔89〕 参见霍德森勋爵在 *Boardman* v. *Phipps* [1967] 2 A. C. 46, 105 中对 *Regal* 案的理解。See Conaglen *supra* note 40, p. 116 – 117,承认不确定性,但提及“独立利润原则”。

〔90〕 See Lionel Smith, *Constructive Trusts and the No-Profits Rule*, Cambridge Law Journal 261 (2013),认为“只有一版”禁止谋利规则,其规定,“无论从该活动范围中提取出什么,都归属于受益人的主要权利,例如在受托人和受益人之间”。See also *O'Donnell* v. *Shanahan* [2009] 2 BCLC 666 at [54].

在 *Regal* 案，这种联系体现在公司的付出和对租约的积极执行中。[91]也就是说，机会来自公司的努力，因此与“公司事务”密切相关。[92] *Regal* 案中的解释隐含地依赖于这一联系，这一事实或许解释了为什么后来的一些案例认为，在 *Regal* 案中，机会被视为公司的“财产”，[93]而上议院的判断中却没有使用这个标签。在这方面值得注意的是，对于上诉法院的格林勋爵（Greene MR）来说，在没有义务为公司获得机会的情况下，问题在于与 *Cook* v. *Deeks* 相呼应的是，“董 394
事们是否在拿走属于公司的东西”。[94]

为了清楚地看到在 *Regal* 案关于第2版禁止谋利规则的解读中，公司与机会之间的联系背景必须与有关关系和职位产生的利润的陈述相结合，请考虑发生于1967年的 *Boardman* 案。该案至今仍是公司和信托的主要关联资产案。在 *Boardman* 案中，信托的代理受托人因利用信托在一家公司中的少数股权来促进受托人以个人身份收购该公司而获利。这种少数股权使受托人能够获得有关公司的信息，并在与公司董事的谈判桌上获得一个席位，这反过来又使他们能够获得有关公司的更多信息，并谈判和完成出售。对于威尔伯福斯·J（Wilberforce J）来说，仅仅因为利润是由受托而产生的，就不需要对

---

〔91〕 请注意，科恩勋爵在上议院的判决 *Boardman* v. *Phipps* [1967] 2 A. C. 46, 102 中强调有关 *Regal* 案的利润和受托人地位的陈述必须“与该案件的事实有关”。

〔92〕 根据麦克米伦勋爵，见上文引述。See Andrew D. Hicks, *Proprietary Relief in Boardman* v. *Phipps*, 65 Northern Ireland Law Quarterly 1 (2014), 16–17.

〔93〕 Wilberforce J in *Boardman* v. *Phipps* [1964] 2 All ER 187, 203：Wilberforce J 面临的两个相关问题之一是：“是否可以将关于哪些可盈利用途可以被描述为信托或企业的财产。在 *Regal* (*Hastings*) v. *Gulliver* 中，这两个问题都得到了肯定的回答。”注意 Wilberforce J 在这方面也通过这一专有/第2版禁止谋利视角解释了 *Aas* v. *Benham* 和 *Dean* v. *Macdowell*。

〔94〕 *Supra* note 1 at 144 (emphasis supplied).

利润进行解释说明。[95] 被告受托人的律师使威尔伯福斯·J意识到这样一个广泛规则的实际后果：他们认为，“否则，就会给信托的管理带来难以想象的困难”，尤其是对公司受托人而言。[96] 威尔伯福斯·J在得出受托人必须承担责任的观点时，区分了两版禁止谋利规则——第1版规则是利润与执行职务有关，且存在义务和利益冲突，第2版规则是利润与机会信息有关，这与不必履行职责有关。[97] 关于第1版禁止谋利规则，威尔伯福斯·J借鉴了 *Re Corsellis* 案[98]的观点，侧重受托人所承担职责范围的重要性，他认为受托人的职责范
395 围因角色的性质而异。对于受托人而言，“这些职责的边界并没有像合伙人或董事的边界那样清楚地标明”。[99] 关于第2版禁止谋利规则，[100]对于威尔伯福斯·J来说，如果“知道进行了哪些有利可图的使用可以被描述为信托的财产”[101]，则需要进行解释说明——他在 *Keech* v. *Sandford*、*Randall* v. *Russell* 和 *Bevan* v. *Webb*[102]的续约权

---

〔95〕 *Supra* note 93 at 203：“在我看来，如果仅仅在任何情况下利用受托人或代理人在其托管或代理过程中获得的任何知识或任何机会，就使他负有责任，这种说法肯定是不稳妥的。”

〔96〕 Ibid. at 202.

〔97〕 Ibid. at 203：“在每种情况下，都有必要考虑两件事：第一，产生利润的行为是否在执行职务的职责范围内……第二，是否可以将对其进行盈利使用的知识描述为信托或企业的财产。在 *Regal* (*Hastings*) v. *Gulliver* 中，这两个问题都得到了肯定的回答，但在与知识有关的问题上应该这样就足够了。”(emphasis supplied)

〔98〕 Discussed in Section C at p. 381.

〔99〕 *Supra* note 93 at 203.

〔100〕 关于作者之前在 *Boardman* 案中对财产视角的讨论，参见 David Kershaw, *Does It Matter How the Law Thinks about Corporate Opportunities*, 25 Legal Studies 533 (2005)；有关这些问题的精彩讨论，另请参见 Hicks *supra* 92。

〔101〕 *Supra* note 93 at 203 (emphasis supplied).

〔102〕 See p. 376 – 379.

(the right of renewal)案例的支持下取得了这一立场。威尔伯福斯·J观察到,支撑这些案例的理由是,"在续约的情况下,受托人实际上是购买了信托财产的一部分"。[103] 在将第二种方法应用于本案的事实时,他重点关注信托资产(少数股权)与使利润得以实现的信息之间的密切联系[104],从而得出关于机会的知识"基本上是信托的财产"的结论。[105]

上诉法院维持了威尔伯福斯·J的判决。丹宁勋爵接受了威尔伯福斯·J的发现,即信息可以"恰当地描述为信托财产",因此受托人无法从信托财产中获利。[106] 对于丹宁勋爵来说,获得的知识和信息是"财产……就像一项发明一样"。[107] 罗素 LJ 的判断也很有启发性。他观察到,利润核算基于以下事实:

> 实质性的信托持股(*substantial trust shareholding*)是一种资产,其中一个方面是它可能被用作获取公司事务的知识、谈判公司资产分配或诱使其他股东放弃其股份的一种手段。[108]

---

[103] *Supra* note 93 at 202.

[104] Ibid. at 204:"显而易见、毫无争议的是,购买股票的机会……找到了博德曼先生和菲普斯先生,因为信托公司持有8000股股票。这使他们最初与董事接触,这一事实使董事与他们保持联系,直到收购完成。"

[105] Ibid. at 204(尽管注意到,威尔伯福斯·J. 证明了对该术语的适当性的一些怀疑,但他以"在该表达可以被使用的范围内"对这一陈述进行了限制)。

[106] [1965] Ch. 992, 1016 丹宁勋爵(Lord Denning)认为:"上诉人未经受托人同意,利用信托财产为自己谋取利益。"

[107] Ibid. 1019.

[108] Ibid. at 1031.

这种方法与上议院在 *Aberdeen Town Council* 案中的方法密切相
396 关,即机会是信托资产的直接功能:没有信托资产(博德曼和阿伯丁镇议会的沿海土地股份),就不可能有机会。与威尔伯福斯·J 和丹宁勋爵不同,罗素 LJ 没有提出机会与信托的联系使其成为信托财产的概念。尽管如此,在他的判断中,对于为什么应该进行解释说明有一种隐含的专有理解。[109]

上议院以 3 票对 2 票的多数决,确认了威尔伯福斯·J 和上诉法院的判决,其影响至今仍在继续引起回响和混乱中。与威尔伯福斯·J一样,科恩勋爵认为,"这并不一定意味着[被告受托人]被禁止购买公司本身的股份",[110] 仅仅是因为他们通过其受托人角色获得了有关公司的信息。他指出,如果该公司是一家上市公司,在公开市场上购买股票将不会产生应计利润。然而,在这种情况下,(在理论上对信托有利)的机会由受托机构掌控,本可以获得利润并受益。但在这种情况下,对于科恩勋爵来说,要求进行解释说明所需的与信托的联系程度将不存在。对于科恩勋爵和其他多数的上议院议员(Law Lords)如威尔伯福斯·J 来说,所需的联系源于这样一个事实,即信托持股通过提供对公司的介入和更多信息的获取而创造了机会。重要的是,对于大多数法官来说,信托财产和有关机会的信息之间的这种联系的性质证明,与机会相关的信息应被视为信托的"财

---

〔109〕 在这方面值得注意的是,厄普约翰勋爵(Lord Upjohn)对这种专有方法的有力反对(下文将讨论)以罗素 LJ(Russell LJ)的判断为例,尽管罗素 LJ(Russell LJ)本人并没有使用"机会"(vis-à-vis the opportunity)这个标签,仅指使用股份生成信息的能力作为信托的财产 (ibid. at 1032)。

〔110〕 [1967] 2 AC 46, 100.

产”的指定或推断是合理的。[111] 洛德·盖斯特(Lord Guest)认为“没有理由认为信息和知识不能成为信托财产”,因此博德曼违反了受托人不能“从他与信托财产达成的任何交易中受益”的原则。[112] 对于科恩勋爵来说,虽然“信息当然不是严格意义上的财产”,[113] 但这意 397
味着它是与信托类似的财产。迪霍恩(Dilhorne)子爵不同意大多数人对案件结果的看法,“虽然可能有些信息可以适当地被视为财产”,但在本案中,其并不是像 *Dean* v. *Mc Dowell* 和 *Aas* v. *Benham* 那样,对信托机构没有价值。[114] 对于霍德森(Hodson)勋爵来说,受托人利用自己的职位和信托的少数股权获得的信息,“能够存在并且被计算”,“可以适当地被视为信托的财产”。[115] 然而,霍德森勋爵并不认为 *Aas* v. *Benham* 帮助了上诉受托人,因为信托的范围并没有以“与经营特定业务的合伙企业相同”的方式受到限制。[116]

Boardman 案的事实和多数人的立场也表明,在英国信托法发展的这一点上,禁止利益冲突规则和第 2 版禁止谋利规则在概念上是不同的,只有部分重叠。对于上诉法院的 Denning LJ 和 Russell LJ 案以及 Wilberforce · J 来说,在上议院占多数的责任的主要基础是,关于机会的信息产生的过程将该信息带入了“信托财产”的集合区域,因此,受托人对该信息的使用相当于(在受托人与指控之间的限定意义上)未经授权对信托财产的征用。

---

〔111〕 例如 Lord Cohen (ibid. at 103),像威尔伯福斯一样,强调和股份相关的信息来源。

〔112〕 Ibid. at 115.

〔113〕 Ibid. at 102.

〔114〕 Ibid. at 89, 91.

〔115〕 Ibid. at 107.

〔116〕 Ibid. at 110.

在 *Boardman* 案中,第 2 版禁止谋利规则/专有责任基础是与利益和义务之间的冲突问题分开看待的,后者成为部分责任追究的基础。对于迪霍恩子爵来说,信息是否属于信托财产的一部分的问题是在他得出结论后解决的,即个人利益和信托利益不存在冲突,[117] 因为信托机构对机会不感兴趣。[118] 同样,科恩勋爵[119]也分别考虑
398 了 *Boardman* 案的利益与义务之间的冲突,他指出,对这一禁止谋利规则的分析"足以处理此案"。[120] 就这一义务而言,对于科恩勋爵来说,案件的事实产生了利益冲突,因为代理人受托人之一博德曼先生在收购股份时的个人利益与他作为信托律师向受托人提供"无偏见建议"的义务相冲突。但科恩勋爵认为,这种责任依据与基于第 2 版禁止谋利规则的责任依据不同,而且重要的是,这种责任依据不能延伸到第二代理受托人菲普斯(Phipps)身上,他不受任何此类提供建议的义务的约束。

(二)对 1942 年前后董事职责的禁止性质的评估

上诉法院和上议院对 *Regal* 案的判决,均基于董事没有义务为

---

[117] Ibid. at 88,指的是利益冲突,而不是利益和义务。

[118] 最初从利益冲突而非利益和职责冲突的角度理解禁止利益冲突规则,迪尔霍恩(Dilhorne)子爵观察到:"如果他们参与的活动中有或可能有个人利益与他们必须保护的人的利益相冲突,那么他们显然有责任这样做。就本案事实而言,我认为上诉人的个人利益与受托的个人利益之间不存在任何冲突或可能存在冲突。"(ibid. at 88)(emphasis added)在他后来的判断中,这个问题是一个利益和责任冲突的问题(at 92)。

[119] Ibid. at 103 – 104,他强调了博德曼先生的利益与他的职责(作为信托的律师)之间的冲突。

[120] 在上面威尔伯福斯的判决中,我们已经注意到了这一区别。在丹宁勋爵的判决中也发现了这一点,他指出,"如果有必要,这将成为另一个责任的理由,因为他将自己置于一个他向法院提出申请的义务和他自己获得股份的利益之间存在冲突的位置"(at 1020, emphasis supplied)。

公司获取机会的立场。当我们从字面上考虑“本着公司利益善意行事的义务”[121]的含义时，这一立场似乎有些奇怪，因为很明显，机会符合公司的“利益”，通常也是这样理解的。也就是说，对这一义务的自然的、字面上的解释是，它包括一项规定性的义务，即董事应主动采取行动，创造和利用进一步改善公司的机会。然而，正如我们在本书第一部分中所看到的，传统上并没有以这种方式理解这一义务。相反，它被理解为一种对行使公司权力的忠诚约束，而不是一种要求董事就关联资产采取主动行为的义务。[122] 换言之，在行使权力时，该义务禁止在不符合公司利益的情况下行使权力，但该义务并未规定拥有该权力的董事的任何特定行动方针。正如我们在本章前面提到的，就 *Regal* 案本身而言，上议院认为公司“没有这样的(积极的)义务”[123]来为公司争取放映电影的机会。同样，续期权案(the rights of renewal cases)[124]和 *Aberdeen Town Council* 案[125]中的受托人也不受规定义务的约束。 399

受托人和公司董事的这一职位与上一节中概述的合伙人的职位形成鲜明对比。正如我们所看到的，在 *Dean* v. *Macdowell* 中，上诉法院认为，公司的合伙人对合伙企业业务范围内的机会负有广泛的规定性义务。这项义务的一个必然结果是，合伙人不能与合伙企业展开竞争。在 *Dean* v. *Macdowell* 中，合伙人的形象是在经营上参与

---

〔121〕 该义务现在系为《2006 年公司法》第 172 节规定的成员的利益促进公司成功的义务。

〔122〕 See Chapter 2.

〔123〕 See p. 382 *per* Lord Macmillan.

〔124〕 See p. 379 – 380.

〔125〕 Ibid.

企业的人，并选择全身心地投入通过合伙企业发展企业的工作中；规定性义务源于对合作伙伴承诺的理解。当人们反思角色的性质时，对合伙企业和公司法中义务的不同理解是有意义的。合伙人的地位融合了高层治理和日常管理职能，而公司董事会仅履行涉及定期重大决策、将公司权力分配给经营管理者并监督授权的执行情况。今天，我们大致讨论执行董事和非执行董事、兼职董事和全职董事。几十年前，我们在英国谈到了"董事总经理"。但这些术语往往误导我们，使我们认为就董事的作用而言，执行董事和非执行董事之间存在差异。它们让我们模糊了不同的董事和管理职能之间的界限。

董事并不履行日常管理职能，而只是在召开董事会议时行使被授予的权力。即使是在没有正式授权的小公司，当他接受订单、制造产品或交付产品时，董事总经理也不是以董事身份行事。在董事的职责中，所有人，无论是否担任执行职务，都是兼职的，因为董事的职能仅在不频繁的董事会会议上履行。只有在行使、授权和监督董事的权力时，才担任董事的职权。此外，董事的职责仅适用于其作为董事的行为。

有了对有限的董事角色的这种理解，对职责的强制性理解就有了意义。事实上，这种对董事职责的认识在早期的公司法中也有体现。例如，在 *Re Brazing Rubber Plantations and Estates Ltd.* 案〔126〕中，
400 内维尔(Neville J)观察到，反映出市场预期的是，董事们"认为，董事没有义务参与公司业务的开展，但只要他确实参与了公司业务，他就

〔126〕 [1911] 1 Ch. 425.

必须在其发布过程中采取合理的谨慎态度”。[127] 预计不会参与公司业务经营的董事,显然不能代表公司履行积极义务,就公司将拥有普遍利益的关联资产采取行动。另一个例子是法院对董事在行使权力之外的角色以及他们所承担的禁止性义务的这种有限观点的理解,这是由备受诟病的 *Mashonaland* 案[128] 提供的。该案认为,在章程中没有规定的情况下,董事必须只向公司提供服务,与现行合伙规则相反,董事可以成为竞争对手公司的董事;正如我们在第二章中解释的那样,这一立场完全符合对诚信义务的禁止性理解。

当然,担任董事这一职位同时担任高级经理的董事(除了作为董事对公司负有的责任外)可能不是第二身份的受托人;受制于不同的合伙人般的积极责任。此类责任将反映高级管理人员的工作性质,一项与合伙人非常相似的事业:一项全职治理和运营事业,旨在从一个薪酬与公司业绩密切相关的人那里促进企业的利益。借用 *Dean* v. *Macdowell* 中 Cotton LJ 的说法,对于这些高级管理人员来说,追求关联资产“是他应该仅为[公司]的目的才应该做的事情”。迄今为止,英国法律从未直接探讨过这种可能性。正如我们将在第十三章中看到的,未能清楚地区分这些不同角色的受托人效果(fiduciary effect),在英国公司法中造成了许多混乱。

(三)董事友好型关联资产法

英国的评论往往认为,英国关联资产法一直强烈倾向于公司和

---

[127] Ibid. at 437. 这种非执行董事角色的观点直到 20 世纪后期才被明确否定。see *Dorchester Finance* v. *Stebbing* [1989] BCLC 498; *Re Westmid Packing Services Ltd.* [1998] 2 All ER 124.

[128] [1891] W. N. 165.

股东,而不是董事。我们将在第十三章中看到,现代立场确实是严格
401 且对股东友好的。[129] 一些评论人士认为,这种现代立场反映了英国公司法未能使苛刻的19世纪非公司信托法适应现代公司条件。例如,洛瑞(Lowry)和埃德蒙兹(Edmunds)教授认为,他们所遵守的现代责任是“严格的”、“根深蒂固的”和“抑制有创业精神的董事利用商业机会”[130],是“在不同的时代形成的,是根据不惜一切代价使受托人达到最高标准的需要”形成的。[131] 其他评论家对现代化的呼吁提出了质疑,但他们这样做的基础是,现代立场反映了几个世纪以来对严格伦理的承诺。例如,弗拉纳根(Flanagan)辩称,“几个世纪以来,信托标准一直很严格”[132]。

本书将在第十三章来探索现代英国的立场,但在结束本章时,重要的是在我们分析的这个阶段要注意,这种历史叙述只是部分正确。显然,现代公司的地位植根于非公司信托法,但如果考虑到本章约在1970年制定的英国公司关联资产法的状况,就无法将这种立场描述为严格或对股东友好。

根据第1版禁止谋利规则,法律要求的解释说明执行董事职责与董事的个人利益直接冲突,加上对职责的限制性理解,不需要主动

---

[129] See, e. g., J. Lowry and R. Edmunds, *The Corporate Opportunities Doctrine: The Shifting Boundaries of the Duty and Its Remedies*, 61 Modern Law Review 515 (1998); John Lowry and Rod Edmunds, *The No-Conflict-No Profit Rules and the Corporate Fiduciary: Challenging the Orthodoxy of Absolutism*, Journal of Business Law 122 (2000).

[130] Ibid. *The No-Conflict-No Profit Rules and the Corporate Fiduciary: Challenging the Orthodoxy of Absolutism*, at 131 and 124. See also. Ben Pettet, *Company Law*, 2nd edn, Longman: 2005, p. 166 – 170.

[131] Ibid. at 142.

[132] Robert Flannigan, *The Strict Character of Fiduciary Liability*, New Zealand Law Review 209 (2006).

寻求机会;根据第 2 版禁止谋利规则,在不与职责冲突的情况下,利润是由于与公司的行动和事务密切相关的机会而提供给董事的,通常涉及部署公司资产,例如 *Boardman* 案和 *Regal* 案,以创造和实现机会。根据第 2 版禁止谋利规则,受托人地位提供的机会是适用该 402
规则的必要条件,但不是充分条件。因此,大约在 1970 年,根据这些规则(如果没有更多),一名董事以个人身份发现公司业务领域内的机会不必承担责任。(如果没有更多)在担任董事期间发现了一个与公司事务、活动和资产完全无关的机会也不必承担责任。1970 年前后的英国关联资产法律规则为“具有企业家精神的董事”提供了很大的空间。

403

第十三章　现代英国路径与财产(权)的消失

一、异议与现代路径的产生

(一)对第2版禁止谋利原则的否定

关联资产问题的现代解决路径源于厄普约翰大法官(Lord Upjohn)在*Boardman*案中所持有的不同观点——该异议在很多个方面既与该案中大部分法官的观点相左,也与第十二章中所提到的先前的判例法观点相悖。厄普约翰大法官认为,禁止利益冲突原则(no-conflict rule)不是用来解决关联资产的责任承担问题的"其中一种"可能的理论基础,而是"唯一"的理论基础:第2版禁止谋利原则仅仅是这项规则的一个实体化表现而已。

在上诉法院先前审理的*Boulting* v. *Association of Cinematograph, Television & Allied Technicians*[1]中,从*Keech* v. *Sandford*中

[1] [1963] 2 QB 606.

总结出禁止谋利原则的厄普约翰大法官引用了克莱沃斯大法官(Lord Cranworth)在 *Broughton* v. *Broughton* 这一自我交易案中的裁判观点,提出了"任何负担义务的人都不应将自己置于其利益与其义务相冲突的境地"这一观点。[2] 该观点在 *Boardman* 案中被采纳,因为厄普约翰大法官所持有的"所有法律都是在基本原则之上制定的"这一观点被克莱沃斯大法官在 *Aberdeen Railway* 案[3]这一自我交易案中再次提及:

> 任何负有义务之人都不应被允许参与其所拥有或可能拥有的个人利益将会或可能会与其有义务保护的利益相冲突的交易,这是一条普遍适用的规则。

因此,厄普约翰大法官认为,*Regal* 案所支持的禁止谋利原则仅仅是对禁止利益冲突原则的适用而已。正如我们所看到的,上文阐 404
述的第 1 版禁止谋利原则与禁止利益冲突原则之间关系的观点显然是正确的。正如我们在第十二章所梳理的那样,禁止利益冲突原则是对埃尔登大法官先前所提出的禁止利用优势原则的重述。然而,当我们讨论第 2 版禁止谋利原则与禁止利益冲突原则之间的关系时,这一观点是不正确的。如前所述,在传统上,我们对禁止利益冲突原则的理解是十分狭隘的,即认为这一规则要求与权力的行使之间具有直接的冲突。也就是说,要求与为信托人或公司的利益而行使这一权力的义务(履行承诺的职责)之间具有直接的冲突。诚然,

---

〔2〕 (1855) DE G. M. & G 159, 164.

〔3〕 [1843 - 60] All ER Rep. 249.

包含 *Broughton* v. *Broughton* 和 *Aberdeen Railway* 案在内的适用了这一原则的大部分 19 世纪案例,都涉及了与这一义务的直接自我交易冲突。这一界定承诺义务范围的观点,以及在此基础上界定禁止利益冲突原则范围的观点,将诸如 *Aberdeen Town Council* 案和 *Regal* (*Hastings*) v. *Gulliver* 等案件排除在了该规则的适用范围之外。当然,正如我们上文在讨论 *Aberdeen Town Council* 案时所指出的,倘若我们对这一义务进行广义上的解读,即认为这一义务包括积极地为了信托人或公司的利益行事,而不去考虑这一承诺义务的准确内涵以及权力的实际行使的话,就能够使得上述案例重新回到禁止利益冲突原则的适用范围之内。但先前案例并不是以这种方式来理解受托人或董事的义务本质的——*Aberdeen Town Council* 案中的受托人并不负有获得渔业许可证的积极义务;*Regal* 案中的董事并不承担获得电影租赁权的积极义务;*Re Corsellis* 案中的受托人也并未作出要履行任何男乘务员相关义务的承诺。因此,第 2 版禁止谋利原则不是禁止利益冲突原则的衍生品,它是一种独立的、能够在概念上与禁止利益冲突原则作出清晰区分的关于责任适用的规则,且这一规则在那些禁止利益冲突原则适用不了的情形中是必要的。如前所述,这是 *Boardman* 案中大部分法官所支持的观点(在审理该案中的 9 名法官中,8 名法官持这一立场)。

厄普约翰大法官对禁止利益冲突原则的重构以及对第 2 版禁止谋利原则的有效抛弃尽管并不准确,但在之后的案件中找到了充足的司法适用基础。例如,在 *IDC* 案中,法官罗斯基尔(Roskill)认为,*Boardman* 案中的多数派法官与少数派法官所争执的是案件的事实而非法律,其指出,禁止利益冲突原则是“其他所有规则建立的基础”。[4] 在 *Bhullar* 案中,大法官乔纳森·帕克(Jonathan Parker)同样沿袭了厄普约翰大法官的观点,并采纳了克莱沃斯大法官的表述,即其他案件(如 Regal 案)仅仅是这一“相关规则”[5]的实体化表现而已。这些判例反过来又极大地影响了克莱沃斯大法官所 405
提出的基础原则在之后的适用,因为有关关联资产的制定法规则被写在了英国《2006 年公司法》第 175 条中。[6]

有学者主张,有两点原因使厄普约翰大法官所持有的这一异议变得如此成功和有说服力:一是其对以财产为基础的路径所进行的直截了当的、有效的反驳;二是其使禁止利益冲突原则实现了从关注利益与义务之间的冲突到关注“利益与利益”之间的冲突这一微妙的(也很有可能是无心的)转变。

(二)对财产(权)视角的抛弃

对于审理 *Boardman* 案的 9 名法官中 7 名或 8 名法官都支持[7]的财产视角,厄普约翰大法官指出,认为对商业机会这种信息属于财产这一观点是“站不住脚”(untenable)的。[8] 原因在于,这种信息对于“所有有眼睛读、有耳朵听”的人来说都是公开的,[9]其并不属于财产。用“财产”这一专业名词来描述这种信息,并不是在使用这一

---

〔4〕 [1972] 2 All ER 162, 173.

〔5〕 [2003] 2 BCLC 241.

〔6〕 需要注意的是,一些英国法院仍然继续适用这两条单独的规则。See *Ultraframe* v. *Fielding* [2005] EWHC 1638; *Wilkinson* v. *West Coast Capital* [2005] EWHC 3009; *O'Donnell* v. *Shanahan* [2009] 2 BCLC 666.

〔7〕 是 7 名法官还是 8 名法官支持这一视角,取决于我们是如何对大法官皮尔森(Pearson)的观点进行分类的。

〔8〕 [1967] 2 AC 46 at 127.

〔9〕 Ibid.

名词的“通常含义”。[10]

为了论证何为财产的“通常含义”，厄普约翰大法官描述了那些我们认为能够构成财产权的画面：一个拥有一系列权利，从而能够防止其他所有人对该物品进行干预的物品；那些“我们知道”我们拥有的物品，小到汽车，大到土地。然而，“财产权”这一名词并不包含它所适用的资产类型这一概念。财产权是与某一物体有关的一系列权利，它为所有权人提供了一套救济措施，用来把那些“位于排除名单中的人”排除在权利行使的范围之外。从财产权这一角度来看，所有权的享有与否通常是通过探究可能的所有权人与资产之间的关系，或者是通过探究所有权人与侵权人之间的关系来论证的。其中，最主要的法律问题就是这种关系的本质是否能够为排除他人权利的行使提供正当的理由。至少在英国，[11]对这一问题的回答是比“财产”
406 这一标签的属性更为重要的。这就是财产的“通常含义”。[12] 因此，有关商业机会的信息完全能够被认定为是一类人的财产。然而，这种信息是否能够被认定为“财产”，是在我们解决了是否存在排他性权利这一基础问题之后，才能去解决的第二次序的问题。“财产”本身的概念并不能够回答这一问题。

然而，厄普约翰大法官对于“常态”(normality)的解释是具有说服力的。在加雷斯·琼斯(Gareth Jones)于《法律评论季刊》(*Law Quarterly Review*)发表的一篇在当时和之后都颇具影响力的文章中，

---

〔10〕 Ibid. at 128.

〔11〕 详见第十五章中关于财产权的讨论。

〔12〕 在第十四章对美国关联资产法进行了分析之后，在第十五章中，我们探究了财产本身作为一种权利基础的方式。

其在对厄普约翰大法官的观点进行了说明之后指出,将商业机会的信息认定为财产"触犯了法律观念和我们的常识"〔13〕。自英国《公司信托法》颁布以来,除了在下文将会讨论到的董事为获得机会而辞职这一情境之外,〔14〕这一视角就没有被当作解决关联资产问题的普遍视角来适用。〔15〕有学者主张这是因为法院在关联资产情境下使用"财产"这一专有名词是大体合理的。对"财产"这一名词的使用掩盖了一个关于所有权的成熟理论的缺失或者是一个单独的对义务的解释,在这种情形下,"财产"可能是一种预言式的总结〔16〕——除了对于连接或创造机会的一种松散、模糊和在很大程度上未经探索的概念之外。尽管财产被认为须具有某种亲和力(affinity),如洛克派(Lockean)哲学家认为,财产是某人劳动的成果〔17〕——在这些案例中,财产更像是一种理性直觉,而非一个关于所有权是如何产生的具

---

〔13〕 Gareth Jones, *Unjust Enrichment and the Fiduciary's Duty of Loyalty*, 84 Law Quarterly Review 472 (1968).

〔14〕 在 *Bhullar* v. *Bhullar*([2003] 2 BCLC 241 at 252)中,乔纳森·帕克大法官指出,但这并不意味着,对"属于"信托人的财产(信托财产)进行不当处理是受托人承担责任的先决条件。这一被克莱沃斯大法官在 *Aberdeen Rly Co.* v. *Blaikie Bros* 中描述为"普遍适用",并且被赫歇尔大法官(Lord Herschell)在 *Bray* v. *Ford* 中描述为"缺乏灵活性"的相关规则,(用克莱沃斯大法官的话来说)是指,任何受托人都"不应当被允许去参与一个其个人利益与其应当要保护的委托人的利益相冲突或可能发生冲突的交易"(emphasis supplied)。

〔15〕 正如在下文中将要看到的,尽管这一概念尚未受到 *Boardman* 案后理性的审问,当我们在合伙法下讨论关联资产问题时,其仍在被使用。See p. 387 – 388.

〔16〕 见第 385 页和第 481 页中关于福尔摩斯(Holmes)所提出的有关预言式总结的讨论。需要注意的是,正如我们在第 385 ~ 386 页中所讨论的,合伙性质的有关关联资产的法定义务能够成为"将财产认定为一种预言式总结"这一观点的基础。

〔17〕 详见第十五章(原著第 476 ~ 494 页)的讨论。

有条理性的概念。与美国相比,[18]英国的普通法也并未在其他的法
407 律情形下依赖洛克派所提出的有关所有权的解释,这些解释本有可能支持法院所作出的关联资产财产直觉。[19] 因此,厄普约翰大法官在这一情境下对所有权视角的打破是成功的,因为他推倒了一个未经理论化的不靠谱的想法。重要的是,他的这一路径同时与英国在其他无形资产(如商标和商业秘密)的情形下拒绝使用"财产"这一概念的做法相一致。针对这一情形,厄普约翰大法官本身有所提及,[20]本书也将会在第十五章对美国与英国的关联资产法中的财产概念进行对比时对其进行讨论。

然而,在抛弃了第2版禁止谋利原则中的财产元素之后,我们只需要讨论这条规则的第一个方面了,即这个机会是否是处于该职位的人有理由被提供或获得的。尽管先前法院对这一未被理论化的财产概念的使用并没有信心,在这一概念的使用上也很模糊、尚未达成一致,但这一概念的使用仍然显示出,倘若我们要求董事需要对获益负责,我们需要更加充足的理由——公司与关联资产之间的联系可能会超过董事在其职位能够被提供的利益。对财产视角的抛弃使我们对更加充足的理由的需要消失了,因此,其极大地改变了这一规则的本质。在不需要更为充足的理由以要求董事对其获益负责,以及不需要公司与关联资产之间的联系的情况下,第2版禁止谋利原则

---

〔18〕 我们在第十五章中分析了美国的立场以及美国与英国因持有不同立场而产生的影响。

〔19〕 这一主张能够被第十五章中有关美国与英国产生分歧的原因分析这一部分的讨论所支持。在这一部分的讨论中,我们分析了"财产"这一专有名词在类无形资产(包括商标和商业秘密)的语境下的意义及使用。See p. 475 - 494.

〔20〕 *Supra* note 8 at 128.

变为了一条十分严苛的反董事规则:一个航空航天公司的非执行董事需要对其在工作期间听到的或者因为工作连接而获得的牧羊场投资负责,尽管这一投资并不在其义务范围内。这条规则的严苛程度促使我们去寻求能够限制该规则适用范围的其他情形,这反过来又支持了第2版禁止谋利原则仅仅是禁止利益冲突原则的一个实体化表现的这一观点,因为在这一观点下,这条规则会受制于其适用范围。

(三)利益与利益之间的冲突

厄普约翰大法官的观点之所以能如此成功和具有说服力的第二个原因是,其认为 *Aberdeen Railway* 案中所提到的这一"基本原则"所涉及的并不是利益与义务之间的冲突,而是利益与利益之间的冲突(a conflict of interests)。[21] 在 *Aberdeen Railway* 案中,关于利益与利益之间的冲突这一陈述其实应当被解读为是在指代利益与义务 408
之间的冲突。该案是一例自我交易案,其不可避免地涉及了在签订合同时,应当为了公司的利益诚实地行使权力这一义务。值得注意的是,在提出禁止利益冲突原则这一"基本"原则之前,克莱沃斯大法官指出,"一个公司团体只能通过其代理人来行事,因此,是这些代理人负有在处理公司事务时,为了公司的最大利益而行事的义务"[22]。克莱沃斯大法官显然并没有打算去改变当前流行的

---

〔21〕 怀康特·狄赫尼(Viscount Dilhorne)也提到了利益与利益之间的冲突。See Chapter 12 note 118 above. 在先前的判例中,极少有法院提及"信托利益",也极少有法院提出案涉的冲突是利益之间的冲突而非义务与利益之间的冲突。如在 *Hamilton* v. *Wright* 中,法官提出:"他作为受托人,负有不得使其自身置于与其受托利益相冲突的境地的义务。"在该案中,法院的结论同样是落在了利益与义务之间的冲突之上。See *Hamilton* v. *Wright* [1842] IX Clark & Finnelly 110, at 122.

〔22〕 *Supra* note 3 at 252.

法律观点。在参考了埃尔登大法官所提出的无利益规则和 *Keech* v. *Sandford* 后，他指出，“英国在这一问题上的权威观点是众多但一致的”[23]。的确，在 *Bell* v. *Lever Brothers* 中，布莱斯伯格大法官(Lord Blanesburgh)对于克莱沃斯大法官的观点仅能够在自我交易的情形下适用，以及“并不适用于董事自身与公司外部人之间的交易”这一点上几乎没有疑问。[24] 同样地，尽管厄普约翰大法官引用了克莱沃斯大法官所提出的利益与利益之间的冲突这一陈述，并将其视为基本原则和所有规则的“最高”准则，在他的陈述中，他其实是在讨论利益与义务之间的冲突。他适用这一原则的出发点是“探讨受托人义务的范围为何”。在 *Boardman* 案中，他指出，由于受托人“没有更进一步的义务去履行”，[25] 因此不会发生冲突，进而也无须承担责任。

尽管克莱沃斯大法官和厄普约翰大法官认为，利益与利益之间的冲突和利益与义务之间的冲突这两个概念是具有互通性的，此二概念还为分歧的产生创造了空间。厄普约翰大法官所提出的，以及被他视为“基本原则”的利益与利益之间的冲突这一概念相当于在英国关联资产法中留下了一匹“特洛伊木马”。如果信托人或公司的“利益”被解释为信托人或公司的普遍利益——如此以来，商业机会将能够被解释为属于信托人或公司的利益——那么禁止利益冲突原则将能够适用于那些与信托人或公司仅具有微弱联系的商业机会，以及与那些并无直接义务去履行的受托人有关的商业机会。这反过

---

[23] Ibid. at 253.

[24] [1932] AC 161, 195.

[25] *Supra* note 8 at 130.

来有可能产生对义务的反馈:如果受托人不能够从他具有利益的职位获得某种商业机会,那么不应当有某种与这个机会相对应的义务吗?也就是说,克莱沃斯大法官的这一标准让普遍利益变成了比义务更重要的因素。 409

在厄普约翰大法官对 *Boardman* 案的裁判观点中,我们在一定程度上能够看到利益变得比义务更重要这一变化。从受托人的"义务范围"开始讲起,他明确了这项规则是能够适用的,在讨论这一规则的过程中,"义务"变得没有"利益"重要了。厄普约翰大法官举了一个例子加以论证:当一个受托人购买了位于其受托财产(甲地)旁边的财产(乙地)时,"毫无疑问,受托人会与乙地的购买有利益关联",甲地的受益人没有理由去指控说"由于他们自己对乙地并无利益,因此,他们的受托人没有义务履行与之相关的义务"。[26] 在这一个例子中,厄普约翰大法官认为,受托人的义务取决于信托人的"利益"。相似地,克莱沃斯大法官所提出的这一"伟大原则"[27]的影响可在后续的公司相关案例中看到。

首先来看看 1972 年的 *IDC* 案[28]。在该案中,IDC 这家建筑服务公司的常务董事是一位著名的建筑师。他通过个人关系,获得了一个建筑设计机会,而这个机会是 IDC 之前尝试过但最终未能成功获得的。第三方公司明确表示,他们不想让 IDC 来进行这项设计工作,但十分乐意单独聘请这位常务董事来干这项设计的活。根据第 2

---

〔26〕 Ibid. at 130 (emphasis supplied).

〔27〕 *Industrial Development Corporation* v. *Cooley* [1972] 2 All ER 162 at 173, *per* Roskill J. at 173 citing Lord Upjohn.

〔28〕 [1972] 2 All ER 162.

版禁止谋利原则，有很充足的理由认为，这位常务董事不应当接受这个机会，因为这家公司在先前做了很大的努力(尽管最终并未成功)去获得这个机会，而该常务董事密切参与了这一过程。[29] 然而，该案的法官罗斯基尔并未适用第2版禁止谋利原则，而是选择采用厄普约翰大法官在 *Boardman* 案中所提出的方法。如此，法院在董事身上施加了一个合法的、积极的义务，即要求他们必须向公司董事会披露那些与公司利益相关的商业机会信息：这种信息是与原告相关的信息，或是“公司需要知道”[30] 的信息。这是一项“传递信息”[31] 的义务。由于这种信息是与公司利益相关的信息，“利益”使义务产生了。[32]

值得注意的是，罗斯基尔法官所援引的所有与义务相关的权威观点都认为，董事仅仅受制于为公司利益而行事的这项排斥性义务
410 以及权力行使的排斥性约束。[33] 重要且有点矛盾的是，尽管适用第2版禁止谋利原则，*Boardman* 案的结果也不会有什么改变，但考虑到厄普约翰大法官在该案中的不同观点，裁判的基础将法律朝着反对董事分配关联资产的方向推进了一小步：那些公司并未发现的、公司并未尝试去获得的以及董事在非工作期间所发现的机会，倘若被认定为是公司“在乎的”或“公司应当知道的”相关信息，则属于禁止利

〔29〕 Ibid. at 166.

〔30〕 Ibid. at 173.

〔31〕 Ibid. at 174.

〔32〕 Ibid. at 173.

〔33〕 例如，该法官援引了 *Imperial Mercantile Credit Association* v. *Coleman* 中的观点，以论证“董事有义务尽最大努力为其所负责的人谋取利益”。See (1870) 6 Ch. App. 563. 该法官同时引用了巴克利(Buckley)对公司的评论，即认为公司“有权就提交董事会审议的事项听取每位董事的建议”(Ibid. at 171, emphasis supplied)。

益冲突原则的适用范围。

在上诉法院审理的 *Bhullar* 案[34]中,义务同样受到了“利益”的限制并由“利益”规定。在该案中,一家陷入经营僵局的并未积极寻求任何新机会的零售超市公司的董事在该家公司现有的一处房产旁边购买了一处房产。该董事被要求为此行为承担责任,尽管在第2版禁止谋利原则下,他并不需要对此行为负责——该家公司并未尝试获得这项资产,这一购买房产的机会也并不依赖于这家公司的现有资产,以及并不需要动用这家公司的现有资产来制造这一机会。然而,该法院遵循了厄普约翰大法官的观点,将克莱沃斯大法官所提出的“利益与利益之间的冲突”这一原则作为了相关规则,认为该董事违反了这一规则下的相应标准。法院认为,由于该董事所购买的房产与这家公司已有的房产距离很近,这家公司可能会觉得这一机会是“值得的”或“在商业上具有吸引力的”,因此,该董事有义务向公司披露这一机会的存在。[35] 我们再一次看到,机会中的普遍公司“利益”导致了义务的产生。该案的律师在这一逻辑下进行了进一步的阐述:

> 如果一个商业机会在公司的经营范围之内,或者该董事被赋予为公司寻求特定商业机会的职责,而该商业机会在性质上属于这一特定的范围,那么这一董事负有为其公

〔34〕［2003］2 BCLC 241.

〔35〕Ibid. 256.

司提供这一商业机会的积极义务。[36]

411 在*Bhullar*案中,法院仅仅依据个人利益与公司利益之间的冲突作出了判断,而没有去看利益与义务之间的冲突。[37] 该法院指出,这就是"厄普约翰大法官所解释的公司利益与董事利益相冲突的案件"。[38] 由于这个机会对公司而言是"有利的",而这些利益又发生了冲突,董事将会被认定为违反了其义务。

在离我们相对更近的 *O'Donnell* v. *Shanahan*(以下简称*O'Donnell*案)[39]中,上诉法院认为,当董事未能代表公司的客户作为经纪人去协调一项财产的出售,而将其自身置于这一导致公司未能获得其在原本交易中应当获得的回扣的财产购置过程中时,该董事在禁止利益冲突原则下应当承担相应的责任。法院指出,在该案中产生了一个利益与利益的冲突,即个人利益与"公司(因作为替代交易的经纪人而获得适当报酬)的利益"发生了冲突。[40] 这一针对

---

〔36〕 罗莎琳德·尼科尔森(Rosalind Nicholson)依靠*IDC*案来支持这一主张(emphasis supplied)(ibid. at 252).

〔37〕 在该案中,该公司的律师科比特先生(Corbett Q. C.)在有关利益问题上指出:"该董事所购买的这一房产显然是一个对BBL公司有利的商业机会。利兹路(Leeds Road)上的房产是很难获得的,而该董事所购买的这一房产就位于公司所拥有的一处房产旁边。在之前,其所购买的这处房产的一部分被一业主用来作为停车场。"这一房产(Whitehall Mill)将会是对BBL投资组合的一个有价值的补充(Ibid at [267])。相似地,法官沃伦(Warren)在*Wilkinson* v. *West Coast Capital*中指出,"我们尤其需要注意的是,在受托人既没有从信托财产中获益,也没有因其受托人地位而获益的情况下,禁止利益冲突原则仍然能够适用于这一受托人。这是因为受托人有义务去保护其义务所指向的权利人。受托人不能将自己的利益置于其委托人的利益之上。"See *Supra* note 6.

〔38〕 [2002] WL 1654842 at [272].

〔39〕 [2009] EWCA Civ. 751.

〔40〕 Ibid. at [75].

利益的观点促使法院作出了结论,即董事的法定义务是“为公司争取到一个适当的报酬”。[41] 在更近的 *Sharma* v. *Sharma*[42]中,上诉法院总结道,董事为了其个人利益,利用“任何他能够且应当为公司利益而使用的机会”这一行为应当被认定是对其义务的违反。[43]

这些案件提供了令人信服的证据,表明了关注利益与利益之间的冲突这一转变,不仅极大地限制了董事以个人身份利用机会的程度,而且还推动了法律对与机会有关的法定义务的承认。然而,对关联资产法定义务发展的另一种解释值得我们关注。西蒙·维特尼(Simon Witney)[44]极力主张,当我们适用禁止利益冲突原则时,对董事这一角色的本质和范围缺乏充足的认识,同时,我们对董事在法律制定过程中所担当的不同角色也未给予足够的关注。[45] 在这一主张下,他认为应当要限制这一现代规则的适用范围,并需要将非执 412

---

〔41〕 然而,需要注意的是,关于上文所讨论的义务范围,维特尼(Witney)指出,在 *Bhullar* 案和 *O'Donnell* 案中,董事均是全职的公司高管。See Simon Witney, *Corporate Opportunities Law and the Non-Executive Director*, 16 Journal of Corporate Law Studies 145 (2016).

〔42〕 [2013] EWCA 1287. 在该案中,法官适用了《2006 年公司法》第 175 条,尽管注意到第 175 条与先前 *Aberdeen Railway* 案所创设的普通法规则并“没有实质的区别”, at [40] and [51]。

〔43〕 Ibid. at [52].

〔44〕 See Witney *supra* note 41 at 147. See also Sarah Worthington, *Fiduciary Duties and Proprietary Remedies: Addressing the Failure of Equitable Formulae*, 72 Cambridge Law Journal 720 (2013). Worthington 所著的这篇文章同样聚焦于对董事义务范围的讨论,但其主要是依据法定义务来解读判例的。

〔45〕 参见最近的 *Cullen Investments Limited* v. *Brown*(卡伦投资有限公司诉布朗案)。在该案中,尽管法院未采纳 CEO 可能会同时担任多种不同职位这一观点,其也承认了案涉合资协议可能已“不适用于”董事。虽然这当然不意味着因《2006 年公司法》第 232 条而可能被归为无效的任何形式的弃权,但该段中关于职位的讨论能够被解释为法院关注到了董事身上不同职位的划分[2017] EWHC 1586 at [236]。

行董事因担任多重角色而可能产生冲突的情况考虑进去。他指出，当非执行董事在工作期间之外发现了某种机会时，他们不应当被认定为董事。在作出这一论断时，维特尼注意到，在我们上文所讨论的所有 *Boardman* 案之后的案例中，董事都全职参与了公司的经营管理。维特尼的这一观点提醒了我们需要以一个更彻底的方式来重新分析上述案例，即我们需要把董事职能与经营管理职能区分开来。

正如第十二章所论述的，先前的判例法显然表明了董事角色本身并不会导致法定义务的产生，但其也并不排斥“担任经理的董事”[46]以及其他高级管理人员（如 *Dean* v. *Macdowell* 中的合伙人）——在承担他们作为董事所应承担的义务的同时——不受该法定义务制约的可能性。虽然上述判例显然没有作出如此清晰的区分，但这种区分对于这些判例中的规则发展是有意义的。在 *IDC* 案中，法院对被告的高级经理身份（而非其董事身份），以及对被告是
413 “仅具有一个职位”的全职经理这一事实给予了较大的关注。[47] 全职高级经理与合伙企业的积极合伙人具有密切的联系，同时，与合伙人一样，他们需要承担与其对公司作出的承诺相对应的法定义务。这样一种因作为经理而需要承担的信义义务，与这些高级经理因作为董事而需要承担的信义义务并行不悖。离我们较近的一个判例法支持了该经理信义义务与董事信义义务的区分。在我们下文将要讨

---

〔46〕 罗斯基尔大法官指出了被告仅具有“一种职位，以及当其在处理公司经营事务时，其仅具有一种职位身份。该职位就是作为原告的经理董事”这一事实（*Supra* note 136 at 173）。

〔47〕 Ibid. at 173.

论到的 *Cullen Investments Limited* v. *Brown* 中——该案适用了《2006年公司法》中的关联资产法规则——法院从一个更广阔的视角分析了 CEO 所应承担的法定义务。该法院指出,CEO“因履行包括寻找和实施机会在内的职责而获得报酬”。[48]

有学者指出,无论是在法院的司法裁定过程中,还是在立法机关将判例法成文化的过程中,都看不到对经理信义义务与董事信义义务的区分。然而,对这两种信义义务进行区分的做法其实是普遍存在的,这可以从法律在合伙人义务与董事义务中对治理角色与经营管理角色的区分,以及从在与高级经理相关的案件中形成的现代公司关联资产判例法中看出。此外,这种对信义义务的区分使英国关联资产法与 1967 年前的董事定位重新建立了连接——该定位相较于现在的法律,对董事角色的本质有着更为清晰的认识。

(四)对现代观点中反董事倾向的解释

正如前一章中所述的那样,在 1970 年前,公司对董事的要求远没有现在这么苛刻。1970 年前对董事的宽松要求挑战了我们对英国机会法的普遍看法,即认为该法是严厉而根深蒂固的,并认为该法在引入了 19 世纪信托法的标准之后就一成不变。[49] 现代法中的反董事立场是 20 世纪后期(而非 19 世纪)的产物。因此,一个很重要的问题是,是什么导致了 20 世纪后期的反董事立场在法律中的发展呢?

法律现实主义者可能将这一发展理解为是司法对变化,以及对已经主导了英国公众对公司和董事的讨论表现出更多不信任的公共

---

〔48〕 *Supra* note 45 at [238].

〔49〕 See p. 400 – 401.

和政治观点——这些观点可能有助于推动有关董事忠诚与责任的司
414 法实践——的回应。在第二章和第八章中,已经讨论过了这些顾虑以及由于对所有权和控制权分离的影响的顾虑而产生的归责压力,对诚信标准和注意义务发展所产生的影响。在论证了司法在关联资产情形之下对这些归责观点的认识之后,审理 *O'Donnell* 案的瑞默大法官(Rimer LJ)对董事"更广泛的责任义务"进行了讨论。[50]

当然,英国关联资产法的发展与20世纪60年代末之后在公司和董事身上所施加的更为严格的监管审查有关。其中,最重要的一个例子就是20世纪60年代末期,为回应敌意收购中可疑的管理行为这一现状而颁布的《收购法典》(Takeover Code)。[51] 此后,我们能够在很多文件中看出,公众对英国公司以及对英国公司法改革的讨论重点转变为了对责任或股东的关注——公众讨论焦点的转变也与英国股份有限公司所有权制度的日益完善有关。[52] 诚然,这种对董事[53]和公司责任的关注也能够在20世纪70年代之前的几十年的文件中找到,[54]但公众在先前这一时期对董事和公司责任的不信任和不满并没有导致普通法领域反董事倾向的产生——尽管正如在前几章中看到的那样,在个别情况下,这些不信任和不满的确促进了反董事的立法改革,例如取消了违反义务的责任豁免规定,以及引入

---

〔50〕 *Supra* note 39 at [68].

〔51〕 See David Kershaw, *Principles of Takeover Regulation*, Oxford University Press, 2016, p. 65 – 111.

〔52〕 Ibid. at 75 – 76 and Chapter 1 p. 57 – 58.

〔53〕 参见原著第264页中关于19世纪公众对注意义务的观点这一部分的讨论。

〔54〕 Ibid p. 56 – 57.

了强制性的、无理由的权利免除规则。[55] 但显然,普通法先前对反董事问题的不深入讨论并不意味着在某种程度上,这些关联资产法的发展就不能代表司法对公众在董事角色问题上不断变化的期待的回应了。

对这一法律改变的一个更微观、更全面和更相关的解释,与 20 世纪英国针对违反义务行为的不断变化的执法可能性有关。在近期发表的一篇文章中,马丁·格尔特(Martin Gelter)和吉娜维尔·赫林瑞格(Geneviere Helleringer)[56] 认为,美国与英国机会法的不同,至少一部分是源于两者对将信义义务的实施作为公司治理策略的不同程度的依赖。英国有关公司关联资产的判例数量是十分有限的:在 415
1972 年前,有一个(至多两个)与之相关的公司判例。在格尔特和赫林瑞格看来,[57] 英国这一方面判例的有限性可能与英国的派生诉讼规则和费用规则有关,因为这些规则在很多案例中都阻止了股东去采取相应的措施,或者打击了他们采取相应措施的积极性。

由于相关案例的缺乏,普通法难以对公众有关董事的讨论作出回应,也无法受到任何利益群体的影响。值得注意的是,关联资产诉讼自 20 世纪 70 年代以来的缓慢增长,与判例法中反董事倾向的产生有关。我们可以将案件数量的增加理解为打开了一个先前被堵住的通道,这一通道使 20 世纪的董事责任问题能够对法律发展产生影

---

〔55〕 分别参见《1929 年公司法》(Companies Act 1929)第 129 条与《1947 年公司法》(Companies Act 1947)第 29 条。

〔56〕 See Martin Gelter and Geneviere Hellerínger, *Corporate Opportunities in the U. S. and the UK: How Differences in Enforcement Explain Differences in Substantive Fiduciary Duties*, in Andrew Gold and Gordon Smith, eds. Research Handbook on Fiduciary Law, 2017 (available also as an ECGI working paper).

〔57〕 Ibid. at 23 – 24.

响。同样值得关注的是,案件数量的增加也与一种针对违反义务行为的个人救济途径的产生有关,这种个人救济途径是由法律从1980年开始规定的不公平损害救济(unfair prejudice remedy)[58]提供的。[59] 除了使得案件数量增加之外,个人救济途径的产生所具有的重要意义还可体现为两点:第一,我们可以合理地认为,将不公平损害作为诉讼基础的做法提高了法官对股东规则的接受度,因为不公平损害救济更直接地迫使法官去关注股东个人损失与机会获取之间的关系。而这是因为依据不公平损害救济规则,法院有权要求违反义务的董事对股东个人承担赔偿责任。[60] 第二,这一救济措施的实施同时意味着法院之前所审理的关联资产案件都是在处理那些由董事经营的小公司的关联资产问题。这是因为,尽管这一救济措施在理论上同样适用于那些大公司的股东,[61]但是由于该途径对于大公司所广泛存在的小股东而言,在成本收益的角度上是不划算的,我们往往很少能够看到大公司的股东会真正使用该救济途径。

然而,所有这些对法律变化的解释都不能有力地将在这一部分所讨论的导致这一法律变化的内在原因——一系列法律因素的组合——排除在外。同时,这些解释应当被视为对这些内在原因的补
416 充。我们在本章所讨论的内在原因包括:关联资产情形下对财产视

---

〔58〕 现规定在《2006年公司法》(Companies Act 2006)第994条中。

〔59〕 *Bhullar* v. *Bhullar*、*Wilkinson* v. *West Coast Capital* 以及 *O'Donnell* v. *Shanahan* 这三个案件都适用了《2006年公司法》第994条所规定的不公平损害规则。

〔60〕 Section 996 Companies Act 2006. 参见 David Kershaw, *Company Law in Context*, 2nd edn., Oxford University Press, 2012, p. 696 – 703 有关第994条所规定的救济措施的讨论。

〔61〕 关于义务的违反,但不涉及第994条的衡平法规则的讨论,参见 Kershaw 的文章, *supra* note 60 at 672 – 690。

角的抛弃、厄普约翰大法官从关注利益与义务之间的冲突到关注利益与利益之间的冲突这一微妙的转变,以及因此而产生的对董事法定义务的承认。在第十五章中,当对比英国与美国的关联资产法时,会回到本章有关法律变更原因的讨论。

二、现代立场引发的内在问题

(一)经营业务范围限制的边界

在英国关于公司机会的现代讨论中,一个很重要的问题是,禁止利益冲突规则或者第2版禁止谋利原则是否仅能够在公司的经营业务范围内适用。当适用于公司时,这一问题源于这条规则的现代化转型。在由 *Boardman* 案的初审法院的大部分法官、上诉法院以及威尔伯福斯法官所提出的第2版禁止谋利原则下,公司的经营业务范围在理论上的确能够成为决定资产与公司之间是否存在足够关联的一个相关因素。然而,从 *Regal* 案到 *Boardman* 案,我们可以看到,那些在公司情境下与判断是否存在关联有关的因素包括 *Regal* 案中的对机会获取过程的积极参与,以及 *Boardman* 案中的利用公司资产来制造机会这一行为——使关联资产处于公司经营或公司活动范围之内这一观点不证自明。因此,对第2版禁止谋利原则而言,对机会是否处于公司的业务范围之内这一问题的讨论并没有太大意义。而对于义务与利益、禁止利益冲突原则而言,公司业务范围的相关性取决于信义义务的本质;当董事仅仅受制于要求他们诚实地为了公司利益而行使其被授予的权力的这项禁止性义务时,关于公司业务范围的讨论就没有意义,因为在该情形下,我们只需要关注利益是否在董事履行职责的过程中产生就可以了。

现代禁止利益冲突原则或与追求这些利益的法定义务相关的规则潜在适用范围的广泛性,使我们对于公司利益可能受到的限制(如经营业务范围限制)更加敏感。正如我们在合伙企业案件中所看到的,经营业务范围是决定合伙企业董事会以及法定义务划分的一个相关因素。相似地,在讨论剥离了关联与财产因素的第 2 版禁止谋利原则时,认为这条规则可能会受制于公司的经营业务范围,是探索
417 这条严苛的反董事规则适用边界的一种合理方式。然而,需要强调的是,这个问题并不是因为我们 1970 年前对适用于董事的关联资产法的理解而产生的,而是由厄普约翰大法官在 *Boardman* 案中的不同观点引起的。

对第 2 版禁止谋利原则而言,唯一能够对这一问题进行详尽分析的判例告诉我们,并没有所谓的公司经营业务范围的限制——这一结论强调了第 2 版禁止谋利原则在多大程度上与其原本的产生背景相悖。在 *O'Donnell* 案中,瑞默大法官在总结了这一禁止谋利原则并不受制于任何公司经营业务范围的限制之后,对该案与 *Aas* v. *Benham* 进行了区分,因为后者是一个合伙企业案例,而合伙企业的治理方式相较于公司而言是有所差异的,同时因为董事在合伙企业中负有"更广泛的义务责任"。[62] 除了合伙企业与公司在治理方式

---

〔62〕[2009] 2 BCLC 666 at [68]. See also *Cullen Investments Limited* v. *Brown* [2017] EWHC 1586 at [242]. *Cullen Investments Limited* v. *Brown* 支持了 *O'Donnell* 案关于公司经营业务范围的观点,尽管在该案中,案涉机会"显然处于公司经营业务的范围之内"。

上有所不同这一观点外,[63]瑞默大法官所提出的其他观点是不正确的。如果说 *Dean* v. *Macdowell* 和 *Aas* v. *Benham*——当将这两个案件与 *Regal* 案和 *Boardman* 案放在一起讨论时——如果说能够带给我们什么启发,那么这一启发也只能是除了在合伙企业的情境之外,具有相同的公司经营业务范围并不足以达到一项成功的索赔所要求的关联程度。经营业务范围在合伙企业中足以建立所要求的关联的原因在于,合伙人负有更广泛的义务责任——这可以从他们的法定义务和竞业禁止义务中看出。*Aas* v. *Benham* 和 *Dean* v. *Macdowell* 同样告诉了我们,当受托人需要受制于一个广义上的义务时——正如上文所述的瑞默大法官适用于董事的那种义务一样——法院需要去寻找该义务的边界,而经营业务范围就是对该义务的一种合理限制。

而对禁止利益冲突原则而言,这一判例法本身就是自相矛盾的!虽然在 *O'Donnell* 案中,法官只在这一问题上适用了第 2 版禁止谋利原则,但这一规则严苛的适用方式意味着它同样对公司利益提出了很高的要求,即它并没有任何经营业务范围的限制。高等法院在近期审理的 *Cullen Investments Limited* v. *Brown* 中支持了这一观点。然而,其他判例对经营业务范围这一限制的适用更为灵活。在 *Bhullar* 418
案中,上诉法院提出了一个不同的观点。如前所述,在该案中,原告公司的律师在其提交的诉状中陈述道,董事只受制于一个有适用边界的积极义务,即该义务仅适用于那些处于公司"经营业务范围"之

---

〔63〕 正如我们在第九章中所指出的,治理方式是英国公司法的底层逻辑。关于对 *O'Donnell* 案中有关治理方式观点的批评,可参见前注 60 引用的 Kershaw 所著文章, *supra* note 60 at 558 – 559。

内的,或者董事被要求要对其履行特定责任的机会。对这一限制更为狭隘的适用是,基于案涉董事所购买的房产就位于其公司已经拥有的投资资产旁边这一事实,乔纳森·帕克大法官认为,当某一机会对公司来说是具有"商业吸引力"和"值得的"时,董事负有将该机会披露给董事会的积极义务。在离我们更近的 *Wilkinson* v. *West Coast Capital* 中,沃伦法官采纳了 *Aas* v. *Benham* 的观点,即"没有任何一项规则使公司有权以完全超出其活动范围的目的对信息进行使用而获益"。〔64〕 该法官指出,"即使公司具有宽泛的经营业务范围条款",一家时尚公司的董事在农业机械公司任职的行为也不会引发任何冲突。〔65〕

(二)董事卸任情形与"成熟公司机会"路径

从 20 世纪 80 年代末到 90 年代初,英国法院采用了加拿大的路径,来解决已经卸任的董事——其进而不再属于受托人,不需要在获取机会时受制于信义标准——的机会获取问题。在阅读了本章所归纳的第 2 版禁止谋利原则的发展历程之后,你可能会对董事卸任这一问题为何是必要的产生合理的疑惑。根据第 2 版禁止谋利原则,当机会与公司之间的关联程度在董事任职期间达到了所要求的高度时,类财产权利将在董事与公司之间产生。这一权利一旦产生,其便没有任何理由要随董事身份的改变而改变。这一财产视角并不要求持续性信义关系的存在。实际上,是厄普约翰大法官对第 2 版禁止谋利原则财产因素的摒弃,才导致了我们需要在董事辞职这一情形下对这一规则重新进行改造。

---

〔64〕 *Supra* note 6 at [284].

〔65〕 Ibid. at [253].

在董事卸任的情形下,加拿大的 *Canadian Aero* v. *O'Malley* 这一判例对 *Regal* 案所作出的字面上的、狭义的解读才导致了加拿大法院,以及步其后尘的英国法院对成熟公司机会标准(maturing business opportunity test)的适用。这一标准应当被视为对第 2 版禁止谋利原则的适用:与 *Boardman* 案之后对适用于在职董事的这条规则所进行的解读相比,这一现代模式更符合这条原始规则的要素。在 *Canadian Aero* v. *O'Malley* 中,原告的前董事——一家地形测绘公司,在其担任董事期间曾参与合同授权的争取过程。在该合同生效之前,该董事递交了辞呈,建立了他们自己的公司,并为这一新建立的公司争取到了这份合同。安大略上诉法院援引了罗素大法官(Lord Russell)在 *Regal* 案中的判决,并通过对该判决的字面解读得出了结论,即由于案涉董事在获得机会的时候并不具有董事的身份(并不处于执行职务的过程中),因此,禁止谋利原则不能得到适用。[66] 然而,加拿大最高法院否决了这一观点,并认为,当机会是一项(1)成熟的,(2)公司正在积极追求的商业机会时,(3)无论是董事通过辞职而获得的,还是该机会是在其担任董事期间提供的,他都不能获得这项机会。[67] 在实践中,对(1)和(2)的判断是紧密相连的——正是公司对机会的积极追求决定了该机会的成熟度。法官拉斯金(Laskin)认为,是公司与机会之间的关联——这取决于公司是

419

---

〔66〕 [1971] Carswell Ont. 250 at [33] and [39].

〔67〕 Ibid. at [25]:"即使在递交辞呈之后,当属于以下两种情形之一时,董事也不允许获得机会:其一,能够合理地认为,该董事是为了让自己获得公司所寻求到的机会而递交的辞呈;其二,是该董事在原公司的身份——而非一项全新的要约——使得其获得了这项机会。"在 *Canadian Aero* v. *O'Malley* 中,最高法院认为,不论是否存在董事辞职的情况,这一标准的前两项条件都能够得到适用。而在英国,这一标准只有在董事辞职的情形下才能够得到适用。

否有尝试去获得这个机会——决定了董事或者前董事是否能够为其自身去获得该机会。尽管法院并没有明确地适用洛克派的观点，与 *Regal* 案和 *Boardman* 案类似，我们可以看到，机会在某种程度上属于公司的劳动成果（无论公司是通过其代理人还是其资产来尝试获得这项机会的）这一事实，让我们能够对董事进行问责：

> 法院所审理的不是公司被给予各种各样的、对所有人都开放的机会时，该机会被公司前高管所获取的情况，而是公司自己争取去发起并实现特定的商业交易，而该交易机会最终被负责该项公司事务的公司前高管所获取的这种情况。[68]

420 然而，加拿大最高法院掌握了产生这一问责的关联所必然具有的不确定性和多变性的本质。在相关因素中，"不胜枚举"的是：

> 职位相关的因素；公司机会的本质，该机会的成熟度、特定性以及董事或高管与该机会的关系；拥有知识的多少；获取该机会的情形，以及该情形是否是特殊的或私人的；当诉争的违反义务行为发生在董事与公司之间的关系已经终止了的情况下时，考虑到信义义务的持续性要求，需要考虑时间相关的因素；董事终止其任职的具体情形为何，究竟是退休、辞职还是被解雇。[69]

---

〔68〕［1974］S. C. R. 592 at［46］.

〔69〕Ibid. at［48］.

英国与卸任董事问题相关的一些一审判决〔70〕采用了加拿大的这一路径,并通过对该路径的采纳承认了这一路径的确涉及了“以财产视角为基础进行归责”〔71〕,因为在该路径中,关联资产被视为公司的“财产”或“类财产”〔72〕。这同样应当被看作对现有第2版禁止谋利原则的延伸,且这些判例也仅应当被视为法院在将该规则适用于公司时,对该规则作出了一点修改而已。然而,英国法院错误地对这一发展进行了一个狭义的解读,即认为这一标准只适用于董事辞职的情形;〔73〕如此,在不涉及董事辞职的情况下,机会将受制于更加广义且反董事的禁止利益冲突原则和现代第2版禁止谋利原则。

三、能力事实

在 *Ex Parte Lacey* 案中,在对要求受托人不得“为其个人利益”而行事的第1版禁止谋利原则进行了阐述之后,埃尔登大法官随即“否决”了“受托人必须利用其优势……(因为)我们完全不可能依据令人满意的证据来证明其是否利用了优势”这一观点。〔74〕 基于该案

---

〔70〕 *CMS Dolphin* v. *Simonet* [2001] 2 BCLC 704; *Island Export Finance Ltd. Umunna* [1986] BCLC 460 *Foster Bryant* [2007] EWCA Civ. 200.

〔71〕 *Ultraframe* v. *Fielding* [2005] EWHC 1638.

〔72〕 *CMS Dolphin* v. *Simonet* [2001] 2 BCLC 704 at [96].

〔73〕 在 *Bhullar* v. *Bhullar*(*Supra* note 34 at [27])中,乔纳森·帕克大法官否决了这一将关注重点放在了公司是否“对该机会具有某种利益”上的路径,同时也没有遵循被告律师所认为的相关问题应当是该机会是否是一个“成熟的商业机会”这一意见(*Supra* note 34 at [23])。

〔74〕 6 Vesey Junior 626 (1802) at 394.

421 事实，埃尔登大法官所要论证的是，我们完全没有必要深入自我交易合同来证明受托人占据了有利地位，或者委托人处于不利地位。也就是说，尽管在有些案例中，董事的确没有通过其义务的履行而获得某种利益，也即董事的个人利益的确没有影响到其义务的履行，但这些事实并不是法院需要考虑的。在关联资产的情形下，上述这些事实，包括那些表明公司或者委托人不能够利用机会的事实，我们在这里将其称为“能力事实”(capability facts)。因此，受托人不能够主张由于这一能力事实表明其实并不存在实际的冲突，所以他们不需要承担责任。这一规则一直适用到了今天。[75]

法院为这一立场所提供的理由是一种预防性的威慑，并且源于法院程序的认知局限性：受托人不应该因为他们可能会辩称的“事实上并不存在不利条件”这一可能性而受到不忠诚行事的诱惑；同时，法院也无法看到有利地位可能会干扰义务的履行，以及有利地位可能会不当地影响真实的记录。在 *Parker* v. *Mckenna* 中，当吉姆斯大法官(James LJ)意识到了“出于对人类安全感的需要，任何代理人都无法将其置于接受这种调查的危险之中”之后，适用的正是这一条规则。[76]

该规则是在第 1 版禁止谋利原则的情形下产生的。然而十分明显的是，法院认为其能够同时适用于第 2 版禁止谋利原则的情形，尽管该规则在第 2 版禁止谋利原则下的适用基础还未被研究。在 *Regal* 案中，为回应提交上来的文件中所称的“基于该公司的经济状况，如果没有董事的帮助，该公司根本不可能获益”的这一情况，罗素

---

〔75〕 见下文将要讨论的《2006 年公司法》(Companies Act 2006)第 175(2)条。

〔76〕 (1874) L. R. 10 Ch. App. 96 at 125.

大法官适用了该规则,并指出,该规则“绝不会取决于诸如利润是否将会或应当归属于原告”这样的问题或考虑。[77] 在 *Boardman* 案中,绝大多数的受托人像博德曼先生所表明的“他们作为受托人,对该重组机会并不感兴趣”的这一事实,以及假若他们对该机会有兴趣,他们仍然需要获得法院许可的这一事实,都与是否应当让这些董事承担责任这一问题没有关系。正如霍德森大法官所指出的,“委托人或 422
者代替他们的受益人是否能够利用信息并不重要”。

如前所述,与这一规则适用于第 1 版禁止谋利原则相同的是,这条规则的适用基础是,“完全不可能”确定义务的履行是如何被可能存在的利益所影响的,同时与之相关的是,也不能确定那些主张并不存在利益或冲突的事实又是如何因在义务履行过程中对利益的追求而形成的。但在第 2 版禁止谋利原则下,没有利益可以干预的义务需要履行。然而,如果第 2 版禁止谋利原则是建立在公司与关联资产之间的类财产关系之上,那么关于“公司无法从该机会中获益”的主张便是没有意义的,这不是因为法院无法确定这一主张是否属实,而仅仅是因为这一机会已经变成了(位于信托人身份与公司职位身份之间的)公司或委托人的财产;同时,即使这一财产不能给公司或受益人带来收益,受托人也不能利用这一因其职位而获得的机会。这就和“一个人不能使用和享受她所拥有的资产”与其头衔究竟为何这一问题是无关的一样。这一观点在格斯特大法官(Lord Guest)对 *Boardman* 案的裁判观点中展现得最为淋漓尽致。格斯特大法官认为,机会这一信息属于信托人的财产,因此,受托人“不得从其所参与

---

〔77〕 [1967] 2 A. C. 134 at 144.

的任何与信托财产相关的交易中获益”。[78] 因此,格斯特大法官认为,“受托人自身不能从交易中获益是无关紧要的”这一点是不言自明的。[79] 综上,对第 2 版禁止谋利原则而言,与其将能力事实的无关性看作一种法律原则,我们不如将其看作对“这一事实对于法律调查而言并无意义”的阐明。

对禁止利益冲突原则而言,厄普约翰大法官在 Boardman 案中所提出的不同观点中表示,在利益与义务之间的冲突这一问题上,法律所关心的并不是遥不可及的、理论上的冲突发生可能性,而是“真实的、能够感知到的冲突发生可能性”。[80] 厄普约翰大法官认为,受托人表明其对案涉机会并不感兴趣这一事实,以及信托人需要法院的许可才能利用可能不一定会给予他们的机会的这一事实,对他来说已足以证明博德曼先生的义务已经结束进而不存在所谓的冲突。就这一点而言,厄普约翰大法官自身似乎也受到了利益与利益之间的
423 冲突这一观点的影响:上述事实表明,信托人并无兴趣去追求该机会,因此,并不存在冲突。[81] 如上文所述,大部分人认为这些事实对于禁止利益冲突原则和第 2 版禁止谋利原则而言都是不重要的。

自相矛盾的是,在之后的包括 *IDC* 案和 *Bhullar* 案在内的判例中,法院都采纳了厄普约翰大法官所提出的“真实的、能够感知到的冲突发生可能性”这一标准,主张他们对法律是认可的,但对事实并不认可。[82] 我们很难对这一主张以及它在一些案例中的适用作出

---

〔78〕 *Supra* note 8 at 115.

〔79〕 Ibid. at 117.

〔80〕 Ibid. at 124.

〔81〕 Ibid.

〔82〕 *IDC* 案, *Supra* note 27 at 173; *Bhullar* 案, *supra* note 34 at [37].

解释。这是因为,这些法官对法律的否定态度在很多方面都是十分明显的。然而,对厄普约翰大法官观点的采纳并未明显改变普通法在禁止利益冲突原则下对能力事实这一问题所持的立场。例如,在*Bhullar*案中,原告公司已经陷入僵局这一事实,以及其中一个大股东明确表示他们不想让公司再进行任何更多的投资这一事实,甚至都没有被上诉法院作为可能会对案件结果产生影响的事实记录下来。此时,尤其需要注意的是,在英国关联资产法的其他元素(这些元素都包含了反董事倾向)都在近期发生了一些变化时,这条规则在适用于公司时却是一成不变的。重要的是,这一规则的适用对受托人而言,往往并不是有利的。

四、《2006年公司法》的编纂与矛盾

正如本书其他章节中所提到的,在2006年,英国国会结束了近10年的公司法改革历程,通过了《2006年公司法》。如第一、二、三部分所述那样,这一法案的一个重要突破就是对董事义务进行了成文化,而在这些成文义务中,就包含了我们上文所讨论的与关联资产相关的义务。然而,除了将这些义务法典化之外,该法案明确表示,这些制定法规则并没有打算去改变普通法,相反,他们是“在先前普通法规则的基础上”建立起来的。[83] 同时,法案还明确规定,应当依据先前的普通法规则和衡平法原则对这些制定法义务进行解释。[84]

〔83〕 Section 170(3) Companies Act 2006.

〔84〕 Section 175(4) Companies Act 2006.

当然，当涉及像英国关联资产法这样复杂的情形时，《2006 年公司法》这样的法典不能仅仅是对现有法的提炼和升华。它不可避免地需要决定它的立场为何。

424 《2006 年公司法》第 175 条所规定的关联资产法规则将判例法中的反董事倾向进行了法典化。这一判例法中的反董事倾向体现在厄普约翰大法官的观点中：认为第 2 版禁止谋利原则从属于禁止利益冲突原则；反对第 2 版禁止谋利原则中的财产视角；将禁止利益冲突标准予以升华。诚然，该法案将克莱沃斯大法官所提出的“基本原则”作为了一般的禁止性规定。对禁止利益冲突原则的升华引发了对该法案的以下几点解读：

其一，在与关联资产相关的案件中，法院必须要问的一个问题是，在获得案涉机会的过程中，公司利益是否与董事的个人利益发生了冲突。这里的“利益”所指的是一般的公司利益。法院主要关注的并不是义务与利益之间的冲突——尽管也有这样的冲突〔85〕——而是个人利益与一般公司利益之间的冲突。以 *IDC* 案为源头，这一标准从特定的（禁止性）义务向一般公司利益的演变得到了证实。

其二，法案并没有直接解决公司利益是否应当局限在公司经营业务范围之内这一问题。然而，鉴于这条禁止性规定适用范围的潜在广泛性，法院有可能会对这一问题进行更进一步的探索，且在 *Bhullar* 案和 *Wilkinson* v. *West Coast Capital* 之后，法院更有可能选择采纳经营业务范围这一限制。此外，该法案基于厄普约翰大法官的“真实、可感知的冲突标准”而规定的一条例外条款增加了法院采纳

〔85〕 Section 175(7) Companies Act 2006.

上述限制的可能性。根据该例外条款,如果“所发生的情形不能被合理地认为可能引起了利益冲突”,那么该董事就没有违反其义务。[86]然而,鉴于上诉法院在最近的 *O'Donnell* 案中的立场,法院仍有很大可能会继续选择拒绝采纳经营业务范围这一限制。在法案颁布之后,涉及该问题的唯一一个可参考的案例就是 *Cullen Investments Limited* v. *Brown* 的一审判决,在该判决中,法官支持了 *O'Donnell* 案的观点,[87]并拒绝适用《2006 年公司法》第 175(4)(a)条。[88]

其三,法案并没有试图将任何版本的第 2 版禁止谋利原则法典 425
化。[89] 因此,通过对法案条文进行解释,我们发现,法案其实采纳了厄普约翰大法官所提出的第 2 版禁止谋利原则仅仅是禁止利益冲突原则的子规则这一观点,同时在此基础上,对第 2 版禁止谋利原则不具有单独的法律基础且并不依赖于所有权视角这一观点也予以了支持。第 2 版禁止谋利原则进而变为了对罗素大法官观点的字面解读——利益是否是在董事任职期间被合理提供的——受禁止利益冲突原则的约束。也就是说,如果你因为你的受托人地位从某一机会中获得了未经授权的利益,且该机会对于公司来说是相关、值得并具有吸引力的,那么你就需要承担相应的责任。从这一角度来看,第 2 版禁止谋利原则就成为禁止利益冲突原则的适用捷径。

---

〔86〕 Section 175(4)(a) Companies Act 2006.

〔87〕 [2017] EWHC 1586 at [241]:“在主流观点中,尤其是在 *O'Donnell* v. *Shanahan* 案中,案涉机会不在公司经营业务范围之内这一事实并不能够成为董事的辩护理由。”

〔88〕 尽管法院并没有直接考虑这可能会对第 175(4)(a)条中的经营业务范围带来的影响,Ibid. at [242]。

〔89〕 《2006 年公司法》第 176 条并没有采用我们所熟悉的“合理”(by reason)这一措辞,而是采用了第三方“给予”(confer)董事利益这样的措辞。该条直接将规制对象规定为那些可能会破坏董事义务履行的第三方交易、贿赂和利益。

其四,法案通过规定当董事在其任职期间发现了某种机会而通过辞职获得这种机会时所适用的是禁止利益冲突原则,进一步证实了其对第 2 版禁止谋利原则的摒弃。也就是说,成熟公司机会标准所遗留下的第 2 版禁止谋利原则也不再是可适用的了。[90]

其五,在对禁止利益冲突原则进行了扩展之后,就不存在能够适用第 2 版禁止谋利原则而不能适用禁止利益冲突原则的情形了,也不存在成熟公司机会标准能够适用而适用于前董事的禁止利益冲突原则不能适用的情形了。但根据先前的 *Boardman* 案和 *IDC* 案的立场,情况并非如此,因为第 2 版禁止谋利原则可以在不存在与利益相冲突的义务的情况下,针对关联机会建立起类财产的索赔请求。在这一解读下,第 2 版禁止谋利原则是多余的。然而,尽管并不是很确定,但厄普约翰大法官观点中的一部分似乎并没有被法典化。正如上文所讨论的那样,厄普约翰大法官对事实(能力事实)采取了一种更为灵活的判断方式,即指出,公司并没有因为受托人利用了机会而处于不利地位。法案第 175(2)条似乎采纳了多数派法官的观
426 点——其几乎一字不差地将霍德森大法官所提出的"公司是否能够利用这一财产信息或机会是无关紧要的"这一观点写进了法典。然而,在这一点上是具有不确定性的,因为厄普约翰大法官对多数派法官不着眼于现实的立场进行了谴责。他认为,真正的问题应当是一个理性的人是否会认为存在真实的、能够被感知的冲突发生可能性。鉴于在该案中,委托人并没有想要争取该机会,厄普约翰大法官认为这便意味着并不存在所谓的冲突。正如我们所看到的那样,在之后

---

〔90〕 一些法院提出了不同的观点。See *Thermascan Limited* v. *Norman* [2009] EWHC 3694 (Ch) at [14] and Kershaw *supra* note 60 p. 575.

的案例中,法院虽然没有采纳厄普约翰大法官所总结的能力事实这一路径,但采纳了其所提出的"真实、可感知"的这一判断标准。如前所述,法案似乎也采纳了厄普约翰大法官所提出的这一"真实、可感知"标准,即规定如果"所发生的情形不能被合理地认为引起了利益冲突",那么就不能认为存在冲突。也就是说,在能力事实这一问题上,法案似乎同时采纳了多数派和少数派的观点。然而,鉴于其第175(2)条的特殊性,这一问题似乎会通过传统路径来解决。

如果未来法院都以上述方式来解读这部法案,那么该立法将成为与之相关的风险的标准载体。在对该法案作出此种解读时,我们会发现其在英国公司信托法的范围内制造了一个不可调和的矛盾。尽管该法案规定,应当根据现行的英国信托法来对其法条进行解释,但立法机关选择写入法典的措辞使人们对其产生了一种自然的解释,这种解释与近期的权威观点相符,但与上议院所作出的整体普通法权威观点并不一致。此外,在这一解读下,立法机关放弃了普通法所提供的用于规制关联资产问题的更为合理明智的方法。尽管尚未完全建立,普通法所提供的这一方法为协调执行董事和非执行董事所扮演的不同角色提供了工具,同时为这一法律领域所引起的一些政策问题提供了一种平衡的立场,这些政策问题包括:董事忠诚度的重要性;确保机会得以利用;合格董事人才库的加强。对这一普通法立场可作出如下总结:

1. 在第1版禁止谋利原则下,董事不能将其自身置于与其个人利益与义务(为促进公司的成功而诚实地行使其被授予的权力这一义务)履行相冲突(通过获得利益和利用机会)的境地。如果公司权力是以一种与董事个人利益的产生相关的方式行使的,那么该董事 427

必须对此利益承担责任。*Regal* 案便完美诠释了这一针对第 1 版禁止谋利原则的解读。在“董事”这一身份下，无论是出于对诚信义务所作出的广义解释还是出于其他，董事都不负有追求机会或披露机会的法定义务。

2. 当利益是在董事任职期间获取的，且公司与机会之间具有超出机会一般利益的联系时，即便董事所负有的禁止性义务与该利益并无关联，董事也需要对他们从机会中获取的利益承担责任。这有可能会涉及公司职员对这一机会的单独追求——公司为获得该机会而付出的时间和金钱（这并不以该机会的获取一定要上升至董事会决议的层面为前提，最终获得了这一机会的董事也不一定要参与到该机会的获取过程中）；可能会涉及公司资产在获取与该机会相关的信息时所提供的合法帮助（与 *Boardman* 案中的情形一样）。为解决董事离职这一问题而发展出来的“成熟公司机会”这一理念正是在试图回应这样的联系。与之相似，上诉法院在 *Regal* 案、*Dean* v. *Macdowell* 和 *Aas* v. *Benham* 中所使用的，以及审理 *Boardman* 案的 9 位大法官中的 8 位所使用的“财产”（property）、“权利”（entitlement）、“归属物”（belonging）这些词语，也是在试图回应此种联系。显然，联系的类型以及这种联系的本质是不胜枚举的。这需要司法机关进行调查并作出判决。但需要注意的是，当并不存在这样一种联系时，即便公司对案涉机会可能具有某种普遍的利益，或者该机会是在公司经营业务范围内的，根据这一规则，公司也不能要求董事就该机会的获取承担责任。

3. 普通法对于关联资产的监管并没有被上述的第 1 点和第 2 点所穷尽。尽管判例法发展得并不充分，我们还是能够看到，针对那些负责公司运营的高级管理人员以及在公司全职任职的人,普通法发展出了一条不同的、明智的义务承担方式。这一领域的法律在之前主要规制的是合伙人,但其实际上也能够很容易地延伸到全职高级管理人员身上。这些高级管理人员所作出的承诺是为了公司的成功而贡献自己的力量。作为高级管理人员——而不是作为董事(尽管他们也可能具有董事身份),也不是作为公司职员(尽管他们的确也是公司职员)——他们所要承担的义务与合伙人是类似的,即不仅仅是要行使其被授予的权力,还需要追求公司更好的发展。这些人应 428
当被看作公司第二的(且额外的)非董事身份的受托人,因此,他们也有义务要去追求那些公司感兴趣的机会。用戈登大法官(Cotton LJ)在 *Dean* v. *Macdowell* 案中的话来说,这些高管"应当仅仅为了公司而参与这样的机会"。当他们负有这样一种义务时,他们对这一关联资产的获取就将导致他们对第 1 版禁止谋利原则所包含的"不将其自身置于与其义务与利益相冲突的境地"这一要求的违反。正如法官在 *Dean* v. *Macdowell* 中所陈述的那样,这样的一种积极义务并不是没有限制的。普通法将这一义务的适用范围合理地限制在了"属于公司经营业务范围的机会"之内,尽管它对"公司不能获得该机会"这一说法并未作出任何评述。

普通法的这一立场不仅仅是明确的,而且反映了公司董事角色与管理角色的本质,并支持了这些角色的有效运作。它要求执行董事(当作为公司高级管理人员时)承担严格的忠实义务,但允许非执行董事——通过提供他们的建议和人脉关系——不承担因受制于规则(该规则将阻止他们利用其所拥有的其他商业利益可能产生的机会)而产生的成本,因为公司的行动并没有使公司与获得机会之前产生能够让公司优先获得该机会的关联。因此,这一规则提高了英国公司非执行董事资格的广度和深度。当然,公司可能会希望在公司与机会并无关联的情况下,获得对董事其他机会的一般优先购买权。如果他们确实这么做了,那么根据上述的这一普通法立场,他们必须就这些董事的全职投入达成一致。

重要的是,上述立场并不代表一个理想规范的立场。这是在历史背景下所理解的普通法立场。鉴于《2006 年公司法》明确指出,其第 175 条应当依据普通法的观点进行解释,上述的这一普通法立场就是法院应当遵循的立场。但假如要遵循这一立场,法院就必须要在历史背景下解读这条规则,并且要对始于厄普约翰大法官在 *Boardman* 案中所提出的强有力异议的解释偏误作出反驳。而从字面意义上来看,《2006 年公司法》是支持这一解释偏误的。因此,最高法院需要作出一个勇敢的决定,才能为英国公司关联资产法的发
429 展铺平道路。

第十四章　财产和时效之间的美国关联资产法

克拉克教授(Clark)已指出,“公司法中绝大多数的特定规则、学说和案例只是对[忠实信义义务]或实施该义务所涉及的程序性规则和制度性安排的解释”[1]。这一观点与 *Guth* v. *Loft*(美国最重要的关联资产案件之一,以下简称 *Guth* 案)中的观点不谋而合,即“该规则被简要地称为公司机会规则,只是一般规则的表现形式之一,该规则要求职员或董事在与他所代表的公司的关系中保持最大善意”[2]。*Guth* 案中规定的这种与关联资产有关的义务的表现形式,后来被称为“Guth 规则”和“Guth 推论”。

本章对 *Guth* 案中阐述的公司机会学说进行了谱系分析。然

---

〔1〕 Robert C. Clark, *Corporate Law*, Little, Brown & Company, 1986, p. 34; Victor Brudney and Robert C. Clark, *A New Look at Corporate Opportunities*, 94 Harvard Law Review 997 (1981); Eric Talley, *Turning Servile Opportunities to Gold: A Strategic Analysis of the Corporate Opportunities Doctrine*, 108 Yale Law Journal 277 (1998). 令人印象深刻的是,将公司机会法则描述为“比诊断法更复杂,充满了例外和难以辨别的区别”;最近的 Stephen M. Bainbridge, Interest Group Analysis of Delaware Law: The Corporate Opportunity Doctrine as Case Study, UCLA Law and Economics Research Paper No. 17 – 01 (2017)。

〔2〕 23 Del. Ch. 255, 271 (1938).

而，它不仅引导我们探索董事忠诚义务的相应参数（parameters），而且还引导我们构建与关联资产相关的公司权利和财产理论。在美国的关联资产法（connected assets law）中，与英国一样，我们发现基于义务（duty-based）的规范关联资产问题的方法与基于财产权（property rights-based）的方法并存且相互竞争。然而，与英国不同的是，基于财产权的方法蓬勃发展，并最终主导了美国的关联资
430 产法。

一、纽约州理论基础

美国关联资产法的基础见于19世纪中后期的一组纽约案例，这些案例都没有相互参照。这些案件中最早的是1863年的*Murray* v. *Vanderbilt*（以下简称*Murray*案）[3]，该案中，原告公司的总裁科尼利厄斯·范德比尔特（Cornelius Vanderbilt）在公司倒闭和破产后以自己的名义开展公司业务。清算人要求范德比尔特向公司说明他从这项业务中获得的利润。纽约最高法院（New York County Supreme Court），即一审法院，将先前的判例法总结为涉及受托人取得或使用受益人财产的案件，或受托人在本可以为受益人的“利益和收益”行事的情况下为自己利益行事的案件，该法院没有引用该判例法。法院认为，法律没有“阻止不符合公司利益（with the interests of the company）行为的实施”。[4] 此处法院使用“利益”一词指的是会引

---

〔3〕 39 Barb. 140 (1863).

〔4〕 Emphasis supplied.

起其注意的活动和机会，而不是指特定资产中的法律利益。然而，对该法院来说，一家公司的利益是被实际情况所界定的。上一章详述的衡平法对能力事实（capability facts）的拒绝，在此处并无任何意义。因此，法律"并不阻止履行不会对委托人造成损害的行为"。如本案所述，如果公司已经失去了"所有行为能力"，那么公司必然会认为其业务领域的机会不再对其有兴趣，并且由于利益之后有规定的责任，"不承担任何义务的"董事就与业务有关的机会采取行动。如果公司有能力抓住这些机会，那么这些机会就必须"为了公司的利益，而非总裁的利益"所利用。[5]

下一个处理关联资产问题的纽约案例是 1874 年纽约上诉法院的 *Blake* v. *Buffalo Creek Railroad Company*[6]（以下简称 *Blake* 案）。在本案中，布法罗河铁路公司（the Buffalo Creek Railroad Company）在布法罗市（Buffalo）所有的房产内经营一条铁路。该公司的两名董事租下了铁路所在的部分房产，并在一段时间后将其转让给原告，原告要求支付租金。在没有支付租金的情况下，他拆毁了位于该房产上的铁路，并提起诉讼禁止公司使用该房产。其中一名承租的董事 431
被公司特别委托（并支付报酬）为公司获得路权。法律问题在于被告董事是否以信托方式为公司持有该财产，法院认为他们持有该财产。法院采用了早期纽约衡平法案件 *Van Epps* v. *Van Epps*[7]（以下简称 *Van Epps* 案）和 *Torrey* v. *Bank of Orleans*[8]（以下简称 *Torrey*

〔5〕 Ibid. at 3d.

〔6〕 11 Sickels 485 (1874).

〔7〕 9 Paige Ch. 237 (1841).

〔8〕 9 Paige Ch. 649 (1842).

案)中阐述的利益和无利益冲突规则义务(no-conflict of interest and duty rule),而这些案件反过来又直接借鉴了英国法律,特别是埃尔登大法官及其后续判例。

在 *Van Epps* 案中,被告被禁止购买与其拥有信托抵押利益相关的财产。纽约衡平法院认为,被告受托人被禁止处置该财产,因为他对该财产负有履行义务,即使他并不以信托方式持有该财产本身。*Van Epps* 案的法院引用了一系列英国案例,包括 *Keech* v. *Sandford* 和 *Ex Parte Lacey* 案、*Ex Parte Bennett* 案,[9]认为允许购置该财产将导致“其利益和其责任之间的冲突”。[10] 在 *Torrey* 案中,奥尔良银行(the Bank of Orleans)持有的财产受制于银行无法偿还的抵押贷款。抵押贷款被取消赎回权,拍卖出售的房产没有任何留置权。该财产是由银行出纳员在拍卖中购得,他被视为银行的代理人,并被认为是受托人。[11] 法院再次依据英国的权威,包括 *Ex Parte James* 案,法院认为出纳员有责任确保银行履行其在抵押贷款下的义务,他在购买财产时违反了禁止利益和责任冲突的规则。

---

〔9〕 10 L. J. Ch. (N. S.)(1840):该案只是重申了埃尔登大法官在 *Ex Parte Bennett* 案中提出的关于自我交易的立场。关于这些案例的讨论参见 p. 310 - 312, 373 - 375。

〔10〕 *Van Epps* 案和 *Torrey* 案都借鉴了纽约的 *Hawley* v. *Cramer* 4 *Cow.* 717 (1825),该案引用 *Ex Parte Bennett* 案来支持以下主张:“不允许代理人购买的原因是,这被认为不符合他对受雇于他的人所承担的义务。”

〔11〕 19 世纪的银行出纳是银行的主要雇员之一,负责日常银行业务。See Eugene White, *Were Banks Special Intermediaries in Late Nineteenth Century America*, (May/June 1998) Federal Reserve Bank of St. Louis Review 21.

> 这是一条普遍适用的衡平法规则[12]，即如果某人有义务履行与该财产有关的义务，而该义务与购买者的性质不一致，则不能允许他购买该财产的权益。 432

在 *Blake* 案中，法院提出了 *Torrey* 案版本的无利益冲突规则，并认定有关董事违反了这一规则，因为他们负有收购铁路所建于的这一财产的积极责任。法院指出：

> 修建铁路的责任落在了公司的董事身上，他们有义务以适当的方式履行这一责任。获得通行权是这一职责的重要组成部分，所有董事都有责任……
>
> 既定的规则禁止他们为自己购买那些他们有义务为公司购买的、为公司的目的所必需的财产。

Blake 案中没有明确任何此类规定性责任的范围。法院关注的是董事们实际上是受委托和付薪酬以获取的这一特定财产的狭义责任，该公司成立是为了获得该财产，而且该财产对公司来说是“必不可少”和“必要的”。因此，对积极责任的狭义解读可以聚焦于董事/经理的地位、资产的本质性质以及董事收购资产的具体任务。

15 年后，纽约法院在 *Averill* v. *Barber*. 这一重要案件中审议了另

---

〔12〕 请注意，这里的表达与后来英国 *Aberdeen Railway* 案中的表达非常相似——法官厄普约翰(Upjohn)在 *Boardman* 案中称之为法律的“基本原则”。这表明，借贷在大西洋两岸同时进行。

一个关联资产问题。[13] 该案件涉及美国沥青公司(American Asphalt Company)董事[法院称其为管理人员(officers)和受托人]以个人身份收购据称对公司活动至关重要的专利。在一审中,法院在没有参考任何权威的情况下处理了这个问题。虽然没有提到判例法,但有两个框架似乎是相互影响的。第一个框架是禁止义务和利益冲突的规定:

> 如果他们有责任或义务为[原告]的利益而控制专利,他们就不能为个人利益而这样做,无须引用权威说法来支持这一主张。

从这些专利为公司提供了"基础"这一事实来看,似乎又有了规433定性义务:这些专利是"[其]成功所必需的"。因此,他们为公司收购这些专利的责任"是显而易见的"。在上诉中,纽约最高法院同样认为,"他们本应该为[公司]获取[专利]"。[14] 正是本案中关联资产的根本性质产生了一种义务,从而引发了对利益和义务冲突的禁止。然而,初审法院认为,这种义务应该被狭义地解释。它承认,如果这些专利不是"那些[公司]据以运作的[专利],可能会出现不同的问题"。

可以通过利益和义务冲突的隐含框架来理解这一判断。但仅凭这一点似乎并不能公正地处理该案。在 *Averill* 案中,法院没有使用实际权利或类似财产权利的语言,但 *Averill* 案的分析和结果的基础

---

〔13〕 53 Hun 636 (1889)(一审和最高法院的判决都在此报告)。

〔14〕 Ibid. at 261.

是,公司有权获得这些资产的观点。正是这些关联资产的本质,以及那些成立公司的人预期这些专利资产将成为公司财产的共同观点,证明了这一结果的合理性。法院提到了原告公司的预期权利:与公司有关的所有各方都“希望并打算使这些专利属于公司并成为其权利的一部分”,“所有人都认为这些专利是或将成为其财产”。

19 世纪末的第四个纽约案例为公司机会法提供了一个单独的基础,但我们在分析英国法律时对其非常熟悉,即第 2 版禁止谋利规则。在 *Robinson* v. *Jewett*〔15〕中,一家公司的总裁在目前租给该公司的房舍中承租。他随后将租约转让给了公司,以换取利润份额。在他要求获得这些收益的诉讼中,法院认为,他以自己的名义进行的租约延期是为公司以信托方式持有的,因此,收益份额是不可执行的。遵循早期的纽约〔16〕和英国信托权威〔17〕之后,纽约上诉法院的裁决 434
依据是“承租人的续约权”:

---

〔15〕 22 N. E. 224 (1889).

〔16〕 包括 *Phyfe* v. *Wardell & Woolley* (1835)5 Paige Ch. 268 (Court of Chancery),继 *Holt* v. *Holt* (1670)1 Cases in Chancery 190 和 *Keech* v. *Sandford* [1558 – 1774] All ER Rep 230 之后。*Robinson* v. *Jewett* 的法院还提到了 *Mitchell* v. *Reed* 16 Sickels 123 (1874)(Court of Appeals)*per* Earl C,这是一个纽约的合伙案件,该案认为合伙人在合伙企业租赁的财产中个人取得的租约是为合伙企业而持有的信托。法院引用了埃尔登大法官时期及以后的多个英国权威文献,指出“法律承认续租是占有租户的合理预期,并在许多情况下将这种预期作为一种有价值的东西加以保护……作为判决基础的原则是,被告利用了他们的地位……从而剥夺了原告与他们一起有权获得的利益”(强调)。请注意,在 Earl C 的判决中,我们也可以找到一个无冲突的基础,即基于获得租赁的积极义务来说明责任。还请注意,这与 *Dean* v. *Macdowell* (1878) 8 Ch. D. 345 中阐述的英国合伙法是一致的,see p. 383 – 388。

〔17〕 包括 *Keech* v. *Sandford* [1558 – 1774] All ER Rep 230 和 *Featherstonehaugh* v. *Fenwick* 17 Vesey 298 (1809),见第 374 – 377 页。

> 在房东和租户之间，这种利益严格来说不能被称为权利或财产，而只是一种希望或期待；在没有合同的情况下，没有任何合法或公平的方式可以强制续签。但在第三人之间，法律承认这种利益是一种有价值的财产权，而续约是占有租户的一种合理期望（a reasonable expectancy）。[18]

法院承认，禁止续租的规定源于受托人不能从信托财产中获利的原则，"财产"不仅包括信托或公司的实际资产，还包括与这些资产密切相关的资产：

> 该规则源于利益相关方之间的信任和信任关系，并符合受托人不能从他所代理的财产中获利的原则……
>
> 他不能对公司财产进行投机，或将其作为自己的财产进行处理。在受托人和公司之间，续租的权利是一种财产权，如果以员工的名义续租，则符合公司的利益。[19]

这一分析与第十二章中概述的关于续展权和第 2 版禁止谋利规则的英国法律立场是一致的。然而，有两个值得注意的分歧点。第一，尽管英国的续约权案例侧重将机会与信托以"权利或利益"[20]或"期望"[21]的形式与延长租约联系起来，但它们并未将此类利益或预

[18] *Supra* note 15 at 227 (emphasis supplied).

[19] Ibid. at 227 (emphasis supplied).

[20] *Randall* v. *Russell* [1814 – 23] ALL ER Rep 427, see p. 376 – 379.

[21] *Norris* v. *Le Neve* (1745) 27 E. R. 843, 846; *Bevan* v. *Webb* [1905] 1 Ch. 620, see p. 377 – 379.

期称为“财产权”。对读者来说,这就像一种类似于排他性财产的关系,介于受托人和委托之间,但它并没有被贴上这样的标签。而在 *Robinson* v. *Jewett* 中,法院很轻易地就将这种期望称为“财产权”。 435
第二,尽管英国的信托法没有强加于受托人一种积极的续期义务,纽约法院在这再次表明了确定董事的积极的规定义务的意愿。他们发现,董事有积极的“促成续约的责任”[22]——这种积极的责任似乎基于法院承认租约对公司合同义务的执行“必不可少”[23]以及在公司的“产权”得以续展。

二、以财产界定的责任(“财产权视角”)

(一)从纽约到亚拉巴马

亚拉巴马州(Alabama)在公司法领域独领风会,实属罕见。然而,在关联资产法中,亚拉巴马州的一个案例提供了现代立场的结构性法律基石。在 1900 年的 *Lagarde* v. *Anniston Lime and Stone Co.*[24](以下简称 *Lagarde* 案)中,安妮斯顿石灰石公司(Anniston Lime and Stone Company)一直试图获得一个石灰石采石场的所有权。它设法获得了 1/3 的所有权,签订了购买第二份 1/3 所有权的或有合同(contingent contract)(为此它还获得了一份租约),并试图

---

〔22〕 *Supra* note 15 at 227. 关于没有这种与受托人有关的积极责任“续展权”案件, see p. 380.

〔23〕 Ibid. at 227.

〔24〕 28 So. 199 (1900).

购买剩余的 1/3 所有权,但未获成功。随后,被告成为该公司的董事,并在不久之后以自己的名义购买了剩余 2/3 的土地。法院认为,他们目前租赁的那块土地是为公司信托持有的,但第三块土地可以由董事以个人身份获得。

在 *Lagarde* 案中,法院综合了上述的三个纽约案例。因此,该判决是由责任和利益及财产冲突的两个重叠框架构成的。然而,该法院没有表现出这些框架植根于英美信托法的任何意义。在 *Lagarde* 案中,*Blake* 案、*Averill* 案和 *Robinson* 案中提出的处理关联资产问题的信托法概念是没有根基的法律概念碎片。这些片段随后被发布到美国公司法律联邦制中,在多个州产生了一些相互关联的结果,最终由特拉华州的法律重新合成。

亚拉巴马州最高法院的夏普法官(Judge Sharpe)在判决书中以
436 有力的责任陈述开始:

> [董事]须遵守一般适用于处于信托关系的人的规则,这些规则禁止这些人为自己谋取利益,因为对寄托在他们身上的信托的忠诚也会影响到他们必须代表的其他人的利益。[25]

董事们以个人身份拿下第三块地皮,怎么可能不违反如此广泛的忠诚标准?答案是,法院对董事的"托付的信任"(trust reposed)和所应负的责任采取了狭隘的看法;一种与保护一般公司利益不相一

〔25〕 Ibid. at 201.

致的观点。与关联资产相关的信托和责任是由类似财产的排他性权利来界定的。这与英国判例法中的第 2 版禁止谋利规则形成鲜明对比,在第 2 版禁止谋利规则中,财产权视角(property lens)的出现是为了应对公认的没有履行与关联资产有关的义务。在这方面,首先要注意的是,在阐述了上述广泛的忠诚标准后,法院在 *Lagarde* 案中指出:

> 这些与公司利益对立的员工违反了他们的契约义务,使公司失去了本应属于它的财产权利,这是衡平法所不能容忍的。[26]

法院进一步指出,"[董事对公司所负的]责任只与信托共存",这意味着就关联资产而言:

> 一般来说,对这些员工的收购所施加的法律限制,通常仅限于公司已经拥有利益的财产,或公司对其拥有由现有权利产生的期望,或经营者的干预将在某种程度上阻碍公司实现其创建目的的情况。[27]

理解这种方法适用范围的一个关键问题是,哪些类型的主张(claim)和权利属于法院对财产类预期的理解?根据上文讨论的纽约 *Robinson* v. *Jewett*,法院认为在租约续期存在"合理预期",因此,

---

〔26〕 Ibid. at 201 (emphasis supplied).

〔27〕 Ibid. at 201 (emphasis supplied).

董事违反了与第二块采石场土地有关的义务。[28] 在 *Robinson* v.
437 *Jewett* 所依据的英国权威文献中,[29] 租赁信托财产的“贪污”(graft)概念在何种情况下适用于简单收费的复归权存在一些不确定性。[30] 法院随后将“期望”的观点应用于第三块土地;然而,它得出的结论是,“申诉人一直在谈判并努力购买该权益的这一事实,并没有产生价值预期”。[31]

在 *Lagarde* 案中,法院确定了公司可以主张关联资产的另一种情况,这明确地借鉴了 *Averill* 案和 *Blake* 案以及利益和义务冲突的视角。对公司至关重要的资产应承担积极的义务,即“该资产被证明对业务的持续发展是必要的”,“员工的干预将在某种程度上阻碍公司实现其创建目的”。[32] 从这个角度来看,重要的是关联资产与公司及其活动之间是否存在联系;义务遵循本质联系,尽管这一想法不属于 *Lagarde* 案对财产的理解。因此,就第三部分而言,由于不存在对机会的期望,而且它对公司来说也不是必不可少的,因此不存在违反义务的情况,董事可以保留机会和由此产生的收益。

必须强调的是,在 *Lagarde* 案中,任何需要承担的责任都不仅仅是基于对信托财产或准财产的占有或获利,而是基于对关联资产的失职行为。产权视角是为义务视角服务的,而不是作为董事责任的独立基础来运作。与机会有关的积极责任产生于准财产主张——保

---

〔28〕 请注意,违约也是基于或有合同的事实。但在没有合同的情况下,租赁会产生类似财产的预期。

〔29〕 See p. 376 – 379.

〔30〕 参见 p. 377 – 378 以及 *Randall* v. *Russell* 的讨论。

〔31〕 *Supra* note 24 at 201.

〔32〕 Ibid.

护或收获公司财产的义务——或者产生于该资产对于实现公司成立目的至关重要这一事实。在这些情况之外，没有与关联资产有关的积极义务：

> 对公司的善意并不要求其员工从自己的利益转向公司的利益，企业或投资虽然能给公司带来收益，但却没有成为他们信托或义务的对象。[33]

因此，如果利用的机会不受任何此类规定性义务的约束，董事可以保留该机会并获得收益。法院在这方面指出，“[董事]通过与公 438
司的联系获得对情况的了解并不重要，因为这种了解并不意味着违反义务”。[34] 这一立场提供了关于 整个19世纪和20世纪的英国信托法未能提供的类似财产的主张和义务之间的关系。

虽然在*Lagarde*案中，仅仅追求和谈判一个机会并不足以产生类似财产“预期”（expectancy），但在随后的1904年*De Bardeleben* v. *Bessemer Land & Improvement Co.*（以下简称*De Bardeleben*案）中，夏普法官（Judge Sharpe）再次主审并采用了预期/财产视角，在该公司及其被告总裁为试图获得一个煤矿所采取的重大努力和花费的资源中找到了充分的联系：

> 在确定土地性质和资源方面所做的工作和花费的金钱，以及为获得土地而进行的谈判中所获得的任何利益，都

〔33〕 Ibid. at 202.

〔34〕 Ibid. at 201.

> 应计入并属于该公司。尽管在签订租赁协议之前，该利益并不等同于对土地的可执行权益，但它确实以预期的形式存在，可以实际实现，伴随着某种程度上与获得相同利益的成本成比例的宝贵优势。到目前为止，这种宝贵的预期是一种财产权，它根据德·巴德莱本(De Bardeleben)作为公司的员工和代理人所拥有的信托而转移，并受制其制约，而这种信任使他不能获得任何土地上的利益，而损害了公司以所述方式获得的利益。[35]

在 *De Bardeleben* 案中，对有价值的预期中的"财产"权利的认定有助于排除董事利用这一机会。*Robinson* v. *Jewett* 和 *Lagarde* 案被引用来支持此观点。然而，请注意，与 *Lagarde* 案不同的是，在 *Lagarde* 案中，财产视角服务于义务视角，而在这里，财产视角单独分割了对关联资产的主张。

这一时期的其他重要案件也采用了同样的视角，尽管它们并没有将这种方法归于 *Lagarde* 案。例如，在 1909 年亚利桑那州的 *Zeckendorf* v. *Steinfeld*(以下简称 *Zeckendorf* 案)中，一家不富裕的公司对其一名董事提起诉讼，要求其获得某些采矿权的所有权。法院认为：

> 法律规定，一个人不得购买和持有他有义务为他人购买和持有的财产，作为自己的财产……在任何情况下，公司
> 439 员工是否有义务为公司购买财产，或避免为自己购买财产，

〔35〕 37 So. 511, 515 (1904)(emphasis supplied).

> 取决于公司是否对该财产有实际或预期的利益,或者员工或董事购买该财产是否会妨碍或破坏公司开展或发展其创建时的合法业务的计划和目的。[36]

与 *Lagarde* 案一样,对 *Zeckendorf* 案的法院认为任何获得资产的积极义务都取决于公司在该机会中是否对该机会有"实际或预期的利益",或者该机会是否是公司的基础。请注意,这里的"利益"是指对财产的实际法律利益或预期法律利益,而不是指公司可能一般会对此类机会感兴趣。法院并没有解释什么能证明预期的合理性。然而,尽管采矿机会与公司现有的矿山相邻,而且被告董事"完全是由于他与该公司事务的关系"而获悉该采矿机会的信息,[37] 但公司并没有购买所主张的资源,因此董事有权为自己争取机会。虽然法院在判决书中没有明确说明这一点,但言下之意很明确:如果公司无法购买某项资产,而且由于无法购买该资产,也没有做出任何尝试,那么公司怎么可能对该资产有类似财产的期望。在英国的 *Regal* (*Hastings*) v. *Gulliver* 中,衡平法(Equity)对能力事实的"抗议"导致了对财务能力相关性的无理拒绝,在本案中没有得到审理。

在 *Lagarde* 案、*De Bardeleben* 案和 *Zeckendorf* 案中,法院评估了公司对资产的努力或与资产的其他形式的联系是否足以产生类似财产的权利,从而成为董事信托的主体和其行为义务的对象。这些法院将英国早期信托法思想与续约权判例法中关于关联资产的理念结合起来,并将财产权的标签归属于这些思想和洛克式(Lockean)的财

---

〔36〕 12 Ariz. 245, 261 - 262 (1909) (emphasis supplied).

〔37〕 Ibid. at 262.

产权概念——这种财产权概念规定，个人为生产某一物品所付出的劳动和努力是一种财产权。约翰·洛克（John Locke）在其《民治第二篇》（*Second Treatise of Civil Government*）中提出了这一观点。他指出：

> 我们可以说，他身体的劳动和双手的工作，都是他应有
> 440 的。那么，无论他把什么东西从自然界提供的状态中移出，
> 他就把他的劳动与属于他自己的东西混合在一起，并把它
> 留在其中，从而使它成为他的财产。[38]

第十五章将讨论19世纪美国法学中对财产权的这种理解的来源、性质和影响，届时我们将探讨英美关联资产法分歧的不同驱动因素。现在，我们只强调这个视角的两个值得注意的特点。首先，这个专有框架指导法院考虑公司和关联资产之间的关系或联系是否证明了类似财产的排他性权利（如董事和公司之间）。当然，这个视角也揭示了各种可能的关联因素：公司的特点（它从事什么业务，它可能开展什么业务），以及旨在获得机会的各种公司行为，如意图、努力程度、花费（时间和金钱）、这些努力产生的与机会有关的共识。而且，重要的是，这样的视角很可能可以证明公司提出类似财产的主张所需的联系程度。财产权是通过劳动获得的，因此 *Lagarde* 案中的努力不足以让夏普法官认可主张，而 *De Bardeleben* 案中公司更广泛的努力“所做的工作和花费的金钱”，产生了“财产权”。因此，在美国

[38] See John Locke, *Second Treatise of Civil Government*, Project Gutenberg, 2005, Chapter V, section 27.

早期的关联资产案件中，接受财产/期望框架的必然结果是，对于任何不被认为对促进公司成立目的至关重要的机会，都有一种支持董事的偏见——这一论点在许多早期案件的结果中得到了肯定证实。其次，在美国的案例中，第2版禁止谋利规则容易以财产权的形式出现。而在早期的英国衡平法案例中，尽管财产的概念可以说是隐含在第2版禁止谋利规则的发展中，但它很少被强调，而当它被强调时，它是有争议的。正如厄普约翰大法官在*Boardman*案中所抗议的那样，这并不是在"正常意义上"使用该术语。[39] 相比之下，在美国关联资产法中，财产视角更容易被接受，也更稳定。我们将在第十五章详细探讨这种对比的原因。 441

(二)扩展结构

*Lagarde*案和*Zeckendorf*案为涉及石油和矿产的三部曲案件奠定了公司机会理论的结构和实质基础，这些案件随后又对包括特拉华州、纽约州和新泽西州在内的多个司法管辖区的关联资产法的发展产生了影响。在1922年科罗拉多州的*Carper* v. *Frost Oil Co.*(以下简称*Carper*案)[40]中，一家石油公司的董事在出差时以自己的名义购买了潜在的油田，尽管公司并没有责成他购买这些油田。科罗拉多州最高法院通过《美国法大全》(Corpus Juris)间接地阐明了上述*Zeckendorf*案引文中所阐述的法律。法院认为，董事有权自己把握机会。该董事没有"义务"为公司获得该机会，因为公司对该机会没有"预期"。这一结论是基于以下事实：公司没有显示出对该财产的特殊利益；该财产是"个人"提供给董事的；虽然是出差，但他并不

〔39〕 See p. 405 – 407.

〔40〕 72 Colo. 345 (1922).

是为了“寻找油田的特殊目的”而去的。[41] 在密西西比州 *Pioneer Oil & Gas Co.* v. *Anderson*（以下简称 *Pioneer* 案）[42] 中，一家公司的董事以自己的名义获得了一份石油和天然气租约，尽管该公司显然是在为该租约进行谈判，但不是通过该董事。密西西比州最高法院逐字逐句地重复了 *Lagarde* 案中规定的一般受托人标准（the general fiduciary standard），以及其对财产责任的划分，但没有引用。[43] 这种财产权方法通过《美国法大全》（Corpus Juris），通过 *Zeckendorf* 案中提出的框架，再次间接地得到加强。法院应用这种方法得出的结论是，公司在租赁方面没有利益或预期。因此，该董事没有责任履行与该机会有关的义务。对该法院来说，仅仅是谈判收购相关资产并不会产生这样的利益或预期：

> 仅仅是原告公司为购买某一财产而进行谈判这一事实，并没有使其在其中拥有利益和预期，从而使其总裁和秘书购买该财产的行为违反了他们信托义务，构成了欺诈行为。[44]

对 *Pioneer* 案中的法院而言，机会对公司来说“仅仅是一种希望
442 或愿望”，[45] 不足以对机会产生法律上可确认的“利益和预期”。对该法院来说，与上述案例一致，在没有类似财产的期望的情况下，公

---

[41] Ibid. at 348.
[42] 151 So. 161 (1933).
[43] Ibid. at 163.
[44] Ibid. at 164.
[45] Ibid.

司对机会的主张仅限于以下情况：董事被明确授权获取关联资产，或该资产对公司至关重要，不获得该资产将“使公司陷入瘫痪或受到损害”。[46] 然而，值得注意的是，法院认为被告董事不是受薪雇员，从而为对高级管理人员施加更严格的义务提供了可能性。

1935 年科罗拉多州的 *Colorado & Utah Coal Co.* v. *Harris*（以下简称 *Colorado* 案）[47]涉及类似的事实模式和方法。科罗拉多州最高法院援引 *Carper* 案、*Lagarde* 案和 *Zeckendorf* 案的观点，认为如果董事有义务为公司获得该财产，他就不能利用该机会，对该法院来说，如果（1）获得关联资产将“破坏其组织的宗旨”；（2）董事被明确授权获得该机会；或（3）公司可以“确定对有关财产的实际或预期利益”。[48] 法院的结论是，公司没有这样的利益或期望，因此，机会属于董事，他“可以自由地为自己行事”。法院认为：

> 即使[董事]通过与原告的联系获得了所有的知识，即使原告以一般的方式“谈判并努力购买”所涉及的利益，也需要更多条件来建立基本预期并禁止[董事]单独获得。[49]

法院没有明确规定什么是“更多条件”（something more），以建立一个“基本预期”（essential expectancy）。法院建议，公司必须证明

---

〔46〕 Ibid. at 163.

〔47〕 49 P. 2d. 429 (1935).

〔48〕 Ibid. at 430.

〔49〕 Ibid. at 431 (emphasis supplied).

该机会对其有价值,并且对其有实际用途。[50] 人们可能会认为,谈判和努力购买资产的行为会满足这两个标准,这表明对该法院来说,“更多条件”比这些指示性标准所暗示的要求要苛刻得多。然而,尽管模棱两可,这个“更多条件”的概念还是有效地阐明了这个财产视
443 角的驱动思想,即公司和资产之间的联系的超常性质和程度是类财产主张(property-like claim)的基础。这也支持上文阐述的,财产视角在这方面很可能是苛刻的。

同样值得注意的是,在 *Colorado* 案中,法院明确提出接受 *Lagarde* 案和 *Zeckendorf* 案中的限制性方法的可能政策驱动因素之一。法院指出,该公司一直在“调查许多其他煤炭资产”,如果该公司被认为对该资产拥有利益或期望,那么它将对所有煤炭领域拥有“实际垄断”(virtual monopoly),因此,就所有的董事和员工而言,“永远排除了他们”进入采矿业。[51] 一个苛刻的、基于财产的方法与这一种观点相吻合,即在美国“无主”地区获得土地和矿产的机会是以“民主”的先来后到/发现/劳动/努力为基础的。[52] 在这方面值得注意的是,大多数关联资产案件来自 19 世纪土地和矿产分配的焦点州,因此,这些州是公民和司法机构对无主资产分配的想法、辩论和政策关注的重中之重:如科罗拉多州和亚利桑那州以及下文讨论的肯塔基州。这也许能在一定程度上解释判例法不寻常的西部/中西

〔50〕 Ibid. at 431:“为了让原告证明其预期,也就是本案的关键所在,我们认为它必须证明,不仅有关的财产对它具有价值,而且它对这些财产具有实际用途,而不仅仅是理论上的用途。”

〔51〕 Ibid. at 431.

〔52〕 例如,1862 年《宅基地法》和 1872 年《普通采矿法》,在 p. 471 – 474 有进一步的考虑。

部重点，这与本书所考虑的其他法律领域形成鲜明对比，后者的法律发展主要集中在东部的新泽西、纽约和宾夕法尼亚等州。

这种财产视角，以及其标准制定者（standard bearers）*Lagarde*案、*Zeckendorf*案和*Colorado*案在20世纪30年代末和40年代初向北和向东部沿海地区延伸。我们在下面单独讨论特拉华州。在纽约、新泽西、艾奥瓦和马萨诸塞州的*Blaustein*案[53]、*Solimine* v. *Hollander*[54]、*Ontjes* v. *Macnider*[55]和*Lincoln Stores Inc.* v. *Douglas J. Grant*[56]等案件中，这些标准制定者支持采用财产—期待的视角。在*Blaustein*案中，纽约上诉法院引用了*Colorado*案[57]称，机会是否“属于”公司的问题取决于公司是否对该财产有“切实期望”（tangible 444
expectancy）；这种期望相当于一种新出现的权利，“一种本质上是不成熟的权利”。[58] 在*Solimine* v. *Hollander*中，新泽西衡平法院引用了*Zeckendorf*案的标准段落，并明确遵循*Lagarde*案的观点，认为预期通常“从现有的权利中生长出来”。[59] 在*Ontjes* v. *MacNider*[60]中，原告公司的一名董事购买了原告公司已经持有的另一家公司［拉塞尔（LaSalle）］的股份。此外，这个机会是被告董事在代表原告公司出席拉塞尔公司的股东大会时发现的。在*Solimine* v. *Hollander*

〔53〕 56 N. E. 2d 705（1944）.

〔54〕 128 N. J. Eq. 228（1940）.

〔55〕 232 Iowa 562（1942）.

〔56〕 309 Mass. 417（1941）.

〔57〕 虽然上诉法院没有引用上述任何其他财产案件。最高法院（上诉庭）的判决［31 N. Y. S. 2d 934（1941）］中引用了*Lagarde*案和*Carper*案。

〔58〕 *Supra* note 53 at 713.

〔59〕 *Supra* note 54 at 256.

〔60〕 *Sauer* v. *Moffitt* 263 N. W. 2d 269（1984）and *Connolly* v. *Bain* 484 N. W. 2d 207（1992）, following *Ontjes* v. *MacNider*.

之后,艾奥瓦州最高法院在很大程度上依赖 *Colorado* 案,认为该董事被允许保留机会,而“首要问题”(primary question)是该机会是否对原告公司至关重要,如果不是,它是否是“一个它没有利益或期望的机会”。[61] 在 *Lincoln Stores Inc.* v. *Grant*[62]中,马萨诸塞州最高法院允许被告董事保留机会,并紧跟 *Lagarde* 案,认为董事的义务只是“与信托共存”,其范围是如下界定的:

> 公司对其已有的利益,或对其已有的权利有预期的财产,或在某种程度上,员工干预将阻止或妨碍公司实现其创建目的的情况。[63]

三、按公司利益划分的责任(“公司利益视角”)

另一类案例,也是建立在衡平法禁止利益和义务冲突的基础上的,为美国关联资产法提供了另一个视角。正如我们所看到的,财产视角案例以及作为其基础的纽约案例,对与个人利益可能发生冲突的
445 关联资产相关义务采取了狭隘的观点:积极义务仅适用于公司已经形成类财产预期(property-like expectancy),该财产是公司基础的资产,或者有关董事对其负有特定责任。相比之下,在这第二类案例

---

〔61〕 *Supra* note 55 at 580.

〔62〕 *Supra* note 56.

〔63〕 Ibid. at 421。这是对 *Lagarde* 案的直接引用,但在判决书中没有这样表述。还请注意,在 *Durfee* v. *Durfee & Canning Inc.* 323 Mass. 187, 199 (1947)中,马萨诸塞州最高司法法院采用了公司利益测试。

中,法院采取了与英国 *Boardman* 案之后的公司法案件中类似的做法。[64] 在这些情况下,禁止利益冲突义务首先被理解为禁止利益冲突(公司和个人),而不是禁止义务和利益冲突。也就是说,董事有义务不以个人身份从事有损于公司整体利益的行为。因此,对公司"利益"含义的探讨决定了董事是否可以将关联资产据为己有。在这一系列案例中,公司利益不是通过对关联资产的类财产主张的概念来理解的,而是通过对公司将或可能对什么感兴趣的一般概念来理解的。在其中一些案例中,这种消极义务变成了积极义务,即采取行动寻求被认为符合公司利益的机会,不得与董事的个人利益发生冲突。值得注意的是,尽管这一系列案例对此类利益的性质采取了广泛的看法,但限制"利益"的实际因素意味着在几乎所有的案例中,都允许董事以个人身份抓住机会。

第一个采用这种方法的案例是纽约的 *Murray* 案,在该案中,正如我们上面所提到的,法院认为法律没有"阻止与公司利益不相冲突的行为的实施"。另一个以利益冲突为基础处理关联资产的早期例子见于 1885 年缅因州的 *Sandy River R. R.* v. *Stubbs*(以下简称 *Sandy River* 案)[65],该案中原告铁路公司曾试图获得某些土地的通行权,但没有成功。随后被告董事经其他董事同意,购买了一块较大的土地,其中包括寻求通行权的那块土地。在购买时,其他董事明确表示他们对该资产没有兴趣。然而,该公司随后进行了谈判以购买该土地的简单费用。由于被告董事拒绝向公司转让除租约以外的任何东西后,公司提起诉讼,声称整个土地是为公司信托持有的。个人和公 446

[64] See p. 407 - 413.

[65] 77 Me. 594 (1885).

司的"利益"构成了缅因州最高法院的分析。根据纽约的 *Duncomb* v. *New York, H &N. R. Co.*,[66]法院提到了"衡平法要求不得滥用对受托人的信任以谋取个人利益的重要原则"。[67] 从这一忠诚的一般标准推算,法院得出结论,被告董事"没有……以任何方式与他的受托人[公司]的利益不一致的方式行事"或"为自己获得不利于其公司的利益"。[68] 利益冲突的主张直接借鉴了 1820 年肯塔基州上诉法院的 *M'Clanahan's Heirs* v. *Henderson's Heirs*,该案仅引用英国大法官(the English Chancellors)的支持性意见。[69] 对 *Sandy River* 案的法院而言,由于其他董事在购买时批准了该董事的购买行为并否认任何公司利益,因此没有违反义务,以无利益冲突标准界定了公司利益。与 *Murray* 案一样,真实事实"塑造"了公司利益的范围。

还有其他几个早期的例子说明董事忠诚被理解为维护公司的整体利益。例如,1913 年肯塔基州的 *Jasper* v. *Apalachian Gas Co.* (以下简称 *Jasper* 案)[70] 中,一家石油和天然气公司的董事以个人身份获得了使用列克星敦城(Lexington city)街道分销天然气的特许权。该公司提起诉讼,声称该特许权属于该公司的利益。肯塔基州上诉法院借鉴了 *Murray* 案的做法,对董事施加了广泛义务,即在一个持续经营的公司中,防止董事利用属于公司总体利益的机会,并承认作为其必然结果,有积极义务行使公司权力来追求这种机会:

---

〔66〕 84 N. Y. 199 (1885).

〔67〕 *Supra* note 65 at 601.

〔68〕 Ibid. at 602.

〔69〕 9 Ky. 388 (1820). *Sandy River* 案的法院也援引了 *Van Epps* v. *Van Epps* 9 Paige Ch. 237 (1842)。

〔70〕 153 S. W. 50 (1913).

> 在我们看来,这些案例都建立在这样一个真实原则之上:当一个人在管理和处理公司事务方面接受信任时,他对该公司负有责任,不仅要管理、促进和维护公司利益,同时,他也有义务不做任何对公司不利的事情,不剥夺其技能和能力可能给公司带来的任何收益,也不允许公司在公平合 447
> 法行使其权力时获得的收益。[71]

本案从两个不同的方面探讨了公司利益:(1)公司章程中规定的业务"范围、性质和目的",其中不包括机会所在的业务领域;(2)对公司破产的影响。实际上,由于该公司"在所有实际意图和目的上都已死亡","不做任何可能对该公司造成损害的事情"[72]的义务就停止了,因为接受原告的意见,"破产的、实际上已停业的公司的利益不会受到任何损害"。[73] 因此,董事们可以抓住这个机会。

后来的1923年肯塔基州的*Lancaster Loose Leaf Tobacco Co.* v. *Robinson*[74](以下简称*Lancaster*案)建立在*Jasper*案和*Murray*案所采用的方法之上。如同其他使用这一视角的案件一样,*Lancaster*案证明了法院愿意以真实世界的事实来决定公司利益的范围。在本案中,一家烟草仓储公司的董事购买和销售烟草,获得了可观的利润。该公司声称,这些利润是以信托方式为公司持有的。在确定这个机会是否可以由董事自己把握时,肯塔基州上诉法院认为,公司员

---

〔71〕 Ibid. at 55.

〔72〕 Ibid. at 55.

〔73〕 Ibid. at 54 (emphasis supplied).

〔74〕 250 S. W. 997 (1923).

工“决不允许将自己置于个人利益与公司利益相冲突的地方”。[75]对法院裁决此案至关重要的是，烟草贸易并不属于公司的“业务范围”。[76] 公司的实际业务范围，加上这些活动似乎不属于章程中规定的公司目标的事实（与 *Jasper* 案相同），符合利益冲突视角的目的。因此，在“他作为个人的利益和他作为公司员工的义务之间不存在任何对立”，这被理解为一种为公司利益而行事的积极义务。[77]
448 对法院来说，这种责任是由禁止利益冲突标准自然导出的。

关于这些案例和这个法律视角，有两点值得注意。第一，这些案例并没有采用财产话语（property-talk）或类财产权，而且这一禁止利益冲突原则的广泛范围与狭窄的财产视角是不相称的。基于公司利益的视角和基于财产的视角产生了截然不同的实质性结果。在 *Jasper* 案、*Murray* 案和 *Lancaster* 案中，尽管董事们被允许保留机会，但如果公司有偿付能力，有能力获取该机会，或者机会属于公司的业务范围，那么获得该机会就会与公司利益相冲突，他们就必须向公司汇报他们所获得的利润。事实上，尽管在所有这些案例中，结果都对董事有利，但该标准本身并非有利于董事，因为它有效地将一个持续经营的公司业务领域内的所有机会分配给了公司。作为对比，运用财产权框架，我们在 *Lagarde* 案、*Zeckendorf* 案和 *Colorado* 案中看到，仅凭财务能力和业务范围并不能回答该机会是否可以由公司获得。在许多这样的财产视角案件中，机会被认为不属于公司，但它却属于

---

〔75〕 Ibid. at 998.

〔76〕 Ibid. at 999：“剥夺一个公司的员工为自己的利益在公司未经营或从来没有从事的行业中经营业务的权利这将是把所争论的原则扩大到未经授权的程度。”

〔77〕 Ibid. at 999：“该公司唯一的利益是接受这种烟草的佣金。”

无冲突视角案例所提供的对公司利益的理解,更具体地说,财务能力和业务范围的考虑也得到了满足。

第二,关于这些案例中阐述的标准与英国信托法之间的关系。这些公司利益的案例明显植根于先前的英国衡平法学说,尽管只是间接参考了英国权威。也许正因如此,法院在某些方面不太受制于衡平法的理论约束。首先要注意的是,避免利益和义务冲突的义务在美国是如何迅速演变成利益冲突标准的——这种方法在 *Murray* 案中被采纳一个世纪后出现在英国。[78] 在这方面还需要注意的是,与英国法院的经验一致,采用利益冲突标准很容易产生一种规范性义务,即在关联资产方面为公司利益积极行事。美国法院似乎不太受衡平法原则约束的也与能力事实的相关性有关。正如我们所看到的,19 世纪英国和美国的衡平法院长期以来一直明确表示,在自我 449
交易的背景下法院不应调查交易的公平性。[79] 这种弃权的理由之一是,法院无法实际确定在这种情况下什么是公平或不公平。我们在第十三章中看到,类似的排除性规则适用于关联资产背景下的能力事实(capability facts),包括与财务能力有关的事实。事实上,英国法院在 *Regal* 案中拒绝了对财务能力的依赖;而在 *Boardman* 案中,上议院的多数人认为其他能力事实对于禁止利益冲突规则和第 2 版禁止谋利规则来说都是"不重要的"。[80] 然而,在这些美国案例中,

---

〔78〕 当然,利益冲突的概念是由克兰沃思法官(Lord Cranworth LC)在 *Aberdeen Railway Co.* v. *Blaike Brothers* [1843 - 60] All ER Rep 249 中首次提出的,尽管它从未被视为改变了利益和义务的冲突标准,也没有在关联资产方面得到应用,直到 20 世纪末。See p. 408.

〔79〕 See Chapters 10 and 11.

〔80〕 See p. 420 - 423.

我们没有看到对与能力事实相关的证据问题的关注。法院通过参考公司业务的实际情况,包括公司的财务能力,很容易界定公司利益。有趣的是,在马萨诸塞州最高法院的 *Durfee* v. *Durfee & Canning Inc.*(以下简称 *Durfee* 案)中,法院使用了“公平”(fairness)的标签,作为抓取能够划分一般公司利益的能力考虑范围的总括术语。根据 *Durfee* 案,该原则:

> 基本上取决于在特定情况下的不公平性,即在公司利益需要保护的情况下,与公司有信托关系的董事利用机会[获取个人利润]。〔81〕

对 *Durfee* 案的法院来说,公平性包括考虑卖方与公司交易机会的意愿,以及财务能力的相关性。〔82〕

在一些案例中,法院认真考虑公平的可能性,而不是冲突的现实。其中一个案例是 *Irving Trust Co.* v. *Deutsch*(以下简称 *Irving*
450 *Trust* 案)〔83〕,这是第二巡回上诉法院的一个案例,特拉华州一家公司的董事购买了另一家公司的股份,该公司拥有的专利被认为对原

---

〔81〕 323 Mass. 187, 199 (1947). 请注意,在 *Durfee* 案中,马萨诸塞州最高法院拒绝了它仅在 6 年前在 *Lincoln Stores Inc.* v. *Douglas J. Grant* 中采用和适用的财产视角,*supra* note 56。关于 *Durfee* 案测试更近期的应用,参见缅因州的 *North East Harbour Golf Club In.* v. *Harris* 661 A. 2d 1146 (1995)。

〔82〕 这种方法有时被说成是 *North East Harbour Golf Club*, ibid.。在明尼苏达州的 *Miller* v. *Miller* 222 N. W. 2d 71 (1971)一案中得到了部分遵循,据说该法院将业务范围和公平性测试结合起来。对该案的关注显示,业务范围和公平性掩盖了本章所考虑的两个视角的双重运作,类似于该案所引用的下面概述的 *Guth* 案的立场。

〔83〕 73 F. 2d 121 (1934).

告公司至关重要。然而,董事们是在试图筹集资金使公司能够购买这些股票但失败后才购买了这些股票。第二巡回上诉法院从个人和公司利益冲突的角度来处理这个关联资产问题。[84]

然而,法院的判决坚定地根植于与能力事实有关的严格的衡平法传统。对该法院来说,卡多佐法官(Judge Cardozo)在 *Wendt* v. *Fisher*[85] 和有关续约权的 *Meinhard* 案、*Irving Trust* 案[86]等案件中提出的义务关系的观点完全不准确(对公司来说,考虑到当时存在的自我交易和关联资产判例法)。法院在引用 *Meinhard* 案时指出:

> 当有人请求通过"瓦解"特殊例外情况来破坏不可分割的忠诚规则时,衡平法院的态度一直采用毫不妥协的强硬态度。[87]

在 *Meinhard* 案中,除了"不妥协的刚性",卡多佐还在该案中用其他的说法来强调这种刚性:信义标准是"不屈不挠的";[88]"不可分割的忠诚规则"是"无情的和至高的"[89]——这些概念与适用财产视角或冲突视角的公司关联资产案件截然不同,也与 1928 年前后的自我交易法的演变不一致。然而,在 *Meinhard* 案之后仅 6 年,这些想法就在 *Irving Trust* 案中得到了体现。被告董事们接受了适用规则禁

---

〔84〕"(董事们)被禁止采取个人利益与委托人利益相冲突的立场",ibid. at 123。

〔85〕243 N. Y. 439 (1926) 引述 *Munson* v. *Syracuse*(在 p. 341 – 343 深入考虑),以支持以下主张:"只有通过这种毫不妥协的严格性,才能保持不被瓦解的忠诚规则。"

〔86〕249 N. Y. 458 (1928).

〔87〕*Supra* note 83 at 124 引用 *Meinhard* 案。

〔88〕*Supra* note 86 at 464.

〔89〕Ibid. at 468.

止个人和公司利益冲突的说法,但他们声称,根据 *Jasper* 案的说法,由于公司未能成功筹集到必要的资金,因此公司和个人利益之间不可能存在冲突:如果无法获得所需的资金,公司就不再对这个机会感兴趣。事实上,法院显然对董事们在这方面的实际努力表示怀疑。
451 这种怀疑加重了法官遵循 *Meinhard* 案的意愿,拒绝了对该规则的财务能力限定。法院认为:

> 如果允许董事以这样的理论为自己的行为辩护,那么就会有一种诱惑,即不代表公司发挥其最大的努力。[90]

然而,这种做法在美国关联资产法中是一种少数立场。[91] 它与 *Murray* 案、*Jasper* 案和 *Lancaster* 案形成了鲜明的对比,在后者中,公司利益很容易被调整到公司的实际情况中。重要的是,在美国最著名的公司机会案 *Guth* 案中,它被考虑并被有效地拒绝了,我们将在下面讨论这个问题。

四、特拉华州法律中的关联资产:*Guth* v. *Loft*

在 1939 年判决的 *Guth* 案之前,特拉华州没有直接处理关联资产的案例法。*Irving Trust* 案涉及特拉华州的一家公司,但根据 *Erie*

---

〔90〕 *Supra* note 83 at 124.

〔91〕 这种处理公司利益的方法在其他有限的一些案件中被采用。例如,纽约案例 *Hauben* v. *Morris* 291 N. Y. S. 96 (1936)。

RailRoad Co. v. *Tompkins* 之前处理不同州当事人(diversity)案件的方式,它是一个联邦普通法案件。[92] 正如自我交易和注意义务角度所看到的,关联资产法提供了说明特拉华州在实际拥有任何本土判例法之前,就已经成为公司法[93]的"市场领导者"的一个例子。

Guth 案还提供了另一个例子,说明特拉华州公司法是试图综合和组织其他州形成的处理公司法律问题的不同方法的产物。例如,我们在第十一章中看到,在自我交易方面,特拉华州合并了公平标准的不同路径——矫正公平(remedial fairness)和受托人公平标准(the fiduciary fairness)。然而,在关联资产的方面协调问题更大,因为先前判例法中的两种方法在概念上是不可比拟的,且导致非常不同的实质性结果。 452

就事实而言,*Guth* 案是个简单案例。很难想象,任何解决关联资产问题的方法都会对公司不利。古思(Guth)是洛福特(Loft)公司的总裁和主导董事,在洛福特公司(其主要业务是销售软饮料的零售店)考虑(在古思的指导下)用其他可乐供应商取代可口可乐(Coca Cola)的时候,收购了百事可乐公司(Pepsi Cola company)的股份。在古思购买了百事可乐的股份后,洛福特的财政和人力资源被用来开发百事品牌。洛福特随后提起诉讼,声称百事的机会和由此产生的利润属于洛福特。

---

[92] 在美国最高法院对 *Erie Railroad Co.* v. *Tompkins* 304 U. S. 64 (1938)作出裁决之前,根据美国最高法院对 *Swift* v. *Tyson* 41 U. S. 1 (1842)的裁决,联邦法院能够忽略当地州法院的普通法。

[93] 到 1922 年,55% 的纽约证券交易所上市公司在特拉华州注册成立。See William W. Bratton and Joseph A. McCahery, *The Equilibrium Content of Corporate Federalism*, 41 Wake Forest Law Review 619 (2006), 630 citing Russell Carpenter Larcom, The Delaware Corporation 11 – 13 (1937).

衡平法院和特拉华州最高法院在 *Guth* 案中的判决融合了实用主义的公司利益和财产权的视角。与本书所考虑的公司信义法其他领域不同的是，特拉华州法院在 *Guth* 案中明确承认了州际间的借鉴，并引用了上述与两个视角有关的大多数案例。从财产和公司利益视角各自支持和反对董事的偏向不难看出，诉讼当事人以 *Irving Trust* 案为例采用公司利益法（对原告为例），反对以 *Lagarde* 案、*Colorado* 案以及 *Pioneer* 案为例，以财产为基础、对董事更有利的方法（对被告为例）。[94] 其结果是，判决同时借鉴了这两种方法。

衡平法院采用了利益冲突和利益与义务冲突的视角，但义务主要是从公司利益的角度而不是财产的角度来划分的。对于衡平法院来说，关键问题是机会是否“对其具有实际利益，而不仅仅是理论利益”。[95] 为了支持这一立场，衡平法院引用了 *Irving Trust* 案的观点；然而，并没有像 *Irving Trust* 案那样试图将“顽固的和根深蒂固”的信托学说引入公司法。与 *Murray* 案、*Jasper* 案和 *Lancaster* 案中的法院一样，该衡平法院愿意将一般的信托忠诚义务调整到公司的实际环境中。因此，由于该机会是“在洛福特公司的业务范围内”，并且“对它有实际的而不是理论上的利益”，利用该机会使董事处于一种冲突的境地。作为对促进公司利益的积极责任的务实校准的一部分，法院承认，这种义务不能延伸到以董事的个人身份发现机会的情况。
453 鉴于此，法院开始考虑财产视角的相关性。[96] 然而，法院对财产框架的使用并没有直接从 *Lagarde* 案、*Colorado* 案系列案件中提取。

---

〔94〕 2 A. 2d 225, 239 (Del. Ch. 1938).

〔95〕 Ibid. at 240 (emphasis supplied).

〔96〕 Ibid. at 240.

在这里,正是使用公司的资源来开发机会,导致该财产成为“从公平角度考虑是洛福特的财产”。[97]

特拉华州最高法院在 *Guth* 案[98]中的判决,后来成为美国公司机会法的经典案例。与衡平法院一样,该判决试图在上述两种概念上和实质上截然不同的关联资产处理方法之间找到一条路径。法院援引了大多数财产和公司利益的案例,并认为在这些案例中发现了一个“公司机会规则”(rule of corporate opportunity),这是“要求员工或董事在与公司的关系中保持最大诚意的一般规则的表现”之一。[99] 此处法院将最大诚意的概念作为“不可分割的”忠实义务的一种表达,规范了对机会的利用:

> 要求对公司不可分割和无私的忠诚的规则,要求在义务和个人利益之间不存在冲突。确定诚实、善意和忠诚行为的场合是多种多样的,不可能制定硬性规定。忠诚的标准没有固定的尺度来衡量。[100]

Guth 案呼应卡多佐法官在 *Meinhard* 案[101]中不准确的夸张说法,对这种“广泛”[102]的忠实义务进行了有力的想象。它是“不可分

[97] Ibid.
[98] 23 Del. Ch. 255 at 270 (1939).
[99] Ibid. at 271.
[100] Ibid. at 270.
[101] See p. 450. (原文如此——译者注)
[102] Ibid. at 273.

割的”、“根深蒂固的毫不妥协的”[103]和“强硬的”[104];它“消灭了因破坏信托关系的信任而产生收益的所有可能性”[105]。公司机会理论被认为是这种忠诚义务的产物。然而,对于这些关于忠诚和公司机会规则的主张,需要注意两个问题。首先,正如我们所看到的,避免与关联资产有关的利益和义务冲突的忠实义务的程度,根据个人利益不能与之冲突的义务的性质,可能会有很大的不同。在行使公司权力时完全禁止的善意(good faith)义务,或仅限于对公司至关重要的机会或公司有类财产主张的规范性善意义务,可能只对非常狭隘的
454 忠实理念而言是“不妥协的”和“强硬的”,而使大量表面上不忠诚行为得不到规范。同样,当公司利益被理解为公司的一般利益时,无利益冲突方法可以产生广泛的忠实义务;但如果“利益”被理解为关联资产中的财产利益,则是一种狭义的义务。

其次,我们不仅可以通过强调 *Guth* 案所依据的许多案例所产生的与忠诚义务的有限性的脱节来质疑关于忠实的过分夸大,而且,更根本的是,我们还可以质疑关于公司机会规则实际上是忠诚义务的直接“体现”的说法。正如我们在上面看到的,在财产视角的案例中,最终的问题是董事是否违反了义务。然而,是义务而非财产决定了责任,但如果没有准财产的发现,就不可能有违反与机会有关的责任。机会中类似于财产的期望产生了行动的义务,如果董事利用这个机会,就会与其个人利益发生冲突。因此,财产视角为责任服务。通过这个视角,公司机会理论的性质和范围不是由广泛的忠实义务

---

[103] Ibid. at 270.

[104] Ibid.

[105] Ibid.

决定的,而是由关于合理的财产要求和权利的学说决定的。这与公司利益视角形成鲜明对比,后者涉及对无利益冲突忠实义务的探索:忠诚在多大程度上因抓住机会而实际受到损害;公司是否对机会有实际利益。

关于董事对机会所承担义务的确切性质,最高法院同时借鉴了财产和公司利益的观点。一方面,它提到了"积极保护公司利益"的义务〔106〕,并使用了上文提到的 *Jasper* 案的积极义务的表达,但没有注明出处;〔107〕另一方面,在判决书的下一页,它认可并引用了 *Fletcher* 的《公司百科全书》(*Cyclopedia of Corporations*)〔108〕,该书提 455
出了一个积极义务的狭义概念,与 *Lagarde* 案及其后续相呼应。然而,最终,对规范性义务的狭义财产法占主导地位。从概念上看,这可以从总结最高法院判决的核心问题中看出:"在当时的情况下,这个机会是否属于洛福特公司。"〔109〕

尽管衡平法院得出结论,该机会是"考虑到衡平法"的洛福特公司财产,但上诉人辩称,衡平法院没有回答这个归属问题。然而,特拉华州最高法院认为,衡平法院已经确定了所有的归属要素。最高

---

〔106〕 Ibid.

〔107〕 Ibid:"多年来存在的一项公共政策……确立了一项规则,要求公司员工……最严格地遵守其职责,不仅要保护交付给他的公司利益,而且要避免做任何会对公司造成伤害或剥夺其技术和能力可能适当带来的利润或利益,或使其能够合理和合法地行使其权力"。

〔108〕 Ibid. at 273:这个问题不应根据狭义的或技术性的理由来决定,而应根据公司义务和忠诚的广泛考虑来决定。正如 Fletcher, *Cyclopedia of Corporations* §862 条款(似乎是上诉人依赖的权威)所述,"在董事职责之外有一个广阔的个人活动领域,但完全属于公司业务的一般范围。检验标准似乎是被要求承担责任的董事是否有特定的责任,作为公司的代表就特定事项采取行动或签订合同"。

〔109〕 Ibid. at 276 (emphasis supplied).

法院对这个问题的考虑有两个组成部分。一方面,最高法院承认,在以个人身份向董事提供的机会和以公司身份向董事提供的机会之间是有区别的。[110] 法院援引主要的财产视角案例,认为当机会以个人身份出现在董事面前时,董事是否能亲自利用该机会取决于公司与该机会的关系,更具体地说,取决于(1)该机会对公司至关重要;或[111](2)公司是否对其有"利益或预期"。这是一个纯粹的 *Lagarde* 案财产视角。这里没有提到义务或忠诚,只是考虑对资产产生类财产主张的因素。发现的私人性质似乎排除了对该资产的任何义务。对于特拉华州最高法院来说,机会的本质才是归属要求的依据,正如
456 在 *Lagarde* 案中,法院关注的是机会是否"被证明对企业持续发展是必要的"[112]。如果机会不是必要的资产,那么只有在"更多条件"[113]为公司提供利益或期望的情况下,才对该资产有主张权(就董事而言)。

另一方面,在特拉华州最高法院的 *Guth* 案中,当机会是以公司的身份呈现给董事的,义务和财产相结合,冲突视角案例与财产视角案例相结合:

---

[110] 值得注意的是,在为支持这一主张而引用的大多数财产视角案件中,很明显,机会的发现与董事的公司身份相纠缠。*Carper* v. *Frost Oil Co.* 72 Colo. 245 (1922)是一个可以争论的例外,即使在这个案例中,机会也是在商务旅行中发现的。

[111] 请注意,法院在 *Loft* 案中以不同的方式提出了这一点:机会是(1)非必要的,和(2)与之相关的是没有预期的。很明显,在(1)或(2)的情况下,机会属于公司。

[112] 读者会注意到,在 *Lagarde* 案中,资产的本质性质是对资产采取行动的积极责任的基础,而不是财产要求的基础,see p. 435 -438。

[113] 正如我们在上面讨论的那样,*Guth* 案的法院没有使用这个术语,但引用了 *Colorado* 案实践这个想法。

> 如果有一个公司在财务上有能力承担的商业机会摆在公司员工或董事面前，从其性质上看，该机会属于公司的业务范围并且对公司有实际好处，则该商业机会是公司有利益或合理预期的机会，而且如果利用这个机会，员工或董事的自身利益将与其公司利益发生冲突，法律将不允许他为自己抓住这个机会。[114]

这条规则的表述被称为"Guth 规则"。乍一看，最高法院似乎更多地借鉴了衡平法院优先考虑的公司利益视角。该规则中的首要和关键考虑因素直接借用了 *Murray* 案：机会是否属于公司的业务范围，以及公司是否有必要的财务能力来利用该机会。最后要考虑的是，在利用机会时是否会产生利益冲突。然而，值得注意的是，尽管这些因素是公司利益案例的产物——没有从财产视角出发[115]——但它们在这里被用来确定"在这种情况下，机会是否属于洛福特公司"这一终极问题。但是，除了冲突规则衍生出的判例（conflicts rule-progeny），Guth 规则还将财产方法的一个关键因素纳入相关因素的清单，即要求公司对机会有"利益或合理的预期"。

尽管财产视角只提供了 Guth 规则中四个考虑因素中的一个，而冲突视角提供了另外三个，但财产视角占主导地位。正如我们所看 457
到的，从公司利益视角看的"利益"——问题是公司的"利益"是否包括有关的机会——意味着与从财产视角看的"利益"截然不同，这意味着在关联资产中"拥有"类似财产的权益——这种方法侧重公司和

---

〔114〕 *Supra* note 98 at 273.

〔115〕 See p. 448.

关联资产之间关系的性质。如果需要有后一种意义上的“利益或期望”,公司才能对关联资产提出主张,那么显然在许多机会情况下,个人利益和公司利益(广义)之间可能存在冲突——包括关联资产属于公司的业务范围,公司有财务能力利用它——但董事仍然可以合法地取得该资产。相反,如果一个公司与该资产的关系证明了类似财产的利益或期望的存在,那么不言而喻,公司认为该机会属于其业务范围。因此,如果对“机会的利益或期望”的这一要求意在借用我们在早期财产视角案件中发现的方法,那么它就没有为衡平法院采用的一般公司利益视角留下空间,尽管 Guth 规则同时采用了该标准和其应用的具体案例。

特拉华州最高法院在 *Guth* 案中认为,该机会是以公司身份出现在洛福特公司身上的。在适用 Guth 规则的“利益或期望”部分时,最高法院重点关注该机会是否对公司至关重要。然而,在 *Lagarde* 案中,关联资产的本质性质为董事创造了一个积极义务,即善意行事以获取资产,并与公司预期的确定分开处理,而在这里,关联资产的本质性质是确定是否存在类似财产的利益或预期的一部分:

> 它在这方面没有现有的财产权,这是显而易见的;但我们不能同意它在补救性权益的保护范围内没有关注或期待机会。洛福特公司对可乐糖浆有实际的和必要的关注……可乐饮料已成为软饮料机构的商业必需品,而提供……可接受的……可乐饮料对 *Loft* 公司的成功至关重要……洛福

特公司迫切需要获得一些满意的稳定糖浆供应。[116] 458

五、*Guth* v. *Loft* 的发展轨迹

Guth 案试图协调的公司利益和财产视角之间的二分法在特拉华州关联资产法的核心留下了深刻的概念不确定性,因为这两个视角不能结合在一起。虽然它们的应用结果是重叠的,但它们并不完全一致。这种概念上的不确定性在随后的特拉华州判例法中得到了强调,并导致了相互矛盾的结果。例如,在 *Johnston* v. *Greene*(以下简称 *Johnston* 案)[117] 中,一家公司的总裁兼首席执行官坐拥大量现金寻找投资(sitting on a cash pile looking for investments),他以个人身份获得了一个机会并利用之。有人提出衍生诉讼,要求对该机会的收益进行核算。衡平法院[118] 认为,这个机会是由于他作为金融家的声誉而出现的,而这反过来又是他在公司中的角色的产物。衡平法院引用 *Guth* 案的话说,"这个问题不是根据狭隘的或技术性的理由来决定的,而是要基于公司义务和忠诚的广泛考虑"[119]。对该法院来说,这个机会"属于"公司,不是因为公司对它有类似财产的利益或预期,而是因为公司对这种类型的机会感兴趣,因此董事把自己的利益放在首位,是不忠诚的行为:

[116] *Supra* note 98 at 280 (emphasis supplied).

[117] 121 A. 2d 919 (1956).

[118] Reported as *Greene* v. *Allen* 114 A. 2d 916 (1955).

[119] Ibid. at 919.

> 该机会是[被告公司]拥有"利益"的机会,因为它通过[被告董事]积极寻求有价值的投资。[120]

因此,被告董事有找到这种机会的规范性义务。[121] 法院认为,任何其他方法都"会允许处于该地位的人在公司和他的个人利益之间进行'挑三拣四(pick and choose)'"[122]。在界定这一规范性义务时,法院特别强调了被告董事是首席执行官这一事实。[123]

特拉华州最高法院采取了一种不同的方法,与两种视角和结果都有关。最高法院重点关注 Guth 规则的财产视角,以及原告公司是
459 否在机会中拥有"利益或期望"的问题,"因为这些词被用于……公司机会法则"。[124]

财产视角关注的是公司和机会之间关系的性质和程度。这不仅仅是关于公司所做的事情和机会的性质之间的可能联系;它是比这更多的东西,尽管这个"更多"[125]的性质有点难以捉摸。有时,例如在 *Guth* 案中,这是关于机会对公司目的的存在性;在其他情况下,例如在 *Lagarde* 案中,其中一个关联资产涉及租赁续期,这是关于一个传统上公认预期,在其他情况下,这也是关于公司在试图获得该资产时的投资程度。[126] 特拉华州最高法院在 *Johnston* 案中试图标明这

---

〔120〕 Ibid.

〔121〕 Ibid. 被告"有义务找到这种机会。"

〔122〕 Ibid.

〔123〕 Ibid:"要求一家为其流动资本寻求投资机会的公司的首席执行官提供他所注意到的相关机会,这是否太过分了。"

〔124〕 121 A. 2d 919 (1956) at 923.

〔125〕 *Colorado* 案的引用,at note 49。

〔126〕 See p. 430 –438.

些联系的性质，引用了 *Colorado* 案的说法，并提出了公司和关联资产之间“某种联系”的观点：

> 要使公司在任何特定的财产中拥有实际或预期的利益，该财产与公司业务的性质之间必须存在某种联系。[127]

“联系”的概念来自 *Guth* v. *Loft*，特拉华州最高法院在该案中指出，“该财产与公司业务性质之间存在密切联系”，[128] 尽管事实上 *Guth* 案中使用该术语是为了考虑业务范围的问题，而不是预期的问题。根据 *Johnston* 案的法院，这种“联系”是否存在取决于案件的“特殊情况”[129]。在本案中，法院认为不存在这种联系。由于没有联系，也没有预期，根据 *Colorado* 案，就机会而言不存在规定的履行义务。[130] 因此，就像在 *Lagarde* 案和后续判例中一样，在 *Johnston* 案中任何规范性义务的范围都由公司预期中类财产主张来界定。在得出结论时，特拉华州最高法院拒绝了衡平法院的做法，他们的理解是，“公司对其拥有‘一般利益’的任何公司机会拥有特定的股权利益”，而这些机会是由董事以其“个人身份”获得的。[131]

最高法院将此视为“规则的全面扩展”，[132] 尽管从历史的角度来看，衡平法院只是采用了 Guth 规则中的一缕权威。因此，衡平法院 460

---

[127] *Supra* note 124 at 924 (emphasis supplied).

[128] *Supra* note 98 at 279.

[129] *Supra* note 124 at 924.

[130] Ibid. at 924.

[131] Ibid. at 924.

[132] Ibid.

和最高法院产生了分歧,因为他们对 Guth 规则中结合的两个不一致的法律视角提供了不同的权重。

即使在 *Johnston* 案之后,认为 *Guth* 案是主要案例的观点也允许利益冲突视角和财产视角并存,使法院选择利益冲突视角或财产视角的结果能够得到推动。这在 *Broz* v. *Cellular Information System*(以下简称 *Broz* 案)中最为明显。在该案中,一家刚刚从诉讼脱身的移动电话公司 CIS 的一名董事,也经营着自己的移动电话公司。有人以个人身份与他接触,向他出售一个移动电话许可证——密歇根二号许可证。他向 CIS 公司的首席执行官披露了这一事实,但并没有正式向董事会披露。重要的是,CIS 公司的商业计划涉及出售许多现有的蜂窝电话牌照。最终,他自己的公司购买了该资产。在同一时期,第三家公司普瑞塞路勒(Pricellular)正在竞标密歇根州二号许可证,并就 CIS 公司的投标进行谈判。在布罗兹(Broz)先生的公司购买密歇根州 2 号许可证的 9 天后,它成功完成了对 CIS 公司的交易。在普瑞塞路勒公司的控制下,CIS 公司对布罗兹提起诉讼,声称他篡夺了许可机会。在衡平法院,[133] 艾伦大法官(Chancellor Allen)表示同意。虽然他使用了侵占和归属的表达,但他用来决定此案的视角是冲突视角。艾伦大法官认为有利于 CIS 公司的理由是,“该机会属于 CIS 公司的核心商业利益”。[134] 对于艾伦来说,CIS 公司的商业利益是动态的,随着普瑞塞路勒公司成功收购 CIS 公司的可能性增加而改变。由于“CIS 公司的利益已经与普瑞塞路勒公司的利益

---

[133] 66 A. 2d. 1180 (1995).

[134] Ibid. at 1182.

严重重叠，甚至合并”[135]，该董事不能为了个人利益而利用这个机会行事。然而，从财产视角来说，无论 CIS 公司的一般商业利益是否发生动态变化，都不是机会问题的决定因素。即使他们这样做了，相关性的问题是在公司和机会之间是否存在一种关系，从而有理由强加一种类似于财产的排斥性权利：是否存在一种古老的“联系”来证明归属正当性？特拉华州最高法院[136]引用了 *Johnston* 案的上述段落，采取了这种做法。在最高法院看来，虽然该机会属于其业务范围，但 461
CIS 公司与该机会之间没有这种联系，因此，该机会不属于该公司。如果 CIS 公司没有试图获得这个或其他任何许可证，怎么会有这样的“联系”；这自然是源于它当时希望处置其许可证的立场。当然，如果我们从一般公司利益的角度来理解“某种联系”（some tie），那么在公司的利益和机会之间就有一种可识别的联系或关联。但是，财产视角的方法不是这样理解“某种可认知的联系”或预期的概念，它总是需要比一般的利益更多的东西来证明排除性权利的合理性。

与 *Broz* 案有关的最后一点意见值得注意。在 *Guth* 案中，使两种关联资产的共存和不协调的最终一个考虑因素是董事的利益不能与公司的利益相冲突。然而，在特拉华州最高法院对 Guth 规则的总结中，在 *Broz* 案中，这个最终的条件涉及责任和利益的冲突，[137]而不只是利益的冲突。与 *Lagarde* 案一样，在 *Broz* 案中，最高法院认为，

---

[135] Ibid. at 1185.

[136] 673 A. 2d 148 (1996).

[137] Ibid. at 155：“如果把机会据为己有，公司员工就会被置于一个与他对公司的义务不相符的位置。”这与 *Guth* 案的观点形成对比：“如果抓住机会，员工或董事的自我利益就会与公司的利益发生冲突，法律不允许他为自己抓住机会。”*Supra* note 98 at 273.

是否存在与关联资产有关的积极义务,取决于该机会是否属于公司,公司是否对该机会有利益或预期。因此,最终条件的调整使检验标
462 准与财产视角的支配地位相一致。

第十五章　解读关联资产法中的趋异演化

一、导论

第十二章、第十三章和第十四章对19世纪和20世纪的英美关联资产法发展的分析表明，这两个法域之间存在许多共同之处。它们都从相同的法律工具开始，即借用英国信义法上的理念，来解决公司语境下无先例可循的问题。其中最重要的工具是禁止个人利益与义务间的冲突（本书称之为第1版禁止谋利原则），以及一系列处理租赁续约期望的判例（其构成了我们称之为第2版禁止谋利原则的基础）。在不同的历史时期中，这两个法域的法律发展不同程度上都是对源于这些案例材料中相同法律问题的探讨：如何理解禁止利益冲突原则——它禁止的是利益与义务间的冲突，还是利益与利益间的冲突；董事是否具有与关联资产有关的积极作为义务以及与行使公司权力有关的消极不作为义务；关联资产在多大程度上受制于基于财产权的请求（主体为董事和公司之间）。

然而,当想到如今的法律现状,或只考虑2009年前后的英美法时[1],人们根本不会认为这两个法域之间存在共同之处。在英国,若从1970年后的判例法视角来解读法律,就会发现法律采取了一种极度死板且抵制董事(anti-directorial)的立场,其主要依靠对利益冲突的禁止,而不是从财产视角出发。这通常被认为是将早期非公司语境的信义规则未经修改地移植到公司语境中的体现。[2] 然而,正
463 如我们所看到的,英国早期非公司领域和公司领域的信义法事实上比后 *Boardman* 案和后 *IDC* 案时期所采取的路径要灵活得多。后者将禁止个人利益与义务间的冲突转变为禁止公司整体利益和个人利益间的冲突,并对义务进行了规范性的理解。与此形成鲜明对比的是,如今特拉华州的法律采取了一种既灵活又偏向董事的立场,它结合了财产和利益冲突的视角,但更偏向于财产视角。此外,比起本书所探讨的其他领域的信义法,在公司领域的信义法中,不能像本书的其他地方那样将法律采取的实质路径上的显著分歧归因于其所借鉴的法律来源,或认为这是将已有的信义标准适用于公司这一概念的结果。

那么,应如何解释这两个以相同的概念性原则和先例工具包(precedential toolkit)为起点的法域却走向了完全不同的道路呢?在本章中,将探讨并考察促使这种趋异演化可能的因素。第二小节将探讨美国关联资产法的发展路径是否与美国公司法演进的主流叙事

---

[1] 该日期是在2009年10月英国《2006年公司法》第175条中公司机会规则的编纂生效之前(see further p. 423 – 426)。

[2] John Lowry and Rod Edmunds, *The Corporate Opportunities Doctrine: The Shifting Boundaries of the Duty and its Remedies*, 61 Modern Law Review 515 (1998).

相关,即因特许权竞争(charter competition)产生的对管理层的偏私。这种偏私尤其体现在涉及大量财富再分配的公司活动中,典型的如利用公司机会(corporate opportunities)。[3] 关于本书所讨论的其他义务,我们发现在这些讨论背景下,很难证明特许权竞争对特拉华州公司法亲管理层(pro-managerial)的性质产生了影响。而在关联资产的背景下,这一推测再次落空。

在第三小节中,考察是否可以用以下因素解释关联资产法的发展路径:19 世纪和 20 世纪美国法院对这片新大陆的商业需求和压力所作出的独特回应,以及美国法官"自觉地"将法律作为"政策工具"的意愿[4]——这种以最强形式呈现的法律史现实主义理论,很容易将法律变化归结为经济需求以及司法对利益团体压力的回应。例 464
如,在弗里德曼(Friedman)看来,"美国法律中最强有力的构成要素……就是当下的社会情绪、现实的经济利益和具体的政治团体",该观点涉及对"法律历史因素"的"降级"。[5] 这种美国法律史的工具性理论(instrumental theory)已在导论的章节中做了更深入的论述,并在第三部分对英美自我交易法分歧的探讨中予以考量。[6] 正如我们在第十一章中所讨论的,这种裁判与法律变化的工具性概念,和公司法对于自我交易法从拒绝到接受公平性审查的不明演进所作

---

〔3〕 关于特许权竞争和大量财富再分配规则,see p. 14 – 16。See also David Kershaw, *Lost in Translation: Corporate Opportunities in Comparative Perspective*, 25 Oxford Journal of Legal Studies 603 (2005).

〔4〕 See Morton J. Horwitz, *The Transformation of American Law* 1780 – 1860, Harvard University Press, 1977, p. 2.

〔5〕 See Lawrence Friedman, *The History of American Law*, 2nd edn, Simon & Schuster, 1985, p. 18.

〔6〕 See p. 324 – 325.

出的标准化描述有关。对自我交易的主流描述,是以与法律传统的割裂,以及对法律传统的无视为前提的,且这种无视的原因难以解释。而对这一转变内部逻辑的连贯性解释的缺失,似乎表明了法律的变化来自司法政策的选择,以提供一套更有利于市场、更具任意性的自我交易法。然而,若仔细研究法院在处理美国公司自我交易时是如何解释信义法的,就会发现以上对自我交易法演变的理解不攻自破。法官们并没有无视法律传统,而是对其中的社会和商业压力作出了回应。他们没有积极创设法律来应对这些压力,而是在意识到这些需求的情况下,探究信义法对美国公司的适用。在第二部分对注意义务的讨论中,我们也看到了一些法外因素的痕迹:不是 19 世纪司法审判自我察觉的工具性形式(instrumental form),而是当时美国生活的主流思想所留下的微小痕迹。19 世纪美国生活受交易性、商品化理念的影响,寄托法中随之产生了“因履行注意义务而获得或不获得奖励”的倾向。由于美国的公司理念将寄托法自然地作为公司法借鉴的法律渊源,这种倾向也被引入公司法。因此,在自我交易和注意义务的讨论背景下,商业压力以及市场和社会规范导致在适用和探究现有信义理论的固有理念中形成了一些不同的倾向,但法律没有出于商业压力和经济政策的考虑而被舍弃或重塑。第二部分和第三部分向我们表明,“法律的生命不在于逻辑”,也不仅仅是“经验”[7],
465 而在于经验定期地对内部法律逻辑中的可能性产生的微小影响。

在本章第三小节中,思考法官创设的规则适宜于 19 世纪蓬勃发展的创业型美国,这一观点是否可以为英美法律间的重大差异提供

[7] See Oliver Wendell Holmes, *The Common Law*, Little, Brown & Co., 1881, p. 1.

一种解释。然而,我们再次发现这一想法几乎得不到支持。因为我们没有找到可以解释这种分歧,且以工具主义经济政策为导向的法律规则。相反,就像在注意义务中一样,有关美国生活和美国理念的核心原则与信义理论相互作用,并使该理论的现有要素得到了强调和具体化。其中,有两种这样的理念或原则。第一种理念占次要地位,认为在美国经济生活中应抵制经济、政治权力以及资源控制的垄断。这将在第三小节中予以讨论。第二种理念占主导地位,有关美国生活和法律中的财产意义。本章的第四小节和第五小节表明,英美对于什么是财产,以及财产权利的产生、形成方式有着极其不同的观念,这影响了美国和英国公司法的发展。

二、特许权竞争

本书的几处探讨了特许权竞争对美国公司信义法演变的可能影响。在自我交易法、注意义务和商业判断的领域中,我们发现,现有信义标准在特许权竞争的压力下形成的说法并没有证据支撑。这些领域采取的亲管理层取向,都是吸收、调整 18 世纪和 19 世纪原有的信义法和商法标准的产物。因此,特许权竞争并不能解释亲管理层的取向转变。判例法发展的时间线也可以简单〔8〕证明特许权竞争的无关性:在特许权竞争可能产生影响之前,法院就已经吸收并调整了已有的非公司语境的信义标准,并导致公司语境中亲管理层信义

〔8〕 此处的简单证明,是因为如果不存在需要解释的亲管理层或亲股东(在逐项竞争的情形下)转变,那么时间线就不重要了。

标准的产生。[9] 更值得注意的是,特拉华州在这些领域没有任何法466 律规定的情况下成为公司法制定的领导者。因此,在自我交易、注意义务和商业判断方面,亲管理层的信义标准和2000年前后的特许权竞争之间的相关性不应被误认为是由美国公司法联邦主义(American corporate legal federalism)导致的。

在关联资产的探讨背景下,亲管理层的信义标准源于特许权竞争的观点——尤其是在争议行为有可能涉及大量财富再分配的情况[10]——与实际信义标准之间再次存在明显的联系。与现代英国的信义标准相比,这些实际标准同样是极其偏向管理层的。然而,与商业判断、自我交易和注意义务的情况一样,与美国关联资产法发展相关的时间线与法域源头(jurisdictional sources),并不能证明是特许权竞争的压力塑造了普通法规则,并解释了信义标准中亲管理层性的恶化(deterioration)。[11] 正如我们所看到的,特拉华州和其他地区

---

〔9〕 在通常情况下,特许权竞争的起点被确定为1889年,当时新泽西州颁布了一项法规,允许公司持有其他公司的股票,或者是1896年,新泽西州通过了一部公司法,其通常被视为第一部现代公司法。See Charles M. Yablon, *The Historical Race Competition for Corporate Charters and the Rise and Decline of New Jersey*: *1880 – 1910*, 32 Journal of Corporation Law 323 (2007). 然而,该文章认为这一过程早在1880年就开始了,尽管其注意到"在1880年至1889年的10年间,对于新泽西州或任何其他州已经成为一个特别受欢迎的注册州这一点没有达成任何社会共识,虽然有证据表明有知识的商业专业人士对此存在不同看法"。无可争议的是,西弗吉尼亚州在1888年首先尝试了"鼓吹特许权"(charter mongering)的策略,但收效甚微。See Christopher Grandy, *New Jersey and the Fiscal Origins of Modern American Corporation Law*, Taylor & Francis, 1993, p. 43;(在1890年之前……新泽西州的公司法规侧重在州内经营的公司)William W. Bratton and Joseph A. McCahery, *The Equilibrium Content of Corporate Federalism*, 41 Wake Forest Law Review 619 (2006).

〔10〕 See 16.(原文如此——译者注)

〔11〕 See Lawrence A. Cunningham, *Choosing Gatekeepers*: *The Financial Statement Insurance Alternative to Auditor Liability*, 52 UCLA L. Rev. 413 (2004), 414 n. 1. 该文章注意到信义关系的填补效果(fiduciary sealant)"在20世纪衰退了"。

的现代关联资产法的一个核心组成部分，是将限制性的义务观与苛刻且偏向董事的财产视角或预期视角相结合。然而，这种角度源于特许权竞争前的纽约法律，经 20 世纪初的亚拉巴马州和亚利桑那州的案例塑造，随后形成了中西部几个区域的法律，最终这些法律反过来又构建了特拉华州的法律。因此，如今法律亲管理层取向的时间和空间渊源，基本无法证明美国关联资产法是特许权竞争下的产物这一观点，而这种特许权竞争集中指向了（centripetal force）特拉华州。 467

再次值得注意的是，特拉华州在缺少重大影响董事福利的法律的情况下，就赢得了特许权竞争的比赛。任何在 1938 年特拉华州注册成立的公司的董事都不能被明确告知特拉华州对关联资产法的立场是什么。然而到 1938 年，特拉华州已被确立为美国主要的公司法管辖区。[12] 此外，当时特拉华州可能借鉴的其他州的关联资产法之间存在明显差异，且在偏向董事这方面同样存在差异。我们在第七章分析注意义务时也遇到了类似的，甚至出现得更晚的法律空白（legal lacuna）。与注意义务一样，这种关联资产法的缺失使人们对有关特拉华州成功因素分析的有效性产生了怀疑，尤其是那些与特拉华州法律及其司法制度的质量相关的观点，以及与成为公司法引领者有关的网络外部性（network externalities）因素相关的观点。[13] 在我们对注意义务的讨论中，我们提出了一个（符合历史条件的）设

---

〔12〕 截至 1922 年，55% 的纽约证券交易所上市公司在特拉华州成立。See William W. Bratton and Joseph A. McCahery, *The Equilibrium Content of Corporate Federalism*, 41 Wake Forest Law Review 619 (2006), 630 citing Russell Carpenter Larcom, The Delaware Corporation 11 – 13 (1937).

〔13〕 See p. 223 – 228.

想,即在特拉华州缺少法律的情况下,董事将会如何选择公司注册地。笔者认为,鉴于特拉华州财政对公司收入的依赖性较小,董事可以在特拉华州保持与其他州法律规定相当的风险范围内,并预期它将在这种风险范围内借鉴并结合其他州的法律,而且在这过程中很可能带有对董事的偏私。这将使那些无法了解特拉华州会如何处理关联资产的董事感到欣慰。特拉华州在 1938 年后的关联资产法中也肯定了这一假设。

然而,在美国关联资产法与英国法律的比较中表明,特许权竞争可能是美国法律的一个重要因素,虽然这与法律的形成无关,但是与法律的稳定性有关。关于英国关联资产法的演变,人们熟悉的说法是,其严苛且抵制董事的立场是因为这些法律规则是从信托法中借鉴的。[14] 但正如我们所看到的,英国法律的日益严苛是由于 20 世纪 70 年代初法律的态度发生了改变,包括舍弃财产视角和对禁止利
468 益冲突的重新声明,以此聚焦于利益冲突问题。这导致了现代第 2 版禁止谋利原则和禁止利益冲突原则的产生,其范围包括与公司资产和活动完全无关的机会,以及与履行消极董事义务完全无关的机会。正如我们在第十三章中所指出的,这种转变首先出现在 *IDC* 案中,与这一时期公众对管理者行为不断增加的不信任有很大关系,这些不信任从而导致了一些偏向股东的倡议出现(包括政府监管和自我监管)。[15] 这也与英国公众公司所有权架构的日益固化(institutionalisation)和由此产生的对股东利益的认知,以及考虑股东利益压力的增加有很

〔14〕 *Supra* note 2.

〔15〕 See p. 413 -414.

大关系。[16]

正如前几章和本章讨论的英美对偏向董事政策的担忧所产生的影响表明的那样,公众情绪的转变与普通法规则之间的因果关系必然只能是一种推测。此外,如我们在整本书中的发现,这种解释法律变化的观点与另一种更具说服力的内源性观点之间存在争议。根据这种观点,对于在这些因素压力下形成的英国法律而言,当其与美国关联资产法的发展轨迹相比较时可以发现,如在第七章中所论证的那样,特许权竞争产生的亲管理层压力,尤其是在诸如公司机会等大量财产再分配的情形中,确保了实质性规则——虽然这些规则本身就是特许权竞争因素外的产物——不会因丑闻和随之而来对管理者的不信任所导致的抵制董事的改革压力而受到影响。现代英国的立法程序[17]和司法程序之间没有任何类似的制衡措施,因此它们对这些压力的反应更灵敏。从这个角度看,在美国法律联邦主义的帮助下,特拉华州是一个法律静止地(legal fossiliser),其拒绝参与任何竞争而只是维持现状。

三、作为政策工具的关联资产法

当审视美国关联资产法的现状时,看到的是一个偏向董事的法律制度,从而激励董事根据各自的能力寻找机会,即使这同时意味着

---

〔16〕 See p. 56 – 58, 413 – 414.

〔17〕 请进一步参见第八章第263 ~ 266页所探讨的关于英国的监管方式在多大程度上提供了免受立法干预保护的论点。

469 对公司的忠诚义务内涵将更广泛。相比之下,英国目前的立场则坚定地支持公司、支持忠诚义务而抵制企业家。如果人们认为19世纪的美国普通法是一种政策工具,其中的司法制度对市场的经济需求和利益团体的压力都会作出反应,那么对美国关联资产法明显偏向董事和企业家的自然解释是,它要么是对董事偏好[18]的过分重视,以至于产生了负面作用(malign overweighting),要么是对支持创业活动和经济发展的规范的良性反映[19]——这些规范在如今和19世纪美国关于公众对创业精神文化更广泛的理解都被当作参考。例如,詹姆斯·哈斯特(James Hurst)在他的《19世纪的美国法律及其自由前提》(*Law and the Conditions of Freedom in the Nineteenth Century United States*)这一开创性著作中,确定了"19世纪公共政策的基线",其认为法律是"释放人类创造力的工具",且根据他的观点:

> 法律保护并促进个人能量的释放,其在最大程度上广泛地提供了释放这些能量的机会……法律秩序应调动社区资源来帮助环境的塑造。在这种环境下,可以通过增加实

---

[18] See David Kershaw, *Lost in Translation: Corporate Opportunities in Comparative Perspective*, 25 Oxford Journal of Legal Studies 603 (2005). 该文提出了一个被本书第四部分所驳斥的立场。

[19] See John Lowry and Rod Edmunds, *The No-Conflict No-Profit Rules and the Corporate Fiduciary: Challenging the Orthodoxy of Absolutism*, Journal of Business Law 122 (2000). 该文章认为,英国法律"不必要地抑制了具有创业精神的董事的机会发展",而在Lowry和Edmunds看来,特拉华州的法律"是开明且现实的,因为它促进了董事行使其创业的主动权。" See also John Lowry and Rod Edmunds, *The Corporate Opportunities Doctrine: The Shifting Boundaries of the Duty and its Remedies*, 61 Modern Law Review 515 (1998).

践性选择的范围给予人们更多自由,并最大限度地减少环境的限制力。[20]

从这个理论角度来看,美国法律是具有动态性和灵敏度的,因此现代英国关联资产法极具迥异、严苛且不灵活的特点必然是由于英国对偏向董事所带来的负面压力的抵制[21],或由于其未能调整法律 470
以支持促进这种创业、创新精神。[22]

但是,现有的证据是否能证明以上有关美国关联资产法的观点?案例本身并没有体现这些政策明确或隐晦的考量因素。当然,沉默并不排除隐蔽影响的存在。然而,这种工具性观点的主要障碍并不在于它在判例法中难以得到体现(invisibility),而是美国早期案例中所采用的法律立场明显植根于英国的信义法。法律对董事和企业家的偏袒程度,可以被理解为是适用英国存在已久的信义原则的结果,也是法律系统性封闭(systemic closure)的偶然产物。同样的情况在英国得到了延续。我们发现类似的法律思想和取向也产生于相同的信义法体系。在这方面特别值得注意的是,美国占主导地位的财产视角与英国 1970 年前的信托法和公司法律地位有很多共同之处。例如,将 *De Bardeleben* 案[23]中的做法与威尔伯福斯法官和上议院

〔20〕 James W. Hurst, *Law and the Conditions of Freedom in the Nineteenth Century United States*, University of Wisconsin Press, 1956, at Location 123 (Kindle Edition). See also Michael Zakim and Gary J. Kirnblith eds., *The Social Transformation of Nineteenth Century America*, University of Chicago Press, 2011.

〔21〕 See Kershaw, *supra* note 18.

〔22〕 See Lowry and Edmunds, *supra* note 22.

〔23〕 See p. 438.

在 *Boardman* 案[24]中的多数观点进行比较就可以发现这种相似性。显然，若这体现的是法律延续性而不是法律变化，那么美国偏向董事和企业家的司法态度转变就不需要解释。因此，对这种变化的法外因素探讨应当转向英国 1970 年后的情况。

当然，正如第十二章、第十三章和第十四章中所论述的，美国和 1970 年以前的英国在法律上存在重要的差异——其中最明显的是早期财产视角的清晰性和主导性，早期利益冲突视角的适用，以及允许将能力因素作为公司利益构成要件的意图。在这些差异中，“偏向董事和企业家的取向是法律变化的原因之一”的工具性观点仍有一席之地，尽管它是一个次要而非主要原因。然而，还有其他几个事实使人们对这种说法产生怀疑。首先要注意的是，尽管几个里程碑式案件（foundational cases）所采取的法律立场是偏向董事和企业家的，但法院在实际案件中却不支持董事。这似乎排除了持续且直接的贪
471 污行为[25]和董事对法官其他形式的影响，以及法官受到促进创业活动法律的激励影响。例如，在 *Averill* 案中[26]，尽管法院为偏向董事和企业家的立场打下了基础，认为如果专利对公司来说不是必不可少的，董事就可以取得这些专利。但法院在这样做的同时，却认定董

---

〔24〕 See p. 394 – 395.

〔25〕 贪污行为作为这一时期法律发展的一个可能的解释因素，不应被低估。See Lewis A. Grossman, *James Coolidge Carter and Mugwump Jurisprudence*, 20 Law and History Review 577 (2002). 该文章详细介绍了 19 世纪末对纽约司法机构贪污行为的关注，并记录了纽约市律师协会的成立，该协会在 1872 年向州立法机构提交了一份备忘录，谴责“许多法官的职务行为和判决中存在贪污的负面影响”——这份备忘录导致一些法官被弹劾和免职。

〔26〕 53 Hun 636 (1889).

事应承担法律责任。同样地，在 *Robinson* v. *Jewett* 中[27]，虽然董事被要求说明情况，但法院的做法为 Lagarde 案中极其偏向董事的立场奠定了基础。[28] 此外，尽管财产视角下的实质性立场明显偏向董事和企业家，但在利益冲突视角下却并非如此。虽然在许多涉及利益冲突的案件中，基于法院对公司利益的务实性划分（pragmatic demarcation）董事被允许利用公司机会，但法院在利益冲突上的取向实质上对公司存在分配上的偏向（distributional bias）：董事不能利用任何属于公司持续经营业务范围的机会。此外，很难将公司利益范围的缩小归因于对董事和企业家的偏袒，因为法院本可以采取更偏袒董事与企业家的财产视角。

尽管判例法没有为产生偏向董事和企业家取向的工具性理由提供任何直接支撑，但它为另一种工具性观点提供了一些支持（尽管是有限的），这种观点将关联资产法理解为美国 19 世纪和 20 世纪反垄断情绪的部分产物。例如，在 *Colorado* 案中，法官在驳回该公司对购买煤田机会的请求时指出：

> 如果该公司对争议财产存在兴趣或期望，那么它实际上对广泛的领域进行了垄断，使其管理者和董事永远不能进入其中。[29]

---

[27] *Robinson* v. *Jewett* 22 N. E. 224 (1889).

[28] 28 So. 199 (1900).

[29] 49 P. 2d 429, 431 (1935).

同样,在另一个涉自然资源案件,*Blaustein* 案中[30],纽约最高法
472 院上诉庭在审议公司机会法(corporate opportunities law)并引用科罗拉多州法律后指出,一家公司无法垄断自然领土。[31] 这种反垄断情绪反映了整个19世纪和20世纪美国政治思想中的一个重要分支:反对政治和经济权力的积累——这一思想将以下几种观点联系在一起:地方社区和州应保留重要的政治权力;应限制富有之人和强权之人索取新大陆上丰富"无主"资源的能力;必须防止公司规模变得过于庞大并垄断商业。这种思想有几个著名的代表学说、法律和著作:从托马斯·杰斐逊(Thomas Jeffffferson)[32]和与他同时代学者的小规模农业经济学[33];《谢尔曼法案》[34];伍德罗·威尔逊通过他的"七姐妹"反托拉斯立法阻止了新泽西州的特许经营权[35];伯尔和米恩斯的《现代公司和私有财产》[36]。然而,这种政治理念在19世纪公共土地法律和政策的微观层面上体现得最为明显,因为这些法律和政策涉及土地和自然资源的分配和获取。迈克尔·布鲁姆(Michael

---

〔30〕 31 N. Y. S. 2d 934 (1941).

〔31〕 Ibid. at 963.

〔32〕 See Carl Becker, *What Is Still Living in the Political Philosophy of Thomas Jeffffferson*, 48 American Historical Review 691 (1943).

〔33〕 例如,John Taylor of Caroline。See Duncan Macleod, *The Political Economy of John Taylor of Caroline*, 14 American Studies 387 (1980).

〔34〕 See, e. g. , Thomas W. Hazlett, *The Legislative History of the Sherman Act Re-Examined*, 30 Economic Inquiry 263 (1992).

〔35〕 See Charles M. Yablon, *The Historical Race Competition for Corporate Charters and the Rise and Decline of New Jersey*: *1880 – 1910*, 32 Journal of Corporation Law 323 (2007).

〔36〕 See Adolf A. Berle and Gardiner Means, *The Modern Corporation and Private Property* (1932). See also M. S. Mizruchi, *Berle and Means Revisited*: *The Governance and Power of Large US Corporations*, Theory and Society, 2004, p. 579 – 617.

Blumm)和卡拉·特博(Kara Tebeau)在近期的重要作品中详细说明了分配的方法,以及对宅基地、铁路拨款、牧场和自然资源等的法律监管中是如何贯彻反垄断情绪的。[37] 对布鲁姆和特博来说,这些思想要归功于约翰·洛克(John Locke)的政治哲学,他不仅阐述了关于财产积累的劳动理论,还阐述了关于积累限制的理论。[38] 473

美国关联资产法与这一政策推动相关。这种情绪与极度偏向董事的财产视角是一致的,也正是这种视角主导了美国关联资产法。鉴于法院对公司兴趣领域的理解比较狭隘且务实,利益冲突视角的形成同样可以归因于反垄断情绪。然而,在考虑董事和企业家偏向的形成因素时,若法院可以采取更强烈的反垄断视角(财产视角),也许就很难理解公司利益范围的缩小是由反垄断情绪造成的。在这方面还需注意的是,就财产视角和利益冲突视角而言,这些案件主要集中在反垄断问题较突出的州,且大多数案件本身涉及对自然资源和铁路土地的主张。这包括 *Blake* 案、*Lagarde* 案、*Debardeleben* 案、*Zeckenborf* 案、*Colorado* 案、*Pioneer* 案、*Sandy River* 案和 *Jasper* 案。事实上,这一见解与英国早期范围有限且未成形的公司判例法相比较,表明了美国资源分配所独有的问题是促使美国判例法范围更广

---

〔37〕 See Michael C. Blumm and Kar Tebeau, *Anti-monopoly in American Public Land Law*, 28 Georgetown Environmental Law Review 155 (2016).

〔38〕 在洛克看来,财产可以通过劳动获得,但仅限于该人生活所需的范围:“凡是超出这个范围的,都因超出他的份额而属于他人。” See John Locke, *Two Treatises on Government*, Cambridge University Press, 1960. 对于这一思想及其多重影响的精彩描述, see Richard J. Ellis, *Radical Lockeanism in American Political Culture*, 45 Western Political Quarterly 825 (1992)。本书引用 Lemuel D. Evans 在 1845 年得克萨斯州制宪大会上的讲话。“伟大的洛克规定,我们可以合法地占有这么多,而且仅限于我们可能需要的耕地,或放牧我们的羊群,其数量仅限于可以融入我们劳动的程度。”

的主要推动力。

上文提出了有关法律强延续性的观点，显然，尽管法律可能与这些情绪相关，但在很大程度上，正确的说法应是现有信义法与反垄断情绪之间很契合。关联资产法并不是这种情绪的直接产物，相反，这种情绪与信义法的现有构成要素相互作用，并对这些构成要素予以强调(elevated)。这是一种中肯的工具性主张。这不是一个为了经济上的权宜而制定法律规则的过程，也不是一个美国在新兴阶段蓬勃发展的过程中舍弃不必要法律的过程，而是关于普通法如何与它所处社会的核心思想和价值观相互作用并受其滋养但缺少了一些宏大性和工具性(less grandiose and less instrumental)的叙述。就其正确性而言，与其说这证明了 19 世纪美国司法界独特的工具性观点，不如说其毫不意外地揭露了美国 19 世纪判例法以及以其为依据的 20 世纪法律反映了美国社会意义的核心思想这一事实。在下面的
474 第四小节和第五小节，我们将讨论另一 19 世纪美国社会思想的要素对关联资产法的影响，即对财产的理解。

四、财产因素的推动作用

尽管可以在英美的关联资产法中找到财产视角，但在对英国公司机会法的分析中，笔者发现其对于通过财产视角来分析公司机会存在犹豫、不适和抵触。虽然英国法院在对“关联资产”的探讨过程中往往将其认定是一种有条件的排除性权利，但没有将其打上所有权、所有物和财产的标签。在合伙背景的案件中，*Aas* v. *Benham*、

Dean v. *MacDowell*,以及最重要的 *Boardman* 案,财产视角被明确地承认。然而,正如我们在第十二章中所讨论的那样,这种将有条件的排他性权利定义为一种财产形式的尝试被普强法官在 *Boardman* 案中提出的强有力的异议所粉碎。他认为关于公司机会的信息不属于"正常意义上"的财产,因为它是"向所有耳目俱全的人"开放的〔39〕,这一有力的立场在很大程度上阻止了财产视角在英国公司法中的进一步适用。英国法院谈及财产时的矛盾和不安,与美国迅速、明确、自信地接受财产视角形成了鲜明的对比。

本小节和第五小节提出,为了理解美国关联资产法的发展路径,需要了解美国使法院能够接受这种财产理念的独特条件。为此,第四小节和第五小节提出了三个论点。对于 19 世纪中后期和 20 世纪初的美国法官来说,通过以下问题来思考公司机会的权利分配问题是很自然的。第一,"公司机会属于谁?"或"公司机会属于谁的财产?"。第二,通过这种财产视角进行思考,并不包括将一个无形"物"定义为财产。因为法院已经发现,该"物品"中存在附条件享有和排除的权利束。相反,这一时期美国法官的财产观念——包括公司法在内的多个法律领域——是解决争议的出发点。它是一个具有独特内容的概念,而不是对单独确立的特定权利束的描述性概念。这些法官从约翰·洛克和亚当·斯密的理论视角来看待"财产",并 475
要求——就争议"物品"的请求主体方面——需要有劳作、努力和投资,才能将该物品归属于该主体,也即不能不劳而获。从这个角度来看,财产是在法律之外产生的概念,只是后来被法律所承认。由于财

〔39〕［1967］2 A. C. 46 at 127.

产不易被获取，将这种对财产概念的理解传递到美国关联资产法中，建立公司机会中的准财产权（或公司预期）的空间极其有限。第三，这一时期的英国法官并不认同美国司法界对财产视角的这种倾向。在多种法律语境下，英国法官拒绝承认，或者只是勉强承认财产视角适用于无形价值物。此外，当“财产”一词在英国被使用时，它涉及的是将现有的权利事后标识为财产权，或者仅仅描述了争议物品可以转让的事实。“财产”通常不会被理解成是可以判断关联资产中是否存在权利的一种实质概念。在英国，“财产”这一概念并没有为权利的产生提供基础，而只是描述了其他权利效果。这使英国在对公司机会的监管时采用了一种不稳定的方式来处理那些没有义务的公司机会，因此没有利益和义务的冲突问题。在英国，财产视角的适用采取了一种财产性路径，却缺少关于财产权如何形成及如何证明其合法性的支撑性或可依据的理论。这种不稳定性抑制了财产视角的发展，并使它暴露在普强法官强有力的形式主义观点之下。这种不稳定性还剥夺了第2版禁止谋利原则中隐含的财产性实质，并使该原则以错误且不符合先例的方式存在，只是为了提出以下主张：一个董事不能因其职位而获利。

（一）19世纪美国的财产视角

阿历克西·德·托克维尔（Alexis de Tocqueville）于1840年写道：“世界上没有一个国家比美国更积极、更迫切地热爱财产。”[40] 1919年，迪安·艾奇逊（Dean Acheson）就19世纪的法律发展在《哈
476 佛法律评论》上指出：

---

〔40〕 Alexis de Tocqueville, *Democracy in America*, Vol. Ⅱ 314, 1863, Francis Bowen eds, Cambridge: Sever and Francis.

> 工业革命带来的巨大物质发展，使财产权成为本世纪最吸引人的法律概念。一切都从财产的角度来考虑——名誉、隐私、家庭关系，而当新的利益要求得到保护时，其成功取决于它们是否能够与财产的保护特征相当（protective colouring of property）。[41]

在本小节中，考虑了三个法律领域，以证明在19世纪末和20世纪初美国确实存在"吸收后的财产法律概念"，这个概念被自然地适用于公司关联资产这一新兴且类似的问题中。考虑的领域是普通法中的商标与商号法、商业秘密法，以及与新闻信息和印刷品的请求有关的法律发展。[42]

彻底说明是什么原因导致了这种财产视角在19世纪美国法律思想中的主导地位将有些超出了本章的范围。然而，有两点考量值得注意。首先，关于财产权如何通过劳动和努力确立的道德观念[43]。如上所述，通常与约翰·洛克和亚当·斯密的理论有关，但同样可以归因于约翰·温斯罗普（John Winthrop）等早期殖民者，即可以理解为殖民主义下的产物；因此，它融入了19世纪的美国法律理念中。其次，与美国宪法在保护财产权方面的作用有关。例如，1868年通过的《第十四条宪法修正案》禁止任何州"未经适当的法律

---

〔41〕 Dean Acheson, *Review of Labor Law of Maryland by Malcolm H. Lauchheimer*, 33 Harvard Law Review 329 (1919).

〔42〕 虽然我们只考虑了三个领域，但还有其他一些领域可以用类似的方式进行探讨：例如，商业信誉的问题。

〔43〕 例如，Field法官在*Butchers' Union Slaughter House &Love Stock Landing Co.* v. *Crescent City Live-Stock Landing and Slaughterhouse Co.* (1884) 4 S. Ct. 652, 660中的描述。该案专门将这一想法描述为属于"道德的某些原则"。

程序,剥夺任何人的生命、自由或财产”。

关于对财产的请求是如何成立的,用约翰·温斯罗普的话来说,“人们除了通过自己的努力占有的东西外,没有任何东西是属于自己的”[44]。洛克谈到了通过劳动对财产的“占有”:“每个人的劳动成果
477 都属于自有财产……他通过身体和双手劳作的成果,可以认为是他应有的。”[45]在斯密看来,“每个人对自己的劳动成果享有财产,是因为它是所有其他财产的原始基础,因此它是最神圣且不可侵犯的”[46]。这种财产观念被洛克和温斯罗普设想为“捍卫英国对美国土地的权利”[47],以证明从美国原住民那里侵占领土是正当的,因为这些原住民没有以如今称为农业耕作的方式耕种封闭的土地。[48]正如研究洛克作品的学者们所确定的那样,该理念适用于原始的国家,比如殖民前的美国,那里拥有十分丰富广阔的土地资源和领土范围。尽管这种理念没有被西方的财产概念所认可。[49] 在这个意义

〔44〕 John Winthrop, General Considerations for Planting in New England in Alexander Young (eds), *Chronicles of the First Planters of the Colony of Massachusetts Bay* (1623 - 1636) (Boston, 1846) quoted in Barbara Arneil, *John Locke and America: The Defence of English Colonialism* (1996) at 136.

〔45〕 John Locke, *Two Treatises of Government*, Cambridge University Press, 1960, Second Treatise, [27] (emphasis supplied); fifirst published in 1689.

〔46〕 Adam Smith, *Wealth of Nations I* (Metheun & Co, 1776) at I. 10. 67.

〔47〕 Barbara Arniel, *John Locke and America: The Defence of English Colonialism*, Oxford University Press, 1996. 本书第136页在谈到洛克和温斯罗普时,其认为这一前提被用来证明从“美洲印第安人”手中夺取土地是正当的。See also Claudio J. Katz, *Thomas Jeffffferson's Liberal Anti-Capitalism*, 47 American Journal of Political Science 1 (2003).

〔48〕 See Arneil *supra* note 47 at 137.

〔49〕 关于产生独占和所有权的劳动形式和不产生独占和所有权的劳动形式, see Katz, *supra* note 47 at 3 - 5。

上,它是一种建立在美国理念上的财产概念。[50] 同时,它也完全可以适用于19世纪和20世纪市场上产生的新兴且有价值的无形资产领域,包括商誉、商标、商业秘密、宣传权以及从印刷新闻到关联资产等不同类型的有价值信息。

这种财产概念在美国政治和法律话语中的核心地位也许最能体现在19世纪宪法的发展中。尽管在本章中宪法不是我们的主要例子之一,因为我们关注的是类似的私法领域,但在宪法背景下来探讨这种财产概念,显然是促成了艾奇逊所描述的"完全吸收后的财产法律概念"(the all absorbing legal conception of property)的主因。

19世纪末,美国法院对《第十四条宪法修正案》中财产保护条款的适用存在财产概念的转变,尽管它最初关注的是有形物品的"使用 478
价值",[51]但后来发展到同时保护有形和无形资产的市场价值或"交换价值"。[52] 例如,在1890年的 *M. & St. P. Ry. Co.* v. *State of Minnesota* 中,美国最高法院认为,任何侵犯财产持有人就该财产的使用收取合理费率的权利都是对财产本身的剥夺[53]——约翰·康芒斯(John Commons)认为该案完成了"财产定义从实物到交换价值的转变"[54]。将《第十四条宪法修正案》中的财产保护范围扩展到具

---

〔50〕 有大量作品探讨了洛克的政治哲学和他的财产概念对美国生活和政治及法律文化发展的核心作用。See, e.g., Louis Hartz, *The Liberal Tradition in America*, Harcourt Brace & Co., 1955; William C. Mitchell, *The American Polity: A Social and Cultural Interpretation*, Free Press of Glencoe, 1962; Donald J. Devine, *The Political Culture of the United States*, Little, Brown and Co., 1972.

〔51〕 *Slaughter House Cases* 16 Wall. 36 (1872); *Munn* v. *Illinois* 94 U.S. 113 (1876).

〔52〕 See John Commons, *Legal Foundations of Capitalism*, Macmillan, 1924, at 11–21 detailing this transformation.

〔53〕 *Chicago, M. & St. P. Ry. Co.* v. *State of Minnesota* 134 U.S. 418 (1890).

〔54〕 *Supra* note 52 at 16.

有交换价值的东西，其核心是洛克和斯密对财产的理解，且这种理解可以随时适用于无形资产。菲尔德法官（Field）在这一时期的判决为美国最高法院接受《第十四条宪法修正案》的目的包含财产的交换价值起到了推动作用。他在 1872 年的 *Butcher Union Co.* v. *Cresent City Co.*（以下简称 *Butcher Union* 案）中提出异议，[55] 并在 *Butcher Union* 案中表示支持。[56] 在 1884 年，他以斯密的劳动价值理论为依据，并引用了他的观点："每个人的劳动成果都属于自有财产，由于它是所有其他财产的原始基础，因此是最神圣和不可侵犯的。"这句话在 1884 年至 1945 年的 20 个后续案例中以署名和未署名的形式被引用。此外，在 *Butcher Union* 案中，在区分路易斯安那州授予 Slaughter House 公司的垄断权与发明专利权时他指出，在发明创造方面，政府承认并保护智力创造的财产：

> 政府通过这种方式保证发明者暂时地享有财产，而这种财产若没有发明者就不会存在。因此，它只承认发明者
> 479 的智力成果属于其暂时的财产。[57]

（二）以商标和商号为例

商标法领域一个长期存在的问题是，商标或商号是否是与一个人的财产权有关。一个人是否像拥有其他形式的财产一样拥有商

---

〔55〕 *Slaughterhouse Cases* 83 US 36（1872）at note 39.

〔56〕 *Butchers' Union Slaughter House & Love Stock Landing Co. Crescent City Live-Stock Landing and Slaughterhouse Co.*（1884）4 S. Ct. 652. 在 *Butcher Union* 案中，多数法官都坚持以财产的使用价值进行理解。

〔57〕 *Supra* note 55 at 34.（着重部分由作者标明）

标？对某些人来说，当我们把“财产”一词的理解仅仅等同于权利的集合，且这些权利提供了对该物品的排他使用和占有时，这个问题就无关紧要了。重要的是这些权利和相应义务的性质和产生原因，而不是一个总括性的定义（umbrella label），例如财产，我们就选择将其归类于从类似的权利义务家族中受益的事物。然而，如果“财产”和“财产权”两个词的适用影响到对排他权和享有权的合法性认可或承认，则财产的概念就显得很重要。

1. 英国的立场：财产是一种事后考虑的概念

英国早期商标保护的案例要求欺诈需具有欺骗公众的欺诈意图。[58] 19世纪的救济依据是：“任何人都无权将自己的商品作为他人的商品出售……从而冒充他人，以诱使公众认为他就是那个人……这些行为将被认定为欺诈。”[59] 采取这种方式的法院所面临的问题是公众如何看待该商标或商号。例如，在上议院的 *Reddaway* v. *Banham*[60] 中，其核心问题是“骆驼毛带”一词是被公众理解为骆驼毛制成的带子，还是由原告制造商制造的带子。由于被认为是后者，法院提供了救济。赫歇尔法官（Lord Hershel）认为，“不应允许任

---

〔58〕 See Daniel M. McClure, *Trademarks and Unfair Competition: A Critical History of Legal Thought*, 69 Trademark Reporter 305 (1979).

〔59〕 *Croft* v. *Day* (1843) 7 Beavan 84, 88 per Lord Langdale MR. See also Lord Kingsdown, *The Leather Cloth Company* v. *The American Leather Cloth Company* (1865) XI House of Lords Cases (Clark's) 52. “基本规则是，一个人无权把他的商品当作竞争对手的商品出售，因此，依据 Langdale 法官在 *Perry* v. *Truefit* 案（6 Beav. 66）中的观点，他不能‘被允许使用名称、标记、字母或其他标志，从而使购买者相信他所出售的商品是另一个人的产品’。” See Lord Hershell in *Reddaway* v. *Banham* [1895 – 1899] All ER Rep 133. 该案重申这一保护基础是由 Kingsdown 法官在 *Leather Cloth Co.* v. *American Leather Cloth* 中“明确规定的”。

〔60〕 [1895 – 99] All ER Rep 133.

何人,欺骗购买者,让他们相信自己得到了不应得的东西,从而窃取
480 竞争对手的生意”[61]。在 19 世纪的英国商标法中,商标领域的财产和财产权概念的关联性是模糊的。在 1838 年的 *Millington* v. *Fox* 中,法院取消了将欺骗公众的欺诈意图作为保护的前提条件,从而扩大了商标保护范围。[62] 在这样做的同时,科特纳姆大法官(Cottenham LC)从专利的视角来看待商标问题。他在没有提供任何理由的情况下指出,“原告对争议商标享有所有权,且无疑有权请求衡平法院执行该所有权”[63]。然而,在 5 年后的 *Croft* v. *Day* 中,兰代尔法官(Langdale MR)明确表示,“任何人的权利是否受法院保护并不取决于该权利是否拥有特定名称的排他权……他的权利是免遭欺诈”[64]。在 1857 年的 *Collins* v. *Brown* 中,威廉副大法官(William Page-Wood),即后来的哈瑟利法官(Lord Hatherley)指出“根据现行法律,商标中不存在任何财产”[65]。然而,在 1865 年 *Leather Cloth Co.* v. *American Leather Cloth Co.*[66] 中——该案坚持主张商标保护中的欺骗(欺诈)公众理论——克兰沃思法官(Lord Cranworth)在肯定欺骗理论的同时,指出“如果‘财产’一词可以用于版权,那么就没有理由怀疑它可以同样恰当地适用于商标”,其“作为财产”,可以被出售和转让。[67] 此案发生在 1863 年的 *Hall* v. *Barrows* 之后,在该案中,韦斯特伯里大法官(Westbury LC)认为,“法院保护商标的管辖权

---

[61] Ibid. at 140.

[62] (1838)3 MY. & CR 338 at 351 – 353.

[63] Ibid. at 352.

[64] *Supra* note 59 at 88.

[65] (1857)3 K&J 422, 426.

[66] (1865) XI House of Lords Cases (Clark's)523.

[67] Ibid. at 534.

是以财产为基础的”,且是属于可以被出售的“有价值的财产”。[68]

1896 年上议院在 *Reddaway* v. *Banham* 的判决,使 19 世纪英国对财产和商标表面相互矛盾的处理方式得到了一定明晰。在此案中,赫歇尔法官拒绝从财产角度出发,他认为:

> “财产”一词有时被用于定义商标的事物上。我自己也怀疑“商标蕴含财产”的说法是否准确,但毫无疑问,一些财产的附属权利可能会附着于商标上。[69]

奥利弗·温德尔·霍姆斯(Oliver Wendell Holmes)作为马萨诸塞州最高法院的法官,在 *Chadwick* v. *Covell* 中也提供了进一步的支持。在提到上述案件时,他指出: 481

> 诚然,一些法官,尤其是韦斯特伯里法官,倾向于将商标的保护建立在财产而非欺诈的概念上,但在阅读判决书后可以看出,他所表达的不外乎是衡平法所要禁止的欺骗行为不一定是出于故意的,比如一个人无意地使用了一个正被使用的商标,以及,在一定范围内一个商标可以在无人异议的情况下被出售。[70]

在霍姆斯法官和赫歇尔法官看来,“财产”的概念是在这些案件

[68] (1863)4 DE G. J. &S. 156, 156 and 157.

[69] [1895 – 99] All ER Rep 133, 141 (着重部分由作者标明).

[70] 151 Mass. 190 (1895) at 193 (着重部分由作者标明).

中作为一种事后(在确定权利之后)的标识被衡平法予以承认的权利,从而禁止欺骗行为。同时对霍姆斯法官而言,这些权利相较于商标是可以被出售和转让的。在后来美国最高法院的 *Beech Nut Packing Co.* v. *Lorillard* 中,霍姆斯法官对以上权利和财产概念间关系的观点进行了充分阐述,他在该案中指出:

> 从某种意义上说,商标是财产,它是受保护且可转让的。尽管与其他财产一样,它的框架只由侵权法描述,而侵权法中的权利只是一个预言性的概括。[71]

因此,对于 19 世纪的英国法院来说,财产不是法律分析的起点,而是总结其他法律权利效果的手段。对于这些 19 世纪的法院来说,"财产"一词很少被使用。即使被使用,也是为了承认排他权(基于对欺骗行为的禁止)适用于无形"物"——商标,并承认它是一个能够被转让的物——这种可能性本身就来自它受保护的事实。

20 世纪的英国法院通过深化以下理念使财产的相关性进一步复杂化:(1)法院的管辖权是基于财产;(2)上文引用的 Herchell 法官的意见,即排他权是为了防止欺诈行为和商标持有人的商业遭到"窃取"。在 *AG Spalding Brothers* v. *AW Gamage Ltd.* 中,帕克法官(Lord Parker of Waddington)认为,商标保护的基础是财产权,是因他人使用商标导致商业受到的损失所包含的财产,而不是商标本身所蕴含的财产。[72] 帕克法官认为,"很难认为,一个人对描述性的词语,如

---

〔71〕 273 U. S. 629 at 632.

〔72〕 [1914 – 15] All ER Rep 147 at 150.

‘骆驼毛’享有财产”〔73〕。如今,保护商标免于不当使用的诉讼需要 482
证明虚假陈述行为(欺骗行为)以及对商业造成了损害。〔74〕

2. 美国:以财产为出发

霍姆斯法官对商标判例法中财产含义的总结是对英国立场的总结。毫无疑问,这也是他试图将美国的立场与英国的立场重新统一所作的一部分努力;明确对商标的保护不是基于财产,而是基于法律禁止“冒充他人商品”或“获取(窃取)他人的业务”或“欺骗公众”的行为。〔75〕 但英国的立场并没有完全反映美国的立场。霍姆斯法官的做法显然与 19 世纪末美国商标法的主流法律风向背道而驰〔76〕:将商标作为财产,对其所受的损害予以保护,而这些财产已由商标持有人通过诉讼所占有。在霍姆斯法官看来,商标是“附条件的”财产,因为法律承认其排他权是基于对冒充行为和欺骗公众行为的禁止。但在美国 19 世纪的许多案例中,虽然通过保护商标来禁止冒充行为,但这种保护首先是建立在商标持有人通过对商标及其业务的辛勤付出而取得的财产权利上。〔77〕

例如,试想 1871 年的美国最高法院 *Delaware & Hudson Canal Company* v. *Clark*〔78〕,该案中原告试图说服法院遵循英国 *Croft* v.

---

〔73〕 Ibid. at 150.

〔74〕 *Erven Warnink BV* v. *J Townend 7 Sons (Hull) Ltd.* [1980] RPC 31.

〔75〕 *Chadwick* v. *Covell* 151 Mass. 190 (1895) at 194.

〔76〕 有一些案例显然采用了霍姆斯法官的立场。See the Massachusetts case of *Thomson* v. *Winchester* 19 Pick 214 (1837). 该案提到了以欺骗为责任依据的英国案例。

〔77〕 See *Developments in the Law of: Trademarks and Unfair Competition*, 68 Harvard Law Review 814 (1955), at 816. “防止消费者受欺骗或伤害的公共利益很少被认为是商标保护的主要理由;相反,这种欺骗或其可能性被认为是对商标持有人的私权造成伤害的衡量标准。”

〔78〕 80 U. S. 311 (1871).

Day 的判决方式。在本案中,虽然我们发现法院考虑了虚假陈述和欺骗公众的因素,但判决的基本框架是围绕着商标的财产权展开的,“某一名称或装置的第一占有人”因他人的虚假陈述行为而受到伤
483 害。[79] 对法院来说,占有必须已经成立,才有可能发生侵害。但法院热衷于对“占有”的可能性进行限制,并认为如果该占有使占有人在特定商品上获得垄断权,则这种占有不可能成立。同样的道理,对通用名称的“独占”也被禁止。但除了这些情况外,“商标中的财产”可以基于“……占有人的事业和技能”来占有,这“赋予了他具有公正性的权利”。[80]

此外,还可以考虑纽约上诉法院的 *The Congress and Empire Spring Co.* v. *High Rock Congress Spring Co.*[81],该案同样是在 1871 年。在考虑保护商标的各种依据时,上诉法院指出:

> 如前所述,如果商标权的产生是出于“自然衡平”(natural equity)的情感,为了社会整体利益在一定限度内由法律规定,即每个人都应独享其发明、智力和技能成果的利益;这种情感也被用来保护每个人对特殊原始产品中所蕴含财产的享有并用以谋利的行为,且该财产是通过其勤勉、智力和事业成果所获得的。对拥有并销售特定物品的所有人的侵害,而该物品的原始来源只有所有人自己,……是一种欺诈行为。法院的干预是为了保护原告,他们可以排他

[79] Ibid. at 323.
[80] Ibid. at 323.
[81] 6 Hand 291 (1871).

> 使用与销售商品有关的特定标识或符号。这是因为就这种使用而言,这些标识和符号属于他的财产。[82]

还有许多其他案例采用了这种财产权产生的理解。思考一下 *Cohen* v. *Nagle*[83],这是马萨诸塞州最高法院的一个案件(在霍姆斯法官离开美国最高法院后的1906年)。法院拒绝以欺诈和欺骗为保护商标商号的前提条件,并指出:

> 尽管有时会说,每个商标案件都因欺诈行为而起……但最终的问题是,原告是否有可被法律承认和执行的权利。

为了确定原告是否有这样的权利,法院认为,"问题在于一个原本没有公认价值的名字是否因他的使用而被赋予价值",以及"通过这样的方式使用名字,原告赋予了其价值,从而使其成为财产"。[84]进一步考虑联邦上诉法院在 *Metcalf* v. *Hannover* 中的观点,其指出,"要援引衡平法院的管辖权来阻止……他人使用类似商标的侵权行为,原告有责任证明他对该商标享有财产权"[85];此外,"商标的财产 484

[82] Ibid.

[83] 190 Mass. 4 (1906).

[84] Ibid. at 9.

[85] 204 F. 211 (1913) at 214.

权主要是通过事先使用和排他使用该商标而获得的"[86]。在 1928 年的 *New York Drug Co.* v. *Parodney* 中,纽约地区法院将该商标描述为:

> 属于原告的……识别标志,是原告通过花费大量资金和诚实、娴熟的管理创造出来的,除非自愿放弃,否则他有权保留该标志。[87]

对该法院来说,商标是"一项来之不易的权利,就像银行里的钱一样重要,并且它不应该被他人拿走,甚至蚕食,……在法律上或衡平法上没有权利这样做"。而本法院面临的问题是,这种"属于原告的重要财产"是被正确地还是被错误地"占有"了。[88]

在其他案件中,对美国判例法上的责任依据具有核心意义的是将欺骗公众行为与这种财产(占有)的视角相结合。例如,在 1873 年加利福尼亚州的 *Burke* v. *Cassin* 中,加利福尼亚州最高法院指出:"两个理由……构成了商标案件中所有法律干预的基础。"这两个理由是:第一,"保障商人在通过其技术和事业(enterprise)进行制造,从

---

〔86〕 Ibid. at 214. See also *Derringer* v. *Plate* 29 Cal. 292, 295 – 296 (1865):"他对商标的权利来自商标的采用和使用……,虽然它除了在使用时没有价值,实际上也没有独立的抽象存在……但商标是财产……为了使商标申请人能够首先获得其财产权,该商标必须最初由他采用和使用。" See also *Bass* v. *Feigenspan* 96 F. 206, 212 (1899):"对商标的侵犯涉及一个人对他人的排他权侵犯……排他权是一种既得的财产权,受到侵犯后应当得到惩罚。"在本案中法院认为,即使在公众不太可能被欺骗的情况下,仍然会发生侵权行为。法院认为,"商标的合法占有者和使用者拥有排他权,并有权得到有效的保障"。

〔87〕 24 F. 2d 577 (1928) at 579.

〔88〕 Ibid.

而获取回报的安全”;第二,“保护公众免受强迫和欺诈”。[89] 该法院采取了“商标中蕴含财产”的立场,引用了弗朗西斯·希利亚德(Francis Hilliard)在1866年出版的《侵权法抑或私人损害行为》(*The Law of Torts or Private Wrongs*)一书。在本书中,希利亚德指出,权利“完全取决于当事人自己的私人劳动或技能”。[90] 485

在希利亚德发表本书的60年后,著名的法律现实主义者费利克斯·科恩(Felix Cohen)强烈地抨击了这一主导性视角,认为这是法律上“先验型废话”(transcendental nonsense)的一个例子:

> 目前的法律论点是:一个人通过其宣传的独创性或其产品的质量引起了消费者对特定名称、符号、包装形式等的反应,从而创造了一个价值物;而存在价值的物便是财产;财产的创造者有权得到保护,以防止第三方试图剥夺他的财产。[91]

在科恩看来,这种方法涉及法律上的“荒谬”循环,因为法院在保护价值,但没有法律保护,商标就没有价值。虽然科恩正确地指出了财产权视角的广泛适用,但他的批评忽略了该视角的一个核心部分。科恩的错误在于将财产与价值等同。法院是在保护财产,并将一种广泛认同的洛克式财产产生方式的理念合法化。一样事物之所以是

---

〔89〕 45 Cal. 467 (1873) at 471.

〔90〕 See Francis Hilliard, *The Law of Torts or Private Wrongs*, Little, Brown & Co., 1866, p. 206. (本句引用未包含在 *Burke* v. *Cassin* 中)

〔91〕 Felix Cohen, *Transcendental Nonsense and the Functional Approach*, 35 Columbia Law Review 809 (1935).

财产,不是因为它有价值,而是因为它(其价值可能是法律认可的一种功能)通过努力被占有。这只是艾茵·兰德(Ayn Rand)对20世纪洛克的财产概念的理解中所说的"财产伴随权利"(property by right)的例子之一[92]:这是一种道德观念,即你通过创造性劳动产生的东西属于你,只要你没有同意出售这些产品。对于采用这种观点的法院而言,认为法院对商标财产权的认定是法律的循环诡辩的批评,忽略了法院所做的实质内容:他们只是承认既存的财产权(从这
486 种道德观点来看)。[93]

然而,重要的是要注意,这种财产即权利的商标保护方法并不是美国早期商标法中的唯一方法。20世纪早期的几个案例对商标和财产之间的关系采取了一种更接近于英国和霍姆斯法官的立场。在 *Hanover* v. *Metcalf* 中[94],美国最高法院认为,只有在法律规定了享有和排他权利的意义上,商标是财产。在 *Hanover* v. *Metcalf* 中,在霍姆斯法官的支持下,法院认为受保护的财产属于商业财产。[95] 10年后,在 *American Steel Foundries* v. *Robertson* 中,最高法院一致认为:

---

〔92〕 Ayn Rand, *Atlas Shrugged* (Penguin, 2007). 本书在第1062页指出:"财产权的来源是因果律。所有财产和所有形式的财富都是由思想和劳动产生的……除非按照所有者的条件并经自愿同意,否则你无法获得由思想产生的产品。"(首次发表于1957年)

〔93〕 这也不像其他批评学者所认为的那样。See Thomas Grey, *Langdell's Orthodoxy*, 45 University of Pittsburgh Law Review 1 (1983). 在这些案件中,法院认为可以从财产的概念中推导出商标财产权的确切框架。对这些法院来说,商标的创造行为和它所吸引的商誉为权利奠定了基础,但权利的确切框架是公共政策考量的明确功能,如对合法垄断产生的考量。See, e. g., *Delaware &Hudson Canal Company* v. *Clark supra* note 78.

〔94〕 240 U. S. 403 (1915).

〔95〕 Ibid. at 414.

“除非是与商标使用相关的业务或贸易活动，商标中不存在任何财产。”[96] 事实上，在20世纪的过程中，美国商标法抛弃了商标蕴含财产的理念，而把重点放在了假冒、欺诈和欺骗行为上。[97] 例如，卡特教授（Cater）在1992年写道：“在美国法律中……商标不是洛克意义上的财产是不言而喻的。”[98] 本小节的重点既不是提供当下对美国商标法的分析，也不是对这些非财产（在商标领域中）理论在20世纪的影响越来越大提出异议。相反，本小节是为了观察洛克财产视角的早期重要性和主导地位[99]：这些案件的出发点是持有人是否对商标拥有财产权利，且该财产权利取决于持有人对该商标的创造性投入和勤奋努力。对于19世纪至20世纪的许多法官和学者而言，这是凭借直觉自然而然就能想到的分析视角，用来思考如何监管这些由市场产生的新兴事物的使用。 487

（三）商业秘密和保密信息

商业秘密和保密信息的保护为洛克的财产视角在美国的主导地位提供了又一例证。针对因18世纪和19世纪经济发展和工业化产

[96] 269 U. S. 372, 380 (1926). See also *United Drug Co.* v. *Rectanus Co.* 248 U. S. 90, 97 (1918). 该案中表达了类似的观点。

[97] See *Walgreen Drug Stores, Inc.*, v. *Obear-Nester Glass Co. Corning Glass Works* 113 F. 2d 956 (Calif. 1940).

[98] Stephen L. Carter, *Does It Matter Whether Intellectual Property Is Property*, 68 Chicago-Kent Law Review 715 (1993).

[99] 当代许多的知识产权文献都对这段形成期有所遗忘，仿佛关于商标可能存在财产权的说法只是一种学术争论。该观点通常被认为来自 Rudolf Callmann, *Unfair Competition without Competition: The Importance of the Property Concept in the Law of Trademarks*, 95 University of Pennsylvania Law Review 443 (1946)，而不是一种判例法所采用的路径。See e. g. Carter, ibid., and Mark A. Lemley, *The Modern Lanham Act and the Death of Common Sense*, 108 Yale Law Journal 1687 (1999) at note 7.

生的新兴而有价值的事物,洛克的财产观点是分析其权利请求的起点。在美国的商业秘密案件中,这种对财产的议论无处不在,并且总是与法律保护市场参与者通过努力和劳动所创造的财产这一理念相关。相比之下在英国,与商业秘密有关的财产议论是罕见的,即使议论也缺乏概念上的连贯性,且通常只是标识并描述以其他依据为基础的权利之效果。

在 1969 年的 *Fraser* v. *Evans* 中,丹宁法官指出,法院对限制使用保密信息的权力"与其说是基于财产或合同,不如说是基于善意义务"〔100〕。一个半世纪以前,在 *Yovatt* v. *Winyard* 中,埃尔登法官以被告"违背信赖与保密关系"为由,批准了一项禁止使用医学配方的禁令。〔101〕 就如今的英国法律来说,与 19 世纪一样,禁止披露使用商业秘密和其他保密信息的法律依据是对所背负保密义务的违反。〔102〕在这方面,试想澳大利亚高等法院在 *Moorgate Tobacco Company Ltd.* v. *Phillip Morris Ltd.* (第 2 号)中的意见〔103〕,英国上诉法院在 *Attorney General* v. *Guardian Newspapers*(第 2 号)中引用如下观点来代表英国法律的立场〔104〕:

> 正如大多数衡平法的专属管辖权,它的合理依据并不在于财产权,而在于基于传播或获取信息的环境所产生的

〔100〕 [1969] 1 Q. B. 349, 361.

〔101〕 (1820) 1 Jaob & Walker 394, 395.

〔102〕 See *Williams* v. *Williams* 3 Mer. 157 (1817); *Robb* v. *Green* [1895 - 99] All ER Rep 1053; *Amber Size and Chemical Company, Limited* v. *Menzel* [1913] 2 Ch. 239.

〔103〕 (1984) 156 CRR 414.

〔104〕 [1988] 2 W. L. R. 805, 840.

良知义务(obligation of conscience)。

最近,在 *Force India Formula One Team* v. 1 *Malaysian Racing Team* 中,阿诺法官(Arnold J)指出:"保密信息不是财产……尽管商人们经常把保密信息当作财产来处理,法官在讨论违反保密义务的行为时也经常使用财产的法律用语。"[105] 488

与 19 世纪一样,如今法院在审理与商业秘密有关的案件时,相关的问题是:第一,信息是否为保密信息;第二,该保密信息是否以保密方式传递给被告[106];第三,被告是否滥用了这种保密信息。[107] 在 *Saltman Engineering Co. Ltd.* v. *Campbell Engineering Co. Ltd.* 中,格林法官(Greene MR)认为:

> 使信息具有保密性的原因在于,大脑的主人通过运作其大脑,从而产生了一个只有经过相同过程的人才能产生的结果。[108]

在美国,正如我们将在下文中看到的,正是这些承认财产权的相

---

〔105〕 [2012] EWHC 616, [376] (Ch).

〔106〕 *Saltman Engineering Co. Ltd.* v. *Campbell Engineering Co. Ltd.*; *Coco* v. *A. N. Clark (Engineers) Ltd.* [1969] RPC 41. *Merryweather* v. *Moore* [1892] 2 Ch. 518, 522 法院指出,"有时很难说法院是根据默示合同还是根据保密关系进行判决的,因为我将彻底搁置任何基于明示合同产生的案件。也许真正的解决办法是,保密关系假设了一份默示合同的成立:如果法院确信存在保密关系,那么它就会立即推断或暗示合同是由该保密关系产生的——因此该合同可以行使我所认为的管辖权"。

〔107〕 *Merryweather* v. *Moore*, ibid.

〔108〕 [1963] 3 All ER 413, 415.

同案例作为法院决定是否应保护商业秘密不被披露和滥用的出发点。但在该案以及英国的其他商业秘密案件中,法院保护商业秘密的基础是与这些保密信息相关的保密关系以及对这种关系的破坏,而不是基于财产。

然而,尽管保密关系是保护商业秘密的主要依据,但商业秘密作为财产的观点也出现在几个早期以及后续的商业秘密案件中。[109] 在 1851 年的 *Morison* v. *Moat*[110],法院虽然主要采用了保密关系说[111],但也指出其管辖的几个依据之一(除保密义务外)是"财产"。然而,在该案中,财产及其从属并不是禁止对其披露的权利基础——保密关系才是其基础——财产也不仅仅是一个标识,用于识别基于对保密关系保护所产生的附条件享有与排他权的效果。相反,财产
489 理论在这里被用来反映商业秘密可以转让的事实:因为你拥有它,因此可以出售它。[112] 另一个在英国商业秘密案件中使用财产概念的例子是 1893 年英格兰和威尔士上诉法院的 *Lamb* v. *Evans*[113],该案涉及代理人使用其作为代理人时获得的信息。在这个案件中,法院认为,委托人限制代理人使用信息的权利是一种特殊的财产权。[114]

---

〔109〕 还有一些案例没有在这里考虑,它们认为商业秘密和保密信息是法定财产。See, e.g., *Re Keene* [1922] 2 Ch. 475.

〔110〕 (1851)9 Hare 241.

〔111〕 Ibid. at 263:"被告传播该秘密的行为显然是违反诚信和合同的。"

〔112〕 Ibid. at 260:"并没有秘密归属于合伙企业的意图。"也就是说,它并没有被出售。See also *Maxim Nordenfelt Guns and Ammunition Company* v. *Nordenfelt* [1893] 1 Ch. 630. 该案在商业秘密的可转让性方面也使用了"财产"一词。

〔113〕 [1893] 1 Ch. 218.

〔114〕 Ibid. *per* Bowen LJ at 229:"这是一个问题,即当原告代理人在工作时为原告获得的信息,原告……是否对信息享有充分的特殊财产权,以对违背其意志的使用进行限制。"

然而,法院用“财产”一词来描述或识别排他权。财产并不作为权利的基础,在该案中,这种权利是基于对代理关系的合同性理解。[115]

与此形成鲜明对比的是,在美国 19 世纪的商业秘密案件中,权利的基础是财产,并通过对保密关系和保密性的考虑进行塑造。试想早期马萨诸塞州具有影响力的 *Peabody* v. *Norfolk*,该案涉及一名前雇员对商业秘密的获取和使用。作为其雇佣合同的一部分,他签署了一份保密协议。法院的出发点是洛克的财产概念理论[116]:

> 为了公众的利益,法律政策是为了鼓励并保护发明和商事事业。如果一个人开展了一项业务,并通过他的能力和投入使其具有价值,那么该商业信誉(good will)就被法律承认为财产……如果他发明或发现了一种制造工艺,并对其进行保密,无论是否适合申请专利,虽然他确实没有对抗公众或善意获得其知识的人的专属权利,但他对其享有财产。大法官将保护其不受违反合同和违反保密义务的人将其用于自用。[117] 490

在判决书的后面,法院指出,“秘密技术是合法的财产标的,这一

[115] Ibid. *per* Bowen LJ at 230:“在本案中可以得出的适当推论是,这些信息材料不得用于工作以外的目的,这是其中的一部分理解。”See also Kay LJ’s judgment at 234 emphasising confidence and confidentiality.

[116] See generally Michael P. Simpson, *The Future of Innovation*: *Trade Secrets*, *Property Rights and Protectionism -An Old Age Tale*, 70 Brooklyn Law Review 1121 (2005). 该文提到“早期普通法中洛克式商业秘密法概念”。

[117] 98 Mass. 452, 458 (1868). (着重部分由作者标明)

点现已确定"[118]。一个人通过努力创造了一项保密事物,一种附条件财产权就此产生,或者说该财产即被占有。法院提供保护的基础是通过个人努力所得到的财产。然而,正如法院明确指出的那样,这种保护是附条件的:它并不是对世权,而只是对抗那些向财产所有人承诺不使用或披露秘密信息的人。因此,尽管保密承诺是法院保护商业秘密的近似依据(proximate basis),但它是决定商业秘密中财产权范围的次要考虑因素。

Peabody v. *Norfolk* 及其采用的结构在19世纪末和20世纪初多个州的商业秘密案件中被遵循。例如1891年南达科他州的 *Simmons Hardware Co.* v. *Waibel*,该案涉及未经授权使用秘密优惠价格码(pricing code),法院认为:

> 它是通过原告的技术和劳动得到的产物,因此属于财产,并有权得到法律的保护……衡平法院将进行干预,以阻止非法占有秘密信息的一方使用或向他人披露该信息。[119]

在 *Simmons Hardware Co.* v. *Waibel* 中,与 *Peabody* v. *Norfolk* 一

---

〔118〕 Ibid. at 459.

〔119〕 47 N. W. 814, 816 (1891). See also *Salomon* v. *Hertz* 40 N. J. Eq. 400, 402 (1886); *Eastman* v. *Reichenback* 47 N. Y. St. Rep. 435 (1892)(该案采用了这种路径,但也注意到"适用于商业秘密的'财产'一词有其局限性",因为该秘密可被他人发现);*O. & W. Thum Co.* v. *Tloccynski* 38 L. R. A. 200 (1897)(该案提道:"如果一个人发现了对社会有用的制造工艺或发明,他就对其拥有财产权,这难道不是事实吗?");*Westervelt* v. *National Paper & Supply Co.* 154 Ind. 673 (1900); *G. F. Harvey Co.* v. *National Drug Co.* 77 N. Y. S. 674, 676 (1902); *Stewart* v. *Hook* 45 S. E. 369, 370 (1903); *Elaterite Paint & MFG. Co.* v. *Frost Co.* 105 Minn. 239, 241 (1908); *Morrison* v. *Woodbury* 185 P. 735, 737 (1919); *The Kelly Manufacturing Company* v. *Howard G. Brower* 1 Tenn. App. 428 (1925).

样，不法行为——违反保密义务——是保护由劳动创造的财产的前提条件。然而在某些情况下，尽管违反保密义务是启动诉讼的根本原因，但财产权却是法院提供保护的唯一依据。试想一下纽约上诉法院的 *Tabor* v. *Hoffman*，在该案中原告提起诉讼，要求限制被告使用其“偷偷摸摸复制”的图案。法院认为，“除了依据版权或特许状（independent of copyright or letters patent），根据普通法，发明者或作者对其发明或作品拥有专属财产，直到公开或出版后成为公共财产”。 491 因此，由于这些保密图案“没有被公布，它们在各种意义上仍然属于原告的财产”。[120] 在 *National Tube Co.* v. *Eastern Tube Co.* 中，法院认为，对于工人复制金属管图案的技能，不存在“法院可以作为财产权予以保护”的商业秘密，法院指出：

> 自然的权利规则是这样的：一个人应享有其智慧和事业所带来的利益，以及通过勤勉和才智所有可能发现的事物带来的利益。除非他签订合同将这种想法出售给他人，否则他可以为自己的利益，或为以后可能找到的任何雇主的利益而使用这种想法。[121]

在 1925 年伊利诺伊州的 *Boylston Coal Company* v. *Rautenbush* 中，原告为制作一份机密客户名单所做的努力在双方当事人之间创

---

〔120〕 *Tabor* v. *Hoffman* 73 Sickels 30, 34 (1889); *Mackechnie Bread Co.* v. *Huber* 60 Cal. App. 539, 541 (1923). 这些案件指出，法律问题是“被告是否对保密信息拥有这样的财产权”。

〔121〕 13 Ohio C. D. 468 (1902).

设了一种可执行的财产权。努力,而不是保密关系,成为权利及其保护的基础:

> 起诉人对其代理人名单的权利,只是基于多年的工作和巨大的付出而产生的……这是一个明确、值得赞赏且有价值的财产权……此类名单就像贸易中的股票;它们是以努力、方法、技能和金钱为代价而产生的……。因此在双方当事人之间,该名单必须被视为财产。[122]

当代学者已经注意到,在 20 世纪,商业秘密保护已经脱离了财产基础。[123] 在这样做的时候,他们经常引用霍姆斯法官关于财产和商业秘密的观点立场。[124] 霍姆斯法官将美国法律推向了英国法律立场的方向。他在美国最高法院的商业秘密案,*Du Pont Powder Co.*
492 v. *Masland* 中指出:

> 适用于商标和商业秘密的"财产"一词,是由于法律规定的善意条件尚不成熟,而对其产生的次要后果未经分析

---

〔122〕 237 Ill. App. 550, 559 (1925)——本案中法院的观点与皮特尼法官在 *International News Service* v. *Associated Press* 248 U. S. 215, 236 (1915) 中的意见紧密呼应,下面将予以讨论。

〔123〕 1939 年《第一次侵权法重述》第 757 条[*Restatement* (*First*) *of Torts* §757 (1939)]指出,财产作为商业秘密保护的基础"经常被提出并被否认"。Simpson 法官曾对此进行讨论,*supra* note 16 at 1142。See also Milton Handler, *Unfair Competition*, 21 Iowa Law Review 189 (1936).

〔124〕 See Robert G. Bone, *A New Look at Trade Secret Law*: *Doctrine in Search of Justification*, 86 California Law Review 241 (1998).

> 的表达……出发点……不应基于财产……而是被告与原告之间存在的保密关系。[125]

但不能因这种观点的吸引性和霍姆斯法官的文笔之优雅而误认为他在发表这一声明时该观点具有准确性。可以说他合理地描述了一些英国案例中的做法,但这并不能解释为何大量的美国案例采用这种洛克财产理论作为出发点。19 世纪末和 20 世纪初的商业秘密保护是建立在“财产即权利”的理念之上的,其作为法外理念——后被法律所承认——是源于一个人依靠勤勉、劳动和创造力所创造的产品。善意或保密关系是被用来定义权利受保护的情况。但是,主要因素是财产伴随权利,次要因素是违反保密义务。

(四)盗用行为

在 *International News Service* v. *Associated Press*[126] 中,美国最高法院认为,被告美联社不能使用通过阅读原告的新闻公报获得的信息,直到公报的新闻实际上已经失去价值。法院判决的确切依据一直是,且仍然是学术界争论的主题。[127] 然而不可逆转的是,该案经常被视为盗用侵权行为说的基础和“源头”[128],以及随之而来的法律理念:为生产投入努力所创造的价值,法律将其作为财产权予以保护,或至少作为一种被法院称为“准财产”的附条件财产权加以保护。

---

〔125〕 244 U. S. 100, 102 (1917).

〔126〕 248 U. S. 215 (1918).

〔127〕 See Christopher Wadlow, *A Riddle Whose Answer Is "Tort" A Reassessment of International News Service* v. *Associated Press*, 76 Modern Law Review 649 (2013).

〔128〕 *Developments in the Law of Competitive Torts*, 77 Harvard Law Review 888 (1964).

也就是说,法律将阻止任何人试图不劳而获。用皮特尼法官(Pitney)的话来说:

> 本案的问题与其说是一方当事人对抗公众的权利,不如说是当事人之间的权利。尽管我们可以确切地推定,在
> 493 第一次出版后,任何一方当事人对未受版权保护的新闻内容都没有剩余的财产利益,但这绝不意味着当事人之间没有剩余的财产利益……
>
> 通过诚实劳动或合法经营获得财产的权利与保护已获得财产的权利一样,都有权受到保护……
>
> 被告占有并将其作为自己的财产出售,是试图在不劳而获,并将播种者的收获据为己有。[129]

正如从美国商标和商业秘密的分析中所看到的,作为皮特尼法官判决基础的财产观念已经深深扎根于当时的美国法律之中。也许更恰当的做法是,不要把这一判决看作洛克财产概念适用的源头,而是看作一种高位线(high-water mark)。在许多领域,很大程度由于霍姆斯大法官的努力(他在 INS 案中提出异议),该概念的适用从此开始减少。事实上,在盗用新闻的情形下,这种通过在生产活动中投入努力,从而对财产享有权利的想法在早期案件中被用来得出类似的结论。[130] 例如,在 1876 年纽约的 *Kiernan* v. *Manhattan Quotation Telegraph Co.* 中,该案涉及一个盗用金融类新闻的类似问题,法院在

---

〔129〕 *Supra* note 126 at 236, 239.(着重部分由作者标明)

〔130〕 皮特尼法官的判决书通过引用这些案例明确承认了这一点。

其中指出：

> 仅仅依据某类信息向所有需求群体开放这一事实，并不能回应对这类信息提出财产权请求的人，且他是通过自己的开支和劳动收集了这些信息……当一个人通过自己的努力和支出，收集了这些信息材料并将其转化为向公众开放的形式时，他便可以就该信息材料享有财产权。[131]

当跨过大西洋来到英国，与商标和商业秘密的情形相同，英国法院并不采用洛克的财产概念来处理诸如新闻收集之类有价值的无形资产。正如澳大利亚高等法院的迪克森法官（Dixon）在 1927 年指出：

> 在英国的司法辖区内，衡平法院并没有将禁令的保护范围扩大到所有无形的价值要素，即交换价值。该价值可能来自个人的权力行使或资源利用，无论是在创立一项商业或事业的过程中，还是在运用才智、知识、技能或劳动的过程中。[132]

494

有趣的是，在 19 世纪末，有几个英国案例正是采用了这种“财产

---

〔131〕 50 How. Pr. 194 (1876).

〔132〕 *Victoria Park Racing and Recreation Grounds Co. Ltd.* (1937) 58 C. L. R. 479; *Moorgate Tobacco Co. Ltd.* (No. 2) v. *Phillip Morris Ltd.* (No. 2) (1984) 156 CLR 414. 这些案例重申了英国法律的该观点。

权利的产生基于勤奋努力”的视角。事实上,这些案件是纽约法院在 *Kiernan* v. *Manhattan Quotation Telegraph Co.* 中判决意见的依据。[133] 例如,在 *Cox* v. *Land and Water Journal Company* 中,法院认为,新闻报纸的经营者对报纸中的文章享有财产,其他人将被禁止复印这些文章,因为“他们无权享受其他人所付出的劳动成果”[134]。在该案中,对英国而言最不寻常的是,财产权基础在于权利人的勤奋和劳动。在 *Exchange Telegraph Company Ltd.* v. *Central News Ltd.* 中也有类似的做法。同样是在与新闻信息类似的背景下,法院认为,原告通过“劳动和金钱的支出获得了信息,从这个意义上说,这些信息在他们手中是有价值的财产”[135]。然而在该案中,法院作出禁令的基础很明显是违约而不是财产。[136] 这些案例表明,在英国法官的审判思维中存在洛克的财产概念,但在随后的判例法中难寻其迹,说明其影响有限。这些案例后续也很少被引用,且被引用也是为了支持与信息保护相关的理由,如合同和保密义务。[137]

---

[133] Citing *Cox* v. *Land and Water Journal Company* (1869) LR 9 Eq 324 and *Kelly* v. *Morris* (1866) L. R. 1 Eq 697.

[134] (1869) L. R. 9 Eq. 324, 332.

[135] [1897] 2 Ch. 48, 53.

[136] Ibid. at 54. See also *Exchange Telegraph Co. Ltd.* v. *Gregory &Co.* [1895 – 99] All ER Rep 1116.

[137] See *Attorney General* v. *Guardian Newspapers* (No. 2) [1990] 1 A. C. 109, 149. (上议院)将 *Exchange Telegraph Company Ltd.* v. *Central News Ltd.* [1897] 2 Ch. 28 作为一个违约案例依据。See also *R* v. *Solicitors Complaints Bureau*, *Ex Parte Wylde* (1996, unreported, available on Lexis); *Exchange Telegraph Co.* v. *Giulianotti* [1959] SC 19.

五、财产与关联资产

对英美在商标、商业秘密和新闻信息中的财产概念适用进行分析后，有两点发现与本书的主题有关。第一，在 19 世纪末和 20 世纪 495
初，比起英国法官，财产的视角对美国法官而言是一个更自然的视角。在美国，询问一个无形物是否是财产权标的是解决无先例可循争议的直觉性手段。根据迪安 · 艾奇逊合理的观点（correct to argue），"当新的利益要求得到保护时，其成功取决于它们是否能够与财产的保护特征相当"[138]。相比之下，英国法官对这些新问题的应对则是考虑各方当事人之间的关系，例如是否存在保密关系。财产的概念在英国的适用是毫无规律的。第二，在美国，财产的分析视角不仅可以被更容易、更自然地运用，该视角还具有实质性内涵：它使"财产的产生'便随着权利'；财产是通过努力和勤奋产生的"这一理念具有法律效力。而在英国，这一概念没有任何洛克式的实质性内涵。相反，在英国，财产只是一种标识。它要么用于识别单独确立的权利的排他效力，要么作为提及事物的可转让性的一种方式。

本小节的观点是，英美关联资产法中的分歧在很大程度上是通过财产视角思考的意愿差异，以及对财产概念的不同理解所导致的。在第十二章和第十三章对英国关联资产案件的讨论中我们发现，与商标和商业秘密的情况一样，财产视角只是零星地、不系统地被运

---

〔138〕 See *supra* note 41.

用。虽然在一些早期涉及第 2 版禁止谋利原则的案例中,如 *Randall* 案和 *Aberdeen Town Council* 案,信托和关联资产之间需存在关联的理念表明,为了财务会计,关联资产必须被归入“信托财产”的范围中,但在这些案例中没有适用财产或财产权的概念。事实上,除了在 20 世纪末发展较为成熟的商业机会案之外,该概念只在 3 个案件中被运用:*Dean* v. *Macdowell*、*Aas* v. *Banham* 和 *Boardman* 案。而在普强法官在 *Boardman* 案中提出强烈异议后,同样是在成熟的商业机会
496 案之外,这一概念自此没有得到司法审判的认可。

财产权视角未能在英国关联资产法中得到重视并不令人惊讶。在英国的商标和商业秘密案件中,财产视角要么作为描述以财产相关术语为依据的权利的标识,要么被用以描述权利的保护对象的可转让性。在英国法律对无形物的保护中,财产的概念并没有成为权利的基础。然而,在关联资产的情形下,这正是财产概念被要求做的事情——为权利提供依据。但这一观点提出了几个问题:为何公司有权获得这一财产;为何在公司机会中存在准财产权?在适用禁止利益与义务冲突原则的情况下,由该原则产生的与公司机会相关的排他权可以作为将公司机会描述为附条件公司财产的依据——作为禁止利益冲突义务之效果的“预言性概括”。此处,用霍姆斯法官的话来说,“财产概念的框架”将通过信义义务的适用来确定。然而,若不存在义务(duty runs out)——例如,那些在法院没有确定广泛的规定性义务,即要求对公司机会采取积极行为的情况下——此时财产权的依据是什么?与美国相反,在英国并不存在财产伴随权利的传统观念,也不存在将财产视为法律之外和法律产生之前的勤奋努力的产物,财产只能由法律来确认。但正如我们在对新闻信息权利的

分析中所看到的那样，英国的司法审判思维中并非完全没有这类想法，只是其适用是罕见的，且即使适用也没有后续的影响力。

在英国，若不是通过预言性的概括，就很难为财产请求提供依据。这导致法院急于为财产权寻找没有实质含义且不寻常的依据。关于 *Dean* v. *Macdowell* 和 *Aas* v. *Benham* 中提出的财产与财产享有的概念，鲍文法官（Bowen LJ）认为，合伙企业就对其有价值的信息享有财产。在以上这些案件中，这包括属于合伙企业经营范围的信息。但是，为什么一个人就对其有价值的东西拥有权利呢？仅仅是发现有价值或具有吸引力的事物并不能成为一项权利的基础，也没有更广泛的财产理论或道德理论能为此类请求提供依据。同样地，仅仅因某一事物属于一个人的经营范围，并不能使其对该事物提出任何请求。在 *Dean* v. *Mcdowell* 和 *Aas* v. *Benham* 中，财产更像是作为一种标识，因为信义合伙人受制于广泛的规定性责任，其范围涵盖了关联资产。然而正如上所述，在这种情况下，财产概念的适用更符 497
合"财产是用以标识权利束的排他性效果"的想法——该想法源自对规定性义务和利益冲突的禁止。但是，若义务是规定性的、适用范围狭窄且不存在禁止利益冲突原则下的排他性效果，那么财产概念的适用在理论上则是无用且破绽百出的。它极易成为普强法官的财产"正常含义"观点的批判对象。

当然，读者会回忆起在第十二章中，劳动和勤勉似乎是法院在关联资产案件的判决中适用或暗含财产权理论框架的基础，这种解释表明法院对此在法律层面上充耳不闻（legally deaf judicial ears）；相反在美国，它得到了对熟知财产概念的人的欢迎与接受。也就是说，在第 2 版禁止谋利原则的基础性案例中，存在财产伴随权利的天然观念,但在英国却没有能使该观念能被关注并维持的法律传统。例如,*Aberdeen Town Council* 案的观点认为,机会是基于信托资产而产生的。在 *Boardman* 案中,尽管几位法官提到了因为信息具有价值,因此信息是财产的弱观点[139],但该案中更有说服力的观点是,信息之所以是财产,是因为它是通过使用信托资产(或少数股权)创造的。[140] 从这些案例中可以看出,(洛克式的)财产权请求可以通过信托或公司的努力产生,包括对其资产的使用。但是对于英国的普通法而言,财产权不是,也从来没有以这种方式被系统地理解过。对于英国法官来说,这样的想法并没有引起共鸣;它不是一种可以与普强法官的直接批判进行抗衡,且可被系统性认知的请求。[141]

正如在第十二章和第十三章中所看到的,现代董事会中财产视角的失败并不是英国关联资产法在 20 世纪末向抵制董事转变的唯一因素。但这仍是一个关键因素,因为它扰乱了公司关联资产法不断发展的结构。它为第 2 版禁止谋利原则留出了空间,该原则规定因职位给予的任何利益必须予以说明,且不需要探讨资产与公司活动的关联——关联的形式已在 *James* v. *Dean*、*Aberdeen Town Council* 案和 *Regal* 案中得到默认,并在 *Randall* 案和 *Boardman* 案中予以明确。这是一条极其抵制董事的规则,它不可能不受限制地持
498 续下去。这种限制证明了以下观点:它必须是禁止利益冲突规则的一个子规则,并且必须受制于公司利益的因素。财产视角在英国的失败导致了英国关联资产法的结构性失调,其影响仍待探究。

---

[139] [1967] 2 AC 46 at 91, 106.

[140] See p. 395,397.

[141] See Wilberforce J's proprietary interpretation of Regal Hastings, p. 393.

美国关联资产法与财产的关系与英国形成了鲜明的对比。在判例法的主流分支中，从 *Lagarde* 案到 *Guth* 案，财产被确信为处理公司机会的主要视角。对于这些美国的关联资产案件，规定性义务是由财产概念自然而然划分出来的。对这些法院而言，首要问题是公司是否对机会有期待；这种期待被视为一种“财产权”。[142] 与英国相反，19 世纪末和 20 世纪初的美国法院对财产概念可以作为权利依据这一观点是熟悉而又适应的。当某一主体通过勤奋与努力占有财产时，该观点便可适用。正是这种思想使英国信义法早期试图适用关联关系、以权谋私和财产（仅出于推论）概念的做法——例如在早期的续约权案件中看到的那些做法——在美国得以蓬勃发展。诚然，这种财产观念在 20 世纪的美国法律思想中逐渐减弱，且在普通法中商标和商业秘密等领域已被否认，虽然这种观念曾一度占据主导地位。然而，在公司法中，这一思想在 20 世纪中期被特拉华州保存了下来。

这种对财产的理解对美国关联资产法具有实质性的影响。占有财产不是一件易事。套用皮特尼法官在 INS 案中的说法，公司不能不劳而获。如果这种财产视角被用于规范对无形资产的控制，如关于机会的信息，那么在公司没有对机会付出重大努力的情况下，法律将不承认公司对机会享有权利。类似地，若一名董事为获得一个机会付出了努力，美国法院在没有明确理解基于这种努力产生的成果是属于公司的情况下，对这种努力属于公司的推定将持谨慎态度。法院不允许公司将他人的收获据为己有。这一点在 *National Tube*

---

〔142〕 See p. 433 – 444.

Co. v. *Eastern Tube Co.* 中得到了明确的阐述,法院认为"一个人应享
499 有其聪明才智和事业带来的利益……除非他签订合同将该思想出售其他人"[143]。这就是为什么在 *Lagarde* 案中,仅仅是试图购买第三份财产的谈判行为不足以成为构成预期的依据;而在 *De Bardeleben* 案中,同一位法官认为,除了谈判之外,"为确定机会的性质和资源所付出的努力和资金"足以成为权利的依据。[144] 法院认为,被告董事以"公司的名义,与公司员工一起,一直在寻找和发展"煤炭机会。[145] 这也是为什么在 *Colorado* 案中,公司为该机会一直在"谈判和努力购买"的理由被认为是不充分的,以及为什么法院认为"需要有更多事实支撑"。[146] 同样,在 *Pioneer* 案中,在认定公司不存在预期时,公司为购买机会正在谈判这一"单纯的事实"与被告董事"为'引进'两口油井而花费了大量资金,且同时陷入巨大的财务风险"这一事实进行了对比(juxtaposed)。[147]

因此,对于无先例可循的问题,早期的美国法官选择财产视角不仅是一种自然的做法,而且该做法会带来明显的实质性后果:公司的请求要成立并不容易;关于公司价值或公司在机会中的一般利益的请求理由是不充分的;公司针对机会所采取的行为也是不充分的,除非该行为投入了大量的资金和时间。重要的是,这些后果显然是有利于管理层的。依据这种方式,(在公司和董事之间)许多机会被分配给了董事,即使公司对属于其业务范围的机会感兴趣(一般而言),

---

[143] 13 Ohio C. D. 468, WL 874, 3 (1902).

[144] 37 So. 511, 515 (1904).

[145] Ibid. at 514. (着重部分由作者标明)

[146] 97 Colo. 309, 313 (1935).

[147] 151 So. 161, 163 (1933).

且在有限的程度上公司确实积极地参与尝试实现该机会。但这是一
个有利于管理层的立场,它不能被任何公司法用于解释法律变化的
标准观点所阐释。它不是公司法联邦主义的产物,也不是司法对管
理层利益或经济政策考量的良性或负面接受。更令人信服的是,它
被理解为 19 世纪美国生活理念的核心要素之一与长期存在的英国 500
信义法(虽然仅部分形成)之间互相作用的产物——一个“(现代)法
律如何体现”“一个国家跨越多个世纪发展的故事”[148]以及两百多年
前面临类似问题的法学家们所创造的法律原则的融合体。

[148] Oliver Wendell Holmes, *The Common Law*, Little, Brown & Co., 1881, p. 1.

图书在版编目（CIP）数据

英美公司信义法基础 /（英）大卫·克肖著；林少伟，李诗鸿译. -- 北京：法律出版社，2025. --（民商法经典文库 / 赵万一总主编）. -- ISBN 978-7-5197-9587-0

Ⅰ. D912.282.04

中国国家版本馆 CIP 数据核字第 2024CL6437 号

英美公司信义法基础
YING-MEI GONGSI XINYIFA JICHU

[英]大卫·克肖（David Kershaw）著
林少伟　李诗鸿　译

策划编辑　沈小英
责任编辑　陈　妮　张思婕
装帧设计　李　瞻

出版发行　法律出版社
编辑统筹　法治与经济出版分社
责任校对　张翼羽
责任印制　吕亚莉
经　　销　新华书店

开本　A5
印张　21.375　**字数**　506 千
版本　2025 年 1 月第 1 版
印次　2025 年 1 月第 1 次印刷
印刷　北京中科印刷有限公司

地址：北京市丰台区莲花池西里 7 号（100073）
网址：www.lawpress.com.cn
投稿邮箱：info@lawpress.com.cn
举报盗版邮箱：jbwq@lawpress.com.cn

销售电话：010-83938349
客服电话：010-83938350
咨询电话：010-63939796

书号：ISBN 978-7-5197-9587-0　**定价**：196.00 元